高等职业教育"新形态"精品系列教材·汽车类

汽车电工电子技术

(第3版)

张 华 杨喜权 主 编

高树德 主 审

"互联网+"教材

全书配套资源

北京理工大学出版社
BEIJING INSTITUTE OF TECHNOLOGY PRESS

内 容 简 介

本书根据汽车电气与电控技术等专业课程的特点,将电工技术、电子技术的基本知识与内容进行了适当整合。内容主要包括六个单元:直流电路、交流电路、磁路、变压器与继电器、电动机在汽车中的应用,晶体管及其应用,数字电子技术基础。

本书适合作为高等院校机械制造大类,特别是汽车类各专业选用,也可作为社会岗位培训用书。

版权专有　侵权必究

图书在版编目(CIP)数据

汽车电工电子技术 / 张华,杨喜权主编. —3 版. —北京:北京理工大学出版社,2019.10 (2022.1 重印)

ISBN 978 – 7 – 5682 – 7810 – 2

Ⅰ.①汽… Ⅱ.①张… ②杨… Ⅲ.①汽车 – 电工技术 – 高等职业教育 – 教材②汽车 – 电子技术 – 高等职业教育 – 教材　Ⅳ.①U463.6

中国版本图书馆 CIP 数据核字(2019)第 242031 号

出版发行 / 北京理工大学出版社有限责任公司
社　　址 / 北京市海淀区中关村南大街 5 号
邮　　编 / 100081
电　　话 / (010)68914775(总编室)
　　　　　(010)82562903(教材售后服务热线)
　　　　　(010)68948351(其他图书服务热线)
网　　址 / http://www.bitpress.com.cn
经　　销 / 全国各地新华书店
印　　刷 / 三河市天利华印刷装订有限公司
开　　本 / 787 毫米 × 1092 毫米　1/16
印　　张 / 20　　　　　　　　　　　　　　　　责任编辑 / 高雪梅
字　　数 / 470 千字　　　　　　　　　　　　　　文案编辑 / 高雪梅
版　　次 / 2019 年 10 月第 3 版　2022 年 1 月第 3 次印刷　　责任校对 / 周瑞红
定　　价 / 48.00 元　　　　　　　　　　　　　　责任印制 / 李志强

图书出现印装质量问题,请拨打售后服务热线,本社负责调换

第3版前言

　　本教材注重"十三五"高等教育的需求,适应新一轮科技和产业变革的加速演进,突出电工电子技术基础知识的掌握和在汽车上的实际应用。本版在第2版的单元模式及保留了传统教材特点的基础上,增加了对核心知识点及工艺的可视化教学,通过动画、微课形式对知识点进行由浅入深、由外而内、深入浅出的讲解,适应学生多种主体知识结构的个性化学习,为工业制造的转型升级提供高质量的技术人才,尤其针对机械大类,特别是汽车各专业(包括新能源汽车专业)奠定基础。同时对第2版教材重新调整、归纳,引入电子技术、光电技术、传感技术最新基础知识要点,展示了基本工作原理的过程,并以任务驱动、理论知识与实际应用相结合,实现集成创新。

　　本教材有以下特点:

　　(1) 以基础知识体系为框架,以简单而又典型的汽车电器为载体引入,完成基础学科支撑专业课的过渡,起到了承上启下的作用。例如,单元一直流电路中介绍电阻混联在汽车中的应用时,重点分析了直流单臂电桥(也称惠斯通电桥),采用电压比较法证明了惠斯通电桥平衡原理,利用其平衡原理构成电测仪器,不仅可以测电阻,也可以测电容、电感,并可通过这些物理量的测量来间接测量非电学量,如温度、压力等,在汽车自动化仪表和自动控制中有着广泛应用。

　　(2) 通过六个小视频单元介绍,巧妙地将知识点与教材体系和实际运用结合起来。力图"弱化理论较深的定量分析""强化基础知识与技术运用",做到由浅入深、由简到繁、由电路原理到实际电路的运用。例如在单元一中,介绍了电阻串并联分流、分压知识,引入了汽车调速原理,认识了汽车电路的特点,学习了由汽车后窗玻璃除霜器线路图画出电路原理图,并引出基尔霍夫定律;在单元三中,重点介绍磁电效应,即霍尔效应现象,指出它是研究半导体材料性能的基本方法,分析了其产生的原因,让学生了解如何将非电量、非磁量变成电量来进行检测和控制,实现传感技术的基本原理,为汽车各种各样传感器(压力、温度、位移、振动和加速度等)的应用打下了坚实的基础;通过介绍电磁式继电器,我们掌握了利用小的开关信号控制大的开关动作的器件的工作原理,了解汽车喇叭开关电路的应用;在单元四中,重点介绍掌握直流电动机的基本原理,了解永磁型和双绕组串励式两种直流电动机,并知晓其在汽车车窗中的应用,特别是分析电磁转矩,结合霍尔开关集成电路,再加永久磁铁和导磁片组成,就引出了汽车位置、转速和转角传感器,为单元五和单元六做了铺垫,为汽车传感技术打下了坚实的基础;最后通过学习数字逻辑电路基本知识和门电路的掌握、组合电路和时序电路知识的应用,学生知晓了电子技术在汽车中的应用和了解了汽车电子控制原理。

　　本教材由长春职业技术学院张华教授、东北师范大学杨喜权教授任主编,由长春职业技术学院张春蓉、郭旭、汤思佳任副主编。参与本教材编写的还有王琛、徐博强等老师。其中,单元一由张春蓉编写,单元二、单元三由郭旭编写,单元四由汤思佳编写,单元五由杨喜权编写,单元六由张华编写,王琛负责所有单元汽车电路的应用编辑,徐博强负责所有单元视频资料录制、剪辑工作，张华和杨喜权负责所有PPT课件制作。

教材在教学资源整理过程中得到长春职业技术学院苏晓楠、王璐、杨甜三位老师和汉能移动能源控股集团有限公司李春玉工程师的大力支持，在此表示感谢！由于是专业基础课程，知识点较多，教学资源以后还会增加。限于编者水平，书中难免有错误或不妥之处，恳请广大读者提出宝贵意见，以便进一步修改和完善。

编　者

目录

单元一 直流电路

单元描述 / 001
任务1.1 直流电路基本知识及汽车电路特点 / 002
  1.1.1 电路的基本知识 / 002
  1.1.2 电路的工作状态及电气设备额定值 / 008
  1.1.3 汽车电路组成、特点及电气元件 / 011
  1.1.4 常用电子元器件——电阻器 / 021
  1.1.5 电阻串并联计算与应用 / 025
任务1.2 汽车简单电路的识读与计算 / 029
  1.2.1 汽车电路识读与计算 / 029
  1.2.2 基尔霍夫定律 / 030
  1.2.3 复杂电路计算 / 032
任务1.3 技能训练 / 040
  1.3.1 元器件识别及万用表使用 / 040
  1.3.2 Multisim 10仿真软件的操作使用 / 046
  1.3.3 用Multisim 10验证基尔霍夫定律 / 057
  1.3.4 用Multisim 10验证叠加定理 / 060
单元小结 / 062
单元习题 / 062

单元二 交流电路

单元描述 / 067
任务2.1 正弦交流电路 / 068
  2.1.1 正弦交流电的基本知识 / 068
  2.1.2 正弦量的三要素及有效值 / 069
  2.1.3 正弦量的四种表示方法 / 071

任务2.2　单相正弦交流电路 / 074
　　　2.2.1　单一参数的正弦交流电路 / 074
　　　2.2.2　RLC 串联交流电路 / 078
　　　2.2.3　RLC 并联交流电路 / 082
　　　2.2.4　阻抗的串并联计算（拓展知识）/ 084
　　　2.2.5　功率与功率因数 / 087
　　任务2.3　三相交流电路 / 090
　　　2.3.1　三相交流电源 / 090
　　　2.3.2　三相负载的连接 / 092
　　　2.3.3　三相功率的计算 / 093
　　　2.3.4　安全用电 / 095
　　任务2.4　技能训练 / 096
　　　2.4.1　安全用电常识 / 096
　　　2.4.2　荧光灯电路的装接及功率因数的提高 / 098
　　单元小结 / 099
　　单元习题 / 100

单元三　磁路、变压器与继电器

单元描述 / 104
任务3.1　磁路与霍尔效应 / 105
　　3.1.1　磁性材料 / 105
　　3.1.2　磁路的基本定律 / 108
　　3.1.3　霍尔效应 / 110
　　3.1.4　电磁感应、自感与互感 / 111
任务3.2　变压器 / 114
　　3.2.1　变压器的用途、种类及结构 / 114
　　3.2.2　变压器的工作原理、功率损耗和效率 / 115
　　3.2.3　三相电力变压器 / 117
任务3.3　继电器及其在汽车电路中的应用 / 119
　　3.3.1　继电器的组成及分类 / 119
　　3.3.2　继电器在汽车喇叭电路中的应用 / 121
任务3.4　技能训练 / 124
　　3.4.1　汽车继电器的检测 / 124
　　3.4.2　喇叭电路的检测 / 127
单元小结 / 128
单元习题 / 128

单元四　电动机在汽车中的应用

单元描述 / 131
任务4.1　直流电动机 / 132
　　4.1.1　直流电动机简介 / 132
　　4.1.2　直流电动机的组成 / 132

4.1.3　直流电动机的分类 / 134
　　4.1.4　直流电机的铭牌、系列及接线端 / 135
　　4.1.5　直流电动机的工作原理 / 136
　　4.1.6　电磁转矩与反电动势 / 137
　　4.1.7　直流电动机在汽车中的应用 / 138
　　4.1.8　直流电动机常见故障 / 141
任务4.2　步进电动机 / 142
　　4.2.1　步进电动机的组成 / 142
　　4.2.2　步进电动机的工作原理 / 143
　　4.2.3　步进电动机的分类 / 145
　　4.2.4　步进电动机的特征 / 147
　　4.2.5　步进电动机在汽车中的应用 / 148
任务4.3　三相异步电动机 / 148
　　4.3.1　三相交流异步电动机的组成 / 149
　　4.3.2　三相异步电动机的工作原理 / 150
　　4.3.3　三相异步电动机的转速 / 150
　　4.3.4　三相异步电动机的铭牌 / 151
　　4.3.5　三相异步电动机的转动原理 / 152
　　4.3.6　三相异步电动机的转矩和机械特性 / 153
任务4.4　永磁同步电动机 / 154
　　4.4.1　永磁同步电动机的组成 / 154
　　4.4.2　永磁同步电动机的工作原理 / 157
　　4.4.3　永磁同步电动机的特点 / 157
任务4.5　技能训练 / 158
单元小结 / 159
单元习题 / 160

单元五　晶体管及其应用

单元描述 / 162
任务5.1　半导体器件 / 163
　　5.1.1　半导体基本特征 / 163
　　5.1.2　PN结 / 166
　　5.1.3　半导体二极管 / 167
　　5.1.4　晶体管 / 174
　　5.1.5　晶闸管 / 179
任务5.2　汽车直流电源 / 181
　　5.2.1　整流电路 / 181
　　5.2.2　电容及应用 / 185
　　5.2.3　集成三端稳压电路 / 191
　　5.2.4　单相可控整流电路 / 193
　　5.2.5　晶闸管的保护 / 195
任务5.3　晶体管放大电路 / 196
　　5.3.1　基本放大电路 / 196

5.3.2　分压式稳定静态工作点偏置电路 / 202
　　5.3.3　多级放大器和负反馈放大器 / 202
　　5.3.4　汽车闪光器电路分析 / 207
任务5.4　集成运算放大器在汽车中的应用 / 209
　　5.4.1　集成运算放大器 / 209
　　5.4.2　集成运算放大器组成的几种基本放大器 / 214
任务5.5　技能训练 / 217
　　5.5.1　直流电源电路仿真实验 / 217
　　5.5.2　直流稳压电源的制作 / 220
　　5.5.3　单管放大电路仿真实验 / 221
　　5.5.4　汽车闪光器仿真设计 / 224
　　5.5.5　汽车闪光器的制作 / 226
单元小结 / 228
单元习题 / 229

单元六　数字电子技术基础

单元描述 / 233
任务6.1　数字电路基本知识 / 234
　　6.1.1　数字电路概述 / 234
　　6.1.2　数制与码制 / 236
　　6.1.3　逻辑代数 / 240
　　6.1.4　逻辑门电路 / 247
　　6.1.5　集成门电路 / 251
任务6.2　组合逻辑电路与时序逻辑电路 / 254
　　6.2.1　组合逻辑电路 / 254
　　6.2.2　时序逻辑电路 / 266
任务6.3　信号的采集与转换 / 278
　　6.3.1　电子技术在汽车中的应用 / 278
　　6.3.2　汽车电子控制系统 / 278
　　6.3.3　A/D、D/A转换器的应用 / 280
任务6.4　技能训练 / 283
　　6.4.1　逻辑门电路的测试仿真实验 / 283
　　6.4.2　集成8线—3线优先编码器仿真实验 / 287
　　6.4.3　七段数码显示电路仿真实验 / 289
　　6.4.4　三变量表决器仿真实验 / 291
　　6.4.5　JK触发器仿真实验 / 292
　　6.4.6　计数、译码和显示电路仿真实验 / 293
单元小结 / 294
单元习题 / 295

单元习题参考答案 / 299
参考文献 / 305

单元一

直流电路

单元描述

汽车电路绝大多数是直流电路。通过对直流电路及汽车电路的识图与分析,学生应掌握电路的基本组成、基本物理量、工作状态、基本定律及汽车电路特点;能够用万用表进行测量,能利用 Multisim 10 电子仿真软件对电路的三种基本状态(通路、短路、断路)进行判断;能对基本定律(欧姆定律、基尔霍夫定律、叠加定理等)进行实验和验证;了解常用汽车元器件符号,了解汽车原理图、电路连接图和定位图;通过对汽车除霜电路的识读与检测,加深对汽车电路连接图的理解。实现做中学,手脑并用,学做合一,实现理实一体化教学。

知识要求

1. 掌握直流电路的组成、基本元器件符号及电路图的识读方法。
2. 掌握汽车电路的基本特点。
3. 掌握电路中电位的计算方法。
4. 重点掌握基尔霍夫定律的内容及应用。
5. 了解戴维南定理、叠加定理的分析方法。

技能要求

1. 能够进行除霜电路的电压、电流、电阻等物理量的基本测量。
2. 会用万用表测量直流电路中的电阻、电压及电流值。
3. 能够操作 Multisim 10 电子仿真软件进行简单电路实验,如电路的三种状态。
4. 能够操作 Multisim 10 电子仿真软件进行欧姆定律、基尔霍夫定律、叠加定理验证。

参 考 学 时

22 学时［10（理论）+6（实践）+6（仿真软件）］

任务 1.1　直流电路基本知识及汽车电路特点

任务 1.2　汽车简单电路的识读与计算

任务 1.3　技能训练

任务 1.1　直流电路基本知识及汽车电路特点

1.1.1　电路的基本知识

汽车的很多领域中都使用电气设备，这些电气设备提供各种功能，当电流流经电阻时，会对电阻起作用而实现许多功能。

1.1.1.1　电的三大效应

1. 热效应

当电流经过电阻时，电阻会产生热的现象，具体应用如图 1-1（a）、(b) 所示。

2. 光效应

当电流经过电阻时，电阻会发光，具体应用如图 1-1(e) 所示。

3. 电磁效应

当电流经过导体或线圈时，导体或线圈周围空间会产生电磁场，具体应用如图 1-1(c)~(f) 所示。

所有的物质都是由原子组成的，原子又由原子核和电子组成，金属原子中含有自由电子，自由电子易于自由地脱离原子核，金属原子内自由电子的流动即产生电流，因此，电路中的电流就是电子在导体中运动产生的。在金属（导体）两端施加电压时，电子便从负极流向正极，电子流向与电流方向相反。

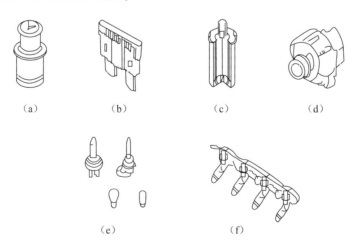

图 1-1　电气设备

(a) 点烟器；(b) 熔丝；(c) 点火线圈；(d) 交流发电机；(e) 灯泡；(f) 喷油器

1.1.1.2　电的三要素

电流、电压、电阻是电路中三个重要的物理量，通常称为电的三要素，它们之间的关系如图 1-2 所示。

(1) 电流是指流经电路的电流量。

单位：A（安培）。

(2) 电压是指使电流流过电路的一种压力。电压越高，流过电路的电流就越大。

单位：V（伏特）。

(3) 电阻电子通过物体的困难程度。

单位：Ω（欧姆）。

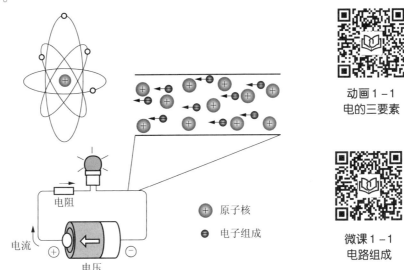

图 1-2　电的三要素

1.1.1.3　电路的组成

电路就是电流所经过的路径，形成一个闭合回路。或者说是为了实现某种功能，由各种电气设备和器件按一定方式连接而成，从而形成的电流通路称为电路。

每个电路不论其作用如何、结构多么复杂，一般由电源、负载（用电器）、导线和开关四部分组成（也可以将导线和开关组合为中间环节，称电路一般由电源、负载和中间环节三部分组成）。

(1) 电源是把其他形式的能量转换成电能的装置，或者说是供应电能的装置。常见的有干电池、蓄电池、发电机、信号源等。汽车电路中的电源主要由蓄电池和带整流器的交流发电机组成。

(2) 负载是指用电的装置或设备，如电灯、电烙铁、电机等。汽车电路中的负载很多，如照明灯、信号灯、车用点烟器、起动机、汽车音响、空调、电视机等。

(3) 导线是连接电源与用电器的金属线，它把电源产生的电能输送到电器，常用材料有铜、铝等。

(4) 开关是控制电路接通或断开的器件，如手电筒的按钮、汽车上的点火开关、转向灯开关和各种继电器等。

简单电路的中间环节是由连接导线所组成的，而复杂电路的中间环节是由各种控制设备、监测仪表等所组成的网络，电源接它的输入端，负载接它的输出端。

1.1.1.4 电路的作用

实际电路的种类很多，形式和结构也各不相同，但其作用只有两类：一是可以进行电能的传输和分配，以实现与其他形式的能量的相互转换，通常称为"电工技术"，俗称"强电"。其典型实例是电力系统中的发电机，就是将其他形式的能量转换为电能，再通过变压器和输电线路将电能输送给工厂、农村和千家万户的用电设备，即从发电、输电、配电到用电的过程。这些用电设备再将电能转换为机械能、热能、光能或其他形式的能量，图1-3（a）就是一个简单的电力系统电路。二是可以实现信号的传递和转换，进行信号的传输、交换和处理，通常称为"电子技术"，俗称"弱电"。例如，生产过程的自动控制；电视、广播的发射和接收；汽车各种信号、数据的存储和处理；无线电通信电路和检测电路等。图1-3（b）就是一个简单的扩音机电路示意图。

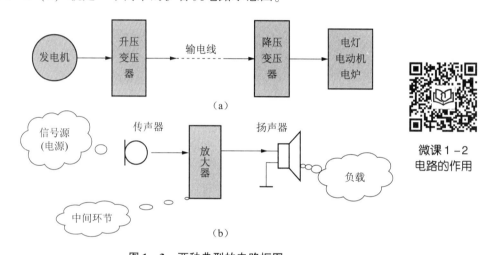

图1-3　两种典型的电路框图
（a）电力系统电路示意图；（b）扩音机电路示意图

1.1.1.5 电路的模型

任何实际电路都是由多种电路元件组成的。电路中各种元件所表征的电磁现象和能量转换的特征都比较复杂，而按实际电路元件做出电路图有时也比较困难。因此在分析和计算实际电路时，是用理想电路元件及其组合来近似替代实际电路元件组成的电路，这给分析和计算带来很多方便。所以，初学者必须要对电路建立模型概念。

电路模型：由理想元件组成与实际电路元件相对应，并用统一规定的符号表示而构成的电路，就是实际电路的模型，或称为电路模型。它是实际电路电磁性质的科学抽象和概括，通过分析电路模型来学习实际电路的性能和所遵循的普遍规律。

图1-4是几种常见的理想电路元件的图形符号。

图1-5是一个最简单的电路模型，

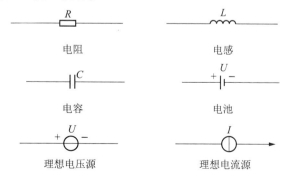

图1-4　几种常见的理想电路元件的图形符号

其实际电路是一常见的电灯电路。实际元件有干电池、灯泡、开关和导线。在电路模型中电阻 R_L 就是灯泡，电源电动势 U_S 和其内阻 R_S 就是干电池，导线和开关就是中间环节。

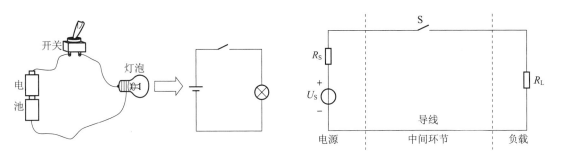

图 1-5 最简单的电路模型

> **相关链接：**
> 　　理想电路元件是指在一定条件下，突出其主要电磁特性，忽略其次要因素以后，把电路元件抽象为只含一个参数的理想电路元件。基本的理想电路元件有理想电阻 R、理想电感 L、理想电容 C、理想电压源 U 和理想电流源 I 五种。它们的图形符号如图 1-4 所示。

1.1.1.6 电路的基本物理量

1. 电流

（1）电流的概念。电荷的有规则的定向移动形成电流。它是一种物理现象。金属导体内的电流是由带负电的自由电子，在电场力的作用下，逆电场方向做定向运动而形成的。在导体两端施加电压时，电子便从负极流向正极。

（2）电流的大小。电流的大小用 I 表示。单位时间内通过导体某一横截面的电荷量称为电流。恒定不变的电流，用符号 I 表示。交变电流，用符号 i 表示。设在单位时间[单位：秒（s）]内通过导体某一横截面的电荷量为 q [单位：库仑（C）]，则通过该截面积的电流为

$$i = \frac{dq}{dt} \tag{1-1}$$

式中：dq 为时间 dt 内通过导线某一截面的电荷量。在国际单位制（SI）中，规定电流的单位为安培（A）。

如果电流的大小和方向均不随时间变化，这种电流称为恒定电流，简称直流电流，用大写字母 I 表示，则

$$I = \frac{Q}{t} \tag{1-2}$$

一般情况下，随时间变化的物理量用小写字母表示，大写字母表示恒定物理量。

（3）电流的方向。习惯上把正电荷的运动方向规定为电流的实际方向。但在复杂电路分析中，往往很难事先判断电流的实际方向，因此需要引入参考方向（即正方向）的概念。其方法是：任意假设某一支路中的电流参考方向，把电流看作代数量；若计算结果为正，则表示电流的正方向与实际方向相同；若计算结果为负，则表示电流的正方向与实际方向相

反。电流的参考方向与实际方向如图 1-6 所示。

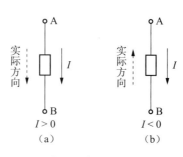

微课 1-3
关联参考方向

图 1-6 电流的参考方向与实际方向

2. 电位

（1）电位又称电势，是指单位正电荷在静电场中的某一点所具有的电势能。在电路中任选一节点设其电位为零，其他各点到参考点的电压降，便是该点的电位。

如图 1-6 所示，把 B 点作为零参考点（用"⊥"符号来表示），那么正电荷在 A 点所具有的电位能 W_A 与正电荷所带电量 Q 的比值，称为电路中 A 点的电位，用 V_A 表示，即

$$V_A = \frac{W_A}{Q} \tag{1-3}$$

电位的单位是焦耳/库仑（J/C），称为伏特，简称伏（V）。电位的高低是相对的，与所设零参考点有关，在电路中电位比零参考点高的一些点，它们的电位为正值；电位比零参考点低的一些点，它们的电位为负值。

（2）电位的计算步骤：

①任选电路中某一点为参考点，设其电位为零；

②标出各电流参考方向并计算；

③计算各点至参考点间的电压，即为各点的电位。

在汽车电路中，通常用汽车车身和发动机等金属体作为公共线，并与电源负极相连接，视其为电路中的零参考点，也就是常说的"搭铁"，汽车电路符号用"⊥"表示。

3. 电压

在分析电子电路时，通常在电路中选取某一个固定点作为参考点，而把电路中其他各点与参考点之间的电压称为该点的电位。电位用 V 表示，单位也是 V（伏特）。

电压与电位的关系为：电场内两点之间的电压等于这两点之间的电位差，即

$$U_{AB} = V_A - V_B \tag{1-4}$$

式中：V_A 为 A 点的电位；V_B 为 B 点的电位。

电压的单位：用伏特（V）表示，计量较大的电压时用千伏（kV），计量较小的电压时用毫伏（mV）。其换算关系如下：

$$1\ kV = 10^3\ V = 10^6\ mV$$

4. 电流与电压的参考方向

尽管从物理课程中已经学过了在分析简单电路时，当元器件中有电流通过，其流动方向总是从高电位一端流向低电位的一端，这是电流流动的实际方向；或者当知道了电流流动的实际方向，也能判别出元器件两端的电位高低。然而，当分析复杂电路时，为了确定电流和

电压,就要写出含有电流、电压未知量的电路方程。在电路方程中,电流和电压前面的正负号至关重要,实际方向往往不易确定,这就要先假定一个方向,因此引入了电流"参考方向",它是分析和计算电路的基础。

在大小和方向都不随时间变化的直流电路中,规定电压的实际方向由电位高的"+"端指向电位低的"-"端,即电位降低的方向。

在参考方向下,根据电流的正、负值,就可以确定电流的实际方向,如图1-6所示。在分析电路时,首先要假定电流的参考方向,并据此分析计算,然后再从结果的正、负值来确定电流的实际方向。如不作说明,电路图上标出的电流方向一般是指参考方向。

电流的单位:电流的标准单位是安培(A),计量微小电流时,可采用毫安(mA)或微安(μA)来表示,其换算关系如下:$1 \text{A} = 10^3 \text{mA} = 10^6 \mu\text{A}$。

电压在分析电路时也有方向性,电压的方向规定为由高电位指向低电位,即电位降低的方向。电压参考方向和电流参考方向一样,也是任意指定,分析电路时,假定某一方向是电位降低的方向,如所假定的电压方向与实际方向一致时,则电压为正值($U>0$);电压参考方向与实际方向不一致时,则电压为负值($U<0$)。因此,参考电压的值也是个标量,有正负之分;只有参考方向被假定后,电压的值才有正负之分,如图1-7所示。

图1-7 电压的正方向

电路中各点的电位随参考点的选择不同而不同,但是任意两点之间的电位差是不变的,它不随参考点的变化而变化。也就是说,电路中任意两点间的电压与参考点的选择无关。虽然在电路中,参考点可以任意选取,但工程上常选择大地、设备外壳或接地点作为参考点,参考点电位为零,如汽车电路的负极搭铁。

5. 电动势

电动势是一个表征电源特征的物理量,是电源将其他形式的能转化为电能,在数值上,等于非静电力将单位正电荷从电源的负极通过电源内部移送到正极时所做的功。它是能够克服导体电阻对电流的阻力,使电荷在闭合的导体回路中流动的一种作用。

理想电源的电动势与其两端的输出电压之间的关系为

$$E_{BA} = -U_{AB} \tag{1-5}$$

电动势的单位与电压相同,也用V来表示。

电动势的实际方向规定是从电路的低电位指向高电位,即与电压的方向是相反的,在直流电路中,电动势的实际方向是很容易通过直观确定的。

6. 电功率

当一段导体中有电流通过时,正电荷从高电位移向低电位端,电场力对它做了功,这个功通常称为电流的功,简称电功。其单位是焦耳(J)。

单位时间内所做的电功称为电功率,用P来表示,在闭合电路中(如图1-5中),电源产生的电功率为

$$P_{电源} = IU_S \tag{1-6}$$

负载取用的电功率为

$$P_{负载} = IU_L \quad (1-7)$$

电功率的单位是瓦特，简称瓦（W）。

对于电源，一般将电动势和电流的方向选为一致，若 $P_{电源} > 0$，表示电源向电路提供电功率；若 $P_{电源} < 0$，则表示电源从电路取用电功率，起着负载的作用（如正在充电的蓄电池）。

对于一个实际的电源，由于有内阻，其自身也会消耗小部分的电功率：

$$P_{损耗} = I^2 R_0 \quad (1-8)$$

式中：R_0 为电源的电阻。

对于负载，一般将电压和电流的方向选为一致，若 $P_{负载} > 0$，表示该段电路取用或消耗电功率；若 $P_{负载} < 0$，则表示该段电路提供电功率，起着电源的作用。

这三者之间有如下的关系： $P_{电源} = P_{负载} + P_{损耗}$ (1-9)

1.1.2 电路的工作状态及电气设备额定值

1.1.2.1 电路的三种工作状态

电路的工作状态有三种：通路状态、断路（或开路）状态、短路状态，如图 1-8 所示。

1. 通路状态

要使电气设备工作正常，就应当使电气设备在额定电压下工作，而且当用电器中通过的电流达到额定电流时，这种工作状态称为额定工作状态。电气设备工作在额定状态时，是最经济、合理、安全、可靠的，能够保证电气设备有一定的使用寿命。例如，标有 220 V、100 W 的灯泡，在使用时不能接在 380 V 的电源上，应尽可能使其在额定状态下工作，否则就可能被烧坏。如图 1-8（a）所示，开关 S 合上以后，若负载 R_L 两端的电压为额定电压，流过的电流为额定电流，则电路处在额定工作状态。由于电源电压经常波动，电气设备在实际使用时电压、电流和功率不一定等于它们的额定值。

动画 1-2
电路的三种状态

微课 1-4
电路状态

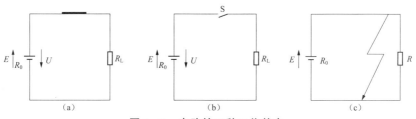

图 1-8 电路的三种工作状态
（a）通路；（b）断路；（c）短路

2. 断路（或开路）状态

断路就是电源与负载没有构成闭合回路。如图 1-8（b）所示，当开关 S 断开时，电路就处于断路（或开路）状态，此时外电路的电阻可视为无穷大，因此电路特征：电路中的电流为零，即 $I = 0$、$U = E$。

在汽车接触器中，断路是由填料不足导致接触不良造成的，如图 1-9 所示。

图 1-9 汽车接触器的断路现象

3. 短路状态

短路就是电源未经负载而直接由导线接通构成闭合回路（或当电源两端由于某种原因而被短接时）。如图 1-8（c）所示，此时电路处于短路状态，负载的端电压为零，即 $U=0$。电源内部的电流 I_S（短路电流）为最大，即 $I_S=E/R_0$。

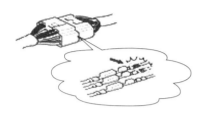

图 1-10 汽车接触器的短路现象

由于电源的内阻 R_0 都很小，所以 I_S 很大，大大超过额定值，造成电源及线路毁坏，甚至引发火灾事故。造成短路的原因主要有：绝缘损坏或接线不当。为了防止短路造成电气设备的损坏，可在电源输出端接入熔断器和自动断路器，在出现短路故障时快速切断电源，避免重大事故出现。如图 1-10 所示为汽车接触器的短路现象。

总之，电阻元件有电流就有电压。但有两个特殊情况：零电阻和无穷大电阻。

当 $R=0$ 时称为零电阻，此时电路短路，电压为零，也相当于开关闭合，电流为最大，即 $I_S=E/R_0$（R_0 为电源内阻）。

当 $R=\infty$ 时称为无穷大电阻，此时电路开路，电压为电源电压，电流为 0。

【例 1-1】 如图 1-11 所示，求图中 U_2 的值。

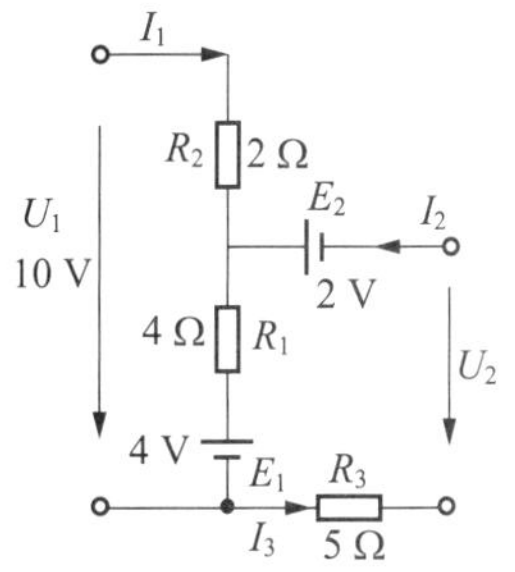

解：$I_3=0$（开路）

$I_2=0$（开路）

$I_1=(10-4)/(R_1+R_2)=1$（A）

$U_2=-E_2+I_1R_1+E_1=6$（V）

图 1-11 例 1-1

1.1.2.2 电气设备的额定值

为了保证电气设备和器件能安全、可靠和经济地工作，制造厂规定了每种设备和器件在工作时所允许的最大电流、最高电压和最大功率，这称为电气设备和器件的额定值，常用下标符号 N 表示，如额定电流 I_N，额定电压 U_N 和额定功率 P_N。这些额定值常标记在设备的铭牌上，故又称为铭牌值。

例如，白炽灯标记"220 V、60 W"；电动机标记"380 V、4 kW"。

由于供电电压有一系列电压等级标准，如交流用 330 kV、220 kV、110 kV、35 kV、10 kV、660 V、380 V 等；直流用 660 V、220 V、110 V 等；蓄电池用 6 V、12 V、24 V 等；干电池为 1.5 V、3 V、6 V 等，因此电气设备的额定电压应与供电电压等级相吻合。

当电气设备工作电流、电压、功率等于额定值时，称为满载；低于额定值时称为轻载或欠载；高于额定值时称为过载或超载。

注意：轻载不能充分利用电气设备能力，而超载会引起电气设备损坏或降低其使用寿命。所以，使用时必须留意电气设备上的铭牌额定值，不应使实际值超过额定值，并且尽量使电气设备工作在满载状态。例如，在日常生活中白炽灯会因电压过高或电流过大而烧毁灯丝，也会因电压过低或电流过小而发暗。

提示：电源短路是一种严重事故，可使电源的温度迅速上升，短路时电源本身及导线温度剧增，将会损坏绝缘，以致烧毁电源及其他电气设备，甚至引起火灾。为防止短路所产生的严重后果，通常在电路中接入熔断器（俗称保险丝）或自动开关等短路保护装置，以便能在发生短路时迅速切断故障电路，从而确保电源和其他电气设备的安全运行。

1.1.2.3 电路中电位的计算

1. 电位及参考点

在进行电路分析时经常要测量和计算电路中各点的电位值，从而确定电路的工作状态。为了确定电路中各点的电位值，可任意选择电路中的某一点作为参考点，假定其电位为零，此时电路中其他各点的电位都是与参考点进行比较而言的，或者说，电路中某点的电位就是这一点与参考点之间的电压。例如在图 1-12 中，选 C 点为参考点，即 C 点的电位 $V_C=0$。

$$V_A = V_A - V_C = U_{AC}$$
$$V_B = V_B - V_C = U_{BC}$$

电路中任意两点之间的电位差即为该两点间的电压。所以，知道了各点的电位，便可以求得任意两点间的电压，如图 1-12 中，$U_{AB} = V_A - V_B$。

原则上，参考点可以任意选择，但为了统一，工程上常选大地作为参考点。机壳若有搭铁的设备，就可以把机壳作为参考点，凡是与机壳直接相连接的各点，电位均为零。有些电子设备，机壳虽然不搭铁，但许多元件都接到一条公共线上，通常就把这条公共线选作参考点，因此参考点也称为"搭铁"，在电路图中用符号"⊥"表示。在汽车上常以车身为参考点，称为"搭铁"。

在进行电路分析时，用电位会将烦琐和复杂的问题变得简单明了。例如，有一个电路有 5 个不同的点，任何两点间均有电压，如果用电压来分析，将涉及 10 个电压值（如果考虑反向电压，将有 20 个电压值）；若用电位分析，可选定任意一点为参考点，并规定其电位为零。然后只需分析其他 4 点的电位就行了，如图 1-13 所示。

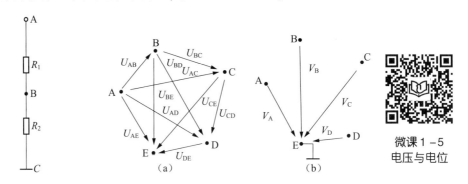

图 1-12 电压与电位　　图 1-13 电压分析、电位分析比较
(a) 电压分析；(b) 电位分析

微课 1-5 电压与电位

2. 电位的计算

要计算电路中某点的电位，只要从这一点通过一定的路径绕到零电位点，该点的电位即等于此路径上全部电压降的代数和。但要注意每一项电压的正负值，如果在绕行过程中从正极到负极，此电压便是正的；反之从负极到正极，此电压则是负的。电压可以是电源电压，也可以是电阻上的电压。电源电压的正负极是直接给出的，电阻上电压的正负极则是根据电路中电流的方向来确定的。

综上所述，计算电路中某点电位的步骤可归纳为：

(1) 根据题意选择一个合适的点作为零电位点；
(2) 确定电路中的电流方向和各元件两端电压的正负极；
(3) 从被求点出发，通过一定的路径回到零电位点，则该点的电位即等于此路径上全部电压降的代数和。

【例 1-2】 图 1-14 中，$E=24$ V，$R_1=4$ Ω，$R_2=8$ Ω，求分别以 d、a 为参考点时，各点的电位及 U_{ab}。

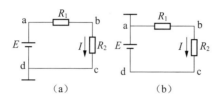

图 1-14 例 1-2 图

解：电路中的电流

$$I = \frac{E}{R_1 + R_2} = \frac{24}{4+8} = 2 \text{ (A)}$$

(1) 以 d 点为参考点 [见图 1-14 (a)]：

$$V_d = 0$$
$$V_a = U_{ad} = E = 24 \text{ V}$$

或

$$V_a = U_{ad} = IR_1 + IR_2 = 2 \times 4 + 2 \times 8 = 24 \text{ (V)}$$
$$V_b = U_{bd} = IR_2 = 2 \times 8 = 16 \text{ (V)}$$
$$V_c = V_d = 0 \text{ (V)}$$
$$U_{ab} = V_a - V_b = 24 - 16 = 8 \text{ (V)}$$

(2) 以 a 点为参考点 [见图 1-14 (b)]：

$$V_a = 0 \text{ (V)}$$
$$V_b = U_{ba} = IR_1 = -2 \times 4 = -8 \text{ (V)}$$

或

$$V_b = U_{ba} = IR_2 - E = 2 \times 8 - 24 = -8 \text{ (V)}$$
$$V_c = U_{ca} = -E = -24 \text{ (V)}$$
$$V_d = V_c = -24 \text{ (V)}$$
$$U_{ab} = V_a - V_b = 0 - (-8) = 8 \text{ (V)}$$

可见，选择不同的参考点，电路中同一点的电位数值不同，但任意两点间的电压（即电位差）值是不变的。所以电路中各点的电位是相对量，而两点间的电压值是绝对量。

在选定参考点后，某一点电位的计算结果与选择的路径无关，通常选择最简捷的路径。

1.1.3 汽车电路组成、特点及电气元件

1.1.3.1 汽车电路组成

自汽车问世一百多年来，汽车的发展给整个世界和人类的生活带来了巨大的变化，汽车技术也取得了令人瞩目的进步。汽车电气设备是汽车的重要组成部分，随着汽车技术的进

步,汽车电气设备的结构与性能也在不断改进,特别是电子技术在汽车上的广泛应用,在解决汽车节能降耗、行车安全、减少排放污染等方面起着越来越重要的作用。

20世纪60年代以后,随着电子技术的进步,汽车上开始采用电子设备,主要标志是交流发电机,采用二极管整流技术,将交流电变为直流电,减小了发电机的质量和体积,提高了发电机的可靠性。之后,又用电子电压调节器替代了传统的触点式电压调节器,使发电机的输出电压更加稳定,并减少了维护的工作量。

动画1-3 汽车电器设备组成

汽车电路主要包含电源系统、各种用电设备、中间装置(线束、各种开关),它们是汽车电路的基本组成部分,如图1-15所示。

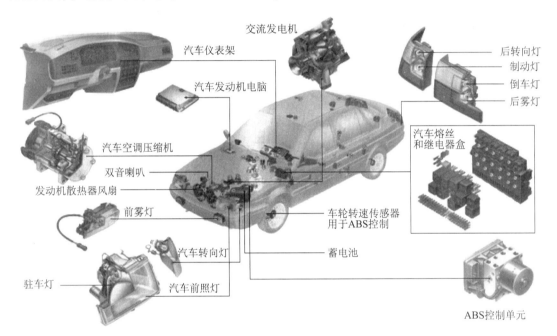

图1-15 汽车用电设备实物图

(1)电源系统主要包括蓄电池、交流发电机、电压调节器。发电机与蓄电池并联工作,发动机不工作时由蓄电池供电,发动机起动后,转由发电机供电。在发电机给用电设备供电的同时,也给蓄电池充电。发电机配有调节器,其主要作用是在发电机转速变化时,自动保持发电机输出电压稳定。

(2)用电设备主要包括起动系统、点火系统、照明系统、信号系统、仪表及报警系统、辅助电器、空调、安全气囊等装置。许多新的车身电气设备或电控装置在不断更新和产生,如汽车音响、汽车导航、防抱死制动系统(anti-lock braking system,ABS)。

任何电气设备和电控装置要想获得电源供电,中间装置的连接必不可少。

(3)中间装置(线束及开关)常见的连接装置有汽车线束、开关装置、保险装置、继电器、连接端子、熔断器、断路器和插接器等,这些中间装置的选用和装配直接影响用电设备的运行状况。

全车电路及配电装置:包括中央接线盒、熔断器、继电器、线束及插接件、电路开关等,使全车电路构成一个统一的整体。

相关链接：

由于现代汽车所采用的电控系统越来越多，所占的比重越来越大，且汽车电控系统往往都自成系统，将电子控制与机械装置相结合，形成了较为典型的机电一体化系统。

1.1.3.2 汽车电路特点

汽车电路一方面具有一般电路的共性，也是由电源、用电器、开关、熔断器及导线连接而成的。另一方面又有自己的特殊性，共有五个特点。

微课1-6
汽车电路特点

1. 两个电源

所谓两个电源，就是指蓄电池和发电机两个供电电源。蓄电池是辅助电源，在汽车未运转时向有关用电设备供电；发电机是主电源，当发电机运转到一定转速后，发电机转速达到规定的发电转速，开始向有关用电设备供电，同时对蓄电池进行充电。汽车中发电机与蓄电池并联，所以才组成完整汽车电路的电源。蓄电池是一个可逆的直流电源，既能将化学能转换为电能，也能将电能转换为化学能。具有独立的电源回路是汽车电路的特殊性之一。两者的联系是发电机靠起动机起动，而起动机的电源是蓄电池，当蓄电池的电能消耗完后又必须用直流电进行充电，所以汽车电气系统为直流系统。

2. 低压直流供电

汽车电气设备采用低压直流供电，即12 V 和24 V 两种。目前汽油车普遍采用12 V，柴油车普遍采用24 V。

3. 单线制

汽车上所有用电设备都是并联的，电源到用电设备只用一根导线连接，而将汽车的金属机体作为公共回路，这种连接方式称为单线制。单线制节省导线、线路清晰、安装与检修方便，并且用电设备无须与车体绝缘，因此现代汽车广泛采用单线制。

注意： 在一些不能形成可靠的电气回路或需要精确电子信号的回路中，采用双线制。

4. 负极搭铁（接地）

所谓搭铁，就是采用单线制时，将蓄电池的一个电极用导线连接到车架（发动机或底盘等金属车体）上。若蓄电池的负极连接到金属车体上，称为"负极搭铁"（接地）；反之，若蓄电池的正极连接到金属车体上，称为"正极搭铁"。目前各国生产的汽车大多采用"负极搭铁"方式。

5. 用电设备并联

所谓用电设备并联，就是指汽车上的各种用电设备都采用并联方式与电源连接，每个用电设备都由各自串联在其支路中的专用开关控制，互不产生干扰。

1.1.3.3 汽车电气元件

1. 汽车电路图

在汽车电气和电子系统中，由许多元件、组件和系统共同起作用。只有在电路图中才能看出元件、组件和系统的共同作用关系，才能知道电气连接情况。

元件：如电阻、晶体管和电容器等。

组件：刮水时间间隔继电器、危险报警发生器等。

系统：点火系统、照明系统等。

汽车电路图的结构及分类如图1-16所示。

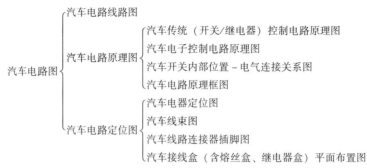

图1-16 汽车电路图的结构及分类

汽车电路图（见图1-17）是将汽车各电气部件的图形符号通过导线连接在一起的关系图，可分为电路线路图、原理图和定位图。尽管不同车型的电路图风格各异，但汽车电路图的符号有规定的标准：

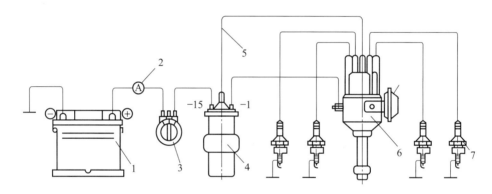

1—蓄电池；2—电流表；3—点火开关；4—点火线圈；5—高压线；6—分电器；7—火花塞。

图1-17 汽车点火系统部件连接图

- 带有DIN EN 60617标准电路符号的电路；
- 符合DIN EN 61346-2标准规定的设备符号；
- 符合DIN 72552标准规定的车辆技术接线总线端符号或符合DIN EN 60445标准规定的电气技术连接符号。

所以，汽车电路图能够详细描述整个电路及其电气设备。绘制电路图的主要目的是便于分析一个电路的功能。

1）汽车电路线路图

汽车电路线路图表达了各个电器在车上的大致布局。各电器以实物轮廓图表示。导线分布大体与车上的实际位置、走向相同。电路线路图完整地表达了整车的电器及线路连接，但不能清晰、方便地反映各电气系统的工作原理，且识读所需的时间较长。

2）汽车电路原理图

汽车电路原理图（见图1-18）是用图形符号按工作顺序或功能布局绘制的详细了解电气元件间的相互控制关系和工作原理，不考虑实际位置的简图，具有电路清晰、简单明了，便于理解电路原理的特点。一般具有以下特点：

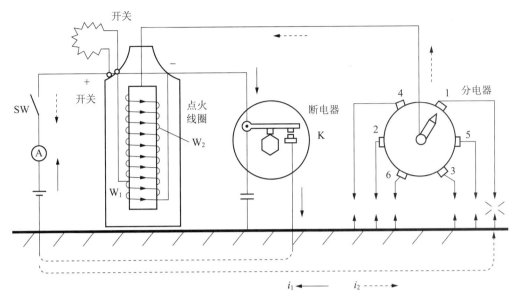

图 1-18 汽车点火系统电路原理图

- 通过图形符号表示各电器。一般通过这些图形符号可了解该电器的基本结构和作用。
- 图中建立起电位高低的概念。电源线在图上方，接地线在图下方，电流方向自上而下。电路较少迂回曲折，电路图中电气元件串、并联关系十分清楚，电路图易识读。
- 各电器不再按电器在车上的安装位置布局，而是依据工作原理在图中合理布局，使各系统处于相对独立的位置，从而易于对各用电设备进行单独的电路分析。
- 各电器旁边通常标注有电器名称及代码（如控制器件、继电器、过载保护器、用电器、铰接点及接地点等）。
- 电路原理图中所有开关及用电器均处于不工作的状态。例如，点火开关是断开的，发动机不工作，车灯关闭等。
- 导线一般标注有颜色和规格代码，有的车型还标注有该导线所属电气系统的代码。根据以上标注，易于对照定位图找到该电器或导线在车上的位置。

近年来，随着汽车电气技术的飞速发展，特别是电子技术的广泛应用，汽车电气系统发生了以下变化：

- 新的电气系统不断出现，如汽车上出于安全、舒适等目的而新增的装置等。
- 电子控制被广泛应用，使独立控制的系统向集成控制的方向发展。很多车型的发动机和自动变速器就是由一个电控单元进行控制的，称为动力控制单元（如通用的 PCM 电控单元）。
- 各电气系统之间的关联越来越多，如发动机电控系统和自动变速器电控系统之间有很多信息共享和匹配。

汽车电路原理框图是把一个完整的电路划分成若干部分，各个部分用方框表示，每一方框再用文字或符号说明功能，各方框之间用线条连接起来，用以表明各部分的相互关系。不必画出元器件和它们之间的具体连接情况。方框图是为说明电路的工作原理服务的。总之，电路原理图是分析电气系统工作原理及维修电气系统的最基本、最实用的资料。

3）汽车电路定位图

汽车电路定位图用于指示各电器及导线的具体位置。一般采用绘制的立体图或实物照片的形式，立体感强，能直观、清晰地反映电器在车上的实际位置，具有很高的实用价值。

目前，大多数制造公司采用电路原理图结合定位图的表达方式。为便于结合两类图，大多数车型的电路图还附有表格，指出电路图上的电器、导线等在哪一张定位图上。

> **相关链接：**
>
> 定位图在某些车型中还有进一步的细化分类：
> 1. 汽车电器定位图：确定各电气元件、连接器、接线盒、搭铁点、铰接点及诊断座等的分布位置。
> 2. 汽车线束图：确定电线束与各用电器的连接部位、接线柱的标记、线头、连接器的形状及位置。
> 3. 汽车线路连接器插脚图：确定连接器内各导线的连接位置。
> 4. 汽车接线盒（含熔丝盒、继电器盒）平面布置图：确定熔丝、继电器等的具体安装方位。

2. 汽车电路的识别与检测

汽车中的电气设备都是设计为单线设备，即只向用电器铺设一根导线。在此将车身（地线）当作电源负极与用电器负极之间的回线来使用。接地标志用接地符号（"⊥"）表示。安装时所有带接地符号的部件都必须与车辆接地有电气连接。

为了进行汽车电路图的识读，电路图要提供电流路径、电路元器件和电缆连接的有关信息。为了能更好地掌握要领，把电流路径按垂直方向平行布置并编号。如图 1-19 所示，电流路径从表示正极侧的接头，即电路的端子 30（常火线）和 15（点火线）的两条水平线的上面开始并汇聚到表示搭铁（端子 31）的水平线。通常通过直接接到车身上或者用一根导线接到一个接地点上而完成搭铁（负极）。所有电路元器件在各个接点上都有端子符号，以便能把它们正确连接。一个电路必须始终是闭合的，否则电流就不能流过。

为了今后学习汽车类电气专业知识，必须先了解汽车电路的识读方法。识读图 1-19 所示汽车电路图。

1——三角箭头，表示下接下一页电路图。

2——熔丝代号，图中 S_5 表示该熔丝位于熔丝座第 5 号位，10 A。

3——继电器板上插头连接代号，表示多针或单针插头连接和导线的位置。例如，D13 表示多针插头连接 D 位置触点 13。

4——接线端子代号，表示电气元件上接线端子数/多针插头连接触点号码。

5——元件代号，在电路图下方可以查到元件的名称。

6——元件的符号，可参见电路图符号说明。

7——内部接线（细实线），该接线并不是作为导线设置的，而是表示元件或导线束内部的电路。

8——指示内部接线的去向，字母表示内部接线在下一页电路图中与标有相同字母的内部接线相连。

9——接地点的代号,在电路图下方可查到该代号接地点在汽车上的位置。

10——线束内连接线的代号,在电路图下方可查到该不可拆式连接位于哪个导线束内。

11——插头连接。例如T8a/6表示8针a插头触点6。

12——附加熔丝符号。例如S123表示在中央电器附加继电器板上第23号位熔丝,10 A。

13——导线的颜色和截面积(单位:mm²)。

14——三角箭头,指示元件接续上一页电路图。

15——指示导线的去向,框内的数字指示导线连接到哪个接点编号。

16——继电器位置编号,表示继电器板上的继电器位置编号。

17——继电器板上的继电器或控制器接线代号,该代号表示继电器多针插头的各个触点。例如2/30,其中2表示继电器板上2号位插口的触点2;30表示继电器/控制器上的触点30。

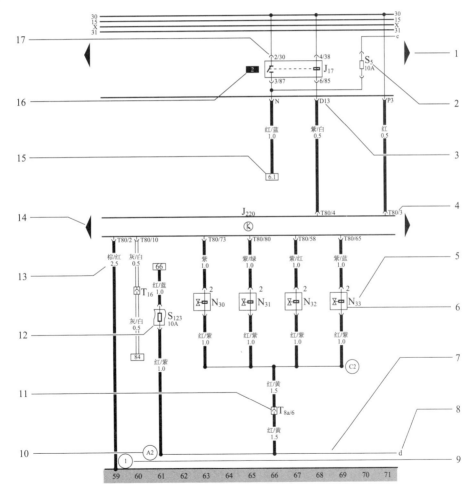

图1-19 汽车线路图

【重点掌握】 轿车电器线路的电源正极分成"30""15""X"3根相线,标有"31"的线为搭铁线(接地)。具体说明如下:

(1) 标有"30"的线——常火线,直接与蓄电池连接,其电压都等于电源电压(12~14 V)。在电路图中总线端30上始终带有蓄电池电压。其导线大多为红色或为带彩色条纹的红色。

(2) 标有"15"的线——点火线,为小容量用电设备的电源正极。它受点火开关控制,只有在点火开关接通后,用电设备才能通电使用。

(3) 标有"X"的线——卸荷线,为大容量用电设备的电源正极。只有点火开关打开后总线端X才通电。操纵起动机时,总线端X断电。所有大耗电量用电器都接入这个电路中,如近光灯和远光灯、风窗除霜器、空调系统的鼓风电动机等。

(4) 标有"31"的线——搭铁线(接地导线),通常为棕色。

(5) 最下方数字——电路号码,以便查找与其相连接处。

3. 常用电气元件简写表(一汽大众、奥迪)(见表1-1)

表1-1 常用电气元件简写表

符号	电器名称	符号	电器名称	符号	电器名称
A	蓄电池	J	继电器	T	线束插头
B	起动机	K	警报灯	U	点烟器/插座
C	发电机	L	照明灯	V	电机/泵体
D	点火开关	M	照明灯	W	照明灯
D2	防盗线圈	N	阀体/触发器	X	牌照灯
E	电器开关	O	—	Y6	变速杆位置
F	触点开关	P	火花塞插头	Y7	防眩后视镜
G	传感器	Q	火花塞	Y8	时钟
H	蜂鸣器	R	扬声器/天线	Z	加热器
I	—	S	熔丝	λ	氧传感器

4. 汽车电路常用的连接装置——导线

汽车电路是由导线连接起来的,用电器通过导线来供电。导线以导线束形式集中铺设。子导线束连接到不同的电气和电子系统。子导线束、电器和电子元件通过插接器连接在一起。

随着现代汽车技术的不断发展,用电设备大量增加,正确选用和识别汽车导线、保证汽车行驶安全,已经变得越来越重要。不同的汽车电路,对导线的尺寸及材料的要求也不一样,它们各自都有严格的标准规定。

相关链接:

在维修汽车电路时,要严格按照维修手册中的相关规定、标准和程序,切记不要随便连接、更换或替代出现问题的导线,不要随意更改和加接导线,否则易引起导线过热,发生故障或火灾,是很危险的。

汽车电气设备的连接导线按承受电压的高低,可分为高压导线和低压导线两种。低压导线按其用途分,又有普通低压导线和低压电缆线两种。汽车充电系统,仪表、照明、信号及辅助电气设备,均使用普通低压导线,常用规格如表1-2所示;而起动机与蓄电池的连接线、蓄电池与车架的搭铁线等则采用低压电缆线。高压导线主要用于点火线圈高压输出线及分电器盖至发动机各缸火花塞上的高压导线。

表 1-2　常用低压导线的规格

标称截面面积 /mm²	线芯结构		绝缘标称厚度 /mm	导线最大直径 φ/mm	允许载流量 /A
	根数	直径/mm			
0.5			0.6	2.2	
0.6			0.6	2.3	
0.8	7	0.39	0.6	2.5	
1	7	0.42	0.6	2.6	11
1.5	17	0.52	0.6	2.9	14
2.5	19	0.41	0.8	3.8	20
4	19	0.52	0.8	4.4	25
6	19	0.64	0.9	5.2	35
8	19	0.74	0.9	5.7	
10	49	0.52	1.0	6.9	50
16	49	0.64	1.0	8.0	
25	98	0.58	1.2	10.3	
35	133	0.58	1.2	11.3	
50	133`	0.58	1.4	13.3	

（1）低压线的选用原则：

①导线的温升。电流通过导线时，它的热效应会使导线温度升高。一般在炎热的夏季，当发动机周围的温度高达 70℃～90℃时，该环境温度下的导线温升不得大于 10℃。因而必须以电流大小选择合适的导线截面面积，表 1-2 所示的规格可作参考选用。

②导线的电压降。通常整车电路的总电压降不得大于 0.8 V，起动机的起动瞬时，导线的电压降不得大于 0.5 V，以保证起动机顺利起动。从电压降的角度看，导线长度越短越好。

③导线的机械强度。车用导线应有足够的机械强度，即使电流很小的负载电路，其导线截面面积也不应小于 0.5 mm²。12 V 电压主要线路导线截面面积推荐值如表 1-3 所示。

表 1-3　12 V 电压主要线路导线截面面积

标称截面面积/mm²	用　　　　途
0.5	尾灯、顶灯、指示灯、仪表灯、牌照灯、燃油灯、刮水器电动机、电钟、水温表、油压表
0.8	转向灯、制动灯、停车灯、分电器
1.0	前照灯、喇叭（3 A 以下）
1.5	电喇叭（3 A 以上）
1.5～4.0	其他的连接导线
4～6	电热塞导线
6～25	电源线
16～95	起动机导线

（2）高压线的选用原则：高压点火线即高压电缆，简称高压线，用于发动机点火线圈至火花塞之间的高压电路。由于承受的工作电压高达 10～20 kV，电流强度却很小，因此高压点火线的绝缘层很厚，耐压性能好。根据线芯不同，高压线可分成铜芯线和阻尼线两类。

① 以耐压为依据，要求绝缘性能的耐压应在 15 kV 以上。
② 对于阻尼点火线，要求每 1 m 长的线电阻不应超过 20 kΩ。

导线的颜色区别和代号：随着汽车上使用的电器增多，导线数量增多，为便于安装和检修，采用双色线。主色为基础色，辅色为环布导线的条色带或螺旋色带，且标注时主色在前、辅色在后。

一些国家在汽车电路图中使用的导线色码标记对照表，如表 1-4 所示。

表 1-4 汽车电路图导线色码标记对照表

颜色	英国	日本	美国	欧洲	颜色	英国	日本	美国	欧洲
黑	B	B	BK	BK	灰	Gr	Gr	GY	GY
白	W	W	WT	WT	紫	V	V	PL	PL
红	R	R	RD	RD	橙	O	O	OG	OG
绿	G	G	GN	GN	粉	—	P	PK	PK
黄棕	Y	Y	YL	YL	浅蓝	—	L	LTBU	HBL
棕	Br	Br	BN	BN	浅绿	—	Lg	LTGn	HGN
蓝	Bl	—	BU	BU					

标注：导线的截面面积标注在颜色代码前面，单位为 mm 时不标注。例如，1.25R 表示导线截面面积为 1.25 mm^2 的红色导线；1.0GY 表示导线截面面积为 1.0 mm^2 的双色导线，主色为绿色，辅色为黄色；如果导线的截面面积为 0.5 mm^2 时，不标注，即 R 表示导线截面面积为 0.5 mm^2 的红色导线。导线在汽车中的应用如表 1-5 所示。

表 1-5 照明装置导线标识色

导线	基本颜色/标识色
接地导线	棕色
总线端 15 电缆	黑色或黑色/色条
总线端 30 电缆	红色或红色/色条
蓄电池正极——远光灯瞬时接通开关	红色
远光灯瞬时接通开关——近光开关	白色/黑色
近光灯开关——远光灯	白色
远光灯瞬时接地开关——近光灯	黄色
左侧停车报警灯，尾灯	灰色/黑色
右侧停车报警灯，尾灯	灰色/红色

5. 汽车熔断器

熔断器俗称保险丝，也称保险管，在电路中起保护作用。当电路中流过的电流超过规定的最大电流时，熔断器的熔丝自身发热而熔断，切断电路，以防止烧坏电路连接导线和电气设备，把故障限制在最小的范围内。熔断器的主要元件是锌、锡、铅等金属的合金丝。熔断器属于一次性保护装置，每次过载后都要更换。汽车上设有多个熔断器，常见的有玻璃管式、陶瓷体式、缠丝式、插片式熔断器。

电气设备出现故障时，每次必须首先对熔断器进行现场直观检查。如果熔断器已熔断，必须换上一个额定电流相同的新熔断器；如果更换后熔断器再次熔断，则说明是电路其他电气设备或导线出现问题。

6. 汽车断路器

汽车断路器是当电流负荷超过用电设备额定容量时，将电路断开的一种可重复使用的电路保护装置。断路器多是一种热敏机械装置，它利用两种金属的不同热变形使触点开闭。断路器与熔断器不同，在电流中断后，因温度降低，触点能重新闭合，使电路恢复通电。有些断路器须手工恢复，有些则必须撤了电源才能复原。前照灯电路及电动座椅、门锁、车窗电路中常使用断路器。

7. 汽车易熔线

易熔线是另一种形式的保护装置，是为电流过大时熔化和断开电路而设计的导线，是一段标准的铜导线，是容量非常大的熔断器，主要用来保护电源电路和大电流电路，一般位于蓄电池和起动机或电器中心之间。

8. 汽车插接器

插接器由插头和插座两部分组成。插头和插座均与各个线束端相连接，将插头插入相应的插座，即完成了线束之间的连接。插头的脚数与线束中导线条数相同，不同的线束应选不同的插头。插脚的形式有矩形和圆形两种。图 1-20 所示为各种插接器的示意图。

为防止汽车行驶时插接器松脱，所有的插接器在结构上均有锁闭装置。需要拆开时，应先按下闭锁，使锁扣脱开，才能将其分开。

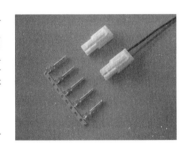

图 1-20 汽车插接器

1.1.4 常用电子元器件——电阻器

由于电路是由电特性相当复杂的实际电路元件或器件组成的，为了用数学方法进行分析，获得具有普遍意义的规律，常将电路中的各种电路元件用一些能反映其主要特性的理想电路元件（称为模型）来代替。理想电路元件简称电路元件。通常采用的电路元件有电阻元件、电感元件、电容元件、理想电压源、理想电流源。前 3 种元件均不产生能量，称为无源元件；后 2 种元件是电路中提供能量的元件，称为有源元件。元件可分为线性和非线性两种。线性元件的参数是常数，与所施加的电压和电流无关。（电路基本元件电感 L 和电容 C 的介绍分别放在后面单元中。）

1.1.4.1 电阻

导体或半导体对电流的阻碍作用称为电阻作用。

在导体中，自由电子在电场力的作用下做定向运动时，会和晶格中的原子发生碰撞，有的电子被吸收，又会撞出新的自由电子，这样碰撞、摩擦的效应反映对电流的阻碍作用。电阻作用使得导体或半导体通过电流时进行着把电能转换成热能或其他形式能量的不可逆过程。例如，白炽灯、电炉、电烙铁等电阻器就是利用电阻作用而发热发光的。有的电器（如发电机、电动机、变压器等）不是用来发热的，因为也有电阻作用，通过电流时也要损耗电能。实际电路中，还会由其他原因而发热消耗电能。

电流流过电阻时，要消耗能量，所以沿电流方向就会出现电压。为了衡量电阻器对电流的阻碍作用，把电阻器两端的电压 u 和通过它的电流 i 的比值称为它的电阻，用 R 表示，则电阻的定义为

$$R = \frac{u}{i} \tag{1-10}$$

式（1-10）就是欧姆定律。欧姆定律是电路分析中最基本、最重要的定律。它说明如果电阻固定，则电流的大小与电压成正比；如果电压固定，则电流的大小与电阻成反比。它反映电阻对电流的阻碍作用。

1. 电阻器的分类

电阻器又称电阻。在电子产品和汽车电器中是一种必不可少的元件。它的种类繁多，形状各异，功率也不相同，在电路中使用电阻的目的是限制高电压和大电流或得到规定的电压等。

当电流通过金属导体时，做定向运动的电子会与金属中的其他粒子发生碰撞。由此可见，导体对电荷的定向运动有着一定的阻碍作用，电阻就是反映导体对电荷阻碍作用的物理量。

电阻的文字符号：R。

电阻的图形符号：─▭─。

单位：欧姆（Ω）。

（1）按制作材料分：有碳膜电阻、金属膜电阻和线绕电阻等。

（2）按结构形式分：有固定电阻和可变电阻。

（3）按功率分：有 1/16 W、1/8 W、1/4 W、1/2 W、1 W、2 W 等额定功率的电阻。

（4）按用途分：有精密电阻、高频电阻、高压电阻、大功率电阻、热敏电阻、熔断电阻、光敏电阻等。

2. 固定电阻阻值的标注方法

（1）直接标注法。

①大电阻：直接将数字与单位标注在电阻上，如 R260 Ω。

②贴片电阻：常用的贴片电阻阻值误差精度有 ±5% 和 ±1% 两种。±5% 精度的电阻用 3 位数来表示，前面 2 位是有效数字，第 3 位数表示有多少个零，基本单位是 Ω，如标注 452 就是 4 500 Ω；±1 精度的电阻常用 4 位数来表示，前 3 位表示有效数字，第 4 位表示有多少个零，如标注 2571 就是 2 570 Ω。

（2）色标法。

碳膜和金属膜电阻分别用四环与五环色环标注阻值，数值的读取方法、颜色与数值的对应关系如图 1-21 所示。

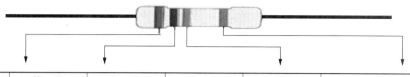

颜色	第一段	第二段	第三段	乘数	误差	
黑色	0	0	0	10^0		
棕色	1	1	1	10^1	±1%	F
红色	2	2	2	10^2	±2%	G
橙色	3	3	3	10^3		
黄色	4	4	4	10^4		
绿色	5	5	5	10^5	±0.5%	D
蓝色	6	6	6	10^6	±0.25%	C
紫色	7	7	7	10^7	±0.10%	B
灰色	8	8	8		±0.05%	A
白色	9	9	9			
金色				10^{-1}	±5%	J
银色				10^{-2}	±10%	K
无					±20%	M

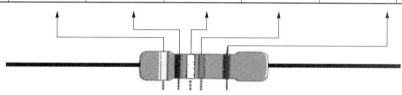

图 1-21　色环电阻表示法

1.1.4.2　电阻定律

导体的电阻是客观存在的，它与导体两端的电压大小无关。实验表明，导体的电阻与导体的长度 l 成正比，与导体的截面积 S 成反比，并与导体的材料有关。具体表达式为

$$R = \rho \frac{l}{S}$$

式中：ρ 为导体的电阻率。

由实验可知，银、铜、铝等金属的电阻率较小，所以在实际应用中常用铜、铝两种导线。

导体的电阻除与导体本身的长度、横截面积、材料有关以外，还与导体的温度有关。当温度上升时，金属膜电阻值变大，而碳膜电阻值反而变小。

(1) 线性电阻：电阻是组成电路的基本元件之一。如果电阻值是一常数，与通过它的电流无关，则称之为线性电阻。把一系列不同的电压加到电阻两端，将获得（流过这个电阻的）一系列不同的电流，电路如图 1-22（a）所示。如果取电压为横坐标，电流为纵坐标，画出电压-电流的关系曲线，这条曲线就是该电阻的伏安特性曲线，如图 1-22（b）所示，它是一条过原点的直线。

(2) 非线性电阻：如果电阻值不是一个常数，而与通过它的电流和加其两端的电压有关，当电流或电压改变时，电阻的数值也随之而变，则称之为非线性电阻，诸如二极管、白炽灯灯泡、电炉等都是非线性电阻，即它们的伏安特性是非线性的。

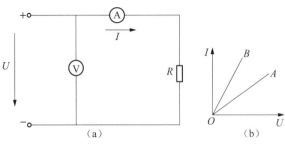

图 1-22 伏安特性曲线

1.1.4.3 汽车电脑常用电阻

汽车中使用的电阻多为固定电阻，其中最常用的电阻有碳膜电阻、金属膜电阻、金属氧化膜电阻、合成碳膜电阻和贴片电阻。

(1) 碳膜电阻。碳膜电阻是使用得最早、最广泛的电阻。它由碳沉积在瓷质基体上制成，通过改变碳膜的厚度和长度可以得到不同阻值。其主要特点是耐高温，当环境温度升高时，与其他电阻相比，其阻值变化很小。另外，其高频特性好，精度高，常在精密仪表等高档设备中使用。

(2) 金属膜电阻。金属膜电阻就是以特种金属或合金作电阻材料，用真空蒸发或溅射的方法，在陶瓷或玻璃基体上形成电阻膜层的电阻。这类电阻一般采用真空蒸发工艺获得，即在真空中加热合金，合金蒸发，使瓷棒表面形成一层导电金属膜。金属膜电阻的制造工艺比较灵活，不仅可以调整它的材料成分和膜层厚度，也可通过刻槽调整阻值，因而可以制成性能良好、阻值范围较宽的电阻。这种电阻和碳膜电阻相比，体积小、噪声低、稳定性好，但成本较高，常常作为精密和高稳定性的电阻而广泛应用，同时也通用于各种无线电电子设备中。

(3) 金属氧化膜电阻。这种电阻是由能水解的金属盐类溶液（如四氯化锡和三氯化锑）在炽热的玻璃或陶瓷的表面分解堆积而成的。随着制造条件的不同，电阻的性能也有很大差异。

可变电阻按其设置特性进行区分。除直线和对数设置特性外，还有一系列非线性电阻，如表 1-6 所示。随着汽车电子学领域技术的不断进步，最近几年，非电气变量的电气测量已发展成为测量技术的一个重要领域。如今已开发出众多的物理和化学传感器（测量传感器）。测量传感器可将物理和化学变量，即非电气变量（如温度、压力、速度或磁场强度）转变为电气信号，如电压或电流。

表 1-6 非线性电阻

物理变量	电气变量
温度	电阻
光强度（发光度）	电压
转速	电压
磁通（量）密度	电阻
压力	电流
氧浓度	电压

1.1.5 电阻串并联计算与应用

1.1.5.1 电阻串联计算及其在汽车中的应用

一个串联电路由仅有一条供电流通过的通道组成。电路中任何元件失效，整个电路将不能工作。来自蓄电池正极的电流必须全部通过每一个电阻器，然后回到蓄电池的负极，如图1-23所示。

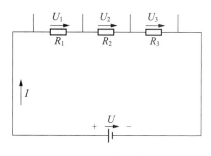

图1-23 串联电路

串联电路的总电阻通过简单地将电阻相加来计算。例如，一个有三个照明灯的串联电路，其中一个电灯泡电阻为2Ω，另两个电阻均为1Ω，则该电路总的电阻是 2+1+1=4（Ω）。

串联电路的特征是：

（1）电路中流过所有电阻的电流是相同的，即
$$I = I_1 = I_2 = I_3 = \cdots$$

（2）总电压等于各分电压之和，即
$$U = U_1 + U_2 + U_3 + \cdots$$

（3）总的电阻等于所有电阻之和，即
$$R = R_1 + R_2 + R_3 + \cdots$$

动画1-4 串联电阻分压应用

提示：在串联电路中，一个用电器失灵，则总电流将被切断。

【例1-3】 在汽车多挡冷风和暖风鼓风机中，通过3个限流串联电阻，鼓风机电动机能以4个不同挡位运转，实现电压分配，如图1-24所示。

解：

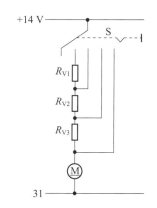
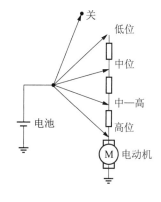

图1-24 汽车多挡冷风和暖风鼓风机

1.1.5.2 电阻并联计算及其在汽车中的应用

在一个并联电路中，电流能一次流过超过一个的并行分支。在这种电路中，一个并行分支的一个元件的失效不会影响电路中其他分支中的元件。并联电路如图1-25所示。

并联电路的特征是：

（1）总电流等于各分电流之和，即
$$I = I_1 + I_2 + I_3 + \cdots$$

（2）所有电阻上的电压是相同的，即

$$U = U_1 = U_2 = U_3 = \cdots$$

（3）总电阻的倒数等于各分电阻倒数之和，即

$$\frac{1}{R} = \frac{1}{R_1} + \frac{1}{R_2} + \frac{1}{R_3} + \cdots$$

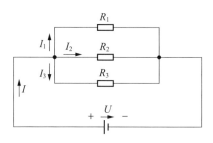

动画 1-5
并联电阻
分流应用

图 1-25 并联电路

并联电路总电阻总是小于阻值最小的单个电阻。在并联电路中，一个用电器失灵时，不影响其他用电器的功能。大多数汽车电气系统接线是并联的。实际上，由若干串联电路组成的系统的接线是并联的，这样可使每一个组件能独立于其他组件工作。当某个组件开启或断开时，其他组件的操作不应受到影响。

【例1-4】 分析图1-26所示汽车照明灯电路图。

解析：每一个照明灯串联一个熔断器（熔丝）起保护作用，汽车照明灯采用并联方式连接。

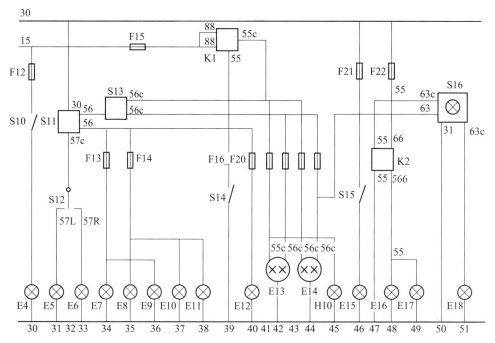

图 1-26 汽车照明灯电路图

1.1.5.3 电阻混联在汽车中的应用

混联电路是串联电路和并联电路的组合电路。计算时将混联电路分解成单个电路——并

联或串联电路，并计算出等效电阻。混联电路如图 1 – 27 所示，有

$$R_{23} = \frac{R_2 R_3}{R_2 + R_3}$$

$$R_{12} = R_1 + R_2$$

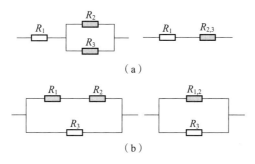

图 1 – 27 混联电路

【例 1 – 5】 图 1 – 28 所示是一个简单的制动信号灯电路，它是一个混联电路。了解该组件各终端设备的名称。

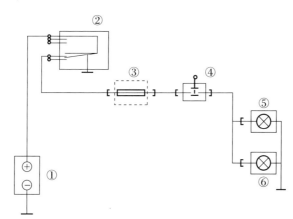

① 蓄电池；② 点火开关；③ 配电盒；④ 制动信号灯开关；⑤ 右侧尾灯；⑥ 左侧尾灯。

图 1 – 28 制动信号灯电路

相关链接：

31—接地（蓄电池负极）；

30—永久正极（蓄电池正极接线柱）；

15—通过点火开关的正极（点火）；

50—通过点火开关的正极（起动）；

75（R）—通过点火开关的正极（收音机设置）。

直流电桥是一种在一个输入接线柱和接地之间串并联排列的电阻，它是典型的电阻混联电路。

直流电桥是用来测量电气设备直流电阻或与电阻有一定函数关系的比较仪器。对中等数值（$10 \sim 10^6$ Ω）电阻的测量，用惠斯通电桥；对 10 Ω 以下小电阻（如变压器电压分接开关的接触电阻、油开关或其他电气设备的接触电阻）的测量，用开尔文电桥。本任务只分

析前者——惠斯通电桥。

1. 惠斯通电桥的结构

惠斯通电桥是一种专门用来测量中等数值电阻的精密测量仪器。图1-29是直流电桥的原理图，图中待测电阻 R_x 和 R_0、R_1、R_2 四个电阻联成一个四边形，每一条边称为电桥的一个臂。检流计 G 连通的 CD 边称为"桥"。其中 R_x 称为被测臂，R_1、R_2 构成比例臂，R_0 称为比较臂。

微课1-7
惠斯通电桥

2. 工作原理

惠斯通电桥是两个简单的串联电路、横过电源并联的一种电路。桥上的检流计用来检测其间有无电流及比较"桥"两端（即 CD 端）的电位大小。通常其电阻器中的两个电阻器是固定电阻，第三个是可变电阻，而第四个是传感电阻器。当 AB 端加上直流电源时，调节可变电阻使电桥平衡，检流计 G 中无电流流过；当电路中的传感电阻器由于某些因素使其数值发生变化时，检流计 G 将产生电压，该电压就是检测元件输出的误差电压。

3. 工作过程

当接通按钮开关 S_1、S_2 后，调节标准电阻 R_1、R_2、R_0，使检流计 G 的指示为零，即 $I_g = 0$，这时直流电桥处于平衡状态。

电桥平衡时，$I_g = 0$，表明电桥两端 C、D 的电位相等，平衡条件为

$$R_x = \frac{R_1}{R_2}R_0$$

表明：被测电阻 R_x = 比例臂倍率 × 比较臂读数。

【例1-6】 分析图1-29所示直流电桥，简述其工作原理，并证明电桥平衡原理。

解：当 AB 端加上直流电源时，桥上的检流计用来检测其间有无电流及比较"桥"两端（即 CD 端）的电位大小。调节 R_0、R_1、R_2，可使 CD 两点的电位相等，检流计 G 指针指向零（$I_g = 0$），此时，电桥达到平衡。电桥平衡时，根据分压原理，$U_{AC} = U_{AD}$，$U_{CB} = U_{DB}$，即

$$I_2 R_2 = I_1 R_1, \qquad ①$$
$$I_0 R_0 = I_x R_x \qquad ②$$

因为 G 中无电流（即 $I_g = 0$），所以 $I_2 = I_0$，$I_1 = I_x$。

①、②两式相除，即②/①，得

$$R_0/R_2 = R_x/R_1$$
$$R_x = \frac{R_1}{R_2}R_0$$

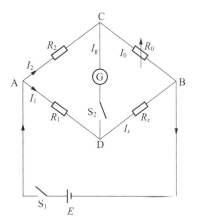

图1-29 例1-6 直流电桥

显然，惠斯通电桥测电阻的原理，就是采用电压比较法。

【例1-7】 如图1-30所示电路，该电路是一个混联电路，已知电源电压 $U = 45$ V，电阻 $R_1 = 70$ Ω，$R_2 = 10$ Ω，$R_3 = 80$ Ω，$R_4 = 5$ Ω，试求电路中电流 I、I_1、I_2 的数值。

图1-30 电阻混联电路

解：由已知条件可得

$$(R_1+R_2)//R_3 = 40\ \Omega$$
$$I = U/[(R_1+R_2)//R_3 + R_4] = 1\ \text{A}$$

最后，可以得出其他支路的电流 $I_1 = I_2 = \dfrac{1}{2}I = 0.5\ \text{A}$。

任务1.2 汽车简单电路的识读与计算

1.2.1 汽车电路识读与计算

1. 提出问题

下面以汽车后窗玻璃除霜电路（线路）为例来进行分析。根据图1-31画出电路原理图，并求出负载 R_L（除霜时电热丝）两端的电压。

> 在较冷的季节，汽车玻璃上会凝结上一层霜、雾、雪或冰，从而影响驾驶员的后视线。为了避免水蒸气凝结，设置了后窗玻璃除霜（雾）装置，需要时可以对后窗玻璃加热。

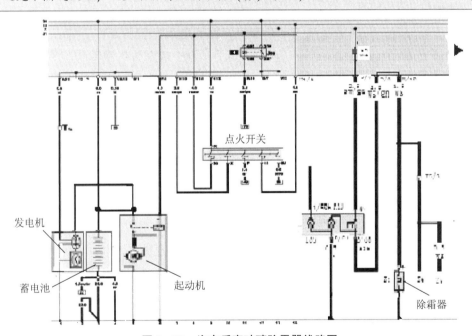

图1-31 汽车后窗玻璃除霜器线路图

在电路中，电流或电压的方向不随时间的变化而变化，称为直流电路。汽车后窗玻璃除霜电路是直流电路，由发电机和蓄电池两个电源供电。

图1-32为汽车后窗玻璃除霜电路原理图。其中，U_1、R_{S1} 分别为发电机的电动势和内阻；U_2、R_{S2} 分别为蓄电池的电动势和内阻；R_L 为除霜负载。电路中的三个电阻不是简单的串、并联关系，无法

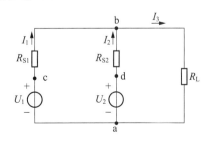

图1-32 汽车后窗玻璃除霜电路原理图

直接应用欧姆定律求解,这种电路称为复杂电路(注意:此处忽略负载电阻 R_L 随温度的变化,将此电路看成线性元件直流电路)。

2. 直流电路相关概念

支路:电路中通过同一电流的每个分支称为支路。图 1-32 中,adb、acb、ab 都是支路,其中 adb、acb 中有电源,称为有源支路;ab 中没有电源,称为无源支路。

节点:三条或三条以上支路的公共连接点,称为节点,如图 1-32 中的 a 点和 b 点。支路就是连接两个节点的一段电路。

回路:电路中的任一闭合路径称为回路。图 1-32 中,adbca、acba、adba 都是回路。只有一个回路的电路称为单回路电路。

网孔:内部不含支路的回路称为网孔。图 1-32 中,adbca、abda 是网孔,而 acba 含有新的支路,就不是网孔。

1.2.2 基尔霍夫定律

基尔霍夫定律是德国物理学家古斯塔夫·基尔霍夫 1845 年发现的,它包含两个重要定律:基尔霍夫电流定律(KCL)和基尔霍夫电压定律(KVL)。

1. 基尔霍夫电流定律

基尔霍夫电流定律的理论基础是电荷守恒定律和电流的稳恒条件。如果在直流电路中的任一节点处取一闭合面,在该节点处不可能有积累电荷,单位时间内流进的电量必等于流出的电量。即在任一时刻,流入节点的电流等于流出节点的电流。

对于任意一个节点:
$$\sum I_{出} = \sum I_{入} \tag{1-11}$$

如果规定:流出节点的电流为正,流入节点的电流为负,则式(1-11)可写为
$$\sum I = 0 \tag{1-12}$$

式(1-12)称为基尔霍夫第一定律,也称电流定律(KCL)。它表明,汇集于任意一个节点的电流的代数和等于零。根据 KCL,每一个节点可以列出一个电流方程,但不是所有方程都是独立的。如果电路共有 n 个节点,则只能列出 $(n-1)$ 个独立方程。

在应用 KCL 之前,要先在电路图上标定支路电流的方向,对于已知的电流,则按已知实际方向标定;对于未知电流,可先设其参考方向,根据所列出的方程式计算出电流值。计算结果如为正,则表示电流的实际方向和参考方向相同;如为负,则表示电流的实际方向与参考方向相反。如图 1-33 所示,对于一个节点,应用 KCL 可得:$I_1 + I_2 = I_3 + I_4 + I_5$。

图 1-33 基尔霍夫电流定律

如果规定流入为正,流出为负,则可写成:$I_5 + I_4 + I_3 - I_1 - I_2 = 0$。

2. 基尔霍夫电压定律

基尔霍夫电压定律阐明的是电路中任一回路上的电动势和电阻上的电压(电位差)之间的关系。即在任一时刻,沿任意闭合回路绕行一周,各段电压代数和恒等于零。对于任意回路:
$$\sum U = 0 \tag{1-13}$$

式（1–13）称为基尔霍夫电压定律，也称电压定律（KVL），它也表明，在任意时刻，任意回路中电动势的代数和恒等于各个电阻（含电源内阻）上电压降的代数和，即

$$\sum E = \sum IR \tag{1–14}$$

在运用 KVL 列方程时，首先要确定回路各段电压的参考方向，然后选取回路绕行方向。当各段电压的参考方向和回路绕行方向一致时，该电压取正值；反之，则取负值。

列电压方程时应注意：
- 列方程前标注回路绕行方向；
- 应用 $\sum U = 0$ 列方程时，项前符号的确定：凡支路电压的参考方向与回路绕行方向一致者，此电压前面取"＋"号，反之电压前面取"－"号。
- 开口电压可按回路处理。

在图 1–34 所示回路中，回路绕行方向如图所示，则根据 KVL 可得：$U_1 + U_2 - U_3 - U_4 = 0$。

3. 支路电流法

支路电流法：以支路电流为未知量，应用基尔霍夫定律（KCL、KVL）列方程组求解。

图 1–35 所示电路

支路数 $b=3$，节点数 $n=2$，回路数为 3，单孔回路（网孔）数为 2。

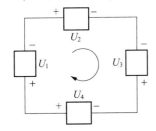
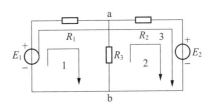

图 1–34　基尔霍夫电压定律　　　　图 1–35　回路绕行方向

支路电流法的解题步骤：
- 在图中标出各支路电流的参考方向，对选定的回路标出回路循行方向。
- 应用 KCL 对节点列出 $(n-1)$ 个独立的节点电流方程。
- 应用 KVL 对回路列出 $b-(n-1)$ 个独立的回路电压方程。
- 联立求解 b 个方程，求出各支路电流。

【例 1–8】　图 1–32 所示电路为汽车后窗玻璃除霜电路原理图，已知蓄电池电压 $U_1 = 12$ V，内阻 $R_{S1} = 0.4$ Ω；发电机电压 $U_2 = 15$ V，内阻 $R_{S2} = 0.1$ Ω；电热丝电阻 $R_L = 2.8$ Ω，试求电路中三个支路的电流（忽略温度对负载电阻 R_L 的影响）。

解：电路有 2 个网孔、2 个节点，可以列出电压和电流方程为

$$U_1 = I_1 R_{S1} + I_L R_L$$

代入数值，有

$$12 = 0.4 I_1 + 2.8 I_L \qquad ①$$

$$U_2 = I_2 R_{S2} + I_L R_L$$

代入数值，有

$$15 = 0.1 I_2 + 2.8 I_L \qquad ②$$

$$I_L = I_1 + I_2 \qquad ③$$

联立①②③求解，得 $I_1 = -5$ A，$I_2 = 10$ A，$I_L = 5$ A。

【例1-9】 如图1-36所示,已知 $U_{S1}=15\text{ V}$, $I_S=1\text{ A}$, $U_{S2}=5\text{ V}$, $R=5\text{ }\Omega$。求各电源的功率,说明是吸收还是提供功率,并验证功率平衡。

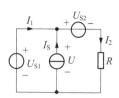

图1-36 例1-9

解:为解题方便,设各支路电流的参考方向如图所示。

由欧姆定律得 $I_2=(U_{S1}-U_{S2})/R=2\text{ A}$,$I_1=I_2-I_S=1\text{ A}$,则 $P_{us1}=15\times1=15(\text{W})>0$。由于 U_{S1}、I_1 为关联参考方向,所以发出功率。

$P_{us2}=5\times2=10(\text{W})>0$。由于 U_{S2}、I_2 为非关联参考方向,所以吸收功率。

$P_{is}=UI_S=U_{S1}I_S=15\times1=15(\text{W})>0$。由于 I_S、U 为关联参考方向,所以发出功率。
电阻 R 吸收的功率 $P_R=I_2\times I_2\times R=20(\text{W})$。$P_{us1}+P_{is}=P_{us2}+P_R$,因此功率平衡。

1.2.3 复杂电路计算

1.2.3.1 电压源与电流源及等效变换

1. 理想电压源和理想电流源

微课1-10
电压源与电流源

微课1-11 电源模型的等效变换

理想电压源和理想电流源是输出电压或电流与它连接的负载无关的电源,也就是说,无论在这种电源端口上连接什么负载,理想电压源输出的电压或理想电流源输出的电流都是恒定的。这种理想电源也称为独立电源。要特别提醒注意的是,实际工作中,理想电源是不存在的。

换句话说,如果把电源也看成一个元件,理想电源元件是从实际电源元件中抽象出来的。不过在实际电源本身消耗的功率可以忽略不计,而只起产生电能的作用时,这种电源便可以用一个理想电源元件来表示。理想电源元件分为理想电压源和理想电流源两种。

1) 理想电压源

理想电压源简称电压源(也称恒压源),它是一个能够提供恒定电压 U_S 的电源。图1-37(a)所示为理想电压源与负载的连接。在图1-37(a)所示电路中,当外接电阻 R 变化时,流过理想电压源的电流 I 将会发生变化,但电压 U_S 不变。显然,这是有条件的,超出这个条件就不能得出这样的结论。例如,将一个阻值为零的电阻接入理想电压源,从理论上讲,负载中的电流将会变得无穷大。

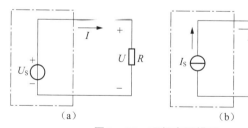

图1-37 理想电源模型
(a) 理想电压源模型;(b) 理想电流源模型

对于理想电压源,它具有两个重要特性:其一是端电压在任何时刻都和流过电源的电流大小无关;其二是输出电流取决于外电路,由外部负载的电阻决定。

2) 理想电流源

理想电流源简称电流源(也称恒流源),它是一个能够提供恒定电流 I_S 的电源,图1-37

(b) 所示为电流源与负载的连接。

在图 1-37 (b) 所示电路中，当外接电阻 R 变化时，理想电流源两端的电压 U 将会发生变化，但电流 I_S 不变。显然，与电压源一样，这也是有条件的，否则将一个电阻为无穷大的负载接入理想电流源，从理论上讲，负载两端的电压将会变得无穷大。

对于理想电流源，它具有两个重要特性：其一，输出电流在任何时刻都和它两端电压大小无关；其二，它的端电压取决于外电路，由外部负载的电阻决定。

2. 实际电压源和实际电流源

实际应用中的电源一般不会具有理想电源的特性，当外接电阻 R 变化时，电源提供的电压和电流都会随之发生变化。当然，有的电压源在外接负载电阻变化时，输出电压波动很小，比较接近理想电压源的特性；也有一些电流源当外接负载电阻变化时，输出电流波动很小，比较接近理想电流源的特性。

在电气工程技术中，不仅元件可以用模型表示，电源也可以用不同形式的模型表示。常见的实际电源多以电压源的形式表现，如图 1-38 (a) 所示，它是由一个电压为 U_S 的理想电压源和内阻为 R_0 的电阻元件串联而成的，该组合称为电压源模型。这种模型等效的电源，当外部负载电阻发生变化时，其输出电压波动不大。人们常用的电池、收音机使用的稳压电源都属于这类电源。

实际的电源也可以以电流源的形式表现，如图 1-38 (b) 所示，它是由一恒定的电流为 I_S 的理想电流源和代表内阻为 R_0 的电阻元件并联而成的，这种组合称为电流源模型。这种模型等效的电源，当外部负载电阻发生变化时，输出电流波动很小。光电池在一定光照情况下产生的电流就属于这类电源。

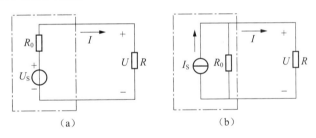

图 1-38 实际电源模型

(a) 实际电压源模型；(b) 实际电流源模型

3. 两种实际电源模型的等效变换

使用电压源模型或电流源模型来描述不同的电源是为了更符合这些电源的外部特性，并便于对其进行分析。实际电源可以用电压源模型表示，也可以用电流源模型表示。如果实际电源可以由不同的模型来表示，那么二者之间就应该有对应的转换关系，可以从下面分析中得出结论。

在图 1-39 (a) 所示的电压源模型中：

$$I = (U_S - U)/R_0 = U_S/R_0 - U/R_0$$

在图 1-39 (b) 所示的电流源模型中：

$$I = I_S - U/R_0$$

比较上述两式，可得实际电压源与实际电流源的等效变换条件为

$$I_S = U_S/R_0 \tag{1-15}$$
$$R_0 = R_0 \tag{1-16}$$

可见,实际电压源转换成实际电流源时,已知理想电压源 U_S 和其内阻 R_0,则等效的理想电流源电流 $I_S = U_S/R_0$,内阻 R_0 保持不变;实际电流源转换成实际电压源时,已知理想电流源 I_S 和其内阻 R_0,则等效的理想电压源电动势 $U_S = I_S R_0$,内阻 R_0 保持不变。实际电压源和实际电流源之间的相互变换如图 1-39 所示。

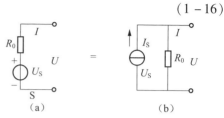

图 1-39 实际电压源与电流源等效变换

注意：等效电路变换时,电压源中电压 U_S 的正极性端与电流源 I_S 的流出端相对应;理想电压源和理想电流源所串联或并联的电阻也不仅局限于电源的内阻。

【例 1-10】 电路如图 1-40 (a) 所示, $U_{S1} = 10 \text{ V}$, $U_{S2} = 8 \text{ V}$, $R_1 = 2 \text{ Ω}$, $R_2 = 2 \text{ Ω}$, $R_3 = 2 \text{ Ω}$,利用电源等效变换方法,求电阻 R_3 中的电流是多少。

解：将图 1-40 (a) 所示的电路经几次变换化简为简单电路,其过程如图 1-40 (b) ~ (d) 所示,最后利用全电路欧姆定律求解电阻 R_3 中的电流 I_3。其求解步骤如下：

(1) U_{S1}、R_1 和 U_{S2}、R_2 两个电压源支路等效转换成 I_{S1}、R_1 和 I_{S2}、R_2 两个电流源,如图 1-40 (b) 所示。

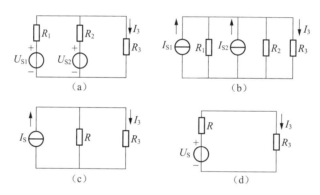

图 1-40 例 1-10

$$I_{S1} = U_{S1}/R_1 = 10/2 = 5 \text{ (A)}, \quad R_1 = R_1 = 2 \text{ (Ω)}$$
$$I_{S2} = U_{S2}/R_2 = 8/2 = 4 \text{ (A)}, \quad R_2 = R_2 = 2 \text{ (Ω)}$$

(2) 电流源 I_{S1}、I_{S2} 合并为一个电流源 I_S,两个电阻 R_1、R_2 并联等效为一个电阻 R,如图 1-40 (c) 所示。

$$I_S = I_{S1} + I_{S2} = 5 + 4 = 9 \text{ (A)}$$
$$R = R_1 R_3/(R_1 + R_3) = 2 \times 2/(2+2) = 1 \text{ (Ω)}$$

(3) 电流源 I_S、R 等效变换成电压源 U_S、R,如图 1-40 (d) 所示。

$$U_S = RI_S = 1 \times 9 = 9 \text{ (V)}, \quad R = R = 1 \text{ (Ω)}$$

(4) 利用全电路欧姆定律,求电阻 R_3 中的电流。

$$I_3 = U_S/(R + R_3) = 9/(1+2) = 3 \text{ (A)}$$

计算结果 I_3 为正值,说明设定的参考方向与实际方向一致。

【例1-11】 已知电路如图1-41 (a) 所示。利用电源等效变换方法,试求其他各支路的电流。

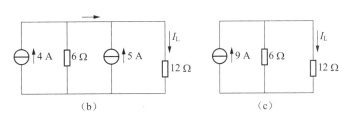

图1-41 例1-11

(a) 实际电路;(b) 电压源转换为电流源;(c) 合并电流源

解:(1) 将24 V电压源转换成电流源和电阻并联形式,如图1-41 (b) 所示。

$$I_1 = U_{S1}/R_1 = 24/6 = 4 \text{ (A)}, \quad R = 6 \text{ }\Omega$$

(2) 电流源I_1、I_2合并为一个电流源I_S;等效电阻为R,如图1-41 (c) 所示。

$$I_S = I_1 + I_2 = 4 + 5 = 9 \text{ (A)}$$
$$R = 6 \text{ }\Omega$$

(3) 利用分流公式求出负载电阻上的电流。

$$I_L = I_S \times [6/(6+12)] = 3 \text{ (A)}$$

(4) 利用节点电流原理,求支路电流I_1。

$$I_1 = I_L - I_2 = -2 \text{ A}$$

【课堂练习】 电路如图1-42所示,求下列各电路的等效电源。

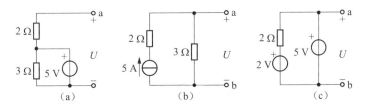

图1-42 课堂练习

1.2.3.2 叠加定理

在线性电路中,任一支路的电流(或电压)可以看成电路中每一个独立电源单独作用于电路时,在该支路产生的电流(或电压)的代数和。

当线性电路中有几个电源共同作用时,各支路的电流(或电压)等于各个电源分别单独作用时在该支路产生的电流(或电压)的代数和(叠加)。

微课1-12
叠加定理

在使用叠加定理分析、计算电路时应注意以下几点:

(1) 叠加定理只能用于计算线性电路(即电路中的元件均为线性元件)的支路电流或电压(不能直接进行功率的叠加计算);

(2) 电压源不作用时应视为短路,电流源不作用时应视为开路;

(3) 叠加时要注意电流或电压的参考方向,正确选取各分量的正负号;

(4) 应用叠加定理时可把电源分组求解,即每个分电路中的电源个数可以多于一个。

【例1-12】 应用叠加定理求图1-32所示电路中电阻R_L的电流(数值参考例1-8)。

解：(1) U_1 单独作用，U_2 视为短路，如图 1-43 所示。

$$I_{01} = U_1/(R_{S1} + R_{S2} /\!/ R_L) = 12/0.5 = 24 \text{ (A)}$$

$$I_{L1} = I_{01} \times R_{S2}/(R_L + R_{S2}) = 0.833 \text{ A}$$

(2) U_2 单独作用，U_1 视为短路，如图 1-44 所示。

$$I_{02} = U_2/(R_{S2} + R_{S1} /\!/ R_L) = 15/3.6 = 50/12 \approx 4.167 \text{ (A)}$$

$$I_{L2} = I_{02} \times R_{S1}/(R_L + R_{S1}) = 4.167 \text{ A}$$

(3) U_1、U_2 共同作用时

$$I_L = I_{L1} + I_{L2} = 5 \text{ A}$$

上述问题如果采用实验测试方法应如何解决呢？我们不妨把负载电阻断开，测两端电压，用此方法可以解决负载电流问题。

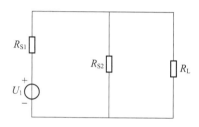
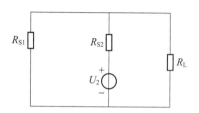

图 1-43　U_1 单独作用　　　　　图 1-44　U_2 单独作用

【例 1-13】　电路如图 1-45 (a) 所示，已知 $U = 10$ V、$I_S = 1$ A、$R_1 = 10$ Ω、$R_2 = R_3 = 5$ Ω，试用叠加定理求流过 R_2 的电流 I_2 和理想电流源 I_S 两端的电压 U_S。

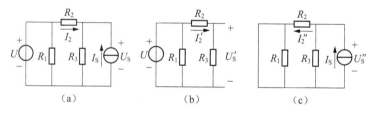

图 1-45　例 1-13

解：(1) U 单独作用，I_S 视为开路，如图 1-45 (b) 所示：

$$I_2' = U/(R_2 + R_3) = 10/10 = 1 \text{ (A)}$$

$$I_3' = I_2' = U/(R_2 + R_3) = 10/10 = 1 \text{ (A)}$$

(2) I_S 单独作用，U 视为短路，如图 1-45 (c) 所示：

$$I_2'' = I_S[R_3/(R_2 + R_3)] = 1 \times 0.5 = 0.5 \text{ (A)}$$

$$I_3'' = I_S[R_2/(R_2 + R_3)] = 1 \times 0.5 = 0.5 \text{ (A)}$$

(3) U、I_S 共同作用时：

$$I_2 = I_2' + I_2'' = 1.5 \text{ A}$$

$$I_3 = I_3' + I_3'' = 1.5 \text{ A}$$

$$U_S = (I_3' + I_3'') R_3 = 7.5 \text{ V}$$

1.2.3.3　戴维南定理

1883 年，由法国人 L. C. 戴维南提出：任意含独立源、线性电阻和线性受控源的单口网络（二端网络），都可以用一个电压源与电阻相串联的单口网络（二端网络）来等效。这个

电压源的电压，就是此单口网络（二端网络）的开路电压；这个串联电阻就是从此单口网络（二端网络）两端看进去，当网络内部所有独立源均置零以后的等效电阻。二端网络如图 1-46 所示。

一个由电压源、电流源及电阻构成的线性二端网络，可以用一个电压源 U_{oc} 和一个电阻 R_o 的串联等效电路来等效。U_{oc} 等于该二端网络开路时的开路电压；R_o 称为戴维南等效电阻，其值是从二端网络的端口看进去，该网络中所有电压源及电流源为零值时的等效电阻。电压源 U_{oc} 和电阻 R_o 组成的支路称为戴维南等效电路，如图 1-47 所示。

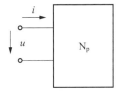

图 1-46 二端网络

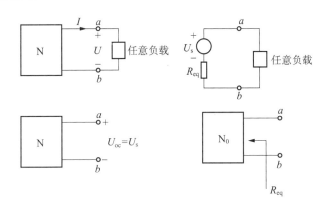

图 1-47 戴维南等效电路

求戴维南等效电路，对负载性质没有限定。用戴维南等效电路置换单口网络后，对外电路的求解没有任何影响，即外电路中的电流和电压仍然等于置换前的值。

诺顿定理：任何一个含独立电源、线性电阻和线性受控源的一端口，对外电路来说，可以用一个电流源和电导（电阻）的并联组合来等效置换；电流源的电流等于该一端口的短路电流，而电导（电阻）等于把该一端口的全部独立电源置零后的输入电导（电阻）。诺顿等效电路可由戴维南等效电路经电源等效变换得到，如图 1-48 所示。

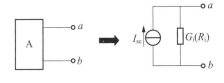

图 1-48 诺顿等效电路

1. 戴维南定理的应用

应用戴维南定理，关键需要求出端口的开路电压及戴维南等效电阻。

（1）求开路电压：用前一节所学知识，或结合叠加定理。

（2）求戴维南等效电阻：

①串并联法：令独立电源为 0，根据网络结构，用串并联法求 R_{eq}。

②外加电源法：令网络中独立电源为 0，外加一电压源/电流源，用欧姆定律求 R_{eq}。

微课 1-13
戴维南定理

外加电压源法如图 1-49 所示。

$$R_{eq} = \frac{U_S}{I} \qquad (1-17)$$

外加电流源法如图 1-50 所示。

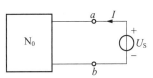

图 1-49 诺顿等效电路（一）

$$R_{eq} = \frac{U}{I_S} \tag{1-18}$$

③开短路法,如图 1-51 所示。

$$R_{eq} = \frac{U_{oc}}{I_{sc}} \tag{1-19}$$

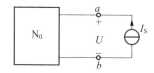

图 1-50 诺顿等效电路（二）

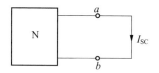

图 1-51 诺顿等效电路（三）

2. 应用戴维南定理时要注意的几个问题

（1）戴维南定理只适用于含源线性二端网络。因为戴维南定理是建立在叠加概念之上的,而叠加概念只能用于线性网络。

（2）应用戴维南定理时,具有耦合的支路必须包含在网络 N 之内。

（3）计算网络 N 的开路电压时,必须画出相应的电路,并标出开路电压的参考极性。

（4）计算网络 N 的输出电阻时,也必须画出相应的电路。

（5）在画戴维南等效电路时,等效电压源的极性应与开路电压保持一致。

（6）戴维南等效电路等效的含义指的是,网络 N 用等效电路替代后,在连接端口 ab 上,以及在 ab 端口以外的电路中,电流、电压都没有改变。但在戴维南等效电路与被替代网络 N 中的内部情况,一般并不相同。

【例 1-14】 如图 1-52（a）所示,$U_{S1} = 1\text{ V}$, $R_2 = 2\text{ }\Omega$, $R_3 = 3\text{ }\Omega$, $R_4 = 4\text{ }\Omega$, $R_5 = 5\text{ }\Omega$, $U_{S5} = 5\text{ V}$, $I_{S6} = 6\text{ A}$, R_1 可变,试问：R_1 为多少时,$I_1 = -1\text{ A}$?

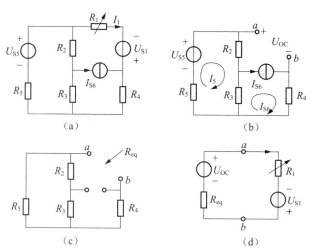

图 1-52 例 1-14

解：采用戴维南定理分析。

（1）开路电压 U_{OC}。将支路 1 从图中移去后,电路如图 1-52（b）所示。

用网孔法：

$$(R_2 + R_3 + R_5)I_5 - R_3 I_{S6} = U_{S5}$$

即 $(2+3+5)I_5 - 3 \times 6 = 5$

$$I_5 = 2.3 \text{ A}$$

在外围电路中应用 KVL 得开路电压为

$$U_{OC} = U_{S5} - R_5 I_5 - R_4 I_{S6} = 5 - 5 \times 2.3 - 4 \times 6 = -30.5 \text{ (V)}$$

(2) 求戴维南等效电阻。将图 1-52 (b) 中的独立源置零后的电路如图 1-52 (c) 所示：

$$R_{eq} = R_5 /\!/ (R_2 + R_3) + R_4$$
$$= \frac{5 \times (2+3)}{5 + (2+3)} + 4$$
$$= 6.5 \text{ (Ω)}$$

(3) 电路化简后如图 1-52 (d) 所示。

$$I_1 = \frac{U_{OC} + U_{S1}}{R_1 + R_{eq}}$$

则 $R_1 = \dfrac{U_{OC} + U_{S1}}{I_1} - R_{eq} = \dfrac{-30.5 + 1}{-1} - 6.5 = 23 \text{ (Ω)}$

【例 1-15】 应用戴维南定理求图 1-32 所示电路中电阻 R_L 的电流（数值参考例 1-8）。

解：图 1-32 负载开路时的等效电路如图 1-53 所示，可以求出开路电压 U 为

$I = (U_2 - U_1)/(R_{S1} + R_{S2}) = 6 \text{ A}$

$U = U_1 + I \times R_{S1} = 14.4 \text{ V}$

$I_L = U/(R_{S1} /\!/ R_{S2} + R_L) = 5 \text{ A}$

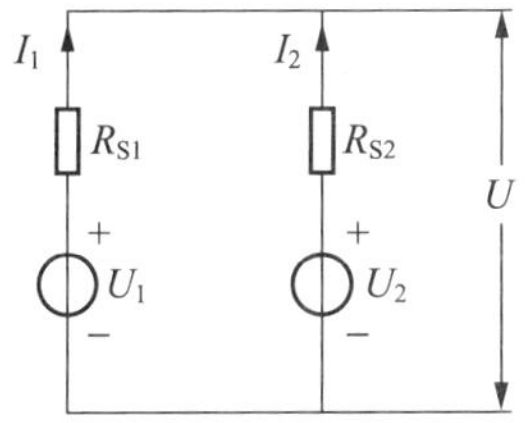

图 1-53 负载电路

【例 1-16】 求图 1-54 (a) 所示电路的戴维南等效电路。

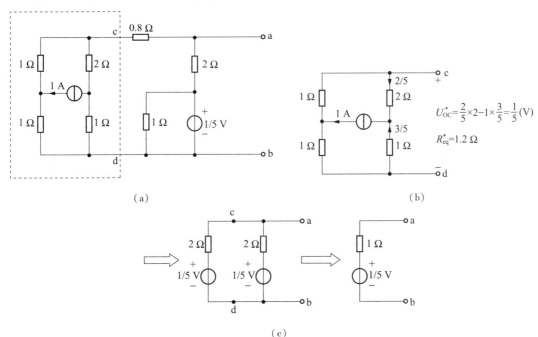

图 1-54 例 1-16

分析：求戴维南等效电路的过程中，本身就可以采用戴维南定理，以使分析过程更加简捷。

解：本题可以将原电路分成左、右两部分，先求出左面部分电路的戴维南等效电路，然后求出整个电路的戴维南等效电路，则原电路可等效成图 1-54（c）。

【注意两点】

（1）与理想电压源并联的电阻对外部电路不起作用，可以断开。

（2）当两条相同的实际电压源支路并联时，其戴维南等效电路须准确求取。

任务1.3　技能训练

1.3.1　元器件识别及万用表使用

视频 1-1
万用表的使用及元器件的测量

1. 实训目的

（1）掌握指针式万用表的量程选择、测量和读数方法。

（2）掌握数字万用表的量程选择及测量方法。

（3）熟悉万用表的面板并掌握常用元器件的识别与检测方法。

（4）培养学生阅读说明书、使用学习手册、查阅资料、整理资料的能力。

2. 实训器材

（1）MF47 指针式万用表。

（2）汽车检修仪表——DY2201A 数字汽车万用表。

（3）常用电工电子元器件：电阻、电感、电容、电源变压器等。

3. 重点与难点

重点：电流、电压的测量方法；汽车检修仪表——DY2201A 数字汽车万用表的使用方法。

难点：电流的测量方法；万用表在汽车电器检测中的应用。

4. 实训步骤

指针式万用表和数字式万用表的测量功能是基本相同的，数字式万用表的测量功能更多些。万用表都可以检测电阻、电感、电容、二极管、晶体管等，电路板上的元器件有的可以在路检测，有的必须拆卜元器件检测。

1）MF47 指针式万用表的使用说明

MF47 型万用表是设计新颖的磁电系整流式多量限万用电表，可供测量直流电流、交直流电压、直流电阻等，具有 26 个基本量程和电平、电容、电感、晶体管直流参数等 7 个附加参考量程，是电子仪器、无线电通信、电工、工厂、实验室等广泛使用的便携式万用电表。

万用表由表头、测量电路及转换开关三个主要部分组成。

（1）表头是一只高灵敏度的磁电式直流电流表，万用表的主要性能指标基本上取决于表头的性能。表头的灵敏度是指表头指针满刻度偏转时流过表头的直流电流值，这个值越小，表头的灵敏度越高。测电压时的内阻越大，其性能就越好。表头上有六条刻度线，它们的功能如下：标度盘与开关指示盘印制成红、绿、黑三色。颜色分别按交流红色，晶体管绿色，其余黑色对应制成，使用时读取示数便捷。标度盘共有六条刻度，第一条（从上到下）专用于测电阻；第二条用于测交直流电压、直流电流；第三条用于测晶体管放大倍数；第四条用于测电容；第五条用于测电感；第六条用于测音频电平。标度盘上装有反光镜，用于消除视差。

（2）测量电路是用来把各种被测量转换到适合表头测量的微小直流电流的电路，它由电阻、半导体器件及电池组成。它能将各种不同的被测量（如电流、电压、电阻等）、不同的量程，经过一系列的处理（如整流、分流、分压等），统一变成一定量限的微小直流电流送入表头进行测量。

（3）转换开关。其作用是用来选择各种不同的测量线路，以满足不同种类和不同量程的测量要求。转换开关一般有两个，分别标有不同的挡位和量程。

2）测量方法

（1）电阻测量。

①装上电池（R14 型 2 号 1.5 V 及 6F22 型 9 V 各一只）。转动开关至所需测量的电阻挡，将两表笔短接，调整零欧姆调整旋钮，使指针对准于欧姆"0"位，然后分开两表笔进行测量。

②万用表的 Ω 挡分为 ×1、×10、×1 k 等几挡位置。刻度盘上的 Ω 的刻度只有一行，其中 ×1、×10、×1 k 等数值即为电阻 Ω 挡的倍率。

例如，转换开关旋在 1 k 位置，表笔外接一被测电阻 R_x，这时指针若指着刻度盘上的 30 Ω，则 $R_x = 30 \times 1\ k = 30\ (k\Omega)$。

③测量电路中的电阻时，应先切断电源。如电路中有电容，则应先行放电。严禁在带电线路上测量电阻，因为这样做实际上是把欧姆表当作电压表来使用，极易烧毁电表。

④每换一个量限，应重新调零。测量电阻时，表头指针越接近欧姆刻度中心读数，测量结果越准确，所以要选择适当的测量量限。

⑤当检查电解电容漏电阻时，可转动开关至 $R \times 1\ k$ 挡，红表笔必须接电解电容负极，黑表笔接电解电容正极。

（2）电阻类元件。电阻器、可变电阻器、电位器等都属于电阻类元件，它们有一个共同的特征是都能为电路提供一个电阻。

①电阻额定功率值在电路图上的符号如图 1-55 所示。

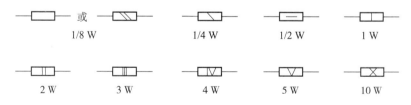

图 1-55　电阻额定功率值在电路图上的符号

②电阻器主要参数。

a. 标称阻值。生产厂家为了使用的需要，生产了很多阻值的电阻器。为了方便生产和使用，国家标准规定了一系列阻值作为产品的标准，即标称阻值系列。

b. 阻值允许偏差。在电阻器生产过程中，出于生产成本的考虑和技术原因，制造的电阻器的阻值不可能与标称阻值完全一致，不可避免会存在一些偏差，所以规定了一个允许偏差参数。

常用电阻器的允许偏差为 ±5%、±10%、±20%。精密电阻器的允许偏差要求更高，如 ±2%、±0.001% 等。

c. 额定功率。额定功率是电阻器的一个常用参数。它是指在规定的大气压力下和特定的环境温度范围内，电阻器所允许承受的最大功率。电子电路中通常使用1/16 W电阻器。

③电阻器色标法及标称识别。电阻器的参数主要有色标法（见图1-56）和直标法两种。电子电路中的电阻器主要采用色标法，因为所用电阻器的功率多为1/8 W、1/16 W，体积很小，只能采用色标法。

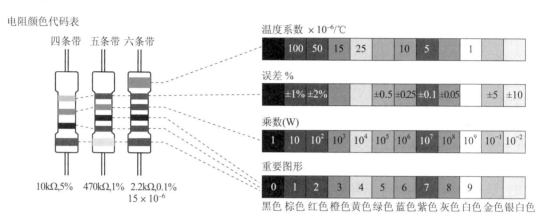

图 1-56 电阻颜色代码

a. 四环表示法。第一、二环分别表示有效数字色环，第三环为倍乘（乘数）色环，第四环为允许误差等级色环。

b. 五环表示法。第一、二、三环分别表示有效数字色环，第四环为倍乘（乘数）色环，第五环为允许误差等级色环。

【识别顺序】

技巧1：先找表示误差的色环，从而排定色环顺序。常用的表示电阻误差的颜色是金、银、棕，尤其是金环和银环，一般绝少用作电阻色环的第一环，所以在电阻上只要有金环和银环，就可以基本认定这是色环电阻的最末一环。

技巧2：棕色环是否是误差标志的判别。棕色环既常用作误差环，又常作为有效数字环，且常常在第一环和最末一环中同时出现，使人很难识别谁是第一环。在实践中，可以按照色环之间的间隔加以判别：例如，对于一个五条色环的电阻而言，第五环和第四环之间的间隔比第一环和第二环之间的间隔要宽一些，据此可判定色环的排列顺序。

技巧3：在仅靠色环间距无法判定色环顺序的情况下，还可以利用电阻的生产序列值来加以判别。例如，有一个电阻的色环读序是棕、黑、黑、黄、棕，其值为 $100 \times 10^4 \, \Omega = 1 \, M\Omega$，误差为1%，属于正常的电阻系列值；若是反顺序读：棕、黄、黑、黑、棕，其值为 $140 \times 10^0 \, \Omega = 140 \, \Omega$，误差为1%。显然按照后一种排序所读出的电阻值，在电阻的生产系列中是没有的，故后一种色环顺序是不对的。

【识别大小】

④检测可变电阻器和电位器

a. 测量可变电阻器标称阻值。将万用表置于欧姆挡适当量程，两根表笔接可变电阻器的两根定片引脚，这时测量的阻值应该等于该可变电阻器的标称阻值，否则说明该可变电阻器已经损坏。

b. 测量可变电阻器动片与定片之间阻值。将万用表置于欧姆挡适当量程，一根表笔接一个定片，另一根表笔接动片。在这个测量状态下，转动可变电阻器动片时，指针偏转，阻值从零增大到标称值，或从标称值减小到零。

注意事项：

（a）若测量动片与某定片之间的阻值为 0 Ω，此时应看动片是否已转动至所测定片这一侧的端点，否则可认为可变电阻器已损坏（在路测量时要排除外电路的影响）。

（b）若测量动片与任一定片之间的阻值已大于标称阻值，说明可变电阻器已出现了开路故障。

（c）测量中，若测得动片与某一定片之间的阻值小于标称阻值，并不能说明它已经损坏，而应看动片处于什么位置。

（d）脱开测量时，可用万用表欧姆挡的适当量程，一根表笔接动片引脚，另一根表笔接某一个定片，再用一字螺钉旋具顺时针或逆时针缓慢旋转动片，此时指针应从 0 Ω 连续变化到标称阻值。

用同样方法再测量另一个定片与动片之间的阻值变化情况，测量方法、测试结果应相同。这样说明可变电阻器是好的，否则说明可变电阻器已损坏。

（3）万用表检测电容器的方法。

电容器在电路中的损坏率明显高于电阻器，所以掌握各类电容器的万用表检测方法很重要。

①万用表欧姆挡检测法。使用万用表的欧姆挡，通过测量电容器两引脚之间的电阻大小来判断电容器的质量。

②代替检查法。用一只好的电容器对所怀疑出问题的电容器进行代替，如果电路功能恢复正常，说明电容器已损坏，否则说明电容器可能正常。

③万用表测量电容量检测法。

a. 利用数字式万用表检测电容。一些数字式万用表上设有电容器电容量的测量功能，可以用这一功能挡来检测电容器的质量。具体方法：测量前将被测电容器两根引脚短接一下，放电。将被测电容器插入这个专用的测量座中，如果是电解电容要注意插入的极性。

（a）如果指示的电容量大小等于电容的标称容量，说明电容器正常；

（b）如果被测量电容器漏电或超出表的最大测量电容量，表显示"|"。对于容量大于 10 μF 的电容器，需要较长测量时间。

b. 利用指针式万用表快速检测小电容。对于普通指针式万用表，由于无电容测量功能，可以用欧姆挡进行电容器的粗略检测。虽然是粗略检测，由于检测方便，所以普遍采用。对于小于 1 μF 的电容器，要用 $R \times 10\ \text{k}\Omega$ 挡，要求电容器脱开电路。检测中手指不要接触到表笔和电容器引脚，以免人体电阻对检测结果造成影响。

（a）测量电容量 6 800 pF ~ 1 μF 的电容器的方法。由于电容量小，表笔接触电容器引脚的瞬间充电现象不太明显，测量时指针向右偏转不明显并且很快回摆。如果第一次测量没有看清楚，可将红、黑表笔互换后再次测量。

如果测量中，指针指示的电阻值（漏电阻）不是无穷大，而是有一定阻值，说明该电容器存在漏电故障，质量有问题。

（b）测量电容量小于6 800 pF电容器的方法。由于电容器的容量太小，已无法看出充电现象，所以测量时指针不偏转，这时只能说明电容器不存在漏电故障，不能说明电容器是否开路。

如果测量有电阻，说明该电容器存在漏电故障。

c. 利用指针式万用表检测有极性的电解电容器。

（a）脱开电路时的检测。检测前先把电解电容器两根引脚短接相碰一下，以便放电；选择 $R \times 1\ \text{k}\Omega$ 挡，黑表笔接电容器正极，红表笔接电容器负极，观察指针偏转情况。在表笔接触电容引脚时，指针迅速右偏一个角度，这是表内电池对电容充电造成的，电容器的电容量越大，所偏转的角度越大；无向右偏转，说明电容开路。指针到达最右端之后，开始缓慢向左偏转，这是表内电池对电容器充电电流减小的过程，直到指针偏转至阻值无穷大处，说明电容器质量良好；如果指针向左偏转不能回到阻值无穷大处，说明电容器存在漏电故障，所指示阻值越小，电容器漏电越严重。

（b）在路检测电解电容。电解电容器的在路检测主要是测量它是否开路或是已击穿这两种明显的故障。对于漏电故障，由于受外电路的影响而无法准确测量。

在路检测的步骤和方法：

- 电路断电后先用导线将被测量电解电容器放电，对于电容量很大的电解电容器则要用 $100\ \Omega$ 左右的电阻来放电；选择 $R \times 1\ \text{k}\Omega$ 挡，然后黑表笔接正极，红表笔接负极进行检测。
- 如果指针先向右迅速偏转，然后再向左回摆到底，说明电解电容器正常。
- 如果指针回转后所指示的电阻很小（接近短路），说明电解电容器已被击穿。
- 指针无偏转和回摆，说明电解电容器的开路可能性很大，应将这一电解电容器脱开电路后进一步检测。

（4）万用表检测电感器和变压器的方法。

①检测电感器的方法。由于电感器的直流电阻很小，所以在路测量和脱开后的测量结果都是相当准确的。

利用欧姆挡测量，如果测量的结果是阻值为无穷大，说明电感器已开路。通常情况下，电感器的电阻值只有几欧姆或几十欧姆。

②检测变压器的方法。

a. 测量变压器一次绕组和二次绕组直流电阻的方法。将万用表置于 $R \times 1\ \Omega$ 挡，测量变压器一次绕组直流电阻，应该较小，不应该出现开路现象，否则说明变压器损坏。

如果是降压电源变压器，一次绕组电阻应该大于二次绕组电阻，根据这一点可以分辨两绕组。

b. 测量变压器的绝缘电阻。在没有绝缘电阻表的情况下用 $R \times 10\ \text{k}\Omega$ 挡，一根表笔接变压器外壳，另一根表笔接触各绕组的一根引线，指针应该都不偏转。如果某次测量时指针有偏转，说明这一绕组与外壳之间绝缘不良；然后一根表笔接一次绕组任一根引线，另一根表笔接二次绕组任一根引线，此时指针也应该不偏转，否则是一次绕组和二次绕组之间绝缘不良。

(5) 万用表测量交直流电压的方法。

①测量交流 10～1 000 V 或直流 0.25～1 000 V 时，转动开关至所需电压挡。测量交直流 2 500 V 时，开关应分别旋至交流 1 000 V 或直流 1 000 V 位置上，将红表笔插头插到对应的插座中，而后将表笔跨接于被测电路两端。

②若配以本厂高压探头，可测量电视机≤25 kV 的高压。测量时，开关应放在 50 A 位置上，高压探头的红、黑插头分别插入"＋""－"插座中，接地夹与电视机金属底板连接，而后握住探头进行测量。

注意：测量直流电压时，黑色表笔应接低电位点，红色表笔应接高电位点。

(6) 万用表测量直流电流的方法。

测量 0.05～500 mA 直流电流时，转动开关至所需电流挡。测量 5 A 时，红表笔插头插到对应的插座中，转动开关可放在 500 mA 直流电流量程上，而后将表笔串接于被测电路中。

注意：严禁用电流挡去测量电压。

5. 注意事项

(1) 在使用万用表前应检查其指针是否指在机械零位上，如不指在机械零位上，可旋转表盖上的调零旋钮使指针指示在零位上。

(2) 将表笔红、黑插头分别插入"＋""－"插座中，当测量交、直流 2 500 V 或直流 5 A 时，红插头则应分别插到对应的插座中。

(3) 测未知量的电压或电流时，应先选择最高量程，待等一次读取数值后，方可逐渐转至适当量程，以取得较准读数并避免烧坏电路。

(4) 测量前，应用表笔触碰被测试点，同时观看指针的偏转情况。如果指针急剧偏转并超过量程或反偏，应立即抽回表笔，查明原因，予以改正。

(5) 测量高压时，要站在干燥绝缘板上，并一手操作，防止意外事故发生。

(6) 测量高压或大电流时，为避免烧坏开关，应在切断电源情况下，变换量限。

(7) 如偶然发生因过载而烧断熔丝，可打开表盒换上相同型号的熔丝。

(8) 电阻各挡用干电池应定期检查、更换，以保证测量精度。如长期不用，应取出电池，以防止电液溢出腐蚀而损坏其他零件。

(9) 按照操作规范要求进行参数的测量与读数。

6. 思考题

1) 直流电压 DCV 测量方法

(1) 将功能/量程开关置于_____量程范围。

(2) 将黑表笔插入_____插孔，红表笔插入_____插孔。

(3) 将表笔_____在被测负载或信号源上，仪表在显示电压读数的同时会指示出_____的极性。

①测量之前不知被测电压范围时，应_____。

②当只显示最高位"1"时，说明_____，应_____。

③"⚡"表示不要测量高于_____V 的电压，若测量高于此值的电压，虽然有可

能显示读数,但可能会损坏万用表。

④测最高压时应特别注意安全。

2) 直流电流 DCA 测量

(1) 拔出表笔,将功能/量程开关置于_____量程范围。

(2) 将黑表笔插入_____插孔,红表笔插入显露的表笔_____或_____插孔。将测试表笔_____被测电路中,仪表显示电流读数的同时会指示出红表笔的极性。

①测量前不知被测电流范围时,应将功能/量程开关置于_____。

②当只显示最高位"1"时,说明_____,应改用_____。

③mA 插孔输入时,过载则_____,须予以更换。熔丝的规格为 0.2 A/250 V。

④20 A 插孔输入时,最大电流 20 A 时间不要超过_____,20 A 挡无保险。

1.3.2 Multisim 10 仿真软件的操作使用

1. Multisim 10 仿真软件的特点

(1) 操作界面方便友好,原理图的设计输入快捷。

(2) 元器件丰富,有数千个器件模型,仿真操作降低成本。

(3) 虚拟电子设备种类齐全,如同操作真实设备一样,方便易操作。

(4) 分析工具广泛,可帮助设计者全面了解电路的性能,对电路进行全面的仿真分析和设计,可直接打印输出实验数据、曲线、原理图和元件清单等。

2. 基本界面

Multisim 10 基本界面如图 1-57 所示。

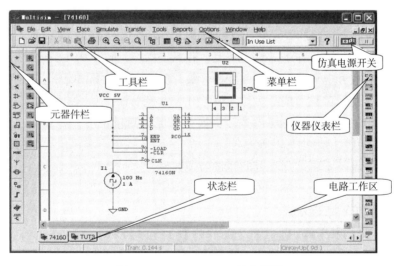

图 1-57 Multisim 10 基本界面

3. 元器件基本操作

常用的元器件编辑功能有:90 Clockwise——顺时针旋转 90°、90 CounterCW——逆时针旋转 90°、Flip Horizontal——水平翻转、Flip Vertical——垂直翻转、Component Properties——元件属性等。这些操作可以在菜单栏 Edit 子菜单下选择命令,也可以应用快捷键进行快捷操作。元器件基本操作如图 1-58 所示。

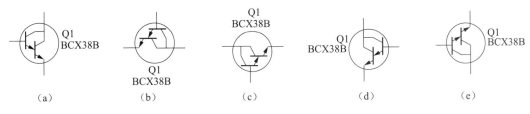

图 1-58 元器件基本操作

(a) 原始图像；(b) 顺时针旋转 90°；(c) 逆时针旋转 90°；(d) 水平翻转；(e) 垂直翻转

4. 文本编辑

文字注释方式有两种：直接在电路工作区输入文字或者在文本描述框输入文字，两种操作方式有所不同。

1) 直接在电路工作区输入文字

单击 Place/Text 命令或使用 Ctrl+T 快捷操作，然后单击需要输入文字的位置，输入需要的文字。用鼠标指针指向文字块，右击，在弹出的快捷菜单中选择 Color 命令，选择需要的颜色。双击文字块，可以随时修改输入的文字。

2) 在文本描述框输入文字

利用文本描述框输入文字不占用电路窗口，可以对电路的功能、实用说明等进行详细的说明，并可以根据需要修改文字的大小和字体。单击 View/Circuit Description Box 命令或使用 Ctrl+D 快捷操作，打开电路文本描述框，在其中输入需要说明的文字，可以保存和打印输入的文本。电路文本描述框如图 1-59 所示。

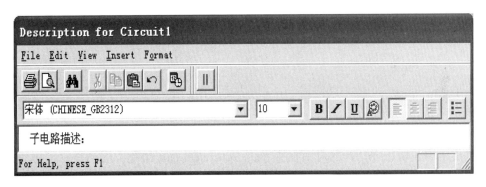

图 1-59 电路文本描述框

5. 图纸标题栏编辑

单击 Place/Title Block 命令，在打开的对话框的查找范围处指向 Multisim/Titleblocks 目录，在该目录下选择一个 *.tb7 图纸标题栏文件，放在电路工作区。用鼠标指针指向文字块，右击，在弹出的快捷菜单中选择 Modify Title Block Data 命令，打开 Title Block 对话框，如图 1-60 所示。

6. 子电路相关操作

子电路是用户自己建立的一种单元电路。将子电路存放在用户器件库中，可以反复调用并使用子电路。利用子电路可使复杂系统的设计模块化、层次化，可增加设计电路的可读性、提高设计效率、缩短电路周期。创建子电路的工作需要以下几个步骤：选择、创建、调用、修改。

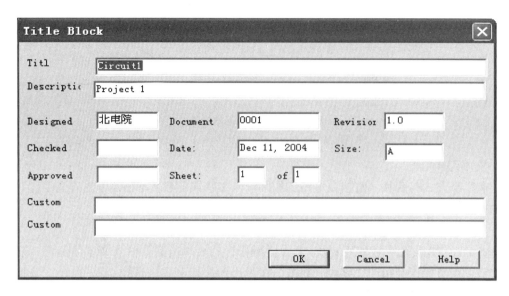

图1-60 编辑图纸标题栏

1)子电路的选择

把需要创建的电路放到电子工作平台的电路窗口上，按住鼠标左键拖动，选定电路。被选择电路的部分由周围的方框标示，完成子电路的选择。

2)子电路的创建

单击 Place/Replace by Subcircuit 命令，在打开的 Subcircuit Name 对话框中输入子电路名称 sub1，单点 OK 按钮，选择电路复制到用户器件库，同时给出子电路图标，完成子电路的创建。

3)子电路的调用

单击 Place/Subcircuit 命令或使用 Ctrl + B 快捷操作，输入已创建的子电路名称 sub1，即可使用该子电路。

4)子电路的修改

双击子电路模块，在打开的对话框中单击 Edit Subcircuit 命令，屏幕显示子电路的电路图，直接修改该电路图。

5)子电路的输入/输出

为了能对子电路进行外部连接，需要对子电路添加输入/输出符号。单击 Place/HB/SB Connecter 命令或使用 Ctrl + I 快捷操作，屏幕上出现输入/输出符号，将其与子电路的输入/输出信号端进行连接。带有输入/输出符号的子电路才能与外电路连接。

7. 元器件

1)选择元器件

在元器件栏中单击要选择的元器件库图标，打开该元器件库。在打开的元器件库对话框中选择所需的元器件，常用元器件库有13个：信号源库、基本元件库、二极管库、晶体管库、模拟器件库、TTL 数字集成电路库、CMOS 数字集成电路库、其他数字器件库、混合器件库、指示器件库、其他器件库、射频器件库、机电器件库等。

2）选中元器件

单击元器件，即可选中该元器件。

3）元器件操作

选中元器件，右击，弹出如图 1-61 所示的快捷菜单。

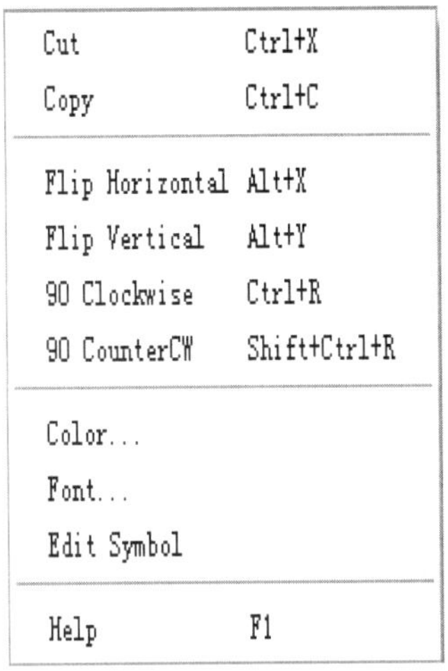

```
Cut              Ctrl+X
Copy             Ctrl+C

Flip Horizontal  Alt+X
Flip Vertical    Alt+Y
90 Clockwise     Ctrl+R
90 CounterCW     Shift+Ctrl+R

Color...
Font...
Edit Symbol

Help             F1
```

Cut：剪切。

Copy：复制。

Flip Horizontal：将选中的元器件水平翻转。

Flip Vertical：将选中的元器件垂直翻转。

90 Clockwise：将选中的元器件顺时针旋转 90°。

90 CounterCW：将选中的元器件逆时针旋转 90°。

图 1-61　元器件操作命令快捷菜单

4）元器件特性参数

双击该元器件，在打开的元器件特性对话框中，可以设置或编辑元器件的各种特性参数。元器件不同，每个选项下对应的参数也不同。

例如，NPN 晶体管的选项如下：

Label—标识　　　　　　　　Display—显示

Value—数值　　　　　　　　Fault—故障

8. 电路图

选择菜单 Options 栏下的 Preference 命令，打开如图 1-62 所示的对话框，每个选项卡中又有各自不同的内容，用于设置与电路显示方式相关的选项。

1）Circuit 选项卡

Show 选项组的显示控制如下：

Show component label：是否显示元器件的标识文字。

Show component reference ID：是否显示元器件的序号。

Show node names：是否显示节点编号。

Show component values：是否显示元器件数值。

Show component attribute：是否显示元器件属性。

Color 选项组用来改变电路显示的颜色。

2）Workspace 选项卡

Workspace 选项卡有三个选项组。Show 选项组用于实现电路工作区显示方式的控制；Sheet size 选项组用于实现图纸大小和方向的设置；Zoom level 选项组用于实现电路工作区显示比例的控制。

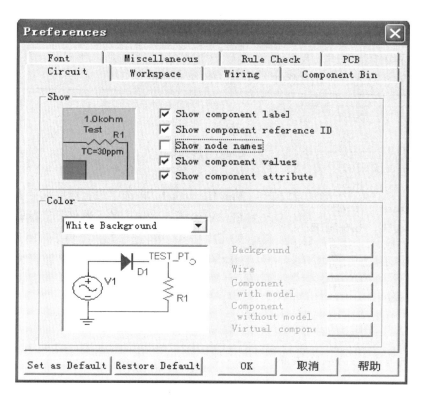

图 1-62 电路图显示方式设置对话框

3）Wiring 选项卡

Wiring 选项卡有两个选项组。Wire width 选项组用于设置连接线的线宽；Autowire 选项组用于控制自动连线的方式。

4）Component Bin 选项卡

Component Bin 选项卡有两个选项组。Symbol standard 选项组用于选择元器件符号标准。有两种符号标准可以选择：ANSL 美国标准元件符号和 DIN 欧洲标准元件符号。Place component mode 选项组用于选择元器件的操作模式。

5）Font 选项卡

Font 选项卡用于选择字体、选择字体的应用项目及应用范围等。

6）Miscellaneous 选项卡

Miscellaneous 选项卡控制文件备份方式等。其中，Auto-backup 用于选择自动备份的时间；Circuit Default Path 用于选择电路存盘的路径；Digital Simulation Setting 用于选择数字仿真的两种状态：Idea 理想仿真和 Real 真实状态仿真，前者可以获得较高的仿真速度，后者可以获得更为精确的仿真结果。

7）PCB 选项卡

PCB 选项卡用于选择与制作电路板相关的命令。

8）对话框底部的三个按钮

单击 Set as Default 按钮可将当前设置存为用户默认设置，影响新建电路图；单击 Restore Default 按钮可将当前设置恢复为用户的默认设置，单击 OK 按钮不影响用户的默认设置，只影响当前电路图的设置。

9. 导线

导线主要涉及的操作有：导线的形成、导线的删除、导线颜色设置、导线连接点、在导线中间插入元器件。

10. Multisim 10 操作界面

（1）File（文件）菜单命令及功能如表 1-7 所示。

表 1-7　File（文件）菜单命令及功能

命　令	功　能
New	建立一个新文件
Open	打开一个已存在的文件，文件格式：.ms10、.msm、.ewb、.cir、.utsch、.dsn、.ca*等
Close	关闭电路工作区的文件
Save	将电路工作区的文件存盘，文件格式为.ms10
Save as	将电路工作区的文件另存为一个文件，文件格式为.ms10
New Project	建立一个新项目
Open Project	打开一个已有的项目
Save Project	保存当前项目
Close Project	关闭当前项目
Print Setup	打印机设置
Print Circuit Setup	打印电路设置
Print Instruments	打印电路工作区的仪表
Print Preview	打印预览
Print	打印
Recent Files	选择打开最近曾打开过的文件
Recent Projects	选择打开最近曾打开过的项目
Exit	退出并关闭 Multisim 10

（2）Edit（编辑）菜单命令及功能如表 1-8 所示。

表 1-8　Edit（编辑）菜单命令及功能

命　令	功　能
Undo	取消前一次操作
Redo	恢复前一次操作
Cut	剪切选择的元器件到剪切板
Copy	复制选择的元器件到剪切板
Paste	将剪切板的元器件粘贴到指定的位置
Paste Special	将剪切板的元器件按照专门方式粘贴到指定的位置
Delete	删除选择的元器件

续表

命　令	功　能
Delete Multi – Page	删除电路图中的其他页
Select All	选择电路中的所有元器件、导线和仪器仪表等
Find	查找电路原理图中的元器件
Flip Horizontal	将选择的元器件水平翻转
Flip Vertical	将选择的元器件垂直翻转
90 Clockwise	将选择的元器件顺时针旋转 90°
90 CounterCW	将选择的元器件逆时针旋转 90°
Properties	打开元器件对话框，编辑所选择的元器件参数

（3）View（窗口）菜单命令及功能如表 1-9 所示。

表 1-9　View（窗口）菜单命令及功能

命　令	功　能
Toolbars	显示或关闭 9 个工具栏
Show Grid	显示或关闭栅格
Show Page Bounds	显示或关闭纸张边界
Show Tide Block	显示或关闭标题栏
Show Border	显示或关闭边界
Show Ruler Bars	显示或关闭标尺栏
Zoom In	放大电路原理图
Zoom Out	缩小电路原理图
Zoom Area	显示全部图纸
Zoom Full	显示全部电路图
Grapher	显示或关闭图表窗口
Hierarchy	显示或关闭层次结构
Circuit Description Box	显示或关闭描述窗口

（4）Place（放置）菜单命令及功能如表 1-10 所示。

表 1-10　Place（放置）菜单命令及功能

命　令	功　能
Component	放置元器件
Junction	放置连接点
Bus	放置总线
Bus Vector Connect	放置总线矢量连接
HB/SB Connecter	放置输入/输出连接

续表

命　令	功　能
Hierarchical Block	放置层次框
Create New Hierarchical Block	产生新层次框
Subcircuit	放置子电路
Replace by Subcircuit	重新替换子电路
Off – Page Connecter	放置离开本页的连接点
Multi – Page	放置主电路图中的其他页
Text	放置文字
Graphics	放置图形框
Title Block	放置标题栏

（5）Simulate（仿真）菜单命令及功能如表1-11所示。

表1-11　Simulate（仿真）菜单命令及功能

命　令	功　能
Run	开始仿真
Pause	暂停仿真
Instruments	选择仪器仪表
Default Instruments Settings	默认仪器仪表设置
Digital Simulate Setting	数字仿真设置
Analyses	选择仿真分析方法
Postprocess	启动处理器
Simulate Error Log/Audit Trail	电路仿真错误记录/检查数据跟踪
XSpice Command Line Interface	XSpice 命令窗口
VHDL Simulation	VHDL 仿真
Verilog HDL Simulation	Verilog HDL 仿真
Auto Fault Option	自动默认选择
Global Component Tolerances	全部元器件容差设置

（6）Transfer（文件输出）菜单命令及功能如表1-12所示。

表1-12　Transfer（文件输出）菜单命令及功能

命　令	功　能
Transfer to Ultiboard V10	将电路图传给 Ultiboard10
Transfer to Ultiboard 2001	将电路图传给 Ultiboard 2001
Transfer to other PCB Layout	将电路图传给其他 PCB 制图软件
Forward Annotate to Ultiboard	将 Multisim 的电路变更数据传给 Ultiboard 文件

续表

命　令	功　能
Backannotate from Ultiboard V10	从 Ultiboard 10 变更数据返回给 Multisim 文件
Highlight Selection in Ultiboard V10	在 Multisim 10 下选择的器件，在 Ultiboard 10 中以高亮度显示
Export Simulation Results to MathCAD	仿真结果输出到 MathCAD
Export Simulation Results to Excel	仿真结果输出到 Excel
Export Netlist	输出网表文件

（7）Reports（报告）菜单命令及功能如表 1-13 所示。

表 1-13　Reports（报告）菜单命令及功能

命　令	功　能
Bill of Materials	电路图使用器件报告
Component Detail Report	元器件详细参数报告
Netlist Report	电路图网络连接报告
Schematic Statistics	电路状态报告
Spare Gates Report	门电路报告
Cross Reference Report	产生主电路所有元器件详细列表

（8）Tools（工具）菜单命令及功能如表 1-14 所示。

表 1-14　Tools（工具）菜单命令及功能

命　令	功　能
Database Management	元器件数据库管理
Symbol Editor	符号编辑器
Component Wizard	产生元器件导航
555 Timer Wizard	555 定时器导航
Filter Wizard	滤波器导航
Electrical Rules Check	产生并显示电路连接错误报告
Renumber Components	元器件重新编号
Replace Components	更换元器件
Update HB/SB Symbols	更新 HB/SB 符号
Covent V6 Database	×.6 数据向 ×.7 数据转换
Modify Title Block Data	修改标题栏数据
Title Block Editor	标题栏编辑器
Internet Design Sharing	网络设计资源共享
Goto Education Web Page	连接到 multisim 教育网站
EDAparts.com	连接到 EDAparts.com 网站

(9) Options（选项）菜单命令及功能如表 1-15 所示。

表 1-15　Options（选项）菜单命令及功能

命　令	功　能
Preferences	设置操作环境
Customize	设置用户命令
Global Restriction	全局限制设置
Circuit Restriction	电路限制设置
Simplified Version	简化版本

(10) Window（窗口）菜单命令及功能如表 1-16 所示。

表 1-16　Window（窗口）菜单命令及功能

命　令	功　能
Cascade	各电路窗口叠放显示
Tile	各电路窗口排列显示
Arrange Icons	排列图标

(11) Help（帮助）菜单命令及功能如表 1-17 所示。

表 1-17　Help（帮助）菜单命令及功能

命　令	功　能
Multisim 10 Help	Multisim 10 主题帮助
Multisim 10 Reference	Multisim 10 主题索引
Release Notes	版本注释
About Multisim 10	关于 Multisim 10 的说明

11. 仪器仪表的使用

1) 数字万用表（Multimeter）

Multisim 10 提供的数字万用表外观和操作与实际的数字万用表相似，可以测电流、电压、电阻和分贝值，测直流或交流信号。数字万用表有正极和负极两个引线端，如图 1-63 所示。

2) 示波器（Oscilloscope）

Multisim 10 提供的双通道示波器（见图 1-64）与实际的示波器外观和基本操作基本相同，该示波器可以观察一路或两路信号波形的形状，分析被测周期信号的幅值和频率，时间基准可在秒至纳秒范围内调节。示波器图标有四个连接点：A 通道输入、B 通道输入、外触发端 T 和接地端 G。

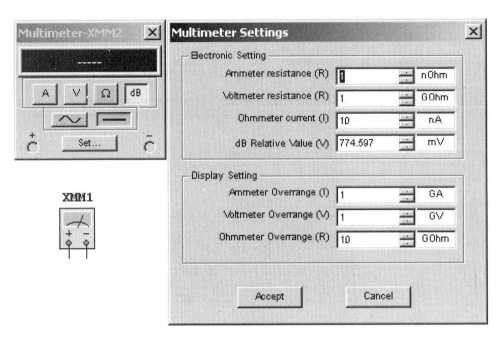

图1-63 数字万用表的使用

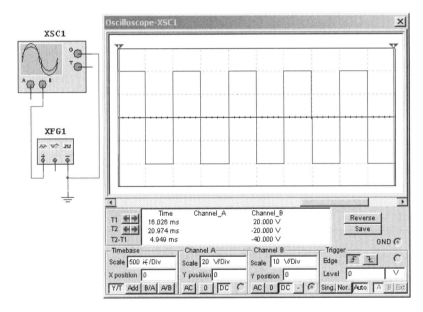

图1-64 双通道示波器（Oscilloscope）的使用

四通道示波器（见图1-65）与双通道示波器的使用方法和参数调整方式完全一样，只是多了一个通道控制器旋钮，当旋钮拨到某个通道位置，才能对该通道的 Y 轴进行调整。触发方式主要用来设置 X 轴的触发信号、触发电平及边沿等。

Edge（边沿）：设置被测信号开始的边沿，设置先显示上升沿或下降沿。

Level（电平）：设置触发信号的电平，使触发信号在某一电平时起动扫描。

示波器的控制面板分为以下四个部分：

（1）Time base（时间基准）。

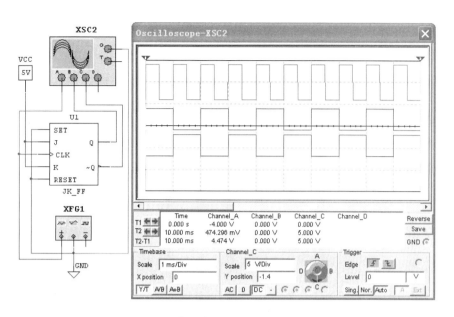

图 1-65 四通道示波器（4 Channel Oscilloscope）

Scale（量程）：设置显示波形时的 X 轴时间基准。

X position（X 轴位置）：设置 X 轴的起始位置。

显示方式设置有四种：Y/T 方式指的是 X 轴显示时间，Y 轴显示电压值；Add 方式指的是 X 轴显示时间，Y 轴显示 A 通道和 B 通道电压之和；A/B 或 B/A 方式指的是 X 轴和 Y 轴都显示电压值。

（2）Channel A（通道 A）。

Scale（量程）：通道 A 的 Y 轴电压刻度设置。

Y position（Y 轴位置）：设置 Y 轴的起始点位置，起始点为 0 表明 Y 轴和 X 轴重合；起始点为正值表明 Y 轴原点位置向上移，否则向下移。

触发耦合方式：AC（交流耦合）、0（0 耦合）或 DC（直流耦合）。交流耦合只显示交流分量；直流耦合显示直流和交流之和；0 耦合在 Y 轴设置的原点处显示一条直线。

（3）Channel B（通道 B）。

通道 B 的 Y 轴量程、起始点、耦合方式等项内容的设置与通道 A 相同。

（4）Trigger（触发）。

触发信号选择：Auto（自动）、通道 A 和通道 B 表明用相应的通道信号作为触发信号；ext 为外触发；Sing 为单脉冲触发；Nor 为一般脉冲触发。

1.3.3 用 Multisim 10 验证基尔霍夫定律

1. 实训目的

（1）理解基尔霍夫定律的内容及应用。

（2）利用仿真软件进行数据分析，验证基尔霍夫定律的内容。

（3）进一步理解电流、电压的参考方向与实际方向的关系。

2. 实训器材

计算机、电子电路仿真软件 Multisim 10。

3. 重点与难点

重点：基尔霍夫定律数据的分析与定律的验证。

难点：电路简单故障的检查与分析。

4. 实训步骤

1）基尔霍夫电流定律的仿真验证

（1）显示节点编号。单击电子仿真软件 Multisim 10 基本界面主菜单"Options（选项）/SheetProperties…"命令，打开如图 1-66 所示的对话框，在"Circuit（电路）"选项卡的"Net Names（网络名字）"选项组中选中"Show All（全显示）"单选按钮，使电路显示节点编号，然后单击对话框中的"OK（确定）"按钮退出。

图 1-66　显示节点编号的对话框

（2）打开电子仿真软件 Multisim 10，按照 1.3.2 节中介绍的方法调出所需电阻元件及电流表、直流电源及地线。

（3）如图 1-67 所示连接电路并进行仿真测试。

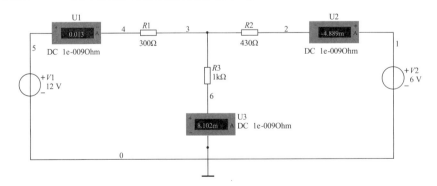

图 1-67　基尔霍夫电流定律的仿真实验电路

改变电源 V_1、V_2 的数值,观察电流表 U_1、U_2、U_3 的数值,并记录于表 1-18 中。

表 1-18 基尔霍夫电流定律验证数据表

V_1/V	V_2/V	I_1/A	I_2/A	I_3/A	$\sum I/A$
12	6	0.013	-4.889×10^{-3}	8.102×10^{-3}	

2)基尔霍夫电压定律的仿真验证

(1)打开电子仿真软件 Multisim 基本界面,在软件中调出所需元件及电压表。

(2)连接电路如图 1-68 所示。

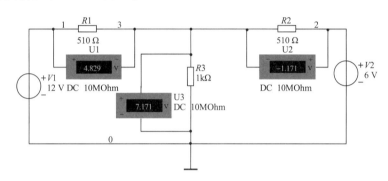

图 1-68 基尔霍夫电压定律的仿真实验电路

(3)开启仿真开关,进行仿真测试。

改变电源 V_1、V_2 的数值,观察电压表 U_1、U_2、U_3 的数值,并记录于表 1-19 中。

表 1-19 基尔霍夫电压定律验证数据表

回路 1301	U_{13}/V	U_{30}/V	U_{01}/V	$\sum U/V$
仿真数据				
回路 1031	U_{31}/V	U_{03}/V	U_{10}/V	$\sum U/V$
仿真数据				
回路 3203	U_{32}/V	U_{20}/V	U_{30}/V	$\sum U/V$
仿真数据				
回路 3023	U_{23}/V	U_{02}/V	U_{30}/V	$\sum U/V$
仿真数据				

5. 注意事项

(1)注意分析电压表、电流表的极性与电压、电流的数值正、负的关系。

(2)注意验证基尔霍夫电压定律时各段电压与回路绕向的关系,注意各段电压代数量正负符号的判定。

6. 实训总结

(1)根据图 1-67 说明三条支路电流 I_1、I_2、I_3 之间的关系。

(2)根据表 1-18 所记录各支路电流数值的正负情况,在电路图中标出各支路电流的实际方向（用虚线画出）与参考方向（用实线画出）。

(3) 通过实验数据分析回路 13201 中 U_{13}、U_{32}、U_{20}、U_{01} 各量之间的关系。

(4) 列写的基尔霍夫电压定律方程式与所选择的回路绕向有关吗？

(5) 各组选派代表对实训结果分析并按时完成实训报告。

1.3.4 用 Multisim 10 验证叠加定理

1. 实训目的

(1) 掌握叠加定理的内容及应用范围。

(2) 利用数据分析，验证叠加定理的内容。

(3) 进一步理解电流、电压的参考方向与实际方向的关系。

2. 实训器材

计算机、电子电路仿真软件 Multisim 10。

3. 重点与难点

重点：叠加定理的内容及验证。

难点：总量与相应支路分量代数量的正负判定方法，电路中简单故障的分析（短路、断路）。

4. 实训步骤

(1) 调出所需元件。打开电子仿真软件 Multisim 10 基本界面，在软件中调出所需元件电阻、电源及电压表、电流表，方法详见 1.3.2 节。图中"单刀双掷开关"的调出方法如下：

单击电子仿真软件 Multisim 10 基本界面工具栏中的"Basic（放置基础元件）"按钮，在打开的对话框的"Family（主数据库）"栏下选取"SWITCH（开关）"，再在"Component（元件）"列表框中选择"SPDT（单刀双掷开关）"，如图 1-69 所示，最后单击对话框右上角的"OK（确定）按钮"，将 4 个单刀双掷开关调出放置在电子平台上。

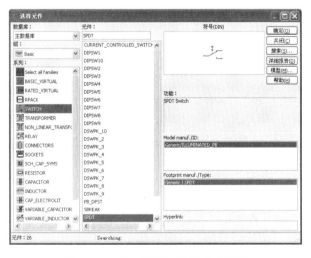

图 1-69 单刀双掷开关调出对话框

(2) 调出元件，连接电路如图 1-70 所示，力求仿真电路布局合理、美观大方。

(3) 开启仿真开关,进行仿真测试。

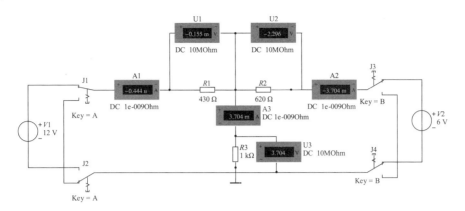

图 1-70 叠加定理的仿真实验电路

将电源 V_1、V_2 分别单独作用时的电流、电压的分量和电源 V_1、V_2 同时作用时的总量数值分别记录于表 1-20~表 1-22 中,计算功率大小。

表 1-20 叠加定理的仿真验证数据表(一)

V_1/V	V_2/V	I_1/A	I_2/A	I_3/A	U_1/V	U_2/V	U_3/V	P_3/W
12	0							
0	6							
12	6							

表 1-21 叠加定理的仿真验证数据表(二)

V_1/V	V_2/V	I_1/A	I_2/A	I_3/A	U_1/V	U_2/V	U_3/V	P_3/W
24	0							
0	12							
24	12							

表 1-22 叠加定理的仿真验证数据表(三)

V_1/V	V_2/V	I_1/A	I_2/A	I_3/A	U_1/V	U_2/V	U_3/V	P_3/W
6	0							
0	3							
6	3							

5. 注意事项

(1) 叠加定理适用于线性电路电压和电流的计算,电路的功率不等于按各分电路计算所得功率的叠加,对功率不适用。

(2) 注意分析电压表、电流表的极性与电压、电流的数值正、负的关系。叠加时各分电路的电压和电流的参考方向可以取与原电路中的相同。

(3) 注意仿真电路整体布局美观。

(4) 各个电源单独作用,其他电压源不作用时需要进行处理,不作用的恒压源置零,依开关处理。注意不是把电源两端直接短路处理，电阻元件位置保持不变。

6. 结果分析

（1）由表1-20～表1-22中数据分析结果说明每种情况下总量与分量的关系。

（2）在验证叠加定理实验中，各个电源分别单独作用时，如何处理不作用电源？

（3）在验证叠加定理实验电路中如把其中一个线性电阻用热敏电阻、光敏电阻或二极管取代，叠加定理的齐次性和叠加性是否成立？

（4）从数据表格分析叠加定理是否适用于功率的叠加计算。

（5）各组选派代表对实训结果分析并按时完成实训报告。

单 元 小 结

1. 电路是电流经过的路径，一般由电源、用电器、导线和开关四部分组成。如果不特别指出，导线的电阻可忽略不计。

2. 电源是把其他形式的能转换成电能的装置。状态有三种：空载、负载和短路。

3. 汽车电路特点：双电源、低压直流供电、负极搭铁、单线制、用电设备并联。

4. 电路中某点的电位就是该点与参考点之间的电压降。电位的高低与所选的路径无关，但如果选用不同的参考点，电路中的电位将会不同。而电路中任意两点间的电压就是这两点的电位差，数值与参考点无关，是固定值。

5. 基尔霍夫定律是求解复杂电路的基本定律。它包括节点电流定律和回路电压定律。其内容是：在任一时刻，对电路中任意一个节点，流入该节点的电流之和必定等于流出该节点的电流之和，即 $\sum I_入 = \sum I_出$；在任一时刻，对任一回路，沿回路绕行方向上各段电压的代数和为零，即 $\sum U = 0$。

6. 求解复杂电路常用的方法是基尔霍夫定律、叠加定理和戴维南定理，掌握这三种不同电路的分析方法。

7. 实际电路中的电气设备、器件和导线都有额定值，不要长时间超过额定值使用。

8. 实际电源可以等效成两种电源模型，一种是具有理想电压源 E 和内阻 R_0 串联的电压源；另一种是理想电流源 I_S 和内阻 R_0 并联的电流源。这两种电源模型满足的数量关系是 $E = I_S R_0$，$R_0 = R_0$；方向关系是电压源的正极与电流源的电流流出端一致。

单 元 习 题

一、填空题

1. 电源包括（　　）和（　　）两种。恒流源与内电阻并联为（　　），恒压源与内电阻串联为（　　）。如果电压源内阻为（　　），电源将提供（　　），则称为恒压源；如果电流源内阻为（　　），电源将提供（　　），则称为恒流源。

2. 一般电路是由（　　）、（　　）、（　　）和（　　）等组成的闭合回路。按电路功能的不同，电路可分为（　　）和（　　）。

3. 电路中的（　　）根据所选参考点的不同可有不同的值，但电路中两点之间的（　　）是不变的。

4. 电阻在电路中可以限制（　　）的大小或进行（　　）的分配及电路的（　　）等。

5. 戴维南定理和叠加定理均是（　　）（填"线性"或"非线性"）电路的基本定理。

6. 基尔霍夫电流定律指出，在任意时刻电路中流入节点的电流之和（　　）流出该节点的电流之和，公式为（　　）；电压定律指出，在任意时刻沿回路一周，回路中所有的电动势的代数和（　　）回路中所有的电阻电压降的代数和，公式为（　　）。

7. 图1-71所示电路有（　　）个节点和（　　）条支路，（　　）个回路，（　　）个网孔。

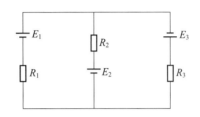

图1-71　填空题7

8. R_1和R_2两个电阻串联，已知$R_1 = 2R_2$，若R_1上消耗的功率为1 W，则R_2上消耗的功率为（　　）。

9. 电路有（　　）、（　　）、（　　）三种工作状态。当端电压为零时，此种状态称为（　　），这种情况下电源产生的功率全部消耗在（　　）。

10. 利用戴维南定理计算某电路电流和电压的步骤如下：①将待求支路与（　　）分离；②求有源二端网络（　　）的（　　）和（　　）；③作等效电路，用欧姆定律计算出支路的电流和电压。

二、判断题

1. 电路是电流通过的路径，是根据需要由电工元件或设备按一定方式组合起来的。（　　）
2. 电流的参考方向可能是电流的实际方向，也可能与实际方向相反。（　　）
3. 电路中某两点间的电压具有相对性，参考点变化时，电压随着发生变化。（　　）
4. 几个用电器不论是串联还是并联使用，它们消耗的总是等于各电器实际消耗功率之和。（　　）
5. 如果电路中某两点的电位都很高，则该两点间的电压也很大。（　　）
6. 电阻值不随电压、电流的变化而变化的电阻称为线性电阻。（　　）
7. 实际电压源与实际电流源之间的等效变换无论对内电路还是外电路都是等效的。（　　）
8. 无法用串并联电路特点及欧姆定律求解的电路称为复杂电路。（　　）
9. 叠加定理既适用于线性元件组成的电路，也适用于其他非线性电路。（　　）
10. 电流、电压的参考方向可以任意指定，指定的方向不同也不影响问题的最后结论。（　　）

三、选择题

1. 长度均匀的导体其电阻为R_1，当取其一半时其电阻为R_2，则R_1与R_2的关系为（　　）。
A. $R_2 = 2R_1$　　　　B. $R_1 = 2R_2$　　　　C. $R_1 = 4R_2$　　　　D. $R_2 = 8R_1$

2. 任何一个线性二端网络对外电路来说，都可以用一个等效的（　　）代替。
   A. 恒压源与电阻串联模型　　　　　　B. 电压源与电阻并联模型
   C. 电流源
3. 一个电阻、线圈与直流电源相连，当电路达到稳定状态时，电感两端的电压为（　　）。
   A. 0　　　　　　B. ∞　　　　　　C. 电源电压
4. 某节点的各支路电流如图1-72所示，已知$I_1 = 5$ A，$I_2 = 6$ A，则I_3应为（　　）。
   A. -11 A　　　　B. 11 A　　　　C. 1 A　　　　D. -1 A
5. 如图1-73所示电路，用一个等效电流源替代，则等效的电流源的参数为（　　）。
   A. 1 A，4 Ω　　　B. 1 A，1 Ω　　　C. 2 A，4 Ω　　　D. 2 A，1 Ω
6. 两个电阻的伏安特性如图1-74所示，则R_a与R_b的关系为（　　）。
   A. R_a 比 R_b 大　　B. R_a 比 R_b 小　　C. R_a 比 R_b 相等　　D. 不确定

图1-72　选择题4

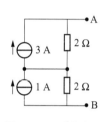

图1-73　选择题5

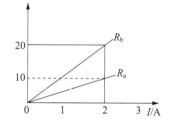

图1-74　选择题6

7. 下列说法中，正确的是（　　）。
   A. 电位随着参考点（零电位点）选取的不同，数值会发生变化
   B. 电位差随着参考点（零电位点）选取的不同，数值会发生变化
   C. 电路上两点的电位很高，则其间电压很大
   D. 电路上两点的电位很高，则其间电压很小
8. 电路中标出的电流参考方向如图1-75所示。电流表读数为2 A，$R = 1$ Ω，则可知电流I是（　　）。
   A. $I = 2$ A　　　B. $I = -2$ A　　　C. $I = 0$ A　　　D. $I = -4$ A
9. 在图1-76所示的电路中，电流I与电动势E、电压U的关系是$I = $（　　）。
   A. E/R　　　B. $(U+E)/R$　　　C. $(U-E)/R$　　　D. $-(U+E)/R$

图1-75　选择题8

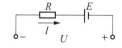

图1-76　选择题9

10. 若电源供电给电阻R_L时，电源电动势E和电阻R_L均保持不变，为了使电源输出功率最大，应调节内阻值等于（　　）。
    A. 0　　　　　　B. R_L　　　　　　C. ∞　　　　　　D. $R_L/2$

四、计算题

1. 电路如图1-77所示。已知：$R_1 = 5$ Ω，$R_2 = 10$ Ω，$R_3 = 15$ Ω，$E_1 = 18$ V，$E_2 = 8$ V，请用支路电流法计算各支路的电流。

2. 电路如图1-78所示，用叠加定理求电流I和恒流源端电压U。

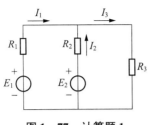

图 1-77 计算题 1

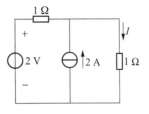

图 1-78 计算题 2

3. 将图 1-79 所示有源二端网络化成等效电压源。

4. 电路如图 1-80 所示,试求各支路的电流。

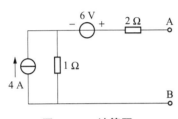

图 1-79 计算题 3

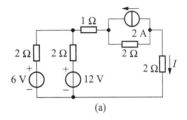

图 1-80 计算题 4

5. 有一内阻 $R_g = 1$ kΩ、量程为 $I_g = 100$ μA 的电流表,欲改装成可测 10 mA 的电流表,求应并联的电阻 R。

6. 电路如图 1-81 所示,用电压源与电流源等效变换法计算 2 Ω 电阻中的电流。

7. 在图 1-82 所示的电路中,已知 $R_1 = R_2 = 1$ Ω, $R_3 = 4$ Ω, $U_{S1} = 9$ V, $U_{S2} = 18$ V, 试用戴维南定理求电流 I_3。

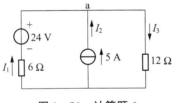

图 1-81 计算题 6

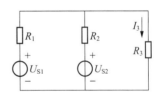

图 1-82 计算题 7

8*. 如图 1-83 所示,求 c 点的电位。

9*. 电路如图 1-84 所示,应用叠加定理求电流 I。

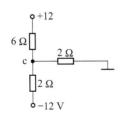

图 1-83 计算题 8

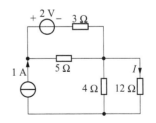

图 1-84 计算题 9

10*. 电路如图 1-85 所示,已知:$U_S = 10$ V, $I_S = 2$ A, $R_1 = 4$ Ω, $R_2 = 1$ Ω, $R_3 = 5$ Ω, $R_4 = 3$ Ω。试用叠加定理求通过理想电压源的电流 I_5 和理想电流源两端的电压 U_6。

11*. 电路如图 1-86 所示，已知：$R_1 = 5\ \Omega$、$R_2 = 5\ \Omega$、$R_3 = 10\ \Omega$、$R_4 = 5\ \Omega$、$E = 12\ V$、$R_G = 10\ \Omega$。试用诺顿定理求检流计中的电流 I_G。

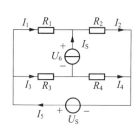

图 1-85 计算题 10

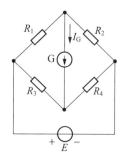

图 1-86 计算题 11

单元二

交流电路

单元描述

交流电路的分析、计算方法与直流电路有所不同，因此，必须要建立交流电的概念，特别是相位的概念，如任一电压或电流的叠加是相量和而不是代数和的概念。分析与计算正弦交流电路，主要是确定由不同参数组成的交流电路中电压与电流之间的关系和功率，这其中重点掌握电容元件和电感元件在正弦交流电路中的作用。三相电路着重介绍三相电源的特点，三相负载联结时电压、电流的线、相值的关系及三相功率的计算。

知识要求

1. 深刻理解正弦量的三要素及其表示法之间的相互转换。
2. 熟练掌握两个同频率正弦量的相位关系。
3. 理解有效值的定义，掌握正弦量的幅值与有效值的数量关系。
4. 熟练掌握 R、L、C 三种元件伏安关系的相量形式，明确这三种元件电压与电流的相位关系。
5. 掌握阻抗的定义，并会进行相关的计算。
6. 能用相量和相量图法分析串、并联正弦交流电路。
7. 掌握功率因数的概念、提高的意义及方法。
8. 掌握三相电源和三相负载的接法；熟练掌握三相对称负载星形联结、三角形联结时电压、电流的线、相值的关系及三相功率的计算；掌握三相电路不对称负载星形联结时中性线的作用。
9. 掌握安全用电的相关知识。

技能要求

能够正确连接照明电路、掌握安全用电的常识。

参考学时

16 学时［12（理论）+4（实践）］

任务 2.1　正弦交流电路
任务 2.2　单相正弦交流电路
任务 2.3　三相交流电路
任务 2.4　技能训练

任务 2.1　正弦交流电路

2.1.1　正弦交流电的基本知识

2.1.1.1　交流电的特征

如图 2-1 所示，交流电是大小和方向均随时间做周期性变化的电压、电流或电动势。

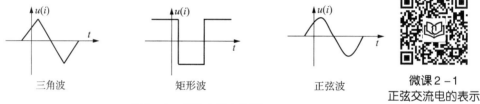

图 2-1　几种交流电波形

微课 2-1
正弦交流电的表示

2.1.1.2　交流电的主要优点

（1）交流电可用变压器来改变其电压的大小，便于远距离传输和向用户提供各种不同等级的电压。

（2）交流电机比同功率的直流电机构造简单、成本低、工作可靠。

（3）交流电经过整流装置可转换为汽车、电车、电镀、电子设备等需要的直流电。所以，交流电在生产和生活中得到广泛应用。

2.1.1.3　交流电的量值

只用某一瞬时的数值来表示交流电的大小是不确切的，应以"最大值""有效值""平均值"来表示交流电的大小。这是对交流电的各种不同含义的量值而言的。

（1）瞬时值：因为交流电的大小随时间按周期性规律变化，所以将交流电在某一瞬间的量值大小称为它的瞬时值，常用小写字母 u、i、e 来表示电压、电流、电动势的瞬时值。

（2）幅值（或最大值）：交流电在变化过程中所出现的最大瞬时值，称为交流电的最大值，常用 I_m、U_m、E_m 来表示电流、电压、电动势的幅值（或最大值）。

（3）有效值：交流电通过电阻性负载时，如果所产生的热量与直流电在相同时间内通过同一负载所产生的热量相等，则这一直流电的大小就等效为交流电的有效值，常用 I、U、E

来表示电流、电压、电动势的有效值。平时所说的电压、电流的数值及电气仪表所测量的数值都是指有效值。

（4）平均值：交流电的平均值是指交流电在半个周期内，在同一方向通过导体横截面的电量与半个周期时间的比值，常用 I_P、U_P 来表示电流、电压的平均值。正弦交流电压的平均值与最大值和有效值的关系：$U_P = 0.637U_m = 0.9U$。

2.1.2 正弦量的三要素及有效值

正弦交流电是指大小和方向均随时间做正弦函数曲线周期性变化的交流电。正弦交流电可以用正弦函数或余弦函数表示，本书选用正弦函数表示正弦交流电。正弦交流电动势、电压、电流等物理量常称为正弦量。

2.1.2.1 正弦量的三要素

正弦交流电压和电流的大小和方向按正弦函数曲线随时间而变化，电路中标注的正方向代表它们的正半周方向，所以负半周时，电压或电流的正方向与实际方向相反，故为负值。正弦交流电压表达式为

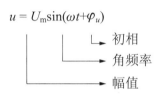

动画 2-1
正弦交流电
的三要素

它的特征表现在大小、变化的快慢及初始值三个方面，分别用幅值（或最大值）、频率（或周期或角频率）和初相位表示，统称为正弦交流电的三要素。

（1）幅值 U_m、I_m。正弦量 u 和 i 的瞬时值中的最大量值，其单位分别是伏特（V）和安培（A）。幅值表示正弦量的变化范围。

（2）角频率 ω。从正弦量的瞬时值表达式可以看出，正弦量随时间变化的部分是式中的 $(\omega t + \varphi)$，它反映了正弦电压和电流随时间 t 变化的进程，称为正弦量的相位。ω 就是相位随时间变化的角速度，即

$$\frac{d(\omega t + \varphi)}{dt} = \omega \quad (2-1)$$

单位是弧度/秒（rad/s）。

正弦量随时间变化正、负一周所需要的时间 T 称为周期，单位是秒（s）。单位时间内正弦量重复变化一周的次数 f 称为频率，$f = \frac{1}{T}$，单位是赫兹（Hz）。正弦量变化一周，相当于正弦函数变化 2π 弧度的电角度，正弦量的角频率 ω 就是单位时间变化的弧度数，即

$$\omega = \frac{2\pi}{T} = 2\pi f \quad (2-2)$$

式（2-2）就是角频率 ω 与周期 T 和频率 f 的关系式。

（3）初相位 φ（即 φ_u、φ_i）。它是 $t=0$ 时刻正弦电压和电流的相位，简称为初相。

初相的单位可以用弧度（rad）或度数（°）来表示，两者的对应关系为 $\pi(\text{rad}) = 180°$。通常初相角应在 $|\varphi| \leq \pi$ 的范围内取值，即 φ 一般限定在 $-\pi \leq \varphi \leq \pi$ 的范围内。如果 $|\varphi| > \pi$，则应

以 $\varphi \pm 2\pi$ 进行替换。例如，$\varphi = \dfrac{3\pi}{2}$（270°）应替换成 $\varphi = \dfrac{3\pi}{2} - 2\pi = -\dfrac{1}{2}\pi$（-90°）；又如，$\varphi = -1.2\pi$（-216°）应替换为 $\varphi = -1.2\pi + 2\pi = 0.8\pi$（144°）。

正弦量初相 φ 的大小和正负，与选择正弦量的计时起点有关。在波形图上，与 $\omega t + \varphi = 0$ 相应的点，即正弦量瞬时值由负变正的零值点，称为零值起点，用 s 表示。计时起点是 $\omega t = 0$ 的点，即坐标原点 O。初相角 φ 就是计时起点对零值起点（即以零值起点为参考）的电角度。

顺便指出，如果正弦量是余弦函数，如 $u = U_m \cos(\omega t + \varphi)$，则正弦量的起点 s 是 $\omega t + \varphi = 0$，即 $u = +U_m$ 对应的横坐标点。

一个正弦量当计时起点选定后，初相角 φ 便是已知量，则某一给定时刻，相位（$\omega t + \varphi$）便决定了该时刻正弦量瞬时值的大小、方向（正值或负值），也可以决定正弦量该时的变化趋势，即正弦量的数值是趋于增加或趋于减小。由此可见，正弦量的相位也是一个重要的物理量。

2.1.2.2 正弦量的有效值

在相同的时间里，一个正弦量（如正弦电流 i 通过一电阻元件 R）与某一直流量（如直流 I 通过同一电阻元件 R）所做的功相等，则该直流量就是正弦交流量的有效值。例如，正弦电流 i 的有效值为

$$I = \sqrt{\dfrac{1}{T}\int_0^T i^2 \, dt} = \dfrac{I_m}{\sqrt{2}} \qquad (2-3)$$

同理，正弦电压 u 的有效值为

$$U = \sqrt{\dfrac{1}{T}\int_0^T u^2 \, dt} = \dfrac{U_m}{\sqrt{2}} \qquad (2-4)$$

表明：正弦量的有效值等于最大值除以 $\sqrt{2}$，或者说，正弦量的最大值是有效值的 $\sqrt{2}$ 倍。

2.1.2.3 正弦量的相位差

两同频率正弦量的相位差等于它们的初相之差，一般规定在 180°电角度范围内取值。例如，正弦电压 $u_1 = U_{1m}\sin(\omega t + \varphi_1)$，$u_2 = U_{2m}\sin(\omega t + \varphi_2)$，如果选取 u_2 为参考量，则 u_1 对 u_2 的相位差为 $\varphi = \varphi_1 - \varphi_2$。

若 $\varphi_1 > \varphi_2$，则 $\varphi > 0$，表示 u_1 超前 u_2 的相位为 φ，或者说 u_2 滞后 u_1 的相位为 φ；若 $\varphi_1 < \varphi_2$，则 $\varphi < 0$，表示 u_1 滞后 u_2 的相位为 φ，或者说 u_2 超前 u_1 的相位为 φ；若 $\varphi_1 = \varphi_2$，则 $\varphi = 0$，表示 u_1 与 u_2 同相；若 $\varphi = \pm 90°$，则 u_1 与 u_2 正交；若 $\varphi = \pm 180°$，则 u_1 与 u_2 反相。

如果选取 u_1 为参考量，则 u_2 对 u_1 的相位差为

$$\varphi' = \varphi_2 - \varphi_1$$

这表明两同频率正弦量之间相位关系的相对性。

特别指出，在进行两个正弦量相位关系的比较时，两正弦量必须是同频率、同正负和表达式同是 sin 函数或同是 cos 函数。如果其中之一表达式是 $\cos(\omega t + \varphi)$，则应转换为 sin 函数形式，即

$$\cos(\omega t + \varphi) = \sin(\omega t + \varphi + 90°)$$

如果两同频率的 sin 函数，其中表达式之一是负值函数 $-\sin(\omega t + \varphi)$，则应转换为正值函数形式，即

$$-\sin(\omega t + \varphi) = \sin(\omega t + \varphi \pm 180°)$$

例如，若 $u = 100\sin(10t + 5°)$（V），$i = 6\cos(10t - 20°)$（A），进行相位关系比较时，应将正弦电流 i 转换成 sin 函数的形式，即

$$\cos(10t - 20°) = \sin(10t - 20° + 90°)$$
$$= \sin(10t + 70°)$$

故电压 u 对电流 i 的相位差为

$$\varphi = 5° - 70° = -65°$$

表明，电压 u 滞后电流 i 的相位为 $65°$。

又如，$u = -100\sin(10t + 95°)$（V），$i = 6\sin(10t + 96°)$（A），进行相位关系比较时，应将正弦电压 u 的 $-\sin$ 函数形式转换为 $+\sin$ 函数形式，即

$$-100\sin(10t + 95°) = 100\sin(10t + 95° - 180°)$$
$$= 100\sin(10t - 85°)$$

故电压 u 对电流 i 的相位差为

$$\varphi = -85° - 96° = -181°$$

$|\varphi|$ 应在 $<180°$ 范围取值，因此 $\varphi = -181° + 360° = 179°$。表明：电压 u 超前电流 i 的相位为 $179°$。

2.1.3 正弦量的四种表示方法

2.1.3.1 解析式（瞬时值表达式）表示法

解析式表示法用正弦函数或余弦函数表示正弦交流电的瞬时值，本书中一律采用正弦函数表示正弦交流电的瞬时值。例如，正弦电流 $i = I_m\sin(\omega t + \varphi_i)$（A），从给定正弦量的瞬时值表达式中即可找出它的三要素：幅值（或最大值）、角频率（或周期或频率）和初相角 φ，从而可以确定正弦量的零值起点 s 和计时起点（即坐标原点 O）的位置。分别计算出在一个周期内正弦量的相位 $(\omega t + \varphi) = \theta$ 为特殊角$\left(如 0, \dfrac{\pi}{6}, \dfrac{\pi}{4}, \dfrac{\pi}{2}, \dfrac{2}{3}\pi, \dfrac{3}{4}\pi, \dfrac{5}{6}\pi, \pi, \cdots, 2\pi\right)$时正弦量的瞬时值及对应的横坐标 ωt $(\theta - \varphi)$ 或 $t\left(\dfrac{\theta - \varphi}{\omega}\right)$的数值，并在坐标图上标出对应各点，将正弦量瞬时值各点用曲线板连接成连续曲线，便绘出了正弦量的波形图。

例如，正弦电压 $u = 10\sin\left(2\pi t + \dfrac{\pi}{4}\right)$（V），从瞬时值表达式可知它的幅值是 10 V，角频率 $\omega = 2\pi$ rad/s，初相角 $\varphi = +\dfrac{\pi}{4}$，它的周期为

$$T = \dfrac{2\pi}{\omega} = \dfrac{2\pi}{2\pi} = 1 \text{ (s)}$$

由于初相 $\dfrac{\pi}{4}$ 为正值，故正弦电压波形的零值起点 s 在计时起点（坐标原点 O）之前。分

别计算出当相位 $\left(2\pi t+\dfrac{\pi}{4}\right)=0$，$\dfrac{\pi}{4}$，$\dfrac{\pi}{2}$，…，$2\pi$ 时，正弦电压 u 的瞬时值及对应的 ωt 值或时间 t 值。

当 $\left(2\pi t+\dfrac{\pi}{4}\right)=0$ 时，$u=0$，$\omega t=-\dfrac{\pi}{4}$，$t=-\dfrac{1}{2\times 4}=-0.125$（s）；

当 $\left(2\pi t+\dfrac{\pi}{4}\right)=\dfrac{\pi}{4}$ 时，$u=7.07$ V，$\omega t=0$，$t=0$；

当 $\left(2\pi t+\dfrac{\pi}{4}\right)=\dfrac{\pi}{2}$ 时，$u=10$ V，$\omega t=\dfrac{\pi}{4}$，$t=0.125$ s；

……

在坐标系横坐标上找出以上数据中横坐标 ωt 或 t 各值所在的点，然后标出对应的正弦电压瞬时值的纵坐标位置，最后用曲线将各电压瞬时值坐标点连接成连续的正弦函数波形图。于是绘出正弦电压 $u=10\sin\left(2\pi t+\dfrac{\pi}{4}\right)$（V）的波形图。

2.1.3.2 波形图表示法

由正弦量的瞬时值表达式绘出它的波形图时，图中纵坐标是正弦量的瞬时值，横坐标表示正弦量变化进程的弧度 ωt（rad）或时间 t（s）。从波形图中可以找出正弦量的三要素。从波形图中直接观察到正弦量的最大值 U_m 或 I_m；确定角频率时，先要从波形图的横坐标上，找到一个完整的周期 T（s），再按式 $\omega=\dfrac{2\pi}{T}$ 计算出角频率 ω 的值；确定初相角 φ 时，在波形图的坐标原点 O 左右 $\pm\pi$ 或 $\pm\dfrac{T}{2}$ 范围内，找出正弦量瞬时值从负变正的零值起点 s，从 s 点到坐标原点 O（即计时起点）之间的电角度数，就是该正弦量的初相 φ。按正弦量变化的进程方向，如果 s 点在坐标原点 O 左侧出现，如图 2-2 所示情况，则初相角 φ 为正值；若 s 点在坐标原点 O 右侧出现，则初相角 φ 为负值；如果 s 点与坐标原点 O 重合，则初相角 φ 为 0。显然，从波形图中找到了正弦量的幅值、角频率和初相之后，即可写出该正弦量的瞬时值表达式。

正弦量的解析式表示法和波形图表示法，各有各的特点。解析式表示法能完整和准确地描述正弦量的特征，既表示了正弦量的三要素，又表示了瞬时值，它是正弦交流电路分析的基础。正弦量的波形图能直观、形象地表示它的变化进程，特别是便于对几个正弦量进行比较，可明显看出它们的大小和相位的关系。其缺点是它不能准确地描述正弦量的特征，更不便于进行加、减等运算。为了便于

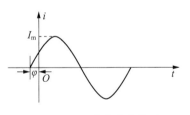

图 2-2 正弦交流电波形

在正弦交流电路中，对正弦电压和电流进行分析计算，正弦量需要有便于计算的表示法，即正弦量的相量表示法。

2.1.3.3 相量表示法

相量表示法即用复数的模表示正弦量的幅值或有效值，用复数的辐角表示正弦量的初相角来分析计算正弦交流电。为了与一般复数区别，将这种用于表示正弦交流电的复数，称为相量，并在大写字母上加一点来表示。

对于电路分析而言，相量运算要求掌握的内容有如下两方面：

（1）复数的代数式与极坐标形式的互换，一个复数 A 的代数式为 $A = a_1 + ja_2$，其中 a_1 为实部，a_2 为虚部，$j = \sqrt{-1}$。复数 A 的另一种极坐标形式为 $A = |A| \angle \theta$，其中 $|A|$ 为模，θ 为辐角。两种形式的关系如下：

$$A = a_1 + ja_2 = |A| \angle \theta$$
$$a_1 = |A|\cos\theta, a_2 = |A|\sin\theta$$
$$|A| = \sqrt{a_1^2 + a_2^2}, \theta = \arctan\frac{a_2}{a_1}$$

（2）复数的加、减、乘、除四则运算。

①两复数的加、减运算，应采用复数的代数式或三角函数式来进行。运算的方法是：分别将两复数的实部相加、减，虚部相加、减。

②两复数的乘、除运算，应采用复数的极坐标形式来进行。运算方法是：分别将两复数的模相乘、除，辐角相加、减。

$$i = I_m \sin(\omega t + \psi_i) \rightarrow$$
$$\dot{I} = a + jb \text{ 代数式}$$
$$= I(\cos\Psi_i + j\sin\Psi_i) \text{ 三角函数}$$
$$= Ie^{j\Psi} \text{ 指数式}$$
$$= I \angle \Psi \text{ 极坐标式}$$

代数式、三角函数式一般适用于做加、减运算，指数式和极坐标式一般适用于做乘、除运算。

$$\dot{I}_1 \pm \dot{I}_2 = (a_1 \pm a_2) + j(b_1 \pm b_2)$$
$$\dot{I}_1 \cdot \dot{I}_2 = I_1 \cdot I_2 e^{j(\Psi_1 + \Psi_2)} = I_1 \cdot I_2 \angle (\Psi_1 + \Psi_2)$$
$$\dot{I}_1 / \dot{I}_2 = I_1 / I_2 e^{j(\Psi_1 - \Psi_2)} = I_1 / I_2 \angle (\Psi_1 - \Psi_2)$$

2.1.3.4 相量图表示法

相量在复平面上的图形称为相量图。正弦交流电的相量图如图 2-3 所示。

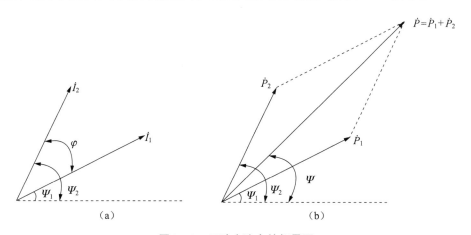

图 2-3 正弦交流电的相量图

相量图是按照几个同频率正弦量的大小和相位关系用初始位置的有向线段画出的几个相量的图形。相量图中有向线段的长度表示正弦量的幅值或有效值,因此可以分为幅值相量图和有效值相量图;有向线段与实轴正向的夹角表示初相;有向线段以角频率 ω 按照逆时针方向匀速转动。

后两种表示法是分析和计算交流电路常用的方法。它的优点是:

(1) 只有同频率的正弦量可以画在同一相量图上,如图2-4(b)所示,相量图可直观快捷地解决一些特殊的交流电路问题。

(2) 相量图表示法可用于解决复杂交流电路问题。

(3) 相量图合成时应遵循平行四边形法则,即以表示两个正弦量的相量作为邻边画出平行四边形,则该平行四边形中与两个相量共顶点的对角线相量表示合成相量。

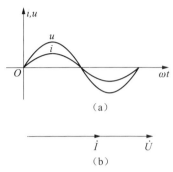

图2-4 电阻电压 u 与电流 i 的
波形图和相量图
(a) 波形图;(b) 相量图

注意:初学者应注意几种量值的习惯表示形式,如电流、电压、电动势的瞬时值用小写字母 i、u、e 表示;电流、电压、电动势的幅值用大写带下标字母 I_m、U_m、E_m 表示;电流、电压、电动势的有效值用大写字母 I、U、E 表示;电流、电压、电动势的相量用大写字母上方加"·"表示,即 $\dot{I}$、$\dot{U}$、$\dot{E}$;并且要特别注意相量可以表示正弦量,但不等于正弦量,它只是分析和计算交流电路的一种方法。

正弦电流 $i = 6\sin(\omega t + 45°)$ (A)表示成相量为 $\dot{I}_m = I_m \angle 45° = 6 \angle 45° = 6e^{j45°}$ (A)。所以,只要知道了正弦量的瞬时值表达式,就可以写出它的相量式;反之,若已知相量式,可以写出它所代表的正弦量的瞬时值表达式。

任务2.2 单相正弦交流电路

 2.2.1 单一参数的正弦交流电路

2.2.1.1 纯电阻电路

只含有电阻元件的交流电路称为纯电阻电路,如含有白炽灯、电炉、电烙铁等的电路。

微课2-2
简单交流电路

1. 电压、电流的瞬时值关系

电压、电流的瞬时值关系为

$$i = \frac{u}{R} = \frac{U_m}{R}\sin(\omega t) = I_m \sin(\omega t) \tag{2-5}$$

其中

$$I_m = \frac{U_m}{R} \tag{2-6}$$

这说明,正弦交流电压和电流的幅值之间满足欧姆定律。

2. 电压、电流的有效值关系

电压、电流的有效值关系又称为大小关系。

由于纯电阻电路中正弦交流电压和电流的幅值之间满足欧姆定律，因此把等式两边同时除以 $\sqrt{2}$，即得到有效值关系，即

$$I = \frac{U}{R} \quad \text{或} \quad U = RI \tag{2-7}$$

3. 相位关系

电阻的两端电压 u 与通过它的电流 i 同相，其波形图和相量图如图 2-4 所示。

【例 2-1】 在纯电阻电路中，已知电阻 $R = 22\ \Omega$，交流电压 $u = 311\sin(314t + 30°)$ V。①求通过该电阻的电流。②写出电流的解析式。

解：（1）电流大小（有效值）为

$$I = \frac{311}{22\sqrt{2}} = \frac{14.14}{\sqrt{2}} = 10\ (\text{A})$$

（2）电流的解析式为

$$i = \frac{u}{R} = 14.14\sin(314t + 30°)\ (\text{A})$$

2.2.1.2 纯电感电路

1. 电感对交流电的阻碍作用

感抗：反映电感对交流电流阻碍作用程度的参数称为感抗。纯电感电路中通过正弦交流电流的时候，所呈现的感抗为 $X_L = \omega L = 2\pi f L$。式中，自感系数 L 的国际单位是亨利（H），常用的单位还有毫亨（mH）、微亨（μH）、纳亨（nH）等，它们与 H 的换算关系为

$$1\ \text{mH} = 10^{-3}\text{H},\ 1\ \mu\text{H} = 10^{-6}\text{H},\ 1\ \text{nH} = 10^{-9}\text{H}$$

如果线圈中不含有导磁介质，则称为空心电感或线性电感，线性电感 L 在电路中是一常数，与外加电压或通电电流无关。

如果线圈中含有导磁介质，则电感 L 将不是常数，而是与外加电压或通电电流有关的量，这样的电感称为非线性电感，如铁芯电感。

用于"通直流、阻交流"的电感线圈称为低频扼流圈，用于"通低频、阻高频"的电感线圈称为高频扼流圈。

2. 电感电流与电压的关系

电感电流与电压的大小关系：

$$I = \frac{U}{X_L} \tag{2-8}$$

显然，感抗与电阻的单位相同，都是欧姆（Ω）。

电感电流与电压的相位关系：电感电压比电流超前 90°（或 π/2），即电感电流比电压滞后 90°，如图 2-5 所示。

【例 2-2】 已知电感 $L = 80$ mH，外加电压 $u_L = 50\sqrt{2}\sin(314t + 65°)$ V。试求：①感抗 X_L；②电感中的电流 I_L；③电流瞬时值 i_L。

解：（1）电路中的感抗为

$$X_L = \omega L = 314 \times 0.08 \approx 25\ (\Omega)$$

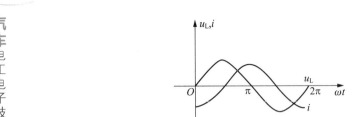

图 2-5 电感电压与电流的波形图与相量图
(a) 波形图；(b) 相量图

(2) $I_L = \dfrac{U_L}{X_L} = \dfrac{50}{25} = 2$ （A）

(3) 电感电流 i_L 比电压 u_L 滞后 90°，则

$$i_L = 2\sqrt{2}\sin(314t - 25°) \text{ （A）}$$

2.2.1.3 纯电容电路

1. 电容对交流电的阻碍作用

容抗：反映电容对交流电流阻碍作用程度的参数称为容抗。容抗按下式计算：

$$X_C = \dfrac{1}{\omega C} = \dfrac{1}{2\pi f C} \tag{2-9}$$

容抗和电阻、感抗的单位一样，也是欧姆（Ω）。

在电路中，用于"通交流、隔直流"的电容称为隔直电容；用于"通高频、阻低频"，将高频电流成分滤除的电容称为高频旁路电容。

2. 电流与电压的关系

电容电流与电压的大小关系：

$$I = \dfrac{U}{X_C}$$

电容电流与电压的相位关系：电容电流比电压超前 90°（或 π/2），即电容电压比电流滞后 90°，如图 2-6 所示。

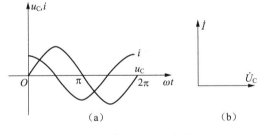

图 2-6 电容电压与电流的波形图与相量图
(a) 波形图；(b) 相量图

【例 2-3】 已知电容 $C = 127\ \mu\text{F}$，外加正弦交流电压 $u_C = 20\sqrt{2}\sin(314t + 20°)$ V，试求：①容抗 X_C；②电流 I_C；③电流瞬时值 i_C。

解：(1) $X_C = \dfrac{1}{\omega C} \approx 25$ （Ω）

(2) $I_C = \dfrac{U}{X_C} = \dfrac{20}{25} = 0.8$ （A）

(3) 电容电流比电压超前 90°，则

$$i_C = 0.8\sqrt{2}\sin(314t + 110°) \text{ （A）}$$

电阻元件 R，电压与电流的相位差 $\varphi = 0$，有功功率 $P_R = U_R I = I^2 R$。

电感元件 L，电压与电流的相位差 $\varphi = 90°$，有功功率 $P_L = 0$。

电容元件 C，电压与电流的相位差 $\varphi = -90°$，有功功率 $P_C = 0$。

由此可见：电阻总是消耗能量的；而电感和电容是不消耗能量的，其平均功率都为 0。平均功率就是有功功率，它反映电路实际消耗的功率。无源二端网络各电阻所消耗的平均功率之和，就是该电路所消耗的平均功率。

注意：

第一，感抗 X_L 和容抗 X_C 是新概念，它们的地位和 R 相当，都表示对电流的阻碍能力。电压有效值和电流有效值之间也符合欧姆定律，但 X_L 和频率 f 成正比，X_C 和频率 f 成反比。对直流来讲，$f = 0$，$X_L = 0$ 可视为短路，$X_C = \infty$ 可视为开路；对交流来讲，f 越高，X_L 越大，而 X_C 越小。高频估算时，可认为 $X_L \to \infty$，$X_C \to 0$，故称电容"隔直通交"，电感"通直阻交"。

第二，掌握电感和电容元件上电压和电流的相位关系。理解"j"和"-j"的意义，即"j$\dot{A}$"表示相量 $\dot{A}$ 在空间逆时针转过 $90°$，而"$-j\dot{A}$"表示相量 $\dot{A}$ 在空间顺时针转过 $90°$；$j^2 = -1$，表示转 $180°$。

第三，"无功"的含义是"交换"而不是"消耗"，它是相对于"有功"而言的，决不能理解为"无用"。事实上无功功率在生产实践中占有很重要的地位。具有电感性质的变压器、电动机等设备都是靠电磁转换工作的。

【例 2-4】 已知一只白炽灯工作时的电阻为 $484\ \Omega$，其两端的电压为 $u = 311\sin 314t$ V。试求：①电流的有效值，并写出电流瞬时值的解析式；②白炽灯的有功功率。

解：（1）由 $u = 311\sin 314t$ V 可知，交流电压的有效值为

$$U = \frac{U_m}{\sqrt{2}} = \frac{311}{\sqrt{2}} \approx 220\ (\text{V})$$

则电流的有效值为

$$I = \frac{U}{R} = \frac{220}{484} \approx 0.45\ (\text{A})$$

生活中我们将白炽灯视为纯电阻（荧光灯视为电阻和电感串联），电压与电流同相，所以电流瞬时值的解析式为

$$i = 0.45\sqrt{2}\sin 314t\ (\text{A})$$

（2）白炽灯的有功功率为

$$P = \frac{U^2}{R} = \frac{220^2}{484} = 100\ (\text{W})$$

【例 2-5】 设有一个电阻可以忽略的线圈接在电压 $u = 220\sqrt{2}\sin(314t + 30°)$ V 的交流电源上，线圈的电感量 $L = 0.7$H，如图 2-7（a）所示。求：①流过线圈的电流的瞬时值表达式；②电路的无功功率；③作电压和电流的相量图。

解：（1）因线圈感抗

$$X_L = \omega L = 314 \times 0.7 \approx 220\ (\Omega)$$

电压的有效值

$$U = \frac{U_m}{\sqrt{2}} = \frac{220\sqrt{2}}{\sqrt{2}} = 220\ (\text{V})$$

则电流的有效值

$$I = \frac{U}{X_L} = \frac{220}{220} = 1\ (\text{A})$$

又因为电流滞后电压 $90°$，而电压的初相为 $30°$，则电流的初相为

$$\varphi_i = \varphi_u - 90° = 30° - 90° = -60°$$

所以，流过线圈的电流的瞬时值表达式为

$$i = \sqrt{2}\sin(314t - 60°) \text{ (A)}$$

（2）电路的无功功率为

$$Q_L = UI = 220 \times 1 = 220 \text{ (var)}$$

（3）电压和电流的相量图如图2-7（b）所示。

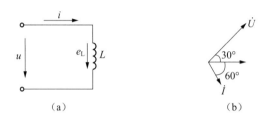

图 2-7 电路图电压和电流的相量图
(a) 电路图；(b) 电压和电流的相量图

单一参数的交流电路是研究交流电路的基础。其电路特点及电压、电流的关系如表2-1所示。

表 2-1 RLC 元件电压与电流的关系及功率关系

元件	R	L	C
基本关系	$u_R = Ri$	$u_L = L\dfrac{di}{dt}$	$u_C = \dfrac{1}{C}\int_0^t i dt$
有效值关系	$U_R = RI$	$U_L = X_L I$	$U_C = X_C I$
相量式	$\dot{U}_R = R\dot{I}$	$\dot{U}_L = jX_L \dot{I}$	$\dot{U}_C = -jX_C \dot{I}$
电阻或电抗	R	$X_L = \omega L$	$X_C = \dfrac{1}{\omega C}$
相位关系	u_R 与 i 同相	u_L 超前 i 90°	u_C 滞后 i 90°
相量图	$\dot{I} \rightarrow \dot{U}_R$	$\dot{U}_L \uparrow, \dot{I} \rightarrow$	$\dot{I} \uparrow, \dot{U}_C \rightarrow$
有功功率	$P_R = U_R I = I^2 R$	$P_L = 0$	$P_C = 0$
无功功率	$Q_R = 0$	$Q_L = U_L I = I^2 X_L$	$Q_C = U_C I = I^2 X_C$

无功功率按电路的性质有正有负，Q 为正值时表示吸收无功功率，Q 为负值时表示发出无功功率。在纯电感电路中，电流滞后于电压90°，Q 为正值；而在纯电容电路中，电流超前于电压90°，Q 为负值。

2.2.2 RLC 串联交流电路

2.2.2.1 RLC 串联电路

由电阻、电感、电容相串联构成的电路称为 RLC 串联电路，如图2-8所示。

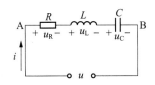

图 2-8　RLC 串联电路　　　　微课 2-3　RLC 串联交流电路

（1）在任一时刻总电压 u 的瞬时值为：$u = u_R + u_L + u_C$。

（2）作出相量图，如图 2-9 所示，并得到各电压相量之间的关系为

$$\dot{U} = \dot{U}_R + \dot{U}_L + \dot{U}_C \qquad (2-10)$$

得到各电压之间的大小关系为

$$U = \sqrt{U_R^2 + (U_L - U_C)^2} \qquad (2-11)$$

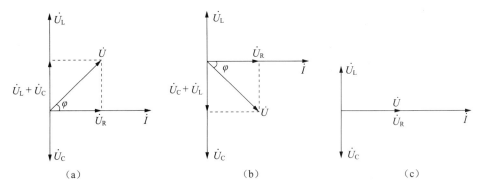

图 2-9　RLC 串联电路的相量图

2.2.2.2　RLC 串联电路的阻抗

RLC 串联电路的阻抗为

$$|Z| = \frac{U}{I} = \sqrt{R^2 + (X_L - X_C)^2} = \sqrt{R^2 + X^2} \qquad (2-12)$$

式（2-12）称为阻抗三角形关系式，阻抗三角形的关系如图 2-10 所示。

$$\varphi = \arctan \frac{U_L - U_C}{U_R} = \arctan \frac{X_L - X_C}{R} = \arctan \frac{X}{R} \qquad (2-13)$$

图 2-10　RLC 串联电路的阻抗三角形

上式中 φ 叫做阻抗角。

2.2.2.3　RLC 串联电路的性质

根据总电压与电流的相位差（即阻抗角为 φ）为正、负、零三种情况，将电路分为以下三种性质：

（1）电感性电路：当 $X_L > X_C$ 时，即 $X > 0$，电压 u 比电流 i 超前 φ，称电路呈电感性。

（2）电容性电路：当 $X_L < X_C$ 时，即 $X < 0$，电压 u 比电流 i 滞后 φ，称电路呈电容性。

（3）电阻性电路：当 $X_L = X_C$ 时，即 $X = 0$，$\varphi = 0$，电压 u 与电流 i 同相，称电路呈电阻

性，电路处于这种状态时，称为谐振状态。

电压与电流的相量关系如图 2-9 所示。

【例 2-6】 在 RLC 串联电路中，交流电源电压 $U=220$ V，频率 $f=50$ Hz，$R=30$ Ω，$L=445$ mH，$C=32$ μF。试求：①电路中的电流大小 I；②总电压与电流的相位差 φ；③各元件上的电压 U_R、U_L、U_C。

解：（1）$X_L = 2\pi fL \approx 140$（Ω），$X_C = \dfrac{1}{2\pi fC} \approx 100$（Ω），$|Z| = \sqrt{R^2 + (X_L - X_C)^2} = 50$（Ω），则

$$I = \frac{U}{|Z|} = 4.4 \text{（A）}$$

（2）$\varphi = \arctan \dfrac{X_L - X_C}{R} = \arctan \dfrac{40}{30} = 53.1°$，总电压比电流超前 53.1°，电路呈电感性。

（3）$U_R = RI = 132$（V），$U_L = X_L I = 616$（V），$U_C = X_L I = 440$（V）。

例 2-6 中电感电压、电容电压都比电源电压大，在交流电路中各元件上的电压可以比总电压大，这是交流电路与直流电路特性不同之处。

2.2.2.4 串联谐振电路

工作在谐振状态下的电路称为谐振电路，谐振电路在电子技术与工程技术中有着广泛的应用。谐振电路最为明显的特征是电路性质呈电阻性，即电路的等效阻抗为 $Z_0 = R$，总电压 u 与总电流 i 同相。

1. 谐振频率与特性阻抗

（1）谐振角频率为

$$\omega_0 = \frac{1}{\sqrt{LC}} \tag{2-14}$$

（2）谐振频率为

$$f_0 = \frac{1}{2\pi\sqrt{LC}} \tag{2-15}$$

（3）固有频率。由式（2-15）可见，谐振频率 f_0 只由电路中的电感 L 与电容 C 决定，是电路中的固有参数，所以通常将谐振频率 f_0 称为固有频率。

（4）特性阻抗。电路发生谐振时的感抗或容抗称为特性阻抗，用符号 ρ 表示，单位为欧姆（Ω）。

$$\rho = \omega_0 L = \frac{1}{\omega_0 C} = \sqrt{\frac{L}{C}} \tag{2-16}$$

2. 串联谐振电路的特点

1）电路呈电阻性

当外加电源 u_S 的频率 $f = f_0$ 时，电路发生谐振，由于 $X_L = X_C$，此时电路的阻抗达到最小值，称为谐振阻抗 Z_0 或谐振电阻 R，即

$$Z_0 = |Z|_{\min} = R \tag{2-17}$$

2）电流呈现最大

谐振时电路中的电流达到了最大值，称为谐振电流 I_0，即

$$I_0 = \frac{U_S}{R} \tag{2-18}$$

3)电感 L 与电容 C 上的电压

串联谐振时,电感 L 与电容 C 上的电压大小相等,即

$$U_L = U_C = X_L I_0 = X_C I_0 = QU_S \tag{2-19}$$

式中:Q 为串联谐振电路的品质因数,即

$$Q = \frac{\rho}{R} = \frac{\omega_0 L}{R} = \frac{1}{\omega_0 CR} \tag{2-20}$$

RLC 串联电路发生谐振时,电感 L 与电容 C 上的电压大小都是外加电源电压 U_S 的 Q 倍,所以串联谐振又称电压谐振。一般情况下串联谐振电路都符合 $Q \gg 1$ 的条件。

3. 串联谐振电路的应用

串联谐振电路常用于对交流信号进行选择,如接收机中选择电台信号,即调谐。

2.2.2.5 RL 串联电路与 RC 串联电路

1. RL 串联电路

只要将 RLC 串联电路中的电容 C 短路去掉,即令 $X_C = 0$、$U_C = 0$,则有关 RLC 串联电路的公式完全适用于 RL 串联电路。

【例 2-7】 在 RL 串联电路中,已知电阻 $R = 40\ \Omega$,电感 $L = 95.5\ \text{mH}$,外加频率为 $f = 50\ \text{Hz}$、$U = 200\ \text{V}$ 的交流电压源,试求:①电路中的电流 I;②各元件电压 U_R、U_L;③总电压与电流的相位差 φ。

解:(1) $X_L = 2\pi f L \approx 30\ (\Omega)$,$|Z| = \sqrt{R^2 + X_L^2} = 50\ (\Omega)$,则 $I = \frac{U}{|Z|} = 4\ (\text{A})$。

(2) $U_R = RI = 160\ (\text{V})$,$U_L = X_L I = 120\ (\text{V})$。

(3) $\varphi = \arctan\frac{X_L}{R} = \arctan\frac{30}{40} = 36.9°$,总电压 u 比电流 i 超前 $36.9°$,电路呈电感性。

2. RC 串联电路

只要将 RLC 串联电路中的电感 L 短路去掉,即令 $X_L = 0$、$U_L = 0$,则有关 RLC 串联电路的公式完全适用于 RC 串联电路。

【例 2-8】 在 RC 串联电路中,已知:电阻 $R = 60\ \Omega$,电容 $C = 20\ \mu\text{F}$,外加电压为 $u = 141.2\sin 628\ \text{V}$。试求:①电路中的电流 I;②各元件电压 U_R、U_C;③总电压与电流的相位差 φ。

解:(1) 由 $X_C = \frac{1}{\omega C} = 80\ (\Omega)$,$|Z| = \sqrt{R^2 + X_C^2} = 100\ (\Omega)$,$U = \frac{141.2}{\sqrt{2}} = 100\ (\text{V})$,则电流为

$$I = \frac{U}{|Z|} = 1\ (\text{A})$$

(2) $U_R = RI = 60\ (\text{V})$,$U_C = X_C I = 80\ (\text{V})$。

(3) $\varphi = \arctan\left(-\frac{X_C}{R}\right) = \arctan\left(-\frac{80}{60}\right) = -53.1°$,总电压比电流滞后 $53.1°$,电路呈电容性。

2.2.3 RLC 并联交流电路

2.2.3.1 RLC 并联电路电压、电流关系

由电阻、电感、电容相并联构成的电路称为 RLC 并联电路,如图 2-11 所示。

图 2-11 RLC 并联电路

微课 2-4
RLC 并联交流电路

在任一时刻总电流 i 的瞬时值为

$$i = i_R + i_L + i_C \tag{2-21}$$

作出相量图,如图 2-12 所示,并得到各电流相量之间的关系。

$$\dot{I} = \dot{I}_R + \dot{I}_L + \dot{I}_C \tag{2-22}$$

从相量图中得出

$$I = \sqrt{I_R^2 + (I_C - I_L)^2} = \sqrt{I_R^2 + (I_L - I_C)^2} \tag{2-23}$$

式(2-23)称为电流三角形关系式。

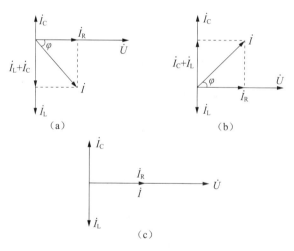

图 2-12 并联电路电流之间的大小关系

2.2.3.2 RLC 并联电路的性质

同样是根据电压与电流的相位差(即阻抗角 φ)为正、负、零三种情况,将电路分为三种性质:

(1) 电感性电路:当 $X_C > X_L$,$\varphi > 0$,电压 u 比电流 i 超前 φ,称电路呈电感性。
(2) 电容性电路:当 $X_C < X_L$,$\varphi < 0$,电压 u 比电流 i 滞后 $|\varphi|$,称电路呈电容性。
(3) 电阻性电路:当 $X_C = X_L$,$\varphi = 0$,电压 u 与电流 i 同相,称电路呈电阻性。

【例 2-9】 在 R、L、C 并联电路中,已知:电源电压 $U = 120$ V,频率 $f = 50$ Hz,$R = 50$ Ω,$L = 0.19$ H,$C = 80$ μF。试求:①各支路电流 I_R、I_L、I_C;②总电流 I,并说明该电路成何性质?③等效阻抗 $|Z|$。

解：(1) $\omega = 2\pi f = 314$ (rad/s)，$X_L = \omega L \approx 60$ (Ω)，$X_C = 1/(\omega C) \approx 40$ (Ω)

$I_R = U/R = 120/50 = 2.4$ (A)，$I_L = U/X_L = 2$ (A)，$I_C = U/X_C = 3$ (A)

(2) $I = \sqrt{I_R^2 + (I_C - I_L)^2} = 2.6$ (A)，因 $X_L > X_C$，则电路呈电容性。

(3) $|Z| = U/I = 120/2.6 \approx 46$ (Ω)。

2.2.3.3 RL 并联电路与 RC 并联电路

在讨论 RLC 并联电路的基础上，容易分析 RL 并联电路和 RC 并联电路的电流情况，将 RLC 并联电路中的电容开路去掉（$I_C = 0$），即可获得 RL 并联电路；将 RLC 并联电路中的电感开路去掉（$I_L = 0$），即可获得 RC 并联电路。有关 RLC 并联电路的公式对这两种电路也完全适用。

2.2.3.4 电感线圈和电容的并联电路

(1) R、L 串联后再与电容 C 并联，如图 2-13 所示。

(2) 电感线圈和电容并联电路的相量图如图 2-14 所示。

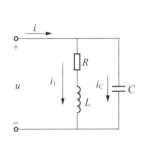

图 2-13 电感线圈和电容的并联电路　　图 2-14 电感线圈和电容并联电路的相量图

(1) 由相量图（图 2-14）可求得电路中的总电流为

$$I = \sqrt{I_{1R}^2 + (I_{1L} - I_C)^2} \tag{2-24}$$

(2) 端电压与总电流的相位差（即阻抗角 φ）为

$$\varphi = -\arctan\frac{I_{1L} - I_C}{I_{1R}} \tag{2-25}$$

由式（2-25）可知：当电源频率为某一数值 f_0，使得 $I_{1L} = I_C$，则阻抗角 $\varphi = 0$，路端电压与总电流同相，即电路处于谐振状态。

2.2.3.5 并联谐振电路的特点

1. 谐振频率

LC 并联谐振是建立在 $Q_0 = \dfrac{\omega_0 L}{R} \gg 1$ 条件下的，即电路的感抗 $X_L \gg R$，Q_0 称为谐振回路的空载 Q 值，实际电路一般满足该条件。

理论上可以证明 LC 并联谐振角频率 ω_0 与频率 f_0 分别为

$$\omega_0 \approx \frac{1}{\sqrt{LC}},\quad f_0 \approx \frac{1}{2\pi\sqrt{LC}} \tag{2-26}$$

2. 谐振阻抗

谐振时电路阻抗达到最大值，且呈电阻性。谐振阻抗为

$$|Z_0| = R(1 + Q_0^2) \approx Q_0^2 R = \frac{L}{CR} \tag{2-27}$$

3. 谐振电流

电路处于谐振状态，总电流为最小值，即

$$I_0 = \frac{U}{|Z_0|} \quad (2-28)$$

谐振时 $X_{L0} \approx X_{C0}$，则电感 L 支路电流 I_{L0} 与电容 C 支路电流 I_{C0} 为

$$I_{L0} \approx I_{C0} = \frac{U}{X_{C0}} \approx \frac{U}{X_{L0}} = Q_0 I_0 \quad (2-29)$$

即谐振时各支路电流为总电流的 Q_0 倍，所以 LC 并联谐振又称电流谐振。

当 $f \neq f_0$ 时，称为电路处于失谐状态，对于 LC 并联电路来说，若 $f < f_0$，则 $X_L < X_C$，电路呈感性；若 $f > f_0$，则 $X_L > X_C$，电路呈容性。

4. 通频带

理论分析表明，并联谐振电路的通频带为

$$B = f_2 - f_1 = \frac{f_0}{Q_0} \quad (2-30)$$

频率 f 在通频带以内（即 $f_1 \leq f \leq f_2$）的信号，可以在并联谐振回路两端产生较大的电压；而频率 f 在通频带以外（即 $f < f_1$ 或 $f > f_2$）的信号，在并联谐振回路两端产生很小的电压，因此并联谐振回路也具有选频特性。

2.2.4 阻抗的串并联计算（拓展知识）

2.2.4.1 阻抗的串并联计算方法

对于 RLC 串、并联正弦交流电路，可以应用相量解析法和相量图解法进行分析计算。

1. 相量解析法

（1）已知 RLC 串联电路的参数和输入端电压 $u = \sqrt{2} U \sin(\omega t + \varphi_u)$，求回路电流 i 和各元件的电压 u_R、u_L 和 u_C。分析计算的步骤如下：

①作出 RLC 串联电路的相量模型，其中输入端电压相量为

$$\dot{U} = U \angle \varphi_u$$

电阻元件的阻抗为

$$Z_R = R \quad (2-31)$$

电感元件的阻抗为

$$Z_L = jX_L = j\omega L \quad (2-32)$$

电容元件的阻抗为

$$Z_C = -jX_C = -j\frac{1}{\omega C} \quad (2-33)$$

回路电流相量为 $\dot{I}$，三元件电压相量分别为 $\dot{U}_R$、$\dot{U}_L$ 和 $\dot{U}_C$，与电流相量 $\dot{I}$ 均为关联参考方向。

②计算电路的总阻抗，即

$$Z = R + j\omega L - j\frac{1}{\omega C} = R + j\left(\omega L - \frac{1}{\omega C}\right)$$

$$= \sqrt{R^2 + \left(\omega L - \frac{1}{\omega C}\right)^2} \angle \arctan \frac{\omega L - \frac{1}{\omega C}}{R} = |Z| \angle \theta_Z \quad (2-34)$$

式中：阻抗模

$$|Z| = \sqrt{R^2 + \left(\omega L - \frac{1}{\omega C}\right)^2} \quad (2-35)$$

阻抗角
$$\theta = \arctan \frac{\omega L - \dfrac{1}{\omega C}}{R} \qquad (2-36)$$

③按欧姆定律的相量形式计算出回路电流相量 $\dot{I}$，即

$$\dot{I} = \frac{\dot{U}}{Z} = \frac{U \angle \varphi_u}{|Z| \angle \theta_Z} = \frac{U}{\sqrt{R^2 \left(\omega L - \dfrac{1}{\omega C}\right)^2}} \angle \varphi_u - \arctan \frac{\omega L - \dfrac{1}{\omega C}}{R} \qquad (2-37)$$

$$= I \angle \varphi_Z$$

式中：
$$I = \frac{U}{\sqrt{R^2 = \left(\omega L - \dfrac{1}{\omega C}\right)^2}}, \quad \varphi_i = \varphi_u - \varphi_z \qquad (2-38)$$

④计算各元件电压的相量，根据各元件的伏安特性得出：

电阻元件电压为
$$\dot{U}_R = R\dot{I} = RI \angle \varphi_u - \theta_z \qquad (2-39)$$

电感元件电压为
$$\dot{U}_L = j\omega L \dot{I} = \omega L I \angle \varphi_u - \theta_z + 90° \qquad (2-40)$$

电容元件电压为
$$\dot{U}_C = -j \frac{1}{\omega C} \dot{I} = \frac{I}{\omega C} \angle \omega_u - \theta_z - 90° \qquad (2-41)$$

⑤将电流、电压的相量变换为实域电路的正弦量，即

$$i = \sqrt{2} I \sin(\omega t + \varphi_u - \theta_z)$$
$$u_R = \sqrt{2} RI \sin(\omega t + \varphi_u - \theta_z)$$
$$u_L = \sqrt{2} \omega L I \sin(\omega t + \varphi_u - \theta_z + 90°)$$
$$u_C = \sqrt{2} \cdot \frac{I}{\omega C} \sin(\omega t + \varphi_u - \theta_z - 90°) \qquad (2-42)$$

(2) 已知 RLC 并联电路的参数和输入电流 $i = \sqrt{2} I \sin(\omega t + \varphi_i)$，求输入端电压 u 和各元件中的电流 i_G、i_L、i_C，分析计算的步骤如下：

①作出 RLC 并联电路的相量模型，其中输入电流相量为

$$\dot{I} = I \angle \varphi_i$$

电阻元件 R 用电导表示为
$$Y_R = G \qquad (2-43)$$

电感元件 L 的导纳为
$$Y_L = -j \frac{1}{\omega L} \qquad (2-44)$$

电容元件 C 的导纳为
$$Y_C = j\omega C \qquad (2-45)$$

端电压和各支路电流的相量分别为 $\dot{U}$、$\dot{I}_G$、$\dot{I}_L$ 和 $\dot{I}_C$。

②计算电器的输入电导，为

$$Y = G - j\frac{1}{\omega L} + j\left(\omega C - \frac{1}{\omega L}\right) = |Y| \angle \theta_r \qquad (2-46)$$

式中：导纳模为
$$|Y| = \sqrt{G^2 \left(\omega C - \frac{1}{\omega L}\right)^2} \qquad (2-47)$$

导纳角为
$$\theta_Y = \arctan \frac{\omega C - \dfrac{1}{\omega L}}{G} \qquad (2-48)$$

③ 计算端电压 u 的相量，为

$$\dot{U} = \frac{\dot{I}}{Y} = \frac{I\angle\varphi_i}{|Y|\angle\theta_Y} = \frac{I}{\sqrt{G^2 + \left(\omega C - \frac{1}{\omega L}\right)^2}}\angle\varphi - \arctan\frac{\omega C - \frac{1}{\omega L}}{G} = U\angle\varphi_u \quad (2-49)$$

式中：
$$U = \frac{I}{\sqrt{G^2 + \left(\omega C - \frac{1}{\omega L}\right)^2}}, \quad \varphi_u = \varphi_i - \theta_Y \quad (2-50)$$

④ 计算各支路电流的相量，分别为

$$\dot{I}_G = G\dot{U} = GU\angle\varphi_i - \theta_Y$$

$$\dot{I}_L = -j\frac{1}{\omega L}\dot{U} = \frac{U}{\omega L}\angle\varphi_i - \theta_Y - 90°$$

$$\dot{I}_C = j\omega C\dot{U} = \omega CU\angle\varphi_i - \theta_Y + 90° \quad (2-51)$$

⑤ 将电压和电流的相量变换为时域的电压和电流值，分别为

$$u = \sqrt{2}U\sin(\omega t + \varphi_i - \theta_Y)$$

$$i_G = \sqrt{2}GU\sin(\omega t + \varphi_i - \theta_Y)$$

$$i_L = \frac{\sqrt{2}}{\omega L}U\sin(\omega t + \varphi_i - \theta_Y - 90°)$$

$$i_C = \sqrt{2}\omega CU\sin(\omega t + \varphi_i - \theta_Y + 90°) \quad (2-52)$$

RLC 并联电路的分析，也可以利用分流关系先分别计算出各支路电流的相量。端电压相量则可利用任一支路元件的伏安特性求出。

2. 相量图法

相量图法是根据元件电路电流的相量关系，作出电压与电流的相量图，再利用相量图中电压、电流、相量之间的三角关系来分析计算正弦稳态响应。这种分析方法，对于求相位差、有效值和定性分析，显得方便、直观；还可以进行定量计算，能避免烦琐的运算。

（1）作电压、电流的相量图。

① 因串联电路，以电流 $\dot{I} = I\angle 0°$ 为参考相量按一定比例尺在图中作出相量 $\dot{I}$。

② 根据电阻元件 R 的伏安关系，$\dot{U}_R$ 与 $\dot{I}$ 同相，$U_R = RI$，按比例尺在图中作出相量 $\dot{U}_R$。

③ 根据电感元件 L 的伏安关系，$\dot{U}_L$ 超前 $\dot{I}$ 相位 $90°$，$U_L = \omega LI$，按比例尺在图中作出相量 $\dot{U}_L$。

④ 根据 $\dot{U}_S = \dot{U}_L + \dot{U}_R$，作出以相量 $\dot{U}_R$ 和 $\dot{U}_L$ 为邻边的平行四边形，连接共顶点对角线，做出相量 $\dot{U}_S$。

（2）根据相量图的三角关系求 U_0、U_S 和 $\dot{U}_0$ 对 $\dot{U}_S$ 的相位差。

因输出电压 $\dot{U}_0 = \dot{U}_R = RI\angle 0°$，故得出 u_o 的有效值为

$$U_0 = RI \quad (2-53)$$

利用 $\dot{U}_0$、$\dot{U}_L$ 和 $\dot{U}_S$ 构成的直角三角形关系，求出相位差 φ，为

$$\tan\varphi = \frac{U_L}{U_O} = \frac{\omega LI}{RI} = \frac{\omega L}{R}$$

故
$$\varphi = \arctan\frac{\omega L}{R} \tag{2-54}$$

根据直角三角形的关系，输入电压有效值为

$$U_S = \frac{U_O}{\cos\varphi} \tag{2-55}$$

从相量图中可见，输出电压 u_o 对输入电压 u_S 的相位差为：$0° - \varphi = -\varphi$，即输出电压 u_o 滞后于输入电压 u_S，相位为 φ。

2.2.4.2 复杂正弦交流电路的分析计算

1. 应用相量法进行分析

复杂正弦交流电路，应用相量法进行分析计算。相量法就是应用正弦量的相量表示 R、L、C 元件的阻抗与导纳形式，将时域正弦交流电路变换为相量模型。在相量模型的基础上，根据两类约束的相量形式（$\dot{U} = Z\dot{I}$，$\dot{I} = Y\dot{U}$。KVL：$\Sigma\dot{U} = 0$。KCL：$\Sigma\dot{I} = 0$），正弦相量交流电路响应模型中的电压和电流相量就可以仿照直流电阻电路中的分析方法来进行分析计算，如应用等效化简的方法、节点分析法、网孔分析法、戴维南定理和诺顿定理方法和叠加定理方法等。通过分析计算，得出相量形式的待求响应量，最后反变换为以 t 为函数的正弦电压和正弦电流，从而可以解出正弦交流电路中的电压和电流。

应该指出：等效化简法、节点分析法、网孔分析法、戴维南定理和诺顿定理应用及叠加定理应用等电路的基本分析方法，在电阻电路分析应用中的概念、原则和注意问题，在相量法中同样适用。

2. 相量法分析计算中的复数运算

应用相量法列出的电路方程是复数代数方程，电压和电流的相量是复数，阻抗和导纳也是复数。因此，运用相量法分析正弦交流电路时，不可避免要进行复数计算。熟练地掌握复数及其运算，成为学习正弦交流电路分析的基础。

2.2.5 功率与功率因数

2.2.5.1 有功功率（平均功率）P

有功功率又称平均功率。交流电的瞬时功率不是一个恒定值，功率在一个周期内的平均值称为有功功率，它是指在电路中电阻部分所消耗的功率，以字母 P 表示，即

$$P = U_R I = UI\cos\varphi = I^2 R = \frac{U_R^2}{R} \tag{2-56}$$

有功功率的单位为千瓦（kW）或瓦特（W）。

2.2.5.2 无功功率 Q

在具有电感（或电容）的电路里，电感（或电容）在半周期的时间里把电源的能量变成磁场（或电场）的能量储存起来，在另外半周期的时间里又把储存的磁场（或电场）能量送还给电源。它们只是与电源进行能量交换，并没有真正消耗能量。我们把电感（或电容）与电源交换能量的幅值称为无功功率，以字母 Q 表示，即

$$Q = U_X I = UI\sin\varphi = I^2 X = \frac{U_X^2}{X} \qquad (2-57)$$

又因为 $X = X_L - X_C$，所以

$$Q = Q_L + Q_C = I^2(X_L - X_C) \qquad (2-58)$$

无功功率的单位为千乏（kvar）或乏（var）。

无功功率按电路的性质有正有负，Q 为正值时表示吸收无功功率，Q 为负值时表示发出无功功率。在感性电路中，电流滞后于电压，Q 为正值。而在容性电路中，电流超前于电压，Q 为负值；这就是人们通常称电动机等设备吸收"无功"，而电容器发出"无功"的道理。

2.2.5.3 视在功率 S

视在功率又称表观功率，通常用它来表述交流设备的额定容量，以字母 S 表示，即

$$S = UI \qquad (2-59)$$

视在功率的单位为千伏安（kV·A）或伏安（V·A）。

三者功率之间的关系（即有功功率、无功功率、视在功率的关系）如图 2-15 所示。

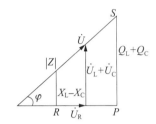

图 2-15 电压、阻抗及功率三角形

$$P = S\cos\varphi \qquad (2-60)$$
$$Q = S\sin\varphi \qquad (2-61)$$
$$S = \sqrt{P^2 + Q^2} \qquad (2-62)$$

2.2.5.4 功率因数 $\cos\varphi$

1. 功率因数的定义

二端网络的平均功率 P 与视在功率 S 之比，定义为该网络的功率因数，用希腊字母 λ 表示，即

$$\lambda = \frac{P}{S} = \cos(\varphi_u - \varphi_i) \qquad (2-63)$$

微课 2-5 功率因数

网络的阻抗角 φ 决定功率因数 λ 的数值，称为功率因数角。负载的功率因数决定于负载的阻抗角，电源的功率因数决定于电源端口外部电路的阻抗角。由于 $\cos(-\varphi) = \cos\varphi$，故不论 φ 是正值还是负值，功率因数始终为非负值。

2. 电感性和电容性负载的功率因数

由于无论负载阻抗角是正值还是负值，功率因数始终为非负值，因此，从功率因数 λ 的数值上分辨不出电路负载是电感性负载还是电容性负载。所以，对于这两种不同性质负载的功率因数，就应该加以注明。功率因数表显示的超前与滞后，能够反映电路中电压与电流的相位关系，从而判断电路负载的性质。

3. 提高功率因数的意义

在电工技术中，功率因数 λ 是一个重要的参数。特别在电力系统中，功率因数是重要的技术指标，有其重要的经济意义。

（1）发电设备的利用率与供电网络的功率因数有关。提高功率因数，能提高发电设备的利用率。

例如，电力变压器的额定容量，是它的额定伏安数视在功率 $S_N = U_N I_N$。如果它在功率

因数 $\lambda = 0.7$ 的情况下运行，提供的负载功率为 $0.7S_N$；如果它在功率因数 $\lambda = 0.85$ 的情况下运行，提供的负载功率是 $0.85S_N$。

由此可见，在高功率因数运行时，能向负载提供较多的功率，从而提高发电设备的利用率。

（2）电力输电线路上的功率损耗与功率因数有关。提高功率因数，能减少线路的损耗，提高输电的能力。

在电力系统中，发电厂发出的正弦交流电能，通过输电线路输送到用户，线路中的电流为

$$I = \frac{P}{U\cos\varphi} \qquad (2-64)$$

可见，在同一输电电压 U 及输送相同功率 P 的条件下，负载的功率因数越低，则输电电流 I 就越大，输电线路中的功率损耗就越大。因此，为了减少输电线路的功率损耗，就需要提高负载的功率因数。

同时，若在允许的输电线路的功率范围内，在输电电压一定的情况下，提高负载的功率因数，就可以增大输电的能力。

由此可见，为了提高发电设备的利用率，减少输电线路的功率损耗，提高输电能力，就必须提高负载的功率因数。通常一般感性负载的功率因数在 0.6 左右，要求提高到 0.9 以上。

4. 提高功率因数的措施

在供电系统中，提高负载的功率因数，就是在感性负载的两端并联电容。负载所需的感性无功功率，由接地的并联电容产生的容性无功功率进行补偿，从而减少了由电源通过输电线路传输的无功功率，使输电线路中的电流减少，并使感性负载电流滞后电压的相位减小，从而提高了负载的功率因数。这种提高功率因数的方法称为无功补偿，并联的电容则称为补偿电容。

设感性负载的平均功率为 P，功率因数为 $\cos\varphi_1$，工作电压为 U，电网的角频率 $\omega = 314\text{rad/s}$。为了提高功率因数到 $\cos\varphi_2$ 值，这时所需并联的补偿电容量为 C，则

$$C = \frac{P}{\omega U}\tan(\varphi_1 - \varphi_2) \qquad (2-65)$$

【例 2-10】 将电感为 25.5 mH、电阻为 6 Ω 的线圈接到电压有效值 $U = 220$ V、角频率 $\omega = 314\text{rad/s}$ 的电源上。求：①线圈的阻抗；②电路中的电流；③电路中的 P、Q 和 S；④电路的功率因数。

解：（1） $X_L = \omega L = 314 \times 25.5 \times 10^{-3} \approx 8$ （Ω）

线圈的阻抗 $|Z| = \sqrt{R^2 + X_L^2} = \sqrt{6^2 + 8^2} = 10$ （Ω）

（2）电路中的电流 $I = \dfrac{U}{|Z|} = \dfrac{220}{10} = 22$ （A）

$P = I^2 R = 22^2 \times 6 = 2\,904$ （W）

（3）电路中的功 $Q = I^2 X_L = 22^2 \times 8 = 3\,872$ （var）

$S = UI = 220 \times 22 = 4\,840$ （V·A）

（4）电路的功率因数 $\lambda = \cos\varphi = \dfrac{P}{S} = \dfrac{R}{|Z|} = \dfrac{6}{10} = 0.6$

任务 2.3 三相交流电路

2.3.1 三相交流电源

自从 19 世纪末发明三相交流电机和三相变压器以来,三相正弦交流电之所以获得如此长期广泛的应用,是因为一方面大量使用的三相变压器和三相交流电动机构造简单,易于制造,价格低廉,而且工作特性能满足实际的要求;另一方面是因为三相电压变换方便,输电效率高,适用于远距离输送。因此研究三相正弦交流电路的基本规律,对于解决实际问题具有十分重要的意义。

2.3.1.1 对称三相交流电源的产生

三相交流电动势是由三相交流发电机产生的。如图 2 - 16 所示是三相交流发电机的原理示意图。三组完全相同的线圈(定子电枢绕组),U_1、V_1 和 W_1 分别表示三个绕组的首端,U_2、V_2 和 W_2 分别表示末端。每一个绕组称为发电机的一相,放置在空间上相差 120°的发电机定子铁芯凹槽里固定不动。转子铁芯上绕有励磁绕组,通入直流电后产生磁场,该磁场磁感强度在定子与转子之间的气隙中按正弦规律分布。当转子由原动机带动,并以角速率 ω 匀速顺时针旋转时,每个定子绕组依次切割磁力线产生频率相同、幅值相同的正弦电动势 e_U、e_V、e_W,但相位依次相差 120°。如图 2 - 17 所示是三相对称电动势的波形图和相量图,以 U 相为参考可表示为

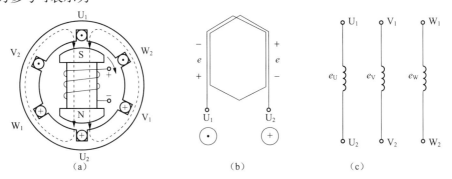

图 2 - 16 三相交流发电机的原理示意图、电枢绕组及电枢绕组产生的电动势
(a) 三相交流发电机的原理;(b) 电枢绕组;(c) 电枢绕组产生的电动势

三相对称电动势的瞬时值解析式:

$$\begin{cases} e_U = E_m \sin\omega t \\ e_V = E_m \sin(\omega t - 120°) \\ e_W = E_m \sin(\omega t + 120°) \end{cases} \quad (2-66)$$

三相对称电动势的相量式:

$$\begin{cases} \dot{E}_U = E\angle 0° = E \\ \dot{E}_V = E\angle -120° = E\left(-\dfrac{1}{2} - j\dfrac{\sqrt{3}}{2}\right) \\ \dot{E}_W = E\angle +120° = E\left(-\dfrac{1}{2} + j\dfrac{\sqrt{3}}{2}\right) \end{cases} \quad (2-67)$$

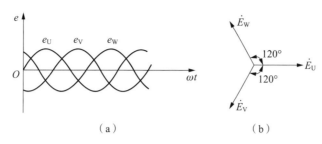

图 2-17 三相对称电动势的波形图和相量图
（a）波形图；（b）相量图

2.3.1.2 三相交流电的相序

从波形图中可以看出，三相电动势达到最大值（或零值）具有一定的次序，这种先后次序称为三相交流电的相序。相序有顺相序和逆相序两种，按 U→V→W 的次序循环称为顺相序；按 U→W→V 的次序循环称为逆相序。相序由电枢的旋转方向来决定，通常采用顺相序。

由于三相交流电的幅值相等、频率相同、彼此间的相位差也相同，所以可以得出它们的瞬时值或相量的和为零。

三相电动势的幅值相等、频率相同、相位彼此也相差120°，这种电动势称为三相对称电动势。

三相对称电动势的特点：三相对称电动势任一时刻的代数和及相量和均为零，即

$$e_U + e_V + e_W = 0 \tag{2-68}$$

$$\dot{E}_U + \dot{E}_V + \dot{E}_W = 0 \tag{2-69}$$

2.3.1.3 三相电源的连接

三相电源的连接方式有星形（Y形）和三角形（△形）两种。

1. 三相电源的星形联结

将三相发电机三相绕组的末端 U_2、V_2、W_2（相尾）连接在一点，始端 U_1、V_1、W_1（相头）分别与负载相连，这种连接方法称星形（Y形）联结。通常用到的发电机三相绕组的接法如图2-18（a）所示。

线电压与相电压的关系：

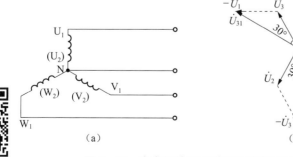

图 2-18 发电机的星形联结及其电压相量图
（a）发电机三相绕组的接法；（b）发电机的三相电压相量图

从三相电源三个相头 U_1、V_1、W_1 引出的三根导线称为端线或相线，俗称火线，任意两根相线之间的电压称为线电压，它们的瞬时值用 u_{12}、u_{23}、u_{31} 来表示。Y形公共联结点 N 称为中性点，从中性点引出的导线称为中性线。由 3 根相线和 1 根中性线组成的输电方式称为三相四线制（通常在低压配电中采用）。每相绕组始端与末端之间的电压（即相线与中性线之间的电压）称为相电压，它们的瞬时值用 u_1、u_2、u_3 来表示，显然这 3 个相电压也是对称的。相电压有效值均为 $U_1 = U_2 = U_3 = U_P$。

星形接法的相量图如图 2 – 18（b）所示。显然 3 个线电压也是对称的。大小（有效值）均为 $U_{12} = U_{23} = U_{31} = U_L = \sqrt{3} U_P$。

三相电源星形联结时，线电压与相电压的关系式为

$$\dot{U}_L = \sqrt{3} \dot{U}_P \angle 30° \tag{2-70}$$

线电压比相应的相电压超前 30°，如线电压 u_{12} 比相电压 u_1 超前 30°，线电压 u_{23} 比相电压 u_2 超前 30°，线电压 u_{31} 比相电压 u_3 超前 30°。因此三相电源的线电压也是对称的，大小等于相电压的 $\sqrt{3}$ 倍，且在相位上超前相应的相电压 30°。

2. 三相电源的三角形联结

将三相发电机的第二绕组始端与第一绕组的末端相连，第三绕组始端与第二绕组的末端相连，第一绕组始端与第三绕组的末端相连，并从三个始端引出三根导线分别与负载相连，这种连接方法称为三角形（△形）联结，如图 2 – 19 所示。显然这时的线电压等于相电压，即

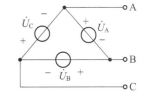

图 2 – 19 三相电源的三角形联结

$$U_L = U_P \tag{2-71}$$

这种供电方式只用三根相线，称为"三相三线制"。

注意：电源为三角形联结时，在三相绕组的闭合回路中同时作用着三个电压源，但是由于三相电压瞬时值的代数和或其相量和均为零，所以回路中不至于发生短路而引起很大的电流。但是若有一相绕组接反，则此时三个电压的相量和不为零，在三相绕组中便产生很大的环流，致使发电机烧坏，因此使用时应注意。特别需要注意的是，在工业用电系统中，如果只引出三根导线（三相三线制），那么就都是相线（没有中性线），这时所说的三相电压大小均指线电压 U_L，而民用电源则需要引出中性线，所说的电压大小均指相电压 U_P。

微课 2 – 8
三角形联结

2.3.2 三相负载的连接

三相负载的连接方式有两种，按照电源额定电压与负载的需求，确定采用星形联结或三角形联结。这两种都为三相负载常用的连接方式。对称三相负载是指各相负载的电阻、电抗分别相等的负载，否则为不对称三相负载。

2.3.2.1 三相负载的星形联结

负载做星形连接时，一般采用三相四线制星形接法，如图 2 – 20 所示。

负载星形联结的特点：$U_L = \sqrt{3} U_P$，$I_P = I_L$。 (2 – 72)

注意：第一，当负载对称时，三个相电流也对称，中

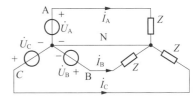

图 2 – 20 对称负载的星形联结

性线电流为零,即

$$\dot{I}_N = \dot{I}_A + \dot{I}_B + \dot{I}_C = 0 \quad (2-73)$$

在三相四线制电路中,当某一相发生故障时,其他无故障负载相电路仍正常工作。因此,在不对称情况下的三相电路中,中性线绝对不允许断开,而且必须保证中性线可靠,同时,不允许安装熔丝和开关!

微课2-9
对称负载连接

第二,当中性线电流为零时,中性线可以省去,这样的三相电路称为三相对称电路。此时负载的中性点 N′ 与电源中性点 N 等电位,电路的工作状态与有无中性线无关。去掉中性线的三相对称电路为三相三线制电路,是三相四线制的特例。

第三,一般情况下,负载不对称,三个电流也不对称,且 $\dot{I}_N = \dot{I}_A + \dot{I}_B + \dot{I}_C \neq 0$,此时中性线不可省去,中性线的作用在于使不对称负载的相电压对称。这一点是非常重要的。

第四,负载不对称而又无中性线时。实际工作中禁止此种情况出现。此时 $U_L = \sqrt{3}U_P$, $I_P = I_L$ 关系不再成立,具体问题应根据具体电路分析计算。所以,中性线一般不接熔断器。

2.3.2.2 三相负载的三角形联结

负载三角形联结的特点:

负载做三角形联结时,三相负载的相电压即为电源的线电压,即

$$U_P = U_L \quad (2-74)$$

只有当三相负载对称时,三个相电流才对称,三个线电流也才是对称的,且有

$$\dot{I}_L = \sqrt{3}\dot{I}_P \angle -30° \quad (2-75)$$

注意:三相负载不对称时,$\dot{I}_L \neq \sqrt{3}\dot{I}_P \angle -30°$,相、线间电流关系不成立。

总之,无论哪种接法,负载对称时,根据星形联结与三角形联结的特点,只要计算其中一相,其余两相的结果按照对称性类推即可;负载不对称时,尽管三个相电压对称,但三个相电流因阻抗不同而不再对称,只能逐相计算。

三相负载采用何种连接方式取决于每相负载的额定电压与电源线电压的关系。例如,三相电动机铭牌上常有"Y/△、380 V/220 V"这样的标志,意即:星形联结时接380 V 线电压,三角形联结时接220 V 线电压。

2.3.3 三相功率的计算

2.3.3.1 三相电路的有功功率

三相电路的有功功率为各相有功功率之和,即

$$P_3 = P_A + P_B + P_C = U_{AP}I_{AP}\cos\varphi_A + U_{BP}I_{BP}\cos\varphi_B + U_{CP}I_{CP}\cos\varphi_C \quad (2-76)$$

当三相负载对称时

$$P_3 = 3P_1 = 3U_P I_P \cos\varphi = \sqrt{3}U_L I_L \cos\varphi \quad (2-77)$$

式中:φ 为 U_P 与 I_P 间的相位差,亦即负载的阻抗角。

2.3.3.2 三相电路的无功功率

负载不对称时

$$Q = Q_A + Q_B + Q_C \quad (2-78)$$

负载对称时

$$Q = \sqrt{3}U_L I_L \sin\varphi \quad (2-79)$$

2.3.3.3 三相电路的视在功率

视在功率

$$S = \sqrt{P^2 + Q^2} \xrightarrow{(对称)} \sqrt{3}U_L I_L \quad (2-80)$$

【例2-11】 有一三相发电机、每相绕组的电动势为220 V，求绕组做星形联结时的线电压和相电压。

解：由相电压的定义可知，发电机每相绕组的电动势即为其相电压。所以有
$$U_P = 220 \text{ (V)}$$
$$U_L = \sqrt{3} U_P = \sqrt{3} \times 220 = 380 \text{ (V)}$$

【例2-12】 某电阻性的三相负载做星形联结，其各相电阻分别为 $R_U = R_V = 20 \text{ Ω}$，$R_W = 10 \text{ Ω}$，已知电源的线电压 $U_L = 380 \text{ V}$，求相电流、线电流。

解：每相负载所承受的相电压为
$$U_P = \frac{U_L}{\sqrt{3}} = \frac{380}{\sqrt{3}} \approx 220 \text{ (V)}$$

各相电流为
$$I_U = I_V = \frac{U_P}{R_U} = \frac{220}{20} = 11 \text{ (A)}$$
$$I_W = \frac{U_P}{R_W} = \frac{220}{10} = 22 \text{ (A)}$$

因为线电流等于相电流，所以
$$I_U = I_V = 11 \text{ (A)}, \quad I_W = 22 \text{ A}$$

【课堂练习】 对称三相三线制的线电压 $U_L = 100\sqrt{3}$ V，每相负载阻抗为 $Z = 10\angle 60° \text{ Ω}$，求负载为星形联结和三角形联结两种情况下的电流和三相功率。

分析步骤：(1) 负载做星形联结时，相电压的有效值为
$$U_P = \frac{U_L}{\sqrt{3}} = 100 \text{ (V)}$$

设 $\dot{U}_A = 100\angle 0°$ V。线电流等于相电流，为
$$\dot{I}_A = \frac{\dot{U}_A}{Z} = \frac{100\angle 0°}{10\angle 60°} = 10\angle -60° \text{ (A)}$$
$$\dot{I}_B = \frac{\dot{U}_B}{Z} = \frac{100\angle -120°}{10\angle 60°} = 10\angle -180° \text{ (A)}$$
$$\dot{I}_C = \frac{\dot{U}_C}{Z} = \frac{100\angle 120°}{10\angle 60°} = 10\angle 60° \text{ (A)}$$

三相总功率为
$$P = \sqrt{3} U_L I_L \cos\varphi_z = \sqrt{3} \times 100\sqrt{3} \times 10 \times \cos 60° = 1\,500 \text{ (W)}$$

(2) 当负载做三角形联结时，相电压等于线电压。

设 $\dot{U}_{AB} = 100\sqrt{3}\angle 0°$ V。相电流为
$$\dot{I}_{AB} = \frac{\dot{U}_{AB}}{Z} = \frac{100\sqrt{3}\angle 0°}{10\angle 60°} = 10\sqrt{3}\angle -60° \text{ (A)}$$
$$\dot{I}_{BC} = \frac{\dot{U}_{BC}}{Z} = \frac{100\sqrt{3}\angle -120°}{10\angle 60°} = 10\sqrt{3}\angle -180° \text{ (A)}$$

$$\dot{I}_{CA} = \frac{\dot{U}_{CA}}{Z} = \frac{100\sqrt{3}\angle 120°}{10\angle 60°} = 10\sqrt{3}\angle 60° \text{ (A)}$$

线电流为

$$\dot{I}_A = \sqrt{3}\dot{I}_{AB}\angle -30° = 30\angle -90°$$
$$\dot{I}_B = \sqrt{3}\dot{I}_{BC}\angle -30° = 30\angle -210° = 30\angle 150°$$
$$\dot{I}_C = \sqrt{3}\dot{I}_{CA}\angle -30° = 30\angle 30°$$

三相总功率为

$$P = \sqrt{3}U_L I_L \cos\varphi_z = \sqrt{3}\times 100\sqrt{3}\times 30\times \cos 60° = 4\,500 \text{ (W)}$$

由此可知，负载由星形联结改为三角形联结后，相电流增加到原来的 $\sqrt{3}$ 倍，线电流增加到原来的 3 倍，功率也增加到原来的 3 倍。

2.3.4 安全用电

2.3.4.1 电流对人体的作用

1. 触电

人体因触及高电压的带电体而承受过大的电流，以致引起死亡或局部受伤的现象称为触电。触电对人体的伤害程度，与流过人体电流的频率、大小、通电时间的长短、电流流过人体的途径及触电者本人的情况有关。

触电事故表明，频率为 50～100 Hz 的电流最危险，通过人体的电流超过 50 mA（工频）时，就会产生呼吸困难、肌肉痉挛、中枢神经遭受损害，从而使心脏停止跳动以致死亡；电流流过大脑或心脏时，最容易造成死亡事故。

触电伤人的主要因素是电流，但电流值又取决于作用到人体上的电压和人体的电阻值。通常人体的电阻为 800 Ω 至几万欧不等。通常规定 36 V 以下的电压为安全电压，对人体安全不构成威胁。

2. 常见的触电方式

常见的触电方式有单相触电和两相触电。人体同时接触两根相线，形成两相触电，这时人体受 380 V 的线电压作用，最为危险。单相触电是人体在地面上，而触及一根相线，电流通过人体流入大地造成触电。此外，某些电气设备由于导电绝缘破损而漏电时，人体触及外壳也会发生触电事故。

2.3.4.2 常用的安全措施

为防止发生触电事故，除应注意开关必须安装在相线上及合理选择导线与熔丝外，还必须采取以下防护措施。

1. 正确安装用电设备

电气设备要根据说明和要求正确安装，不可马虎。带电部分必须有防护罩或放到不易接触到的高处，以防触电。

2. 电气设备的保护接地

把电气设备的金属外壳用导线和埋在地中的接地装置连接起来，称为保护接地，适用于中性点不接地的低压系统中。电气设备采用保护接地以后，即使外壳因绝缘不好而带电，这时工作人员碰到机壳就相当于人体和接地电阻并联,而人体的电阻远比接地电阻大,因此流过人体的电流就很微小,保证了人身安全。

3. 电气设备的保护接零

保护接零就是在电源中性点接地的三相四线制中,把电气设备的金属外壳与中性线连接起来。这时,如果电气设备的绝缘损坏而碰壳,由于中性线的电阻很小,所以短路电流很大,立即使电路中的熔丝烧断,切断电源,从而消除触电危险。

4. 使用漏电保护装置

漏电保护装置的作用主要是防止由漏电引起的触电事故和单相触电事故;其次是防止由漏电引起火灾事故,以及监视或切除一相接地故障。有的漏电保护装置还能切除三相电动机的断相运行故障。

任务2.4 技能训练

2.4.1 安全用电常识

1. 实训目的

了解安全用电常识,遵守实训安全操作规程,安全第一,防患于未然。

2. 重点与难点

重点:掌握安全用电常识。

难点:能够应急处理意外事故。

3. 实训步骤

1)电工电子实验室安全用电须知

(1)注意保持电线和电气设备的干燥。

(2)认识、了解电源总开关,学会在紧急情况下关断总电源,不用手或导电物(如铁丝、钉子、别针等金属制品)去接触、探试电源插座内部、电源开关箱内部,以免人体触电或物品烧毁。

(3)实验室内不应有裸露的电线,线路接头应确保接触良好,连接可靠。

(4)实验时先接好线路,再插上电源,实验结束时必须先切断电源,再拆线路。电器使用完毕应拔掉电源插头;插拔电源插头时不要用力拉拽电线,以防止电线的绝缘层受损造成触电;电线的绝缘皮剥落,要及时更换新线或者用绝缘胶布包好。

(5)发现有人触电要设法及时关断电源;或者用干燥的木棍等物品将触电者与带电的电器分开,不要用手去直接救人,以防触电。

(6)不随意拆卸、安装电源线路、插座、插头等。

(7)使用电烙铁等电热器件时,必须远离易燃物品,用完后应切断电源。

2)家庭安全用电须知

(1)不要超负荷用电,如用电负荷超过规定容量,应到供电部门申请增容;空调、烤箱等大容量用电设备应使用专用线路。

(2)要选用合格的电器,不要贪便宜而购买、使用假冒伪劣电器、电线、线槽(管)、开关、插头、插座等。

（3）不要私自或请无资质的装修队及人员铺设电线和接装用电设备，安装、修理电器用具要找有资质的单位和人员。

（4）对规定使用接地的用电器具的金属外壳要做好接地保护，不要忘记给三眼插座、插座盒安装接地线；不要随意将三眼插头改为两眼插头。

（5）要选用与电线负荷相适应的熔丝，不要任意加粗熔丝，严禁用铜丝、铁丝、铝丝代替熔丝。

（6）不用湿手、湿布擦带电的灯头、开关和插座等。

（7）漏电保护开关应安装在无腐蚀性气体、无爆炸危险品的场所，要定期对漏电保护开关进行灵敏性检验。

（8）晒衣架要与电力线保持安全距离，不要将晒衣竿搁在电线上。

（9）要将电视机室外天线安装得牢固可靠，不要高出附近的避雷针或靠近高压线。

（10）严禁私设电网防盗、狩猎、捕鼠和用电捕鱼。

（11）检查手电钻、电冰箱、洗衣机、台式电风扇等身边的电器是否采用了外壳接地的接零保护，请根据实际情况采取相应的安全措施。

3）预防常见用电事故

（1）不要乱拉、乱接电线。

（2）在更换熔丝、拆修电器或移动电器设备时必须切断电源，不要冒险带电操作。

（3）使用电熨斗、电吹风、电炉等家用电热器时，人不要离开。

（4）发现电气设备冒烟或闻到异味时，要迅速切断电源进行检查。

（5）电加热设备上不能烘烤衣物。

（6）要爱护电力设施，不要在架空电线和配电变压器附近放风筝。

4）应急处置触电事故

电流对人体的损伤主要是电热所致的灼伤和强烈的肌肉痉挛，这会影响呼吸中枢及心脏，引起呼吸抑制或心跳骤停，严重电击伤可致残，甚至直接危及生命。通过人体的电流越大，人体的生理反应就越明显，感觉也就越强烈，其危险性就越大。50 mA 以下的直流电流通过人体，人可以自己摆脱电源；对于工频电流，通过人体的电流大小、通电时间不同，人体呈现出不同的状态。

（1）要使触电者迅速脱离电源，应立即拉下电源开关或拔掉电源插头；若无法及时找到或断开电源，可用干燥的竹竿、木棒等绝缘物挑开电线。

（2）将脱离电源的触电者迅速移至通风干燥处仰卧，将其上衣和裤带放松，观察触电者有无呼吸，摸一摸颈动脉有无搏动。

（3）施行急救：若触电者呼吸及心跳均停止，应在做人工呼吸的同时实施心肺复苏抢救，并要及时打电话呼叫救护车。

切记：
- 切勿用潮湿的工具或金属物质拨开电线。
- 切勿用手触及带电者。
- 切勿用潮湿的物件搬动触电者。

4. 注意事项

了解安全用电常识，遵守实训操作规程，时刻注意安全第一。

5. 思考题

（1）发生电气火灾怎么办？

（2）发现电线掉地怎么办？

2.4.2 荧光灯电路的装接及功率因数的提高

1. 实训目的

（1）学会正确使用交流电压表、交流电流表、功率表和自耦调压器。

（2）掌握荧光灯的工作原理及装接方法。

（3）掌握交流电路参数的测量方法。

（4）了解提高感性负载功率因数的方法。

2. 实训器材

实训器材如表 2-2 所示。

表 2-2 实训器材

设置与器材	数量
实训工作台（含交直流电源）	1 台
数字万用表	1 个
自耦调压器	1 台
荧光灯	1 个
镇流器	1 个
功率表、交流电压表、交流电流表	各 1 个
电容器	4 个
导线	若干

3. 重点与难点

重点：荧光灯电路的组成、工作原理及线路连接。

难点：荧光灯线路的连接及利用相量图进行交流电路的分析与计算。

4. 实训步骤

（1）按图 2-21 装接好电路，先不并联电容器，自耦调压器先置 0 位。

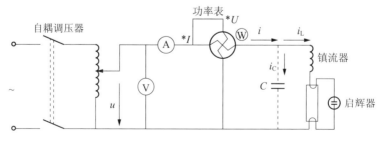

图 2-21 荧光灯电路

（2）接通电路，转动自耦调压器至 220 V，在调节的过程中若出现指针反偏或超量情况，应迅速将电压调至 0 V，切断电源后，检查线路问题。

（3）荧光灯点亮后，将电压调至 220 V，记录此时 U、I、P 的值，并计算功率因数 cosφ、无功功率 Q 和视在功率 S，填入表 2-3 中。（在荧光灯电路的电源输入端无并联电容器，C=0。）

（4）测量完毕后，先将自耦调压器电压调至 0，再切断电源，切勿直接断电，以防自耦调压器产生很高的感应电动势，对人体或设备造成伤害。

（5）在荧光灯电路的电源输入端并联电容器，重复（2）、（3）、（4）步骤，记录新的 U、I、P 值，并计算功率因数 cosφ、无功功率 Q 和视在功率 S，填入表 2-3 中。

表 2-3 并联电容器前、后的荧光灯电路数据

并联电容	测量值					计算值		
	U/V	U_R/V	U_L/V	I/A	P/W	cosφ	Q/var	S/(V·A)
0								
1 μF								
2 μF								
3 μF								
4.7 μF								

5. 注意事项

（1）实训中必须注意安全，了解安全用电常识，遵守实训操作规程，时刻注意安全第一，切不可与导线的裸露部分接触，以免发生人身事故。

（2）功率表要正确接入电路，通电前必须经指导教师检查无误后方可通电。

（3）电容的电压不能超过允许值，否则极易损坏。

（4）正确连接和使用自耦调压器，为了自耦调压器的安全，自耦调压器输入端与输出端绝对不能接反，并且要始终保证自耦调压器从 0 起调，使用后退回到 0 位。

（5）严禁在插上电源插头的情况下，进行更换开关、接线等作业。

6. 思考题

（1）说明提高功率因数的意义及感性电路提高功率因数的常用方法。

（2）交流电压表应_____（串联/并联）在电路中，交流电流表应_____（串联/并联）在电路中。

（3）若指针式功率表所选择电压量程为 300 V，电流量程为 1 A，功率表满偏刻度为 150，如果指针指向 100 处，表示功率为_____W。

单 元 小 结

1. 交流电：大小和方向都随时间做周期性变化的电动势、电压和电流统称为交流电。

2. 交流电的基本概念有幅值、周期、频率、角频率、瞬时值、幅值（或最大值）、有效值、相位、初相位和相位差。其中幅值（或最大值）、频率和初相位称为交流电的三要素。

3. RLC 串、并联交流电路中电压与电流的关系及功率的计算。

4. 正弦量的四种表示法：解析式表示法、波形图表示法、相量表示法和相量图表示法。

5. 电压三角形、阻抗三角形和功率三角形三个三角形的关系。

6. 功率因数的提高：在电力系统中，功率因数是一个重要的指标。提高功率因数常用的办法是在感性负载两端并联适当值的电容器。

7. 交流电路的频率特性及谐振电路。

8. 三相对称电动势的特点：三相电动势大小相等、频率相同、相位依次互差120°。

9. 对称三相电路的计算。

（1）三相绕组的联结

①星形联结：$U_{YL} = \sqrt{3} U_{YP}$；线电压超前相应的相电压30°。

②三角形联结：$U_{\triangle L} = U_{\triangle P}$。

（2）三相负载的联结。

①星形联结：并且，$U_{YL} = \sqrt{3} U_{YP}$；U_{YL} 超前 U_{YP} 30°；$I_{YL} = I_{YP}$。

a. 三相对称负载：各相电路相同，所以中性线电流为0。

b. 三相不对称负载：各相电路不同，中性线电流不为0。

②三角形联结：$U_{\triangle L} = U_{\triangle P}$。

a. 三相对称负载：$I_{\triangle L} = \sqrt{3} I_{\triangle P}$。

b. 三相不对称负载：略。

10. 安全用电。

（1）触电方式：单相触电和两相触电。

（2）安全电压：通常规定36 V以下的电压为安全电压。

（3）安全措施。为防止发生触电事故，除应注意开关必须安装在相线上及合理选择导线与熔丝外，还必须采取必要的防护措施，如正确安装用电设备，对电气设备做保护接地、保护接零、使用漏电保护装置等。

单元习题

一、填空题

1. 正弦交流电的三要素是（　　）、（　　）和（　　）。

2. 纯电感电路，电压与电流的相位差为（　　）。

3. 对称三相电源的条件是（　　）、（　　）、（　　）。

4. 感性电路提高功率因数的方法是（　　　　　　　　）。

5. 为了防止触电，确保设备的安全，将电路或者电路的一部分用导线与大地相连接，这称为（　　　　　　）。

6. 家庭、工厂中用电，大小及方向周期性变化的电压和电流称为（　　）。

7. 在图2–22所示电路中，方框中只可能有一个电阻、电感或电容，电流表 A_1 与电流表 A_2 的读数为3 A、4 A。

（1）总电流表 A 的读数为 5 A，方框中元件是（　　）。
（2）总电流表 A 的读数为 7 A，方框中元件是（　　）。
（3）总电流表 A 的读数为 1 A，方框中元件是（　　）。

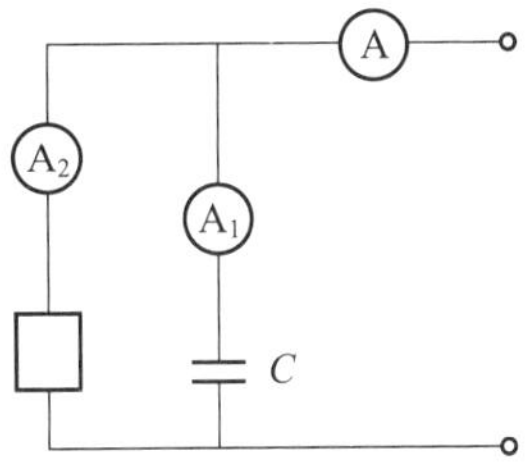

8. 三相对称负载做星形联结时，U_L 与 U_P 的大小关系为（　　）。

9. 某三相四线制低压供电系统的线电压为 380 V，则其相电压为（　　）V。

图 2-22　填空题 7

10. 在三相供电系统中，三相负载存在（　　）联结和（　　）联结两种形式。

二、判断题

1. 因为正弦量可以用相量来表示，所以说相量就是正弦量。（　　）
2. 电压三角形、阻抗三角形和功率三角形都是相量图。（　　）
3. 中性线的作用是使不对称星形联结负载的端电压保持对称。（　　）
4. 三相负载做三角形联结时，总有 $I_L = \sqrt{3} I_P$ 成立。（　　）
5. 负载做星形联结时必有相电流等于线电流。（　　）
6. 中性线不允许断开，因此不能安装熔丝和开关。（　　）

三、选择题

1. 三相对称负载做星形联结时中性线（　　）。
A. 可以省略　　　B. 可接熔丝　　　C. 不能省略

2. RLC 串联交流电路，用万用表测得的电阻、电感、电容两端电压都是 100 V，则电路端电压是（　　）。
A. 100 V　　　B. 300 V　　　C. 200 V　　　D. 100$\sqrt{2}$ V

3. 电力系统负载大部分是感性负载，要提高电力系统的功率因数常采用（　　）。
A. 串联电容补偿　　B. 并联电容补偿　　C. 串联电感　　D. 并联电感

4. 某一灯泡上写着额定电压 220 V，这是指（　　）。
A. 最大值　　　B. 瞬时值　　　C. 有效值　　　D. 平均值

5. 如图 2-23 所示的交流电路的相量图，其中（　　）为电感性电路。

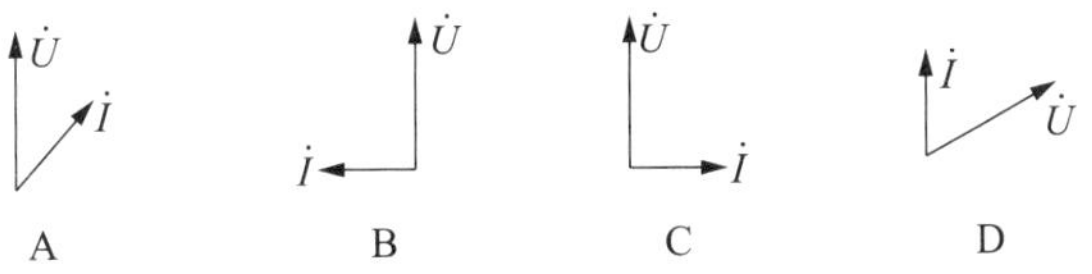

图 2-23　选择题 5

6. 为了防止触电事故，除应注意开关必须安装在（　　）上及合理选择导线与熔丝外，还必须采取防护措施。
A. 相线　　　B. 零线　　　C. 中性线　　　D. 地线

7. 某正弦电压的有效值为 380 V，频率为 50 Hz，计时起始数值等于 380 V，其瞬时值表达式为（　　）。
A. $u = 537\sin 314t$　　　　　　　B. $u = 537\sin(314t + 45°)$
C. $u = 380\sin(314t + 90°)$　　　D. $u = 380\sin(314t - 90°)$

8. RLC 串联电路在 f_0 时发生谐振，当频率增加到 $2f_0$ 时，电路性质呈（　　）。
A. 电阻性　　　　　B. 电感性　　　　　C. 电容性　　　　　D. 无法判断

9. 下列关于三相对称电动势的说法中正确的是（　　）。
A. 它们同时到达最大值
B. 它们到达最大值的时间依次落后 1/3 周期
C. 它们的周期、相位相同
D. 它们因为位置不同，所以最大值也不同

10. 三相对称负载三角形联结于线电压为 380 V 的三相电源上，若第一相负载断路，则第二相和第三相负载的电压分别为（　　）。
A. 380 V，220 V　　　　　　　　　B. 380 V，380 V
C. 220 V，220 V　　　　　　　　　D. 190 V，190 V

四、计算题

1. 如图 2-24 所示电路，已知线电压为 380 V，做星形联结的负载的功率为 10 kW，功率因数为 0.85（感性）；做三角形联结的负载的功率为 20 kW，功率因数为 0.8（感性）。试求：
（1）电路中的线电流。
（2）电源视在功率、有功功率和无功功率。

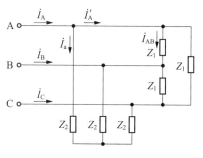

图 2-24　计算题 1

2. 有一只具有电阻和电感的线圈，当把它接在直流电路中时，测得线圈中的电流为 8 A，线圈两端的电压为 48 V；当把它接在 $f=50$ Hz 的交流电路中，测得通过线圈的电流为 12 A，加在线圈两端的电压的有效值为 120 V。试绘出电路图，并计算线圈的电阻和电感。

3. 已知三相对称负载，每相的电阻为 30 Ω，感抗为 40 Ω。负载做星形联结于线电压为 380 V 的三相对称电源上。求：①负载的相电压、相电流和电源的线电流；②三相负载所消耗的电功率。

4. 已知 $u=10\sin(314t+\pi/2)$ V，$i=10\sqrt{2}\sin(314t+\pi/3)$ A。求：①电压、电流的最大值；②频率和周期；③电压、电流的初相和相位差 φ_{ui}。

5. 已知三相对称负载，每相负载的电阻是 80 Ω，电抗是 60 Ω，已知三相电源线电压为 380 V，负载做三角形联结，求负载上的相电压、相电流、线电流和三相负载的有功功率。

6. 已知交流电的波形图如图 2-25 所示。求：①最大值及有效值；②角频率、频率和周期；③初相；④写出解析式。

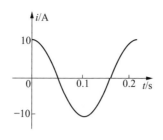

图 2-25 计算题 6

五、简答题

1. 说明正弦量的三要素及正弦量的表示方法。

2. 说明提高功率因数的意义及感性电路提高功率因数的常用措施。

3. 在三相四线制供电系统中,三相不对称负载做星形联结时,中性线可以安装熔丝或可以省略吗?为什么?

单元三

磁路、变压器与继电器

单元描述

通过本单元的学习，要求学生掌握电磁学的基本原理、电磁感应、电磁器件（变压器、电磁铁、继电器）的工作过程分析；能够利用万用表对汽车喇叭继电器等电磁器件进行性能检测，对继电器电路进行基本测量。

知识要求

1. 理解磁路的基本物理量（磁感应强度、磁通、磁导率和磁场强度）。
2. 掌握电磁器件的工作原理。
3. 理解变压器功能及应用。
4. 熟悉汽车常用电磁继电器及喇叭电路工作原理分析和检测方法。

技能要求

1. 能够用万用表等仪器对电磁继电器和喇叭等电磁器件进行性能检测。
2. 能够对继电器电路进行基本测量。

参考学时

10 学时［8（理论）+2（实践）］

任务 3.1　磁路与霍尔效应

任务 3.2　变压器

任务 3.3　继电器及其在汽车电路中的应用

任务 3.4　技能训练

任务 3.1　磁路与霍尔效应

实际电路中存在大量的电感元件，如电工测量仪表、电磁铁、变压器、电机等电工设备，都是依靠电磁相互作用的过程进行工作的。

在物理学中已经知道，运动的电荷周围不仅有电场，还有磁场，而磁场的变化又产生电动势，产生电场。因此，电生磁，磁生电，也就是说通电导体周围存在着磁场。为了用较小的电流产生较大的磁场，通常把线圈绕在由铁磁材料制成的铁芯上。

3.1.1　磁性材料

3.1.1.1　磁场的基本物理量

磁场是磁体周围存在的一种特殊物质，磁体通过磁场发生相互作用。磁场的大小和方向可用磁力线来形象地描述，磁力线的疏密表示磁场的强弱，磁力线的切线方向表示磁场的方向。在磁体的周围空间有磁场的存在，磁场的特征可以用磁感应强度 B、磁通 Φ、磁导率 μ、磁场强度 H 等几个物理量来描述。

微课 3-1
磁场基本
物理量

1. 磁感应强度 B

磁感应强度 B 是表示磁场内某点磁场强弱（磁力线的多少）和磁场方向（磁力线的方向）的物理量。它是一个矢量。

$$B = \frac{F}{lI} \tag{3-1}$$

式中：F 为电磁力；l 为导体的长度；I 为通过磁体的电流。

磁感应强度 B 的方向可用右手螺旋定律确定。其单位是特斯拉（T）。

2. 磁通 Φ

磁感应强度 B 与垂直于磁场方向的面积 S 的乘积，称为通过该面积的磁通 Φ，即

$$\Phi = BS \quad \text{或} \quad B = \frac{\Phi}{S} \tag{3-2}$$

磁通 Φ 反映了磁导体某个范围内磁力线的多少，其单位是韦伯（Wb）。

3. 磁导率 μ

磁导率 μ 是描述磁场介质导磁能力的物理量。磁性材料都有很强的导磁性能，不同的介质，其导磁能力不同。常用的主要有铁、镍、钴及其合金等材料。磁导率 μ 和磁场强度 B 的关系为

$$B_x = \mu \frac{NI}{l_x} = \mu H_x \tag{3-3}$$

式中：l_x 为 x 点处的磁力线的长度；N 为线圈的匝数；I 为流过电流的大小。磁导率 μ 的单位是亨利/米（H/m）。

4. 磁场强度 H

磁场强度 H 也是表示磁场强弱和方向的物理量，也是个矢量，但与磁介质 μ 无关，有

$$H = \frac{B}{\mu} \tag{3-4}$$

B 和 H 是方向相同,数值上相差 μ 倍的两个矢量。单位为安培/米(A/m)。

注:由实验测得真空中的磁导率为一常数,即 $\mu_0 = 4\pi \times 10^{-7}$ H/m,不同的介质的磁导率不同。为了比较各种物质的导磁性能,将任一物质的磁导率与真空中的磁导率的比值称为该物质的相对磁导率,用 μ_r 表示,即 $\mu_r = \dfrac{\mu}{\mu_0}$,它没有单位,它随磁介质种类的不同而不同,其数值反映了磁介质磁化后对原磁场影响的程度,是描述磁介质本身特性的物理量。

5. 磁场对电流的作用力

(1) 磁场对放置于其中的直线电流有力的作用,其大小为 $F = BIl\sin\theta$,方向可用左手定则判断。

(2) 通电线圈放在磁场中将受到磁力矩的作用。

【例 3-1】匀强磁场的磁感应强度为 0.5T,介质是空气,求磁场强度。

解:磁场强度为

$$H = \frac{B}{\mu} = \frac{B}{\mu_0} = \frac{0.5}{4\pi \times 10^{-7}} \approx 3.98 \times 10^5 \,(\text{A/m})$$

表 3-1 中列出了通过实验测定的几种常见材料的相对磁导率。

表 3-1 几种常见材料的相对磁导率

材料	相对磁导率	材料	相对磁导率
钴	174	已经退火的铁	7 000
未经退火的铸铁	240	变压器钢片	7 500
已经退火的铸铁	620	在真空中融化的电解铁	12 950
镍	1 120	镍铁合金	60 000
软钢	2 180	C 形坡莫合金	115 000

3.1.1.2 铁磁性物质

1. 铁磁性物质的磁化

磁化曲线只反映了铁磁性物质在外磁场由零逐渐增强的磁化过程,而很多实际应用中,铁磁性物质是工作在交变磁场中的。所以,必须研究铁磁性物质反复交变磁化的问题。

在磁化曲线中,已知 H 值就可查出对应的 B 值。因此,在计算介质中的磁场问题时,磁化曲线是一个很重要的依据。图 3-1 给出了几种不同铁磁性物质的磁化曲线。

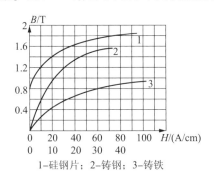

1—硅钢片;2—铸钢;3—铸铁

图 3-1 几种铁磁性物质的磁化曲线

铁磁性物质都能够磁化。铁磁性物质在反复磁化过程中，有饱和、剩磁、磁滞现象，并且有磁滞损耗。铁磁性物质的 B 随 H 而变化的曲线称为磁化曲线，它表示了铁磁性物质的磁性能。磁滞回线常用来判断铁磁性物质的性质和作为选择材料的依据。

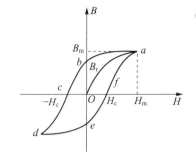

图 3-2 磁滞回线

图 3-2 为通过实验测定的某种铁磁性物质的磁滞回线。

（1）当 B 随 H 沿起始磁化曲线达到饱和值以后，逐渐减小 H 的数值，由图可看出，B 并不沿起始磁化曲线减小，而是沿另一条在它上面的曲线 ab 下降。

（2）当 H 减小到零时，B≠0，而是保留一定的值，称为剩磁，用 B_r 表示。永久性磁铁就是利用剩磁很大的铁磁性物质制成的。

微课 3-2
磁滞回线

（3）为消除剩磁，必须加反向磁场，随着反向磁场的增强，铁磁性物质逐渐退磁，当反向磁场增大到一定值时，B 值变为 0，剩磁完全消失，如图 bc 段。bc 段曲线称为退磁曲线，这时 H 值是为克服剩磁所加的磁场强度，称为矫顽磁力，用 H_c 表示。矫顽磁力的大小反映了铁磁性物质保存剩磁的能力。

（4）当反向磁场继续增大时，B 值从 0 起改变方向，沿曲线 cd 变化，并能达到反向饱和点 d。

（5）使反向磁场减弱到 0，B-H 曲线沿 de 变化，在 e 点 H=0，再逐渐增大正向磁场，B-H 曲线沿 efa 变化，完成一个循环。

（6）从整个过程来看，B 的变化总是落后于 H 的变化，这种现象称为磁滞现象。经过多次循环，可得到一个封闭的对称于原点的闭合曲线（abcdefa），称为磁滞回线。

（7）改变交变磁场强度 H 的幅值，可相应得到一系列大小不一的磁滞回线，如图 3-2 所示。连接各条对称的磁滞回线的顶点，得到一条磁化曲线，称为基本磁化曲线。

2. 磁性材料分类

（1）软磁材料。软磁材料的特点是磁导率高，磁滞特性不明显，具有较小的矫顽磁力，磁滞回线较窄。一般用来制造电机、电器及变压器等的铁芯，常用的有铸铁、硅钢片等。

（2）硬磁材料。硬磁材料的特点是剩磁和矫顽磁力均较大，磁滞性明显，磁滞回线较宽，宜制作永久磁铁。永久磁铁（用一种铁镍钴合金制成）是指长时间内保持磁性作用的磁铁。这种磁铁靠近含有铁、镍和钴的材料产生吸力。

磁铁有一个北极和一个南极。人们将磁铁周围有磁力作用且有想象中的磁力线穿过的空间称为磁场。磁力线在北极处穿出，在南极处穿入。在磁铁内部，磁力线从南极向北极伸展。磁性作用在磁极处最强，如图 3-3 所示。

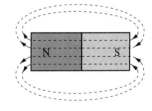

图 3-3 磁力线的分布图

硬磁材料广泛用于各种磁电系测量仪表、扬声器等。常用的有碳钢、钴钢等。

（3）矩磁材料。矩磁材料的特点是只要受较小的外磁场作用就能磁化到饱和，当外磁场去掉，磁性仍保持，磁滞回线几乎成矩形，稳定性良好，在计算机和控制系统中用作记忆元件、开关元件和逻辑元件。常用的有镁、锰、铁氧体等。

3. 磁滞损耗

铁磁性物质在交变磁化时，磁畴要来回翻转，在这个过程中产生了能量损耗，称为磁滞损耗。磁滞回线包围的面积越大，磁滞损耗就越大，所以剩磁和矫顽磁力越大的铁磁性物质，磁滞损耗就越大。因此，磁滞回线的形状常被用来判断铁磁性物质的性质和作为选择材料的依据。

3.1.2 磁路的基本定律

1. 磁路

磁通经过的闭合路径称为磁路。磁路中的磁通、磁动势和磁阻的关系，可用磁路欧姆定律来表示，即

$$\Phi = \frac{E_m}{R_m} \tag{3-5}$$

式中：$R_m = \frac{l}{\mu S}$。

式(3-5)与电路的欧姆定律相似，磁通 Φ 对应于电流 I，磁动势 E_m 对应于电动势 E，磁阻 R_m 对应于电阻 R。因此，这一关系称为磁路欧姆定律。

2. 磁路与电路的对应关系

图 3-4 是相对应的两种电路和磁路。

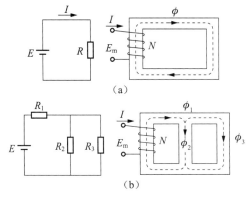

微课 3-3
磁路欧姆定律

图 3-4 对应的电路和磁路

表 3-2 列出了电路与磁路对应的物理量及其关系式。

表 3-2 磁路和电路中对应的物理量及其关系式

电　路		磁　路	
电流	I	磁通	Φ
电阻	$R = \rho \frac{l}{S}$	磁阻	$R_m = \frac{l}{\mu S}$
电阻率	ρ	磁导率	μ
电动势	E	磁动势	$E_m = IN$
电路欧姆定律	$I = \frac{E}{R}$	磁路欧姆定律	$\Phi = \frac{E_m}{R_m}$

铁磁性物质的磁导率 μ 不是常数，因此磁路欧姆定律一般不能直接用来进行磁路计算，只用于定性分析。

3. 全电流定律

根据磁路的欧姆定律 $\Phi = \dfrac{E_m}{R_m}$，将 $\Phi = BS$、$E_m = NI$、$R_m = \dfrac{l}{\mu S}$ 代入，可得

$$B = \mu \dfrac{IN}{l} \tag{3-6}$$

将式(3-6)与 $B = \mu H$ 对照，可得

$$H = \dfrac{IN}{l} \text{ 或 } IN = Hl \tag{3-7}$$

即磁路中磁场强度 H 与磁路的平均长度 l 的乘积，在数值上等于激发磁场的磁动势，这就是全电流定律。

磁场强度 H 与磁路平均长度 l 的乘积，又称磁位差，用 U_m 表示，即

$$U_m = Hl \tag{3-8}$$

磁位差 U_m 的单位为安培(A)。

若所研究的磁路具有不同的截面，并且是由不同的材料构成的，则可以把磁路分成许多段来考虑，于是有

$$IN = H_1 l_1 + H_2 l_2 + \cdots + H_n l_n \text{ 或 } IN = \sum Hl = \sum U_m \tag{3-9}$$

【例 3-2】 匀强磁场的磁感应强度为 5×10^{-2} T，介质是空气，与磁场方向平行的线段长 10 cm，求这一线段上的磁位差。

解：$H = \dfrac{B}{\mu} = \dfrac{B}{\mu_0} = \dfrac{5 \times 10^{-2}}{4\pi \times 10^{-7}} \approx 39\,809 (\text{A/m})$，$U_m = Hl = 39\,809 \times 0.1 = 3\,980.9(\text{A})$。

4. 电磁关系

1) 通电导体产生的磁场

磁场围绕在通电导体周围。磁力线以圆环形式环绕在导体周围，如图 3-5 所示。磁力线的方向取决于电流方向。磁场方向根据螺旋定理得出：如果将一个螺栓向电流流动方向拧入导体中，那么螺栓的转动方向表示磁力线方向。电流在导体中的流向用点⊙(电流流向观察者)或叉×(电流离开观察者)来表示。

2) 线圈产生的磁场

电流流动时线圈的每个导体周围都产生一个环形磁场，如图 3-6 所示，各磁场叠加后形成一个总磁场，磁力线束从一个端面处穿出，在相对的端面处穿入。因此线圈有两个磁极。北极位于磁力线穿出处，南极位于穿入处。

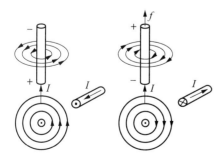

图 3-5 通电导体磁场

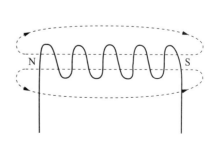

图 3-6 线圈产生的磁场

3)电磁铁

带有铁芯的通电线圈可增强磁场的作用,如图3-7所示。线圈和铁芯构成一个电磁铁。电磁铁可分为线圈、静铁芯及动铁芯三部分。当励磁线圈通入电流时,便产生磁场,静铁芯和动铁芯都被磁化,动铁芯受到电磁力的作用而被吸向静铁芯,动铁芯的动作可使其他机械装置发生联动。当电源断开时,电磁铁的磁性随着消失,动铁芯被释放。磁场强度取决于:①线圈铁芯的材料;②线圈圈数;③电流。

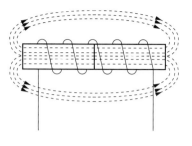

图3-7 带铁芯线圈的磁场

3.1.3 霍尔效应

霍尔效应是磁电效应的一种,这一现象是A. H. 霍尔(A. H. Hall,1855—1938)于1879年在研究金属的导电机构时发现的。

霍尔效应是研究半导体材料性能的基本方法。通过霍尔效应实验测定的霍尔系数,能够判断半导体材料的导电类型、载流子浓度及载流子迁移等重要参数。流体中的霍尔效应是研究"磁流体发电"的理论基础。

如图3-8所示,将一块半导体或导电材料沿 Z 方向加以磁场 B,沿 X 方向通以工作电流 I,则在 Y 方向产生电动势 E_H,这种现象称为霍尔效应。V_H 称为霍尔电压。

微课3-4 霍尔效应

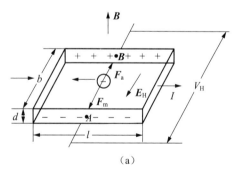
(a)

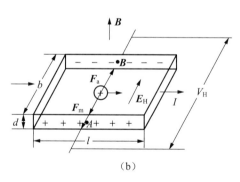
(b)

图3-8 霍尔效应原理

实验表明,在磁场不太强时,电位差 V_H 与电流强度 I 和磁场强度 B 成正比,与板的厚度 d 成反比,即

$$V_H = R_H \frac{IB}{d} \tag{3-10}$$

或

$$V_H = K_H IB \tag{3-11}$$

式中:R_H 为霍尔系数;K_H 为霍尔元件的灵敏度,单位为 mV/(mA·T)。霍尔效应是形成电流的定向运动的带电粒子,即载流子(N型半导体中的载流子是带负电荷的电子,P型半导

体中的载流子是带正电荷的空穴)在磁场中受到洛伦兹力作用而产生的。

如图3-8(a)所示,一块长为 l、宽为 b、厚为 d 的 N 型单晶薄片,置于沿 Z 轴方向的磁场 B 中,在 X 轴方向通以电流 I,则其中的载流子——电子所受到的洛伦兹力为

$$F_m = qV \times B = -eV \times B = -eVBj \qquad (3-12)$$

式中:V 为电子的漂移运动速度,其方向沿 X 轴的负方向;e 为电子的电荷量;F_m 指向 Y 轴的负方向。自由电子受力偏转的结果,向 A 侧面积聚,同时在 B 侧面上出现同数量的正电荷,在两侧面间形成一个沿 Y 轴负方向上的横向电场 E_H(即霍尔电场),使运动电子受到一个沿 Y 轴正方向的电场力 F_e,A、B 面之间的电位差为 V_H(即霍尔电压),则

$$F = qE_H = -eE_H = eE_H j = e\frac{V_H}{b}j \qquad (3-13)$$

将阻碍电荷的积聚,最后达到稳定状态时有

$$F_m + F_e = 0$$

$$-eVBj + e\frac{V_H}{b}j = 0$$

即

$$eVB = e\frac{V_H}{b}$$

得

$$V_H = VBb \qquad (3-14)$$

此时 B 端电位高于 A 端电位。

若 N 型单晶体中的电子浓度为 n,则流过样片横截面的电流为

$$I = nebdV$$

得

$$V = \frac{I}{nebd}$$

代入式(3-14),得

$$V_H = \frac{1}{ned}IB = R_H\frac{IB}{d} = K_H IB \qquad (3-15)$$

式中:$R_H = \frac{1}{ne}$ 称为霍尔系数,它表示材料产生霍尔效应的本领大小;$K_H = \frac{1}{ned}$ 称为霍尔元件的灵敏度,一般地说,K_H 越大越好,以便获得较大的霍尔电压。因 K_H 和载流子浓度 n 成反比,而半导体的载流子浓度远比金属的载流子浓度小,所以采用半导体材料做成的霍尔元件灵敏度较高。又因 K_H 和样品厚度 d 成反比,所以霍尔片都切得很薄,一般 $d \approx 0.2$ mm。

3.1.4 电磁感应、自感与互感

运动的电荷周围总是存在电场和磁场。这三者(运动电荷、电场和磁场)是一件事物的不同方向,是统一的一个整体。现在就要讨论这三者另一种相互关联的现象,称为电磁感应。英国物理学家法拉第于1831年发现磁在一定条件下能使导体产生电流,这一发现不仅深刻地揭示了电和磁之间的内在联系,进一步推动了电磁理论的发展,而且在生产技术上具有划时代的意义。根据电磁

微课3-5
电磁感应

感应原理,人们设计并制造了发电机、感应电动机和变压器等电力设备。

3.1.4.1 直导体中的感应电动势

1. 感应电动势的方向

做切割磁力线运动的导体,其产生的感应电动势的方向可用右手定则来确定:平伸右手,拇指与四指垂直,让磁力线垂直穿过手心,拇指指向运动方向,四指所指的方向就是感应电动势的方向(或是感应电流的方向)。

需要注意的是,判断感应电动势的方向时要把导体看成一个电源。在导体内部,感应电动势的方向由负极指向正极。感应电流的方向与感应电动势的方向相同。当直导体没有形成闭合回路时,导体中只产生感应电动势,不产生感应电流。

2. 感应电动势的大小

实验证明:在均匀磁场中,做切割磁力线运动的直导体,其感应电动势 e 的大小与磁感应强度 B、导体的有效长度 l、导体的运动速度 v,以及导体运动方向与磁力线方向之间的夹角 α 的正弦值成正比,即

$$e = Blv\sin\alpha \tag{3-16}$$

【例 3-3】 如图 3-9 所示,受外力作用的直导体 AB,在匀强磁场中以 $v = 20$ m/s 的速度做匀速直线运动。设 $B = 1$ T,导体有效长度 $l = 0.5$ m,导体电阻 $R_0 = 1$ Ω,负载电阻 $R = 9$ Ω。试求导体 AB 中的感应电动势 e 和电流 I。

解:用右手定则确定的电动势 e 的方向为由下指向上。其大小为

$$e = Blv\sin\alpha = 1 \times 0.5 \times 20 \times \sin 90° = 10(\text{V})$$

电流方向与 e 相同,大小为

$$I = \frac{e}{R_0 + R} = \frac{10}{1 + 9} = 1(\text{A})$$

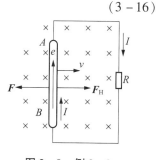

图 3-9 例 3-3

3.1.4.2 线圈中的感应电动势

1. 感应电动势的方向

线圈中的磁通量发生变化时,线圈就会产生感应电动势。感应电动势的方向由楞次定律和右手螺旋定则来判定:感应电流产生的磁通总是企图阻碍原磁通的变化。也就是说,当线圈中的磁通量要增加时,感应电流产生的磁通方向与原磁通方向相反;若线圈中原来的磁通量减少,则感应电流产生的磁通方向与原磁通方向一致。如图 3-10 所示为楞次定律实验原理图两种情况下线圈的感应电动势的方向。

图 3-10(a)中,条形磁铁自上而下插入线圈时,线圈磁通量要增加,根据楞次定律,感应电流产生的磁通自下而上,由右手螺旋定则可确定感应电流的方向自左向右流过检流计 G。图 3-10(b)中,可得感应电流的方向为自右向左流过检流计 G。

2. 电磁感应定律

当流过线圈的电流发生变化时,线圈中的磁通也随之变化,并在线圈中出现感应电流,这表明线圈中感应了电动势。法拉第通过大量实验总结出:线圈中感应电动势的大小与线圈磁通量的变化率 $\dfrac{\mathrm{d}\varPhi}{\mathrm{d}t}$ 和线圈匝数 N 成正比。通常把这个规律称为法拉第电磁感应定律,其数

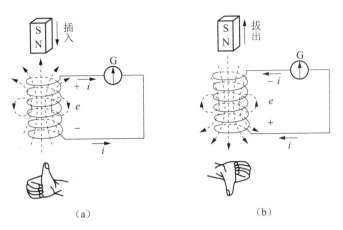

图 3-10 楞次定律实验原理图
(a)磁通量增加时；(b)磁通量减少时

学表达式为

$$e = -N\frac{\mathrm{d}\varPhi}{\mathrm{d}t} \tag{3-17}$$

式中：N 为线圈匝数。感应电动势的方向由 $\dfrac{\mathrm{d}\varPhi}{\mathrm{d}t}$ 的符号与感应电动势的参考方向比较而定出。当 $\dfrac{\mathrm{d}\varPhi}{\mathrm{d}t}>0$，即穿过线圈的磁通增加时，$e<0$，这时感应电动势的方向与参考方向相反，表明感应电流产生的磁场要阻止原磁场的增加；当 $\dfrac{\mathrm{d}\varPhi}{\mathrm{d}t}<0$，即穿过线圈的磁通减少时，$e>0$，这时感应电动势的方向与参考方向相同，表明感应电流产生的磁场要阻止原磁场的减少。

3.1.4.3 自感

1. 自感现象

由通入线圈的电流变化而产生感应电动势的现象称为自感现象，由自感现象产生的感应电动势称为自感电动势。显然，自感现象属于电磁感应现象。

2. 自感系数

自感系数是用来描述线圈产生自感磁通能力的物理量。定义线圈中的磁通量与产生该磁通的电流的比值称为自感系数，又称电感，用符号 L 表示，单位是亨利（H），即

$$L = \frac{\varPhi}{i} \tag{3-18}$$

式（3-18）表明，电感表示线圈通过单位外电流所产生的自感磁通。电感越大，表示线圈产生自感磁通的能力越大。

电感的大小与线圈的匝数、形状、大小及周围介质的磁导率有关。对给定的空心线圈，电感是常数，即不随线圈中电流的变化而变化，故称为线性电感。铁芯线圈由于铁磁材料的磁导率不是常数，所以它的电感随外电流的变化而变化，故称为非线性电感。在其他条件相同的情况下，线圈匝数越多，电感越大；有铁芯的电感比空心线圈的电感大很多。

3. 自感电动势

自感电动势的大小可由法拉第电磁感应定律求得，即

$$e = -\frac{d\Phi}{dt}$$

$$d\Phi = Ldi$$

即
$$e = -L\frac{di}{dt} \tag{3-19}$$

式中:"-"(负号)表示自感电动势的方向总是企图阻碍外电流的变化;L 为自感,表示线圈自感现象的强弱;e 为自感电动势,其大小与线圈的电感及线圈中外电流的变化率成正比。

式(3-19)表明,自感电动势的大小与线圈的电感及线圈中外电流的变化率成正比。

3.1.4.4 互感

互感现象是指一个线圈中的电流变化而使另一个线圈产生感应电动势的现象,如图 3-11 所示。互感现象产生的电动势称为互感电动势,也用符号 e 表示。

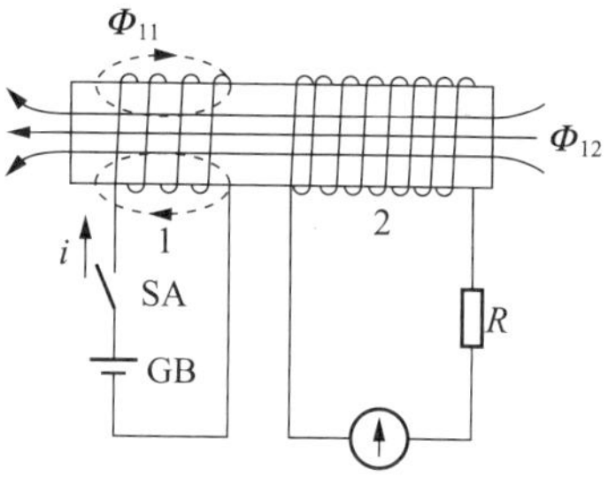

$$\begin{cases} e_1 = -N_1 \dfrac{d\Phi_{11}}{dt} \\ e_2 = -N_2 \dfrac{d\Phi_{12}}{dt} \end{cases} \tag{3-20}$$

图 3-11 互感电路

那么正弦交流电在交流铁芯中,电源电压 $u \approx -e_1$,磁通 $\Phi = \Phi_m \sin\omega t$,则

$$\begin{aligned} u &\approx N\frac{d\Phi}{dt} = N\frac{d}{dt}(\Phi_m \sin\omega t) \\ &= N\omega\Phi_m \cos\omega t \\ &= 2\pi fN\Phi_m \sin\left(\omega t + \frac{\pi}{2}\right) \\ &= U_m \sin\left(\omega t + \frac{\pi}{2}\right) \end{aligned}$$

则电源电压的有效值为

$$U = \frac{U_m}{\sqrt{2}} \approx \frac{2\pi fN\Phi_m}{\sqrt{2}} = 4.44fN\Phi_m = 4.44fNB_m S \tag{3-21}$$

此公式是交流发电机设置电压调节器的理论依据。

任务 3.2 变压器

3.2.1 变压器的用途、种类及结构

变压器是根据电磁感应原理制成的一种静止的电气设备,用于将某一数值的交流电压或电流变换为同频率的另一数值的交流电压或电流,即具有变换电压、变换电流、变换阻抗的功能,在电力系统和电子线路中广泛应用。它的用途可归纳为:经济地输电,合理地配电,安全地用电。

3.2.1.1 变压器的用途和种类

变压器是利用互感原理工作的电磁装置,它的符号如图 3 - 12 所示,T 是它的文字符号。

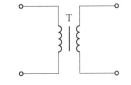

图 3 - 12 变压器的符号

1. 变压器的用途

变压器除可变换电压外,还可变换电流、变换阻抗、改变相位。

2. 变压器的种类

按照使用的场合,变压器有电力变压器、整流变压器、调压变压器、输入变压器、输出变压器等。

3.2.1.2 变压器的基本构造

变压器主要由铁芯和线圈两部分构成。

铁芯是变压器的磁路通道,是用磁导率较高且相互绝缘的硅钢片制成的,以便减少涡流损耗。按其构造形式可分为心式和壳式两种,如图 3 - 13 所示。

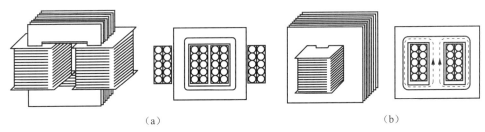

图 3 - 13 心式和壳式变压器
(a)心式变压器;(b)壳式变压器

线圈是变压器的电路部分,用漆包线、沙包线或丝包线绕成。其中和电源相连的线圈称为一次绕组,和负载相连的线圈称为二次绕组。

3.2.2 变压器的工作原理、功率损耗和效率

变压器是按电磁感应原理工作的,一次绕组接在交流电源上,在铁芯中产生交变磁通,从而在一、二次绕组产生感应电动势,如图 3 - 14 所示。

微课 3 - 6
变压器

3.2.2.1 变压器的工作原理

1. 变换交流电压

一次绕组接上交流电压,铁芯中产生的交变磁通同时通过一、二次绕组,一、二次绕组中交变的磁通可视为相同。

设一次绕组匝数为 N_1,二次绕组匝数为 N_2,磁通为 Φ,得

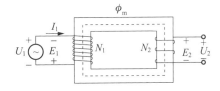

图 3 - 14 变压器空载运行原理图

$$\frac{U_1}{U_2} = \frac{N_1}{N_2} = K \qquad (3-22)$$

式中:K 称为变压比。由此可见:变压器一、二次绕组的端电压之比等于匝数比。

如果 $N_1 < N_2$,$K < 1$,电压上升,称为升压变压器。

如果 $N_1 > N_2$,$K > 1$,电压下降,称为降压变压器。

2. 变换交流电流

根据能量守恒定律，变压器的输出功率与从电网中获得的功率相等，即 $P_1 = P_2$，由交流电功率的公式可得

$$U_1 I_1 \cos\varphi_1 = U_2 I_2 \cos\varphi_2 \tag{3-23}$$

式中：$\cos\varphi_1$ 为一次绕组电路的功率因数；$\cos\varphi_2$ 为二次绕组电路的功率因数。

φ_1，φ_2 相差很小，可认为相等，因此得到

$$U_1 I_1 = U_2 I_2, \quad \frac{I_1}{I_2} = \frac{N_2}{N_1} = \frac{1}{K} \tag{3-24}$$

可见，变压器工作时通过一、二次绕组的电流比与线圈的匝数比成反比。高压绕组通过的电流小，用较细的导线绕制；低压绕组通过的电流大，用较粗的导线绕制。这是在外观上区别变压器高、低压绕组的方法。

3. 变换交流阻抗

设变压器一次侧输入阻抗为 $|Z_1|$，二次侧负载阻抗为 $|Z_2|$，则

$$|Z_1| = \left(\frac{N_1}{N_2}\right)^2 |Z_2| \tag{3-25}$$

可见，二次侧接上负载 $|Z_2|$ 时，相当于电源接上阻抗为 $K^2|Z_2|$ 的负载。变压器的这种阻抗变换特性，在电子线路中常用来实现阻抗匹配和信号源内阻相等，使负载上获得最大功率。

【例 3-4】 有一电压比为 220/110 的降压变压器，如果二次侧接上 55 Ω 的电阻，求变压器一次侧的输入阻抗。

解 1：二次电流 $\quad I_2 = \dfrac{U_2}{|Z_2|} = \dfrac{110}{55} = 2 \text{ (A)}$

一次电流 $\quad K = \dfrac{N_1}{N_2} \approx \dfrac{U_1}{U_2} = \dfrac{220}{110} = 2$

$$I_1 = \frac{I_2}{K} = \frac{2}{2} = 1 \text{ (A)}$$

输入阻抗 $\quad |Z_1| = \dfrac{U_1}{I_1} = \dfrac{220}{1} = 220 \text{ (Ω)}$

解 2：变压比 $\quad K = \dfrac{N_1}{N_2} \approx \dfrac{U_1}{U_2} = \dfrac{220}{110} = 2$

输入阻抗 $\quad |Z_1| \approx \left(\dfrac{N_1}{N_2}\right)^2 |Z_2| = K^2 |Z_2| = 4 \times 55 = 220 \text{ (Ω)}$

【例 3-5】 有一信号源的电动势为 1 V，内阻为 600 Ω，负载电阻为 150 Ω。欲使负载获得最大功率，必须在信号源和负载之间接一匹配变压器，使变压器的输入电阻等于信号源的内阻，如图 3-15 所示。问：变压器变压比，一、二次电流各为多少？

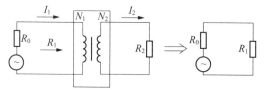

图 3-15　例 3-5 图

解：负载电阻 $R_2 = 150\ \Omega$，变压器的输入电阻 $R_1 = R_0 = 600\ \Omega$，则变压比应为

$$K = \frac{N_1}{N_2} \approx \sqrt{\frac{R_1}{R_2}} = \sqrt{\frac{600}{150}} = 2$$

一、二级电流分别为

$$I_1 = \frac{E}{R_0 + R_1} = \frac{1}{600 + 600} \approx 0.83 \times 10^{-3}(\text{A}) = 0.83(\text{mA})$$

$$I_2 \approx \frac{N_1}{N_2} I_1 = 2 \times 0.83 = 1.66(\text{mA})$$

3.2.2.2 电压变化率

电压变化率是指变压器空载时二次侧端电压 U_{2N} 和有载时二次侧端电压 U_2 之差与 U_{2N} 的百分比，即

$$\Delta U = \frac{U_{2N} - U_2}{U_{2N}} \times 100\% \qquad (3-26)$$

电压变化率越小，为负载供电的电压越稳定。

3.2.2.3 变压器的功率损耗和效率

1. 变压器的功率 P_L

变压器的功率损耗 P_L 等于输入功率 $P_1 = U_1 I_1 \cos\varphi_1$ 和输出功率 $P_2 = U_2 I_2 \cos\varphi_2$ 之差，即 $P_L = P_1 - P_2$。变压器的功率损耗包括铁损（磁滞损耗和涡流损耗）和铜损（线圈导线电阻的损耗）。

2. 变压器的效率

变压器的效率为变压器输出功率与输入功率的百分比，即 $\eta = \frac{P_2}{P_1} \times 100\%$。

大容量变压器的效率可达 98%～99%，小型电源变压器效率为 70%～80%。

【例 3-6】 有一变压器一次电压为 2 200 V，二次电压为 220 V，在接纯电阻性负载时，测得二次电流为 10 A，变压器的效率为 95%。试求它的损耗功率、一次侧功率和一次电流。

解：二次负载功率　　$P_2 = U_2 I_2 \cos\varphi_2 = 220 \times 10 = 2\ 200(\text{W})$

一次侧功率　　$P_1 = \frac{P_2}{\eta} = \frac{2\ 200}{0.95} \approx 2\ 316(\text{W})$

损耗功率　　$P_L = P_1 - P_2 = 2\ 316 - 2\ 200 = 116(\text{W})$

一次电流　　$I_1 = \frac{P_1}{U_1} = \frac{2\ 316}{2\ 200} \approx 1.05(\text{A})$

3.2.3 三相电力变压器

三相变压器就是三个相同的单相变压器的组合，如图 3-16 所示。三相变压器用于供电系统中。根据三相电源和负载的不同，三相变压器一、二次绕组可接成星形或三角形。

【变压器的检验】

变压器在使用前应进行检验，通常其检验内容如下：

(1) 区分绕组、测量各绕组的直流电阻。

(2) 绝缘检查。

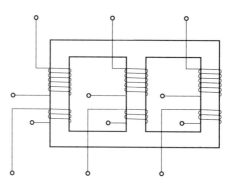

图 3-16 三相变压器

(3)各绕组的电压和变压比。

(4)磁化电流 I_μ。变压器二次侧开路时的一次电流称为磁化电流,一般为一次侧额定电流的 3%~8%。

各项检验都应符合设计标准,否则不宜使用。

【例3-7】 有一台降压变压器,一次绕组电压为220 V,二次绕组电压为110 V,一次绕组为2 200 匝,若二次绕组接入的阻抗值为10 Ω。试求:①该变压器的变压比;②一次绕组阻抗;③二次绕组的匝数;④一、二次绕组中的电流。

解:(1)变压器的变压比为

$$K = \frac{U_1}{U_2} = \frac{220}{110} = 2$$

(2)相当于直接在一次绕组接上的负载

$$Z_1 = K^2 Z_2 = 2^2 \times 10 = 40(\Omega)$$

(3)二次绕组匝数为

$$N_2 = \frac{N_1 U_2}{U_1} = \frac{2\,200 \times 110}{220} = 1\,100(匝)$$

(4)二次绕组中电流为

$$I_2 = \frac{U_2}{Z_2} = \frac{110}{10} = 11(A)$$

一次绕组中电流为

$$I_1 = \frac{N_2}{N_1} I_2 = \frac{1\,100}{2\,200} \times 11 = 5.5(A)$$

【课堂练习】 设交流信号源电压 $U = 100$ V,内阻 $R_0 = 800$ Ω,负载 $R_L = 8$ Ω。

(1)将负载直接接至信号源,负载获得多大功率?(2)经变压器进行阻抗匹配,求负载获得的最大功率是多少?变压器变压比是多少?

答案分析:(1)负载获得的功率为

$$P = I^2 R_L = \left(\frac{U}{R_0 + R_L}\right)^2 R_L = \left(\frac{100}{800 + 8}\right)^2 \times 8 \approx 0.123(W)$$

(2)最大输出功率时,R_L 折算到一次绕组应等于 $R_0 = 800$ Ω。负载获得的最大功率为

$$P_{max} = I^2 R_L' = \left(\frac{U}{R_0 + R_L'}\right)^2 R_L' = \left(\frac{100}{800 + 800}\right)^2 \times 800 = 3.125(W)$$

（3）变压器变压比为

$$K = \frac{N_1}{N_2} = \sqrt{\frac{R_0}{R_L}} = \sqrt{\frac{800}{8}} = 10$$

任务 3.3 继电器及其在汽车电路中的应用

微课 3-7 继电器

3.3.1 继电器的组成及分类

3.3.1.1 继电器的组成与功能

常用继电器也称为电磁式继电器，是利用小的开关信号控制大的开关动作的器件。它广泛应用于汽车电子控制系统中，其作用是利用它的动断触点和动合触点进行电路切换。由于继电器是利用改变金属触点位置使动触点和静触点闭合或分开的，所以具有接触电阻小、流过电流大和耐压高等优点，特别适用于大电流高电压的使用场合，小型继电器也常用作精密测量电路的转换开关。

电磁继电器由一个电磁铁、一个电枢和开关触点组成。电路接通时铁芯吸引操纵开关触点的电枢，使触点断开、闭合或切换，相当于开关的作用。

3.3.1.2 一般继电器的分类

1. 电流继电器

电流继电器又可分为过电流继电器和欠电流继电器。当电路中通过的电流超过规定值时，触点吸合；当电流低于规定值时，触点分开。电流继电器的工作线圈与负载串联，因通过的电流很大，故它的线圈匝数少而导线粗，通过的电流很大，所以体积也较大，它可以获得需要的磁通势。

用途：电流继电器适用于电动机的过载及短路保护、直流电动机磁极控制或失磁保护。

2. 电压继电器

电压继电器也可分为过电压继电器和欠电压继电器，当电路中的电压超过规定值时，触点吸合；当电路中的电压低于规定值时，触点分开。电压继电器的线圈与负载并联，以反映负载电压，其线圈匝数多而导线细，其体积相对较小。

用途：电压继电器适用于电动机过电压或欠电压保护，以及制动和反转控制等。在汽车上也经常使用这种类型的继电器。

3. 中间继电器

中间继电器实质上也属于电压继电器，当电路中的端电压达到规定值时，中间继电器动作。中间继电器适用于多回路多触点的控制，它的控制容量较大，通过它增加控制回路数或起信号放大作用。

4. 热继电器

热继电器是由于过电流通过热元件，热元件发热弯曲而推动机构动作。

用途：它适用于一般电动机的过载、断相运转及电流不平衡保护，如汽车门窗玻璃升降电动机在玻璃升降至极限位置时的过载保护。

3.3.1.3 汽车常用的继电器

汽车常用的继电器主要起保护开关和自动控制的作用。由于开关只控制继电器线圈的通断,而继电器用线圈产生的电磁力来通断开关所要控制的电路,加继电器后,控制开关只流过较小的继电器线圈电流,因而开关就不容易损坏,使用寿命得以延长。

1. 汽车中常用继电器的类型及图形符号

汽车生产商采用的继电器有几种不同的类型:常开继电器、常闭继电器和混合继电器。

1) 常开继电器

继电器线圈不通电时,继电器触点在其弹簧力作用下保持张开的位置,继电器线圈通电后触点闭合,如图3-17所示。

 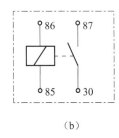 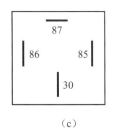

(a) (b) (c)

图 3-17 常开继电器

(a)实物图;(b)电路符号;(c)引脚图

2) 常闭继电器

继电器线圈不通电时,继电器触点在其弹簧力作用下保持闭合;继电器线圈通电后触点张开。常闭继电器如图3-18所示。

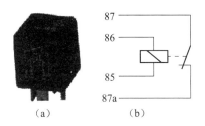

(a) (b)

图 3-18 常闭继电器

(a)实物图;(b)电路符号

3) 混合式继电器(转换器使用的继电器)

继电器有动合触点和动断触点,继电器线圈通电后动合触点闭合,动断触点张开。混合式继电器如图3-19所示。

 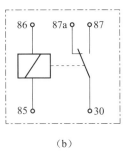 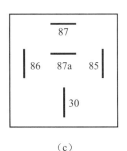

(a) (b) (c)

图 3-19 混合式继电器

(a)实物图;(b)电路符号;(c)引脚图

常用的为 4 引脚接线端的动合(N/O)触点型继电器,图 3 – 20 所示为其接线端的布局设计和接线端框图。

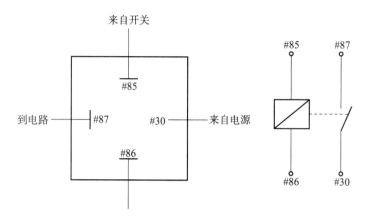

图 3 – 20　4 引脚 N/O 触点型继电器

2. 汽车其他继电器

1) 低压断路器

低压断路器主要用来控制局部照明电路或对电路的某些部分做通断控制。低压断路器在电路发生过载、短路及失电压、欠电压时,均能自动分断电路,起保护作用。

2) 交流接触器

接触器是用来频繁接通和断开电路的自动切换电路,它具有手动切换电路所不能实现的遥控功能,同时还具有欠电压、失电压保护的功能。接触器的主要控制对象是电动机。

(1) 交流接触器的结构组成。

①电磁系统:静铁芯、动铁芯、通电线圈。

②触头系统:主触点——三对主触点体积较大,由三对动合触点组成,用于通断电动机主电路的大电流。

辅助触点——两对辅助动合触点、两对辅助动断触点。辅助触点体积较小,主要用于通断控制电路的小电流,辅助动合触点一般起自锁或联锁作用;辅助动断触点在电路中一般起互锁作用。

(2) 工作原理。当交流接触器线圈通入交流电之后,静铁芯和动铁芯均被磁化,动铁芯克服弹簧张力向下吸合。固定在动铁芯上的所有动触点随之向下移动,辅助动合触点打开、三对主触点和辅助的动合触点闭合。当电磁线圈失电后,静铁芯和动铁芯也随即失磁,动铁芯在弹簧张力下复位,使动合触点打开,动断触点闭合。断电后静铁芯和动铁芯即刻失磁,动铁芯在弹簧张力下复位,各动触点随之复位。

所以,车辆中的继电器可分为作为开关使用的继电器(如汽车喇叭、前雾灯、散热器风扇、起动继电器和燃油泵的开关继电器)和功能继电器(如转向信号继电器、刮水和清洗间隔时间继电器)。

3.3.2　继电器在汽车喇叭电路中的应用

汽车上许多电气部件需要开关进行控制。由于汽车电气系统电压较低,具有一定功率的电气部件的工作电流较大,一般在几十安以上,这样大的电流直接连接开关,或直接按键进行通断控制,开关或按键的触点将无法承受大电流的通过而烧毁。前面已经分析,继电器是一种用小电流控制大电流的器件,即电器本身的触点可以做得很大,能够承受大电流的冲击。所以在汽车上经常利用开关控制继电器的吸合与断开,从而利用继电器的触点控制电气部件的通断。下面以汽车喇叭工作电路举例说明。

3.3.2.1 汽车喇叭继电器

1. 汽车喇叭继电器的功能

汽车喇叭开关电路是汽车音响信号装置,在汽车的行驶过程中,用来警告行人和其他车辆以引起注意,保证交通安全,同时还可用于催行与传递信号。为了保护喇叭按钮,专门安装了喇叭继电器。在汽车上利用开关只控制继电器线圈的通断,而继电器用线圈产生的电磁力来通断开关所要控制的电路。如图 3-21 所示为汽车喇叭开关电路原理图。

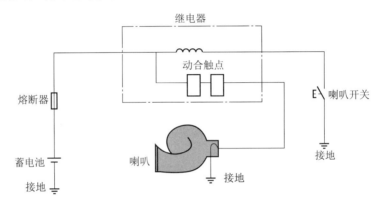

图 3-21 汽车喇叭开关电路原理图

2. 汽车喇叭继电器的工作原理

汽车喇叭电路中的继电器线圈有电流通过时,继电器动合触点闭合,接通蓄电池和喇叭部件中的电路,否则,继电器动合触点断开。

3. 汽车喇叭继电器的作用

汽车上有许多控制按钮(或开关),都不是直接与负载相连接的,往往要串联一个继电器。汽车加入继电器后,控制按钮(或开关)只流过较小的继电器线圈电流,因而控制按钮(或开关)就不容易损坏,故可起到保护按钮(或开关)的作用,按钮(或开关)的使用寿命得以延长。

【例 3-8】 继电器在汽车喇叭电路中的应用。分析汽车喇叭电路是什么类型,具有怎样的结构,如何工作。

解:(1)目前,喇叭按其发音动力可分为电喇叭和气喇叭;按外形可分为螺旋形喇叭、筒形喇叭和盆形喇叭;按声频可分为高音喇叭和低音喇叭;按音质可分为单音喇叭、双音喇叭和三音喇叭;按线路方式可分为单线制喇叭和双线制喇叭;按有无触点可分为有触点式(普通式)喇叭和无触点式(电子式)喇叭。

气喇叭主要用于具有空气制动装置的重型载重车上。电喇叭具有接电方便、结构简单、体积小、质量小、声音悦耳、检修容易等优点,因而在中小型车辆中获得了广泛应用。现代汽车一般装用双音盆形低噪声电喇叭。

(2)盆形电喇叭电路的结构。电喇叭由振动机构和电路断续机构两部分组成,主要由静铁芯、线圈、动铁芯、膜片、共鸣板等组成,如图3-22所示。

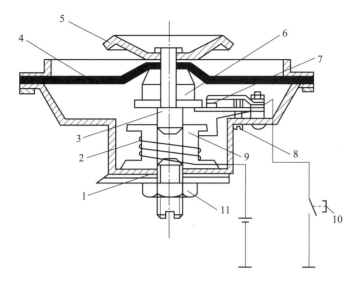

动画3-1 汽车盆形电喇叭的结构及原理

1—下铁芯;2—线圈;3—上铁芯;4—膜片;5—共鸣板;6—动铁芯;7—触点;
8—调整螺钉;9—静铁芯;10—喇叭按钮;11—锁紧螺母。

图3-22 盆形电喇叭电路的结构

(3)分析盆形电喇叭电路的工作情况。

【工作过程】 当按下喇叭按钮10时,就形成如下的电流通路(必须完成一个闭合回路,从正极到负极):蓄电池正极→线圈2→触点7→喇叭按钮10→搭铁→蓄电池负极。线圈2通电后产生电磁吸力,吸动上铁芯3及动铁芯6下移,使膜片4向下拱曲,动铁芯6下移中将触点7顶开,线圈2电路被切断,其电磁力消失,上铁芯3、动铁芯6在膜片4弹力的作用下复位,触点7又闭合。如此反复一通一断,使膜片4及共鸣板5连续振动辐射发声。

【工作原理】 线圈通电产生吸力,上铁芯被吸下与下铁芯撞击,产生较低的基本频率,并激励膜片及与膜片连成一体的共鸣板产生共鸣,从而发出比基本频率强得多而且分布比较集中的谐音。同时压下动触点臂,使触点分开,以切断电路,电磁力消失。当静铁芯磁力消失后,动铁芯又回到原位,触点重新闭合,电路再次接通。这样,线圈中将流过时通时断的电流,因此振动膜片时吸时放,产生振动而发出音响。

3.3.2.2 汽车喇叭继电器的检测

如图3-23所示是汽车喇叭继电器内部电路。下面分别讨论不同情况时,如何进行汽车喇叭继电器的检测。

(1)汽车喇叭继电器不工作情况的检查,如图3-24所示。

(2)汽车喇叭继电器工作情况的检查,如图3-25所示。

图3-23 汽车喇叭继电器内部电路

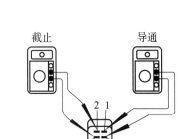
图3-24 汽车喇叭继电器不工作情况的检查

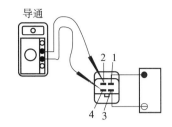
图3-25 汽车喇叭继电器工作情况的检查

3.3.2.3 汽车喇叭电路的故障诊断与排除

下面根据汽车喇叭电路在实际中的使用情况，利用前面所学知识进行分析、判断。

【课堂练习】 汽车电喇叭不响。

(1) 分析故障现象。

打开点火开关(喇叭工作受点火开关控制的车辆)，按动汽车喇叭开关，喇叭不响。

(2) 分析故障，诊断步骤如下：

①熔丝烧断。

②继电器损坏。

③喇叭开关(按钮)损坏。

④线路出现故障，如线路连接松脱、断路。

⑤喇叭损坏。

(3) 故障排除步骤如下：

①先检查熔丝是否烧断，线路连接处是否松脱或断路。在熔断器正常的情况下，诊断喇叭不响故障可在喇叭处进行。

②打开点火开关，一个人按下喇叭开关不动，另一个人用万用表测量喇叭两接线之间的电压，正常值应为蓄电池电压。若正常则说明故障在喇叭自身；若无电压显示，应接好喇叭接线，进一步检查喇叭继电器。

③用导线将喇叭与喇叭继电器之间的接线插头搭铁检查，若喇叭响，表明故障在控制线路；若仍不响，表明喇叭损坏，应更换。

④用导线将喇叭开关短接，以检查控制线路，若喇叭响，表明喇叭开关损坏，应更换；若仍不响，表明喇叭继电器损坏，应更换。

任务3.4 技能训练

3.4.1 汽车继电器的检测

1. 实训目的

(1) 了解汽车继电器的一般检测方法。

(2) 掌握开关控制的继电器、汽车微机控制继电器的检测方法。

2. 实训器材

(1) 喇叭继电器、微机控制燃油继电器。

(2)跨接线、万用表、试灯。

3. 重点与难点

重点：检测电路连接。

难点：继电器引脚识别。

4. 实训步骤

1）开关控制继电器的检测

首先查找汽车电路图，确定所检测的继电器是受供电回路的开关控制还是受搭铁回路的开关控制。下面以检测受一只搭铁回路开关控制的喇叭继电器为例，介绍检测步骤。电路如图3-26所示。

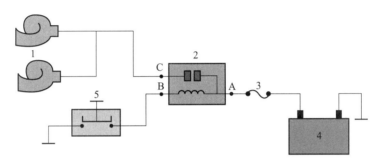

1—喇叭；2—喇叭继电器；3—熔断器；4—蓄电池；5—喇叭开关。

图3-26 开关接在搭铁回路的喇叭继电器电路

检测步骤如下：

(1)使用试灯检查继电器蓄电池端(A端)有无电压。如果这端没有电压，则故障就在蓄电池到继电器之间的电路中。如果有电压，则继续检测。

(2)检测控制端B的电压。如果这端没有电压，则说明继电器线圈有故障。如果有电压，则继续检测。

(3)用跨接线将B端接到良好搭铁处。如果喇叭响，则说明从B端到喇叭开关、搭铁之间的控制电路有故障。如果喇叭不响，则继续检测。

(4)从蓄电池正极到C端连接一根跨接线。如果喇叭不响，则说明从继电器到喇叭搭铁之间的电路有故障。如果喇叭响，则说明继电器内部有故障。

2）微机控制继电器的检测

如果继电器由汽车微机控制，就不推荐使用试灯，因为试灯可能会引起大的拉电流，它会超出电路设计的载流能力而损坏计算机。遇到这种情况，必须使用万用表电压挡检测继电器电路。

下面以燃油泵继电器为例介绍检测步骤，如图3-27所示。

将数字万用表设置在20V直流挡，按照下列步骤进行检测：

(1)将万用表负极表笔接到良好的搭铁处。

(2)将万用表正极表笔连接到输出端(B端)。转动点火开关到ON挡，如果在端子上没测到电压，则进行步骤(3)。如果万用表读数为10.5V或更高的电压，则断开控制电路，万用表读数应为零。如果这样，则说明继电器是好的。如果万用表仍然有读数，则说明该继电器触点粘连，需要更换。

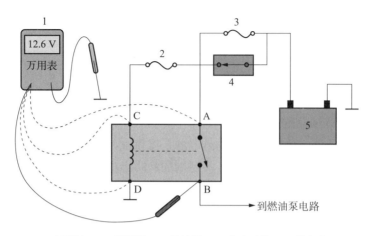

1—万用表；2—熔断器；3—易熔线；4—点火开关；5—蓄电池。

图 3-27 用万用表检测微机控制的继电器

(3) 把万用表正极表笔接到供电输入端(A 端)。万用表应至少指示出 10.5 V。如果低于该值，则说明蓄电池到继电器的电路有故障；如果电压值正确，则继续检测。

(4) 把万用表正极表笔接到控制电路端(C 端)。电压表应读到 10.5 V 或更高的电压。若不是，则检查蓄电池到继电器之间的电路(包括点火开关)。如果电压为 10.5 V 或更高些，则继续检测，如图 3-28 所示。

(5) 把万用表正极表笔接到继电器搭铁端(D 端)。如果表上指示值高于 1 V，则说明搭铁不良。

注意：最好将数字万用表量程置到 2 V 挡。如果读数小于 1 V，则更换继电器。

3) 离车检测继电器

如果继电器端子不容易触及，则从插座上拔下继电器，用万用表进行检测，如图 3-29 所示。用万用表检测继电器的线圈两端的连通性。如果万用表显示值为无穷大，则更换继电器。如果表明是连通的，就要用两根跨接线给励磁线圈励磁。检查继电器的触点在吸合情况下是否连通，如果显示值为无穷大，则说明继电器失效了。如果连通性好，继电器也是好的，则必须检查电路。

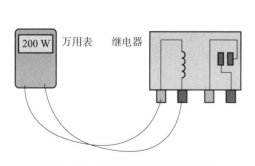

图 3-28 继电器线圈连通性检测

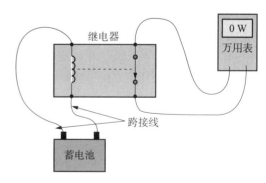

图 3-29 用蓄电池激励继电器线圈

5. 注意事项

操作规范：

（1）在微机控制的电路中，不推荐用试灯探查电源，因试灯通过的大电流会损坏系统部件。

（2）在给励磁线圈励磁时，万用表笔不要触及线圈端子，以免损坏万用表。

3.4.2 喇叭电路的检测

1. 实训目的

（1）了解电喇叭电路的结构及工作原理，掌握电喇叭音量及音调的调整方法。

（2）了解喇叭继电器的工作原理，掌握喇叭继电器好坏的检测。

2. 实训器材

电喇叭、喇叭继电器、试灯、万用表、稳压电源及常用工具。

3. 重点与难点

重点：喇叭工作原理。

难点：喇叭音调及音量调整。

4. 实训步骤

1）喇叭音调的调整

减小动铁芯与静铁芯间的间隙可以提高音调。动铁芯与静铁芯的间隙一般为 0.5～1.5 mm，间隙太小会发生碰撞，太大则会吸不动动铁芯。调整时静铁芯要平整，静铁芯与动铁芯四周的间隙要均匀，否则会产生杂音。

2）喇叭音量的调整

电喇叭音量的大小与通过喇叭线圈的电流大小有关。需增大音量时，可先松开锁紧螺母，再调整螺母，使触点的压力增大。由于触点的接触电阻减小，触点闭合的时间增长，通过线圈的电流增大，所以音量也相应增大；反之喇叭音量就减小。

3）喇叭继电器的就车检测

喇叭继电器的就车检测在喇叭完好状态下进行。

（1）将点火开关置于"ON"位，按下喇叭按钮，此时喇叭应发出清脆声响；否则为喇叭继电器故障。

（2）用万用表电压挡检测喇叭继电器"电池"与"搭铁"接柱之间的电压，该电压为电源电压；若无电压指示或电压过小，则为喇叭继电器电源断路或连接故障。

（3）如果上步检测电压为蓄电池电压，按下喇叭按钮的同时，检测喇叭继电器"喇叭"接柱与"搭铁"接柱之间的电压，该电压也应为电源电压；若无电压指示或电压过小，则为喇叭继电器触点未接触或接触不良故障。

4）喇叭继电器的检测

（1）喇叭继电器线圈的检测。用万用表的 $R \times 1$ 挡检测喇叭继电器"电池"接柱与"搭铁"接柱之间的电阻值，正常情况下应有一定阻值。可参见喇叭继电器的相关技术参数。

（2）喇叭继电器触点的检测。用万用表的 $R \times 1$ 挡检测喇叭继电器"电池"接柱与"搭铁"接柱之间的电阻值，正常情况应为无穷大，否则为触点粘连故障。

5. 注意事项

注意喇叭继电器线圈和触点的检测方法。

单元小结

1. 铁磁性材料因为其内部有磁畴而使其具有被磁化的可能。根据被磁化情况不同，铁磁性材料分成软磁性材料和硬磁性材料。
2. 电感线圈的自感、互感和感应电动势。
3. 变压器是根据电磁感应原理制成的静止电器，主要由硅钢片叠成的铁芯和绕在铁芯柱上的线圈组成。变压器可以用来传输能量或信号，具有变换电压、电流和阻抗的功能。
4. 继电器的结构原理及分类。
5. 继电器在汽车电路中的应用及分析。

单元习题

一、填空题

1. 在交流铁芯线圈电路中，线圈上损耗的功率称为（　　），铁芯中损耗的功率称为（　　），该损耗包括（　　）损耗和（　　）损耗两部分。
2. 铁磁材料按其磁性能可分为（　　）、（　　）和（　　）。铁磁材料的特点是（　　）、（　　）、（　　）、（　　）。
3. 自感和互感现象都属（　　）现象，自感现象产生的原因是线圈上的（　　）变化；互感则是由于一个线圈上的电流变化而使与其靠近的另一个线圈产生（　　）的现象。
4. 楞次定律表明，线圈中的感应电流的方向总要阻碍（　　）的变化，若线圈中磁通增加，感应电流的磁场方向与原磁场方向（　　）；若线圈中磁通减少，感应电流的磁场方向与原磁场方向（　　）。
5. 磁路的基本物理量有（　　）、（　　）、（　　）、（　　）。
6. 变压器是根据（　　）原理制成的电气设备。
7. 铁磁材料的磁性能主要表现为（　　）、（　　）和（　　）。
8. 交流铁芯线圈电源电压不变，若频率减少一半，则线圈电流增至（　　）倍，铜损增至（　　）倍。
9. 在直流铁芯线圈中，磁通不仅与（　　）有关，还与磁路的（　　）有关。而在交流铁芯线圈中，磁通仅与（　　）有关。

二、判断题

1. 铁磁的磁导率和真空磁导率同样都是常数。（　　）
2. 一只降压变压器只要将一、二次绕组对调就可作为升压变压器使用。（　　）
3. 变压器用于变换阻抗时，变压比等于一、二次绕组阻抗的平方比。（　　）
4. 确定互感电动势极性，一定要知道同名端。（　　）
5. 一只 220 V/110 V 的变压器可用来把 440 V 的电压降到 220 V。（　　）
6. 变压器是一种静止的电气设备，它只能传送电能，而不能产生电能。（　　）

7. 变压器输出电压的大小取决于输入电压的大小和一、二次绕组的匝数比。( )
8. 变压器一次绕组的输入由二次绕组的输出功率决定。( )
9. 变压器的额定容量等于变压器的实际输出功率。( )
10. 变压器的二次侧额定电压 U_{2N} 在电力系统中是指变压器一次侧施加额定电压时的二次侧空载电压有效值。( )
11. 当变压器一次绕组电压 U_1 一定时，感性负载的功率因数越低，二次绕组电压 U_2 增加越快。( )
12. 小型变压器的电压变化率一般可达 20%。( )
13. 将铁芯线圈接在直流电源上，若铁芯截面积增大，其他条件不变，则铁芯磁通将减小。( )

三、选择题

1. 电磁感应现象是( )。
A. 发电机的工作原理　　B. 电动机的工作原理　　C. 前面两种都不是
2. 一个电阻、线圈与直流电源相连，当电路达到稳定状态时，电感两端的电压为( )。
A. 0　　　　　　　　B. ∞　　　　　　　　C. 电源电压
3. 下面的观点正确的是( )。
A. 变压器可以改变交流电的电压
B. 变压器可以改变直流电的电压
C. 变压器可以改变交流电压，也可以改变直流电压
D. 变压器除了改变交流电压、直流电压以外，还能改变电流等
4. 降压变压器必须符合( )。
A. $I_1 > I_2$　　　B. $I_1 < I_2$　　　C. $K < 1$　　　D. $N_1 < N_2$
5. 电力变压器的电压变化率一般在( )。
A. 10%　　　B. 5%　　　C. 20%　　　D. 15%
6. 将交流铁芯线圈的铁芯截面积增大，其他条件不变，则线圈中电流 I 和磁通 Φ ( )。
A. I 不变；Φ 增大　　　　　B. I 增大；Φ 不变
C. I 减小；Φ 减小　　　　　D. I 减小；Φ 不变
7. 在额定负载时，大型电力变压器的效率可达( )。
A. 96%~99%　　　　　　　　B. 90%~96%
C. 60%~90%　　　　　　　　D. 70%~85%
8. 变压器二次侧额定电压 220 V，空载时电压 230 V，实际运行电压 215 V，则其电压变化率为( )。
A. 6.5%　　　B. 4.3%　　　C. 2.3%　　　D. 6.8%
9. 变压器一次侧的等效阻抗为 110 Ω，二次侧的电阻性负载为 27.5 Ω，则变压器变压比是( )。
A. 1　　　　　B. 2　　　　　C. 3　　　　　D. 4

四、计算题

1. 有一交流铁芯线圈接在 220 V、50 Hz 的正弦交流电源上，线圈的匝数为 733 匝，铁

芯截面积为 13 cm²。求：

（1）铁芯中的磁通最大值和磁感应强度最大值是多少？

（2）若在此铁芯上再套一个匝数为 60 的线圈，则此线圈的开路电压是多少？

2. 一台单相变压器，一次绕组电压为 220 V，$K=12$，求二次绕组电压为多大？若二次绕组侧电流为 2 A，则一次绕组侧电流为多大？

3. 阻抗为 8 Ω 的扬声器通过一变压比为 6 的理想变压器接到 12 V 的信号源上，其内阻为 200 Ω，求：①扬声器上的功率；②若不用变压器，而是直接相连，求扬声器上的功率。

4. 有一单相变压器铭牌是 220 V/36 V、500 W。如果要使变压器在额定情况下运行，二次绕组可以接多少盏 36 V、15 W 的灯泡？并求一、二次绕组中的额定电流。

五、简答题

1. 为什么各交流电机、电器和变压器铁芯普遍采用硅钢片叠成？

2. 有一台变压器在修理后铁芯出现气隙，这对铁芯的磁阻、工作磁通及励磁电流有什么影响？

3. 试述变压器的基本组成和作用。

单元四

电动机在汽车中的应用

单元描述

电机是电动机和发电机的统称,是一种实现机电能量转换的电磁装置。拖动生产机械,把电能变换为机械能的称为电动机,如现代工业、汽车行业及许多家用电器中都广泛使用电动机来作动力驱动;作为电源,把机械能变换为电能的称为发电机。同一台电机既可做电动机运行,又可做发电机运行,这就是可逆运行原理。它适用于所有电机。电机按通电性质分为直流电机和交流电机。

通过直流电动机、步进电动机、三相异步电动机和永磁同步电机的基本结构、转动原理和控制四个基础任务的引领,要求学生掌握汽车直流电动机、步进电动机的组成、工作原理和功能,并能够通过直流电动机实验台,采取学中做、做中学等方式加深对汽车直流电动机的理解,运用工学结合、手脑并用,实现理实一体化教学。

知识要求

1. 掌握直流电动机的组成、转动原理和铭牌数据。
2. 理解步进电动机的组成和转速原理。
3. 了解三相交流异步电动机的组成、转动原理和转差率。
4. 了解永磁同步电机的组成、原理及应用。

技能要求

1. 能正确分析直流电动机电路,并对一般故障进行排除。
2. 能对直流电动机的电路进行正确连接,实现其起动调速与正反转控制。

参考学时

20学时[16(理论)+4(实践)]

任务4.1 直流电动机
任务4.2 步进电动机
任务4.3 三相异步电动机
任务4.4 永磁同步电机
任务4.5 技能训练

任务4.1 直流电动机

4.1.1 直流电动机简介

微课4-1
直流电动机应用

直流电动机在人们日常生活中是比较常用的,如男士们使用的电动剃刀、孩子们的电动玩具。在现代汽车中,普遍采用电力起动,它以蓄电池为电源,以直流电动机为动力,通过传动装置和控制机构进行工作。它在工作时有两个显著特点:一是转矩大;二是工作时间短。直流电动机与交流电动机相比,它具有宽广的调速范围,平滑的无级调速特性,可实现频繁的无级快速起动、制动和反转;过载能力大,能承受频繁的冲击负载,满足自动化生产系统中各种特殊运行的要求。直流电动机也有明显的缺点:一是制造工艺复杂,消耗有色金属较多,生产成本高;二是运行时由于电刷与换向器之间容易产生火花,可靠性较差,且维护比较困难。但是在某些要求调速范围大、快速性高、精密度好、控制性能优异的场合,直流电动机的应用目前仍占有较大的比重,就因为它具有优良的调速性能和起动性能。例如,大型可逆轧钢机、矿井卷扬机、宾馆高速电梯、龙门刨床、电力机车、内燃机车、城市电车、地铁列车、电动自行车、造纸和印刷机械、船舶机械、大型精密机床和大型起重机等调整范围大的生产机械设备;用蓄电池作电源的地方,如汽车、拖拉机等。

以汽车为例,就有许多直流电动机在工作:如风扇电动机,起动机,风窗玻璃刮水器电动机,风窗玻璃冲洗器电动机,新鲜空气鼓风机电动机,用于车窗、滑动天窗、座椅等的伺服电动机等等。

4.1.2 直流电动机的组成

【组成】 直流电动机由固定不动的定子(主磁极)和旋转的转子(电枢)两部分组成,在这两部分之间有一个极小的空隙,如图4-1所示。

【定义】 直流电动机是将直流电能转换为机械能的转动装置。电动机定子提供磁场,直流电源向转子的绕组提供电流,换向器使转子电流与磁场产生的转矩保持方向不变。

4.1.2.1 定子

定子由主磁极、换向磁极、机座、端盖和电刷装置等组成。主磁极由铁芯和励磁绕组组成,励磁绕组通以励磁电流产生主磁场,它可以是一对、两对或多对磁极。换向磁极由换向磁极铁芯和绕组组成,位于两主磁极之间,并与电枢串联,通以电枢电流,产生附加磁场,以改善电动机的换向条件,减小换向器上的火花。在小功率直流电动机中不装换向磁极。机座由铸钢或原钢板制成,用以安装主磁极和换向器等部件,并保护电动机,它既是电动机的外壳,又是电动机磁路的一部分。在机座两端各有一个端盖,端盖中心处装有轴承,用来支撑转子和转轴,端盖上还固定有电刷架,用以安装电刷。

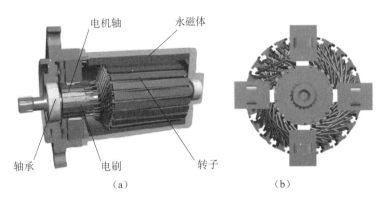

图 4-1 直流电动机的外形和结构

(a)外形;(b)结构示意图

4.1.2.2 转子

直流电动机的转子与其连接部件统称电枢,如图 4-2 所示。它主要由电枢铁芯、电枢绕组、换向器、转轴和风扇等部件组成。

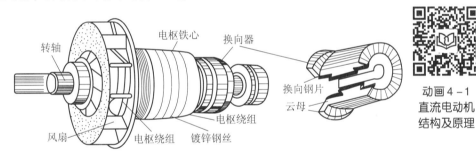

图 4-2 直流电动机转子

电枢铁芯由硅钢片叠压而成,如图 4-3 所示,其表面有许多均匀分布的槽,用来嵌入电枢绕组,电枢绕组由许多相同的线圈组成,按一定规律嵌入电枢铁芯的槽内,并与换向器的两片相连。通以电流时在主磁场的作用下产生电磁转矩。

图 4-3 电动机的电枢

4.1.2.3 换向器

换向器又称整流子,是直流电动机的特有装置。它由许多楔形钢片组成,各片间用云母或其他垫片绝缘,外表呈圆柱形,装在转轴上,在换向器表面压着电刷。换向器通过与电刷的摩擦接触,将两个电刷之间固定极性的直流电流变换成为绕组内部的交流电流,以便形成固定方向的电磁转矩。或者说旋转的电枢绕组与静止的外电路一直相通,以引入直流电。

【换向器作用】 将外部直流电转换成内部的交流电,以保持转矩方向不变。

4.1.3 直流电动机的分类

直流电动机的定子分永磁式和励磁式两种。其中,永磁式是由永久磁铁做成的;而励磁式是指磁极上绕线圈,然后在线圈中通过直流电,形成电磁铁。

直流电动机的励磁方式是指电机励磁电流的供给方式,根据励磁线圈(电枢)和转子绕组的连接关系分为串励式电动机、并励式电动机、复励式电动机和他励式电动机四种类型,如表4-1所示为这四种励磁电动机的比较。

此外,在小型直流电动机中也有用永久磁铁作为主磁极的,称为永磁电动机,永磁电动机可视为他励电动机的一种。

表4-1 四种励磁电动机的比较

名称	图形	特点	在汽车上的用途
串励式电动机		1. 励磁绕组与电枢绕组串联后接于直流电源,$I = I_a = I_f$ 2. 起动转矩很大 3. 负荷对转速影响很大 注:I是输入电流,也是铭牌上的电流	起动机
并励式电动机		1. 励磁绕组与电枢绕组并联,由同一直流电源供电,$I = I_a + I_f$ 2. 转速不受负荷影响 3. 起动转矩很小	风扇、泵电动机
复励式电动机		1. 有串励和并励两个绕组,它们分别与电枢绕组并联和串联。通常并励组起励磁作用,串励绕组起补偿作用 2. 起动转矩很大 3. 受到负荷影响时,转速仅略微降低	起动机、双级车窗玻璃刮水器
他励式电动机		1. 励磁绕组I_f和电枢绕组I_a分别由不同的直流电源供电 2. 起动转矩良好 3. 受到负荷影响时,转速波动很小	风扇、风窗玻璃刮水器、车窗升降器和鼓风机电动机

4.1.4 直流电机的铭牌、系列及接线端

4.1.4.1 直流电机的铭牌

为了使电机安全可靠地工作，且保持优良的运行性能，电机生产企业根据国家标准及电机的设计数据，对每台电机在运行中的电压、电流、功率、转速等规定了额定值。凡表征电机额定运行情况的各种数据，称为额定值。额定值一般标注在电机的铭牌上，所以也称为铭牌数据，它是正确合理使用电机的依据。直流电机的铭牌如表4-2所示。

表4-2 直流电机的铭牌

型号(符号/单位)	Z2-72	励磁方式	并励
额定功率(P_N/kW)	22 kW	励磁电压	220 V
额定电压(U_N/V)	220 V	励磁电流	2.06 A
额定电流(I_N/A)	110 A	定额	连续
额定转速(n_N/(r/min))	1 500 r/min	温升	80℃
出厂编号	×××××	出厂日期	×年×月
×××电机厂			

注：1. 额定电压(U_N/V)：指在额定情况下，电刷两端输出(发电机)或输入(电动机)的电压。
2. 额定电流(I_N/A)：指在额定情况下，允许电机长期流出或流入的电流。
3. 额定功率(额定容量)(P_N/kW)：指电机在额定情况下允许输出的功率。电功率(P_N)既是机械功率，又是电磁功率。
4. 额定转速(n_N/(r/min))：指在额定功率、额定电压、额定电流时电机的转速。
5. 额定效率 η_N：输出功率与输入功率之比，即额定效率 η_N = 输出功率 P_N/输入功率 P。

4.1.4.2 我国目前生产的直流电机系列

我国目前生产的直流电机主要有以下系列：

Z2系列：该系列为一般用途的小型直流电机系列。"Z"表示直流，"2"表示第二次改进设计。系列容量为0.4~200 kW，电动机电压有110 V、220 V两种，发电机电压有115 V、230 V两种，属防护式。

ZF和ZD系列：这两个系列为一般用途的中型直流电机系列。"F"表示发电机，"D"表示电动机。系列容量为55~145 kW。

ZZJ系列：该系列为起重、冶金用直流电机系列。电压有220 V、440 V两种。工作方式有连续、短时和断续三种。该系列电机起动快速，过载能力大。

4.1.4.3 直流电机接线端

直流电机有四个出线端子，电枢绕组及励磁绕组各两个，可通过标出的字符和绕组电阻的大小区别，如表4-3所示。直流电机电枢绕组的阻值都在零点几欧姆到2 Ω之间，他励/并励电机的励磁绕组的阻值有几百欧姆，串励电机的励磁绕组的阻值与电枢绕组的阻值相当。

表4-3 直流电机接线端子与符号

绕组名称	电枢绕组	换向绕组	他励绕组	并励绕组	串励绕组
首端	S1	H1	T1	B1	C1
末端	S2	H2	T2	B2	C2

【例4-1】 一台直流电动机，$P_N = 18$ kW，$U_N = 200$ V，$\eta_N = 90\%$，$n_N = 1\ 500$ r/min，求电动机在额定情况下的输入功率及额定电流。

解:已知额定效率 η_N = 输出功率 P_N/输入功率 P,所以
$$P = P_N/\eta_N = 18/0.9 = 20(kW)$$
电网向电动机输入的电功率 $P = U_N I_N$,所以
$$I_N = P/U_N = 20\ kW/200\ V = 100\ A$$

相关链接:

要使电枢受到一个方向不变的电磁转矩,关键在于:当线圈边在不同极性的磁极下时,如何将流过线圈中的电流方向及时地加以变换,即进行"换向"。为此必须增添一个叫作换向器的装置,换向器配合电刷可保证每个极下线圈边中电流始终是一个方向,就可以使电动机能连续地旋转,这就是直流电动机的工作原理。

4.1.5 直流电动机的工作原理

在中学物理电磁学部分中有这样的描述:通电导体在磁场中的运动方向可根据左手定则判断——将左手伸入磁场中,让手心面对 N 极,四指的方向是电流的方向,那么,大拇指的方向是通电导体运动的方向。

微课 4-2
直流电动机
工作原理

直流电机是实现直流电能和电机转动的机械能相互转换的机械装置,它是直流发电机和直流电动机的总称。直流电机有可逆性,当它把机械能转换为直流电能时,称为直流发电机;当它把直流电能转换为机械能时,称为直流电动机。两者在结构上没有什么区别。由于直流发电机已逐步被晶闸管整流设备所广泛代替,因此本书主要对直流电动机进行分析。导线在磁场中的两种工作情况如表 4-4 所示。

表 4-4 导线在磁场中的两种工作情况

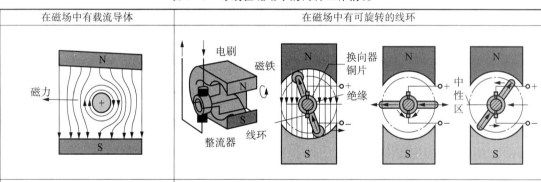

在磁场中有载流导体	在磁场中有可旋转的线环
如果一根载流导线位于一个蹄形磁铁的磁场中,两个磁场就会形成一个总磁场。 (1)在导线左侧,两个磁力线朝相反方向伸展。这些磁力线部分相互抵消,因此出现去磁 (2)在导线右侧,两个磁场的磁力线都朝同一个方向伸展,因此出现磁场增强 导线承受磁力,磁力使导线向去磁方向移动	如果导线由线环组成,作用在载流导体线环上的磁力就会使线环朝水平位置旋转。处于水平位置时不存在有效力臂。导体线环通过回转力矩转过水平位置需要转满一周时,电流方向必须转换 180°。这一任务由整流器的换向器来完成。换向器由两个与导线线环末端连接且互相绝缘的半环形整流器片组成。两个电刷摩擦整流器片与电源接通 换向器使位于不同磁极处的导线线环保持恒定的电流方向。因此,作用在线环两臂上的作用力始终朝向相同的切线方向,从而确保线环持续旋转

在磁场中有载流导体	在磁场中有可旋转的线环
直流电动机基本原理： 直流电从两电刷之间通入电枢绕组，电枢电流方向如下图所示。由于换向片和电源固定连接，无论线圈怎样转动，总是S极有效边的电流方向向里，N极有效边的电流方向向外。电动机电枢绕组通电后中受力（左手定则）按顺时针方向旋转 换向器的作用：直流电动机中采用换向器结构是将外部直流电转换成电枢内部的直流电的关键，它保证了每个磁极之下的线圈边中的电流始终有一个固定不变的方向，从而保证电枢导体所受到的电磁力对转子产生确定方向的电磁转矩 改变定子绕组中励磁电流的方向或改变电枢绕组中直流电流的方向都可以使直流电动机实现反转	
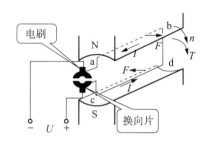	

4.1.6 电磁转矩与反电动势

电磁转矩和反电动势是直流电动机运行中两个同时出现的重要物理量。

4.1.6.1 电磁转矩 M

根据安培定律，可以推导出直流电动机通电后所产生的电磁转矩 M 与磁极的磁通量 Φ 及电枢电流 I_S 之间的关系：

$$M = C_m \Phi I_S \tag{4-1}$$

式中：M 为电磁转矩；C_m 为电机常数，与电动机磁极对数 p、电枢绕组导线总根数 Z 及电枢绕组电路的支路对数 a 有关，即 $C_m = pZ/2\pi a$；Φ 为磁极磁通；I_S 为电枢电流。

4.1.6.2 转矩平衡关系

电动机的电磁转矩 M 为驱动转矩，它使电枢转动。在电动机运行时，电磁转矩必须和机械负载转矩及空载损耗转矩相平衡，即

$$M = M_2 + M_0$$

式中：M_2 为机载负载转矩；M_0 为空载转矩。

4.1.6.3 转矩平衡过程

当电动机轴上的机械负载发生变化时，通过电动机转速、电动势、电枢电流的变化，电磁转矩将自动调整，以适应负载的变化，保持新的平衡。

4.1.6.4 反电动势 E_f

线圈在磁场中旋转，将在线圈中产生感应电动势。由右手定则可知，感应电动势的方向与电流的方向相反，故称为反电动势 E_f。

1. 电枢感应电动势

反电动势 E_f 与磁极的磁通量 Φ 和电枢的转速 n 成正比,即

$$E_f = C_m \Phi n \tag{4-2}$$

式中:n 为电动机的转速。

2. 电枢回路电压平衡式

由式(4-2)可推出电枢回路的电压平衡方程式,即

$$U = E_f + I_S R_S \tag{4-3}$$

式中:U 为外加电压;R_S 为电枢回路电阻,其中包括电枢绕组的电阻和电刷与换向器的接触电阻。

相关链接:

电动机的发展

1831 年,美国物理学家亨利设计出最初的电子式电动机。受到亨利的启发,威廉·里奇设计并制造出了一台可以转动的电动机,类似于我们在实验室里组装的直流电动机模型。此后,出生于克罗地亚的美国人特斯拉于 1888 年制造出了第一台感应电动机,在各种电动机中,这算是被应用最广的一种。

19 世纪 40 年代,俄国科学家雅科比用电磁铁替代永久磁铁进行工作。这种新型电动机当时被装在一艘游艇上,并且驶过了涅瓦河。此事引起了极大的轰动。

4.1.7 直流电动机在汽车中的应用

4.1.7.1 汽车鼓风电动机电路检查

下面举一实际案例分析汽车电动机的应用与电路检查。

【例 4-2】 一辆汽车上的新鲜空气鼓风机只能在一种速度挡位上运转。其原因是串联电阻有故障。检查串联电阻上是否有电压,通过电阻测量来检查串联电阻。

电路分析步骤如下:

第一步,认识电路图,如图 4-4 所示。

15——电源线。

F8——熔丝。

S8——风扇开关。

R——电阻。

M3——鼓风机电动机。

31——搭铁(负极)。

第二步,工作过程分析。

说出鼓风机开关在两个挡位时各是什么转速,并说出工作流程。

答案如下:

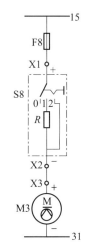

图 4-4 新鲜空气鼓风机电路图

开关位置1：低转速	开关位置2：高转速
电源线15—熔丝F8—风扇开关S8—串联电阻R—鼓风机电动机M3—搭铁31	电源线15—熔丝F8—风扇开关S8—鼓风机电动机M3—搭铁31

第三步，检查和测量电动机。

发生故障时先要明确是电动机故障还是电源故障。

(1)检查电源。

①拔出电动机插头。

②把万用表接到线束端头上。

③接通点火开关。

④万用表必须显示至少11.5 V的电压，否则需要检查线束、开关或继电器。

(2)检查电动机功能。

①从电路图了解电极布置。

②用辅助电缆把正极或负极接到蓄电池上。

③如果电动机不转动，则说明电动机有故障。

(3)检查与检测流程图。

鼓风机电路故障检测流程图如图4-5所示。

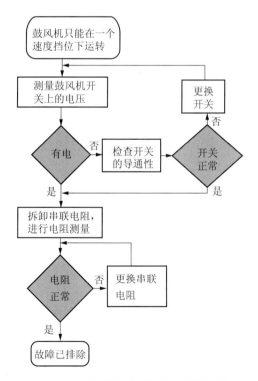

图4-5 鼓风机电路故障检测流程图

(4)检查方法和步骤如表4-5所示。

表 4-5 检查方法和步骤

序号	开关	检测步骤：测量点—接地	额定值	实际值
1	鼓风机开关 S8 开关挡位 0	X1 —15 X2 F8 X3 X1	U 0 0	正常 0 0
2	鼓风机开关 S8 开关挡位 2 高转速	S8 X1 0 1 2 X2 X3	U U U	正常 正常 正常
3	鼓风机开关 S8 开关挡位 1 低转速	X2 X1 X3 X2 M3 X3 —31	U $<U$ $<U$	U 0 0
检测结果：串联电阻损坏				

注意：检查前提条件——打开点火开关，以便检查鼓风机开关。检测工具为万用表。

4.1.7.2 直流电动机在汽车电动车窗中的应用

由电动机驱动的玻璃升降器称为电动车窗。电动车窗可使坐在座位上的驾驶员或乘员利用开关使车门玻璃自动升降，操作简便并有利于行车安全。

直流电动车窗系统由车窗、车窗玻璃升降器、电动机、继电器、开关等装置组成，如图 4-6 所示。

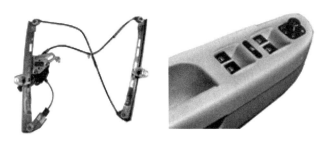

图 4-6 直流电动车窗组件

电动车窗使用的电动机是双向的，有永磁型和双绕组串励型两种。每个车窗都装有一个电动机，通过开关控制它的旋转方向，使车窗玻璃上升或下降。

1. 永磁型直流电动机

永磁型直流电动机是通过改变电枢电流的方向来改变电动机的旋转方向，从而使车窗玻璃升或降的。

2. 双绕组串励型直流电动机

双绕组串励型直流电动机有两个绕向相反的磁场绕组，一个称为"上升"绕组，一个称为"下降"绕组，通电后会产生相反方向的磁场，改变电动机的旋转方向，从而实现车窗玻璃的上升或下降。

注意：各电动车窗电路中，均有断路保护器，以免电动机因超载而烧坏。断路保护器触点臂为双金属片结构,当电动机超载,电路中电流过大时,双金属片因温度上升产生翘曲变形,断开多功能触点,切断电路。电流消失后,双金属片冷却,变形消失,触点再次闭合。如此周期动作,使电动机电流平均值不超过规定值,不致过热而烧坏。

4.1.7.3 直流电动机在汽车刮水器中的应用

车窗刮水器普遍采用永磁三刷式直流电动机,通过改变串入的不同电阻值产生不同的励磁电流,从而改变电动机的转速,如图4-7所示。

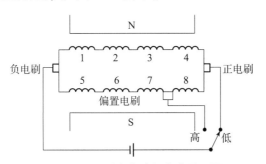

图4-7 三刷式电动机变速原理图

4.1.8 直流电动机常见故障

在运行中,直流电动机的故障是多种多样的,产生故障的原因较为复杂,并且互相影响。当直流电动机发生故障时,首先要对电动机的电源、线路、辅助设备和电动机所带负载进行仔细检查,看它们是否正常;然后从电动机机械方面加以检查,如检查电刷架是否有松动、电刷接触是否良好、轴承转动是否灵活等。就直流电动机的内部故障来说,多数故障会从换向火花增大和运行性能异常反映出来,所以要分析故障产生的原因,就必须仔细观察换向火花的显现情况和运行时出现的其他异常情况,通过认真地分析,根据直流电动机内部的基本规律和积累的经验来判断,找到原因。

4.1.8.1 直流电动机修理后的检查项目

(1)检查出线是否正确,接线是否与端子的标号一致,电动机内部的接线是否有碰触转动的部件。

(2)检查换向器的表面。

(3)检查刷握。

(4)检查刷握的下边缘与换向器表面的距离、电刷在刷握中装配的尺寸要求、电刷与换向片的吻合接触面积。

(5)检查电刷压力弹簧的压力。

(6)检查电动机气隙的不均匀度。

4.1.8.2 直流电动机修理后的试验项目

(1)绝缘电阻测试。

(2)绕组电阻的测量。

(3)确定电刷中性线。常采用的方法有以下三种:感应法、正反转发电机法、正反转电动机法。

实验项目主要有耐压实验、空载实验、负载实验、超速实验。

任务 4.2 步进电动机

步进电机最早是在 1920 年由英国人所开发的。后经过不断改良,在当今汽车上为提高系统的控制精度、响应速度、可靠性等,步进电机已广泛运用在现代车辆系统当中。在要求自动化、节省人力、效率高的各个系统中,我们很容易发现步进电机的踪迹,尤其在重视速度和位置控制、需要精确操作各项指令动作的灵活控制性系统,步进电机用得最多。步进电动机是数字控制电动机,是一种利用电磁铁的作用原理将电脉冲信号转换为线位移或角位移,即给一个脉冲信号,步进电动机就转动一个角度,因此适合于单片机控制。

4.2.1 步进电动机的组成

步进电动机由定子、定子绕组、永磁转子及控制电路组成,如图 4-8 所示。

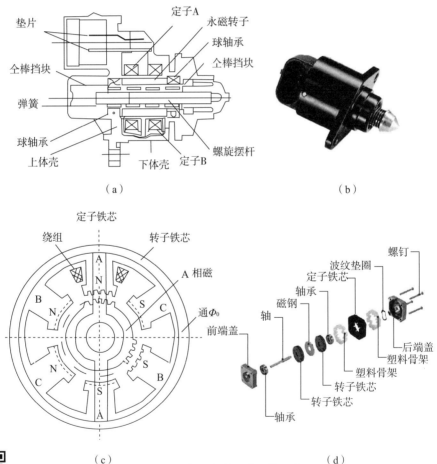

图 4-8 步进电动机的结构组成
(a)步进电动机的结构图;(b)步进电动机的实物图;
(c)步进电动机的原理图;(d)步进电动机各组件

微课 4-4
步进电动机
的工作原理

电机的定子和转子铁芯通常由硅钢片叠成。定子和转子均匀分布着很多小齿。定子上有 A、B、C 三对磁极，在相对应的磁极上绕有 A、B、C 三向控制绕组。其几何轴线依次分别与转子齿轴线错开。

4.2.2 步进电动机的工作原理

4.2.2.1 永磁转子式步进电动机

永磁转子式步进电动机的转子是一个具有 N 极和 S 极的永久磁铁，定子有两相独立的绕组，如图 4-9(a)所示。当从 V_1 到 V 向绕组输入一个电脉冲信号时，绕组产生一个磁场，在磁力同性相斥、异性相吸的原理作用下，使转子 S 极在右、N 极在左。

当从 V_1 到 V 输入的脉冲信号消失后，再从 U 到 U_1 向绕组输入另一个脉冲信号时，绕组产生一个磁场，N 极在上、S 极在下，如图 4-9(b)所示。在同性相斥、异性相吸原理作用下，转子就会沿逆时针方向转动 90°，如图 4-9(c)所示。

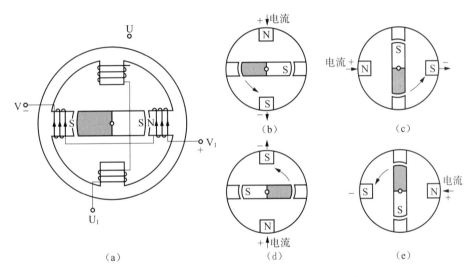

图 4-9 永磁转子式步进电动机的基本结构与步进原理

当从 U 到 U_1 输入的脉冲信号消失后，再从 V 到 V_1 向绕组输入另一个脉冲信号时，绕组产生磁场，N 极在左、S 极在右，如图 4-9(c)所示。在同性相斥、异性相吸原理作用下，转子就会沿逆时针方向转动 90°，如图 4-9(d)所示。

当从 V 到 V_1 输入的脉冲信号消失后，再从 U_1 到 U 向绕组输入另一个脉冲信号时，绕组产生磁场 N 极在下、S 极在上，如图 4-9(d)所示。在同性相斥、异性相吸原理作用下，转子就会沿逆时针方向转动 90°，如图 4-9(e)所示。如果依次按 $V_1 \to V$、$U \to U_1$、$V \to V_1$、$U_1 \to U$ 的顺序向绕组输入 4 个脉冲信号，如图 4-10(a)所示，电动机就会沿逆时针方向转动一圈。同理，如果依次按 $V_1 \to V$、$U_1 \to U$、$V \to V_1$、$U \to U_1$ 的顺序向绕组输入 4 个脉冲信号，如图 4-10(b)所示，电动机就会沿顺时针方向转动一圈。

可以看出，步进电动机具有结构简单、维护方便、精确度高、起动灵敏、停车准确等性能。此外，步进电动机的转速决定于脉冲频率，并与频率同步。需要指出的是，电脉冲不能直接用来控制步进电动机，必须采用脉冲分配器先将电脉冲按通电工作方式进行分配，而后经脉

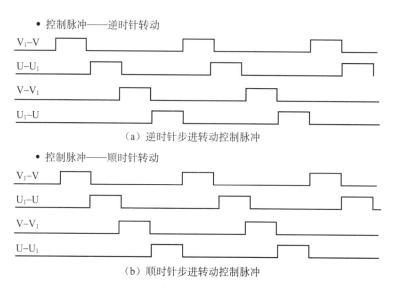

(a) 逆时针步进转动控制脉冲

(b) 顺时针步进转动控制脉冲

图 4-10 步进电动机控制脉冲

冲放大器放大到具有足够的功率,才能驱动电动机工作,步进电动机的工作过程如图 4-11 所示。

图 4-11 步进电动机的工作过程

步进电动机是把电脉冲转换成角位移的电动机。需要专用的驱动电源供给有规律的电脉冲信号,输入一个电脉冲,步进电动机就前进一步,其转速和转向与各绕组的通电方式有关。三相硬件环形分配器的驱动控制如图 4-12 所示。

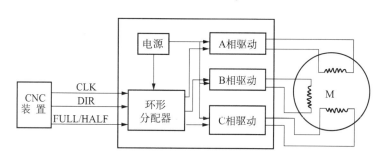

图 4-12 三相硬件环形分配器的驱动控制

4.2.2.2 脉冲分配控制——环形分配器

当 DIR = "1"时,每来一个脉冲(CLK),电动机正转一步;当 DIR = "0"时,每来一个脉冲(CLK),电动机反转一步。

4.2.2.3 脉冲放大电路

脉冲放大电路的作用: 将环形分配器发出的 TTL 电平信号放大至几安到十几安的电流,送至步进电动机各绕组。

4.2.2.4 软件脉冲分配的控制——查表法

软件脉冲分配真值表如表 4-6 所示。

表 4-6 软件脉冲分配真值表

步序		导电相	工作状态		
正转	反转		C	B	A
		A	0	0	1
		A B	0	1	1
		B	0	1	0
		B C	1	1	0
		C	1	0	0
		C A	1	0	1

对于三相六拍环形分配器，每当接收到一个进给脉冲指令，环形分配器软件根据表 4-6 所示真值表，按顺序及方向控制输出接口，将 A、B、C 的值输出即可。

4.2.3 步进电动机的分类

步进电动机按构造上的差异可分为三大类：可变磁阻式（VR 型）、永久磁铁式（PM 型）、混合式（HB 型）三大类。表 4-7 为步进电动机三大类型性能比较。

表 4-7 步进电动机三大类型性能比较表

类型	性能	图形	驱动方式	控制方式
可变磁阻式（VR 型）	转子以软铁加工成齿状，当定子线圈不加励磁电压时，保持转矩为零，故其转子惯性小、响应性佳，但其容许负荷惯性并不大。其步进角通常为 15°		1. 直流伺服驱动系统，采用永磁直流伺服电动机 2. 交流伺服驱动系统，采用永磁交流伺服电动机	1. 闭环控制 2. 开环控制 3. 全闭环控制系统 4. 混合闭环控制系统
永久磁铁式（PM 型）	转子由永久磁铁构成，其磁化方向为轴向磁化，无励磁时有保持转矩。依转子材质区分，其步进角有 45°、90° 及 7.5°、11.25°、15°、18° 等几种			
混合式（HB 型）	转子由轴向磁化的磁铁制成，磁极做成复极的形式。兼有可变磁阻式步进电动机及永久磁铁式步进电动机的优点，精确度高，转矩大，步进角度小			

目前,市场上所使用的步进电动机,以混合式最为普遍。

按照工作方式分类:通电顺序不同,其运行方式就有三种:单三拍、六拍、双三拍。(假定转子具有均匀分布的 4 个齿。)

1. 单三拍

设 U 相首先通电(V、W 两相不通电),产生 U-U′轴线方向的磁通,并通过转子形成闭合回路。这时 U、U′极就成为电磁铁的 N、S 极。在磁场的作用下,转子总是力图转到磁阻最小的位置,也就是要转到转子的齿对齐 U、U′极的位置,如图 4-13(a)所示;接着 V 相通电(U、W 两相不通电),转子便顺时针方向转过 30°,它的齿和 V、V′极对齐,如图 4-13(b)所示,随后 W 相通电(U、V 两相不通电),转子又顺时针方向转过 30°,它的齿和 W、W′极对齐,如图 4-13(c)所示。不难理解,当脉冲信号一个一个发来,如果按 U→V→W→U……的顺序轮流通电,则电动机转子便顺时针方向一步一步地转动。每一步的转角为 30°(称为步距角)。电流换接 3 次,磁场旋转一周,转子前进了一个齿距角(转子 4 个齿时为 90°)。如果按 U→W→V→U……的顺序通电,则电动机转子便逆时针方向转动。这种通电方式称为单三拍方式。

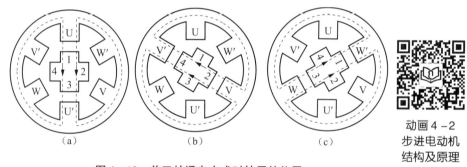

图 4-13 单三拍通电方式时转子的位置
(a) U 相通电;(b) V 相通电;(c) W 相通电

动画 4-2 步进电动机结构及原理

2. 六拍

设 U 相首先通电,转子齿和定子 U、U′极对齐,如图 4-14(a)所示;然后 U 相继续通电的情况下接 V 相,这时定子 V、V′极对转子齿 2、4 有磁拉力,使转子顺时针方向转动,但是 U、U′极继续拉住齿 1、3。因此,转子转到两个磁拉力平衡时为止,这时转子的位置,如图 4-14(b)所示,即转子从图 4-14(a)所示的位置顺时针方向转过了 15°。接着 U 相断电,V 相继续通电。这时转子齿 2、4 和定子 V、V′极对齐,如图 4-14(c)所示,转子从图 4-14(b)所示的位置又转过了 15°。而后接通 W 相,V 相仍然继续通电,这时转子又转过了 15°,其位置如图 4-14(d)所示。这样,如果按 U→U、V→V→V、W→W、U→U→……的顺序轮流通电,则转子便顺时针方向一步一步地转动,步距角为 15°。电流换接 6 次,磁场旋转一周,转子前进了一个齿距角。如果按 U→U、W→W、V→V→V、U→U→……的顺序通电,则电动机转子逆时针方向转动,这种通电方式称为六拍方式。

3. 双三拍

如果每次都是两相通电,即按 U、V→V、W→W、U→U、V→……的顺序通电,则称为

图 4-14 六拍通电方式时转子的位置
(a) U 相通电；(b) U、V 相通电；(c) V 相通电；(d) V、W 相通电

双三拍方式。从图 4-14(b) 和图 4-14(d) 可见，步距角也是 30°。由上述可知，采用单三拍方式和双三拍方式时，转子走三步前进了一个齿距角，每走一步前进了三分之一齿距角；采用六拍方式时，转子走六步前进了一个齿距角，每走一步前进了六分之一齿距角。因此步距角 θ 可用下式计算

$$\theta = \frac{360°}{Z_r m} \qquad (4-4)$$

式中：Z_r 为转子齿数；m 为运行拍数。实际上，一般步进电动机的步距角不是 30°，而是 15°。由式 (4-4) 可知，转子上不止 4 个齿 (齿距角 360°/4 = 90°)，而有 40 个齿 (齿距角为 9°)。为了使转子齿和定子齿对齐，两者的齿宽和齿距必须相等。因此，定子上除了 6 个极以外，在每个极面上还有 5 个和转子齿一样的小齿，三相步进电动机转子的结构如图 4-15 所示。

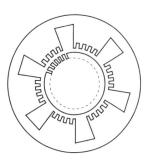

图 4-15 三相步进电动机转子的结构

4.2.4 步进电动机的特征

(1) 高精度的定位。步进电动机的最大特征即是能够简单地做到高精度的定位控制。

(2) 位置及速度控制。步进电动机在输入脉冲信号时，可以依输入的脉冲数做固定角度的回转，进而得到灵活的角度控制 (位置控制)，并可得到与该脉冲信号频率成比例的回转速度。

(3) 具有定位保持力。步进电动机在停止状态下 (无脉冲信号输入时)，仍具有励磁保持力，故即使不依靠机械式的刹车，也能做到停止位置的保持。

(4) 动作灵敏。步进电动机因为加速性能优越，所以可做到瞬时起动、停止、正反转之快速、频繁的定位动作。

（5）开回路控制、不必依赖传感器定位。步进电动机的控制系统构成简单，不需要速度感应器及位置传感器就能以输入的脉冲做速度及位置的控制。也因其属开回路控制，故最适合在短距离、高频度、高精度之定位控制的场合下使用。

（6）中低速时具备高转矩。步进电动机在中低速时具有较大的转矩，故能够较同级伺服电动机提供更大的扭力输出。

（7）高信赖性。使用步进电动机装置与使用离合器、减速机及极限开关等其他装置相比较，步进电动机的故障及误动作少，所以在检查及保养时也较简单容易。

（8）小型、高功率。步进电动机体积小、扭力大，在狭窄的空间内仍可顺利做安装，并提供高转矩输出。

4.2.5　步进电动机在汽车中的应用

当发动机怠速运转时，空调压缩机、动力转向助力泵、发电机等负载的变化会引起怠速转速发生波动，因此需要对发动机怠速转速进行调整。燃油喷射系统的怠速控制阀分为步进电动机式、脉冲电磁阀式和真空阀式三种。目前大多采用步进电动机式怠速控制阀，怠速控制阀安装在发动机节气门体上或节气门体附近，安装位置如图4-16所示。

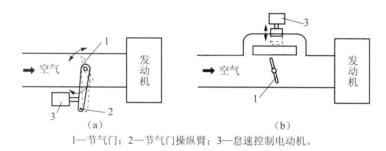

1—节气门；2—节气门操纵臂；3—怠速控制电动机。

图4-16　怠速空气量的控制方式
(a)节气门直动式；(b)旁通空气式

任务4.3　三相异步电动机

前面分析了在现代汽车中，普遍采用电力起动，以蓄电池为电源，以直流电动机为动力，通过传动装置和控制机构进行工作。它在工作时有两个显著特点：一是转矩大；二是工作时间短。它广泛用于工矿、交通、建筑等行业中的常见动力机械。但在生产上主要用的是交流电动机，最常用的是三相异步电动机。

三相异步电动机由于具有结构简单，制造、使用和维护简便，成本低廉，工作可靠，维护方便等优点，被广泛地用来驱动各种金属切削机床、起重机、锻压机、传送带、铸造机械、功率不大的通风机及水泵等。

目前异步电动机在电动汽车上应用广泛，这是因为异步电动机采用变频调速时，可以取消机械变速器，实现无级变速，使传动效率大为提高。异步电动机很容易实现正反转，再生制动能量的回收也更加简单。当采用笼型转子时，异步电动机还具有结构简单、坚固耐用、价格低廉、工作可靠、效率高和免维护等优点。

4.3.1 三相交流异步电动机的组成

异步电动机主要由定子(固定部分)和转子(转动部分)两部分组成,如图 4-17 所示。

三相异步电动机的定子部分包括机座、定子铁芯和定子绕组。机座用铸铁或铸钢制成,它支承着定子铁芯。定子铁芯由互相绝缘的硅钢片叠成。铁芯的表面上分布有与轴平行的槽,如图 4-17(a)、(b)所示,槽内嵌有三相对称绕组。绕组是根据电动机的磁极对数和槽数按照一定规则排列与连接的。

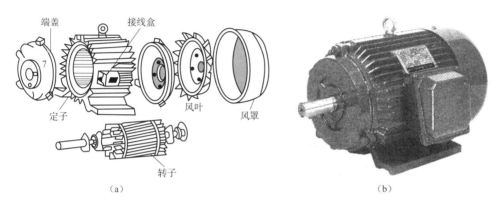

图 4-17 三相异步电动机的结构与外形

(a)结构;(b)外形

4.3.1.1 定子

定子绕组可以接成星形或三角形。为了便于改变接线,三相绕组的六根端线都接到定子外面的接线盒内。盒中接线柱的布置如图 4-18(a)所示,为定子绕组的星形接法,图 4-18(b)所示为定子绕组的三角形接法。

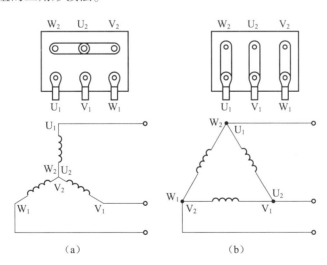

图 4-18 三相异步电动机的接线盒

(a)星形接法;(b)三角形接法

动画 4-3
三相异步电动机
的结构

4.3.1.2 转子

异步电动机的转子是由转子铁芯、转子绕组和转轴等部分组成的。转子铁芯由外圆有槽孔的相互绝缘的硅钢片叠制而成。转子有两种形式：笼型转子和绕线型转子。笼型转子的绕组由安放在槽内的铜条（或铸铝）构成，这些导体的两端分别焊接在两个端环上。因为它的形状像个松鼠笼子，如图 4-19（a）所示，所以称为笼型转子。具有笼型转子的异步电动机称为笼式异步电动机。

绕线型转子的绕组与定子绕组相似，也是三相对称绕组。通常接成星形，三根端线分别与三个铜制集电环连接。环与环及环与轴之间都彼此绝缘，如图 4-19（b）所示为绕线型转子。具有这种转子的异步电动机称为绕线转子异步电动机。

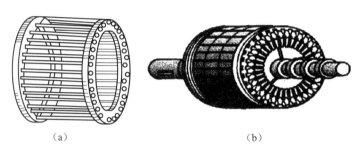

图 4-19 异步电动机转子

（a）笼型转子；（b）绕线型转子

4.3.2 三相异步电动机的工作原理

下面通过一个例子来说明三相异步电动机的工作原理。如图 4-20 所示是一个装有手柄的蹄形磁铁，在磁极中间放置一个可以自由转动的导电的笼型转子。转子和磁极之间没有机械联系。当摇动手柄使蹄形磁铁旋转时，会看到笼型转子跟着磁铁转动。手柄摇得快，转子也转得快；手柄摇得慢，转子也转得慢。若改变磁铁的转向，笼型转子的转向也随之改变。由此可见，转子转动的必要条件是要有一个旋转的磁场。异步电动机就是利用三相交流电通入三相对称绕组所产生的旋转磁场来使转子旋转的。

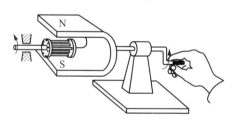

图 4-20 旋转磁场带动笼型转子旋转

4.3.3 三相异步电动机的转速

在三相异步电动机内，旋转磁场是由定子铁芯中放置的三相绕组产生的。当定子绕组中通入三相电流后，它们产生的合成磁场是随着三相电流时序的变化在空间不断地旋转着。旋转磁场的方向与三相电流的顺序有关，也称相序。改变相序可以改变三相异步电动机的转向。如图 4-21 所示为一对磁极的旋转磁场，旋转磁场的转速称为同步转速 n_0，n_0 与定子的磁极数有关，当旋转磁场有 p 对磁极时，其旋转磁场的转速为

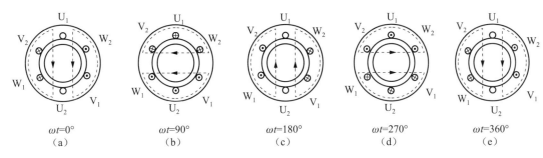

图 4-21　一对磁极的旋转磁场

$$n_0 = \frac{60f}{p} \tag{4-5}$$

按照国家标准规定，工频 $f=50$ Hz，由式（4-5）可得出对应于不同磁极对数 p 的旋转磁场转速 n_0。不同磁极对数 p 的旋转磁场转速 n_0 的数值，如表 4-8 所示。

表 4-8　不同磁极对数 p 的旋转磁场转速 n_0 的数值

p	1	2	3	4	5	6
$n_0/(\text{r}/\min)$	3 000	1 500	1 000	750	600	500

4.3.4　三相异步电动机的铭牌

4.3.4.1　型号

三相异步电动机的型号如图 4-22 所示。

图 4-22　三相异步电动机的型号

4.3.4.2　额定值

（1）额定功率 P_N——电动机在额定负载运行时，轴上所输出的机械功率，单位为 W（或 kW）。

（2）额定电压 U_N——电动机正常工作时，定子绕组所加的线电压，单位为 V。

（3）额定电压 I_N——电动机输出功率时，定子绕组允许长期通过的线电流，单位为 A。

（4）额定频率 f_N——我国的电网频率为 50Hz。

（5）额定转速 n_N——电动机在额定状态下，转子的转速，单位为 r/min。

（6）绝缘等级——电动机所用绝缘材料的等级。

4.3.4.3　工作方式

工作方式分为连续、短时、断续周期工作制三种。

三相异步电动机的铭牌如图 4-23 所示。

```
                    三相异步电动机
三相异步电动机          工作方式：连续
型号：Y—132M—4       接法：△/Y
功率：3 千瓦           绝缘等级：E
电压：220/380 伏       温升：65℃
电流：11.2/6.48 安     重量：45 千克
转速：1 440 转/分
频率：50 赫兹
                                     电机厂×××
                                     ×年×月
```

图 4-23 三相异步电动机的铭牌

【例 4-3】 已知三相异步电动机的铭牌数据如下，试计算电动机的输入功率、输出功率、效率。

功率	转速	接法	电压	电流	功率因数
7.5 kW	1 440 r/min	△	380 V	15.4 A	0.85

解：输入功率 $P_1 = \sqrt{3} U_1 I_1 \cos\varphi = \sqrt{3} \times 380 \times 15.4 \times 0.85 \approx 8.6 \text{(kW)}$

输出功率 $P_2 = P_N = 7.5 \text{ kW}$

效率 $\eta = \dfrac{P_2}{P_1} \times 100\% = \dfrac{7.5}{8.6} \times 100\% \approx 87\%$

微课 4-5
三相异步电动机的
转动原理

4.3.5 三相异步电动机的转动原理

当三相异步电动机的三相定子绕组接通三相交流电源，流过三相对称电流后，就能在电动机的气隙中产生转速为 n_0 的旋转磁场。电动机转子的转动方向与磁场旋转的方向相同，但转子的转速 n 不可能达到与旋转磁场的转速 n_0 相等，否则，转子与旋转磁场之间就没有相对运动，因而磁力线就不切割转子导体，转子电动势、转子电流及转矩也就都不存在。也就是说，旋转磁场与转子之间存在转速差，因此，这种电动机称为异步电动机，又因为这种电动机的转动原理是建立在电磁感应基础上的，故又称为感应电动机。

用转速差 $\Delta n = n_0 - n$ 来表示同步转速 n_0 与转子转速 n 之间的转速差，它是异步电动机运行的必要条件。此值与同步转速 n_0 之比，称为转差率，用符号 S 表示，它表明同步转速 n_0 与转子转速 n 相差的程度的物理量，即

$$S = \dfrac{\Delta n}{n_0} = \dfrac{n_0 - n}{n_0} \tag{4-6}$$

转差率 S 是异步电动机的一个重要物理量，转子转速 n 越接近同步转速 n_0，转差率越小，跟随性越好，它对电动机的运行有着极大的影响。一般异步电动机的转差率很小，通常用百分数表示，一般为 1%～9%。

【例 4-4】 有一台三相异步电动机，其额定转速 $n = 975 \text{ r/min}$，电源频率 $f = 50 \text{ Hz}$，求电动机的极数和额定负载时的转差率 S。

解：由于电动机的额定转速接近而略小于同步转速，而同步转速对应于不同的极对数有

一系列固定的数值。显然，与 975 r/min 最相近的同步转速 $n_0 = 1\,000$ r/min，与此相应的磁极对数 $p = 3$。因此，额定负载时的转差率为

$$S = \frac{\Delta n}{n_0} = \frac{n_0 - n}{n_0} = \frac{1\,000 - 975}{1\,000} \times 100\% = 2.5\%$$

4.3.6 三相异步电动机的转矩和机械特性

4.3.6.1 转矩特性

转矩特性描述的是电磁转矩与转差率之间的关系。

异步电动机的电磁转矩 T 是由定子绕组产生的旋转磁场与转子绕组的电流相互作用而产生的，电磁转矩的大小与转子绕组中的电流 I 及旋转磁场的强弱有关。磁场越强，转子电流越大，则电磁转矩也越大。

经理论证明，它们的关系是

$$T = K_T \Phi I_2 \cos\varphi$$

式中：T 为电磁转矩；K_T 为与电动机结构有关的常数；Φ 为旋转磁场每个极的磁通量；I_2 为转子绕组电流的有效值；φ 为转子电流滞后于转子电动势的相位角。

4.3.6.2 机械特性

异步电动机的机械特性是指转速与电磁转矩的关系。三相异步电动机的机械特性曲线如图 4-24 所示。

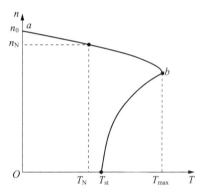

图 4-24 三相异步电动机的机械特性曲线

1. 额定转矩 T_N

额定转矩是电动机在等速运行时，电动机的电磁转矩 T 必须与负载转矩 T_L 及空载转矩 T_0 相平衡，即 $T = T_L + T_0$。由于空载转矩 T_0 很小，常可以忽略不计，所以 $T = T_L + T_0 \approx T_L$ 并由此得

$$T_N = T_L = \frac{P_N}{2\pi n_0/60} = 9\,550 \frac{P_N}{n_N} \qquad (4-7)$$

式中：P_N 为电动机轴上输出的机械功率，单位为 kW；n_N 为电动机的额定转速，单位为 r/min；得到的额定转矩 T_N 的单位为 N·m。

当电动机的负载转矩增加时，在最初的瞬间，电动机的电磁转矩 $T < T_L$，所以它的转速开始下降，随着转速的下降，电磁转矩增加，电动机在新的稳定状态下运行，这时的转速较前为低，但是，图 4-24 中曲线 ab 比较平坦，当负载在空载与额定负载之间变化时，电动机的转速变化不大，这种特性称为硬的机械特性，在应用中非常适用于金属的切削加工。

2. 最大转矩 T_{max}

从机械特性曲线上看，转矩有一个最大值，称为最大转矩中的临界转矩。当负载转矩超过最大转矩时，电动机就带不动负载了，发生了堵转（闷车）现象。此时电动机的电流迅速升高到额定电流的 7~8 倍，电动机会严重过热导致烧毁。另外，也说明电动机最大负载转矩可以接近最大转矩；如果过载时间较短，电动机不至于马上过热，是允许的。

通常用 $\lambda = \dfrac{T_{max}}{T_N}$ 表示电动机的过载能力,称为过载系数。一般三相异步电动机的过载系数为 1.8～2.2,在选用电动机时,必须考虑可能出现的最大负载转矩,而后根据所选电动机的过载系数算出最大转矩。

3. 起动转矩 T_{st}

电动机起动时的转矩称为起动转矩,起动转矩与电源电压的二次方成正比,当电源电压降低时,起动转矩会明显降低。

【例 4-5】 一台 Y225M-4 型的三相异步电动机,电子绕组为三角形联结,其额定数据为 $P_{2N} = 45$ kW, $n_N = 1\,480$ r/min, $U_N = 380$ V, $I_N = 92.3\%$, $\cos\varphi_N = 0.88$, $I_{st}/I_N = 7.0$, $T_{st}/T_N = 1.9$, $T_{max}/T_N = 2.2$,求:①额定电流 I_N;②额定转差率 S_N;③额定转矩 T_N、最大转矩 T_{max} 和起动转矩 T_N。

解:① $I_N = \dfrac{P_{2N} \times 10^3}{\sqrt{3} U_N \cos\varphi_N \eta_N} = \dfrac{45 \times 10^3}{\sqrt{3} \times 380 \times 0.88 \times 0.923} \approx 84.2(\text{A})$

② 由 $n_N = 1\,480$ r/min,可知 $p = 2$(四级电动机),$n_1 = 1\,500$(r/min),所以

$$S_N = \dfrac{n_1 - n}{n_1} = \dfrac{1\,500 - 1\,480}{1\,500} \approx 0.013$$

③ $T_N = 9\,550 \dfrac{P_{2N}}{n_N} = 9\,550 \times \dfrac{45}{1\,480} \approx 290.4(\text{N}\cdot\text{m})$

$T_{max} = \left(\dfrac{T_{max}}{T_N}\right) T_N = 2.2 \times 290.4 \approx 638.9(\text{N}\cdot\text{m})$

$T_{st} = \left(\dfrac{T_{st}}{T_N}\right) T_N = 1.9 \times 290.4 \approx 551.8(\text{N}\cdot\text{m})$

任务 4.4　永磁同步电动机

在新能源汽车领域,永磁同步电动机被广泛使用。永磁指的是在制造电动机转子时加入永磁体,使电动机的性能得到进一步的提升。

同步指的是转子的转速与定子绕组的电流频率始终保持一致。

因此,通过控制电动机的定子绕组输入电流频率,电动汽车的车速将最终被控制。而如何调节电流频率,则是电控部分所要解决的问题。

永磁同步电动机的结构与无刷直流电动机相似,不同之处在于它采用正弦波驱动,所以在具备无刷直流电动机优点的同时,还具有低噪声、体积小、功率密度大、转动惯量小、脉动转矩小、控制精度高等特点,特别适用于混合动力电动汽车的电机驱动系统,以达到减小系统体积、改善汽车加速性能和行驶平稳等目的。因此,永磁同步电动机受到了全世界各大汽车生产厂家的重视。

4.4.1　永磁同步电动机的组成

永磁同步电动机主要由定子和转子两部分组成,如图 4-25 所示。

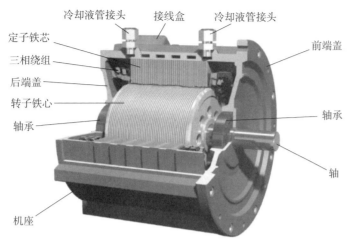

图 4-25 永磁同步电动机的结构

4.4.1.1 定子

永磁同步电动机的定子与普通感应电动机基本相同，由电枢铁芯和电枢绕组构成。电枢铁芯一般采用 0.5 mm 硅钢冲片叠压而成，对于具有高效率指标或频率较高的电动机，为了减少铁耗，可以考虑使用 0.35 mm 的低损耗冷轧无取向硅钢片。电枢绕组则普遍采用分布、短距绕组，一般制成三相绕组。三相绕组沿定子铁芯对称分布，在空间上互差 120°电角度，通入三相交流电时，产生旋转磁场。永磁同步电动机的定子如图 4-26 所示。对于极数较多的电动机，则普遍采用分数槽绕组；需要进一步改善电动势波形时，也可以考虑采用正弦绕组或其他特殊绕组。

4.4.1.2 转子

转子采用永磁体，目前主要以钕铁硼作为永磁材料。采用永磁体简化了电动机的结构，提高了可靠性，又没有转子铜耗，提高了电动机的效率。永磁同步电动机的转子如图 4-27(b) 所示。

图 4-26 永磁同步电动机的定子

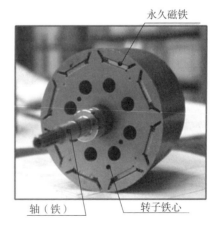

图 4-27 永磁同步电动机的转子

1. 表面式转子磁路结构

表面式转子磁路结构中，永磁体通常呈瓦片形，并位于转子铁芯的外表面上，永磁体提供磁通的方向为径向。表面式结构又分为凸出式和嵌入式两种，如图 4-28 所示。对采用稀土永磁材料的电动机来说，由于永磁材料的相对回复磁导率接近1，所以表面凸出式转子在电磁性能上属于隐极转子结构；而嵌入式转子的相邻两永磁磁极间有着磁导率很大的铁磁材料，故在电磁性能上属于凸极转子结构。

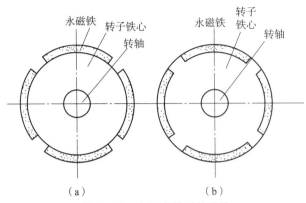

图 4-28　表面式转子的结构
(a)凸出式；(b)嵌入式

2. 内置式转子磁路结构

内置式结构的永磁体位于转子内部，永磁体外表面与定子铁芯内圆之间有铁磁物质制成的极靴，极靴中可以放置铸铝笼或铜条笼，起阻尼或起动作用，动、稳态性能好，广泛用于要求有异步起动能力或动态性能高的永磁同步电动机。内置式转子内的永磁体受到极靴的保护，其转子磁路结构的不对称性所产生的磁阻转矩也有助于提高电动机的过载能力或功率密度，而且易于弱磁扩速。

按永磁体磁化方向与转子旋转方向的相互关系，内置式转子结构又可分为径向式、切向式和混合式三种，如图 4-29 所示。

图 4-29　内置式转子的结构
(a)径向式；(b)切向式；(c)混合式

径向式转子结构的永磁同步电动机，其磁钢或者放在磁通轴的非对称位置上或者同时利用径向和切向充磁的磁钢以产生高磁通密度。该结构的优点是漏磁系数小、转轴上不需采取隔磁措施、极弧系数易于控制、转子冲片机械强度高、安装永磁体后转子不易变形等。

切向式转子结构的转子有较大的惯性，漏磁系数较大，制造工艺和成本较径向式有所增加。其优点是一个极距下的磁通由相邻两个磁极并联提供，可得到更大的每极磁通。尤其当电动机极数较多、径向式结构不能提供足够的每极磁通时，这种结构的优势就显得更为突出。此外，采用该结构的永磁同步电动机的磁阻转矩可占到总电磁转矩的40%，对提高电动机的功率密度和扩展恒功率运行范围都是很有利的。

混合式结构集中了径向式和切向式的优点，但结构和制造工艺都比较复杂，制造成本也比较高。

4.4.2 永磁同步电动机的工作原理

当线圈内有交流电流经时，每转动半周，交流电的流向就会发生改变，线圈磁极的极性也会发生变化，故转子(永久磁铁)会旋转。

如图4-30所示，由于电机定子三相绕组中接入三相对称交流电产生旋转磁场，用旋转磁极N、S来模拟。根据磁极异性相吸、同性相斥的原理，不论定子旋转磁极与永磁磁极起始相对位置如何，定子的旋转磁极总会由于磁拉力拖着转子同步旋转，同步电机的转速可表示为

$$n = n_0 = \frac{60f_1}{p} \tag{4-8}$$

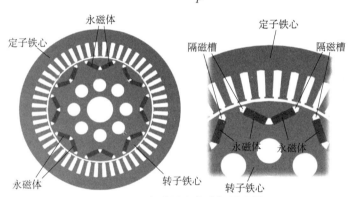

图4-30 永磁同步电动机原理图

4.4.3 永磁同步电动机的特点

永磁同步电动机的外特性效率曲线相比异步电动机，其在轻载时效率值要高很多。这是永磁同步电动机在节能方面相比异步电动机最大的一个优势。因为通常电动机在驱动负载时，很少情况是在满功率运行，这是因为：一方面，用户在电动机选型时，一般是依据负载的极限工况来确定电动机的功率，而极限工况出现的机会是很少的，同时，为防止在异常工况时烧损电动机，用户也会进一步给电动机的功率留裕量；另一方面，设计者在设计电动机时，为保证电动机的可靠性，通常会在用户要求的功率基础上，进一步留一定的功率裕量，这样导致实际运行中的电动机90%以上是工作在额定功率的70%以下，特别是在驱动风机或泵类负载，这样就导致电动机通常工作在轻载区。对异步电动机来讲，其在轻载时效率很低，而永磁同步电动机在轻载区，仍能保持较高的效率，其效率要高于异步电动机20%以上。

4.4.3.1 永磁同步电动机的优点

(1) 用永磁体取代绕线转子同步电动机转子中的励磁绕组，从而省去了励磁线圈、集电环和电刷，以电子换向实现无刷运行，结构简单，运行可靠。

(2) 永磁同步电动机的转速与电源频率间始终保持准确的同步关系，控制电源频率就能控制电动机的转速。

(3) 永磁同步电动机具有较硬的机械特性，对于因负载的变化而引起的电动机转矩的扰动具有较强的承受能力。

(4) 永磁同步电动机转子为永久磁铁，无须励磁，因此电动机可以在很低的转速下保持同步运行，调速范围宽。

(5) 永磁同步电动机与异步电动机相比，不需要无功励磁电流，因而功率因数高，定子电流和定子铜耗小，效率高。

(6) 体积小、质量小。

(7) 结构多样化，应用范围广。

4.4.3.2　永磁同步电动机的缺点

(1) 由于永磁同步电动机转子为永磁体，无法调节，必须通过加定子直轴去磁电流分量来削弱磁场，这会增大定子的电流，增加电动机的铜耗。

(2) 永磁同步电动机的磁钢价格较高。

任务4.5　技能训练

电动机转速及转向控制

1. 实训目的

(1) 掌握汽车鼓风机电路原理。

(2) 掌握汽车车窗升降电路原理。

(3) 了解直流电动机转速控制原理及方法。

(4) 了解直流电动机转向控制原理及方法。

2. 实训器材

自制电动机控制试验台、导线、电源等。

3. 实训原理

(1) 该实验为捷达轿车冷、暖风机转速控制及电动车窗升降控制实验，主要要求学生掌握电动机的转速及转向控制原理；同时根据实物能够正确连接导线，使电动机能按照要求工作。

(2) 鼓风机电动机控制电路原理图。

(3) 电动车窗控制电路原理图。

4. 实训步骤

1) 鼓风机电动机转速控制实验

(1) 鼓风机电动机与电动机控制开关的连接。

(2) 控制继电器与电动机控制开关的连接。

(3) 继电器与电源正端间的连接。

(4) 电源负端与继电器、鼓风机电动机接地端的连接。

(5) 打开电源开关，转换控制开关，观察鼓风机的旋转情况。

2) 电动车窗转向控制实验

(1) 车窗电动机与电动机控制开关的连接。

(2) 控制继电器与电动机控制开关的连接。

（3）继电器与电源正端间的连接。

（4）电源负端与继电器、车窗电动机接地端的连接。

（5）打开电源开关，转换控制开关，观察电动车窗动作情况。

5. 思考题

电动机转速及转向控制的原理是什么？

单 元 小 结

1. 直流电动机的工作原理：通电导体在磁场中的运动方向可根据左手定则判断——将左手伸入磁场中，让手心面对 N 极，四指的方向是电流的方向，那么，大拇指的方向是通电导体运动的方向。

2. 直流电动机的分类：串励电动机、并励电动机、复励电动机、他励电动机。

3. 直流电动机由定子、转子、换向器等组成；它不允许直接起动，起动时必须在电路中串联电阻或电阻器。

4. 机械特性是研究电动机稳定运行、起动、调速和制动等运行的基础。

5. 步进电动机的组成：定子、转子、换向器、控制电路等。

6. 步进电动机的分类：单三拍、六拍、双三拍。

7. 三相异步电动机由定子和转子两部分组成。

8. 三相异步电动机的转动原理是：在三相定子绕组中通入三相交流电流产生旋转磁场，旋转磁场与转子产生相对运动，在转子绕组中感应出电流，转子感应电流与旋转磁场相互作用产生电磁转矩，驱动电动机旋转。转子的转动方向与旋转磁场的方向及三相电流的相序一致，这就是三相异步电动机改变转向的原理。旋转磁场的转速即同步转速，为

$$n_0 = \frac{60f}{p}$$

三相异步电动机旋转的必要条件是转差率的存在，即转子转速恒小于旋转磁场转速。转差率是三相异步电动机的一个重要的参数，定义为

$$S = \frac{\Delta n}{n_0} = \frac{n_0 - n}{n_0}$$

9. 永磁同步电动机的工作原理如图 4-31 所示。

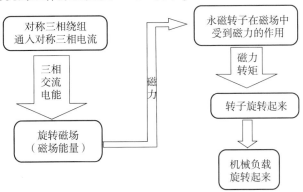

图 4-31　永磁同步电动机的工作原理

单元习题

一、填空题

1. 直流电动机主要由（　　）和（　　）和机座组成。步进电动机主要由（　　）和（　　）组成。
2. 直流电动机的方向改变可以通过改变（　　）和（　　）二者之一的电流方向实现。
3. 直流电动机的调速方法主要有（　　）、（　　）和（　　）。
4. 电动车窗升降电路是通过改变（　　）方向实现电动机转向的改变。
5. 鼓风机电路是通过改变（　　）实现调速。
6. 步进电动机是利用（　　）的作用原理，将（　　）转换为线位移或角位移的电动机。每来一个电脉冲，步进电动机转动一定角度，带动机械移动一小段距离。步进电动机的特点：①来一个脉冲，转一个（　　）；②控制脉冲（　　），可控制电动机的转速；③改变脉冲（　　），可改变转动方向。
7. 三相反应式步进电动机的运行方式有（　　）、（　　）和（　　）。
8. 三相反应式步进电动机采用三相单三拍运行方式，转子齿数为4，其步距角为（　　）。
9. 步进电动机是在（　　）电源驱动下运行的，步进电动机的驱动电源由（　　）、（　　）和（　　）三部分组成。
10. 步进电动机按构造上的差异可分为（　　）、（　　）和（　　）三大类。

二、判断题

1. 旋转磁场是异步电动机工作的基础。　　　　　　　　　　　　　　　　（　　）
2. 电动机的电枢绕组中通过的是直流电流。　　　　　　　　　　　　　　（　　）
3. 三相异步电动机只需要将接到电动机上的三根电源线中的任意两根对调一下，便可实现反转。　　　　　　　　　　　　　　　　　　　　　　　　　　　　（　　）
4. 三相异步电动机运行的必要条件是转子转速等于同步转速。　　　　　　（　　）
5. 电动机的额定功率是电动机输出的功率。　　　　　　　　　　　　　　（　　）

三、选择题

1. 三相异步电动机旋转磁场的旋转方向是由三相电源的（　　）决定的。
   A. 相序　　　　B. 相位　　　　C. 频率　　　　D. 幅值
2. Y-△降压起动时，电动机定子绕组中的起动电流可以下降到正常运行时电流的（　　）。
   A. $\sqrt{3}$　　　　B. 1/3　　　　C. 3　　　　D. $1/\sqrt{3}$
3. 在相同条件下，若将异步电动机的磁极数增多，电动机输出的转矩（　　）。
   A. 增加　　　　B. 减少　　　　C. 不变　　　　D. 与磁极数无关
4. 直流电动机的额定功率是指（　　）。
   A. 额定电压和额定电流的乘积　　　B. 转轴上输出的机械功率

C. 输入的电功率　　　　　　　　D. 电枢中的电磁功率

5. 直流电动机换向器的作用是使电枢获得（　　）。
A. 单向电流　　B. 单向转矩　　C. 恒定转矩　　D. 旋转磁场

6. 三相交流异步电动机起动瞬间，转差率为（　　）。
A. $S=0$　　B. $S=s_N$　　C. $S=1$　　D. $S>1$

四、计算题

1. 一台三相异步电动机的转子转速为 720 r/min，电源频率为 50 Hz，试求电动机的磁极对数和此时的转差率。

2. 一台三相异步电动机，在电源线电压 $U_L=380$ V 时，电动机做三角形联结，电动机的 $I_{st}/I_N=7$，额定电流 $I_N=20$ A，求：

（1）电动机做三角形联结时的起动电流。

（2）采用丫-△换接起动时的起动电流。

单元五

晶体管及其应用

单元描述

本单元主要介绍了半导体器件、二极管的结构原理及其应用、直流电源电路的结构及原理、共发射极晶体管放大电路的组成、放大电路的静态分析、放大电路的动态分析等，晶闸管及应用、集成运算放大器在汽车中的应用等知识。通过本单元的学习，学生应能够掌握晶体管等元器件在现在电气设备上的应用知识，为后续课程的学习打下基础。

知识要求

1. 掌握 PN 结的组成及电特性。
2. 掌握二极管的结构和原理。
3. 掌握电容器的结构和工作原理。
4. 掌握晶体管的原理及晶体管的输入、输出特性。
5. 能够分析晶体管放大电路。
6. 能设计制作二极管、晶体管基本电路。
7. 能分析集成运算放大电路。

技能要求

1. 会正确分析整流滤波电路，并对一般故障进行排除。
2. 会分析设计晶体管放大电路，并能计算电路静态工作点和放大倍数。
3. 能制作简单的电子产品。

参考学时

32 学时【22（理论）+10（实践）】

任务 5.1　半导体器件
任务 5.2　汽车直流电源
任务 5.3　晶体管放大电路
任务 5.4　集成运算放大器在汽车中的应用
任务 5.5　技能训练

任务 5.1　半导体器件

电子技术中的常用元器件一般是由半导体材料制作的，因而称为半导体器件。半导体器件是在 20 世纪 50 年代初发展起来的，以其体积小、质量小、功耗小、寿命长、可靠性高等优点获得了迅猛发展，在计算机、工业自动检测、汽车、通信、航天等方面获得了广泛应用。

自汽车问世一百多年来，汽车的发展给整个世界和人类的生活带来了巨大的变化，汽车技术也取得了令人瞩目的进步。随着汽车技术的发展及各种高新技术在汽车上的广泛应用，汽车已经由一个传统的机械装置逐渐演变为一个集机械、电子、计算机、控制、通信等技术于一体的复杂系统。这一演变过程也被称为汽车电子化，相关的技术常被通称为汽车电子技术。

据国内外分析，汽车上的技术创新，已达到 80% 左右与汽车电子技术有关。20 世纪 60 年代，主要标志是交流发电机采用二极管整流技术，将交流电变为直流电，减小了发电机的质量和体积，提高了发电机的可靠性。70 年代主要应用在点火系统中，出现了电子控制高能点火系统、点火提前的电子控制系统，使点火能量有很大提高，点火系统代替机械式的点火断电器触点，点火提前控制更加精确，提高了汽车的动力性，降低了汽车的排放污染。80 年代以后，汽车用的电子装置越来越多，如对内燃机有害气体的排放要求，采用了氧传感器的电子调节系统；对汽车舒适性的要求，采用了车内气候调节系统、汽车行驶的导航调节系统；对汽车安全性的要求，采用了防抱死制动系统和安全气囊等。汽车安装了驾驶辅助装置、安全警报装置、通信、娱乐装置等。计算机技术的发展更给汽车电子控制技术带来了一场技术革命，使汽车不仅更安全、环保，而且更方便、更舒适、更娱乐。

5.1.1　半导体基本特性

半导体在导体与非导体之间居特殊的地位。半导体的导电性能与温度、压力、照射的光强度有关，或与半导体中外部原子(掺杂)的数量有关。

导电能力介于导体和绝缘体之间的物体称为半导体。常用的半导体材料有硅、锗、硒、砷化镓及大多数金属氧化物等。半导体中参与导电的粒子有两种：带正电荷的空穴和带负电荷的自由电子，它们统称为载流子。由于纯净的硅和锗（称为本征半导体）晶体具有稳定的共价键结构，受热激发产生的载流子的数目很少，故导电能力较弱。

微课 5-1
半导体特性

半导体得到广泛应用的原因不但在于它的导电能力介于导体和绝缘体之间，还在于它的导电能力在不同条件下有很大的差异。例如，半导体的导电能力随温度升高而显著地增强。而绝大多数导体的导电能力随温度升高而有所下降。此外，半导体的导电能力还随它所掺入的有用杂质、受光线照射、电场、磁场等作用而发生显著的变化。总之，半导体就是一种在外界条件下有时导电，有时几乎不能导电，容易受到热、光、电、磁和杂质等作用而改变其导电能力的一种固体材料。

1. 杂敏特性

杂敏特性是半导体最显著的特点。掺入杂质，它影响电子的数量和种类。纯净的半导体称为本征半导体。锗和硅是两种常用的半导体，它们最外层都有四个价电子，如图 5-1 所示，处于半稳定状态，其导电性介于导体和绝缘体之间。

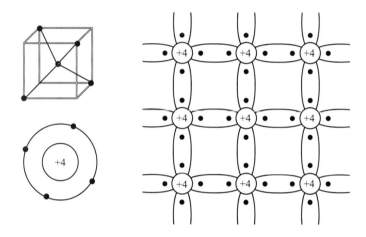

图 5-1　硅原子结构和晶体结构

1) P 型半导体

在四价元素硅半导体中掺入微量三价元素，如硼或铝等杂质，硼原子最外层有三个价电子。当其构成共价键时，将因缺少一个电子而形成一个空穴，如图 5-2 所示。这样，在杂质半导体中形成大量空穴，空穴导电成为其主要导电方式，故称这种杂质半导体为空穴型半导体或 P 型半导体。在 P 型半导体中，空穴是多数载流子，而自由电子是少数载流子。

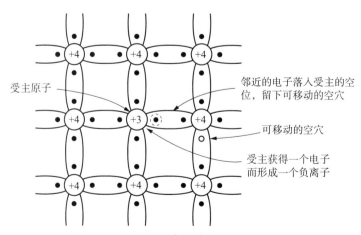

图 5-2　P 型半导体共价键结构

2) N 型半导体

在四价元素硅半导体中掺入微量五价元素，如磷或砷等杂质，磷原子最外层有五个价电子。当硅晶体中某些位置上的硅原子被磷原子替代后，只需要四个价电子参与共价键结构，多余的一个价电子很容易挣脱磷原子核的束缚而成为自由电子，如图 5-3 所示。可以使自由电子的浓度大大提高，成为半导体中的多数载流子(简称多子)，而空穴成为少数载流子(简称少子)。这种以自由电子导电为主的杂质半导体称为 N 型半导体(电子半导体)。

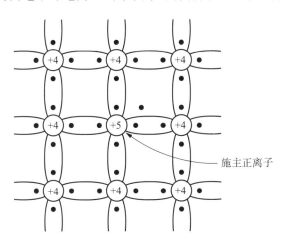

图 5-3 N 型半导体共价键结构

实验表明，在纯净的本征半导体中掺入百万分之一的有用杂质，可以使载流子的浓度增加近一万倍，其导电能力显著提高。半导体的基本原理是控制和局部调节掺入半导体中的起电作用的"杂质"来改变半导体的导电性能。硅掺入杂质后的电导率为 $10^{-2} \sim 10^4$ S/cm。

2. 热敏特性

温度可明显地改变半导体的电导率，它影响电子的数量和活泼性。利用这一特性，可制成自动检测系统中的热敏元件，如汽车油箱和水箱中的进行温度检测的热敏电阻，但另一方面热敏特性使半导体的热稳定性下降，因此，在半导体构成的电路中常采用温度补偿及稳定参数等措施。

3. 光敏特性

光照(曝光)不仅可改变半导体的电导率，还可以产生电动势，它影响电子的数量。利用这一特性，可制成光敏电阻、光敏晶体管、光电池等。光敏电阻可用于汽车前照灯的自动变光器电路中，光电池已在空间技术中得到广泛应用，为人类利用太阳能提供了广阔的前景。

本征半导体经过不同掺杂和工艺处理后就呈现以上的特性。汽车就是利用这些特性制作成不同功能的汽车电子元件和汽车传感器的。杂质半导体的特性及应用如表 5-1 所示。

表 5-1 杂质半导体的特性及应用

序号	特性	电器名称	电工电子在汽车中的应用(非电量转换成电量)
1	磁敏特性	霍尔传感器	将磁场强度信号转变成电信号
2	热敏特性	温度传感器	将温度信号转变成电信号
3	压敏特性	进气压力传感器	将压力信号转变成电信号

续表

序号	特性	电器名称	电工电子在汽车中的应用(非电量转换成电量)
4	光敏特性	光强传感器	将光强度信号转变为电信号
5	气敏特性	氧传感器	将气体浓度信号转变为电信号

5.1.2 PN 结

1. PN 结的形成

当 P 型半导体和 N 型半导体通过一定的工艺结合在一起时,在交接面必然要发生由于载流子浓度不均匀而引起的电子和空穴的扩散运动,则在这两种半导体的交界处将形成一个具有特殊性质的薄层,称为 PN 结。如图 5-4 所示。PN 结虽然只有微米级的宽度,但有十分重要的导电性能,它是各种半导体器件的工作基础。

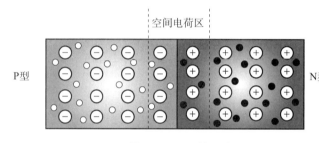

图 5-4 PN 结

微课 5-2 PN 结

PN 结形成的过程中多数载流子的扩散和少数载流子的漂移共存。当扩散运动和漂移运动达到动态平衡时,耗尽层(空间电荷区)的宽度基本稳定,即 PN 结形成。

2. PN 结的导电特性

1) PN 结加正向电压

如图 5-5(a)所示,即 P 区接外电源的正极,N 区接负极,这种接法称为 PN 结的正向偏置,简称正偏。这时空间电荷区变窄,PN 结呈现低阻态,形成了从 P 区流向 N 区的正向电流,即 PN 结处于正向导通状态,相当于开关闭合。

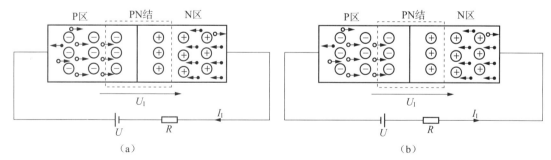

图 5-5 PN 结的特性
(a) PN 结正偏;(b) PN 结反偏

2) PN 结加反向电压

如图 5-5(b)所示,即 P 区接外电源的负极,N 区接正极,这种接法称为 PN 结的反向偏置，简称反偏。这时空间电荷区变宽，PN 结呈现高阻态，只有很小的反向漏电流从 N 区流向 P 区，即 PN 结处于反向截止状态，相当于开关断开。

提示：为限制 PN 结中流过的电流过大，回路中串入限流电阻 R。

结论：PN 结具有正向导通、反向截止的单向导电性。

5.1.3 半导体二极管

5.1.3.1 二极管的结构

半导体二极管实际上是由一个 PN 结加两个引出电极和外壳制成的，如图 5-6 所示。由 P 区引出的电极称为阳极或正极，由 N 区引出的电极称为阴极或负极。实际应用中，为了避免二极管极性接错，常常在管壳表面以色点、色圈（通常为白色）表示二极管极性。

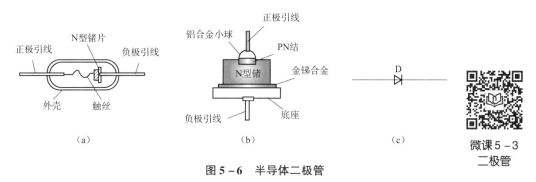

图 5-6 半导体二极管
(a) 点接触型；(b) 面接触型；(c) 二极管的文字符号和图形符号

5.1.3.2 二极管的伏安特性

二极管实质上就是一个 PN 结，当在其两端分别加上正、反向电压，并逐点测量流过其中的电流，就可以描绘出反映二极管两端电压和其中流过的电流两者之间关系的曲线，称为二极管的伏安特性。伏安特性一般可用实验方法测出，也可在产品说明书和有关手册中直接查到。

图 5-7 是测量二极管的伏安特性的电路图。当测正向伏安特性时，将开关 S、S′ 与 1、1′ 相接；当测反向伏安特性时，将开关 S、S′ 与 2、2′ 相接。

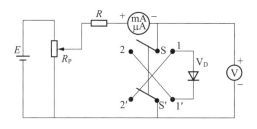

图 5-7 测量二极管的伏安特性的电路图

根据测量结果绘制出的二极管伏安特性曲线如图 5-8 所示。

1. 正向特性

由图 5-8 可见，对某一给定的二极管，当外加的正向电压低于一定值时，其正向电流很小，几乎为零。而当正向电压超过此值时，正向电流增长很快，二极管正向导通，相当于开关闭合。这个正向电压的定值通常称为死区电压，其大小与材料及环境温度有关。

2. 反向特性

由图 5-8 可见,当外加电压为负时(即加以反向电压),反向电流很小,二极管反向截止,相当于开关断开。当外加电压过高,超过某一值时,则反向电流将急剧增大,如图 5-8 所示,二极管失去了单向导电性,这种现象称为反向击穿,此时的反向电压称为反向击穿电压。

5.1.3.3 二极管的主要参数

二极管的特性除用伏安特性曲线表示外,还可用它的参数来说明。二极管的主要参数如下:

1. 最大整流电流 I_{FM}

最大整流电流是指二极管长时间使用时,允许通过的最大正向平均电流。使用时,工作电流要小于这个电流,否则,电流过大,将有可能使二极管烧坏。

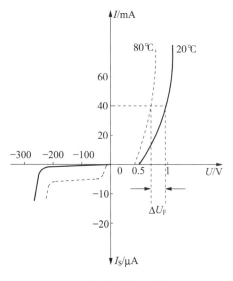

图 5-8 二极管的伏安特性曲线

2. 最高反向工作电压 U_{RM}

最高反向工作电压指允许加在二极管两端的最大反向电压,一般为击穿电压的一半或三分之二。

3. 最高反向电流 I_R

最高反向电流指当二极管加反向工作电压时的反向电流,此值越小,二极管的单向导电性越好。其值随着温度的上升而显著增加。

4. 最高工作频率 f_M

最高工作频率指保证二极管具有单向导电作用的最高工作频率。当工作频率过高时,二极管的单向导电性能就会变差,甚至失去单向导电性。点接触型锗管,其最高工作频率可达数百 MHz,而面接触型硅整流管,其最高工作频率只有 3 kHz。

相关链接:

1. 一般来说,硅管的死区电压约为 0.5 V,锗管的死区电压约为 0.2 V。
2. 当二极管正向电压超过死区电压后,正向电流变化很大,而电压的变化极小,硅管为 0.6~0.7 V,锗管为 0.2~0.3 V。通常认为二极管正向导通后电压固定在某个值,这个值被称为导通电压,通常统一取硅管的导通电压为 0.7 V,锗管的导通电压为 0.3 V。
3. 二极管反向截止时,其两端电压约等于电源电压。
4. 一般的二极管反向击穿后将因反向电流过大而损坏。各类二极管的反向击穿电压大小不等,通常为几十伏到几百伏,最高可达千伏以上。

5.1.3.4 二极管的类型

1. 根据构造分类

半导体二极管主要是依靠 PN 结而工作的。根据 PN 结结构的特点,晶体二极管分类如下:

(1)点接触型二极管：PN 结的静电容量小，适用于高频电路，不能使用于大电流和整流。构造简单，所以价格低廉。对于小信号的检波、整流、调制、混频和限幅等一般用途而言，它是应用范围较广的类型。

(2)键型二极管：正向特性特别优良，多作开关用，有时也被应用于检波和电源整流（不大于 50mA）。在键型二极管中，熔接金丝的二极管有时被称为金键型，熔接银丝的二极管有时被称为银键型。

(3)合金型二极管：正向电压降小，适用于大电流整流。因其 PN 结反向时静电容量大，所以不适于高频检波和高频整流。

(4)扩散型二极管：因 PN 结正向电压降小，适用于大电流整流。最近，使用大电流整流器的主流已由硅合金型转移到硅扩散型。

(5)台面型二极管：大电流整流用的产品型号很少，而小电流开关用的产品型号却很多。

(6)平面型二极管：PN 结合的表面，因被氧化膜覆盖，稳定性好和寿命长。适用于大电流整流用的型号很少，而作小电流开关用的型号则很多。

(7)合金扩散型二极管：适用于制造高灵敏度的变容二极管。

(8)外延型二极管：因能随意地控制杂质的不同浓度的分布，故适宜于制造高灵敏度的变容二极管。

(9)肖特基二极管：开关速度非常快，反向恢复时间特别短。因此，能制作开关二极管和低压大电流整流二极管。

2. 根据用途分类

(1)检波用二极管：就原理而言，从输入信号中取出调制信号是检波，以整流电流的大小（100 mA）作为界线，通常把输出电流小于 100 mA 的称为检波。锗材料点接触型、工作频率可达 400 MHz，正向压降小，结电容小，检波效率高，频率特性好。类似点接触型那样检波用的二极管，除用于检波外，还能够用于限幅、削波、调制、混频、开关等电路。也有为调频检波专用的特性一致性好的两只二极管组合件。

(2)整流用二极管：就原理而言，从输入交流中得到输出的直流是整流。以整流电流的大小（100 mA）作为界线，通常把输出电流大于 100 mA 的称为整流。面结型，最高反向电压从 25 V 至 3 000 V 分 A～X 共 22 挡。分类如下：①硅半导体整流二极管 2CZ 型；②硅桥式整流器 QL 型；③用于电视机高压硅堆工作频率近 100 kHz 的 2CLG 型。

(3)限幅用二极管：大多数二极管能作为限幅使用。也有像保护仪表用和高频齐纳管那样的专用限幅二极管。为了使这些二极管具有特别强的限制尖锐振幅的作用，通常使用硅材料制造的二极管。也有这样的组件出售：依据限制电压需要，把若干个必要的整流二极管串联起来形成一个整体。

(4)调制用二极管：通常指的是环形调制专用的二极管，就是正向特性一致性好的四个二极管的组合件。即使其他变容二极管也有调制用途，但它们通常是直接作为调频用。

(5)混频用二极管：使用二极管混频方式时，在 500～10 000 Hz 的频率范围内，多采用肖特基型和点接触型二极管。

(6)放大用二极管：用二极管放大，大致有依靠隧道二极管和体效应二极管那样的负阻性器件的放大，以及用变容二极管的参量放大。因此，放大用二极管通常是指隧道二极管、体效应二极管和变容二极管。

(7) 开关用二极管：在小电流下(10 mA 程度)使用的逻辑运算和在数百毫安下使用的磁芯激励用开关二极管。小电流的开关二极管通常有点接触型和键型等二极管，也有在高温下还可能工作的硅扩散型、台面型和平面型二极管。开关二极管的特长是开关速度快。而肖特基型二极管的开关时间特短，因而是理想的开关二极管。

5.1.3.5 二极管的检查和测量

1. 电压测量

依据上述数据，我们通过对二极管两端电压的测量可判断其是否处于导通状态，如图 5-9(a)、(b) 所示。正向使用时二极管两端电压为 0.7 V，反向使用时二极管两端测得的电压为蓄电池电压 12 V。

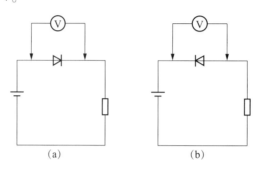

图 5-9 二极管的电压测量

(a) 正向使用；(b) 反向使用

2. 电阻测量

用一个万用电表的欧姆挡可以检查二极管，如图 5-10 所示。一个完好的二极管在导通方向上电阻为几欧姆到几百欧姆，在阻流方向上为几千欧姆到几兆欧姆，电阻值取决于结构尺寸。

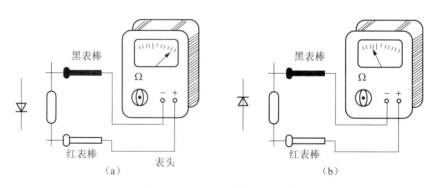

图 5-10 二极管的电阻测量

(a) 电阻小；(b) 电阻大

5.1.3.6 其他类型的二极管

1. 发光二极管

发光二极管(Light emitting diode，LED)通常用元素周期表中 Ⅲ、Ⅴ 族元素的化合物制成。这种管子在正偏时由于其内有小的透镜使得电流通过时能看到光。根据材料的不同，发光二极管可发出红、黄、绿、蓝等颜色光。其外形及电路符号如图 5-11 所示。

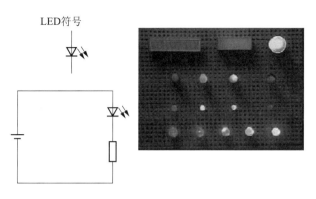

微课 5-4 特种二极管

图 5-11 发光二极管

与标准硅二极管相似,发光二极管有一个恒定的导通电压。然而,其导通电压通常比标准二极管的导通电压更高。而正是导通电压的值定义了光的颜色,如表 5-2 所示。

表 5-2　12 XLM 汽车上不同颜色发光二极管的阈值电压

发光二极管	阈值电压 U_F/V
红外	约 1.4
红光	1.6～1.8
橙光	约 2.0
黄光	约 2.2
绿光	约 2.4
蓝光	3～4

【汽车电工电子应用】发光二极管因为比普通灯泡体积小、寿命长、工作电压低、工作电流小(几毫安至几十毫安)、反应速度快,所以在汽车电路中随处可见,除主要应用在仪表板上作为指示信号灯以外(如空调指示灯),还可作为报警信号灯。例如,当液体液面过低,制动蹄片过薄,制动灯、尾灯、前照灯等烧坏时,相应的发光二极管就会被接通发光,发出报警指示。发光二极管在使用时必须串接限流电阻。

2. 稳压二极管

稳压二极管(齐纳二极管,简称稳压管)是一种特殊工艺制成的面接触型的硅二极管,其正向特性曲线与普通二极管类似,只是反向击穿特性曲线很陡。稳压管的工作特性如图 5-12 所示。

正常情况下稳压管工作在反向击穿区。从反向特性曲线上可以看到,当反向电压达到击穿电压 U_Z 时,反向电流突然增大,稳压管被反向击穿,但这种击穿不是破坏性的,只要在电路中串联一个合适的限流电阻,就能使稳压管工作在反向击穿状态而不会遭到永久性的破坏(称为电击穿)。电击穿状态下,通过稳压管的电流可在较大的范围内变化,而稳压管两端的反向电压几乎不变。利用这一特性,可使稳压管在电路中起到稳压作用。

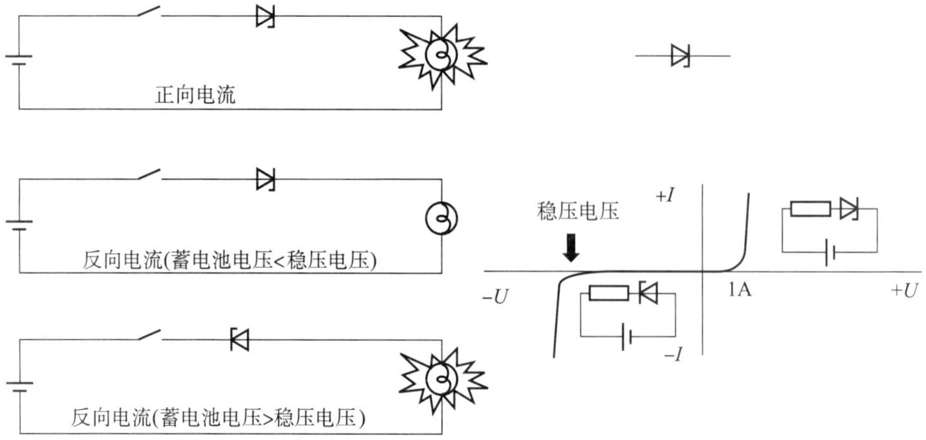

图 5-12 稳压管的工作特性

稳压管的主要参数如下：

1) 稳定电压 U_Z

稳定电压是稳压管在正常工作时，管子两端的电压。电子器件手册上给出的稳定电压值是在规定的工作电流和温度下测试出来的。由于制造工艺的分散性，同一型号的稳压管其稳压值可能有所不同，但每一个管子的稳压值是一定的。例如，2CW14 的 U_Z 为 6~7.5 V，即有的稳压在 6 V，也有的稳压在 7.5 V。

2) 稳定电流 I_Z

稳定电流是指稳压管工作至稳压状态时流过的电流。工作电流小于最小稳定电流 $I_{Z(\min)}$ 时，稳压管失去稳压作用；工作电流大于最大稳定电流 $I_{Z(\max)}$ 时，管子因过电流造成热击穿而损坏。

3) 动态电阻 r_Z

动态电阻是指稳压管两端的电压变化量与相应的电流变化量的比值，即

$$r_Z = \frac{\Delta U_Z}{\Delta I_Z} \tag{5-1}$$

显然，稳压管的反向伏安特性曲线越陡，动态电阻越小。

应用：在汽车的仪表电路和部分电子控制电路中，一些需要精确电压值的地方常利用稳压管来稳压或限定电压峰值。例如，发动机电子控制单元内的稳压管可以使输出电压稳定在 5.1 V，保证了发动机电子控制系统的工作；发动机调节器中的稳压管主要用来限制电压峰值，保证发电机输出电压的稳定。

提示：稳压管在使用时应与被稳压元件并联，在干路上需串联一个限流电阻。

3. 光电二极管

如图 5-13 所示，光电二极管的结构与标准二极管类似，使用时，其 PN 结工作在反偏状态。在光的照射下，反向电流随光照强度的增加而上升（这时的反向电流称为光电流），所以，光电二极管是一种将光信号转换为电信号的半导体器件。

【汽车电工电子应用】光电二极管常用于汽车空调上的日照强度传感器、刮水器系统中的雨滴传感器、自动灯光系统上的光敏传感器等。

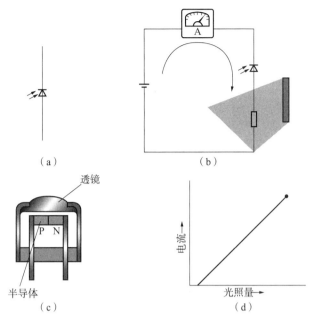

图 5-13 光电二极管的图形符号、电路、结构及特性曲线示意图
(a)图形符号；(b)电路；(c)结构；(d)特性曲线

4. 雪崩二极管

雪崩二极管是当反偏电压超过临界击穿电压时反向导电的二极管，它在运转时与稳压管相似。不过与稳压管不同，击穿是由雪崩引起的。当反向电场跨过 PN 结运动时，造成载流子倍增(就像雪崩一样)，导致反向电流增大。雪崩二极管设计在一个不会造成破坏的定义明确的反向电压点处击穿。反向击穿电压大约在 6.2 V 或以上。雪崩二极管的外形、符号、电路原理图如图 5-14 所示。

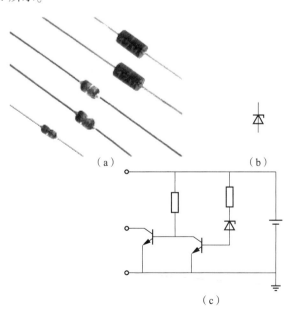

图 5-14 二极管外形、符号、电路原理图
(a)外形；(b)符号；(c)电路原理图

【汽车电工电子应用】雪崩二极管通常用于汽车交流发电机。

5. 钳位二极管

通过线圈的电流中断时会产生冲击性过电压或电压尖脉冲。冲击是线圈周围的电磁场塌陷的结果。磁场穿过绕组的运动感应出一个非常高的电压尖脉冲，这种电压尖脉冲通过系统时会损坏电子元器件。在有些电路中，能使用电容器作为预防尖脉冲损坏器件的减振器。在当今的复杂电气系统中，通常使用钳位二极管预防电压尖脉冲。通过与线圈并联安装一个钳位二极管，在电路断开期间提供对电流的旁路。

【汽车电工电子应用】在某些汽车空调压缩机离合器上就使用了钳位二极管。由于离合器通过电磁操作，断开离合线圈会产生一个电压尖脉冲。如果该电压尖脉冲未加抑制，它可能损坏汽车车身电子控制单元(electronic control unit，ECU)。此时在离合线圈上反向并联钳位二极管，能抑制尖脉冲到达电子控制单元。

继电器也可以装备有钳位二极管。不过，有些继电器使用电阻器来分散电压尖脉冲，这两种类型的继电器是不可互换的。

5.1.4 晶体管

晶体管是由两个背靠背的 PN 结构成的。在工作过程中，两种载流子（电子和空穴）都参与导电，故又称为双极型晶体管，简称晶体管。它是组成各种电子电路的核心器件。晶体管的种类很多，按照材料可以分为硅管和锗管；按照结构可以分为 NPN 和 PNP 两种类型，目前国内生产的双极型硅晶体管多为 NPN 型（3D 系列），锗晶体管多为 PNP 型（3A 系列）；按频率高低又有高频管、低频管之别；根据功率大小还可分为大、中、小功率管。

5.1.4.1 晶体管的结构

如图 5-15(a)所示为几种晶体管的外形、结构及图形符号。晶体管一般为三个管脚，但大功率管一般以管壳兼作集电极；而工作频率较高的小功率管，除了 E、B、C 电极外，管壳还有供屏蔽接地用的引线。

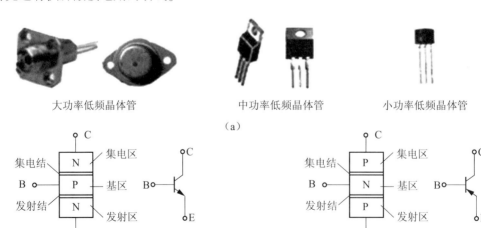

图 5-15 晶体管的外形、结构及图形符号
(a)外形；(b)NPN 型的结构及图形符号；(c)PNP 型的结构及图形符号

由图 5-15(b)可见,晶体管内部有三个区,分别称为发射区、基区和集电区。由三个区各引出一个电极,分别称为发射极 E、基极 B 和集电极 C。发射区和基区之间的 PN 结称为发射结,集电区和基区之间的 PN 结称为集电结。

晶体管的电路图形符号如图 5-15(b)、(c)所示,图中箭头方向表示发射结正偏时发射极电流的实际方向,箭头向外的是 NPN 型管,发射极箭头向里的是 PNP 型管。

晶体管结构可以概括为:

(1)晶体管从结构上可分为 NPN 型和 PNP 型两大类,它们均由三个掺杂区和两个背靠背的 PN 结构成,但两类晶体管的电压极性和电流方向相反。

(2)三个电极:基极 B、集电极 C 和发射极 E。发射极和集电极的命名是因为它们要分别发射与接收载流子。

(3)内部结构特点:发射区的掺杂浓度远大于集电区的掺杂浓度;基区很薄,且掺杂浓度最低。

(4)三个区的作用:发射区发射载流子,基区传输和控制载流子,集电区收集载流子。

5.1.4.2 晶体管的电流放大作用

晶体管具有电流放大作用的内部条件是:晶体管在内部结构上具有发射区掺杂浓度高、基区很薄且浓度低、集电区面积大且掺杂浓度很低的特点。

晶体管具有电流放大作用的外部条件是:发射结正偏,集电结反偏。这个条件也可以用晶体管的三个电极的电位关系来表示,对于 NPN 型管必须满足 $V_C > V_B > V_E$,对于 PNP 型管必须满足 $V_E > V_B > V_C$。外加电源与晶体管的连接方式如图 5-16 所示。

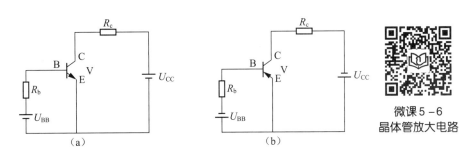

图 5-16 外加电源与晶体管的连接方式
(a)NPN 管;(b)PNP 管

下面以 NPN 型晶体管为例来分析晶体管的电流放大作用,其计算机仿真实验电路如图 5-17 所示。在这个电路中,由基极电源 V_1、基极电阻 R_1、R_3 和晶体管发射结组成的回路称为输入回路;由集电极电源 V_2、集电极电阻 R_2 和晶体管集电极、发射极电路组成的回路称为输出回路。由于发射极是两个回路的公共端,故称为共发射极电路。共发射极电路是实际应用中最为常见的电路。

实验结果如表 5-3 所示。

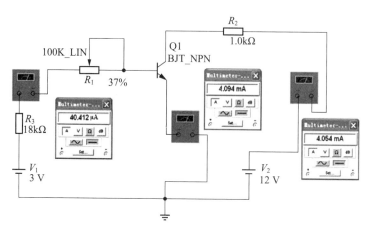

图 5-17 晶体管电流放大作用仿真实验电路

表 5-3 晶体管电流测量数据 （单位：mA）

I_B	0	0.02	0.04	0.06	0.08
I_C	<0.001	2.029	4.054	6.00	7.90
I_E	<0.001	2.047	4.094	6.06	7.98

根据仿真实验结果可知：

(1) 无论电阻 R_1 和 R_2 为何值，总有

$$I_E = I_B + I_C$$

(2) 改变基极电阻 R_1 的值，晶体管各极电流随之改变，但在一定范围内，集电极电流 I_C 与基极电流 I_B 的比值几乎保持不变，这个比值称为晶体管的直流电流放大系数，用字母 $\bar{\beta}$ 表示，即

$$\bar{\beta} \approx I_C/I_B$$

晶体管在制成后，$\bar{\beta}$ 也就确定了。

(3) 当基极电流有微小的变化时，集电极电流将发生较大的变化，这就是晶体管的电流放大作用。集电极电流的变化量与基极电流变化量的比值称为交流电流放大系数，用字母 β 表示，即

$$\beta = I_C/I_B$$

显然，$\bar{\beta}$ 和 β 的意义是不同的。前者反映的是静态(直流工作状态)时集电极电流与基极电流之比，而后者反映的是动态(交流工作状态)时晶体管的电流放大特性。但在实际应用中，在工作电流不太大的情况下 $\bar{\beta} \approx \beta$，故可将两者混用而不再加以区分。

5.1.4.3 晶体管的工作特性

晶体管采用共射极接法时，信号从基极-发射极回路输入，从集电极-发射极回路输出，所以有两条工作特性(伏安特性)曲线，分别是输入特性曲线和输出特性曲线。这两种特性曲线可用晶体管特性图示仪直观地显示出来，也可通过如图 5-18(a) 所示的实验电路进行测绘。图中，$U_{CC} > U_{BB}$，以使发射结正偏，集电结反偏，保证晶体管放大的外部条件。

1. 输入特性曲线

输入特性曲线是指当晶体管集电极-发射极之间的电压 U_{CE} 一定时，输入回路中基极电流 I_B 与基极-发射极之间电压 U_{BE} 之间的关系曲线。如图 5-18(b) 所示，曲线形状与二极管的正向特性曲线相似，但它与 U_{CE} 有关。当 $U_{CE}<1\ V$ 时，U_{CE} 增大时，曲线右移；当 $U_{CE}>1\ V$ 后，即使加大 U_{CE}，曲线也基本上不再变化，和 $U_{CE}=1\ V$ 时的曲线几乎相同。而实用中晶体管的 U_{CE} 值一般超过 1 V，所以其输入特性通常采用 $U_{CE}=1\ V$ 时的曲线。硅晶体管输入特性的死区电压约为 0.5 V，正常工作时管压降 U_{BE} 为 0.6~0.8 V，通常取 0.7 V，称为导通电压 $U_{BE(on)}$。

对于锗管，死区电压约为 0.1 V，正常工作时管压降 U_{BE} 为 0.2~0.3 V，导通电压常取 0.2 V。

2. 输出特性曲线

输出特性是指晶体管基极电流 I_B 为常数时，电压 U_{CE} 与集电极电流 I_C 之间的关系曲线。在不同的 I_B 下，可得出一族曲线。由图 5-18(c) 可见，曲线大致分成三个区域，这三个区域对应了晶体管的三种工作状态。

(1) 截止区：输出特性 $I_B=0$ 的曲线以下的区域称为截止区。当 $I_B=0$ 时，$I_C=I_{CEO}\approx 0$，晶体管的集电极和发射极之间接近开路，相当于开关断开，此时晶体管处于截止状态，无放大作用。为了使 NPN 型晶体管更可靠地截止，常使 $U_{BE}<0$，故晶体管处于截止状态时，其发射结和集电结都是反偏。

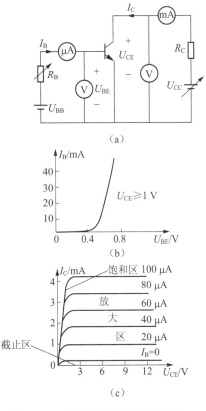

图 5-18 晶体管电路及特性曲线
(a) 晶体管特性实验电路；
(b) 晶体管输入特性曲线；
(c) 晶体管输出特性曲线

(2) 放大区：$I_B=0$ 的特性曲线上方，各输出特性曲线近似水平的区域称为放大区，此时晶体管工作在放大状态，具有电流放大能力，$I_C=\beta I_B$。当 I_B 为常数时，晶体管相当于一个受控恒流源。晶体管工作在放大状态的条件是发射结正偏，集电结反偏。

(3) 饱和区：输出特性由线近似直线上升(包括弯曲处)的区域称为饱和区，此时晶体管工作在饱和导通状态。饱和时的 U_{CE} 值称为饱和压降，用 U_{CES} 表示。U_{CES} 值很小(一般小功率管的 $U_{CES}<0.3\ V$)，晶体管的 C、E 两极之间接近于短路，相当于开关的接通状态。在分析汽车电路时，如果遇到晶体管饱和的状态，可认为电位相等。晶体管饱和时，其发射结和集电结均为正偏。

提示：将晶体管放大功能应用到汽车上有很多，如在汽车电子系统中，在需要将小信号电压放大的任何地方都是用晶体管，像来自凸轮轴和曲轴传感器的信号，来自空气流量计、氧传感器及一些温度传感器的信号。它们的放大任务都在控制任务中执行，另外，在汽车音频、视频和通信电子系统中都有广泛的应用。

结论：晶体管工作在放大区时，具有电流放大作用，常用来构成各种放大电路；工作在截止区和饱和区时，相当于开关的断开和接通，具有开关作用，常用于开关控制和数字电路。

3. 晶体管的开关特性

在放大状态，晶体管 C、E 间的电流是随着基极 B 的电流增大而增大的，但当晶体管基极电流增加到一定值时，再增大正向偏压、加大基极电流，C、E 间的电流维持在一个最大值而不再放大，此时视 C、E 间导通，C、E 之间相当于开关闭合，如图 5 - 19 所示。

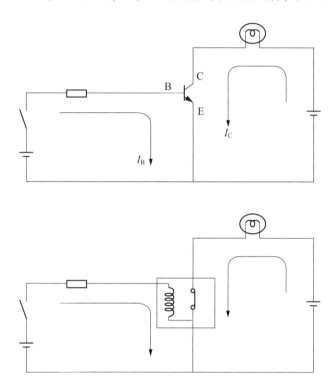

图 5 - 19　晶体管开关特性原理图

在汽车电子系统中作为开关的晶体管有许多，如发动机控制任务中的点火线圈一次绕组控制开关晶体管，利用晶体管的开关特性适时地通、断发射极和集电极，控制点火线圈一次电流的通断，以在二次绕组上产生高压电。

再如燃油喷射器控制装置，它的电喷油嘴控制回路，即是由发动机控制任务内点火模块中的大功率晶体管来控制其通断的。

还有现代汽车车速里程表的数字脉冲信号，便是由车速传感器检测到的模拟信号经控制任务内的晶体管转变而来的。

由此可见，汽车电器/电子系统上机械式开关由晶体管开关所取代，是因为它们动作速度快，噪声小，而且没有机械磨损。而机械开关必须总是流过一定量的最小电流，如果电流太小，开关无法自洁，灰尘颗粒可能造成断路或故障。所以当今汽车多应用大功率晶体管的开关特性来切换大的负载电流。

5.1.4.4　晶体管的主要参数

晶体管的性能参数是工程上选用晶体管的依据，其主要参数有电流放大系数(β)、极间反向电流(穿透电流 I_{CEO}、集电极 - 基极间反向饱和电流 I_{CBO})及极限参数等。电流放大系数反映晶体管的电流放大能力；极间反向电流则是衡量晶体管质量的重要参数；极限参数是晶体管正常工作时,允许加在各极上的最高工作电压、最大工作电流,以及集电极上允许耗散的最大功率。使用晶体管时,超过这些极限值,晶体管的性能将变差,甚至损坏。根据集电极最大允许电流 I_{CM}、集电极最大允许功耗 P_{CM} 及基极开路时集电极 – 发射极间的反向击穿电压 $U_{(BR)CEO}$ 可以确定晶体管的安全工作区,如图 5 – 20 所示。晶体管工作时必须保证在安全区内,并具有一定的裕量。

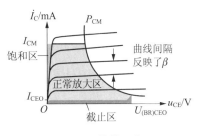

图 5 – 20 晶体管工作区

5.1.5 晶闸管

5.1.5.1 晶闸管的结构

晶闸管是一种大功率的半导体器件,是 P_1、N_1、P_2、N_2 四层三端结构元件,共有三个 PN 结(J_1、J_2、J_3)。分析原理时,可以把它看作由一个 PNP 管和一个 NPN 管所组成,如图 5 – 21(a)所示。由最外的 P_1 层和 N_2 层引出两个电极,分别为阳极 A 和阴极 K,由中间的 P_2 层引出控制极 G。图 5 – 21(b)是晶闸管的图形符号,其文字符号常用 T(或 V)来表示。

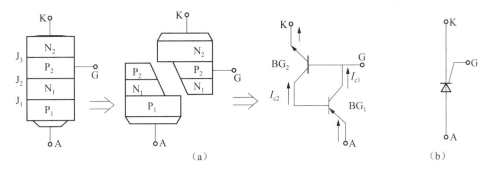

图 5 – 21 晶闸管的结构及图形符号

(a)晶闸管的结构;(b)图形符号

5.1.5.2 工作条件

为了说明晶闸管的导电原理,可按图 5 – 22 所示的电路做一个简单的实验。

(1)晶闸管阳极经灯泡接直流电源的正端,阴极接电源的负端,此时晶闸管承受正向电压。控制极电路中开关 S 断开(不加电压),如图 5 – 22(a)所示。这时灯不亮,说明晶闸管不导通,即处于正向阻断状态。

(2)晶闸管的阳极和阴极加反向电压,如图 5 – 22(b)、(c)所示,无论控制极加不加电压,灯都不亮,晶闸管截止。这种情况称为晶闸管处于反向阻断状态。

(3)晶闸管的阳极和阴极间加正向电压,控制极相对于阴极加正向电压 U_{GG},如图 5 – 22(d)所示。这时灯亮,说明晶闸管导通,即处于正向触发导通状态。如果控制极加反向电压,晶闸管阳极回路无论加正向电压还是反向电压,晶闸管都不导通。

(4)晶闸管导通后,如果去掉控制极上的电压,如图 5 – 22(e)所示,灯仍然亮。这表明晶闸管除去触发信号后继续导通,即晶闸管一旦导通后,控制极就失去了作用。

(5) 在晶闸管导通的情况下，当阳、阴极间的电压(或电流)减小到一定程度时，如图 5 – 22(f) 所示切除主信号后，晶闸管才能从导通变为阻断状态。

(6) 晶闸管的控制极加反向电压，无论阳极和阴极加正向电压还是反向电压，如图 5 – 22(g)、(h)所示，灯都不亮，说明晶闸管反向触发是截止的。

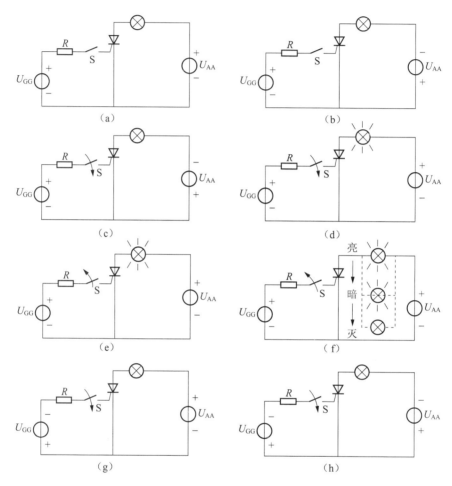

图 5 – 22　晶闸管工作条件实验电路

(a) 正向阻断；(b) 反向阻断(一)；(c) 反向阻断(二)；(d) 正向导通；(e) 仍然正向导通；
(f) 正向关断；(g) 反向触发截止(一)；(h) 反向触发截止(二)

从上述实验可以看出，晶闸管导通必须同时具备两个条件：

(1) 晶闸管阳极电路加正向电压。

(2) 控制极电路加适当的正向电压(实际工作中，控制极加正触发脉冲信号)。

综上所述，晶闸管是一个可控的单向导电开关。它与具有一个 PN 结的二极管相比，其差别在于晶闸管正向导电受控制极电流的控制；与具有两个 PN 结的晶体管相比，其差别在于晶闸管对控制极电流没有放大作用。

5.1.5.3　主要参数

为了正确选择和使用晶闸管，还必须了解它的电压、电流等主要参数的意义。晶闸管的主要参数有以下几项：

1. 正向重复峰值电压 U_{DRM}

在控制极断路和晶闸管正向阻断的条件下，可以重复加在晶闸管两端的正向峰值电压，称为正向重复峰值电压，用符号 U_{DRM} 表示。普通晶闸管的 U_{DRM} 值为 100～3 000 V。

2. 反向重复峰值电压 U_{RRM}

在控制极断路时，可以重复加在晶闸管上的反向峰值电压，用符号 U_{RRM} 表示。普通晶闸管的 U_{RRM} 值为 100～3 000 V。

3. 正向平均电流 I_V

在环境温度不大于 40℃ 和标准散热及全导通的条件下，晶闸管可以连续通过的工频正弦半波电流（在一个周期内）的平均值，称为正向平均电流 I_V，简称正向电流。其值一般为 1～1 000 A。

4. 维持电流 I_H

在规定的环境温度和控制极断路时，维持晶闸管继续导通的最小电流称为维持电流 I_H。当晶闸管的正向电流小于这个电流时，晶闸管将自动关断。

目前我国生产的晶闸管的型号及其含义如下：

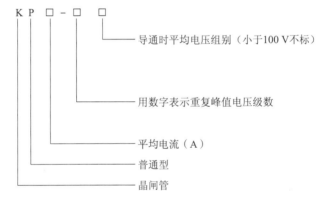

例如，KP5-7 表示额定正向平均电流为 5A、额定电压为 700 V 的晶闸管。

近年来，晶闸管制造技术已有很大提高，在电流、电压等指标上有了重大突破，已制造出电流在千安以上、电压达到上万伏的晶闸管，使用频率也已高达几十千赫。所以说，晶闸管的出现使半导体器件从弱电领域进入了强电领域。

任务5.2 汽车直流电源

微课 5-7
直流电源

5.2.1 整流电路

"整流"指利用二极管的单向导电性将大小、方向都变化的交流电变换成单向脉动直流电。能完成整流任务的电子电路称为整流电路。根据交流电的相数，整流电路可分为单相整流电路和三相整流电路；根据输出脉动直流电的波形，整流电路又可分为半波整流电路和全波整流电路。

5.2.1.1 单相半波整流

单相半波整流电路如图 5-23(a) 所示。它是最简单的整流电路，由整流二极管及负载

电阻组成。变压器将发电机产生的交流电压变换成汽车电路所需的直流电压,设整流变压器的二次电压为

$$u = \sqrt{2}U\sin\omega t$$

在后面的讨论中,二极管的正向导通压降都忽略不计。

在 u 的波形为正半周时,二极管正向导通,负载电压为 $u_o = u$;在 u 为负半周时,二极管反向截止,电路中电流为零,负载电压 $u_o = 0$,u 全部加在二极管两端。各电压波形如图 5-23(b) 所示。由图可知,输出电压 u_o 仅为交流电源电压 u 的正半波,所以称为半波整流。

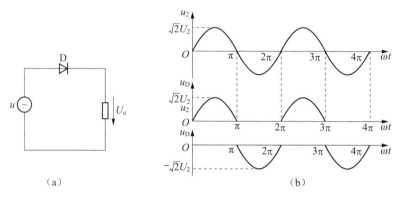

图 5-23 单相半波整流电路及其波形
(a) 电路;(b) 波形

半波整流电路直流输出电压的平均值 U_O 为

$$U_O = \frac{1}{2\pi}\int_0^{2\pi} u_o \mathrm{d}(\omega t) = \frac{1}{2\pi}\int_0^{2\pi}\sqrt{2}U\sin\omega t \mathrm{d}(\omega t)$$
$$= \frac{\sqrt{2}}{\pi}U = 0.45U \tag{5-2}$$

流过负载和二极管的平均电流为

$$I_O = I_D = \frac{U_O}{R_L} = 0.45\frac{U}{R_L} \tag{5-3}$$

二极管承受的反向峰值电压 U_{RM} 为

$$U_{RM} = \sqrt{2}U \tag{5-4}$$

半波整流电路虽然结构简单,所用元件少,但输出电压脉动大,整流效率低,只适用于要求不高的场合。

5.2.1.2 单相桥式整流

单相桥式整流电路由四个整流二极管构成桥形,电路如图 5-24 所示。桥式整流电路要求所用的四个二极管的性能参数要尽可能一致,但市场上已有集成的整流桥供应,它把四个整流二极管做在一个集成电路里,性能参数比较好。

设交流电压为

$$u_2 = \sqrt{2}U_2\sin\omega t$$

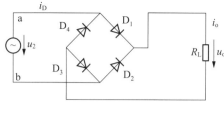

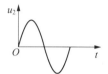 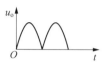

图 5-24 单相桥式整流电路　　　　微课 5-8 桥式整流

经过桥式整流后，输出电压的平均值为

$$U_O = \frac{1}{\pi}\int_0^\pi u_o \mathrm{d}(\omega t)$$
$$= \frac{1}{\pi}\int_0^\pi \sqrt{2}U_2\sin\omega t \mathrm{d}(\omega t) \quad (5-5)$$
$$= \frac{2\sqrt{2}}{\pi}U_2 = 0.9U_2$$

通过负载的电流平均值为

$$I_O = \frac{U_O}{R_L} = 0.9\frac{U_2}{R_L} \quad (5-6)$$

由于每个二极管只有半个周期导通，所以通过各个二极管的电流的平均值为负载电流的一半，即

$$I_D = \frac{1}{2}I_O = 0.45\frac{U_2}{R_L} \quad (5-7)$$

当二极管截止时，它所承受的最高反向电压为

$$U_{RM} = \sqrt{2}U_2 \quad (5-8)$$

由此可见，二极管最高反向电压就是变压器二次电压的最大值，二极管若正常工作，其最高反向工作电压应大于这个电压。

5.2.1.3　车用桥式整流

为了将单元二中汽车三相发电机产生的交流电整流成直流电，目前在汽车上普遍采用的大多是由六只硅二极管组成的车用整流器，即三相桥式整流电路。它与单相桥式整流电路的区别在于用到了六个二极管，彼此互用，相当于三个单相桥式整流电路的组合，但它们的工作原理基本相似，都是利用了二极管的单向导电性将交流电变成直流电。

车用整流器的二极管分为正极管和负极管两种类型，其外形和符号如图 5-25 所示，引线和外壳分别是它们的两个电极。其中，正极管的外壳为负极，引出极为正极，在管壳底上一般标有红色标记；负极管的外壳为正极，引出极为负极，在管壳底上一般标有黑色标记。

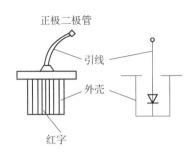
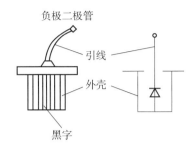

图 5-25 车用整流器的二极管

在负极搭铁的硅整流发电机中,三个正极管的外壳压装在散热板的三个座孔内,共同组成发电机的正极,由一个与发电机后端盖绝缘的整流板固定螺栓通至机壳外,作为发电机的相线接线柱"B"("+""A"或"电枢"接线柱)。三个负极管的外壳压装在后端盖的三个孔内,和发电机外壳一起成为发电机的负极。其安装示意图如图 5-26 所示。

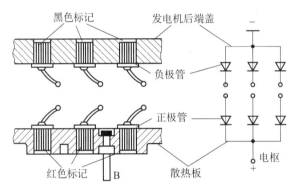

图 5-26 车用整流器

三个正极管和三个负极管构成的整流电路称为三相桥式整流电路,它将发电机的交流电整流成 12 V 的直流电。整流电路及其整流波形如图 5-27 所示。

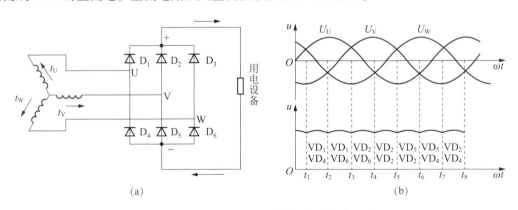

图 5-27 汽车交流发电机的整流电路与电压波形

(a)整流电路;(b)电压波形

在图 5-27(a)中,整流板上的三个正极管 D_1、D_2、D_3 的正极分别接在发电机三相绕组 U、V、W 的首端。D_1、D_2、D_3 分别在三相交流电的正半周导通,哪相电压最高,该相绕组的正极管就先导通,其余正极管截止;后端盖上三个负极管子 D_4、D_5、D_6 的负极也分别接在发电机三相绕组的 U、V、W 的首端。D_4、D_5、D_6 分别在三相交流电的负半周导通,哪相电压最低,该相绕组的负极管就先导通,其余负极管截止。由上面的分析可知,同时导通的管子有两个(正、负管子各一个),它们总是将发电机的线电压加在负载用电设备两端,使负载两端得到一个比较平稳的脉动直流电压 u,该电压一个周期内有六个纹波,如图 5-27(b)所示。

> **相关链接:**
> 需要说明的是,有些汽车交流发电机为了实现提高发电功率、提高电压调节精度等功能,采用的整流方式有 8 管电路、9 管电路和 11 管电路等,这几种电路将在后续有关课程中讲授。

【例 5-1】 分析图 5-28 所示电路中二极管 D 的作用。电源 u_S 是一个周期性的矩形脉冲,高电平幅值为 +5 V,低电平幅值为 -5 V。试分析电路的输出电压为多少?

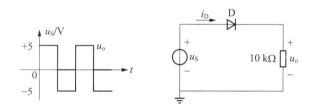

图 5-28 二极管的限幅电路

分析: 当输入电压 $u_S = -5$ V 时,二极管反偏截止,此时电路可视为开路,输出电压 $u_o = 0$ V。

当输入电压 $u_S = +5$ V 时,二极管正偏导通,导通时二极管管压降近似为零,故输出电压 $u_o \approx +5$ V;显然输出电压 u_o 限幅在 $0 \sim +5$ V。

【例 5-2】 分析图 5-29 所示电路中二极管的作用。

分析: 一个通电的线圈,当突然断电时,就回在线圈中产生一个反向电动势,如果这个反向电动势加在电路中的其他元器件上(一般是晶体管),就会引起元器件的损坏。为了避免这种现象的出现,一般在线圈旁边并联一个二极管来吸收反向电动势,这种电路就是二极管的续流电路,

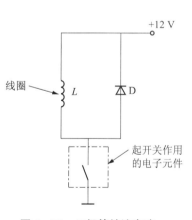

图 5-29 二极管续流电路

在图 5-29 中二极管起到了对其他电子元器件的保护作用,所以也称为保护二极管。

5.2.2 电容及应用

5.2.2.1 电容结构

1. 电容概念

电容也称电容器,它能储存电荷。在电工技术中常用两金属片,中间隔以电介质,从两个导体分别引出两根引线组成电路元件,用字母 C 标注,如图 5-30 所示。

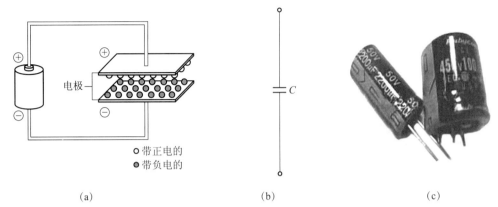

图 5-30 电容器的结构、图形符号及实物
(a)结构;(b)图形符号;(c)常用电容器实物

我们把电容器的两极板间的电势差增加 1 V 所需的电量,称为电容器的电容,也可表示为

$$C = \varepsilon \frac{S}{d} \tag{5-9}$$

式中:ε 为极板间介质的介电常数,不同介质数值不同;S 为电容极板面积;d 为两极板间的距离。

式(5-9)表示电容器的电容量与电容极板的面积成正比,与极板间距离成反比,并与极板间介质有关。电容量越大,充电后两极板电压越高。在汽车中,电容器作为短期的电荷存储装置,用于稳定电压和抗干扰。根据实际情况决定使用非极化电容器还是极化电容器。电容器常被用于制成汽车制动压力传感器和侧向加速度传感器。

切记:电容是表征两导体在单位电压作用下储存电荷的能力的,只与导体形状尺寸及中间介质有关。

电容量 C 的单位为法拉(F),实际应用中电容器的数值小于 1 F。它们之间的换算关系如下:

$$1 \text{ F} = 1\,000\,000 \text{ μF} = 1\,000\,000\,000\,000 \text{ pF}$$

注意:非极化电容器的两个连接件是相同的,也就是说它们可以互换。非极化电容器可通过 DC 电源和 AC 电源驱动。电路图形符号如图 5-31 所示。

极化电容器的两个极板是不同的,为一个正极连接件和一个负极连接件,这两个连接件千万不能互换。极化电容器千万不要通过 AC 电源驱动。电路图形符号如图 5-32 所示。

图 5-31 非极化电容器的电路图形符号　　　　**图 5-32 极化电容器的电路图形符号**

电容器的储能本领表示方法:

$$W = 1/2\ CU^2 \tag{5-10}$$

5.2.2.2 电容器原理及连接方式

将电容器与一个 DC 供电电源连接起来时,电荷就会开始移动。在两个导电板之间形成的作用范围称为电场。电容器充电后,即使供电电源仍保持着连接状态,也不再通过电流。切断供电电源后,电容器保持充电状态并发挥供电电源一样的作用。所以说,电容器能够存储电能。

1. 电容器的连接方式

1) 电容器的并联

如图5-33所示,根据中学物理常识,两个电容器并联时,所带电荷为 $q_1 = C_1 U_1$,$q_2 = C_2 U_2$,则总电量为 $q = q_1 + q_2$,因各电容器上电压相等,电容器并联后的总电容为各电容值之和。并联连接电容器时电容增大,所存储的电容亦随之增多。

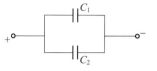

图5-33 电容器的并联

$$C = C_1 + C_2 \tag{5-11}$$

【例5-3】 用电容器可做成汽车制动压力传感器。

在单元一中我们学会了电桥平衡原理。现在由两个电阻器变成两个电容器,组成电桥电路。此时两个电容器是并联的关系。

如图5-34所示,在其他因素不变的条件下,电容 C 由两极板间的间隙决定,它可吸收一定量的电荷。其中一个电极被固定,另一个可在压力作用下移动。当压力作用在可移动电极上时,两极间间隙变小,电容增大。压力降低时,电极间隙增大,电容减小。通过电容变化,指示压力变化。

初始时 $C_1 = C_2$,电桥平衡,输出电压 $U_o = 0$;当 C_1 变化时,电桥不平衡,输出电压的大小与电容的变化成正比。

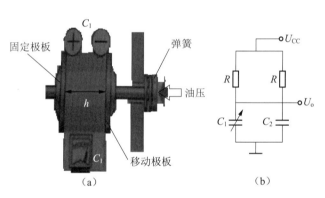

图5-34 汽车压力传感器的结构和电路原理图
(a)结构;(b)电路原理图

2) 电容器的串联

如图5-35所示,根据中学物理常识,两个电容器串联时,所带电荷为 $q_1 = C_1 U_1$,$q_2 = C_2 U_2$。

因电量相等 $q = q_1 = q_2$,各电容器上电压之和为总压 $U = U_1 + U_2$,总电容小于最小的单个电容。

图5-35 电容器的串联

串联等效电容 C 满足:

$$\frac{1}{C} = \frac{1}{C_1} + \frac{1}{C_2} \tag{5-12}$$

注意：电容器串联之后，总电容变小；电容器的电压 U 与电容量 C 成反比，电容量小的承受的电压高。只有当电压较高时，才采取串联连接电容器的连接方式。

【**例 5 – 4**】 如图 5 – 36 所示。两个电容器串联，中间极片可在作用力下运动。电容器可吸收一定量电荷。只要没有侧向力作用在中间极片上，则两电容器间隙保持恒定，电容相等。中间电极在侧向力作用下，其中一个电容器间隙增加，另一个减小，串联电容值也随之改变。最终，电荷的改变决定了侧向力的大小和方向。

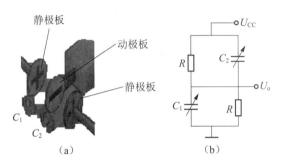

图 5 – 36　汽车侧向加速度传感器的结构和原理图
（a）结构；（b）原理图

2. 电容器的特性

电容器的主要特性如下：

（1）电容器不消耗任何功率。所有储存在电容器中的电压在电容器放电时返回电路。

（2）电容器可以区别对待交流信号和直流信号，具有"隔断直流，传导交流"的作用。

5.2.2.3　电容的分类及标注方法

1. 电容的分类

电容的分类如图 5 – 37 所示。

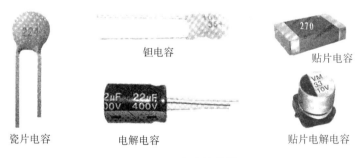

图 5 – 37　电容的分类

（1）按极性分，有极性电容和无极性电容。无极性电容有钽电容、瓷片介质电容、贴片电容；有极性电容有电解电容和贴片电解电容。

（2）按照结构分，有固定电容、可变电容和微调电容。

（3）按用途分，有高频旁路、低频旁路、滤波、调谐、高频耦合、低频耦合、小型电容器。

（4）按制造材料的不同分，有瓷介电容、涤纶电容、电解电容、钽电容，还有先进的聚丙烯电容等。

每一个电容都有它的耐压值。一般无极电容的标称耐压值比较高,有 63 V、100 V、160 V、250 V 等;有极性电容的耐压值相对比较低,一般标称耐压值有 4 V、6.3 V、10 V、25 V、50 V 等。

2. 电容的标注方法

电容的标注方法有三种形式:直标法、数标法和色标法。

(1)直标法:体积容量大的电解电容,其容量和耐压值在电容上直接标明,如 22 μF/400 V。

(2)数标法:一般用三位数字表示容量大小,前两位表示有效数字,第三位数字是倍率,单位为 pF。小容量的瓷片电容就用三位数字表示,如 103 表示 10×10^3 pF = 0.01 μF,524 表示 52×10^4 pF = 0.52 μF。

(3)色标法:有极性电容上面有标志的灰块为负极。在印制电路板(printed circuit board,PCB)上电容位置上有两个半圆,涂颜色的半圆边的引脚为负极。有的是用引脚长短来区分正负极别,长脚为正,短脚为负。

5.2.2.4 电容的应用

1. 电容器的充放电

(1)充电:当电容器接在直流电路中时,如图 5-38 所示。当 S 合上后,由于电容器中间是绝缘物,不会有电流通过($i=0$),而上下极板与电源正负极分别相连,正负电荷就会集聚在电容器的两个电极板上,在两个极板间形成电压。随着时间的推移,电容器上的电压也由少到多,直到等于电源电压。此时 $U_C = U_S$,而电荷为 $Q = CU_C$。电路中便不会有电流流过,充电结束。充电时,电容电压滞后电流 90°。

(2)储电:电容器相当于电源。如果把直流电源和电容器断开,此时电容器上便储存上了电荷。当电容器两端的电压一定时,电容器的容量越大,它所储存的电荷量也越大。

(3)放电:将带有电荷的电容器与电阻 R 相连接,如图 5-39 所示。当开关接通后正电荷通过电阻与负极的负电荷中和,开始电流较大,$i = u_c/R$,随着电容器上电荷减少,电压 u_c 降低,电流也逐渐减小。最后电荷放完($Q=0$),电压 $u_c(t) = 0$。电流为 0,放电结束。

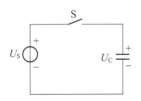

图 5-38 RC 充电电路

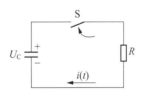

图 5-39 RC 放电电路

记住:电容充电和放电是由一个稳定状态变到另一个稳定状态,它需要一个瞬态(暂态)过程。之所以需要瞬态过程,是因为电容器上电压不能突变。

电容元件的工作方式就是充放电。因此,只有电容元件的极间电压发生变化时,电容支路才有电流通过。电容元件也是动态储能元件。任一瞬时,电容电压与电流的关系为微分的动态关系,即

$$i = C \frac{du}{dt} \tag{5-13}$$

2. 电容器在电路中的用途

电容两端电压不能瞬变,且具有"隔直通交、阻低频通高频"的特性,广泛应用在低频、高频、耦合、隔直、旁路、滤波、调谐、能量转换和自动控制等电路中。

在不同信号作用的电路中,所使用的电容不同,一般使用规律如下:

(1)高频旁路:陶瓷电容器、云母电容器、玻璃膜电容器、涤纶电容器、玻璃釉电容器。

(2)低频旁路:纸介电容器、陶瓷电容器、铝电解电容器、涤纶电容器。

(3)滤波电路:铝电解电容器、纸介电容器、复合纸介电容器、液体钽电容器。

(4)调谐电路:陶瓷电容器、云母电容器、玻璃膜电容器、聚苯乙烯电容器。

(5)耦合:纸介电容器、陶瓷电容器、铝电解电容器、涤纶电容器、固体钽电容器。

3. 滤波电路

由于整流电路的输出电压为含有多种频率交流成分的脉动直流电压,为减少负载电压中的交流成分,还应在整流电路与负载之间接入滤波电路。滤波电路能滤除交流成分,使输出电压变得比较平滑。滤波电路通常由电容、电感元件组成。下面先介绍电容滤波电路。

在整流电路输出端与负载之间并联一个大容量的电容,如图 5-40(a)所示,即构成最简单的电容滤波器。其工作原理利用了电容两端的电压在电路的状态改变时不能跃变的特性。

在加了一个电容后,当二极管导通时,一方面给 R_L 供电,一方面对电容器 C 充电。忽略二极管正向压降不计,充电时,充电时间常数 $\tau_{充电} = 2R_D C$,其中 R_D 为二极管的正向导通电阻,其值非常小,充电电压 u_C 与上升的正弦电压 u_2 一致,$u_o = u_C \approx u_2$,当 u_C 充电到 u_2 的最大值 $\sqrt{2}U_2$ 时,u_2 开始下降,且下降速率逐渐加快。当 $u_C < u_2$ 时,四个二极管均截止,电容 C 经负载 R_L 放电,放电时间常数为 $\tau_{放电} = R_L C$,故放电较慢,直到负半周。当 $|u_2| > u_C$ 时,另外两个二极管(D_2、D_4)导通,再次给电容 C 充电,当 u_C 充电到 u_2 的最大值 U_{2m},u_2 开始下降,且下降速度逐渐加快。当 $|u_2| < u_C$ 时,四个二极管再次截止,电容 C 经负载 R_L 放电,重复上述过程。有电容滤波后,负载两端输出电压如图 5-40(b)所示。

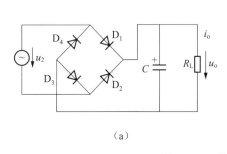
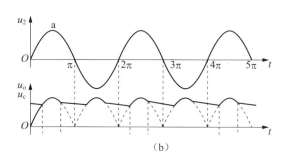

图 5-40 带电容滤波的桥式整流电路

由上述讨论可见,电容放电时间常数为 $\tau_{放电} = R_L C$,即输出电压的大小和脉动程度与负载电阻直接相关。若 R_L 开路,即输出电流为零,电容 C 无放电通路,一直保持最大充电电压 $\sqrt{2}U_2$;若 R_L 很小,放电时间常数很小,输出电压几乎与没有滤波是一样的。因此,电容滤波器的输出电压在 $0.9U_2 \sim 1.2U_2$ 范围内波动,在工程上一般采用估算公式:

$$U_o \approx 1.2U_2 \tag{5-14}$$

加入滤波电容 C 是为了得到较好的滤波效果,单相桥式整流电路要求放电时间常数 τ 应

大于 u_2 的周期 T，一般选取：

$$R_L C \geq (3 \sim 5) \frac{T}{2} \tag{5-15}$$

把电容、电感适当地组合，可组成复式滤波，从而更好地完成滤波任务。其余滤波电路参照图 5-41。

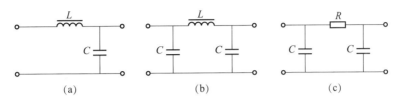

图 5-41 复式滤波电路

(a)LC 滤波电路；(b)CLC 滤波电路；(c)CRC 滤波电路

> **相关链接：**
>
> 在负载 R_L 一定的情况下，电容 C 常选用容量为几十微法以上的电解电容器。电解电容器有极性，接入电路时不能接反。电容的耐压应大于 $\sqrt{2}U_2$。选择滤波电容时，其电容量可以由式(5-15)确定，耐压值则应大于它实际工作时所承受的最大电压，一般取$(1.5\sim 2)U_2$。
>
> 加入电容滤波后，对整流二极管的整流电流选择放宽，最好是原来的两倍，即 I_D 大于等于输出电流 I_O。

5.2.3 集成三端稳压电路

5.2.3.1 集成稳压器简介

利用半导体工艺将串联型稳压电路做在一块芯片上，就成为一个集成稳压器。集成稳压器不仅体积小、价格低、使用方便，而且工作可靠、稳定精度高。集成稳压器的类型很多，按输出电压是否可调可分为固定和可调两种形式；按引出端子分为三端固定式、三端可调式、四端可调式和多端可调式等。下面以常用的 W7800 系列和 W7900 系列为例来介绍三端固定式集成稳压器。

三端固定式集成稳压器只有输入、输出和公共端三个引出端，因此称为三端稳压器。W7800 系列为正电压输出，W7900 系列为负电压输出。输出电压由具体型号的后两位数字表示，其输出电压有 5 V、6 V、8 V、12 V、15 V、18 V、24 V 共七个挡次。而额定输出电流以 78(79)后面的字母来区分。L 表示 0.1 A，M 表示 0.5 A，无字母表示 1.5 A。例如，W7808 表示输出电压为 +8 V，W7915 表示输出电压为 -15 V，其输出电流均为 1.5 A。三端固定式集成稳压器的外形和图形符号如图 5-42 所示。

5.2.3.2 基本稳压电路

三端集成稳压器内部设有比较完善的保护电路，它具有过电流、过电压和过热保护功能，由它构成的稳压电路结构有多种。下面介绍最基本的稳压电路和同时输出正、负电压的电路。

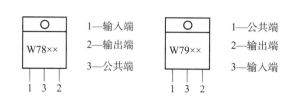

图 5-42 三端固定式集成稳压器的外形和图形符号

图 5-43(a)是固定正电压输出电路,图 5-43(b)是固定负电压输出电路。由图可见,经过整流、滤波后的直流电压 U_i 加在稳压器的输入端和公共端之间,在输出端和公共端之间便可得到稳定的直流电压 U_o。输入电容 C_1 的作用是防止自激振荡,一般取 0.33 μF;输出电容 C_2 的作用是改善输出特性,其典型取值约为 0.1 μF。为了使稳压器正常工作,其输入电压 U_i 至少比输出电压 U_o 高 2~3 V。

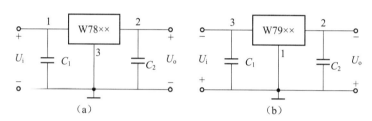

图 5-43 集成三端稳压器基本稳压电路
(a)正电压;(b)负电压

5.2.3.3 三端集成稳压器的应用

如图 5-44 所示,用一个 78 系列三端集成稳压器和一个 79 系列三端集成稳压器连接,可同时输出正、负对称的电压。这种对称双电源在实际中应用很多。

5.2.3.4 直流稳压电源

直流稳压电源由交流发电机、整流电路、滤波电路和稳压电路四部分构成,如图 5-45 所示。

对于图 5-45 所示电路,在电路工作正常状态下,用万用表的直流电压挡测量整流后的输出电压,正常值是 21 V 左右,电容滤波后约为 28 V,经集成三端稳压器稳压后则为 12 V,当发电机的交流电压和负载在一定范围内变动时,该电路能保证输出电压是 ±12 V。

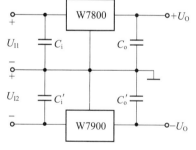

图 5-44 可同时输出正负电压的电路

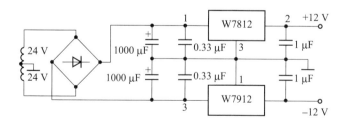

图 5-45 直流稳压电源

直流稳压电源各环节的电压波形如图 5-46 所示。

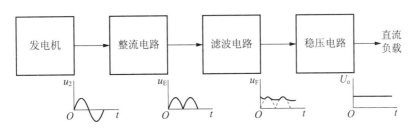

图 5-46 直流稳压电源各环节的电压波形

5.2.4 单相可控整流电路

5.2.4.1 单相半波可控整流电路

用晶闸管代替单相半波整流电路中的二极管，就成了单相半波可控整流电路。下面我们将分析这种可控整流电路在接电阻性负载和电感性负载时的工作情况。

图 5-47(a)是接有电阻性负载的单相半波可控整流电路，负载电阻为 R_L。从图可见，在输入交流电压 u_2 的正半周时，晶闸管 V 承受正向电压。假如在 t_1 时刻，给控制极加上正向触发脉冲 u_G，如图 5-47(b)所示，晶闸管导通，负载上得到电压。当交流电压 u_2 下降到接近于零时，晶闸管正向电流小于维持电流而关断。在电压 u_2 的负半周时，晶闸管承受反向电压，不可能导通，负载电压和电流均为零。到下一个周期，又重复上述过程。这样，在负载 R_L 上就可以得到如图 5-47(b)所示电压 u_L 的波形。

把晶闸管从承受正向电压到触发导通之间的电角称为控制角，用 α 表示。而晶闸管在一个周期内导通的电角则称为导通角，用 θ 表示。

对单相半波可控整流电路而言，显然有

$$\alpha + \theta = \pi$$

并且在晶闸管承受正向电压的时间内，改变控制极触发脉冲的输入时刻(即改变控制角 α)，负载上得到的电压波形就随着改变，这样就控制了负载上输出电压的大小。导通角 θ 愈大，输出电压愈高。

整流输出电压的平均值可以用控制角表示，即

$$U_L = \frac{1}{2\pi}\int_\alpha^\pi \sqrt{2}U_2\sin\omega t\,d(\omega t) = 0.45U_2\frac{1+\cos\alpha}{2} \qquad (5-16)$$

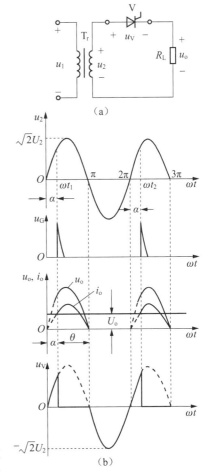

图 5-47 阻性负载的单相半波可控整流电路及其波形

(a)单相半波可控整流电路；(b)波形

从式(5-16)可以看出，当 $\alpha = 0$ 时($\theta = 180°$)时，晶闸管在正半周全导通，$U_L = 0.45U_2$，输出电压最高，相当于不可控二极管单相半波整流电压。若 $\alpha = 180°$，$U_L = 0$，这时 $\theta = 0$，晶闸管全关断。

根据欧姆定律,电阻负载中流过的电流平均值为

$$I_L = \frac{U_L}{R_L} = \frac{0.45 U_2}{R_L} \cdot \frac{1+\cos\alpha}{2} \tag{5-17}$$

此电流即为通过晶闸管的平均电流,即 $I_T = I_L$。

5.2.4.2 单相半控桥式整流电路

1. 阻性负载

单相半波可控整流电路虽然有电路简单、调整方便、使用元件少的优点,但也有整流电压脉动大、输出整流电流小的缺点。较常用的是半控桥式整流电路,其电路如图 5-48(a) 所示。电路与单相桥式整流电路相似,只有其中两个臂中的二极管被晶闸管所取代。

在变压器二次电压 u_2 的正半周(a 端为正)时,V_1 和 D_2 承受正向电压。这时如对晶闸管 V_1 引入触发信号,则 V_1 和 D_2 导通,电流的通路为 a 端→V_1→R_L→D_2→b 端。这时 V_2 和 D_1 都因承受反向电压而截止。同样,在电压 u_2 的负半周时(b 端为正),V_2 和 D_1 承受正向电压。此时,如对晶闸管 V_2 引入触发信号,则 V_2 和 D_1 导通,电流的通路为 b 端→V_2→R_L→D_1→a 端。这时 V_1 和 D_2 处于截止状态。

当可控整流电路接电阻性负载时,单相半控桥的电压与电流的波形如图 5-48(b) 所示。显然,与单相半波可控整流电路相比,桥式可控整流电路的输出电压的平均值要大一倍,即

$$U_L = \frac{1}{\pi}\int_{\alpha}^{\pi}\sqrt{2}U_2\sin\omega t\,d(\omega t) = 0.9 U_2 \frac{1+\cos\alpha}{2}$$

输出电流的平均值为

$$I_L = \frac{U_L}{R_L} = \frac{0.9 U_2}{R_L} \cdot \frac{1+\cos\alpha}{2}$$

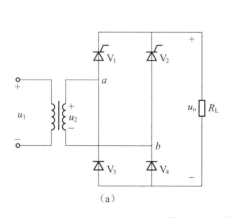
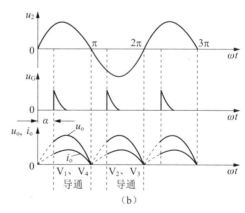

图 5-48 单项桥式整流电路

(a)单相半控桥式整流电路;(b)波形

2. 电感性负载

上面所讲的是接电阻性负载的情况,实际上遇到较多的是接电感性负载,像各种电机的励磁绕组、各种电感线圈等,它们既含有电感,又含有电阻。整流电路接电感性负载和接电阻性负载的情况大不相同。接电感性负载的单相半控桥式整流电路如图 5-49 所示。

出现晶闸管在接电感性负载时的导通时间比接电阻性负载时的导通时间长的状态,对于这种情况,一般来说,整流器仍能正常工作,但输出电压从零开始则不易调整,对控制角有严格限制的整流器也不易调整,会出现失控现象,为此常在电感性负载两端并联续流二极管。

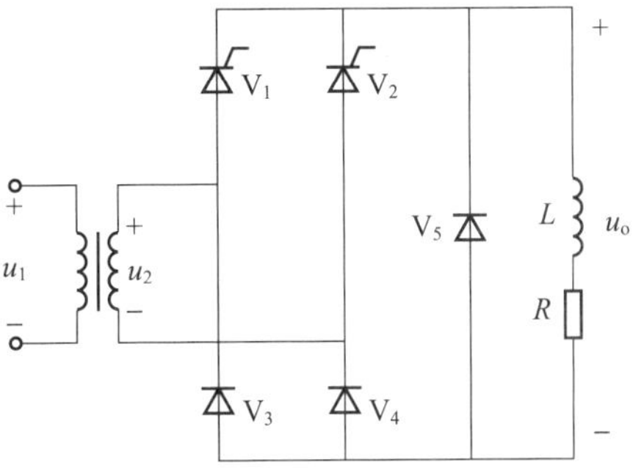

5.2.5 晶闸管的保护

晶闸管虽然具有很多优点,但是与其他电气设备相比,它们承受过电压和过电流的能力较弱,因此,在各种晶闸管装置中必须采取适当的过电压和过电流保护措施。

图 5-49 接电感性负载的单相半控桥式整流电路

5.2.5.1 晶闸管的过电流保护

晶闸管发生过电流的原因主要有:负载端过载或断路;某个晶闸管被击穿断路;触发电路工作不正常或受干扰使晶闸管误触发。这些情况均可导致流过晶闸管的电流大大超过其正常工作电流,即所谓过电流。晶闸管允许在短时间内承受一定的过电流,所以,过电流保护的作用就在于当发生过电流时,在允许的时间内将过电流切断,以防止元器件损坏。晶闸管常用的过电流的保护措施有接入快速熔断器。快速熔断器的接法如图 5-50 所示。

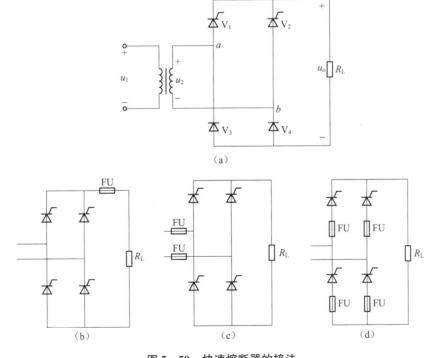

图 5-50 快速熔断器的接法
(a)单相半控桥式整流电路;(b)直流侧;(c)交流侧;(d)元件侧

用于保护晶闸管的快速熔断器比普通熔丝的熔断时间要短。快速熔断器使用的是银质熔丝,当流过 5 倍的额定电流时,熔断时间通常小于 0.02 s。从而可以在晶闸管损坏之前熔断，对晶闸管进行过电流保护。

5.2.5.2 晶闸管的过电压保护

引起晶闸管过电压的原因很多，如电感性负载电路的切断或接通时、从一个元件导通转换到另一个元件导通时、熔断器熔断、电源电压的波动及其他干扰等都可能在电路中引起过电压。

晶闸管过电压的保护常用措施有阻容保护，可以利用电容来吸收过电压，其实质就是将造成过电压的能量变成电场能量储存到电容中，然后再释放到电阻中去消耗掉。这是过电压保护的基本方法。

阻容吸收元件可以并联在元件侧、整流装置的交流侧(输入端)或直流侧(输出端)，如图 5-51 所示。

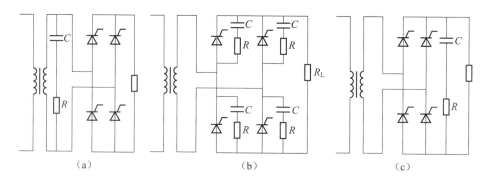

图 5-51 阻容吸收过电压保护
(a)交流侧；(b)元件侧；(c)直流侧

任务 5.3 晶体管放大电路

5.3.1 基本放大电路

晶体管的主要用途之一是利用其放大作用组成放大电路。在生产和科学实验中，往往要求用微弱的信号去控制较大功率的负载。例如，在自动控制机床上，需要将反映加工要求的控制信号加以放大，得到一定输出功率，以推动执行元件(电磁铁、电动机、液压机构等)。在收音机和电视机中，也是将天线收到的微弱信号放大到足以推动扬声器和显像管的程度。可见放大电路的应用十分广泛，是电子设备中普遍应用的一种基本单元。

根据输入回路和输出回路之间的关系，可将晶体管放大电路分为共射放大电路、共基放大电路和共集放大电路。其中共射放大电路作为我们学习的重点。

5.3.1.1 共射放大电路的组成及各元器件的作用

1. 组成

由 NPN 管组成的共射放大电路如图 5-52(a)所示，该电路以晶体管 V 为核心，它是由输入电路 C_1、R_B，输出电路 C_2、R_C、U_{CC}、R_L 及晶体管 V 三部分组成。

2. 各元器件的作用

(1)晶体管 V 是电路的放大器件，利用其电流放大作用，将基极电流的较小变化放大为集电极电流的较大变化。

(2) U_{CC}为集电极直流电源,它有两个作用,其一是给晶体管提供偏置电压,以满足放大条件;其二是作为放大电路的能源。U_{CC}一般为几伏到几十伏。

(3) R_B为基极偏置电阻。U_{CC}为晶体管发射结提供正向偏置电压,并给基极提供一个大小适当的静态电流,R_B一般为几十千欧到几百千欧。

(4) R_C为集电极负载电阻,其作用是将集电极电流I_C的变化转换为集–射间电压U_{CE}的变化,以实现电压放大,一般为几千欧到十几千欧。

(5) C_1、C_2为耦合电容,其作用是"隔直通交",一般为几微法到几十微法。所谓"隔直"作用,指的是对直流分量,充电完毕后的C_1和C_2可视为开路,隔断了放大器与信号源之间、放大电路与负载之间的直流通路,使放大器的直流工作状态不致受到外部因素的影响;对交流分量,由于C_1、C_2容量较大,它们的容抗通常比放大电路的输入电阻和负载电阻R_L小得多,信号在其上的压降很小,起到了传输信号的耦合作用。

在电子电路中,通常将输入和输出回路的公共端作为参考点(零电位点)接地,这样,电源U_{CC}的符号可省去,只要标出其对地电压即可。这样图5–52(a)可画成图5–52(b)的式样。

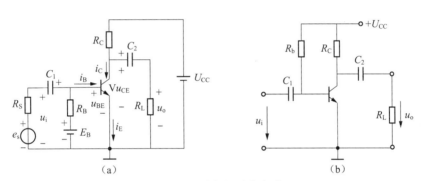

图5–52 共射极放大电路

5.3.1.2 放大电路的分析

在输入信号的作用下,放大器中晶体管各极电流、电压除直流分量外,还出现了交流分量,分析原则是把直流分量和交流分量分开。因此对放大电路的分析可分为静态和动态两种情况来分析。所谓静态是指当放大电路没信号时的工作状态;动态则是指有输入信号时的工作状态。静态分析是要确定放大电路的质量与其静态值的关系。动态分析是要确定放大电路的电压放大倍数A_U、输入电阻R_i和输出电阻R_o。

1. 静态分析

直流通路如图5–53所示。

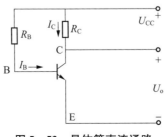

图5–53 晶体管直流通路

微课5–9
晶体管放大电路应用

1)图解分析法

输入回路：

首先把电路分为线性和非线性两部分，然后列出它们的输入端特性方程。在线性部分，其回路方程为

$$U_{BE} = U_{CC} - I_B R_B$$

将相应的负载线画在晶体管的输入特性曲线上，其交点便是所求的(I_{BQ}, U_{BQ})，如图5-54所示。

输出回路：

用同样的方法，可得到输出回路的负载线方程（直流负载方程）为

$$U_{CE} = U_{CC} - I_C R_C$$

将相应的负载线（直流负载线，斜率为$1/R_c$）画在晶体管的输出特性曲线上，找到与$I_B = I_{BQ}$相对应的输出特性曲线，其交点便是所求的(I_{CQ}, U_{CEQ})，如图5-55所示。

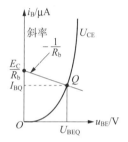

图5-54 晶体管输入特性

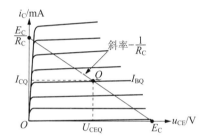

图5-55 晶体管输出特性

2)估算法

共射级晶体管放大电路直流通路如图5-53所示。

根据晶体管输入回路，列出回路方程：

$$U_{CC} = U_{BE} + R_B I_B$$

可得

$$I_{BQ} = (U_{CC} - U_{BE})/R_B$$

$$I_{CQ} = \beta I_{BQ}$$

根据晶体管输出回路，列出回路方程：

$$U_{CEQ} = U_{CC} - I_C R_C$$

I_{BQ}、I_{CQ}、U_{CEQ}就是晶体管的静态工作点，它们决定了晶体管的工作状态。

【例5-5】 电路如图5-56所示，已知$U_{CC} = 12$ V，$R_C = 4$ kΩ，$R_B = 300$ kΩ，$\beta = 37.5$。①求晶体管的静态工作点；②作直流负载线。该晶体管输出特性曲线如图5-56所示。

解：根据输入回路方程$I_{BQ} = (U_{CC} - U_{BE})/R_B$可得

$$I_{BQ} = (12 - 0.7)/300\ 000 \approx 0.04\ (\text{mA})$$

$$I_{CQ} = \beta I_{BQ} = 37.5 \times 0.04 = 1.5\ (\text{mA})$$

$$U_{CEQ} = U_{CC} - I_{CQ} R_C = 12 - 1.5 \times 4 = 6\ (\text{V})$$

根据输出回路方程$U_{CE} = U_{CC} - I_C R_C$，当$I_C = 0$时，$U_{CE} = $

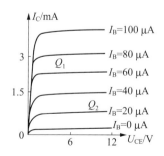

图5-56 晶体管输出特性曲线

12 V；当 $U_{CE}=0$ 时，$I_C=12/4=3(mA)$。根据以上两点，作出直线，该直线即为该晶体管的直流负载线，如图 5 – 57 所示。

2. 晶体管放大原理

在静态工作点的基础上，输入一微小的正弦信号 u_i，如图 5 – 58 所示。通过晶体管输入特性曲线可得基极电流 i_b 和集电极电流 i_c；根据集电极电流 i_c 在直流负载线上得到输出电压 U_{CE}。

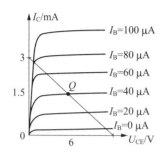

图 5 – 57　晶体管直流负载线

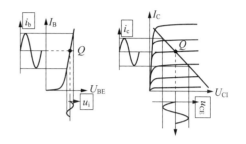

图 5 – 58　晶体管放大原理

通过波形可以得出如下结论：①放大电路中的信号是交直流共存；②输出信号 u_o 与输入信号 u_i 相比，幅度被放大了，频率不变，但相位相反。

3. 放大电路的动态分析

当有输入信号时，输入信号中除直流分量外，还有交流分量，因此晶体管不会工作在静态工作点一点。动态分析是在表态值确定后分析信号的传输情况，考虑的只是电流和电压的交流分量。放大电路的动态分析有小信号等效电路法。

1）小信号等效电路法

所谓放大电路的小信号等效电路，就是把非线性器件晶体管所组成的放大电路等效为一个线性电路，也就是把晶体管等效为一个线性电路。这样就可以像处理线性电路那样来处理晶体管放大电路。

如何把晶体管线性化？下面从共射极接法晶体管的输入特性和输出特性两方面来分析讨论。

（1）晶体管的小信号等效电路。当输入信号较小时，在静态工作点 Q 附近的工作段可近似看作线性的。因此可用如图 5 – 59 所示的等效电路来代替晶体管。为什么可以用图 5 – 59 的电路来代替晶体管呢？

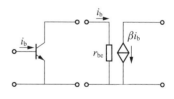

图 5 – 59　晶体管的小信号等效电路

在晶体管的输入特性曲线上选定合适的静态工作点，在 Q 点附近的线段近似为直线，因此，以 Q 点为中心的微小变化量 Δu_{be} 与 Δi_b 的比值可用一电阻 r_{be} 表示，这就是晶体管的输入电阻，而在电流放大器中 Δu_{be} 与 Δi_b 就是交流信号 u_{be} 与 i_b，则

$$r_{be}=\frac{\Delta u_{be}}{\Delta i_b}=\frac{u_{be}}{i_b}$$

经理论和实践证明，对微小变量而言，r_{be} 可用下列公式求得

$$r_{be} = 300 + (1+\beta)\frac{26(\text{mV})}{I_E(\text{mA})}$$

式中：I_E 为发射极的静态电流值，单位为 mA。因此，晶体管的 B、E 间可用输入电阻 r_{BE} 等效代替。

从晶体管的输出特性可知，放大区内的特性曲线是一组与横轴近似平行的直线，i_C 几乎与 U_{CE} 无关。对变化的信号分量而言，有 $i_C = \beta i_B$，因此，在放大区内，对变化量而言，晶体管的 C、E 间可等效为一受 i_B 控制的电流源 i_C。

综上所述，在小信号条件下，晶体管等效电路为：B、E 间可用输入电阻 r_{be} 等效代替，C、E 间可等效为一受控电流源 βi_B。

（2）放大电路的小信号等效电路。由晶体管的小信号等效电路和放大电路的交流通路可得出放大电路的小信号等效电路。如图 5-60 所示为晶体管的交流通路。

画交流通路的原则：
- 电容 C_1、C_2 可看成短路。
- 直流电源也可看成短路。

将图 5-60 中的晶体管用小信号等效电路代替，则得放大电路的小信号等效电路如图 5-61 所示。

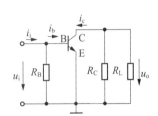

图 5-60　放大电路的交流通路

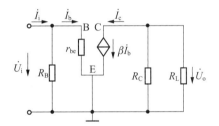

图 5-61　放大电路的小信号等效电路

2) 放大电路的动态性能分析

低频电压放大电路的性能指标主要有电压放大倍数、输入电阻、输出电阻，下面用如图 5-61 所示的等效电路来分别讨论它们。

（1）电压放大倍数。电压放大倍数反映了放大电路对信号电压的放大能力。因此，

$$A_u = \frac{U_o}{U_i}$$

式中：A_u 为电压放大倍数；U_o、U_i 为输入电压、输出电压的有效值。

由图 5-61 可知

$$U_i = I_b r_{be}$$
$$U_o = -I_C R'_L = -I_C(R_C // R_L)$$

所以

$$A_u = \frac{U_o}{U_i} = \frac{-I_C(R_L // R_C)}{I_b r_{be}} = -\frac{\beta I_b(R_L // R_C)}{I_b r_{be}} = -\beta\frac{R_L // R_C}{r_{be}} = -\beta\frac{R'_L}{r_{be}}$$

式中：负号表示输出信号电压与输入信号电压的相位相反。

若不接 R_L（空载），则 $R'_L = R_C$。

A_u 常用绝对值 $|A_u|$ 表示。

(2) 输入电阻。放大器的输入端总是要连信号源，而输出端总要接上负载，运用放大器输入电阻和输出电阻的概念，可以帮助人们分析放大器与信号源之间，以及放大器与负载之间的影响。

对于信号源来说，放大电路相当于它的负载，这可用一等效电阻代替，这电阻就是放大电路的输入电阻(r_i)，它是从放大电路的输入端看进去的交流等效电阻。

$$r_i = \frac{U_i}{I_i} = \frac{U_i}{\dfrac{U_i}{R_B}+\dfrac{U_i}{r_{be}}} = \frac{r_{be}R_B}{r_{be}+R_B} = r_{be}//R_B$$

一般，$R_B > r_{BE}$，所以 $r_i \approx r_{be}$。

(3) 输出电阻。对负载而言，放大电路相当于一个具有内阻 r_0 的信号源，r_0 称为放大电路的输出电阻，它是从放大电路的输出端看进去的等效电阻。

根据 r_0 的定义，求 r_0 时应令信号电压源 $u_i = 0$ 且负载 R'_L 开路。因为 $u_i = 0$，故 $I_B = 0$，$I_C = 0$，受控源支路电流为 0，相当于该支路的电阻为无穷大，故从输出端看进去的电阻就是 R_C，即 $r_0 = R_C$。

【例 5-6】 在图 5-52 中，已知 $U_{CC} = 12$ V，$R_B = 282$ kΩ，$R_C = 1.5$ kΩ，$R_L = 1.5$ kΩ，$\beta = 80$，设 $u_i = 14.14\sin\omega t$ (mV)。求：①静态工作点；②电压放大倍数 A_u 及输出电压 U_o、u_o；③若断开 R_L，再求 A_u 及 U_o；④求输入电阻 R_i 及输出电阻 R_o。

解：① $I_{BQ} = 12/282 \approx 0.0426$ (mA)

$I_{CQ} = \beta I_{BQ} = 80 \times 0.0426 \approx 3.4$ (mA)

$U_{CEQ} = 12 - 1.5 \times 3.4 = 6.9$ (V)

② $r_{be} = 300\ \Omega + (80+1) \times \dfrac{26}{3.4}\Omega \approx 0.92$ (kΩ)

$R'_L = R_C // R_L = 1.5 // 1.5 = 0.75$ (kΩ)

$A_u = -\beta\dfrac{R'_L}{r_{be}} = -80 \times \dfrac{0.75}{0.92} \approx -65$

电压放大倍数的大小为 $|A_u| = 65$，故

$$U_o = |A_u|U_i = 65 \times \frac{14.14}{\sqrt{2}} = 650\,(\text{mV}) = 0.65\,(\text{V})$$

$$u_o = -0.65\sqrt{2}\sin\omega t\,(\text{V})$$

③断开 R_L 时 $R'_L = R_C$，所以

$$A_u = -\frac{80 \times 1.5}{0.92} \approx -130$$

$$U_o = 130 \times \frac{14.14}{\sqrt{2}} = 1.3\,(\text{V})$$

可见空载时的电压放大倍数与输出电压比有负载时要大，这正是因为放大电路存在输出电阻 R_o 的原因。

④

$$R_i = r_{be} = 0.92\,(\text{k}\Omega)$$

$$R_o = R_C = 1.5\,(\text{k}\Omega)$$

5.3.2 分压式稳定静态工作点偏置电路

影响放大电路静态工作点的主要原因是温度的变化,如何使放大电路的静态工作点稳定是十分重要的问题。

如图 5-62 所示的分压式偏置电路能稳定静态工作点的本质是电路中引入了负反馈,引入负反馈是为了改善电路的某些性能,其稳定过程在原理中已表述,现可用如下箭头方程式表示这一稳定过程。

温度↑→I_{CQ}↑→I_{EQ}↑→U_E↑→U_{BEQ}↓→I_{BQ}↓→I_{CQ}↓→U_B稳定

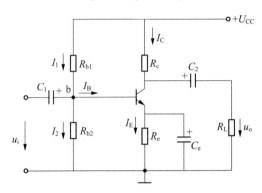

图 5-62 分压式静态工作点稳定电路

1. 静态分析

该电路的静态工作点一般用估算法来确定,具体步骤如下:

(1) 求 U_B。

$$U_B = \frac{R_B}{R_{B1} + R_B} U_{CC}$$

(2) 求 I_C 和 I_E。

$$I_E = \frac{U_B}{R_E}$$

(3) 由 $I_C = \beta I_B$,求 I_B。

(4) 由 $U_{CE} = U_{CC} - I_C R_C - I_E R_E \approx U_{CC} - I_C(R_C + R_E)$,求 U_{CE}。

2. 动态分析

该电路动态性能指标一般用微变等效电路来确定,具体步骤如下:

(1) 画出微变等效电路。

(2) 求电压放大倍数、输入电阻 R_i 和输出电阻 R_o。

比较可知:分压式偏置放大电路的动态性能与共发射极基本放大电路的动态性能一样。

5.3.3 多级放大器和负反馈放大器

1. 多级放大电路的组成

多级放大电路的组成框图如图 5-63 所示。

2. 多级放大电路的耦合方式

常用的耦合方式有三种,即阻容耦合、直接耦合和变压器耦合。

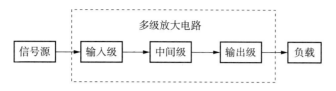

图 5-63　多级放大电路的组成框图

1) 阻容耦合

阻容耦合放大电路如图 5-64 所示。

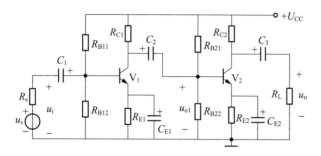

图 5-64　阻容耦合放大电路

2) 直接耦合

直接耦合放大电路如图 5-65 所示。

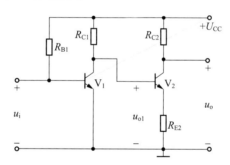

图 5-65　直接耦合放大电路

3) 变压器耦合

变压器耦合放大电路如图 5-66 所示。

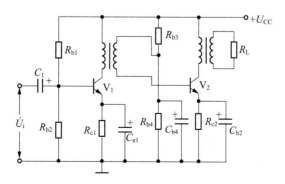

图 5-66　变压器耦合放大电路

3. 多级放大电路的指标计算

1）多级放大倍数

$$A_u = \frac{U_o}{U_i}$$

由于 $U_{i_2} = U_{o_1}$，$U_{i_3} = U_{o_2}$，$U_o = U_{o_3}$

所以 $A_u = \frac{U_{o_1}}{U_{i_1}} \cdot \frac{U_{o_2}}{U_{i_2}} \cdot \frac{U_{o_3}}{U_{i_3}} = A_{u_1} \cdot A_{u_2} \cdot A_{u_3}$

2）输入电阻和输出电阻

一般来说，多级放大电路的输入电阻就是输入级的输入电阻，而输出电阻就是输出级的输出电阻。由于多级放大电路的放大倍数为各级放大倍数的乘积，所以，在设计多级放大电路的输入级和输出级时，主要考虑输入电阻和输出电阻的要求，而放大倍数的要求由中间级完成。

具体计算输入电阻和输出电阻时，可直接利用已有的公式。但要注意，有的电路形式，要考虑后级对输入级的影响和前一级对输出电阻的影响。

4. 反馈的定义

所谓反馈，就是将放大器输出信号（电压或电流）的一部分或全部，通过一定方式送回输入回路中去影响输入信号。反馈可分为负反馈和正反馈。若引回的信号削弱了输入信号，就称为负反馈；若引回的信号增强了输入信号，就称为正反馈。

5. 负反馈原理

图 5 – 67 所示为反馈放大器框图。

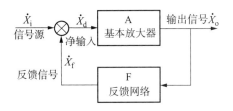

图 5 – 67　反馈放大器框图

任何带有负反馈的放大电路都包含两部分：一部分是不带负反馈的基本放大电路 A，它可以是单级或多级的；另一部分是反馈电路 F，它是联系放大电路的输出电路和输入电路的环节，多数是由电阻元件组成的。

图 5 – 67 中，用 X 表示信号，它既可以表示电压，也可以表示电流，并设为正弦信号，故用相量表示。信号的传送方向如图 5 – 67 中箭头表示，$\dot{X}_i$、$\dot{X}_o$ 和 $\dot{X}_f$ 分别为输入、输出和反馈信号。$\dot{X}_f$ 和 $\dot{X}_i$ 在输入端比较，并根据图中的"+""–"极性可得差值信号（或称为净输入信号），为

$$\dot{X}_d = \dot{X}_i - \dot{X}_f$$

若三者相同，则 $X_d = X_i - X_f$。

可见 $X_d < X_i$，即反馈信号起了削弱信号的作用，所以为负反馈。

6. 反馈的类型及判别

反馈按反馈电量的性质分，有直流反馈、交流反馈或电压反馈、电流反馈；按反馈信号的相位分，有正反馈和负反馈。正反馈和负反馈有截然不同的差别。

1) 正、负反馈

(1) 作用。正反馈起到加强输入信号的作用，因此可以提高放大倍数。但在放大器中，正反馈常使其他性能变坏，故一般不予采用。正反馈多用于振荡电路及脉冲数字电路中。

负反馈使放大倍数降低，但可换来其他性能的改善。例如，在发射极输出器中，输出电压全部反馈至输入回路，极大地削弱了对发射结的作用，是一种深度负反馈，结果电压放大倍数降低到接近于1，但换来了输入、输出电阻的改善。负反馈还可以改善失真、改善频率响应、提高抗干扰能力和提高放大器工作的稳定性，所以获得了广泛应用。

(2) 判断正、负反馈的方法。判断反馈性可采用瞬时极性法，即先假定信号处于某一瞬时的极性，然后推出电路中有关电压的瞬时极性和电流的瞬时流向，最后判断反馈信号是加强还是削弱输入信号。

假定在某一瞬间输入电压 U_i 为正（增加），则基极电位升高，U_{be} 增加，使集电极电流 i_c 增加，它的流向是从集电极到发射极的，i_c（或 i_e）在 R_e 上产生一个上端为正的反馈电压 U_f。在输入回流中，U_f 是抵消 U_i 的，因此晶体管的输入电压 $U_{be} = U_i - U_f$ 减小，电压放大倍数降低，说明引入的反馈是负反馈。

2) 负反馈的基本类型及判断

(1) 基本类型。根据在放大输出端的采样对象是电流还是电压，反馈可分为电压反馈和电流反馈两种形式；根据反馈信号的输入信号在输入端是串联还是并联关系，反馈又可分为串联反馈和并联反馈两种形式。概括起来，负反馈放大器可分为电压串联负反馈、电流串联负反馈、电压并联负反馈和电流并联负反馈四个类型，如图 5-68 所示。

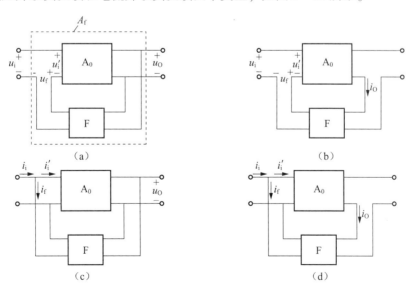

图 5-68 负反馈的四种类型

(a) 电压串联负反馈；(b) 电流串联负反馈；
(c) 电压并联负反馈；(d) 电流并联负反馈

(2)判断电流反馈与电压反馈的方法。在负反馈中,如果反馈信号取自输出电压(同输出电压成比例),称为电压负反馈。电压负反馈的最重要效应是稳定输出电压。当放大器的输入电压一定时,其输出电压本来也应具有一定的数值。但由于温度的变化、电源波动及零件变值等原因,实际上即使输入信号一定,放大器的输出电压也有变化。而引入电压负反馈之后,由于反馈信号同输出电压成比例,因此当输出电压增大时,反馈信号也会增大,对输入信号的削弱作用因此增强,从而迫使输出电压回落。同理,当输出电压减小时,通过电压负反馈迫使它回升。可见电压负反馈能稳定输出电压。前面介绍的基极偏置电路,其实质也是利用直流电压负反馈来稳定输出端的直流电压 U_{CE} 的。U_{CE} 稳定了,工作点也就相对稳定了。

如果负反馈信号取自输出电流(同输出电流成比例),则称为电流负反馈。电流负反馈的最重要效应是稳定输出电流,其作用原理同电压负反馈是相似的。因为只要输出电流一有变化,立刻就会影响反馈信号的大小,而由于这里的反馈是"负"的,所以必然要导致输出电流往相反的方向变化,也就是迫使它恢复常态。前面介绍的射极偏置电路,就是利用直流电流负反馈来稳定工作点的电流的。

【例 5 – 7】 辨析图 5 – 69 中的四幅图分别是哪种负反馈。

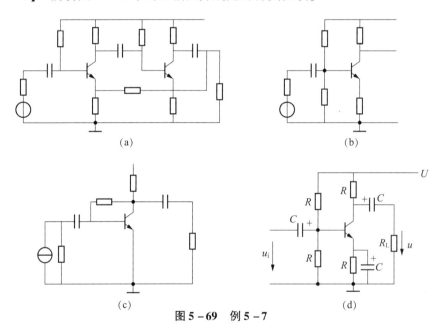

图 5 – 69 例 5 – 7

解:图 5 – 69(a) 为电压串联负反馈,图 5 – 69(b) 为电流串联负反馈,图 5 – 69(c) 为电压并联负反馈,图 5 – 69(d) 为电流串联负反馈。

7. 负反馈对放大电路工作性能的影响

(1)降低放大倍数。

因为
$$A = \frac{\dot{X}_o}{\dot{X}_d}, \quad F = \frac{\dot{X}_f}{\dot{X}_o}, \quad \dot{X}_d = \dot{X}_i - \dot{X}_f$$

所以
$$A = \frac{\dot{X}_o}{\dot{X}_i - \dot{X}_f}$$

则
$$A_f = \frac{\dot{X}_o}{\dot{X}_i} = \frac{A}{1+AF}$$

(2) 提高放大倍数的稳定性。

因为
$$A_f = \frac{\dot{X}_o}{\dot{X}_i} = \frac{A}{1+AF}$$

则
$$\frac{dA_f}{A_f} = \frac{1}{1+AF} \cdot \frac{dA}{A}$$

表明在引入负反馈之后,虽然放大倍数从 A 减少到了原来的 $1/(1+AF)$,但在外界条件有相同的变化时,放大倍数的相对变化却只有未引入负反馈时的 $1/(1+AF)$,可见负反馈放大电路的稳定性提高了。

(3) 对放大电路输入电阻的影响。串联负反馈使放大电路的输入电阻增高;并联负反馈使放大电路的输入电阻减低。

(4) 对放大电路输出电阻的影响。电压负反馈使放大电路的输出电阻降低;电流负反馈使放大电路的输出电阻增高。

(5) 改善波形失真。工作点选择不合适,或者输入信号过大,都将引起信号波形的失真。但引入负反馈之后,可将输出端的失真信号反送到输入端,使净输入信号发生某种程度的失真,经过放大之后,即可使输出信号的失真得到一定程度的补偿。从本质上说,负反馈是利用失真了的波形来改善波形的失真,因此只能减少失真,不能完全消除失真。

(6) 展宽通频带。负反馈也可以改变放大器的频率特性。在中频段,开环放大倍数 A 较高,反馈信号也较强,因而使闭环放大倍数降低得较多。而在低频段和高频段,A 较低,反馈信号也较小,因而使闭环放大倍数降低得较少。这样,就将放大电路的通频带展宽了。

5.3.4 汽车闪光器电路分析

5.3.4.1 多谐振荡电路结构及原理

简单地说,利用简单的电阻和电容,再加上放大器,就可以组成 RC 多谐振荡电路,如图 5-70 所示。

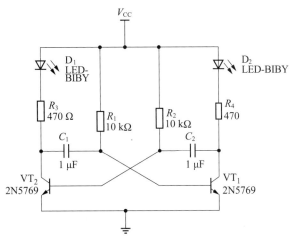

图 5-70 多谐振荡电路

电容两端电压不允许突变(电容的数学模型是电压的积分);电容与电阻串联会影响电压的积分,并且充电时间是 $T=RC$;晶体管有饱和、截止和放大三种状态,其中只有在放大状态时,晶体管的集-射电流受基极电流控制。

当电路工作时,理论分析,电路应该处于稳定状态,但是由于没有完全相同的东西,所以电路的参数也不是完全相同。假设流经 R_2 的电流比 R_1 的大,经过 VT_2 放大则致使流 D_1 和 R_3,同时使 VT_2 的集电极电位下降,那么 C_1 两端的电位出现电位差。由于电容的两端电压不允许突变,则致使 VT_1 的基极电位下降,使 VT_1 的集电极电压上升,经 C_2 使 VT_2 的基极电位升高,使 VT_3 的集-射电流更大,形成正反馈,此过程就将均处于放大状态的 VT_1、VT_2 分别向截止和饱和状态过渡。当 VT_2 饱和时,集电极电压稳定不变,且电流也不受控于基极,那么,电源会经 R_1 向 C_1 充电,使 VT_1 的基极电位上升,造成集电极电位下降,同理 C_2 两端的电位也不可以瞬间变化,则致使 VT_2 的基极电位下降,使 VT_2 的集电极电位上升,经过 C_1 必将会使 VT_1 电位上升,形成正反馈,使 VT_1、VT_2 分别处于截止、饱和状态向饱和、截止状态过渡。这样两个晶体管交替地饱和、截止,则使 D_1、D_2 交替闪烁,形成振荡。

值得注意的是:①振荡频率与每一个的基极电阻和耦合电容有关系。$f=0.7/(RC)$(基极电阻和耦合电容);②若从 VT_1、VT_2 的基极取出信号,则是锯齿波(主要由 RC 充放电造成),从集电极取出的是矩形波(主要由晶体管饱和、截止造成);③当从晶体管的集电极取出信号时,导通与自己基极相接的 RC 有关,而截止与对方基极相接的 RC 有关。

5.3.4.2 汽车闪光器电路的工作过程分析

如图 5-71 所示,汽车闪光器电路的核心是多谐振荡器电路,它由完全对称的左、右两部分组成,即两个晶体管 VT_1、VT_2,两个电解电容器 C_1、C_2,四个电阻 R_1、R_2、R_3、R_4 组成。其中每一级的输出耦合到另一级的输入,各级交替地导通与截止,每次只有一级是导通的。尽管在时间上是交替的,可是这两级产生的都是矩形波输出。所以多谐振荡器的输出可以出自任何一级。电容轮流充放电,使晶体管轮流导通与截止,形成多谐振荡,多谐振荡器输出端低、高电平发生周期性变化,在转向开关闭合后引起转向灯周期性闪烁变化。

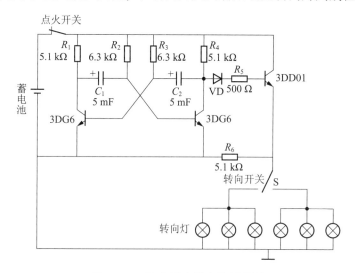

图 5-71 汽车闪光器电路原理图

任务5.4 集成运算放大器在汽车中的应用

5.4.1 集成运算放大器

5.4.1.1 集成运算放大器简介

集成运算放大器简称集成运放,是具有高增益的深度负反馈直接耦合多级放大电路。它最初是作为电子模拟计算机的基本运算单元,完成加减、积分、微分、乘除等数学运算,因此称为运算放大器。现在,集成运放已广泛应用于汽车信号处理、信号测量及波形产生等各个方面。

1. 运算放大器的基本电路构成

运算放大器内部是由多级放大电路组成的。运算放大器的基本放大电路由四部分组成,如图5-72所示:输入级、中间级、输出级和偏置电路。

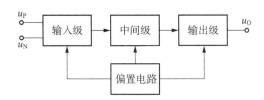

图5-72 集成运算放大器的组成

输入级:决定集成运算放大器性能关键的一级,要求它的零点漂移少,输入电阻高,所以都采用差分放大电路。

中间级:将输入级输出的信号电压加以放大,一般由共发射极放大电路构成。

输出级:输出级直接与负载相连,所以这一级要求有足够的电压放大幅度和输出功率,满足负载的需要。同时要求输出电阻小,带负载能力强。一般由互补对称电路或射极输出器构成。

偏置电路:为上述三个级电路提供稳定和合适的偏置电流,确定各级的静态工作点。

作为集成电路,虽然其内部结构相当复杂,但其外部电路并不复杂,学习时,我们要重点掌握它的引脚定义、性能参数和应用方法。

2. 集成电路的工艺特点

(1)元器件具有良好的一致性和同向偏差,因而特别有利于实现需要对称结构的电路。

(2)集成电路的芯片面积小,集成度高,所以功耗很小,在 mW 以下。

(3)不易制造大电阻。需要大电阻时,往往使用有源负载。

(4)只能制作几十 pF 以下的小电容。因此,集成放大器都采用直接耦合方式。如需大电容,只有外接。

(5)不能制造电感,如需电感,也只能外接。

3. 直接耦合放大电路的特殊问题——零点漂移

(1)零点漂移(简称零漂)现象:输入 $u_i = 0$ 时,输出有缓慢变化的电压产生。

(2)产生零点漂移的原因:零点漂移是由温度变化引起的。当温度变化使第一级放大器的静态工作点发生微小变化时,这种变化量会被后面的电路逐级放大,最终在输出端产生较大的电压漂移。因而零点漂移也称温漂。

5.4.1.2 差动放大器

1. 电路组成

差动放大器电路如图 5-73 所示,电路结构对称,即

$$\beta_1 = \beta_2 = \beta$$
$$U_{BE1} = U_{BE2} = U_{BE}$$
$$r_{be1} = r_{be2} = r_{be}$$
$$R_{c1} = R_{c2} = R_c$$
$$R_{b1} = R_{b2} = R_b$$

差动放大电路一般有两个输入端和两个输出端。信号可以使用单端输入,也可以使用双端输入;输出可以单端输出,也可双端输出。

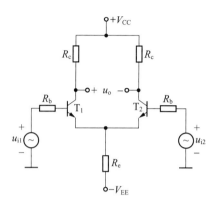

图 5-73 差动放大器电路(一)

2. 差模信号与共模信号

差模信号: $$u_{id} = u_{i1} - u_{i2}$$

共模信号: $$u_{ic} = \frac{1}{2}(u_{i1} + u_{i2})$$

差模电压增益: $$A_d = \frac{u_{od}}{u_{id}}$$

共模电压增益: $$A_{uc} = \frac{u_{oc}}{u_{ic}}$$

总电压输出: $$u_o = u_{od} + u_{oc} = A_{ud}u_{id} + A_{uc}u_{ic}$$

共模抑制比: $$K_{CMR} = \left|\frac{A_{ud}}{A_{uc}}\right|$$

差模信号是放大器的有用输入信号,共模信号是加在放大器的干扰信号。加在放大器输入端的既有差模信号,又有共模信号,而且共模信号的幅度要比差模信号的幅度大得多,因此采用差动放大器能完成信号的放大作用。

3. 差动放大器的基本工作原理

1) 静态工作点的计算

差动放大器电路如图 5-74 所示,计算静态工作点时需使输入电压为 0,即 $u_{i1} = u_{i2} = 0$。

忽略 I_b,有

$$U_{b1} = U_{b2} = 0 \text{ V}$$
$$I_{Re} = \frac{-0.7 \text{ V} - (-V_{EE})}{R_e}$$
$$I_{C1} = I_{C2} = I_C = \frac{1}{2}I_{Re}$$
$$U_{CE1} = U_{CE2} = V_{CC} - I_C R_c - (-0.7)$$

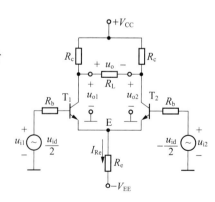

图 5-74 差动放大器电路(二)

$$I_{B1} = I_{B1} = \frac{I_C}{\beta}$$

$$U_O = U_{C1} - U_{C2} = 0$$

2）抑制零点漂移的原理

由于差动放大器的对称性，当温度变化时，晶体管的集电极电流将同时增加或减少，而且变化幅度相等，这样在输出端将无漂移电压出现。具体变化过程如下：

设 $T\uparrow \rightarrow i_{c1}\uparrow$，$i_{c2}\uparrow \rightarrow u_{c1}\downarrow$，$u_{c2}\downarrow \rightarrow u_o = u_{c1} - u_{c2} = 0$

3）动态分析

加入差模信号：
$$u_{i1} = -u_{i2} = u_{id}/2$$
$$u_{ic} = 0$$

若 $u_{i1}\uparrow$，$u_{i2}\uparrow \rightarrow i_{b1}\uparrow$，$i_{b2}\downarrow \rightarrow i_{e1}\uparrow$，$i_{e2}\downarrow \rightarrow I_{Re}$ 不变 $\rightarrow U_E$ 不变，所以，R_e 对差模信号相当于短路。交流通路及微变等效电路如图 5-75 所示。

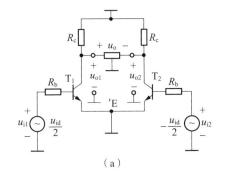 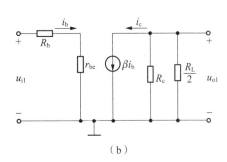

图 5-75 交流通路及微变等效电路
(a)交流通路；(b)微变等效电路

(1) 求差模电压放大倍数。

因为 $u_{i1} = -u_{i2}$，设 $u_{i1}\uparrow$，$u_{i2}\downarrow \rightarrow u_{o1}\downarrow$，$u_{o2}\uparrow$。

电路对称 $\rightarrow |u_{o1}| = |u_{o2}| \rightarrow u_o = u_{o1} - u_{o2} = 2u_{o1}$

$$A_{ud} = \frac{u_o}{u_{i1} - u_{i2}} = \frac{2u_{o1}}{2u_{i1}} = \frac{u_{o1}}{u_{i1}}$$

$$A_{ud} = -\frac{\beta\left(R_c // \frac{R_L}{2}\right)}{R_b + r_{be}}$$

(2) 差模输入电阻：
$$R_{id} = 2(R_s + r_{be})$$

(3) 输出电阻：
$$R_o = 2R_c$$

【例 5-8】 差动放大器电路如图 5-73 所示，已知 $R_b = 20\text{ k}\Omega$，$R_c = 10\text{ k}\Omega$，$R_e = 12\text{ k}\Omega$，$r_{bb} = 200\text{ }\Omega$，$U_{BE} = 0.7\text{ V}$，放大倍数 $\beta = 50$；$V_{CC} = 12\text{ V}$，$V_{EE} = 12\text{ V}$。

求：(1) 估算静态工作点。
(2) 画差模等效电路，计算差模电压增益。
(3) 计算差模输入、输出电阻。

解：(1)忽略 I_b，有
$$U_{b1} = U_{b2} = 0 \text{ V}$$
$$I_{Re} = (-0.7 + V_{EE})/R_e = (-0.7 + 12)/12 \approx 1 \text{ (mA)}$$
$$I_{C1} = I_{C2} = I_{Re}/2 = 0.5 \text{ (mA)}$$
$$I_B = I_{C1}/\beta = 0.5/50 = 0.01 \text{ (mA)}$$
$$U_{CE1} = U_{CE2} = V_{CC} - I_C R_c - (-0.7) = 12 - 0.5 \times 10 + 0.7 = 7.7 \text{ (V)}$$

(2)差模等效电路如图 5-76 所示。

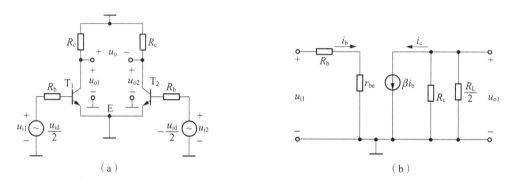

图 5-76 差模等效电路
(a)交流通路；(b)微变等效电路

$$r_{be} = r_{bb} + (1+\beta) \times 26/I_E = 200 + 51 \times 26/0.5 = 2\,852 \text{ }(\Omega)$$
$$A_{uD} = -\beta R_c/(R_b + r_{be}) = -50 \times 10/(20 + 2.852) \approx -21.9$$

(3)
$$R_{ID} = 2(R_b + r_{be}) = 2 \times (20 + 2.852) \approx 45.7 \text{ (k}\Omega)$$
$$R_O = 2R_c = 2 \times 10 = 20 \text{ (k}\Omega)$$

5.4.1.3 运算放大器的主要参数

要合理选择和正确使用集成运放，就必须熟悉其性能。而衡量集成运放性能优劣的主要依据就是它的各种参数。

(1)开环差模电压放大倍数 A_{od}：集成运放在开环(没有反馈电路)时的输出电压与输入差模信号电压之比。A_{od}越高，所构成的运算电路越稳定，运算精度也越高。一般集成运放的 A_{od} 为 80~140 dB，如型号为 μA741 的通用型集成运放的 A_{od} 为 108 dB。

(2)最大共模输入电压 U_{ICM}：集成运放在线性工作范围内所能承受的最大共模输入电压。所加电压如果超过这个值，会出现共模抑制比下降、失去差模放大能力等问题。高质量运放的 U_{ICM} 可达正负十几伏。

(3)最大差模输入电压 U_{IDM}：指集成运放同相输入端和反相输入端所能承受的最大电压值。所加电压如果超过 U_{IDM}，可能会导致输入级晶体管反向击穿而损坏。

(4)共模抑制比 K_{CMR}：集成运放差模电压放大倍数与共模电压放大倍数之比，一般为 100 dB 左右。K_{CMR} 越大，说明差动放大电路各参数的对称性越好。

(5)差模输入电阻 R_{id}：集成运放两输入端的动态电阻，一般为 mΩ 级。

(6)输出电阻 R_o：集成运放开环工作时，从输出端向里看进去的等效电阻。R_o 越小，集成运放带负载能力越强。

(7)-3 dB 带宽 f_H：集成运放的开环增益随频率升高而降低。f_H 是当差模电压放大倍数下降 3 dB(即下降到 0.707 倍)时的信号频率。

总之,集成运放具有开环电压放大倍数高、输入电阻高、带负载能力强、漂移小、可靠性高、体积小等优点,它已成为一种通用器件,在各个技术领域得到了广泛应用。

5.4.1.4 集成运放理想化条件及其传输特性

在分析集成运放组成的各种电路时,将实际的集成运放作为理想运放来处理,并分清其工作状态是十分重要的。

理想的集成运放应满足以下各项性能指标:

(1)开环差模电压放大倍数 $A_{od} = \infty$。

(2)输入电阻 $R_{id} = \infty$。

(3)输出电阻 $R_o = 0$。

(4)共模抑制比 $K_{CMR} = \infty$。

尽管真正的理想运放并不存在,但由于实际集成运放的各项性能指标与理想运放非常接近,因此在实际操作中,往往都将实际运放理想化,以使分析过程简化。

理想运放的图形符号如图 5-77 所示。它有同相和反相两个输入端,以及一个输出端。反相输入端标"-",同相输入端和输出端标"+",它们的对"地"电压(即电位)分别用 u_-、u_+ 和 u_o 表示,两输入端的电位差称为净输入电压。"∞"表示开环电压放大倍数的理想化条件。

集成运放的传输特性曲线(表示输出电压与输入电压之间关系的曲线称为传输特性曲线)如图 5-78 所示。

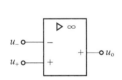

图 5-77 理想运放的图形符号

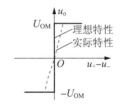

图 5-78 集成运放的传输特性曲线

由图 5-78 可见,传输特性曲线分为线性区和饱和区。其可工作在线性区,也可工作在饱和区,但分析方法不一样。

在线性区,输出电压与输入电压成简单的线性关系,即

$$u_o = A_{uo}(u_+ - u_-)$$

对于工作在线性区的理想运放,分析时有两条简化原则

(1)虚短。因为理想运放的开环电压放大倍数为无穷大,而 u_o 为一定值,所以

$$u_+ - u_- = \frac{u_o}{A_{uo}} \approx 0$$

即 $u_+ \approx u_-$。

如果在反相输入端有输入信号,同相输入端接地,即 $u_+ = 0$,可得出:反相输入 $u_- \approx 0$。它并不是真的接地,通常称为"虚地"。

(2)虚断。由于理想运放的输入电阻趋于无穷大,故认为反相输入端与同相输入端的输入电流均趋于零,即有 $i_+ \approx i_- \approx 0$。

当集成运放工作在饱和区时,上述两条简化原则就不适用了。这时输出电压只有两种可

能，即等于输出最高正电压(正饱和电压)和输出最高负电压(负饱和电压)。这两个电压的绝对值可能不相等，可通过在输出端加双向稳压管来获得等值反向的输出电压。即有

当 $u_+ > u_-$ 时，$u_o = +U_{o(\text{sat})}$。

当 $u_+ < u_-$ 时，$u_o = -U_{o(\text{sat})}$。

此外，运放工作在饱和区时，两个输入端的输入电流也等于零。

5.4.2 集成运算放大器组成的几种基本放大器

由集成运放和外接电阻、电容等元件构成的比例、加减、积分与微分等运算电路称为基本运算电路(见图5-79)。在分析基本运算电路的输入、输出关系时，将集成电路看作理想运放，再根据"虚短"和"虚断"的特点进行分析较为方便。

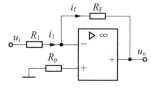

图 5-79 集成运放电路

A_{uf} 可以大于1，也可以小于1。

当 $R_f = R_1$ 时，$A_{uf} = -1$，我们称其为反号器或反相器，可用于变号运算。

1. 反相比例运算放大电路

从反馈类型来看，在图5-79所示的反相比例运算放大电路中，反馈电路自输出端引出而接到反相输入端，设 u_i 为正，则 u_o 为负，此时反相输入端的电位高于输出端的电位，输入电流 i_1 和反馈电流 i_f 的实际方向如图中所示，差值电流 $i_d = i_1 - i_f$，即 i_f 削弱了净输入电流(差值电流)，故为负反馈。反馈电流 i_f 取自输出电压 u_o，并与之成正比，故为电压反馈。反馈信号在输入端是以电流形式出现的，它与输入信号并联，故为并联反馈。因此，反相比例运算电路是一个并联电压负反馈电路。

2. 同相比例运算放大电路

(1)电路组成。信号通过 R_2 加到运放同相端的电路，称为同相输入放大器。其反馈信号加至反相端，是一个电压串联负反馈电路。如图5-80所示，图中 $R_2 = R_1 // R_f$。

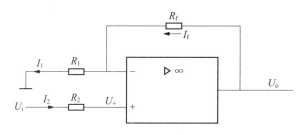

图 5-80 同相比例运算放大电路

(2)闭环电压放大倍数。在理想运放中 $I_+ = I_- = 0$，$U_+ = U_-$。

所以 R_2 上无电压降。所以 $U_+ = U_- = U_i$。

又因为 $I_- = 0$，所以 $I_1 = I_f$。

而 $I_1 = U_1/R_1 = U_i/R_1$，$I_f = (U_o - U_-)/R_f = (U_o - U_i)/R_f$，则 $U_1/R_1 = (U_o - U_i)/R_f$，所以 $U_o = U_i(1 + R_f/R_1)$，$U_o/U_i = 1 + R_f/R_1$。我们称此时的 U_o/U_i 为闭环电压放大倍数，用 A_f 表示，则

$$A_f = 1 + R_f/R_1$$

它表明 A_f 为正，即同相输入放大器的输出与输入同相，且 A_f 总大于 1，它取决于外电路的 R_f 与 R_1，而与运放的参数无关。

(3) 电压跟随器。将 R_1 断开，即 $R_1 \to \infty$，可得电压跟随器，其 $A_f = 1$。它是同相比例放大器的特例。

电压跟随器具有与分立元件射极跟随器相同的特点，但性能更优良。$A_f = 1$，$r_i \to \infty$，$r_o = 0$。因而应用更广泛，具有良好的跟随和隔离作用。

(4) 反馈类型。同相比例运算放大电路是一个深度串联电压负反馈电路。

【例 5 – 9】电路如图 5 – 81 所示，试求输出电压 U_o。

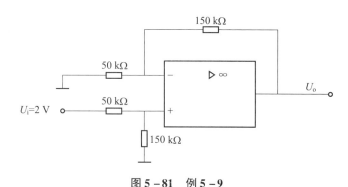

图 5 – 81 例 5 – 9

解：根据 $I_+ = I_- = 0$，有

$$U_+ = \frac{150}{150 + 50} \times 2 = 1.5 \text{ (V)}$$

$$U_- = \frac{50}{150 + 50} \cdot U_o = U_o/4$$

而 $U_+ = U_-$，即 $\frac{1}{4} U_o = 1.5 \text{ (V)}$，所以

$$U_o = 4 \times 1.5 = 6 \text{ (V)}$$

3. 反相加法运算电路

(1) 电路的作用。加法运算电路是用来对若干输入信号进行求和运算的电路。

(2) 电路的组成。如图 5 – 82 所示，由于反相输入端"虚地"，故 $U_+ = U_- = 0$，由图可知：

$$I_1 = U_{i1}/R_1, \quad I_2 = U_{i2}/R_2, \quad I_3 = U_{i3}/R_3$$
$$I_f = (0 - U_o)/R_f = -U_o/R_f$$

又因为 $I_+ = I_- = 0$，故 $I_f = I_1 + I_2 + I_3$，即 $\frac{-U_o}{R_f} = \frac{U_{i1}}{R_1} + \frac{U_{i2}}{R_2} + \frac{U_{i3}}{R_3}$，所

$$U_o = -\left(\frac{R_f U_{i1}}{R_1} + \frac{R_f U_{i2}}{R_2} + \frac{R_f U_{i3}}{R_3} \right)$$

上式表明，输出电压等于各输入电压按不同比例相加，即实现了对输入信号的求和运算。

图 5 – 82 中平衡电阻值为：$R_4 = R_1 // R_2 // R_3 // R_f$。

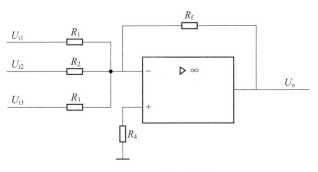

图 5-82 加法运算电路

(3) 特例：

① 当 $R_1 = R_2 = R_3 = R$ 时，有

$$U_o = -\frac{R_f}{R}(U_{i1} + U_{i2} + U_{i3})$$

② 当 $R_1 = R_2 = R_3 = R_f = R$ 时，有

$$U_o = -(U_{i1} + U_{i2} + U_{i3})$$

【例 5-10】 在图 5-82 中，已知反相加法运算放大器的运算关系为 $U_o = -(10U_{i1} + 5U_{i2} + 2U_{i3})$，$R_f = 100\ \text{k}\Omega$，试求 R_1、R_2、R_3 及平衡电阻 R_4 之值。

解：由公式 $U_o = -\left(\dfrac{R_f}{R_1}U_{i1} + \dfrac{R_f}{R_2}U_{i2} + \dfrac{R_f}{3}U_{i3}\right)$，得

$$R_1 = \frac{R_f}{10} = 10(\text{k}\Omega),\quad R_2 = \frac{R_f}{5} = 20(\text{k}\Omega)$$

$$R_3 = \frac{R_f}{2} = 50(\text{k}\Omega)$$

$$R_4 = R_1//R_2//R_3//R_f \approx 5.6\ \text{k}\Omega$$

4. 减法运算电路

(1) 电路的组成。如图 5-83 所示，U_{i1}、U_{i2} 分别加到集成运放的反相输入端与同相输入端，就构成减法运算电路，也称差分放大电路。

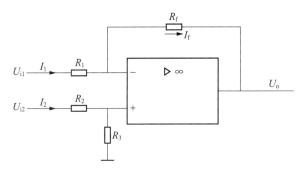

图 5-83 减法运算电路

(2) 电压关系。根据 $I_+ = I_- = 0$，$U_+ = U_-$ 可得

$$U_o = \frac{R_f}{R_1}(U_{i2} - U_{i1})$$

(3)特例：

①当 $R_1 = R_2$ 且 $R_f = R_3$ 时，有

$$U_+ = \frac{R_3}{R_2 + R_3} U_{i2}$$

$$\frac{(U_{i1} - U_-)}{R_1} = \frac{(U_- - U_o)}{R_f}$$

故

$$U_o = \left(1 + \frac{R_f}{R_1}\right) U_+ - \frac{R_f}{R_1} U_{i1}$$

$$U_o = \left(1 + \frac{R_f}{R_1}\right) \frac{R_3}{R_2 + R_3} U_{i2} - \frac{R_f}{R_1} U_{i1}$$

②当 $R_1 = R_f$ 时，有

$$U_o = U_{i2} - U_{i1}$$

以上两特例才是名副其实的差分器。

任务 5.5 技能训练

5.5.1 直流电源电路仿真实验

1. 实训目的
(1)掌握单相桥式整流电路的工作原理。
(2)熟练使用 Multisim 电子仿真软件观察电压波形。
2. 实训器材
计算机、电子电路仿真软件 Multisim。
3. 实训原理
电子仪器和设备都用直流电供电，而通常电网供给的都是交流电，最简单、经济的方法就是通过整流滤波电路将交流电变换成直流电。
(1)整流电路：利用二极管的单相导电特性，能将交流电转换成脉动直流电。一般可以分为半波、全波、桥式整流电路。
(2)滤波电路：为了平滑整流后的电压波形，减少其纹波成分，必须在整流后面加入滤波电路。滤波电路形式很多，对于负载电流不太大的情况，常用电容滤波。
4. 实训步骤
(1)设计电路如图 5-84 所示。
(2)测试变压器波形。先用示波器观察输入波形，为正弦波；再将整流桥电路断开，用示波器测量变压器两端的波形，与输入波形形状相同，幅度不同。
(3)测试桥式整流输出波形。断开电容器、稳压器，观察单相桥式整流波形，如图 5-85 所示。
(4)观察桥式整流滤波波形，如图 5-86 所示。
①测试桥式整流滤波波形，使 $C = 10\ \mu F$。
②测试桥式整流滤波波形（$C = 470\ \mu F$），如图 5-87 所示。

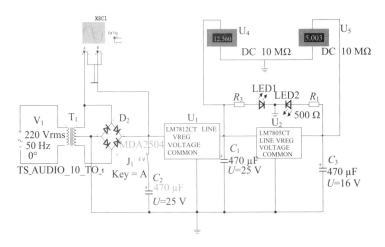

图 5-84 单相桥式整流滤波稳压电路

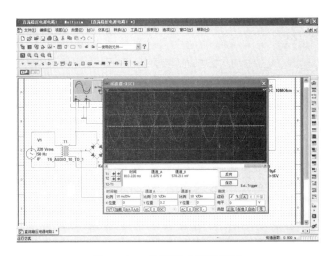

图 5-85 单相桥式整流波形

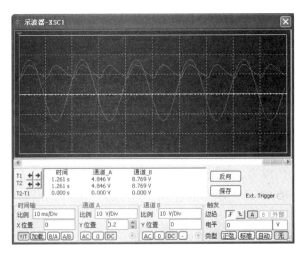

图 5-86 单相桥式整流滤波波形（$C = 10\ \mu F$）

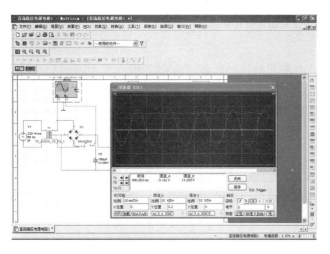

图 5–87 单相桥式整流滤波波形($C=470$ μF)

(5)测试稳压波形,如图 5–88 所示。

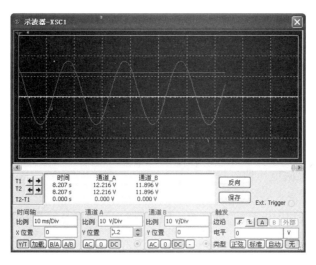

图 5–88 单相桥式整流滤波稳压波形

5. 思考题

(1)将桥式整流电路中的一个二极管开路,重复实验内容。
(2)将电阻 R_1 改换数值为 10 Ω,观察输出波形的变化。
(3)改变电容数值,观察滤波波形变化情况与电容数值的关系。
(4)如何利用仿真软件绘制连续输出 3～24 V 直流稳压电源电路?

6. 实训结果分析

(1)变压器只改变一次电压的幅度,不改变其电压波形。
(2)经过桥式整流后,将具有正、负值的交流电压变换成单一方向的全波脉动电压。
(3)接入滤波电容后,能把脉动电压中的交流成分滤掉,输出较平滑的电压。
(4)为实物制作打下基础。

5.5.2 直流稳压电源的制作

1. 实训目的

(1)能够充分了解电子元器件的性能,并能分析汽车电源电路的结构、原理,进一步理解整流、滤波、稳压电路的工作原理。

(2)熟悉制作工艺的工作流程,能够制定工作方案,并执行验收方案检查质量。

①正确使用焊接工具,制定检测标准。

②能够对焊接元器件组件进行检测,对照技术标准进行维修或更换。

③能够分析电路板系统故障,解决相类似问题。

(3)为了方便检测汽车电器、电控工作情况,需要设计制作一个双路稳压电源。

2. 实训器材

(1)220 V 交流电。

(2)主要元器件清单:220 V/15 V 变压器,整流器,三端稳压器 LM7812、LM7805,电容 470 μF,电阻 1000 Ω、500 Ω,红色、绿色发光二极管。

3. 实训原理

主要元器件的基本原理及特性:

1)变压器

变压器是利用线圈互感的特性构成的一种元件。它的原理就是利用线圈将电能转换为磁能,再将磁能转换为电能。它具有工作可靠、功率大、应用广泛等特点。

2)整流器

整流器就是一个桥式整流电路,利用二极管的单向导电性把周期变化的交流电变化成大小随时间变化的脉动直流电。但在工作过程中,我们要注意二极管的工作条件:二极管的平均电流和承受的最大反向电压值。

3)电容

在电路中,主要是利用电容的"通交流,隔直流",充放电使用进行滤波使电压趋于平稳。

电容的主要作用如下:

(1)隔直流:阻止直流而让交流通过。

(2)旁路(去耦):为交流电路某些并联的元件提供低阻抗通路。

(3)耦合:作为两个电路之间的连接,允许交流信号通过并传输到下一级电路。

(4)滤波:将整流以后的脉状波变成接近直流平滑波或将纵波及干扰滤除。

(5)调谐:对与频率相关电路进行系统调谐。

(6)储能:整流器搜集电荷并将储存能量通过变换器引线传至电源。

(7)保护:对半导体起保护作用。

在这次实训中,我们应选择 470 μF/25 V 的电解电容,同时要注意电容的正负极性。

4)稳压器 LM7812

LM7812 的输入电压与输出电压的差值应该大于 2 V,否则不能正常工作,同时,电流 $I=8$ mA,经过整流滤波器 LM7812 将电压变成直流稳定的电压 12 V。

5)稳压器 LM7805

LM7805 主要是将 LM7812 形成的电压变为 5 V 左右。

6)发光二极管和电阻

在 LM7812 加上一个红色二极管和一个 1 kΩ 的电阻，在 LM7805 加上一个绿色二极管和一个 500 Ω 的电阻。

4. 实训步骤

教师首先演示双路稳压电源的制作工艺、组装方法，强调安全注意事项，强调制作方法、步骤及要求；零件的摆放、清理及检查。

(1) 分组、认定组长并分配任务。
(2) 各个组长领取产品材料，并分配下发组内成员任务。
(3) 检测元器件的质量好坏。
(4) 选用工具，正确安装各个元器件，注意合理摆放零件及工具。
(5) 各小组讨论双路稳压电源的工作流程、电路的结构是否合理。
(6) 训练学生焊接、组装双路稳压电源，并填写工作记录。
(7) 总结、测试、评价产品性能与质量。
(8) 按制作计划、收集整理有关资料，为产品报告积累素材，按工作流程撰写产品报告。

制作流程参考图 5 - 89。

5. 实训结果分析

通过实训，学生应能够识别与检测元器件、组装元器件、焊接元器件，能够分析、处理电路的简单故障。

5.5.3 单管放大电路仿真实验

1. 实训目的

利用仿真软件分析共射放大电路的静态工作点与仿真电路的关系。

2. 实训器材

计算机、电子电路仿真软件 Multisim。

3. 重点与难点

重点：能正确连接电路元器件和仿真设备。

难点：仿真电路工作点的取得。

4. 实训步骤

1) 建立仿真共发射极放大电路

进入电子仿真软件 Multisim 基本界面，调出所需元器件及仪器，按电路图连接电路并进行仿真测试，如图 5 - 90 所示。

2) 静态工作点分析

(1) 调整电位器 R_6 大致在 50%，使放大器工作在良好的放大工作区，得到放大器的输入、输出波形，如图 5 - 91 所示。

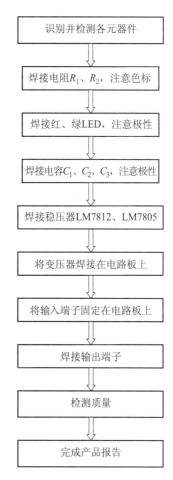

图 5 - 89 直流稳压电源制作流程

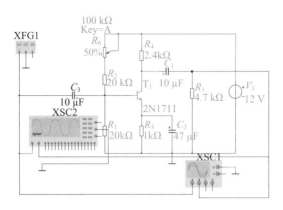

图 5-90　单管放大器的仿真实验电路

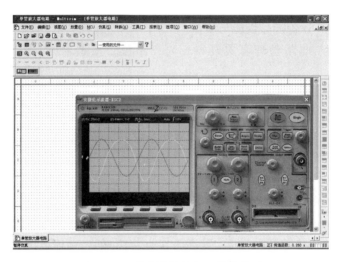

图 5-91　放大器的输入、输出波形

(2) 调整电位器 R_6 的数值，会引起输出波形的变化。

调整电位器 R_6 逐渐由 50% 减小至 5%，观察波形变化，如图 5-92 所示。

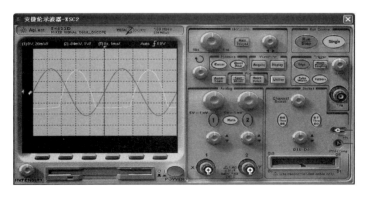

图 5-92　调整电位器 R_6 至 5%，放大器的输入、输出波形

(3) 调整电位器 R_6 逐渐由 50% 至 95%，观察波形变化，如图 5-93 所示。

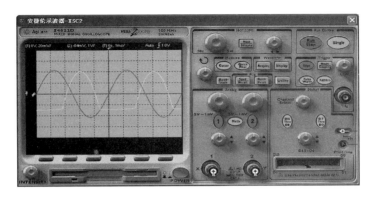

图 5 – 93　调整电位器 R_6 至 95%，放大器的输入、输出波形

3) 静态工作点的测量

显示节点的电路和静态工作点分析分别如图 5 – 94 和图 5 – 95 所示。

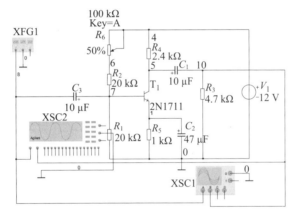

图 5 – 94　显示节点的电路

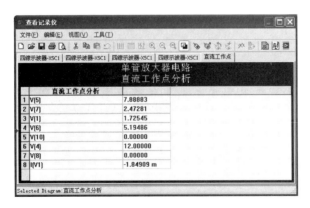

图 5 – 95　静态工作点分析

5. 实验结果分析

比较图 5 – 91～图 5 – 93 输出波形的变化情况，分析单管放大器电路静态工作点与输出波形的关系，各组选派代表对实训结果进行分析并完成实训报告。

5.5.4 汽车闪光器仿真设计

1. 实训目的

(1) 进一步理解汽车闪光器电路的工作原理。

(2) 利用仿真软件进行仿真验证。

(3) 通过仿真实验，为汽车闪光器的实训制作打下基础。

2. 实训器材

计算机、电子电路仿真软件 Multisim。

3. 重点与难点

重点：能正确连接电路元器件和仿真设备。

难点：电路元器件及设备仿真波形产生原因。

4. 实训原理

无触点晶体管式闪光器电路如图 5-96 所示。该电路的核心是多谐振荡器电路，它由完全对称的左、右两部分组成，即由 2 个晶体管 VT_1 和 VT_2，2 个电解电容器 C_1 和 C_2，4 个电阻 R_1、R_2、R_3、R_4 组成。其中每一级的输出耦合到另一级的输入。各级交替地导通和截止，每次只有一级是导通的。尽管在时间上是交替的，可是这两级产生的都是矩形波输出。所以多谐振荡器的输出可取自任何一级。电容器轮流充放电，使晶体管轮流导通与截止，形成多谐振荡，多谐振荡器输出端低、高电平发生周期性变化，在转向开关闭合后引起转向灯周期性闪烁变化。

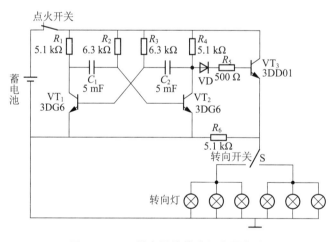

图 5-96 无触点晶体管式闪光器电路

5. 实训步骤

(1) 下发任务：分组、给各组同学分配工单。

(2) 师生共同分析任务：分析工作原理及元器件的作用。

(3) 学生按照工单要求完成仿真操作：

① 打开电子仿真软件 Multisim 工作界面。

② 调出元器件，按照工单方案要求连接仿真电路图 5-97。

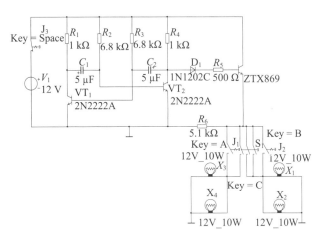

图 5-97 无触点晶体管式仿真电路

③开启仿真开关，断开负载，用示波器观测多谐振荡器的输出波形，如图 5-98 所示，并计算振荡器的波形周期及频率，并与频率计算关系式进行比较。

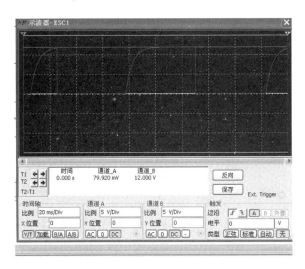

图 5-98 多谐振荡器的输出波形

④开启仿真开关，闭合转向灯开关，观察转向灯发光情况，用示波器观察输出波形。

⑤闭合仿真开关，改变电阻参数的数值；闭合转向灯开关，开启仿真开关，观察转向灯发光情况，用示波器观察输出波形。

电容保持不变，同时增大电阻，使 $R_2 = R_3 = 15 \text{ k}\Omega$ 时，用示波器观察波形周期变化情况，如图 5-99 所示。

电容保持不变，同时减小电阻，使 $R_2 = R_3 = 15 \text{ k}\Omega$ 时，用示波器观察波形周期变化情况。

⑥关闭仿真开关，改变电容参数的数值；闭合转向灯开关，开启仿真开关，观察转向灯发光情况，用示波器观察输出波形。

电阻保持不变，同时增大电容，使 $C_2 = C_3 = 47 \text{ μF}$ 时，用示波器观察波形周期变化情况，如图 5-100 所示。

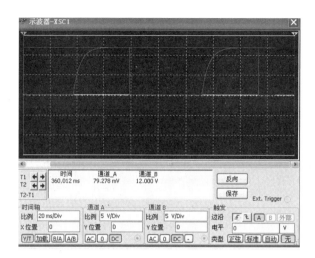

图 5-99　电容保持不变，同时增大电阻 R_2、R_3 时的波形

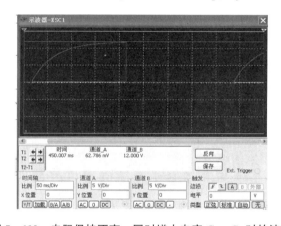

图 5-100　电阻保持不变，同时增大电容 C_2、C_3 时的波形

　　电阻保持不变，同时减小电容值时，用示波器观察波形周期变化情况。

　　⑦同时改变电阻、电容的数值，用示波器观察波形周期变化情况。

6. 任务评价

（1）学生自评：按照评估单要求自己进行评价。

（2）组内互评：按照评估单要求组内同学评价。

（3）教师评价：按照评估单要求教师进行评价。

（4）成绩总评：根据自评、互评、师评成绩确定总评成绩。

7. 总结

（1）说明振荡电路中电阻、电容参数的改变与多谐振荡电路的频率之间的关系。

（2）根据实训方案选择电路进行仿真，按照实训流程认真完成仿真实验报告，为下次课打下基础。

5.5.5　汽车闪光器的制作

1. 实训目的

（1）识别元器件并检测其质量好坏。

(2)掌握焊接工艺要求。

(3)测试闪光器电路功能并能查找电路故障。

2. 实训器材

(1)电烙铁及配套辅助工具。

(2)万用表1块。

(3)元器件清单如表5-4所示。

表5-4 元器件清单

元器件名称	电阻 $R=1$ kΩ	电阻 $R=10$ kΩ	电容 $C=10$ μF	晶体管9011	发光二极管
数量	2只	2只	2只	2只	红/绿各1只

3. 重点与难点

重点:元器件的识别与焊接技术。

难点:能够检测并处理电路故障。

4. 实验步骤

要求:根据图5-101完成以下任务。

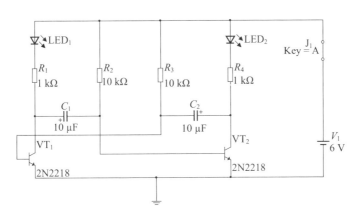

图5-101 汽车闪光器电路

(1)利用仿真软件选择元器件并进行仿真测试,调整元器件数值,并按参数要求选择元器件。

(2)各个组长领取产品材料,并分配下发组内成员任务。

(3)识别元器件并利用万用表检测其质量好坏。

(4)选用工具,正确安装各个元器件,注意合理摆放元器件及工具。

(5)各小组讨论电路的元器件布局是否合理并制作流程。

(6)进行电路焊接制作,训练学生焊接、组装闪光器电路,并填写工作记录。

(7)总结、测试电路功能并查找故障,评价产品性能与质量。

(8)按制作计划收集、整理有关资料,为产品报告积累素材,按工作流程撰写产品报告。

制作流程参考图5-102。

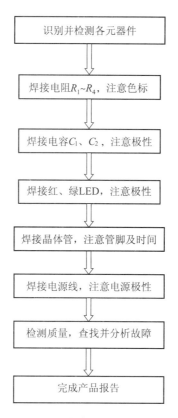

图 5-102 汽车闪光器制作流程

5. 实验结果分析

通过制作汽车闪光器，学生应进一步明确产品仿真制作、元器件的识别与检测、安装、焊接制作与调试的流程。

单 元 小 结

1. PN 结的形成：PN 结形成的过程中多数载流子的扩散和少数载流子的漂移共存。当扩散运动和漂移运动达到动态平衡，耗尽层（空间电荷区）的宽度基本稳定，即 PN 结形成。

2. 晶体二极管是由 PN 结加两个电极和管壳组成的，它的主要特点是单向导电性，在电路中可以起到整流和检波的作用。

3. 晶体管的结构特性及工作原理：

晶体管工作在放大区时，具有电流放大作用，常用来构成各种放大电路；工作在截止区和饱和区时，相当于开关的断开和接通，具有开关作用，常用于开关控制和数字电路。

4. 单相半波整流在纯电阻负载下的输出电压平均值为 $U_o = 0.45 U_1$，单相桥式整流在纯电阻负载下的输出电压平均值为 $U_o = 0.9 U_1$。

5. 电容是表征两导体在单位电压作用下储存电荷的能力，只与导体开关尺寸及中间介质有关。平板电容器的电容量为 $C = \varepsilon \dfrac{S}{d}$。

6. 几个电容器串联、并联或串并联时可用一个等效电容替代。

注意：几个电容器串联之后，等效电容小于其中任一电容；而并联后的等效电容为各电容之和。需要大的电容时，可用几个电容并联。

7. 晶体管放大电路静态分析：

$$I_{CQ} \approx I_{EQ} = \frac{U_B - U_{BEQ}}{R_E}$$

$$I_{BQ} = \frac{I_{CQ}}{\beta}$$

$$U_{CEQ} = U_{CC} - I_{CQ}(R_C + R_E)$$

8. 晶体管放大电路动态分析：

$$A_u = \frac{\beta R_C}{r_{be}}$$

$$r_i = \frac{\dot{U}_i}{\dot{I}_i} = R_B // r_{be}$$

$$r_o = \frac{\dot{U}}{\dot{I}} = R_C$$

9. 晶闸管的结构及在电路中的保护作用。
10. 集成运算放大电路分析及常用集成运算放大器的分析运算。

单 元 习 题

一、填空题

1. 设置静态工作点的目的是( )，在共射极放大电路中，当输入电流一定时，静态工作点设置太低将产生( )失真；静态工作点设置太高将产生( )失真。
2. PN 结具有( )，即加( )电压时 PN 结导通；加( )电压时 PN 结截止。
3. 在放大器中引入负反馈的目的是( )。所谓负反馈，即( )又返回到输入。
4. 整流的目的是将( )转换成( )。能够将脉动的直流电转变成较稳定的直流电的是( )。
5. 输入电阻和输出电阻是衡量放大电路性能的重要指标，一般希望放大电路的输入电阻( )，以( )对信号源的影响；希望输出电阻( )，以增大( )的能力。
6. P 型半导体的多子为( )，少子为( )。
7. 晶体管是依靠( )电流控制( )电流的。
8. 晶闸管的三个电极分别是( )、( )和( )。它导通的条件是在阳极加( )的同时，在控制极加( )。晶闸管一旦导通，控制极就失去( )。
9. 晶闸管的管芯由( )半导体材料组成，具有( )个 PN 结。
10. 用万用表测二极管，如果测出其正反向电阻均接近于零，表明该二极管( )；如果测出其正反向电阻很大，甚至为无穷大，表明该二极管( )。

二、判断题

1. 二极管反向截止时电阻很大，可看成开路，相当于将开关断开。　　　　（　　）
2. 全波整流电路中，流过每个整流管的平均电流只有负载电流的一半。　（　　）
3. 电压放大倍数定义为输出量的瞬时值和输入量的瞬时值之比。　　　　（　　）
4. 稳定静态工作点，一般采用直流电流负反馈。　　　　　　　　　　　（　　）
5. 在放大电路中引入负反馈后，能使输出电流稳定的是电流反馈。　　　（　　）
6. 判断电路反馈极性的瞬时极性符号"＋""－"是表示某些点电位的变化趋势。（　　）
7. 滤波电路中的滤波电容是极性电容。　　　　　　　　　　　　　　　（　　）
8. 滤波电路中的滤波电容越大越好。　　　　　　　　　　　　　　　　（　　）
9. 整流电路能把交流变成稳定的直流电。　　　　　　　　　　　　　　（　　）
10. 二极管的最高反向工作电压等于二极管的反向击穿电压。　　　　　（　　）

三、选择题

1. 开关晶体管正常的工作状态是(　　)。
   A. 截止　　　　　B. 放大　　　　　C. 饱和　　　　　D. 截止和饱和

2. 在 NPN 型晶体管放大电路中，当输入交流正弦波时，输出电压波形出现正半波平顶失真，则引起失真的原因是(　　)。
   A. 静态工作点太低，i_b 的负半周进入截止区
   B. 静态工作点太高，i_b 的正半周进入截止区
   C. 静态工作点合适，i_b 的值过大

3. 为使晶体管工作在放大状态，必须保证(　　)。
   A. 发射结正偏，集电结反偏　　　　　B. 发射结正偏，集电结正偏
   C. 发射结反偏，集电结正偏　　　　　D. 发射结反偏，集电结反偏

4. 晶体管各极对公共端电位如图所示，则处于放大状态的硅晶体管是(　　)。

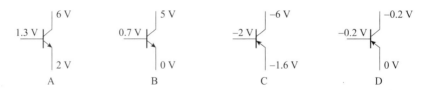

5. 如图5-103所示，稳压电路稳压管 VZ_1 与 VZ_2 的稳压值分别是6 V 和9 V，正向压降为0.7 V，$E = 12$ V。输出电压 U_0 为(　　)。
   A. 6 V　　　　　B. 9 V
   C. 0.7 V

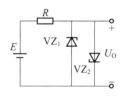

图5-103　选择题5

6. 采用分压式电流负反馈偏置电路的目的是(　　)。
   A. 稳定静态工作点　　　　　　　　　B. 提高电压放大倍数
   C. 减小非线性失真

7. 硅稳压二极管与整流二极管的不同之处在于(　　)。
   A. 稳压管不具有单向导电性
   B. 稳压管可工作在反向工作区，整流管则不允许

C. 整流管可工作在反向击穿区，稳压管则不允许
D. 稳压管击穿时端电压稳定，整流管则不然

8. 晶闸管的导通条件是(　　　　)。
A. 晶闸管正向阳极电压 $U_{AK}>0$，控制极适当的正向电压 $U_{GK}>0$，从关断状态到导通状态的阳极电流大于维持电流
B. 只要有正向阳极电压 $U_{AK}>0$ 就可以
C. 只要有足够的控制极正向电压 $U_{GK}>0$ 就可以

9. 在单相桥式整流电路中，如果一只二极管接反，则(　　　　)。
A. 引起电源短路　　　　　　　　B. 电路可以工作
C. 将成为半波整流电路　　　　　D. 仍为全波整流

10. 晶闸管和晶体管在电特性上有(　　　　)。
A. 晶闸管内部结构可以模拟成两个晶体管互相连接，当然也是晶体管，没有什么不同
B. 晶闸管的控制极和晶体管的基极作用相同
C. 晶体管的基极电流控制集电极电流，是电流放大器件，而晶闸管的控制极电流只在触发阶段起作用，晶闸管导通后，控制极失去作用

11. 集成运放工作在线性放大区，由理想工作条件得出两个重要规律是(　　　　)。
A. $U_+ = U_- = 0$，$i_+ = i_-$　　　　B. $U_+ = U_- = 0$，$i_+ = i_- = 0$
C. $U_+ = U_-$，$i_+ = i_- = 0$　　　　D. $U_+ = U_- = 0$，$i_+ \neq i_-$

12. 利用集成运放构成电压放大倍数为 $-A$ 的放大器，$|A|>0$ 应选用(　　　　)。
A. 反相比例运算电路　　　　　　B. 同相比例运算电路
C. 同相求和运算电路　　　　　　D. 反相求和运算电路

四、计算题

1. 已知如图 5-104 所示电路中稳压管的稳定电压 $U_Z = 6$ V，最小稳定电流 $I_{Zmin} = 5$ mA，最大稳定电流 $I_{Zmax} = 25$ mA。

(1) 分别计算 U_I 为 10 V、15 V、35 V 三种情况下输出电压 U_O 的值。

(2) 若 $U_I = 35$ V 时负载开路，则会出现什么现象？为什么？

2. 图 5-105 所示电路中，输入端 A 的电位 $V_A = -3$ V，B 的电位 $V_B = 0$ V，求输出端 Y 的电位 V_Y。

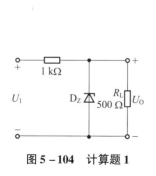

图 5-104　计算题 1

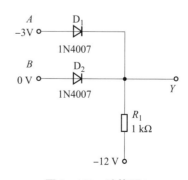

图 5-105　计算题 2

3. 晶体管放大电路如图 5-106 所示，已知 $\beta = 50$，请画出电路的直流通路、交流通路和

微变等效电路。计算静态工作点(I_{BQ}、I_{CQ}、U_{CEQ})，计算输入电阻R_i、输出电阻R_o和电压放大倍数A_u。

4. 晶体管放大电路如图5-107所示，已知$\beta=50$，请画出电路的直流通路、交流通路和微变等效电路。计算静态工作点(I_{BQ}、I_{CQ}、U_{CEQ})，计算输入电阻R_i、输出电阻R_o和电压放大倍数A_u。

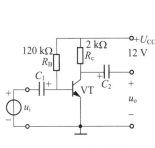

图 5-106 计算题 3

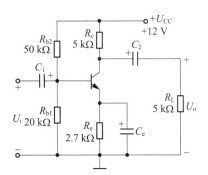

图 5-107 计算题 4

5. 如图5-108所示分压偏置式放大电路，已知$U_{CC}=12$ V，$R_b=300$ kΩ，$R_c=R_L=4$ kΩ，$\beta=40$，U_{BE}忽略不计。①画出直流通路，并计算静态工作点。②画出微变等效电路图。③计算电压放大倍数、输入电阻和输出电阻。

6. 如图5-109所示分压偏置式放大电路，已知$U_{CC}=12$ V，$R_c=2$ kΩ，$R_{B1}=20$ kΩ，$R_{B2}=10$ kΩ，$R_E=1$ kΩ，$R_L=2$ kΩ，$\beta=50$，$U_{BE}=0.7$ V。①画出直流通路；②求其静态工作点；③画出微变等效电路图；④计算电压放大倍数、输入电阻和输出电阻。

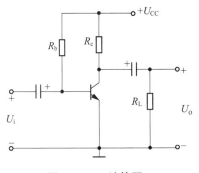

图 5-108 计算题 5

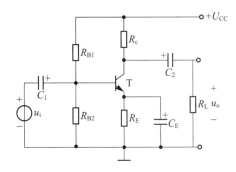

图 5-109 计算题 6

单元六 数字电子技术基础

单元描述

汽车电子化是现代汽车发展的主要标志之一,汽车已经进入计算机控制时代,即电子汽车。以汽车计算机信号分析为单元载体,通过数字电路基本知识引入、组合逻辑电路与时序逻辑电路、信号的采集与转换三个任务引领,要求学生掌握汽车信号的类型和传输处理;汽车 I/O 接口电路的传输;数字逻辑电路的运算与处理。利用 Multisim 10 仿真软件能够对数字逻辑电路进行分析和验证,并利用仿真实验进行组合逻辑电路(编码、译码、显示、比较、分配等电路)和时序逻辑电路(触发器、计数器等)分析,实现做中学,手脑并用,虚拟仿真,理实一体化教学。

知识要求

1. 了解数字电子技术的基本概念、电路特点。
2. 了解数制、码制的概念,掌握数制间的转换方法。
3. 掌握基本逻辑关系,掌握逻辑代数和运算法则及化简方法。
4. 了解 TTL 和 CMOS 门电路的结构和接口电路。
5. 掌握数字组合逻辑电路和时序逻辑电路的分析方法。
6. 了解汽车 ECU 的组成、功能和外特性。
7. 了解汽车电路信号采集及常见的传感器信号。汽车非电量信号转变成电量信号。
8. 掌握电子仿真软件的使用。

技能要求

1. 能够通过查找资料或上网获取学习所需信息。

2. 能够根据前面所学的知识分析几种传感器。
3. 能够操作仿真软件对数字逻辑电路进行运算、分析和简单电路设计。

参 : 考 : 学 : 时

32 学时【24（理论）+8（实践）】
任务 6.1　数字电路基本知识
任务 6.2　组合逻辑电路与时序逻辑电路
任务 6.3　信号的采集与转换
任务 6.4　技能训练

任务 6.1　数字电路基本知识

6.1.1　数字电路概述

一般把电子电路分成两大类：一类为模拟电路，另一类为数字电路。它们是以所处理的信号的不同来区分的。模拟电路处理模拟信号，数字电路处理数字信号。数字信号与模拟信号之所以不同，是因为数字信号反映的是电路的状态，它与电平高低的变化有关，而与电平的具体大小值关系不大，传递的信号经常是"有"或"无"、"开"或"关"等，这种关系被称为"二值逻辑"，通常用"1""0"两个基本的数字符号表示这两种工作状态，按照一定的规律编制成不同的代码，用以代表不同的含义来进行信息的传送和过程的控制。由于数字电路处理的是状态变换，所以对元器件精度要求不高，易于集成，成本低廉，使用方便。例如，人们常关心的只是有无电压脉冲、间隔电压出现的次数（脉冲数量）、高电压或低电压维持的时间（脉冲宽度）等。所以，数字系统工作可靠，精度高，抗干扰能力强，在各个领域应用很广。在汽车电路中，数字集成电路随处可见，汽车 ECU 就是一个典型的数字系统。

6.1.1.1　模拟电路和数字电路

在数字电路中，人们关注的是输出与输入之间的逻辑关系，也就是因果关系。

1. 模拟电路

模拟信号是指那些在时间和数值上都是连续变化的信号。我们前面研究的正弦交流电就是输出信号与输入信号的大小、相位变化等，还有广播电视中传送的各种语音信号和图像信号，汽车的温度、压力、速度等电信号都是模拟信号。其特点是在任一时刻都有一个确定的值与相应物理量的特征所对应。一般来说，这种信号都是连续变化的，不会产生突变，如图 6-1(a) 所示。这些模拟信号所处理的电路称为模拟电路。

2. 数字电路

数字信号是指那些在时间和数值上均是离散的、不连续的信号，如单个的开关信号、多路并行的开关信号及频率信号统称为数字量或数字信号。在现代汽车上的曲轴位置传感器信号、发动机转速信号和用于故障自诊的故障码等，都是典型的数字信号，如图 6-1(b) 所示。其特点是在一些特定的时间点上出现，而且信号的大小只能按一定的增量或阶梯来变化和取值。数字信号只有两种状态：高电平和低电平；或者有无信号，用"0"和"1"表示。这些数字信号所处理的电路称为数字电路。

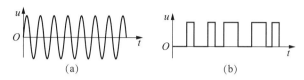

图 6-1 模拟信号和数字信号
(a)模拟信号；(b)数字信号(控制信号)

1) 脉冲电路

在短暂的时间间隔内作用于电路上的各种电压或电流信号称为脉冲信号。或者更广义地说，一切非正弦波信号都可能统称为脉冲信号。这些波形虽然形状各不相同，但它们都具有脉动或突变的特点。所以，脉冲电路是产生、变换和控制这些脉冲信号的电路，通常由开关电路和惰性电路组成。

脉冲电路属于数字电路部分。矩形波是最常用的一种脉冲信号，由于它只输出高、低电平，人们常把它称为控制信号，汽车中常用的就是这种控制信号。

2) 开关电路

开关信号也称开关量，就是"0"或"1"两种电平状态的信号。各种机械式开关、接触开关、限位开关、按钮(按键)、继电器及非接触式器件(如光电开关、电磁开关、霍尔器件等)都是汽车控制系统常用的开关信号输入设备。这些按键或按钮都接在开关电路中，通过电路的"通"和"断"形成"0"和"1"两种状态信号，所以称为开关电路，属于数字电路部分。

3) 频率信号

频率信号就是周期性频繁变化的开关信号，也属于数字信号部分，用于测量信号的频率、周期或计数等场合，如汽车中常用的光电式或霍尔效应式转速传感器产生的信号就是频率信号。

6.1.1.2 三种信号控制方式

三种信号控制方式如表 6-1 所示。

表 6-1 三种信号控制方式

模拟信号控制	二进制控制	数字信号控制
在仪表照明亮度控制中，灯泡亮度随着电阻的滑移而变化，灯泡电流随电阻位置的变化而无级改变	开关有两个工作状态： 开：有电压(用"1"表示) 关：无电压(用"0"表示) 人们用开关控制灯光亮和灭，并将数字"1"和"0"分配给这两种工作状态，这种双值性称为二进制，信号也用二进制表输出	在数字控制中，以规定步长来发出信号，不产生中间值。只有车速上升或下降达 1 km/h，组合仪表中的车速数字显示器才改变其显示值。显示器按计数步长显示车速(1 计数步长=1个数字)

续表

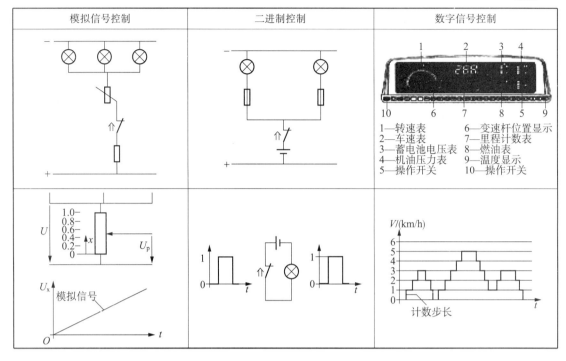

这三种关系是可以相互转换的,也就是 A/D 转换或 D/A 转换。

例如,计算机通过把高于某给定值的电压转换成 1,而把低于某给定值的电压转换成 0,从而把数字电压转换成二进制码。当开关打开且 5 V 电压被侦测到时,该电压值即被译为"1"(高电压)。当开关闭合时,较低的电压被侦测到,此时电压值被译为"0"。"1"和"0"代表汽车数字信号的一位信息。所以,汽车数字信号是用若干位二进制码来表示一种不同含义的汽车信息。

6.1.2 数制与码制

6.1.2.1 数制

数制就是一种计数的方法。数制也称为计数制,是指用一组相对固定的数字符号和统一的规则来表示数值大小的方法。在不同的数制中,数的进位方式和计数方法各不相同。人们日常生活中常用十进制数,而在数字电路中则更多采用二进制数、八进制数、十六进制数等。我们知道,$2^3 = 8$,$2^4 = 16$,所以,八进制数、十六进制数就是为了书写方便。

微课 6-1
数制与码制

一种数制所具有的数码个数称为该数制的基数,该数制数中不同位置上数码的单位数值称为该数制的位权或权。

1. 十进制

十进制是人们日常生活中最常用的计数体制,它是以 10 为基数,用 0、1、2、3、4、5、6、7、8、9 十个不同的符号构成基本数码,十进制整数中从个位起各位的权分别为 10^0、10^1、10^2、…,小数位起分别为 10^{-1}、10^{-2}、…。任何一个十进制数都可以用上述 10 个数码按一定规律排列起来表示,遵循"逢十进一"的原则,其数值就是把各位的位权乘以该位的系数再相加之和。

给定一个十进制数，其表示的数值的大小为

$$(86.34)_{10} = 8 \times 10^1 + 6 \times 10^0 + 3 \times 10^{-1} + 4 \times 10^{-2}$$

2. 二进制

在二进制中，数码有 0 和 1 两个，基数为 2，运算规则是"逢二进一"，即 $1+1=10$。二进制整数中从个位起各位的权分别为 2^0、2^1、2^2、…。把二进制数按位权展开式展开，求出各项的和，即转换为十进制数。例如，给定一个二进制数 1101，其表示的数值的大小为

$$(1101)_2 = 1 \times 2^3 + 1 \times 2^2 + 0 \times 2^1 + 1 \times 2^0 = (13)_{10}$$

【课堂练习】 $(11011)_2 = 1 \times 2^4 + 1 \times 2^3 + 0 \times 2^2 + 1 \times 2^1 + 1 \times 2^0 = (27)_{10}$

将十进制整数转换为二进制数可采用除 2 取余法。其方法是将十进制整数连续除以 2，求得各次的余数，直到商为 0 止；然后先得到的余数列在低位，最后得到的余数列在高位，就得二进制数。

【例 6－1】 将十进制数 19 转换为二进制数。

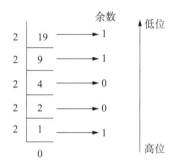

所以，$(19)_{10} = (10011)_2$。

小数部分采用乘 2 取整法。

计算机中最为直接、最基本的操作就是对二进制数的操作。一个二进制数位称为一个"位"，有时用 bit 表示。其特点是：只用两个数码符号 0 和 1（在实际电路中，"0"表示低电平，"1"表示高电平）；它的每一位都可以用电子元件来实现，并且运算规则简单。

3. 十六进制

由于二进制数在使用时过于冗长、难记、易错，而十进制数虽然容易被人们掌握和理解，但其与二进制数的转换过于复杂，所以人们为了书写方便经常用十六进制。

十六个数码为 0～9、A、B、C、D、E、F；基数为 16，遵循"逢十六进一"的原则，即 $F+1=10$，如 $(7F)_{16} = 7 \times 16^1 + 15 \times 16^0 = (127)_{10}$。

【课堂练习】 将十六进制数转换成十进制数。

$$(3AD)_{16} = 3 \times 16^2 + 10 \times 16^1 + 13 \times 16^0 = 768 + 160 + 13 = (941)_{10}$$

用十六进制数转换成二进制数时，将每位十六进制数用 4 位二进制数来代替，再按原来的顺序排列起来便得到了相应的二进制数。

【课堂练习】 将二进制数 $(10011011001.101010)_2$ 转换成十六进制数。

答案：$(10011011001.101010)_2 = (4D9.A8)_{16}$

【课堂练习】 将十六进制数 $(3AE4.9CB)_{16}$ 转换成二进制数。

答案：$(3AE4.9CB)_{16} = (11101011100100.100111001011)_2$

表 6-2 反映了三种数制的对应关系。

表 6-2 三种数制的对应关系

十进制数(D)	十六进制数(H)	二进制数(B)	十进制数(D)	十六进制数(H)	二进制数(B)
0	0	0000	8	8	1000
1	1	0001	9	9	1001
2	2	0010	10	A	1010
3	3	0011	11	B	1011
4	4	0100	12	C	1100
5	5	0101	13	D	1101
6	6	0110	14	E	1110
7	7	0111	15	F	1111

6.1.2.2 码制

1. 码制的概念

在计算机内部，能直接表示和使用的数据有数值、字符和逻辑等数据类型，它们都采用二进制代码的形式来表示。而数值的正负符号也需要数码化。通常把一个数的最高位作为符号位，0 表示正，1 表示负，后面各位数码表示数值。符号数码化的数称为机器数，而符号未经数码化的数称为真数。符号位数码化后，它应同数值一样可参加运算。我们引进原码、反码和补码的编码方法，通过这些编码，还能把减法运算变成加法运算。如何在机器语言中表达有符号的数呢？下面来认识一下机器数的码制。

1) 原码

MCS-51 系列单片机是高性能的 8 位单片机，可以寻址 8 位数据，即每个字节（Byte）有 8 个位（bit），存取一个 8 位二进制数。若没有符号，则它的十进制取值范围为 0~255。但是当处理带符号的数时，它的取值范围将要发生变化。将 8 位二进制数的最高位定义为数的符号位，0 为正，1 为负，则这样的 8 位二进制数称为机器数的原码。它的取值范围是(-127~-0，+0~+127)，共 256 个数。

2) 反码

有了数值的表示方法就可以对数进行算术运算，但是用带有符号位的原码进行乘除运算时结果正确，而在加减运算时结果有偏差。经过分析，发现问题出在最高位为 1 的负数身上，于是就产生了反码。正数的反码等于其原码；负数的反码是除了符号位 1 以外，其余部分取反(0 变成 1，1 变成 0)得出。例如，原码 01101101 的反码为 01101101 不变，而原码为 10001110 的反码则变成 11110001。反码的取值空间与原码相同且一一对应。

3) 补码

使用反码进行加减运算虽然消除了结果偏差，但是有时会产生"+0"和"-0"这样的结果，而机器会认为"+0≠-0"。但是在人们的计算习惯中，0 是没有正负之分的，于是在计算机中又引入了补码。正数的补码等于其原码；负数的补码等于其反码加 1。例如，原码 01011001 的补码为 01011001 不变，而原码为 11011001 的补码则变成 10100111。这样，在补码中就用 -128 代替了 -0，补码的取值范围为(-128~+127)，共 256 个数。

使用补码进行运算，可以使符号位也参加有效值部分的运算，简化了运算规则，同时，也使减法运算转换为加法运算，进一步简化了运算器的线路设计。而机器数原码、反码和补码之间的所有转换过程都是在计算机的最底层进行的，而人们在使用汇编等高级语言进行编程时使用的都是机器数的原码。

2. 常用的编码方法

码制即编码的方式，也称为代码。编码就是用按一定规则组成的二进制码去表示文字、数字、符号等信息。

由于数字系统只能识别 0 或 1，为了让数字系统识别或表示更多的数码、符号及字母，必须对比特进行编码。美国信息交换标准代码（American Standard Code for Information Interchange，ASCII）就是采用 7 位对字符进行编码，共计 128 个字符代码，来表示最常用的打印或不可打印的字符的编码。代码是用以表示十进制数码、字母、符号等信息的一定位数的二进制数。例如，1000001 是字符 A 的编码，而字符 A 的代码是 1000001。

1) BCD 码

BCD（Binary Coded Decimal）码是用二进制数表示十进制数的编码方法，称为二 - 十进制编码，即 BCD 码。

由于十进制数有 10 个不同的数码，因此，需要用 4 位二进制数码来表示 1 位十进制数。而 4 位二进制代码有 16 种不同的组合，从中取出 10 种来表示 0~9 这 10 个数字符号，可有多种方案。常用的 BCD 码有 8421 码、5421 码、2421 码等编码方式。

按其权从高位到低位依次为 2^3、2^2、2^1、2^0，称为 8421BCD 代码（简称 8421 码）；如果权从高位到低位依次为 2^1、2^2、2^1、2^0，则称为 2421 码；如果在 8421 码中，依次加二进制数 0011，则得到余 3 码。表 6 - 3 给出了几种常用的二 - 十进制代码。

表 6 - 3 常用 BCD 码

十进制数	8421 码	2421 码	5421 码	余 3 码	格雷码
0	0000	0000	0000	0011	0000
1	0001	0001	0001	0100	0001
2	0010	0010	0010	0101	0011
3	0011	0011	0011	0110	0010
4	0100	0100	0100	0111	0110
5	0101	1011	1000	1000	0111
6	0110	1100	1001	1001	0101
7	0111	1101	1010	1010	0100
8	1000	1110	1011	1011	1100
9	1001	1111	1100	1100	1101
权	8421	2421	5421		

(1) 8421BCD 码。这种代码取了 4 位自然二进制数码的前 10 种组合，即 0000~1001，去掉了后 6 种组合 1010~1111。它每一位的位权值是固定不变的，从高位到低位分别为 8、4、2、1，所以称为 8421BCD 码，为恒权码。每组二进制代码按位权展开求和就是它所代表的十进制数。

【例 6 - 2】 8421 码与十进制数之间的转换。

$$(729)_{10} = (0111\ 0010\ 1001)_{8421}$$
$$(0110\ 0101\ 0011)_{8421} = (653)_{10}$$

(2) 2421BCD 码和 5421BCD 码。它们也是恒权码，从高位到低位的位权值分别为 2、4、2、1 和 5、4、2、1。每组代码按位权展开求和就是它所代表的十进制数。

(3) 余 3 码。它没有固定的位权，为无权码，它比 8421BCD 码多余 3(0011)，所以称为余 3 码。

(4) 格雷码。它也是一种无权码，特点是任意两组相邻代码之间只有一位不同，这个特性使它在形成和传输过程中引起的错误较少。例如，当将代码 0100 误传为 1100 时，格雷码只不过是十进制数 7 和 8 之差，二进制数码则是十进制数 4 和 12 之差。格雷码的缺点是与十进制数之间不存在规律性的对应关系，不够直观。

2) 字符代码

对各个字母和符号编制的代码称为字符代码。字符代码的种类繁多，目前在计算机和数字通信系统中被广泛采用的是 ASCII 码，ASCII 码采用 8 位二进制数编码，可以表示 $2^8 = 256$ 个字符。

3) 其他代码

在数字系统中，任何信息(包括各种特定的对象、信号等)都要转化为二进制代码。例如，现代汽车都配备自诊断系统，汽车的 ECU 就能够自动检测汽车本身的故障，而各种故障在 ECU 中是以代码形式存储起来的，这些代码就是故障码(厂家设计好的，只能读出，而诊断仪就是译码器，将这些代码"翻译"出来，告诉检修人员这些代码的固定含义)。

6.1.3 逻辑代数

6.1.3.1 逻辑代数概述

逻辑代数是 19 世纪由英国数学家乔治·布尔(George Boole，1815—1864)提出来的。布尔在其原著《逻辑数学分析》及《思维规律》中首先阐述了逻辑代数的概念与基本性质。因而，逻辑代数也称布尔代数，是分析和设计数字系统的经典数学工具。

逻辑是指事物的因果关系，或者说是条件与结果的关系，这些因果关系可用逻辑代数来描述。逻辑代数具有三种基本运算：与运算(逻辑乘)、或运算(逻辑加)和非运算(逻辑非)。利用逻辑代数，可以把实际问题抽象为逻辑函数来描述，并且可以运用逻辑运算方法解决逻辑电路的分析和设计问题。

虽然它和普通代数有相同的表示方法，用字母表示变量，但变量的取值只有"0"和"1"两种。"0"和"1"不代表数量的大小，只表示两种相互对立的逻辑状态，称为逻辑"0"和逻辑"1"。这是它与普通代数的区别。

在逻辑代数中，输出变量和输入变量的关系称为逻辑函数，可表示为 $F = f(A, B, C)$。其关系如图 6-2 所示。逻辑函数定量地反映了逻辑变量及其推理的因果关系。在应用中，逻辑函数的表示方法有五种：①逻辑表达式；②真值表；③逻辑图；④卡诺图；⑤波形图。这里重点掌握前三种方法。

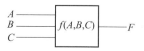

图 6-2　$F = f(A, B, C)$

1. 逻辑表达式

逻辑表达式是由逻辑变量和逻辑运算(如与、或、非等)构成的代数表达式。逻辑表达式通过逻辑变量、常量、逻辑运算来描述逻辑函数的因果关系。如果输出变量 F 的因果关系是输入变量 A、B、C 的"与关系",则有逻辑表达式 $F=ABC$。

2. 真值表

真值表是穷举逻辑变量的所有取值组合与其逻辑函数值一一对应的表,反映了输入逻辑变量的各种组合与函数值的对应关系。如果输入变量有 n 个,则输入组合有 2^n 种。

3. 逻辑图

逻辑图是逻辑门电路符号所构成的电路图。它直观地反映电路输出与输入逻辑状态的关系图。

6.1.3.2 逻辑代数基本运算

在逻辑电路中,基本的逻辑关系有三种:与逻辑、或逻辑和非逻辑。那么,在逻辑代数中,也就有相应地三种基本运算:与运算、或运算和非运算。

1. 与逻辑(与运算)

当决定事件(F)发生的全部条件(A,B,C,…)同时满足时,事件(F)才能发生,这种因果关系称为与逻辑。表达式为

$$F = A\ B\ C\cdots \quad 或 \quad F = A \cdot B \cdot C\cdots$$

式中:小圆点"·"表示 A、B、C 等的与运算,也表示逻辑乘。在不致引起混淆的前提下,乘号"·"被省略。其三变量的逻辑真值表如表6-4所示。

与逻辑的运算规则:$0 \cdot 0 = 0$, $0 \cdot 1 = 0$, $1 \cdot 0 = 0$, $1 \cdot 1 = 1$。

与逻辑关系可用"全1出1,见0出0"的口诀来记忆。

2. 或逻辑(或运算)

当决定事件(F)发生的各种条件(A,B,C,…)中,只要有一个或多个条件具备,事件(F)就发生,这种因果关系称为或逻辑。表达式为

$$F = A + B + C + \cdots$$

式中:"+"表示 A、B、C 等的或运算,也表示逻辑加。其三变量的逻辑真值表如表6-5所示。

表6-4 与逻辑真值表

A	B	C	F
0	0	0	0
0	0	1	0
0	1	0	0
0	1	1	0
1	0	0	0
1	0	1	0
1	1	0	0
1	1	1	1

表6-5 或逻辑真值表

A	B	C	F
0	0	0	0
0	0	1	1
0	1	0	1
0	1	1	1
1	0	0	1
1	0	1	1
1	1	0	1
1	1	1	1

或逻辑的运算规则:$0 + 0 = 0$, $0 + 1 = 1$, $1 + 0 = 1$, $1 + 1 = 1$。

或逻辑关系可用"全0出0,见1出1"的口诀来记忆。

3. 非逻辑（非运算，反相器）

非逻辑是指逻辑的否定。当决定事件（F）发生的条件（A）满足时，事件不发生；条件不满足时，事件反而发生。表达式为：

$$F = \overline{A}$$

式中：字母 A 上方的短划"—"表示非运算，也称"逻辑求反"。

由于非门的输出信号与输入信号相位相反，故非门又称为反相器。非门是只有一个输入端的逻辑门。

非逻辑的运算规则：$\overline{0}=1$，$\overline{1}=0$。

4. 复合逻辑

（1）与非逻辑是"与"和"非"的复合逻辑，其逻辑表达式为 $F = \overline{ABC}$。

（2）或非逻辑是"或"和"非"的复合逻辑，其表达式为 $F = \overline{A+B+C}$。

（3）与或非逻辑是"与""或""非"逻辑的复合逻辑，其表达式为 $Y = \overline{AB+CD+EF}$。

（4）异或逻辑是对两个逻辑变量进行比较相同或不同时的逻辑描述。当两个逻辑变量相同时，逻辑函数为 0；当两个逻辑变量不同时，逻辑函数为 1。其逻辑表达式为

$$F = A\overline{B} + \overline{A}B = A \oplus B$$

6.1.3.3 逻辑代数的公式和定律

逻辑代数有一系列的定律和规则，用它们对逻辑表达式进行处理，可以完成对数字电路的化简、变换、分析和设计。

1. 基本公式

（1）$0 \cdot A = 0$　　　　　　　　（2）$1 + A = 1$

（3）$A \cdot A = A$　　　　　　　　（4）$A + A = A$

（5）$0 + A = A$　　　　　　　　（6）$1 \cdot A = A$

（7）$A \cdot \overline{A} = 0$　　　　　　　　（8）$A + \overline{A} = 1$

（9）$\overline{\overline{A}} = A$

2. 基本定律

（1）交换律：$AB = BA$，$A + B = B + A$

（2）结合律：$ABC = (AB)C = A(BC)$，$A + B + C = A + (B + C) = (A + B) + C$

（3）分配律：$A(B + C) = AB + AC$，$A + BC = (A + B)(A + C)$

（4）反演律（摩根定理）：在化简较复杂的逻辑关系时，这个定律经常用到。

$$\overline{A \cdot B} = \overline{A} + \overline{B}$$
$$\overline{A + B} = \overline{A} \cdot \overline{B}$$

（5）吸收律：$A(\overline{A} + B) = AB$，$A + \overline{A}B = A + B$

【例 6-3】 证明：$(A + B)(A + C) = A + BC$。

证明：左边 $= AA + AB + AC + BC$

$= A + AB + AC + BC = A(1 + B + C) + BC = A + BC =$ 右边

【课堂练习】 证明：$A + \overline{A} \cdot B = A + B$。

证明：$A + \overline{A} \cdot B = (A + \overline{A}) \cdot (A + B)$

$= 1 \cdot (A + B) = A + B$

6.1.3.4 逻辑函数的化简

我们已经知道，一个逻辑表达式可以由相应的多种逻辑门电路来实现。表达式简单，对应的电路也简单；表达式复杂，对应的电路也复杂。实际应用中总希望用尽可能少的元器件来完成特定的逻辑功能，这就需要对逻辑表达式进行化简。逻辑表达式有多种形式，化简的方法也有多种，最常用的是代数化简法和卡诺图化简法。化简的目的是少用元器件，电路简单，降低成本，同时提高电路的可靠性。

1. 代数化简法

代数化简法就是运用上述的逻辑代数运算法则和定律把复杂的逻辑函数式化成简单的逻辑函数式。如果知道其中一种逻辑函数表示形式，即可转换出其他几种形式。

【例 6-4】 应用逻辑代数规则化简下列两式。

(1) $ABC + \overline{A} + \overline{B} + \overline{C}$。

(2) $A(BC + \overline{B}\,\overline{C}) + A(\overline{B}C + B\overline{C})$。

解：(1) 原式 $= ABC + \overline{ABC} = 1$

(2) 原式 $= ABC + A\overline{B}\,\overline{C} + A\overline{B}C + AB\overline{C}$

$= AB(C + \overline{C}) + A\overline{B}(\overline{C} + C)$

$= AB + A\overline{B} = A(B + \overline{B}) = A$

【例 6-5】 现有三人进行一个设计方案的表决，如果只要有两个或两个以上的人同意，该方案就能通过实施。请用真值表、最简函数表达式、逻辑图实现之。

解：(1) 真值表。

设 A、B、C 为三人，1 表示同意，0 表示否决；Y 表示方案，1 表示通过，0 表示没通过。

输入变量所有的取值对应的输出值，如表 6-6 所示。

表 6-6 真值表

A	B	C	Y
0	0	0	0
0	0	1	0
0	1	0	0
0	1	1	1
1	0	0	0
1	0	1	1
1	1	0	1
1	1	1	1

(2) 最简函数表达式：

$Y = \overline{A}BC + A\overline{B}C + AB\overline{C} + ABC$

$= AB + AC + BC$

(3) 逻辑图：图 6-3 所示为三人表决逻辑图。

2. 卡诺图化简法

卡诺图是逻辑函数的图解化简法。它克服了代数化简

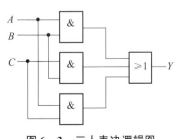

图 6-3 三人表决逻辑图

法对最终结果(最简函数表达式)难以确定的缺点。卡诺图化简法具有确定的化简步骤，能比较方便地获得逻辑函数的最简与或式。

1)"与或"式逻辑表达式的表示形式

大多数情况下，由逻辑真值表写出的逻辑式是与或表达式，如。

$$L = \bar{A} + BC + A\bar{B}\bar{C}$$

2)最小项与标准"与或"式

一个 n 变量的"与或"式，若其中每个"与"项都包含了 n 个变量(每个变量以原变量或反变量的形式在"与"项中出现且仅出现一次)，这种"与"项称为最小项。例如，三变量的最小项有 $\bar{A}\bar{B}\bar{C}$、$\bar{A}BC$、$\bar{A}B\bar{C}$、$\bar{A}BC$、$A\bar{B}\bar{C}$、$A\bar{B}C$、$AB\bar{C}$、ABC，共 8 个(即 2^3 个)。

理论上说，一个 n 变量的逻辑表达式应该有 2^n 个最小项。为方便起见，常用 m_i 来表示最小项，其中 i 为 $0 \sim (2^n - 1)$ 中的任一数，其确定原则为：最小项中的变量按规则顺序排列，其中的原变量记作 1，反变量记作 0，所得的 n 位二进制数所对应的十进制数值便为最小项的下标值，如

$$L = \bar{A}\bar{B}\bar{C} + \bar{A}\bar{B}C + \bar{A}BC$$
$$= m_0 + m_1 + m_3$$
$$= \Sigma m(0, 1, 3)$$

其中，Σ 表示累计的"或"运算，括号中的数字表示最小项的下标值。

为进一步说明最小项的性质，以三变量表达式为例，表 6-7 列出其所有最小项的真值表。

从表 6-7 中可看出，最小项具有下列性质：

(1)在输入变量的任何取值下必有一个最小项，而且仅有一个最小项的值为 1。
(2)任意两个最小项的乘积为 0。
(3)全体最小项之和为 1。
(4)具有相邻性的两个最小项之和可以合并成一项，并消去一个因子。

表 6-7 三变量最小项真值表

最小项			最小项为 1 的变量取值			对应十进制数	编号
			A	B	C		
$\bar{A}$	$\bar{B}$	$\bar{C}$	0	0	0	0	m_0
$\bar{A}$	$\bar{B}$	C	0	0	1	1	m_1
$\bar{A}$	B	$\bar{C}$	0	1	0	2	m_2
$\bar{A}$	B	C	0	1	1	3	m_3
A	$\bar{B}$	$\bar{C}$	1	0	0	4	m_4
A	$\bar{B}$	C	1	0	1	5	m_5
A	B	$\bar{C}$	1	1	0	6	m_6
A	B	C	1	1	1	7	m_7

若两个最小项仅有一个因子不同，则称这两个最小项具有相邻性。例如，$\bar{A}B\bar{C}$ 和 $AB\bar{C}$ 这两个最小项相加时可以合并，消去一个因子。即

$$\overline{A}B\overline{C} + AB\overline{C} = (\overline{A} + A)B\overline{C} = B\overline{C}$$

利用基本公式 $A + \overline{A} = 1$ 可以把任何一个逻辑式展开为最小项之和的形式，这种形式就是标准“与或”式。

在例 6－5 和表 6－6 中可得到最小项表达式：

$$Y = \overline{A}BC + A\overline{B}C + AB\overline{C} + ABC$$
$$= \Sigma(m_3 + m_5 + m_6 + m_7) = \Sigma m(3,\ 5,\ 6,\ 7)$$

前面我们已经学习了最小项，而相邻最小项之间有一定的关系：如两个最小项中只有一个变量为互反变量，其余变量均相同，则这样的两个最小项为逻辑相邻，并把它们称为相邻最小项，简称相邻项。例如$\overline{A}\,\overline{B}\,\overline{C}$ 和$\overline{A}\,\overline{B}C$，其中的 C 和 $\overline{C}$ 互为反变量，其余变量($\overline{A}\,\overline{B}$)都相同。

最小项的卡诺图表示：最小项卡诺图又称最小项方格图。用 2^n 个最小项，并且在几何位置上使相邻最小项也相邻，按这样的要求排列起来的方格图称为 n 个输入变量的最小项卡诺图。图 6－4 是 2～4 变量的最小项卡诺图。

微课 6－3
卡诺图化简

A \ B	$\overline{B}$	B
$\overline{A}$	$\overline{A}\,\overline{B}$ (m_0)	$\overline{A}B$ (m_1)
A	$A\overline{B}$ (m_2)	AB (m_3)

(a)

A \ BC	$\overline{B}\,\overline{C}$	$\overline{B}C$	BC	$B\overline{C}$
$\overline{A}$	$\overline{A}\,\overline{B}\,\overline{C}$ (m_0)	$\overline{A}\,\overline{B}C$ (m_1)	$\overline{A}BC$ (m_3)	$\overline{A}B\overline{C}$ (m_2)
A	$A\overline{B}\,\overline{C}$ (m_4)	$A\overline{B}C$ (m_5)	ABC (m_7)	$AB\overline{C}$ (m_6)

(b)

AB \ CD	$\overline{C}\,\overline{D}$	$\overline{C}D$	CD	$C\overline{D}$
$\overline{A}\,\overline{B}$	$\overline{A}\,\overline{B}\,\overline{C}\,\overline{D}$ (m_0)	$\overline{A}\,\overline{B}\,\overline{C}D$ (m_1)	$\overline{A}\,\overline{B}CD$ (m_3)	$\overline{A}\,\overline{B}C\overline{D}$ (m_2)
$\overline{A}B$	$\overline{A}B\overline{C}\,\overline{D}$ (m_4)	$\overline{A}B\overline{C}D$ (m_5)	$\overline{A}BCD$ (m_7)	$\overline{A}BC\overline{D}$ (m_6)
AB	$AB\overline{C}\,\overline{D}$ (m_{12})	$AB\overline{C}D$ (m_{13})	$ABCD$ (m_{15})	$ABC\overline{D}$ (m_{14})
$A\overline{B}$	$A\overline{B}\,\overline{C}\,\overline{D}$ (m_8)	$A\overline{B}\,\overline{C}D$ (m_9)	$A\overline{B}CD$ (m_{11})	$A\overline{B}C\overline{D}$ (m_{10})

(c)

图 6－4　卡诺图

(a)二变量；(b)三变量；(c)四变量

图中的横向变量和纵向变量都按格雷码顺序排列,保证了最小项在卡诺图中的循环相邻性。

对于五变量以上的卡诺图,由于很复杂,在逻辑函数的化简中很少使用,这里就不作介绍了。

【例 6-6】 把 $L = \bar{A}B\bar{C} + AB\bar{C} + \bar{B}CD + \bar{B}C\bar{D}$ 展开最小项。

解:从表达式中可以看出是四变量的逻辑函数,但每个乘积项中都缺少一个变量,不符合最小项的规定。为此将每个乘积项利用配项法把变量补足为四个变量,并进一步展开,即得最小项。

$$L = \bar{A}B\bar{C}(D+\bar{D}) + AB\bar{C}(D+\bar{D}) + \bar{B}CD(A+\bar{A}) + \bar{B}C\bar{D}(A+\bar{A})$$
$$= \bar{A}B\bar{C}D + \bar{A}B\bar{C}\bar{D} + AB\bar{C}D + AB\bar{C}\bar{D} + A\bar{B}CD + \bar{A}\bar{B}CD + A\bar{B}C\bar{D} + \bar{A}\bar{B}C\bar{D}$$

利用卡诺图化简逻辑函数的步骤和规则如下:

第一步:画出相应变量逻辑函数的卡诺图。

第二步:"填1"。就是把表达式中出现的所有最小项,在卡诺图相应的方格中填上1。

第三步:"圈1"。也就是合并卡诺图中的相邻项,即把1按以下规则画成一个包围圈。

① 只有相邻的1才能合并,且每个包围圈只能包含 2^n 个1,即只能按1、2、4、8、16这样的数目画包围圈。

② 1 可以被重复圈在不同的包围圈中,但新的包围圈必须有新的元素1。

③ 包围圈的个数应尽量少,即一个包围圈中含有的 1 的个数应尽量多,但同时又要符合以上两个规则。

④ 画包围圈时注意不要遗忘卡诺图中四周的相邻项。

第四步:提出每个包围圈中最小项的共有变量(与项)。

第五步:把共有变量(与项)写成或逻辑式,即为最简与或式。

【例 6-7】 利用卡诺图将例 6-6 化简。

解:根据例 6-6 的结果,该表达式共有 8 个最小项,并且输入变量是 4 个。

第一步:画出 4 个变量逻辑函数的卡诺图,如图 6-5 所示。

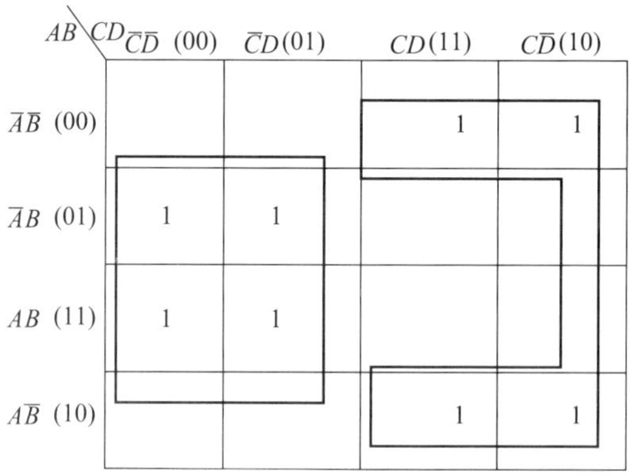

图 6-5 四变量卡诺图

第二步:在卡诺图相应的方格中填上 1。

第三步:画包围圈圈 1,如图中粗实线框所示。

第四步：提出包围圈内的共有变量，分别是 $B\bar{C}$ 和 $\bar{B}C$。

第五步：写出最简与或式。

$$L = B\bar{C} + \bar{B}C$$

利用卡诺图化简逻辑函数的过程中，第三步是关键，应特别注意包围圈不要画错。

6.1.4 逻辑门电路

微课 6-4
逻辑门电路

前面讨论了与、或、非、与非、或非等各种基本逻辑运算。现在将讨论完成上述基本逻辑运算的各种类型的具体电路。

门电路是一种具有一定逻辑关系的开关电路。当它的输入信号满足某种条件时，才有信号输出，否则就没有信号输出。如果把输入信号看作条件，把输出信号看作结果，那么当条件具备时，结果就会发生。也就是说在门电路的输入信号与输出信号之间存在着一定的因果关系，即逻辑关系。实现与、或、非三种逻辑关系的电路分别称为与门、或门和非门。本节将要介绍由二极管构成的与门、或门电路及由晶体管构成的反相器（非门电路），作为学习逻辑门电路的基础。与基本逻辑关系相对应，由这三种基本门电路还可以组成其他多种复合门电路，即与非门、或非门、与或非门、同或门、异或门等电路。

下面将从每一个门电路的定义、工作原理、实现的电子电路及符号、工作过程、函数表达式、电路逻辑功能及波形等七个方面来阐述。

6.1.4.1 与门电路

实现与逻辑关系的电路称为与门电路。它与一个负载串联两三个开关电路相似，如图 6-6(a) 所示。让灯开启的唯一方法是开关 A、B、C 同时闭合。

下面用二极管来实现与门电路，如图 6-6(b) 所示。图中 A、B、C 为输入端，L 为输出端。输入信号的电位为 +5 V 或 0 V，输出信号的电位一般为 V_{CC} 值或二极管导通压降。图 6-6(c) 所示为与门符号；图 6-6(d) 所示为与门真值表。

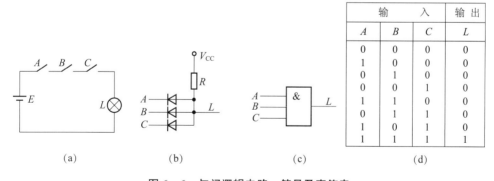

图 6-6 与门逻辑电路、符号及真值表

(a) 与逻辑运算开关电路；(b) 与逻辑电路图；(c) 与门符号；(d) 与门真值表

下面对图 6-6(b) 所示与门电路进行工作原理分析：

(1) 若输入端中有任意一个为低电平，则必有一个二极管导通，此时 L 点电位 V_L 被钳制在 0 V（二极管为理想管，电压为 0 V），所以 $V_L = 0$ V。

(2) 当输入端 A、B、C 都处于高电位 5 V，即 $V_A = V_B = V_C = 5$ V 时，二极管均正偏而导通，输出端 L 点电位 $V_L = 5$ V。

分析结果：只有所有输入都是高电平时，输出才是高电平，否则输出就是低电平，所以它是一种与逻辑，可表示为 $L = ABC$。

用"1""0"分别表示高、低电平，则上述逻辑关系可列成真值表，如图 6-6(d) 所示。与门的输入、输出信号波形如图 6-7 所示。

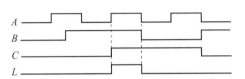

图 6-7 与门的输入、输出信号波形

6.1.4.2 或门电路

实现或逻辑关系的电路称为或门电路。它与一个负载并联两三个开关电路相似，如图 6-8(a) 所示。开关 A 或 B 或 C 只要有一个是闭合的，灯就会点亮。

下面用二极管来实现或门电路，如图 6-8(b) 所示。

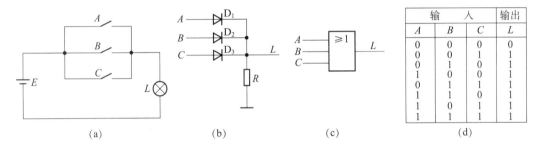

图 6-8 或门逻辑电路、符号及真值表

(a)或逻辑运算开关电路；(b)或逻辑电路图；(c)或门符号；(d)或门真值表

下面对图 6-8(b) 所示的或门电路进行工作原理分析：

(1) 若输入端 A、B、C 中有一个为高电平，则必有一个二极管优先导通，此时 L 点电位 V_L 被钳制在 5 V，所以输出高电平，$V_L = 5$ V。

(2) 当输入端同时为低电平时，二极管均截止，输出 L 点处于低电位，即 $V_L = 0$ V。

分析结果：只有所有输入都是低电平时，输出才是低电平，否则输出就是高电平，所以它是一种或逻辑，可表示为 $L = A + B + C$。

用"1""0"分别表示高、低电平，则上述逻辑关系可列成真值表，如图 6-8(d) 所示。或门的输入、输出信号波形如图 6-9 所示。

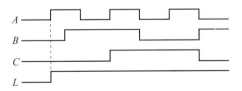

图 6-9 或门的输入、输出信号波形

6.1.4.3 非门电路

实现非逻辑关系的电路称为非门电路，也称反相器。一个负载和一个开关并联就能实现非逻辑。非门电路简单地把二进制 1 反转为 0，并且反过来也一样。也就是高电平输入导致低电平输出，反之低电平输入导致高电平输出。

图 6-10(a) 所示为由负载与开关构成的非逻辑运算开关电路；图 6-10(b) 所示为由 NPN 晶体管构成的共射极开关电路，也称反相器，也称为非门电路（利用晶体管的开关特性来实现反相的）；图 6-10(c) 所示为非门符号；图 6-10(d) 所示为非门真值表。

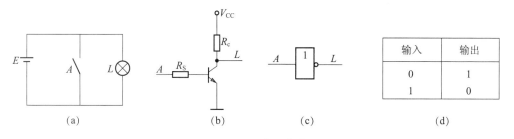

图 6-10 非门电路

(a)非逻辑运算开关电路；(b)非门电路图；(c)非门符号；(d)非门真值表

下面对图 6-10(b) 所示的非门电路进行工作原理分析：

(1) 该电路输入低电平时，$V_A = 0\ \text{V}$，晶体管截止，输出高电平，$V_L = V_{CC} = 5\ \text{V}$。

(2) 该电路输入高电平时，$V_A = 5\ \text{V}$，晶体管饱和，输出低电平，$V_L \approx 0\ \text{V}$。

分析结果：反相器的输出与输入量之间的逻辑关系是非逻辑，可表示为 $L = \overline{A}$。

用"1""0"分别表示高、低电平，则上述逻辑关系可列成真值表，如图 6-10(d) 所示。非门的输入、输出信号波形如图 6-11 所示。

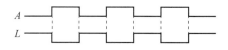

图 6-11 非门的输入、输出信号波形

6.1.4.4 复合门电路

将前面学习的与门、或门、非门三种基本门电路组合起来，就可以构成多种复合门电路。

1. 与非门电路

由与门和非门构成与非门。与非门的构成、符号和真值表如图 6-12 所示。

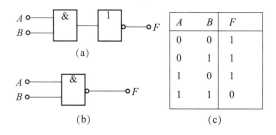

图 6-12 与非门电路

(a)与非门的构成；(b)与非门逻辑符号；(c)与非门真值表

与非门的逻辑函数表达式为：$F = \overline{AB}$。

2. 或非门电路

由或门和非门构成或非门。或非门的构成、符号和真值表如图6-13所示。

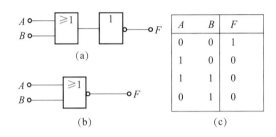

图6-13　或非门电路

(a)或非门的构成；(b)或非门逻辑符号；(c)或非门真值表

或非门的逻辑函数表达式为：$F = \overline{A + B}$。

3. 与或非门电路

与或非门电路是"与""或""非"逻辑的复合逻辑，其表达式为

$$F = \overline{AB + CD + EF}$$

实现与或非逻辑功能的电路符号如图6-14所示。其逻辑复合过程如图6-15所示。

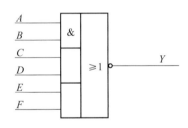

图6-14　与或非逻辑电路符号

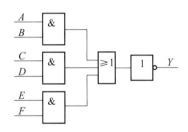

图6-15　与或非逻辑图

4. 异或门电路

异或逻辑是对两个逻辑变量进行比较相同或不同时的逻辑描述。当两个逻辑变量相同时，逻辑函数为0；当两个逻辑变量不同时，逻辑函数为1。其逻辑表达式为

$$F = A\overline{B} + \overline{A}B = A \oplus B$$

实现异或逻辑功能的电路称为异或门电路，其符号和真值表如图6-16所示。

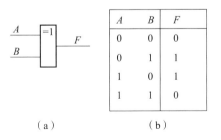

图6-16　异或门逻辑符号和真值表

(a)异或门逻辑符号；(b)异或门真值表

6.1.5 集成门电路

前面介绍的都是一些常见门电路,当用分立元器件构成时,不但电路的元器件很多,连线和焊点也很多,电路体积增大,可靠性减低。随着电子技术的飞速发展和集成工艺的规模化生产,数字集成电路得到了广泛应用。

集成逻辑门电路是以半导体器件为基本单元,集成在一块硅片上,并具有一定逻辑功能的电路。数字集成门电路按开关元器件的不同可分为两大类:一类是双极型集成电路(TTL集成门电路),主要特点是速度快、负载能力强,但功耗较大、集成度较低;另一类是单极型集成电路(MOS集成电路),主要特点是结构简单、制造方便、集成度高、功耗低,但速度较慢(本教材不作介绍,可参考其他教材)。

6.1.5.1 TTL 与非集成门电路

输入端和输出端都用双极型晶体管构成的逻辑电路称为晶体管-晶体管逻辑门电路,简称 TTL 门电路。

下面分析一个典型的 TTL 集成与非门电路的组成、工作原理及电压传输特性。

1. TTL 集成与非门电路的组成

如图 6-17(a)所示为 TTL 集成与非门电路,其中 T_1 是多发射晶体管,每一个发射极对应一个输入端,输出是 Y。

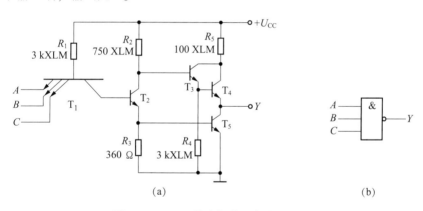

图 6-17 TTL 集成与非门电路图及逻辑符号
(a)TTL 集成与非门电路;(b)TTL 集成与非逻辑符号

微课 6-5
TTL 与非门电路

2. TTL 集成与非门电路的工作原理

1)输入至少有一个为低电平

当输入端 A、B、C 至少有一个为低电平时,假如 A 端为低电平,此时 $U_A = U_{IL} = 0.3$ V,T_1 与 A 端连接的发射结正向导通,从图 6-17(a)中可知,T_1 集电极电位 U_{C1} 使 T_2、T_5 均截止,而 T_2 的集电极电压足以使 T_3、T_4 导通。所以,输出电压为高电平。

$$U = U_{OH} \approx U_{CC} - U_{BE3} - U_{BE4} = 5 - 0.7 - 0.7 = 3.6(V)$$

由于 T_2 截止,电源 U_{CC} 通过 R_2 驱动 T_3 和 T_4 管,使之工作在导通状态。

2)输入全部为高电平

当输入端 A、B、C 均为高电平时,$U_{IH} = 3.6$ V,电源 U_{CC} 通过 R_1 和 T_1 的集电结向 T_2 提

供足够的基极电流,使 T_2 饱和导通,T_2 的发射极电流在 R_3 上产生的压降又使 T_5 饱和导通。所以,输出电压为低电平:

$$U_O = U_{OL} = U_{CE5} \approx 0.3\text{V}$$

此时,T_1 的基极电压 $U_{B1} = U_{BC1} + U_{BE2} + U_{BE5} \approx 2.1\text{ V}$,$T_1$ 的发射结处于反向偏置,而集电结处于正向偏置,故 T_1 处于发射结和集电结倒置使用的放大状态。另外,此时,T_2 的集电极电压等于 T_2 管的饱和压降与 T_5 管的发射结压降之和,即 $U_{C2} = U_{CE2} + U_{BE5} \approx 0.3 + 0.7 \approx 1(\text{V})$,该值大于 T_3 发射结的正向压降,使 T_3 导通。而 T_4 的基极电压 $U_{B4} = U_{E3} = U_{C2} - 0.7 = 0.3(\text{V})$,故 T_4 截止。

分析结果:输入有 0 时,输出为 1;输入全为 1 时,输出为 0。电路的输出与输入之间满足与非逻辑关系,即 $Y = \overline{ABC}$。

3. TTL 集成与非门电路的电压传输特性

TTL 集成与非门的电压传输特性是指输出电压 U_O 随输入电压 U_I 变化的关系。电压传输特性曲线大致分为四段,如图 6-18(b)所示。

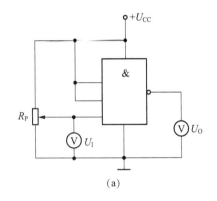
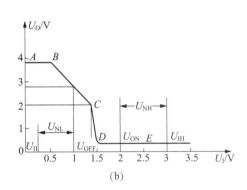

图 6-18 TTL 与非门电压传输特性

(a)测试电路示意图;(b)电压传输特性曲线

(1)AB 段:输入电压 $U_I \leq 0.6\text{ V}$ 时,T_1 工作在深度饱和状态,$U_{CES1} < 0.1\text{ V}$,$U_{B2} < 0.7\text{ V}$,故 T_2、T_5 截止,T_3、T_4 导通,$U_O \approx 3.6\text{ V}$ 为高电平。与非门处于截止状态,所以把 AB 段称为截止区。

(2)BC 段:输入电压 $0.6\text{ V} < U_I < 1.3\text{ V}$ 时,$0.7\text{ V} < U_{B2} < 1.4$ 时,T_2 开始导通,T_5 仍未导通,T_3、T_4 处于射极输出状态。随 U_I 的增加,U_{B2} 增加,U_{C2} 下降,并通过 T_3、T_4 使 U_O 也下降。因此 U_O 基本上随 U_I 的增加而线性减小,故把 BC 段称为线性区。

(3)CD 段:$1.3\text{ V} < $ 输入电压 $U_I < 1.4\text{ V}$ 时,T_2 导通电流较大,T_5 开始导通,并随 U_I 的增加趋于饱和,使输出电压 U_O 为低电平,所以把 CD 段称为转折区或过渡区。

(4)DE 段:输入电压 $U_I \geq 1.4\text{ V}$ 时,T_2、T_5 饱和,T_4 截止,输出为低电平,与非门处于饱和状态,因此把 DE 段称为饱和区。

4. 常用 TTL 集成与非门电路

如图 6-19 所示为两种常用集成门电路,即四个 2 输入端的与非门 74LS00 和 CD4011 的引脚。

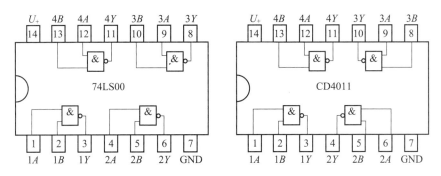

图 6-19 常用集成与非门电路引脚

6.1.5.2 CMOS 门电路

CMOS 门电路是由 NMOS 管和 PMOS 管构成的，又称互补 MOS 电路。它的开关速度较高、静态功耗低、抗干扰能力强、工作稳定性好、电源电压范围宽，同时制造工艺简单、体积小、便于集成，因此特别适用于中、大规模集成电路。

1. CMOS 反相器

CMOS 反相器的基本电路结构形式如图 6-20 所示。工作管 T_N 是增强型 NMOS 管，负载管 T_P 是 PMOS 管，两管的栅极相连接作为电路的输入端 u_i，两管的漏极 D 相连接作为电路的输出端 u_o，T_N 的源极 S_1 与其衬底相连并接地，T_P 的源极 S_2 与其衬底相连并接电源 U_{DD}。

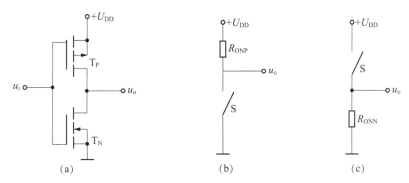

图 6-20 CMOS 反相器
(a) 电路；(b) 导通；(c) 截止

当输入电压 U_I 为低电平 0 时，T_P 管截止，T_N 导通，电路的输出为高电平 U_{DD}。

当输入电平 U_I 为高电平 U_{DD} 时，T_P 管导通，S_1 和 D_1 之间呈现较小的电阻，T_N 截止，电路的输出为低电平 0。电路的输出和输入之间满足非逻辑关系，所以该电路为非门电路。由于在稳态时，T_P 和 T_N 中必然有一个管子是截止的，所以电路的电流极小，功率损耗很低。所以，CMOS 门的抗干扰能力较强，CMOS 反相器接近于理想开关。典型 CMOS 电路在电源为 5 V 时，阈值电压为 2.5 V，输出高电平为 5 V，低电平为 0 V。

2. CMOS 传输门和模拟开关

CMOS 传输门是数字电路用来传输信号的一种基本单元电路。它由一个 PMOS 管 T_P 和一个 NMOS 管 T_N 并联而构成，如图 6-21(a) 所示。其中，两管源极相接，作为输入端 u_i；两管漏极相连，作为输出端 u_o；两管的栅极作为控制端，加互为相反的控制电压 C 和 $\overline{C}$。逻辑符号如图 6-21(b)所示。工作原理分析如下：

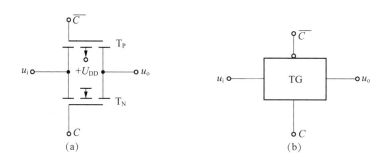

图 6-21　CMOS 传输门

(a)CMOS 传输门电路；(b)传输门逻辑符号

(1)当控制信号 $C=1$(接 U_{DD})、$\overline{C}=0$ 时，输入信号 u_i 在 $0 \sim U_{DD}$ 范围内变化，则两管中至少有一个导通，输入和输出之间呈低状态，相当于开关接通。所以，输入信号 u_i 在 $0 \sim U_{DD}$ 范围内都能通过传输门。

(2)当控制信号 $C=0$(接地)、$\overline{C}=1$ 时，输入信号 u_i 在 $0 \sim U_{DD}$ 范围内变化，则两管总是处于截止状态，输入和输出之间呈高阻状态($10^7 \Omega$)，相当于开关断开。所以，输入信号 u_i 不能通过。

由于 MOS 管的结构是对称的，源极和漏极可以互换使用，所以传输门的输入端和输出端可以对换，CMOS 传输门也称为可控双向开关，用 TG 表示。

CMOS 传输门的另一个重要用途是作为模拟开关。模拟开关是用来控制模拟信号传输的一种电子开关，它的通断是用数字信号控制的。

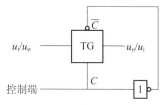

图 6-22　模拟开关

当传输门的控制信号 C 由一个非门的输入和输出来提供时，就构成一个模拟开关，如图 6-22 所示。常见的型号有 CD4066、CD4051 等。

任务 6.2　组合逻辑电路与时序逻辑电路

6.2.1　组合逻辑电路

微课 6-6
组合逻辑电路

6.2.1.1　组合逻辑电路的分析与设计方法

根据逻辑功能的不同特点，逻辑电路可分为两大类：一类是组合逻辑电路(简称组合电路)，另一类是时序逻辑电路(简称时序电路)。

把各种门电路按照一定规律加以组合，构成具有各种逻辑功能的逻辑电路，称为组合逻辑电路，这种电路从结构和功能上看，有如下特点：

输出信号仅由输入信号决定，与电路当前状态无关；电路结构中无反馈环路(无记忆)，输出状态随着输入状态的变化而变化。类似于电阻性电路，如表决器、加法器、编码器、译码器、显示器、数据选择器等。

1. 组合电路的一般分析方法

对给定的组合逻辑电路图,求解其逻辑功能的过程称为组合逻辑电路的分析。

(1)分析就是找出组合逻辑电路输入、输出之间的关系,也就是找出何种输入状态组合下电路输出为1,何种输入状态组合下电路输出为0。通过分析,可以了解组合逻辑电路的功能和设计思路,从而进一步对电路作出评价和改进。

通常,只要列出组合逻辑电路的真值表,就可以知道该电路的逻辑功能。因此,组合逻辑电路的分析,实质上是由逻辑函数的逻辑图形式入手,通过逻辑表达式,最终转换成函数的真值表形式的过程。

(2)分析步骤。组合逻辑电路的一般分析可按如下步骤进行:

第一步:根据给出的组合逻辑电路图,由输入端逐级向后递推,写出每个门的输出对于输入的逻辑关系,最后得到整个组合逻辑电路的输出变量对于输入变量的逻辑函数表达式。

第二步:利用逻辑代数法或卡诺图法,对所得的逻辑函数表达式进行转换或化简,得到逻辑函数的标准表达式或最简表达式。

第三步:由逻辑函数的标准表达式或最简表达式列出对应的真值表。

第四步:由真值表判断出组合逻辑电路的逻辑功能。

【例 6-8】 试分析如图 6-23 所示的组合逻辑电路的功能。

解:(1)由 G_1、G_2、G_3 各个门电路的输入、输出关系,推出整个组合逻辑电路的表达式:$Z_1 = ABC$,$Z_2 = \overline{A + B + C}$,$F = Z_1 + Z_2 = ABC + \overline{A + B + C}$。

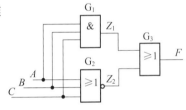

(2)对该逻辑式进行化简:

$$F = ABC + \overline{A + B + C} = ABC + \overline{A}\,\overline{B}\,\overline{C}$$

(3)根据化简后的函数表达式,列出如表 6-8 所示的真值表。

图 6-23 例 6-8 题

(4)从真值表中可以看出,当 A、B、C 三个输入一致时(或者全为0,或全为1),输出才为1,否则输出为0。所以,这个组合逻辑电路具有检测"输入不一致"的功能,也称"不一致电路"。

表 6-8 例 6-8 真值表

A	B	C	Z_1	Z_2	F
0	0	0	0	1	1
0	0	1	0	0	0
0	1	0	0	0	0
0	1	1	0	0	0
1	0	0	0	0	0
1	0	1	0	0	0
1	1	0	0	0	0
1	1	1	1	0	1

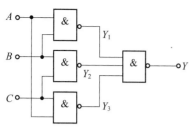

图 6-24 课堂练习

【课堂练习】 分析如图 6-24 所示电路。写出最简逻辑函数表达式、真值表，并说出其逻辑功能。

答案：分析流程图如图 6-25 所示。

$$Y_1 = \overline{AB}$$
$$Y_2 = \overline{BC}$$
$$Y_3 = \overline{CA}$$
$$Y = \overline{Y_1 Y_2 Y_3} = \overline{\overline{AB}\,\overline{BC}\,\overline{CA}}$$
$$= AB + BC + CA$$

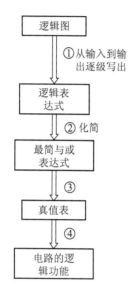

电路的逻辑功能：当输入 A、B、C 中有 2 个或 3 个为 1 时，输出 Y 为 1，否则输出 Y 为 0。所以这个电路实际上是一种 3 人表决用的组合电路，只要有 2 票或 3 票同意，表决就通过。

图 6-25 课堂练习分析流程图

真值表如表 6-9 所示。

表 6-9 图 6-24 真值表

A	B	C	Y
0	0	0	0
0	0	1	0
0	1	0	0
0	1	1	1
1	0	0	0
1	0	1	1
1	1	0	1
1	1	1	1

2. 组合逻辑电路的一般设计方法

(1) 逻辑设计是数字电路技术中的一个重要课题。任何一个可描述的事件或过程，都可进行严格的逻辑设计。根据要求规定的逻辑功能,通过抽象和化简,进而求得满足功能要求的组合逻辑电路图的过程,称为组合逻辑电路的设计。可见,组合逻辑电路的设计是分析的逆过程。

(2)设计步骤。一般组合逻辑电路的设计可按图6-26所示的步骤进行。

第一步:根据所需的功能的要求和条件,弄清输入、输出变量的个数及它们之间的逻辑关系,列出满足逻辑要求的真值表。

第二步:由真值表列出逻辑函数的标准"与或"式或最简表达式。

第三步:进行逻辑函数化简,将标准"与或"式化简为最简表达式。

第四步:根据所选的门电路类型及实际问题的要求,将逻辑函数进行逻辑变换。

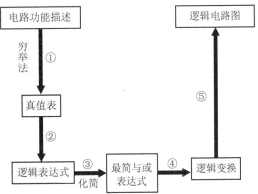

图 6-26 组合逻辑电路的设计步骤

第五步:由所得到的逻辑表达式画出逻辑电路图。

以上步骤中,关键的是第一步。一个事件或过程的功能描述,最初总是以文字的形式提出的,设计者必须对这些描述有全面、正确的理解。只有先弄清哪些是输入变量,哪些是输出变量,以及输入、输出变量之间的逻辑关系,才能列出正确的真值表。正确的真值表是组合逻辑电路设计的基础。

注意:需要指出的是,一个最简的逻辑表达式不一定就对应一个最简的逻辑电路。当采用中、小规模集成电路(一片包括数个门至数十个门)产品时,应根据具体情况,尽可能减少所用的器件数目和种类,这样可以使组装好的电路结构紧凑,达到工作可靠而且经济的目的。

【例 6-9】 三人按少数服从多数原则对某事进行表决,但其中一人有决定权(主裁判),即只要他同意,不论同意者是否达到多数,表决仍将通过。试用与非门设计该表决器。

解:(1)由题意可知该表决器有三个输入变量和一个输出变量。设 A、B、C 为输入变量(1 表示同意,0 表示不同意),且 A 为有决定权的变量;L 为输出变量(1 表示通过,0 表示不通过)。将表决器的逻辑功能描述为:当 A 为 1 或 B、C 均为 1 时,L 才为 1,否则 L 为 0。由此,可以列出真值表,如表 6-10 所示。

(2)由真值表列出逻辑表达式:
$$L = A\overline{BC} + A\overline{B}\,\overline{C} + A\,\overline{B}C + AB\,\overline{C} + ABC$$

(3)用卡诺图化简此逻辑式[图 6-27(a)],得到最简与或表达式:$L = A + BC$。

(4)将表达式转换成用与非逻辑实现的形式
$$L = A + BC = \overline{\overline{A + BC}} = \overline{\overline{A} \cdot \overline{BC}}$$

(5)根据逻辑表达式画出如图 6-27(b)所示的逻辑电路。这里假设系统能提供所有的原、反变量,否则还需增加一个"非门"来实现。

表6-10 真值表

A	B	C	F
0	0	0	0
0	0	1	0
0	1	0	0
0	1	1	1
1	0	0	1
1	0	1	1
1	1	0	1
1	1	1	1

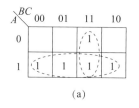
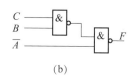

图 6-27　例 6-9 电路

(a) 卡诺图化简；(b) 逻辑图

6.2.1.2　常用组合逻辑器件

由于人们在生产和生活实践中遇到的逻辑问题层出不穷，因而为解决这些逻辑问题而设计的逻辑电路也不胜枚举。但是，其中也有若干种电路在各类数字系统中经常大量出现，为了使用方便，目前已将这些电路的设计标准化，并且制成了中、小规模单片集成电路的产品，其中包括编码器、译码器、全加器、比较器、数据选择器等。下面简单介绍一下它们的功能和使用方法。

1. 编码器

将含有特定意义的数字或符号信息转换成相应的若干位二进制代码的过程称为编码。具有编码功能的逻辑电路称为编码器。按照编码方式的不同，编码器可分为普通编码器和优先编码器；按照输出代码种类的不同，编码器可分为二进制编码器和非二进制编码器。下面主要介绍二进制编码器。

1）二进制编码器

二进制编码器就是对 $N(N=2^N)$ 个输入信号用 n 位二进制代码进行编码的电路，常用的有 3 位或 4 位二进制编码器。

> **相关链接：**
>
> 　　在商场购物时，每一个商品上都有条形码，它就是将宽度不等的多个黑条和空白按照一定的编码规则排列，用以表达一组信息的图形标识符。每一组信息就是一个特定的编码，每一个编码对应着一种商品。这就属于非二进制编码。

3 位二进制编码器就是把 8 个输入信号 I_0、I_1、I_2、I_3、I_4、I_5、I_6、I_7 编成对应的 3 位（Y_0、Y_1、Y_2）二进制代码输出。因为输入有 8 个信号，就有 8 种状态，所以输出的是 3 位（$n=3,2^3=8$）二进制代码。我们常称之为 8 线-3 线编码器。

由于编码器在任何时刻都只能对一个输入信号进行编码，将 8 种不同的状态用 $000(I_0)$、$001(I_1)$、$010(I_2)$、$011(I_3)$、$100(I_4)$、$101(I_5)$、$110(I_6)$、$111(I_7)$ 表示为高电平信号输入时，只能允许一个为高电平输入，其余输入端都必须为低电平，否则将出现混乱。也就是不允许有两个或两个以上输入信号同时存在的情况出现，所以说 $I_0 \sim I_7$ 是一组互相排斥的变量，因此真值表可以采用简化形式，如表 6-11 所示。

表 6-11 8 线-3 线编码器真值表

输入 ("1"项)	输出		
	Y_2	Y_1	Y_0
I_0	0	0	0
I_1	0	0	1
I_2	0	1	0
I_3	0	1	1
I_4	1	0	0
I_5	1	0	1
I_6	1	1	0
I_7	1	1	1

微课 6-7
编码器

由真值表便可得到相应输出信号的最简与或表达式，即

$$Y_2 = I_4 + I_5 + I_6 + I_7$$
$$Y_1 = I_2 + I_3 + I_6 + I_7$$
$$Y_0 = I_1 + I_3 + I_5 + I_7$$

逻辑图如图 6-28 所示。图中 I_0 的编码是隐含着的，即当 $I_1 \sim I_7$ 均为无效状态时，编码器的输出就是 I_0 的编码。

在汽车 ECU 中一般用 8 位二进制代码表示 256（$n=8$，$2^8 = 256$ 种组合）个信息。要想表示更多信息就要用更多位二进制代码，但这些信息是有优先级别的。所以，在实际应用中，经常会出现多个信号端同时有效的情况，而优先编码器可以解决这个问题。

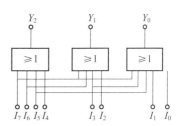

图 6-28 3 位二进制编码器

2) 8421BCD 码编码器（二-十进制编码器）

用 4 位二进制数表示 1 位十进制数所编成的代码的逻辑电路称为二-十进制编码器。因为输入有 10 个数码，要求有 10 种状态。所以输出需用 4 位（$2^n > 10$，取 $n=4$）二进制代码。

如表 6-12 所示为一个简化的 8421BCD 码编码器的真值表。理论上讲，10 个输入变量共有 $2^{10} = 1024$ 种组合，但作为 8421BCD 码编码器来说，$D_0 \sim D_9$ 十个输入变量分别表示一位 0~9 的十进制数字，因此它们中任何时刻仅允许一位有效，符合这种条件的输入组合只有真值表中所列的 10 种，其余的输入组合均为无关项。

表 6-12 二-十进制编码器真值表

输入	输出			
十进制数	D	C	B	A
$0(D_0)$	0	0	0	0
$1(D_1)$	0	0	0	1
$2(D_2)$	0	0	1	0
$3(D_3)$	0	0	1	1
$4(D_4)$	0	1	0	0

续表

输入	输出			
十进制数	D	C	B	A
5(D_5)	0	1	0	1
6(D_6)	0	1	1	0
7(D_7)	0	1	1	1
8(D_8)	1	0	0	0
9(D_9)	1	0	0	1

根据真值表并利用无关项性质，可以列出8421BCD码编码器的逻辑表达式，并将它们转换为适合于与非门和或非门实现的形式：

$$A = D_1 + D_3 + D_5 + D_7 + D_9 = \overline{\overline{(D_1+D_9)+(D_3+D_7)+(D_5+D_7)}}$$
$$= \overline{\overline{D_1+D_9} \cdot \overline{D_3+D_7} \cdot \overline{D_5+D_7}}$$
$$B = D_2 + D_3 + D_6 + D_7 = \overline{\overline{(D_2+D_6)+(D_3+D_7)}} = \overline{\overline{D_2+D_6} \cdot \overline{D_3+D_7}}$$
$$C = D_4 + D_5 + D_6 + D_7 = \overline{\overline{(D_4+D_6)+(D_5+D_7)}} = \overline{\overline{D_4+D_6} \cdot \overline{D_5+D_7}}$$
$$D = D_8 + D_9 = \overline{\overline{D_8+D_9}}$$

由以上逻辑表达式，可画出如图6-29所示的8421BCD码编码器的逻辑图。

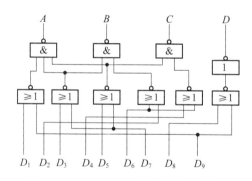

图6-29 8421BCD码编码器的逻辑图

上述8421BCD码编码器的10位输入中，任何时刻只允许其中一位为1。同时出现两位以上为1的情况属于非法输入，这将引起编码器输出混乱。但在实际应用中，由于干扰和误操作，这种情况很难完全避免。一种称为优先编码器的电路能解决这个问题。

3）优先编码器

优先编码器允许同时输入多个编码信号，而电路只对其中优先级别最高的信号进行编码，从而保证了编码器工作的可靠性。常见的集成优先编码器有10线-4线集成优先编码器，常见型号为54/74147、54/74LS147；8线-3线集成优先编码器，常见型号为54/74148、54/74LS148。

74LS147优先编码器是一个10线-4线的16脚集成芯片，如图6-30(a)所示为74LS147集成芯片实物图，图6-30(b)所示为其引脚分布图，图6-30(c)所示为其逻辑电路符号。其中，15脚为空脚，$\overline{I}_1 \sim \overline{I}_9$为信号输入端，$\overline{A} \sim \overline{D}$为输出端。输入和输出均为低电平有效，输入信号 $\overline{I}_1 \sim \overline{I}_9$ 和输出信号 $\overline{A} \sim \overline{D}$ 均用反码表示。它是一个典型的 8421BCD 码优先编码器，优先级别由 $\overline{I}_9$ 至 $\overline{I}_1$。

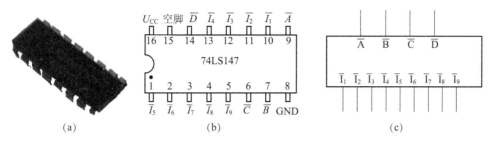

图 6-30　74LS147 优先编码器集成芯片

(a)实物图；(b)引脚分布图；(c)逻辑电路符号

【例 6-10】　汽车发动机温度传感器输出电压为 0～5 V 的模拟电压信号，必须赋值编码变成二进制代码才能输送到 ECU。用 5 V 电源 1 个，10 kΩ 电阻 10 个，微动开关 10 个，LED 灯 4 个，74LS147 芯片 1 个，连接一个 8421BCD 码优先编码器。8421BCD 码编码器真值表如表 6-13 所示。

表 6-13　10 线-4 线 8421BCD 码真值表

输　入										输　出			
I_0	I_1	I_2	I_3	I_4	I_5	I_6	I_7	I_8	I_9	Y_3	Y_2	Y_1	Y_0
1	0	0	0	0	0	0	0	0	0	0	0	0	0
0	1	0	0	0	0	0	0	0	0	0	0	0	1
0	0	1	0	0	0	0	0	0	0	0	0	1	0
0	0	0	1	0	0	0	0	0	0	0	0	1	1
0	0	0	0	1	0	0	0	0	0	0	1	0	0
0	0	0	0	0	1	0	0	0	0	0	1	0	1
0	0	0	0	0	0	1	0	0	0	0	1	1	0
0	0	0	0	0	0	0	1	0	0	0	1	1	1
0	0	0	0	0	0	0	0	1	0	1	0	0	0
0	0	0	0	0	0	0	0	0	1	1	0	0	1

解：将发动机温度传感器 0～5 V 电压分成 10 段，并分别赋值：每 0.5 V 为 1 段，即 0.0～0.5 V 记"0"；0.5～1.0 V 记"1"；…4.5～5.0 V 记"9"。引脚标非表示低电平有效。给输入引脚 $I_0 \sim I_9$ 分别加电，观察 LED 发光情况，并根据此写出二进制编码。用与非门完成 74LS147 集成优先编码器接线图，如图 6-31 所示。

2. 译码器

译码是编码的逆过程。在编码时，每一种二进制代码状态都赋予了特定的含义。译码就是将二进制代码所表示的信息翻译成对应的高、低电平信号。实现译码功能的电路称为译码

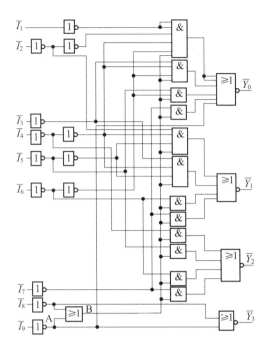

图 6-31 74LS147 集成优先编码器接线图

器。译码器是一个多输出的组合逻辑电路,译码器分为变量译码器和显示译码器。变量译码器有二进制和非二进制译码器。显示译码器按材料分为荧光、发光二极管和液晶显示译码器;按显示内容分为文字、数字和符号译码器。

1) 二进制译码器

74LS138 是常用的二进制中规模集成电路的 3 线-8 线译码器,如图 6-32 所示。其真值表如表 6-14 所示。

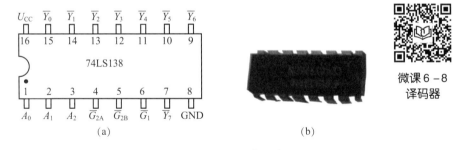

(a) (b)

图 6-32 74LS138 译码器集成芯片

(a) 引脚分布图;(b) 实物图

表 6-14 74LS138 译码器真值表

G_1	$\overline{G_{2A}} - \overline{G_{2B}}$	A_2	A_1	A_0	$\overline{Y_0}$	$\overline{Y_1}$	$\overline{Y_2}$	$\overline{Y_3}$	$\overline{Y_4}$	$\overline{Y_5}$	$\overline{Y_6}$	$\overline{Y_7}$
×	1	×	×	×	1	1	1	1	1	1	1	1
0	×	×	×	×	1	1	1	1	1	1	1	1
1	0	0	0	0	0	1	1	1	1	1	1	1
1	0	0	0	1	1	0	1	1	1	1	1	1

续表

G_1	$G_{2A}-G_{2B}$	A_2	A_1	A_0	Y_0	Y_1	Y_2	Y_3	Y_4	Y_5	Y_6	Y_7
1	0	0	1	0	1	1	0	1	1	1	1	1
1	0	0	1	1	1	1	1	0	1	1	1	1
1	0	1	0	0	1	1	1	1	0	1	1	1
1	0	1	0	1	1	1	1	1	1	0	1	1
1	0	1	1	0	1	1	1	1	1	1	0	1
1	0	1	1	1	1	1	1	1	1	1	1	0

2) 二-十进制译码器

将二-十进制代码翻译成10个十进制数字信号的电路，称为二-十进制译码器。二-十进制译码器的输入是十进制数的4位二进制编码，分别用 D、C、B、A 表示；输出信号是与十进制数相对应的10个信号，用 $Y_9 \sim Y_0$ 表示，常称为4线-10线译码器。8421BCD 码译码器真值表如表 6-15 所示。

表 6-15 8421BCD 码译码器真值表

D	C	B	A	Y_0	Y_1	Y_2	Y_3	Y_4	Y_5	Y_6	Y_7	Y_8	Y_9
0	0	0	0	1	0	0	0	0	0	0	0	0	0
0	0	0	1	0	1	0	0	0	0	0	0	0	0
0	0	1	0	0	0	1	0	0	0	0	0	0	0
0	0	1	1	0	0	0	1	0	0	0	0	0	0
0	1	0	0	0	0	0	0	1	0	0	0	0	0
0	1	0	1	0	0	0	0	0	1	0	0	0	0
0	1	1	0	0	0	0	0	0	0	1	0	0	0
0	1	1	1	0	0	0	0	0	0	0	1	0	0
1	0	0	0	0	0	0	0	0	0	0	0	1	0
1	0	0	1	0	0	0	0	0	0	0	0	0	1
1	0	1	0	×	×	×	×	×	×	×	×	×	×
1	0	1	1	×	×	×	×	×	×	×	×	×	×
1	1	0	0	×	×	×	×	×	×	×	×	×	×
1	1	0	1	×	×	×	×	×	×	×	×	×	×
1	1	1	0	×	×	×	×	×	×	×	×	×	×
1	1	1	1	×	×	×	×	×	×	×	×	×	×

由真值表通过卡诺图化简得到简化的逻辑表达式：

$$Y_0 = \bar{A}\bar{B}\bar{C}\bar{D} \qquad Y_1 = A\bar{B}\bar{C}\bar{D}$$

$$Y_2 = \bar{A}B\bar{C} \qquad Y_3 = AB\bar{C}$$

$$Y_4 = \bar{A}\bar{B}C \qquad Y_5 = A\bar{B}C$$

$$Y_6 = \bar{A}BC \qquad Y_7 = ABC$$

$$Y_8 = \bar{A}D \qquad Y_9 = AD$$

逻辑电路图如图 6-33 所示。

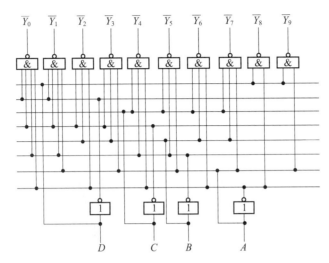

图 6-33　8421BCD 码译码器逻辑图

3. 显示译码器

在各种数字设备中，经常需要将文字、数字和符号直观地显示出来，供人们直接读取结果，或用以监视数字系统的工作情况。这就是把二-十进制代码通过显示译码器转换成人们习惯的形式显示出来的电路，称为显示译码器。常见的是数字显示器，它主要由译码器、驱动器和显示器三大部分组成。显示器件的种类很多，在数字电路中常用的显示器是半导体显示器（又称发光二极管显示器，简称 LED）和液晶显示器（liquid crystal display，LCD）。LED 主要用于显示数字和字母，LCD 可以显示数字、字母、文字和图形等。例如，现代轿车的发动机转速表和车速表多为数字式仪表。

下面以七段数码显示器为例进行介绍。

1）数码显示器

七段 LED 数码显示器俗称数码管，是常用的显示器件，外形如图 6-34（a）所示。数码管是由七个发光二极管的阴极或阳极连接在一起而成的，所以，数码管又分为共阴极数码管和共阳极数码管两种类型，如图 6-34（b）、（c）所示。

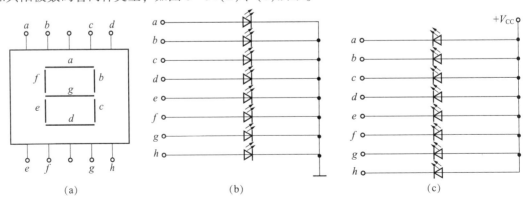

图 6-34　七段发光二极管的两种接法
(a)外形图；(b)共阴极；(c)共阳极

七段 LED 数码显示器的工作原理是将要显示的十进制数码分成七段，每段为一个发光二极管，利用不同发光段的组合来显示不同的数字，如图 6-34(a) 所示。

如图 6-35 所示为七段数码管显示器外形及引脚图。X 为共阴极，其内部是发光二极管的负极连在一起(接地)的电路，当每一段加上正向电压时，各段二极管导通发亮。根据需要，即可显示不同的数字。若显示 2，就是在 a、b、d、e、g 段接高电平；若 a、b、c 段接高电平，则显示数字 7。各段与显示数字的关系如图 6-36 所示。

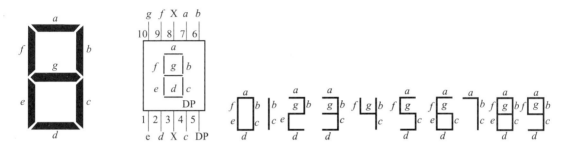

图 6-35 七段数码管显示器外形及引脚图　　　图 6-36 七段数码管显示数字组合

2) 显示译码器

74LS48 是 BCD 码到七段码的显示译码器，它是数字电路中常见的器件之一，它可以直接驱动共阴极数码管。它的引脚排列图如图 6-37 所示，真值表如表 6-16 所示。

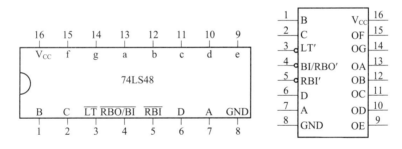

图 6-37　74LS48 译码驱动器的引脚图

表 6-16　74LS48 显示译码器的真值表

输入				输出							显示字形
A_3	A_2	A_1	A_0	a	b	c	d	e	f	g	
0	0	0	0	1	1	1	1	1	1	0	0
0	0	0	1	0	1	1	0	0	0	0	1
0	0	1	0	1	1	0	1	1	0	1	2
0	0	1	1	1	1	1	1	0	0	1	3
0	1	0	0	0	1	1	0	0	1	1	4
0	1	0	1	1	0	1	1	0	1	1	5
0	1	1	0	0	0	1	1	1	1	1	6
0	1	1	1	1	1	1	0	0	0	0	7
1	0	0	0	1	1	1	1	1	1	1	8
1	0	0	1	1	1	1	0	0	1	1	9

4. 数据选择器

在多路数据传送过程中,能够根据需要将其中任意一路挑选出来的电路,称为数据选择器。

数据选择器可实现将数据源传来的数据分配到不同通道上,因此它类似于一个单刀多掷开关,如图 6-38 所示。

集成数据选择器 74LS153 中,$D_0 \sim D_3$ 是输入的四路信号;A_0、A_1 是地址选择控制端;S 是选通控制端;Y 是输出端。输出端 Y 可以是四路输入数据中的任意一路。74LS153 数值选择器集成芯片如图 6-39 所示。

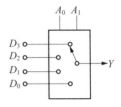

图 6-38 数值选择器集成芯片

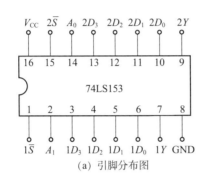

(a) 引脚分布图　　　　(b) 实物图

图 6-39 74LS153 数值选择器集成芯片

集成数据选择器 CT1153 的功能如表 6-17 所示。

表 6-17 数据选择器 CT1153 的功能

输入				输出
S	D	A_1	A_0	Y
1	×	×	×	0
0	D_0	0	0	D_0
0	D_1	0	1	D_1
0	D_2	1	0	D_2
0	D_3	1	1	D_3

集成数据选择器的规格很多,常用的型号有八选一数据选择器 74LS151、CT4138、74LS153、CT1153 双四选一数据选择器等。

现代汽车都是通过数字仪表来显示汽车运行信息(如汽车行驶速度、行驶里程、平均油耗、燃油消耗等)的。

6.2.2 时序逻辑电路

前面介绍的各种逻辑门及由它们组成的组合逻辑电路都有一个共同的特点,即在某一时刻的输出完全取决于当时的输入信号,只要输入发生了变化,输出也随之变化,这类电路称为组合逻辑电路,它们没有记忆功能。而在数字系统中,常常需要存储各种数字信息,也就是有记忆功能电路。所以,在一个复杂的数字系统中,还使用着另一种类型的电路,称为时序逻辑电路。这种电路的特点是门电路的输出状态不仅取决于当时的输入信号,还与电路原来的状态有关。而触发器是构成时序逻辑电路的基本单元。

6.2.2.1 触发器

时序逻辑电路具有两个基本特征:

(1)触发器有两个稳定状态,分别称为"0"状态和"1"状态,在没有外界信号作用时,触发器维持原来的稳定状态不变,即触发器具有记忆功能。

(2)在输入信号和脉冲作用下,触发器的两个稳定状态可以互相转换,转变的过程称为翻转。

触发器的内部电路结构形式多种多样。根据触发器电路结构的不同,触发器可分为基本 RS 触发器和时钟触发器两大类。时钟触发器又可分为电平触发的触发器和边沿触发器两类。按逻辑功能,触发器可分为 RS 触发器、JK 触发器、D 触发器、T 触发器和 T′触发器。

以上触发器可分为很多种,但是所有触发器的电路结构中都包含基本触发器。下面介绍两种基本触发器。

1. 基本 RS 触发器

1)电路组成

各种组合逻辑电路在输入信号作用下,虽然具有两种不同的输出状态(0 和 1),但由于电路中没有反馈环节,因此不具有记忆功能。基本 RS 触发器可用两个与非门交叉连接而成,如图 6-40 所示。$\overline{R}$ 和 $\overline{S}$ 表示输入低电平有效,在逻辑符号中用小圆圈表示,如图 6-40(b)所示。Q 和 $\overline{Q}$ 为输出端,在触发器稳定状态时,它们的输出状态相反。当 $Q=0$、$\overline{Q}=1$ 时,称触发器的状态为"0"态;当 $Q=1$、$\overline{Q}=0$ 时,称触发器的状态为"1"态。

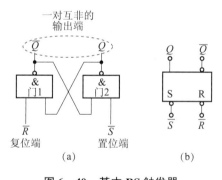

微课 6-9
基本 RS 触发器

图 6-40 基本 RS 触发器

(a)逻辑电路;(b)图形符号

2)工作功能

当 $\overline{R}=0$、$\overline{S}=1$ 时,$Q=0$、$\overline{Q}=1$,触发器置 0。

当 $\overline{R}=1$、$\overline{S}=0$ 时,$Q=1$、$\overline{Q}=0$,触发器置 1。

$\overline{R}=1$、$\overline{S}=1$ 时,触发器保持原状态不变。

$\overline{R}=0$、$\overline{S}=0$ 时,$Q=1$、$\overline{Q}=1$,触发器状态不定。在实际上这种情况是不允许的,为此要求 $\overline{R}+\overline{S}=1$。

3)真值表

现态指触发器输入信号变化前的状态,用 Q^n 表示;次态是指触发器输入信号变化后的状态，用 Q^{n+1} 表示。基本 RS 触发器的真值表如表 6-18 所示。

表 6-18 基本 RS 触发器的真值表

$\overline{R}$	$\overline{S}$	Q^n	Q^{n+1}	功能说明
0	0	0	×	不稳定状态
0	0	1	×	
0	1	0	0	置0(复位)
0	1	1	0	
1	0	0	1	置1(置位)
1	0	1	1	
1	1	0	0	保持原状态
1	1	1	1	

4) 特征方程

$$Q^{n+1} = S + \overline{R}Q^n$$
$$\overline{R} + \overline{S} = 1 \text{ 或 } RS = 0$$

5) 时序图

反映输入信号和输出状态之间关系的工作波形，称为时序图，如图 6-41 所示。它的特点是直观、形象地显示触发器的输入与输出之间的关系。

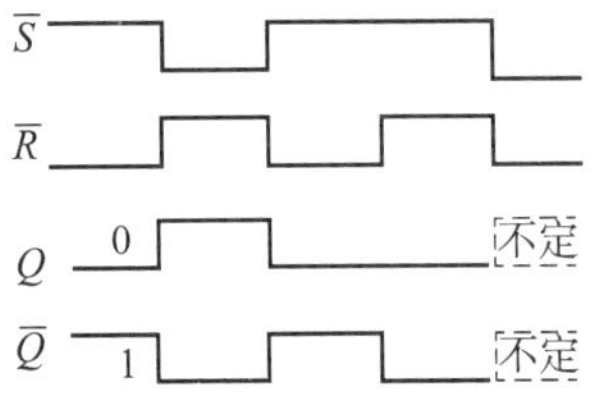

由上面的分析可知，基本 RS 触发器两个输入端分别加有效信号(在这里低电平有效)可使触发器直接置 0 和置 1。一旦置 0 后，没有置 1 信号，它保持"0"状态，反之亦然。由此，基本 RS 触发器的 S 和 R 端又称直接置位端和直接复位端，这种触发器只可以用来存储信息，不能用来计数。

图 6-41 基本 RS 的时序图

基本 RS 触发器的图形符号如图 6-40(b) 所示，输入端引线上靠近方框的小圆圈表示触发器用负脉冲(0 电平)来置位或复位，即低电平有效。

2. 同步 RS 触发器

上面介绍的基本触发器是各种双稳态触发器的共同部分。除此之外，一般触发器还有导引电路(或称控制电路)，通常由它把输入信号引导到基本触发器。图 6-42(a) 所示是同步 RS 触发器的逻辑电路，图 6-42(b) 所示是其图形符号。

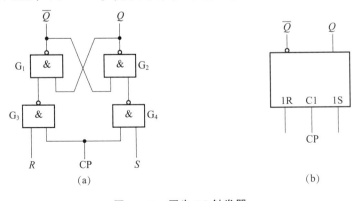

图 6-42 同步 RS 触发器
(a) 逻辑电路；(b) 图形符号

图 6-42(a)中，与非门 G_1 和 G_2 构成基本触发器，与非门 G_3 和 G_4 构成导引电路。R 和 S 是置 0 和置 1 信号输入端，CP 是时钟脉冲输入端。

在实际工作中，触发器的工作状态不仅要由 $\overline{R}$、$\overline{S}$ 端的信号来决定，而且还要求触发器按一定的节拍翻转，为此，需要加入一个时钟控制端 CP，只有在 CP 端上出现时钟脉冲时，触发器的状态才发生变化。具有时钟脉冲控制的触发器称为时钟触发器，又称为同步触发器。图 6-42(b)所示是同步 RS 触发器的图形符号。

在脉冲数字电路中所使用的触发器往往用一种正脉冲来控制触发器的翻转时刻，这种正脉冲称为时钟脉冲，它也是一种控制命令。通过导引电路来实现时钟脉冲对输入端 R 和 S 的控制，故又称可控 RS 触发器。当时钟脉冲来到之前，即 CP = 0 时，无论 R 和 S 端的电平如何变化，G_3 和 G_4 门的输出均为 1，基本触发器保持原状态不变。只有时钟脉冲来到之后，即 CP = 1 时，触发器才按 R、S 端的输入状态来决定其输出状态。时钟脉冲过去后，输出状态保持时钟脉冲为高电平的状态不变。

特征方程：
$$Q^{n+1} = S + \overline{R}Q^n \ (Q^n 高电平有效)$$
$$RS = 0$$

同步 RS 触发器的输出状态与 R、S 输入状态的关系列于表 6-19 中。$Q^n(Q_n)$ 表示时钟到来之前触发器的输出状态，称为现态。$Q^{n+1}(Q_{n+1})$ 表示时钟脉冲到来之后的输出状态，称为次态。

表 6-19 同步 RS 触发器的特性表

R	S	Q^n	Q^{n+1}	功能说明
0	0	0	0	保持原状态
0	0	1	1	
0	1	0	1	输出状态与 S 状态相同
0	1	1	1	
1	0	0	0	输出状态与 S 状态相同
1	0	1	0	
1	1	0	×	输出状态不稳定
1	1	1	×	

从表 6-19 中可以看出，当时钟脉冲为高电平时，$R = S = 1$，输出就没有固定的状态，这种不正常的情况应避免出现。另外，同步 RS 触发器的逻辑功能比基本触发器多一些，它不但可以实现记忆和存储，还具有计数功能。

为了克服 $R = S = 1$，输出状态不定的情况，就引入了 JK 触发器和 D 触发器。

3. 边沿触发器

基本 RS 触发器的状态是由输入端信号直接控制的。在实际使用中，触发器的状态不仅由输入控制，还要求触发器能按一定的节拍动作。为此引入了决定动作时间的信号，称为时钟脉冲或时钟信号，简称时钟，用 CP 表示。只有时钟信号出现后，触发器的状态才能改变，这种触发器称为时钟触发器。时钟触发器有电平触发器和边沿触发器两大类，电平触发器由于存在空翻问题，在实际应用中只能用于数据存储，而不能用于计数、分频、移位等电路。下面介绍应用范围很广的边沿触发器。

1) 主从 JK 触发器

如图 6-43(a) 所示是主从型 JK 触发器的逻辑电路, 图 6-43(b) 所示是其图形符号。它由两个可控 RS 触发器组成, 两者分别称为主触发器和从触发器。此外, 还通过一个非门将两个触发器的时钟脉冲端连接起来, 这就是触发器的主从型结构。时钟脉冲的前沿使主触发器翻转, 而时钟脉冲的后沿使从触发器翻转, 主从之名由此而来。主从 JK 触发器的特性表如表 6-20 所示。

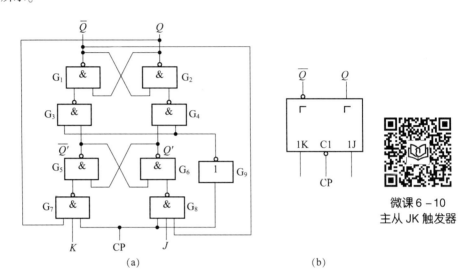

图 6-43 主从 JK 触发器

(a) 逻辑电路; (b) 图形符号

特征方程: $Q^{n+1} = J\overline{Q^n} + \overline{K}Q^n$

表 6-20 主从 JK 触发器的特性表

J	K	Q^n	Q^{n+1}	功能说明
0	0	0	0	保持原状态
0	0	1	1	
0	1	0	0	输出状态与 J 状态相同
0	1	1	0	
1	0	0	1	输出状态与 J 状态相同
1	0	1	1	
1	1	0	1	每输入一个脉冲, 输出状态改变一次
1	1	1	0	

主从 JK 触发器不会出现"空翻"现象, 因为 CP=1 期间, 从触发器的状态不会改变; 而等到 CP 下跳为 0 时, 从触发器或翻转或保持原态, 但主触发器的状态又不会改变, 所以不会出现"空翻"的情况。

由上述可知, 主从型触发器在 CP=1 时, 把输入信号暂时存储在主触发器中, 为从触发器的翻转或保持原状态做好准备; 到 CP 下跳为 0 时, 存储的信号起作用, 或者触发从触发器使之翻转, 或者使之保持原状态, 此外, 主从型触发器具有在 CP 从 1 下跳为 0 时翻转的特点,也就是具有时钟脉冲后沿触发的特点。后沿触发在图形符号中在 CP 输入端靠近方框处用一小圆圈表示,如图 6-43(b)所示。

2) D 触发器

D 触发器也是一种应用广泛的触发器。国产 D 触发器几乎全是维持-阻塞型 D 触发器(它是上升沿触发的边沿触发电路)。它的输出与输入之间的关系如表 6-21 所示。D 触发器的逻辑电路和图形符号如图 6-44 所示。

表 6-21　D 触发器真值表

D	Q^{n+1}	功能
0	0	置 0
1	0	置 1

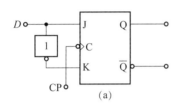
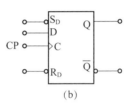

图 6-44　D 触发器
(a)逻辑电路；(b)图形符号

特征方程：
$$Q^{n+1} = D$$

逻辑功能：当 $D=0$ 时,在时钟脉冲 CP 上升沿到来后,输出端的状态将变成 $Q^{n+1}=0$；而当 $D=1$ 时,在 CP 上升沿到来后,输出状态将变为 $Q^{n+1}=1$。可见,D 触发器的输出端状态仅决定于 CP 到达前 D 输入端的状态,而与触发器的现态无关,其特征方程很简单,即
$$Q^{n+1} = D(\text{CP}\uparrow)$$

当把 D 触发器的 D 输入端与输出端 $\overline{Q}$ 连接在一起时,也可构成计数器。

3) T 触发器

将主从 JK 触发器转换成如图 6-45 所示,便可得到 T 触发器。T 触发器在时钟脉冲的作用下,具有保持和翻转的功能。

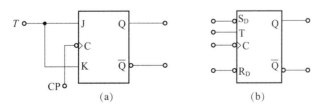

图 6-45　T 触发器
(a)逻辑电路；(b)图形符号

特征方程：
$$Q^{n+1} = \overline{T}Q^n + T\overline{Q^n}$$

T 触发器的逻辑功能如表 6-22 所示。当 $T=0$ 时,在时钟脉冲的作用下,T 触发器具有保持功能；当 $T=1$ 时,T 触发器具有翻转功能。

表 6-22 T 触发器的功能表

T	Q^{n+1}	功能
0	Q^n	保持
1	$\overline{Q}^n$	翻转

【例 6-11】 已知边沿 D 触发器，输入 CP 和 D 信号波形，如图 6-46 所示。试画出 Q 和 $\overline{Q}$ 的波形。

解：只要根据每一个 CP 上升沿到来瞬间前 D 的状态，即可决定触发器每一个状态 Q^{n+1}，其 Q 和 $\overline{Q}$ 的波形如图 6-46 所示。

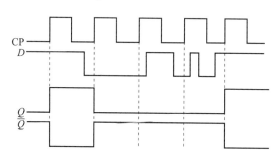

图 6-46 例 6-11 的波形

6.2.2.2 计数器

汽车仪表盘上的行程表、时间表和交通信号灯倒计时表都要用到计数器。具有计数功能的逻辑器件称为计数器。计数器是数字系统中应用场合最多的时序逻辑电路。它不仅可用于对时钟脉冲个数进行计数，还可以用于定时、分频及数字运算等。

计数器主要由触发器构成。计数器的种类很多，按各个计数单元动作的次序划分，可分为同步计数器和异步计数器；按进制方式的不同划分，可分为二进制计数器、十进制计数器、任意进制计数器；按计数过程中数字的增减划分，可分为加法计数器、减法计数器和加减均可的可逆计数器。下面主要通过二进制计数器和集成计数器来说明其工作特点。

1. 二进制计数器

常用的二进制计数器由若干触发器组成。根据计数脉冲是否同时加在各触发器的时钟脉冲输入端，二进制计数器可分为异步二进制计数器和同步二进制计数器。同步二进制计数器可以由主从型 JK 触发器或维持-阻塞型 D 触发器组成，常用的是集成计数器。

图 6-47 是由 3 个主从 JK 触发器构成的 3 位同步二进制加法计数器。二进制只有 0 和 1 两个数码。所谓二进制加法，就是"逢二进一"，即 $0+1=1$，$1+1=10$。也就是每当本位是 1，再加 1 时，本位就变为 0，而向高位进 1 位二进制数。

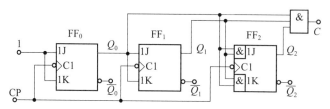

图 6-47 3 位同步二进制计数器

3位同步二进制计数器的工作原理：每来一个计数脉冲，最低位触发器就翻转一次，而高一位触发器在低一位的触发器的 Q 输出端从1变为0时翻转。即以低一位的输出作为高一位的计数脉冲输入。由于是用主从型触发器构成，所以是输入脉冲后沿触发。

表6-23给出了计数脉冲个数与各触发器输出状态及它们之间的关系。加法计数器则指其输出端的3位二进制代码是递增加1的。相对于加法计数器，还有减法计数器。

表6-23　3位二进制同步加法计数器

计数脉冲	Q_2	Q_1	Q_0
0	0	0	0
1	0	0	1
2	0	1	0
3	0	1	1
4	1	0	0
5	1	0	1
6	1	1	0
7	1	1	1
8	0	0	0

2. 同步计数器

同步计数器电路复杂，但计数速度快，多用于计算机系统中。目前生产的同步计数器芯片分为二进制和十进制两种。

集成十进制加法计数器74LS160和集成二进制加法计数器74LS161具有计数、保持、预置、清零功能。如图6-48所示为74LS160的逻辑符号和引脚排列图。

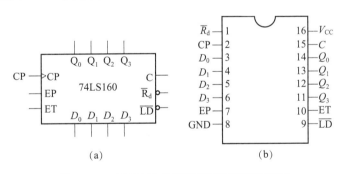

图6-48　74LS160的逻辑符号和引脚排列图
(a)逻辑符号；(b)引脚排列图

图6-48中，$\overline{LD}$为同步置数控制端，$\overline{R_d}$为异步置0控制端，EP和ET为计数控制端，$D_0 \sim D_3$为并行数据输入端，$Q_0 \sim Q_3$为输出端，C为进位输出端。

由表6-24可知74LS160的功能如下：

(1) 异步清0。当$\overline{R_d}=0$时，输出端清0，与CP无关。

表 6-24　74LS160 的功能表

$\overline{R_d}$	$\overline{LD}$	EP	ET	CP	D_3	D_2	D_1	D_0	Q_3	Q_2	Q_1	Q_0	说　明
0	×	×	×	×	×	×	×	×	0	0	0	0	异步置0
1	0	×	×	↑	D	C	B	A	D	C	B	A	并行置数
1	1	1	1	↑	×	×	×	×					计数
1	1	0	×	×	×	×	×	×	Q_3	Q_2	Q_1	Q_0	保持
1	1	×	0	×	×	×	×	×	Q_3	Q_2	Q_1	Q_0	保持

(2) 同步并行预置数。当 $\overline{R_d}=1$、$\overline{LD}=0$ 时，在输入端 $D_3D_2D_1D_0$ 预置某个数据，则在 CP 脉冲上升沿的作用下，就将输入端的数据置入计数器。

(3) 保持。当 $\overline{R_d}=1$、$\overline{LD}=1$ 时，只要 EP 和 ET 中有一个为低电平，计数器就处于保持状态。在保持状态下，CP 不起作用。

(4) 计数。当 $\overline{R_d}=1$、$\overline{LD}=1$、EP=ET=1 时，电路为 4 位十进制加法计数器。当计数到 1001(9)时，进位输出端 C 送出进位信号(高电平有效)，即 $C=1$。

如图 6-49 所示是 74LS160 的时序图。它反映了计数器从初始值 0000 开始对 CP 脉冲计数，输出 $Q_3Q_2Q_1Q_0$ 表示计数的个数，当第 9 个脉冲到来时，计数器进位输出 $C=1$；当第 10 个脉冲到来时，计数器输出端 $Q_3Q_2Q_1Q_0$ 清零，因此，74LS160 为同步十进制加法计数器。

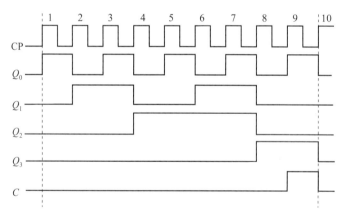

图 6-49　74LS160 的时序图

由图 6-49 所示的时序图还可以分析出，如果 CP 的频率为 f_0，那么 Q_0、Q_1、Q_2、Q_3 的频率分别为 $\frac{1}{2}f_0$、$\frac{1}{4}f_0$、$\frac{1}{8}f_0$、$\frac{1}{10}f_0$，说明计数器具有分频作用，也称为分频器，它们依次称为二分频、四分频、八分频、十分频。

6.2.2.3　寄存器

寄存器用来暂时存放参与运算的数据和运算结果。一个触发器只能寄存 1 位二进制数，要存多位数时，就得用多个触发器。常用的有 4 位、8 位、16 位等寄存器。

寄存器存放数码的方式有并行和串行两种。并行方式就是将数码各位从各对应位输入端同时输入寄存器中；串行方式就是将数码从一个输入端逐位输入寄存器中。

从寄存器取出数码的方式也有并行和串行两种。在并行方式中，被取出的数码各位在对应于各位的输出端上同时出现；而在串行方式中，被取出的数码在一个输出端上逐位出现。

寄存器常分为数码寄存器和移位寄存器两种，其区别在于有无移位的功能。

1. 数码寄存器

数码寄存器只有寄存数码和清除原有数码的功能。图 6-50 所示是 4 位数码寄存器的原理图。

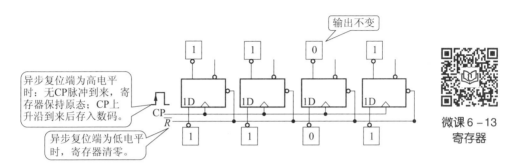

图 6-50　并行输入、并行输出的 4 位数码寄存器

设输入的二进制数为 1101。在"寄存指令"（正脉冲）来到之前，$G_1 \sim G_4$ 四个与非门的输出全为 1。由于经过清零（复位），$FF_0 \sim FF_3$ 四个由与非门构成的基本 RS 触发器全处于 0 态。当"寄存指令"来到时，输出为 1101。

这样，就把 4 位二进制数码存放进了这个 4 位数码寄存器内，上述是并行输入、并行输出寄存器的工作原理。

2. 移位寄存器

移位寄存器不仅有存放数码功能，而且有移位功能。所谓移位，就是每当移位脉冲（时钟脉冲）到来时，触发器的状态便向右或向左移位，也就是指寄存的数码可以在移位脉冲的控制下依次进行移位。移位寄存器在计算机中应用广泛。

图 6-51 是由 D 触发器组成的 4 位移位寄存器，它的状态如表 6-25 所示，数码由 D_0 端输入。在存数操作之前，先将各个触发器清零。当出现第 1 个移位脉冲 CP 时，待存数码的最高位和 4 个触发器的数码同时右移 1 位，即待存数码的最低位存入 Q_0，而寄存器原来所存数码的最高位从 Q_3 输出；出现第 2 个移位脉冲时，待存数码的次低位和寄存器中的 4 位数码又同时右移 1 位。依此类推，在 4 个移位脉冲作用下，寄存器中的 4 位数码同时右移 4 次，待存的 4 位数码便可存入寄存器。

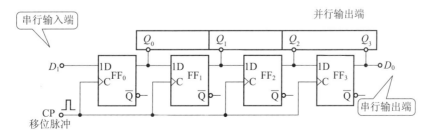

图 6-51　D 触发器组成的 4 位移位寄存器

表6-25 4位移位寄存器

输入		现态				次态				说明
D_r	CP	Q_0^n	Q_1^n	Q_2^n	Q_3^n	Q_0^{n+1}	Q_1^{n+1}	Q_2^{n+1}	Q_3^{n+1}	
1	↑	0	0	0	0	1	0	0	0	连续输入 4个1
1	↑	1	0	0	0	1	1	0	0	
1	↑	1	1	0	0	1	1	1	0	
1	↑	1	1	1	0	1	1	1	1	

74194 就是集成4位双向移位寄存器，如图6-52所示。

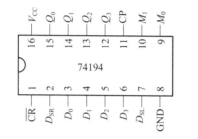
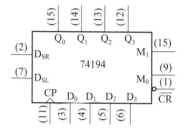

图6-52 集成4位双向移位寄存器74194

6.2.2.4 存储器

存储器是一种具有记忆功能的接收、保存和取出信息的设备，是计算机的重要组成部分，是CPU最重要的系统资源之一。车载存储器用来存放数据、资料、故障码等信息。存储器主要性能指标是存储容量、存储速度和可靠性。

计算机的内存储器由随机存储器（random access memory，RAM）和只读存储器（read-only memory，ROM）两部分组成。其中，RAM是既能读又能写的存储器，又称为可读写存储器。ROM是只能读不能写的存储器。

1. 随机存储器

RAM用于存放二进制信息（数据、程序指令、运算的中间结果等），它可以在任意时刻，对任意选中的存储单元进行信息的存入（写入）或取出（读出）的信息操作，故称为随机（可读写）存储器。RAM的结构框图如图6-53所示。

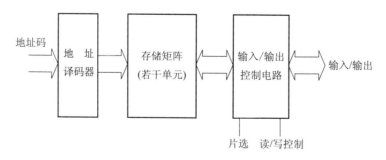

图6-53 RAM的结构框图

RAM由存储矩阵、地址译码器、片选控制、输入/输出控制等组成。

存储矩阵：存储矩阵是存储器的主体，由成千上万个存储单元组成（具体数字取决于存储器容量的大小)。每个存储单元可存放 1 位二进制信息。通常将这些存储单元排列成方阵的形式,即若干行和若干列,如 32 行 32 列的存储矩阵,有 32 行 × 32 列 = 1024 个存储单元。

地址译码器:存储器中存放的大量二进制信息都非常有顺序地存放在地址所对应的存储矩阵中的存储单元中。地址译码器的任务是将输入 n 位的地址码翻译成 2^n 个字选线,分别去访问 2^n 个存储单元,通常地址和存储单元是一一对应关系。

片选控制、输入/输出控制和缓冲器:存储器只有当片选信号有效(通常是低电平有效)时,即当该片存储器被选中时,才能在输入/输出控制信号(读/写控制信号)的作用下,对某一地址对应的存储单元进行读写操作。读信号有效时,由存储单元读出(输出)信息;写信号有效时,存储单元写入(输入)信息。而输入/输出缓冲器用于传送信息,缓冲器采用三态结构,以实现双向传送。

当切断电源时,原存于 RAM 中的信息将会丢失,合上电源后,其中的内容也不会恢复。只有进行"写入"操作后,才能读出有用的信息。

RAM 根据存储单元的电路结构和工作原理不同,分成静态 RAM 和动态 RAM 两种。RAM6116 引脚分布如图 6 – 54 所示。

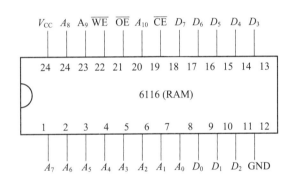

图 6 – 54 RAM6116 引脚分布图

RAM6116 有三种工作方式:

(1)写入方式。当 $\overline{CE}=0$、$\overline{OE}=1$、$\overline{WE}=0$ 时,数据线 $D_0 \sim D_7$ 上的内容存入 $A_0 \sim A_{10}$ 相应的单元。

(2)读出方式。当 $\overline{CE}=0$、$\overline{OE}=0$、$\overline{WE}=1$ 时,$A_0 \sim A_{10}$ 相应单元的内容输出到数据线 $D_0 \sim D_7$。

(3)低功耗维持方式。当 $\overline{CE}=1$ 时,芯片进入低功耗维持工作方式,此时器件电流仅 20 μA 左右,为系统断电时用电池保持 RAM 内容提供了可能性。

2. 只读存储器

ROM 不能轻易地写入(或更改原有)信息,只能进行读出操作。通常 ROM 中的程序和数据是事先存入的,在工作过程中不能改变,这种事先存入的信息不会因断电而丢失信息,因此 ROM 常用来存放计算机监控程序、基本输入/输出程序等系统程序和数据。RAM 中的信息则会因为断电而数据消失,所以主要用来存放应用程序和数据。

ROM 按写入数据的方法可以分成以下几类:

(1)固定内容的只读存储器(ROM)。生产厂家利用掩膜技术,将用户所提供的存储内容或要求制作在存储矩阵或门阵列上，该内容是固定的，无法再更改。其优点是集成度和可靠性高，适于大批量生产；缺点是适用范围不广。

（2）可编程只读存储器（programmable read – only memory，PROM）。可编程只读存储器，出厂时它的存储内容应该全为"1"（熔丝式）或全为"0"（短路式），用户可根据自己的需要采用专门技术或设备对其进行一次性永远不可恢复的写入，一旦写入完成，其内容也就固定了，只能读出。

（3）可擦可编程只读存储器（erasable programmable read – only memory，EPROM）。EPROM 可以根据要求写入信息，进而长期使用，也可将其内容全部擦去，重新写入新的内容，实现多次编程。通常利用紫外线照射的方法，将 EPROM 的内容全部擦去，用专用的设备将数据再次写入。

任务 6.3　信号的采集与转换

6.3.1　电子技术在汽车中的应用

自汽车问世以来，汽车的发展给整个世界和人类的生活带来了巨大的变化，汽车技术也取得了令人瞩目的进步。特别是电子技术在汽车上的广泛应用，在解决汽车节能降耗、行车安全、减少排放污染等方面起着越来越重要的作用。

20 世纪 60 年代以后，随着电子技术的进步，汽车上开始采用电子设备，主要标志是交流发电机，采用二极管整流技术，将交流电变为直流电，减小了发电机的质量和体积，提高了发电机的可靠性。后来，又用了电子电压调节器替代了传统的触点式电压调节器，使发电机的输出电压更加稳定，并减少了维护的工作量。

进入 20 世纪 70 年代，电子技术应用在点火系统中，出现了电子控制高能点火系统，点火提前的电子控制系统，使点火能量有很大提高，点火提前控制更加精确，提高了汽车的动力性，降低了汽车的排放污染。为进一步降低汽车的排放污染和提高汽车整体性能，随之又出现了电子控制燃油喷射系统（electronic fuel injection，EFI）、电子控制自动变速器（electronic controlled transmission，ECT）、防抱死制动系统等。

20 世纪 80 年代以后，汽车用的电子装置越来越多，如驾驶辅助装置、安全装置、通信、娱乐装置等。计算机技术的发展，更给汽车电子控制技术带来了一场技术革命，电子控制技术深入汽车的各个部分，使汽车的整体性能得到了大幅度的提高。

所以，随着汽车技术的发展及各种高新技术在汽车上的广泛应用，汽车已经由一个传统的机械装置逐渐变为一个集机械、电子、计算机、控制、通信等技术于一体的复杂系统。这一演变过程也称为汽车电子化，相关的技术常被称为汽车电子技术。

6.3.2　汽车电子控制系统

汽车电子控制基本上属于计算机控制，与一般的计算机控制系统类似，汽车电子控制系统主要由三大部分组成：一是信号的输入部分，主要包括一些传感器、放大电路及开关器件等。二是 ECU，也常被人们称为汽车电脑，它是整个电子控制系统的核心部分。ECU 主要是一块结构复杂的电路板，电路板装在金属盒内，以起到保护和抗干扰的作用。该电路包括微控制器和输入/输出(I/O)接口电路等部分，负责对输入信号进行分析、处理、计算及发出相应的操作命令。三是信号输出部分，包括输出驱动电路、各类继电器、电动机、电磁阀等执行器件，用于将 ECU 发出的命令转变为相应的操作。本任务就是要介绍汽车 ECU 信号是如何进行采集与处理的。

首先了解汽车电子控制系统的基本组成，如图 6-55 所示。前面部分是传感器，中间部分是 ECU。下面将从微电子技术的角度去分析和学习。

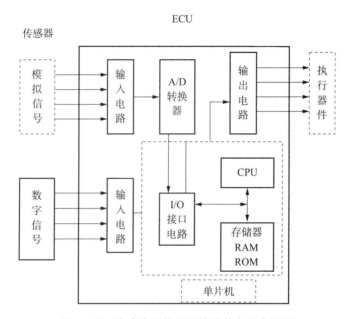

图 6-55 汽车电子控制系统的基本组成框图

计算机是一种不需人的直接干预就能高速、自动地进行数据处理的电子装置。存储程序和控制程序运行是计算机的基本工作特征。计算机具有自动性、高速性、准确性、逻辑性和通用性。

单片机微型计算机简称单片机，是微型计算机的一个重要分支。单片机体积小、质量小、能耗低，广泛应用于家用电器、智能仪表、自动检测、机电设备和汽车等各个方面的自动控制中。

所以，当今的汽车就是一个以单片机微型计算机为核心并联网控制的、机电一体化的、以燃油为动力的交通工具。计算机在信息处理、工业控制和交通工具方面的应用越来越广泛。

相关链接：

微电子技术从根本上改变了汽车技术。电子系统开始替代一些机械系统，如用电子点火系统代替机械式的点火继电器触点。不断涌现一些新的汽车系统，不使用微电子的电子系统是难以想象的。究其原因，在于对汽车的要求不断提高。例如，对内燃机有害气体的排放要求，需采用诸如氧传感器的电子调节系统；对汽车舒适性的要求，需采用车内气候调节系统、汽车行驶的导航调节系统；对汽车安全性的要求，需采用防抱死制动系统和安全气囊等。

6.3.3 A/D、D/A 转换器的应用

随着数字技术,特别是计算机技术的飞速发展与普及,在工业过程控制、智能化仪器仪表和数字通信等领域,常要求把如温度、压力、速度、流量、位移等连续变化的模拟量,经过传感器变成电信号,这些电信号需要转换成数字量,以便计算机进行运算和处理,处理后得到的数字信号需还原成相应的模拟信号,才能驱动执行机构,如图 6-56 所示。

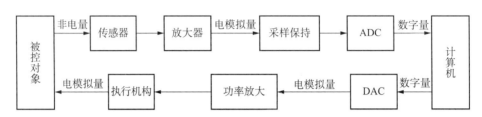

图 6-56　A/D、D/A 转换器在计算机控制过程中的框图

从模拟信号到数字信号的转换称为模-数转换,简称 A/D 转换,把实现 A/D 转换的电路称为 A/D 转换器,简写为 ADC。把实现 D/A 转换的电路称为 D/A 转换器,简写为 DAC。

6.3.3.1 汽车信号的采集

信息采集是指,从自然界诸多被检查与测量对象(物理量、化学量、生物量与社会量等)中提取有用的信息。

在汽车的电子控制系统中,要有能提供汽车运行状态信息的输入装置。微处理器只能接收数字信号,对于非电量或模拟信号无能为力,因此需要一种装置,能够把非电量变成电量,再经 A/D 转换器把模拟信号转换成数字信号,然后传输给微处理器进行处理,由微处理器发出各种控制命令。这种把非电量变成电量的装置就是传感器。下面列举按输出信号类型划分的汽车传感器,如表 6-26 所示。

表 6-26　按输出信号类型划分的汽车传感器

输出模拟信号的传感器	输出数字信号的传感器
各种可变电阻式传感器 叶片式空气流量传感器 热丝式空气流量传感器 冷却液温度传感器 压力传感器 节气门位置传感器 浮子可变电阻式液位传感器	卡门涡旋式空气流量传感器 曲轴位置传感器 各种光电式传感器 各种霍尔式传感器 各种簧片开关式传感器 各种报警电路的传感器

汽车传感器是将某种变化的物理量(绝大部分是非电量)转换成对应的电信号的器件。在汽车上,传感器用来感受运行过程中诸如温度、压力、转速、位置、空气流量、气体浓度等物理量的状态及变化情况,并将信号送到控制器或仪表。所以,汽车信号的采集,就是传感器提供的状态信息,它也是汽车电子控制的基本依据。如图 6-57 所示为汽车 ECU 的组成框图。

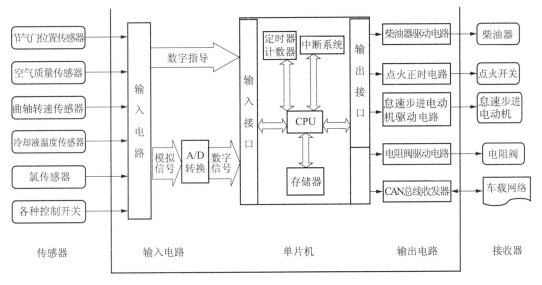

图 6-57 汽车 ECU 的组成框图

6.3.3.2 汽车信号的转换

1. A/D 转换器

A/D 转换器是将模拟信号转换成数字信号的电路。A/D 转换器电路种类很多，从工作原理来看可分为直接 A/D 转换器和间接 A/D 转换器两大类。在直接 A/D 转换器中，输入模拟信号直接被转换成相应的数字信号，如计数型 A/D 转换器、逐次逼近型 A/D 转换器和并行比较型 A/D 转换器等；在间接 A/D 转换器中，输入模拟信号先被转换成某种中间变量（如时间、频率等），然后再将中间变量转换为最后的数字量，如单次积分型 A/D 转换器、双积分型 A/D 转换器等。在 A/D 转换器数字量的输出方式上，又有并行输出和串行输出两种类型。

在 A/D 转换器中，输入的模拟量在时间和幅值上都是连续变化的，而输出的数字信号在时间和幅值上都是离散的。因此，将 A/D 转换器的转换过程一般通过采样、保持、量化和编码四个步骤完成。在实际电路中，这些过程有的是合并进行的，如采样与保持、量化与编码往往都是在转换过程中同时实现的。

1) 采样 – 保持

采样 – 保持电路的作用是将时间上、幅值上都连续的模拟信号，通过采样脉冲的作用转换成时间上离散但幅值上仍连续的离散模拟信号。所以进行转换时只能在一系列选定的瞬间对输入的模拟量采样后再转换为输出的数字量。所以，采样 – 保持电路多用于 A/D 转换器之前，并且在瞬间采样时，把采样值保存一段时间，以满足 A/D 转换电路的需要。A/D 转换原理图如图 6-58 所示。

2) 量化 – 编码

一般把上述采样 – 保持后的值以某个"最小数量单位"的整数倍来表示，这一过程称为量化。规定的最小数量单位称为量化单位或量化间隔。量化的方法一般有两种：四舍五入法和舍去小数法。采用不同量化方式，其结果存在差异，而且上述量化结果与采样值之间存在误差，这种误差称为量化误差。

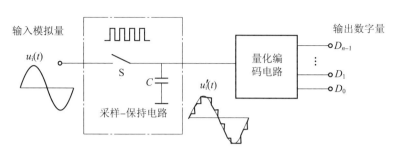

图 6-58 A/D 转换原理图

微课 6-14 A/D 转换

把上述量化结果用代码表示,称为编码。

汽车上有几十到上百个传感器,它们将各种物理量(温度、压力、转速、位置等)转换成对应的电信号。因此电信号很多是电压或电流之类的模拟信号,往往幅度很小(mV、mA级)。在进入 ECU 控制之前,首先需要先进行放大处理,将小的电信号变成"标准"的电信号(如 0~5 V、0~10 V、4~20 mA 等)。若传感器输出的是电流信号,还要经过 I/V 转换,即电流/电压转换,变成电压信号,然后再进行 A/D 转换,将标准幅度的电信号转换成对应的数字信号,最后才能送入 ECU 处理。

实际上,常常是多路传感器和放大器共用一个 A/D 转换器,中间设置多路模拟开关,允许多个模拟量分时输入 A/D 转换器进行处理,也就是说,各传感器信号是按时间顺序轮流做 A/D 转换的。各种模拟信号从传感器→放大器→A/D 转换器→ECU 输入通道,如图 6-59 所示。

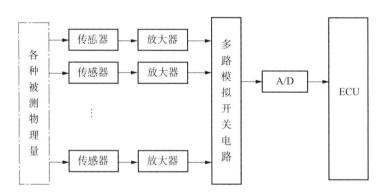

图 6-59 模拟量输入通道

2. D/A 转换器

1) D/A 转换器的基本原理和转换特性

基本原理:将输入的每一位二进制代码按其权的大小转换成相应的模拟量,然后将代表各位的模拟量相加,所得的总模拟量就与数字量成正比,这样便实现了从数字量到模拟量的转换。

D/A 转换器由数码寄存器、模拟电子开关、解码网络、求和电路及基准电压几部分组成。数字量以串行或并行方式输入并存储于数码寄存器中,寄存器输出的每位数码驱动对应的数位上的电子开关将在电阻解码网络中获得的相应数位权值送入求和电路。求和电路将各位权值相加便得到与数字量对应的模拟量。n 位 D/A 转换器的电路结构框图如图 6-60 所示。

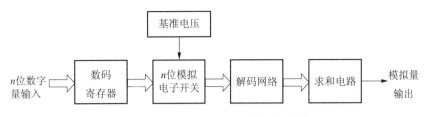

图 6-60 *n* 位 D/A 转换器的电路结构框图

转换特性：D/A 转换器的转换特性，是指其输出模拟量和输入数字量之间的转换关系。理想的 D/A 转换器的转换特性，应是输出模拟量与输入数字量成正比。

2) D/A 转换器的主要技术参数

分辨率指输出模拟电压的最小增量，即表明 D/A 转换器输入一个最低有效位时，在输出端上模拟电压的变化量。

建立时间是将一个数字量转换为稳定模拟信号所需的时间，也可以认为是转换时间。D/A 转换器中常用建立时间来描述其速度，而不是 A/D 转换器中常用的转换速率。一般地，电流输出 D/A 转换器建立时间较短，电压输出 D/A 转换器建立时间则较长。

精度是指输入端加有最大数值量时，D/A 转换器的实际输出值和理论计算值之差，它主要包括非线性误差、比例系统误差、失调误差。

线性度在理想情况下，D/A 转换器的数字输入量做等量增加时，其模拟输出电压也应做等量增加，但是实际输出往往有偏离。

任务 6.4 技能训练

6.4.1 逻辑门电路的测试仿真实验

1. 实训目的
(1) 利用仿真软件测试与非门的逻辑功能。
(2) 利用仿真软件测试用与非门搭接的其他门电路的逻辑功能。

2. 实训器材
计算机、仿真软件。

3. 重点与难点
重点：逻辑门电路工作原理。
难点：仿真软件运用。

4. 实训步骤
1) 测与非门的逻辑功能

单击电子仿真软件 Multisim 10 基本界面中的元器件栏符号(Place TTL)按钮，在弹出的对话框中选择"Family"栏下的"74LS"系列，再在"Component"栏中选中"74LS00D"，如图 6-61 所示。单击对话框右上角的"OK"按钮，将它置于电子平台上；所示元件部件条其中有 A、B、C、D 四个按钮，表示集成 4 个独立的与非门部件。单击其中一个按钮选出"A~D"任一个按钮，虚化表示被调出。在电子平台上可以看到一个与非门图标"U1A"。

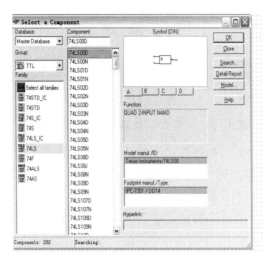

图 6-61 选择元器件

单击电子仿真软件 Multisim 10 基本界面中的元器件栏符号(Place Source 信号源库)按钮,在弹出的对话框中选择"Family"栏下的"POWER – SOURCES"系列,再在"Component"栏中分别选中"VCC"和"GROUND",如图 6 – 62 所示。单击对话框右上角的"OK"按钮,将电源线和地线调出,置于电子平台上。

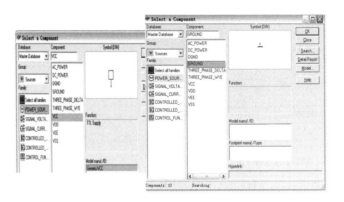

图 6-62 选择 VCC 和 GROUND

单击电子仿真软件 Multisim 10 基本界面中的元器件栏符号(Place Basic)按钮,在弹出的对话框中选择"Family"栏下的"SWITCH"系列,再在"Component"栏中选中"SPDT",如图 6 – 63 所示。单击对话框右上角的"OK"按钮,将单刀双掷开关调出,置于电子平台上,共需 4 个。调整开关水平转向,排列整齐,依次双击开关图标,分别将它们的"Key"设置成 1、2(或者 A、B)。

单击电子仿真软件 Multisim 10 基本界面中的元器件栏 符号(Place Indicator)按钮,在弹出的对话框中选择"Family"栏下的"PROBE"系列,再拉动"Component"栏下的滚动条选中"PROBE_ DIG_ RED",如图 6 – 64 所示。单击对话框右上角的"OK"按钮,将红色指示灯调出 1 个,置于电子平台上。

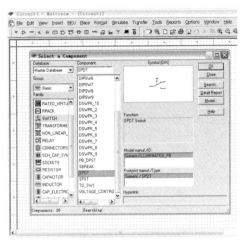

图 6-63 选择开关

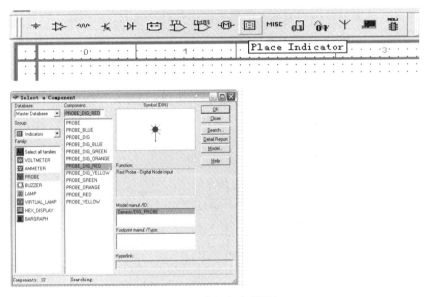

图 6-64 选择红色指示灯

单击电子仿真软件 Multisim 10 基本界面的虚拟仪器工具条上的"Multimeter"按钮,调出虚拟万用表"XMM1",将其放置在电子平台上,用所调出的元器件和仪器组建仿真电路,如图 6-65 所示。

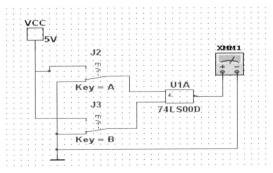

图 6-65 组建仿真电路

双击虚拟万用表图标"XMM1",弹出其放大面板,按下放大面板上的"电压(V)"和"直流"("—")两个按钮,用来测量直流电压,如图6-66所示。

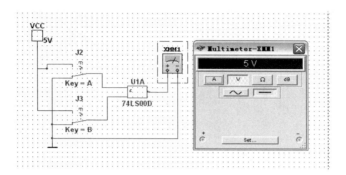

图6-66 设置万用表

打开仿真开关,分别按动键盘上的"A"和"B"键,使与非门的两个输入端为00、01、10、11 4种情况,从虚拟万用表的放大面板上读出各种情况的直流电位,判断输出信号与输入信号间的关系。

2)用与非门组成其他功能门电路

(1)用与非门组成或门电路。按图6-67要求连接仿真电路,分别按动键盘上的A和B键,观察并记录指示灯的发光情况,并将其转换为逻辑状态(注:灯亮为1,不亮为0),判断输出信号与输入信号间的关系。

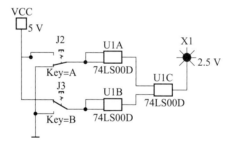

图6-67 用与非门组成的或门仿真电路

(2)用与非门组成异或门。按图6-68调出元器件,并组成异或门仿真电路。开启仿真开关,按要求分别按动键盘上的A和B键,观察并记录指示灯的发光情况,并将其转换为逻辑状态,判断输出信号与输入信号间的关系。

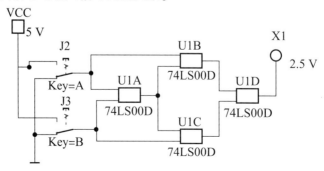

图6-68 用与非门组成的异或门仿真电路

6.4.2 集成8线-3线优先编码器仿真实验

1. 实训目的

(1) 掌握编码器的工作原理。

(2) 利用仿真软件验证编码器的逻辑功能。

2. 实训器材

计算机、仿真软件。

3. 重点与难点

重点：编码器工作原理。

难点：仿真软件运用。

4. 实训步骤

(1) 在菜单栏中选择 View 按钮，在出现的下拉菜单中选择 Toolbars 选项，在其级联菜单中分别选择四个选项，即 Standard(工具栏)、Components(元器件栏)、Instruments(仪器仪表栏)、Simulation Switch(仿真开关)，如图6-69所示，从而组成 Multisim 10 的标准操作界面。

(2) 单击电子仿真软件 Multisim 10 基本界面中的元器件栏 符号(Place TTL)按钮，在弹出的对话框中选择"Family"栏下的"74LS"系列，再在"Component"栏中选中"74LS148D"，如图6-70所示。单击对话框右上角的"OK"按钮，将8线-3线优先编码器74LS148D调出，置于电子平台上。

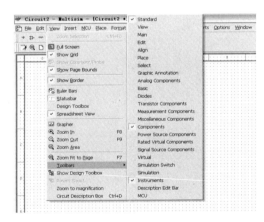

图6-69 选择 Toobars 的四个选项

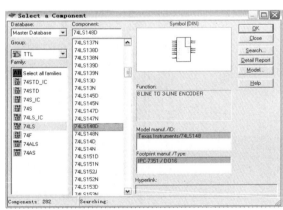

图6-70 选择74LS148D

(3) 单击电子仿真软件 Multisim 10 基本界面中的元器件栏 符号(Place Basic)按钮，在弹出的对话框中选择"Family"栏下的"SWITCH"系列，再在"Component"栏中选中"SPDT"，如图6-71所示。单击对话框右上角的"OK"按钮，将单刀双掷开关调出，置于电子平台上，共需8个。调整开关水平转向，排列整齐，依次双击开关图标，分别将它们的"Key"设置成 1~8(或者 A~H)。

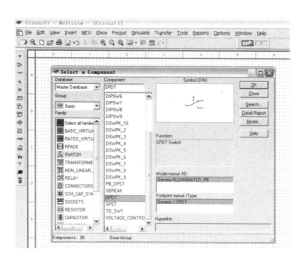

图 6-71 选择开关

(4)单击电子仿真软件 Multisim 10 基本界面中的元器件栏 符号(Place Indicator)按钮,在弹出的对话框中选择"Family"栏下的"PROBE"系列,再在"Component"栏中选中"PROBE – RED",如图 6-72 所示。单击对话框右上角的"OK"按钮,将红色指示灯调出,置于电子平台上,共需 3 个。

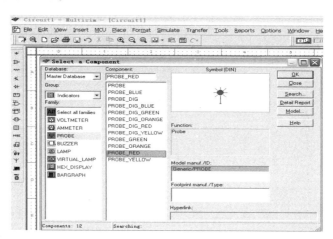

图 6-72 选择红色指示灯

(5)单击电子仿真软件 Multisim 10 基本界面中的元器件栏 符号(Place Source 信号源库)按钮,在弹出的对话框中选择"Family"栏下的"POWER – SOUR"系列,再在"Component"栏中分别选中"VCC"和"GROUND",如图 6-73 所示。单击对话框右上角的"OK"按钮,将电源线和地线调出,置于电子平台上。

(6)将所有调出的元器件整理并按电路图连线,如图 6-74 所示。

(7)打开仿真开关,通过单刀双掷开关 J0~J7 的设置改变输入状态,可以观察到输出指示灯 Y2~Y0 的发光情况。

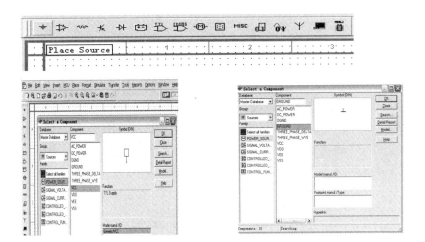

图 6-73 选择 VCC 和 GROUND

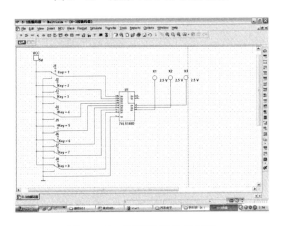

图 6-74 整理元器件并连线

5. 实训结果分析

通过实训,利用仿真软件验证编码器的逻辑功能。

6.4.3 七段数码显示电路仿真实验

1. 实训目的
(1) 掌握译码器的工作原理。
(2) 利用仿真软件验证七段译码器电路的工作原理。
2. 实训器材
计算机、仿真软件。
3. 重点与难点
重点:数码显示电路工作原理。
难点:仿真软件运用。
4. 实训步骤

(1) 单击电子仿真软件 Multisim 10 基本界面中的元器件栏 符号(Place TTL)按钮,在弹出的对话框中选择"Family"栏下的"74LS"系列,再在"Component"栏中选中"74LS47D",

如图 6-75 所示。单击对话框右上角的"OK"按钮,将 BCD/7 段译码器 74LS47D 调出,置于电子平台上。

(2)单击电子仿真软件 Multisim 10 基本界面中的元器件栏 符号(Place Basic)按钮,在弹出的对话框中选择"Family"栏下的"SWITCH"系列,再在"Component"栏中选中"SP-DT",如图 6-76 所示。单击对话框右上角的"OK"按钮,将单刀双掷开关调出,置于电子平台上,共需 3 个。调整开关水平转向,排列整齐,依次双击开关图标,分别将它们的"Key"设置成 1、2、3(或者 A、B、C)即可。再在"Family"栏中选取"RESESTOR",拉动"Component"栏下的滚动条,找到"24"电阻,将它们置于电子平台上。

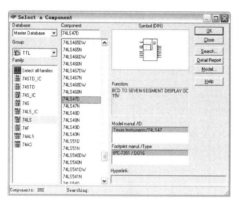

图 6-75 选择 74LS47D

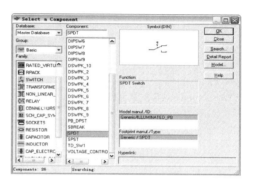

图 6-76 选择开关 SPDT

(3)单击电子仿真软件 Multisim 10 基本界面中的元器件栏 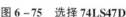符号(Place Indicater)按钮,在弹出的对话框中选择"Family"栏下的"HEX - DISPLAY"系列,再拉动"Component"栏下的流动条选中"SEVEN - SEG - COM - A",如图 6-77 所示。单击对话框右上角的"OK"按钮,将共阳极 BCD 七段译码数码管调出,置于电子平台上,共需 1 个。

(4)单击电子仿真软件 Multisim 10 基本界面中的元器件栏 符号(Place Source 信号源库)按钮,在弹出的对话框中选择"Family"栏下的"POWER - SOUR"系列,再在"Component"栏中分别选中"VCC"和"GROUND",如图 6-78 所示。单击对话框右上角的"OK"按钮,将电源线和地线调出,置于电子平台上。

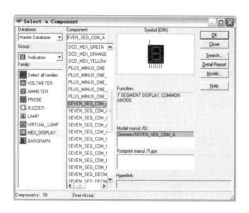

图 6-77 选择七段译码数码管

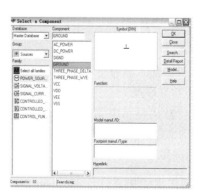

图 6-78 选择 VCC 和 GROUND

(5)将以上调出的元器件经移动整理后按如图 6-79 所示连好仿真电路。

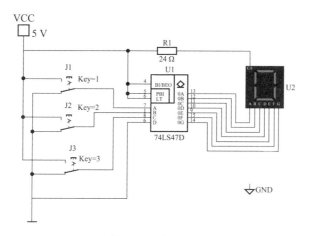

图 6-79 整理元器件并连接仿真电路

(6)打开仿真开关、逻辑图,分别将 J1~J3 设置成 000~111,从共阳极 BCD/7 段译码器管上可以看到显示的十进制数 0~7,如图 6-80 所示。图中 J3~J1 设置成 011,故数码管显示 3。

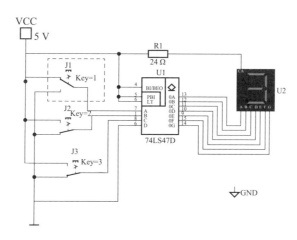

图 6-80 运行仿真电路

6.4.4 三变量表决器仿真实验

1. 实训目的

(1)掌握组合逻辑电路的设计方法。
(2)用仿真实验验证表决器电路的逻辑功能。

2. 实训器材

计算机、仿真软件。

3. 重点与难点

重点:表决器的工作原理。
难点:仿真软件运用。

4. 实训步骤

打开仿真软件工作界面,调出74LS00 二 – 4 输入与非门和74LS20 四 – 2 输入与非门各一片,调出其他所需元器件,接线如图 6 – 81 所示。

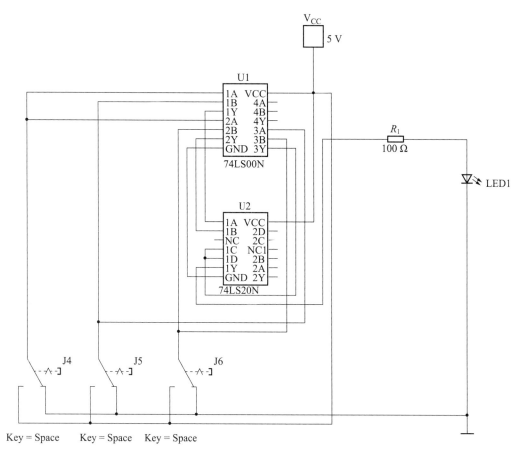

图 6 – 81　表决器仿真电路

仿真测试:分别使控制按键接高、低电平,观察指示灯亮、灭变化情况。

通过仿真测试,判断三变量表决器的工作原理。

6.4.5　JK 触发器仿真实验

1. 实训目的

(1)掌握边沿触发器的逻辑功能。

(2)利用仿真软件验证 JK 触发器的逻辑功能。

2. 实训器材

计算机、仿真软件。

3. 重点与难点

重点:JK 触发器电路工作原理。

难点:仿真软件运用。

4. 实训步骤

（1）单击电子仿真软件 Multisim 10 基本界面中的元器件栏 符号（Place TTL）按钮，调出 JK 触发器 74LS76D，并调出图中所有元器件连好电路（图 6-82），进行异步置位和异步复位端逻辑功能的测试。

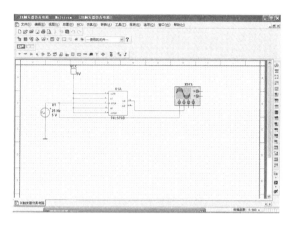

图 6-82 JK 触发器仿真电路

（2）开启仿真开关，双击四踪示波器，观察输入脉冲（红色）、输出波形（蓝色和黄色）的变化情况（图 6-83），分析 JK 触发器的逻辑功能。

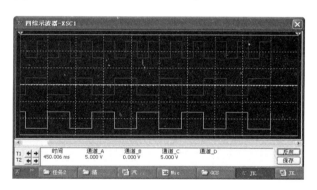

图 6-83 四踪示波器显示的波形

6.4.6 计数、译码和显示电路仿真实验

1. 实训目的
（1）掌握计数、译码和显示电路的逻辑功能。
（2）利用仿真软件验证计数、译码和显示电路的逻辑功能。

2. 实训器材
计算机、仿真软件。

3. 重点与难点
重点：计数、译码和显示电路工作原理。
难点：仿真软件运用。

4. 实训步骤

(1) 单击电子仿真软件 Multisim 10 基本界面中的元器件按钮，调出电路图中所需的元器件，置于电子平台上，其中绿色指示灯指示函数信号发生器的脉冲，下方红色发光二极管指示手动脉冲情况。当开关位于上方时为自动脉冲控制；当开关位于下方时为手动脉冲控制，并正确连线，仿真电路如图 6-84 所示。

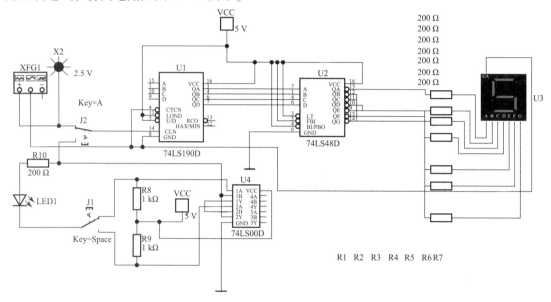

图 6-84　仿真电路

(2) 关闭仿真开关，单刀双掷开关向上方闭合，此时为自动脉冲控制，观察显示器输出情况，如图 6-85 所示。

(3) 关闭仿真开关，单刀双掷开关向下方闭合，闭合、断开手动开关，观察显示器输出情况，如图 6-86 所示。

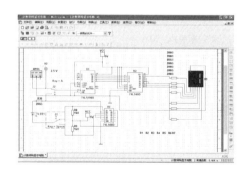

图 6-85　自动脉冲控制

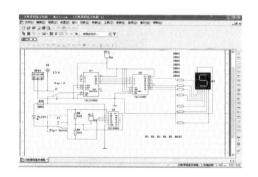

图 6-86　手动脉冲控制

单 元 小 结

1. 二、八、十、十六进制数的计数规律和它们之间的转换方法。

2. 能完成一定逻辑关系的与、或、非三种基本逻辑门电路。
3. 各种门电路对应的逻辑符号、逻辑代数式和真值表。
4. 逻辑函数的运算及化简方法。
5. 组合逻辑门电路的分析和设计方法。
6. 时序逻辑电路的分析及应用。
7. 集成 TTL 门电路的电路结构、逻辑功能及电气特性。
8. 汽车电信号的采集与变换。
9. 传感器的原理及传感器在汽车上的应用。

单元习题

一、填空题

1. 能实现"有 0 出 0，全 1 出 1"逻辑功能的门电路是(　　　)。
2. 寄存器一般是由具有(　　)功能的触发器组合起来构成的，一个触发器存储(　　　)二进制信号，寄存 N 位二进制数码，就需要(　　　)个触发器。
3. 组合逻辑电路的特点是输出状态只与(　　　)有关，与电路的原状态(　　　)，其基本单元电路是(　　)，而时序逻辑电路任一时刻的输出状态不仅与(　　　)有关，而且还与(　　　)有关，即时序逻辑电路具有(　　　)功能，其基本单元电路是(　　　)。
4. 编码器输入有 8 个信号，输出应为(　　　)位二进制代码。
5. 十进制数 19 转换为二进制数等于(　　　)。
6. 逻辑运算：$A + A = ($　　　$)$，$A \cdot A = ($　　　$)$。
7. 半导体数码显示器的内部电路接法有两种形式，即共(　　　)接法和共(　　　)接法。
8. 完成二进制代码转化为十进制数的电路应选择(　　　)。
9. JK 触发器在 CP 脉冲作用下，若要使 $Q^{n+1} = Q^n$，则输入端必须(　　　)。
10. 用来累计和寄存输入脉冲数目的部件称为(　　　)。

二、判断题

1. 非门有一个输入端、一个输出端。　　　　　　　　　　　　　　　　(　　)
2. RS 触发器只能由与非门构成。　　　　　　　　　　　　　　　　　　(　　)
3. 在 A/D 转换过程中量化误差是可以避免的。　　　　　　　　　　　　(　　)
4. 若两个函数具有相同的真值表，则两个逻辑函数必然相等。　　　　　　(　　)
5. 异或函数与同或在逻辑上互为反函数。　　　　　　　　　　　　　　　(　　)
6. 当 TTL 与非门的输入端悬空时相当于输入为逻辑 1。　　　　　　　　(　　)
7. 若逻辑表达式 $A + AB = A$ 成立，则 $AB = 0$ 成立。　　　　　　　　(　　)
8. 若两个函数有不同的逻辑表达式，则两个逻辑函数必然不相等。　　　　(　　)

三、选择题

1. 数字显示电路通常由(　　　)组成。

A. 译码器、驱动电路、编码器

B. 显示器、驱动电路、输入电路

C. 译码器、驱动电路、显示器

2. 将二极管与门和晶体管反相器连接起来可以构成（　　）。

A. 与门　　　　B. 或门　　　　C. 与非门　　　　D. 或非门

3. 要使或非门的输出恒为0，可将或门的一个输入端始终接（　　）。

A. 0　　　　B. 1　　　　C. 输入端并联　　　　D. 0、1 都可以

4. 下列逻辑运算式中，等式成立的是（　　）。

A. $A + \bar{A} = 1$　　B. $A \cdot A = 1$　　C. $A + A = 1$　　D. $A \cdot \bar{A} = 1$

5. 边沿 JK 触发器输出状态转换发生在 CP 信号的（　　）。

A. 上升沿　　B. 下降沿或上升沿　　C. CP = 1 期间　　D. CP = 0 期间

6. 非门输出电压与输入电压（　　）关系。

A. 成正比　　　B. 成反比　　　C. 成反相

7. 触发器的记忆功能是指触发器在触发信号消失后，能保持（　　）。

A. 信号不变　　B. 初始状态不变　　C. 输出状态

8. 一个 4 位二进制加法计数器起始状态为 1001，当最低位接到 2 个脉冲时，触发器状态为（　　）。

A. 0011　　　　B. 1011　　　　C. 1101

9. 组合逻辑电路的输出状态仅决定于（　　）。

A. 静态工作点　　　　　　　B. 当前输入情况

C. 原来所处的状态　　　　　D. 电源电压的高低

10. JK 触发器当 $J = 1$，$K = 0$，触发沿到来时，触发器具有（　　）逻辑功能。

A. 置 0　　　　B. 置 1　　　　C. 保持　　　　D. 翻转

四、化简题

1. 写出如图 6 – 87 所示电路的逻辑表达式，并进行化简，分析电路的逻辑功能。

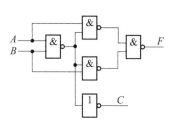

图 6 – 87　化简题 1

2. 用代数法化简函数，并画出逻辑电路图。

（1）$Y = A\bar{B}C + A\bar{B}\bar{C}$

（2）$Y = A(B + C) + A(\overline{B + C})$

（3）$Y = A(\overline{B + C}) + \bar{B}C$

（4）$Y = AB + \bar{A}BC + \bar{A}B\bar{C}$

（5）$Y = AB + A\bar{B}$

（6）$Y = AB + \bar{A}C + \bar{B}C$

3. 将下列十进制数转换成 8421BCD 码。

$(36)_{10} = ($ $)_{8421BCD}$

将下列二进制数转换成八进制数。

$(101101)_2 = ($ $)_8$

五、画图与分析题

1. 画图说明利用与非门搭接与门电路的方法：①写出逻辑函数式；②列真值表；③说明逻辑功能。

2. JK 触发器的各输入端波形如图 6-88 所示，画出 Q 端的波形，设初始状态为 0。

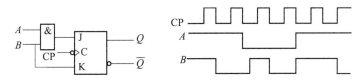

图 6-88　画图与分析题 2

3. 分析图 6-89 所示电路，若初始状态为 0，列出在计数脉冲 CP 作用下的工作状态表，画出工作波形图，分析它是几进制计数器。

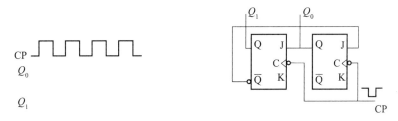

图 6-89　画图与分析题 3

4. 如图 6-90 所示给定的逻辑符号及所示 A、B、C 波形，画出输出 Y 的波形图。

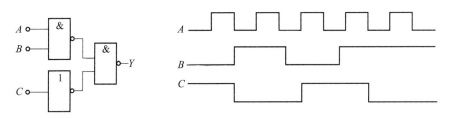

图 6-90　画图与分析题 4

5. 写出图 6-91 所示电路的逻辑表达式，并进行化简，分析电路的逻辑功能。

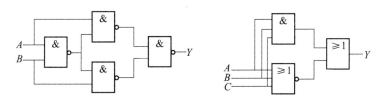

图 6-91　画图与分析题 5

6. 电路如图 6-92 所示，根据显示译码器，在图 6-92(a)中标出 $a \sim g$ 显示管顺序。分别说出图 6-92(b)、(c)哪个是共阴极？哪个是共阳极？

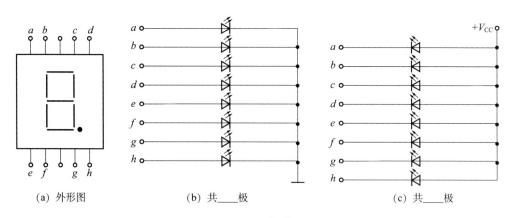

图 6-92 画图与分析题 6

7. 一车间有红、黄、绿三个故障指示灯,用来表示三台设备的工作情况。正常工作时,绿灯亮;如一台设备出现故障,则黄灯亮;如两台设备出现故障,则红灯亮;如三台设备同时出现故障,则红灯和黄灯都亮。试用与非门和异或门设计一个能实现此要求的逻辑电路(写出真值表、表达式并画出逻辑图)。

单元习题参考答案

单元一

一、填空题

1. 电流源　电压源　电流源　电压源　0　恒定电压　无穷大　恒定电流
2. 电源　负载　开关　导线　弱电电路　强电电路
3. 电位　电压
4. 电流　电流　分压
5. 线性
6. 等于　$\sum I_入 = \sum I_出$　等于　$\sum E = \sum IR$
7. 2　3　3　2
8. 0.5 W
9. 通路　断路　短路　短路　内阻
10. 有源二端网络　开路　电压　无源二端网络的等效电阻

二、判断题

1. T　2. T　3. F　4. T　5. F
6. T　7. F　8. T　9. F　10. T

三、选择题

1. B　2. A、C　3. A　4. A　5. C
6. B　7. A　8. A　9. D　10. B

四、计算题

1. $I_1 = 1.2$ A、$I_2 = -0.4$ A、$I_3 = 0.8$ A
2. $I = 2$ A、$U = 2$ V
3. $U_S = 10$ V、$R_0 = 3$ Ω
4. (1) 2 A、40 V、60 V　(2) 1 A、20 V、80 V
5. $R = 10.1$ Ω
6. 0.06~1 V
7. $I_3 = 3$ A
8. 由基尔霍夫电流定律

$$\frac{12 - V_C}{6} = \frac{V_C + 12}{2} + \frac{V_C}{2}$$

解方程，得 $V_C = \frac{24}{7}$ (V)

9. 由叠加定理可知电压源相当于短路，电流源相当于开路。图(a)变成图(b)与图(c)，如下图。

由图(b)求得 $I' = \dfrac{4}{4+12} \times 1 = 0.25(A)$

由图(c)求得 $I'' = 0.06(A)$

所以，$I = I' + I'' = 0.31(A)$

10. 理想电电源内阻为零，理想电流源内阻的无穷大。

$I_5 = I_2 + I_4 = I_1 + I_3$（这里 $I_1 = I_2$，$I_3 = I_4$）

$\therefore I'_5 = 2(A)$（电流源作用时）

$I''_5 = \dfrac{10}{\dfrac{40}{13}} = \dfrac{3}{4} = 0.75(A)$（电压源作用）

$I_5 = I'_5 + I''_5 = 2.75(A)$

电流源作用时 $u'_6 = \left(\dfrac{3}{4} + \dfrac{20}{9}\right) \times 2 = 5.9(V)$

电压源作用时 $u''_6 = -1.75(V)$

$\therefore u_6 = u'_6 + u''_6 = 4.15(V)$

11. 求检流计开路时的等效电阻

$R_G = R_1 // R_2 + R_3 // R_4$
$\quad = 5//5 + 10//5 = 5.8\ \Omega$

$u_G = 12 \times \dfrac{R_3}{R_3 + R_4} - 12 \times \dfrac{R_1}{R_1 + R_2}$

$\quad = 12 \times \dfrac{10}{10+5} - 12 \times \dfrac{5}{5+5}$

$\quad = -2(V)$

$I_G = \dfrac{U_G}{R_G} = -0.35(A)$

单元二

一、填空题

1. 幅值（或最大值）　频率　初相位
2. 90°
3. 最大值相同　频率相同　相位差为120°
4. 在感性负载两端并联适当值的电容器
5. 保护接地
6. 交流电

7. (1)电阻　(2)电容　(3)电感

8. $U_L = \sqrt{3} U_P$

9. 220　　10. 星形　三角形

二、判断题

1. F　　2. F　　3. T　　4. F　　5. T　　6. F

三、选择题

1. A　　2. A　　3. B　　4. C　　5. A

6. A　　7. B　　8. B　　9. B　　10. B

四、计算题

1. (1)星形联结：$I_L = 17.8$ A

　　三角形联结：$I_L = 37.98$ A

　(2)星形联结：$S = 11.76$ kV·A　$P = 10$ kW　$Q = 6.23$ kvar

　　三角形联结：$S = 25$ kV·A　　　$P = 20$ kW　$Q = 15$ kvar

2. 电路图略　$R = 6$ Ω　$L = 23.5$ mH

3. (1)$U_P = 220$ V　$I_L = I_P = 4.4$ A　　(2)$P = 1\,738$ W

4. (1)$U_m = 10$ V　$I_m = 10\sqrt{2}$ A　　(2)$f = 50$ Hz　$T = 0.02$ s

　(3)$\varphi_u = \pi/2$　$\varphi_i = \pi/3$　$\varphi_{ui} = \pi/6$

5. $U_P = 380$ V　　$I_P = 3.8$ A　　$I_L = 6.6$ A　　$P = 3\,475$ W

6. (1)$I_m = 10$ A　$I = 7.07$ A

　(2)$\omega = 10\pi$ rad/s　$f = 5$ Hz　$T = 0.2$ s

　(3)$\varphi_i = \pi/2$

　(4)$i = 10\sin(10\pi t + \pi/2)$ A

五、简答题

1. 说明正弦量的三要素及正弦量的表示方法。

答：(1)正弦量的三要素是指正弦量的幅值、频率和初相位。

(2)正弦量的表示方法：瞬时值解析式法、波形图法、相量法和相量图法。

2. 说明提高功率因数的意义及感性电路提高功率因数的常用措施。

答：(1)提高功率因数的意义：提高电源的利用率和减少线路损耗。

(2)感性电路提高功率因数的常用措施：在感性负载两端并联适当值的电容器。

3. 在三相四线制供电系统中，三相不对称负载做星形联结时，中性线可以安装熔丝或可以省略吗？为什么？

答：在三相四线制供电系统中，三相不对称负载做星形联结时，中性线不可以安装熔丝，中性线也不能省略。因为中性线能够保证各相负载承受对称的相电压，在其他相出现故障时，使本相工作不受影响。

单元三

一、填空题

1. 涡流损耗　磁滞损耗
2. 硬磁材料　软磁材料　高导磁性　磁饱和性　磁滞性
3. 电磁感应　自身电流　电磁感应
4. 原磁场　相反　相同
5. 磁感应强度　磁通　磁导率　磁场强度
6. 电磁感应

二、判断题

1. F　　2. F　　3. F　　4. F
5. F　　6. T　　7. T　　8. T

三、选择题

1. A　　2. A　　3. A　　4. B

四、计算题

1. （1）$\Phi_m = 0.00135$ Wb　$B_m = 0.9$ T　（2）$U_2 = 20$ V
2. $U_2 = 18.3$ V　$I_1 = 0.17$ A
3. （1）0.5 W　（2）0.03 W
4. 33 盏　$I_1 = 2.2$ A　$I_2 = 13.8$ A

五、简答题

1. 变压器主要由铁芯和线圈构成，利用电磁感应原理工作。变压器可以进行电压变换、电流变换和阻抗变换。

2. 电磁式继电器一般由铁芯、线圈、衔铁、触点簧片等组成。只要在线圈两端加上一定的电压，线圈中就会流过一定的电流，从而产生电磁效应，衔铁就会在电磁力吸引的作用下克服返回弹簧的拉力吸向铁芯，从而带动衔铁的动触点与静触点（常开触点）吸合。当线圈断电后，电磁的吸力也随之消失，衔铁就会在弹簧的反作用力下返回原来的位置，使动触点与原来的静触点（常闭触点）吸合。这样吸合、释放，从而达到了在电路中的导通、切断的目的。

3. 略。
4. 略。

单元四

一、填空题

1. 定子　转子　定子　转子
2. 励磁电流　电枢电流
3. 改变电压　改变磁通　改变电枢回路串联电阻
4. 电枢电流
5. 串联电阻
6. 电磁铁　脉冲信号　步距角　频率　顺序

7. 三相单三拍　三相双三拍　三相单双六拍

8. 30°

9. 专用　脉冲信号　源脉冲分配器　功率放大器

10. 可变磁阻式(VR 型)　永久磁铁式(PM 型)　混合式(HB 型)

二、判断题

1. T　2. F　3. T　4. F　5. F

三、选择题

1. A　2. B　3. A　4. B　5. B　6. C

四、计算题

1. $p = 4$　$S = 0.04$

2. (1) 电动机三角形联结时的起动电流：140 A。

　　(2) 采用Y—△换接起动时的起动电流：46.7 A。

单元五

一、填空题

1. 防止非线性失真　截止　饱和

2. 单向导电特性　正向　反向

3. 稳定静态工作点　输出

4. 交流电　脉动直流电　稳压管

5. 大　减小　小　带负载

6. 空穴　自由电子

7. 基极　集电极

8. 阳极　阴极　控制极　正向电压　适当的正向电压　作用

9. 四层　三

10. 短路　断路

二、判断题

1. T　2. T　3. F　4. T　5. T

6. T　7. F　8. F　9. F　10. F

三、选择题

1. D　2. A　3. A　4. B　5. C

6. A　7. D　8. D　9. A　10. D

四、计算题

1. $I_{BQ} = 100\ \mu A$　$I_{CQ} = 5\ mA$　$U_{CEQ} = 2\ V$

　$R_i = 560\ \Omega$　$R_0 = 2\ k\Omega$　$A_u = -178.6$

2. $I_{BQ} = 20\ \mu A$　$I_{CQ} = 1\ mA$　$U_{CEQ} = 4.3\ V$

　$R_i = 1\ 626\ \Omega$　$R_0 = 5\ k\Omega$　$A_u = -76.88$

3. (1) 直流通路图略。静态工作点：$I_{BQ} = 40\ \mu A$　$I_{CQ} = 1.6\ mA$　$U_{CEQ} = 5.6\ V$

　　(2) 微变等效电路图略。

(3)计算电压放大倍数 $A_u = -76.88$,输入电阻 $R_i = 1626\ \Omega$ 和输出电阻 $R_o = 5\ \text{k}\Omega$。

4. (1)直流通路略。

(2)静态工作点。$I_{BQ} = 66\ \mu\text{A}$ $I_{CQ} = 3.3\ \text{mA}$ $U_{CEQ} = 2.1\ \text{V}$。

(3)微变等效电路图略。

(4)计算电压放大倍数 $A_u = -72.6$,输入电阻 $R_i = 702\ \Omega$ 和输出电阻 $R_o = 2\ \text{k}\Omega$。

单元六

一、填空题

1. 与门   2. 记忆 一位 N

3. 当前输入 无关 逻辑门电路 当前输入 原状态 记忆 触发器

4. 3   5. 10011   6. A A 7. 阳极 阴极

8. 译码器   9. $J = K = 0$ 10. 计数器

二、判断题

1. T   2. F   3. F   4. T   5. T   6. T   7. T   8. F

三、选择题

1. C   2. C   3. B   4. A   5. B

6. C   7. C   8. B   9. B   10. B

四、化简题

1. $F = \overline{A}B + A\overline{B}$ 异或门逻辑功能:同出0,异出1。

   $C = AB$ 与门逻辑功能:有0出0,全1出1。

2. 逻辑电路图略。

(1) $Y = A\overline{B}C + A\overline{B}\,\overline{C} = A\overline{B}$

(2) $Y = A(B + C) + A(\overline{B + C}) = A$

(3) $Y = A(\overline{B + C}) + \overline{BC} = \overline{B} + \overline{C}$

(4) $Y = AB + \overline{A}BC + \overline{A}B\,\overline{C} = B$

(5) $Y = AB + A\overline{B} = A$

(6) $Y = AB + \overline{A}C + \overline{B}C = AB + C$

3. 将下列十进制数转换成8421BCD码。

$(36)_{10} = (00110110)_{8421BCD}$

将下列二进制数转换成八进制数。

$(101101)_2 = (55)_8$

五、画图与分析题

答案略。

参 考 文 献

[1] 苗庆贵. 电工与电子技术基础[M]. 北京：人民交通出版社，2002.
[2] 李中发. 电工电子技术基础[M]. 北京：中国水利水电出版社，2003.
[3] 周绍敏. 电工基础[M]. 北京：高等教育出版社，2001.
[4] 陈小虎. 电工电子技术[M]. 北京：高等教育出版社，2000.
[5] 任成尧. 汽车电工与电子基础[M]. 2版. 北京：人民交通出版社，2010.
[6] 杨静生，邢迎春. 电工电子技术基础[M]. 大连：大连理工大学出版社，2006.
[7] BOSCH. 汽车电气与电子[M]. 魏春源，等，译. 北京：北京理工大学出版社，2004.
[8] Wilfried Staudt. 汽车机电技术[M]. 北京：机械工业出版社，2008.
[9] 曹家喆. 汽车电子控制基础[M]. 北京：机械工业出版社，2007.
[10] 程周. 电工与电子技术[M]. 北京：中国铁道出版社，2010.
[11] 方立友. 汽车电工电子技术[M]. 南京：江苏科学出版社，2010.
[12] 姜京花. 汽车电气设备构造与维修[M]. 北京：人民交通出版社，2005.

BRAND MARKETING 100

品牌营销 100讲
基础强化与认知颠覆

李婷（Kris）/ 著

机械工业出版社
China Machine Press

图书在版编目（CIP）数据

品牌营销100讲：基础强化与认知颠覆/李婷著. —北京：机械工业出版社，2019.3
（2025.1重印）

ISBN 978-7-111-62273-4

I. 品⋯ II. 李⋯ III. 品牌营销 IV. F713.3

中国版本图书馆CIP数据核字（2019）第049435号

品牌营销100讲：基础强化与认知颠覆

出版发行：机械工业出版社（北京市西城区百万庄大街22号　邮政编码：100037）
责任编辑：孙海亮
责任校对：李秋荣
印　　刷：北京瑞禾彩色印刷有限公司
版　　次：2025年1月第1版第20次印刷
开　　本：147mm×210mm　1/32
印　　张：13.625
书　　号：ISBN 978-7-111-62273-4
定　　价：69.00元

客服电话：（010）88361066　68326294

版权所有·侵权必究
封底无防伪标均为盗版

| 推荐 |

Kris 是一位非常注重自我成长的优秀同事,希望她的这本书也能给你带来成长,能帮助中国品牌发展壮大。

——David Srere 思睿高(Siegel+Gale)品牌战略咨询公司全球总裁

Kris 这本《品牌营销100讲》,可以让每一个对品牌营销感兴趣的人快速而正确地入门。

——成甲 《好好学习》作者

与 Kris 相识、合作多年,对她的能力很认可,也听过她讲的很多课程,这些课程都是干货满满。隆重向大家推荐 Kris 新出的这本《品牌营销100讲》,很适合从业1~3年的品牌营销人员。这本书对知识点的讲解由浅入深并配有案例分析,可以让你稳扎稳打,获得成长。

——布棉 三节课联合创始人

Kris 在品牌定位、传播规划方面有非常丰富的经验和专业思考，我曾经向她请教过许多品牌工作方面的问题，从中受益匪浅。她的新书，相信值得你认真阅读和学习。

——黄有璨　三节课联合创始人/《运营之光》作者

《品牌营销 100 讲》这本书对品牌进行了系统拆解，无论学生、职场人、创业者，都可以通过这本书完善知识体系，在同质化竞争中找到突破点。同时它也像一本"百科全书"，在你遇到不清楚的概念、专业术语时，不必上网苦苦搜索，这本书就可以给你答案。

——关健明　《爆款文案》作者

| 前言 |

缘起

有人说,我是一个品牌传教士,不厌其烦地"叨叨"着品牌这点事,如果带着这份热情加入保险团队,一定是个出色的"扛把子"。

作为一个自诩专业出身的咨询顾问,刚开始,我对这个称谓还是有些抵触的,心想"我这么一个高大上的人儿,怎么就成了婆婆妈妈的碎嘴子"?

久而久之,我发现自己还真是热衷于为各种合作伙伴阐述品牌以及一切与品牌相关的概念。倒不是我好为人师,而是走出了品牌咨询圈,才发现自己接触的每一个人对品牌的理解都不同。

譬如,我去拜访客户的时候,热火朝天地聊上十几分钟后,我才知道他想做的就是一轮 TO VC(风险投资)的公关,或者是一套吸引代理商加盟的话术体系,根本就不是品牌。我认识的一个民营企业家曾说:"品牌是玩概念的活儿,脑子不灵、口才不好的人就算搭了时间、精力和金钱也玩不转。我们还是踏踏实实做渠道、搞销售吧。"

事实真的是这样吗?

从西方品牌发展史来看,答案显而易见是否定的。作为商业系统中的重要支撑要素,品牌早就从创意导向变成了战略导向,从行业数据到用户分析,从组织内部到对手标杆,都需要详尽的审计调研,并从战略思想下沉到记忆表现、体验驱动、传播沟通等各个层面,自成体系、规范操作、可落实、可衡量,并为企业的增长贡献着巨大的价值。

为什么在国内我们依然有着这样的错误认知?

有人曾戏称,品牌学的"爸爸"是西方管理学,"妈妈"是心理学,一家都是舶来品,没一个是中国本土的。也有人说过,品牌的本质是左边科学,层层推理;右边哲学,追问本质。哲学思维恰恰也是我们从小都不太重视的学科。可以说,从骨子里,我们理解抽象构成的品牌就有难度,又缺乏将其拆解到位的科学方法,无论在心理认识上还是落地执行上,都存在一定的困难。

放眼望去,基本上我们的企业都是多产品、少品牌,而这恰恰是重营销、轻品牌的意识体现。这种意识下的行为产出,就造成了虽然中国处于世界经济前列,挺进世界品牌价值排行榜100强的企业却很少。

发心

有一次我受邀去中国传媒大学讲课。因为他们第一次在市场营销学科下面开设了一个品牌战略管理专业,想找一个既熟悉理论又了解实战的老师作为客座讲师给同学们分享。

我走进课堂随手翻了翻学生们的教材,发现里面大部分知识点都是零散的、模糊的、过时的、混乱的，甚至有些还停留在 20 年前的理论框架上。当问起同学们对品牌、营销、市场、新媒体这些概念的理解时，他们的回答也是五花八门。

再联想到最近面试的很多从业人员，他们也不知道 CIS 系统具体包括哪些内容，也分不清使命、愿景、价值观的区别，也说不明白品牌体验流程和用户体验有啥区别。一个律师如果不熟悉法律条款他根本无法赢得信任，一个财务对相关定义不清楚根本无法完成工作，但是我们这个行业，居然可以有机会让从业者在不明就里的情况下正常入职，自然后期会出现能力无法胜任的情况，这到底是谁的错？

回想自己当年的经历，我也是迷迷糊糊在学校学了一堆似是而非的知识，雄心壮志地跑到公司里，结果被一通打击，然后用了几年时间，自己慢慢悟出各个细分板块中的逻辑链，突然就对整体框架有了全新的理解，犹如打通了任督二脉。虽然结局不错，但走了多少弯路，吃了多少哑巴亏，有过多少次因为自我折磨而想放弃，只有自己才知道。

也许从那个时候开始，我的心中就埋下一颗种子——能不能有一个品牌学科的知识宝典，先把那些语焉不详、自相矛盾、跟不上时代的名词和概念统统清理掉，再一次性把所有零散的知识点串联起来，让初学者也能快速了解品牌学科的全面貌？

立意

编写一本科学性强、精准度高的品牌学图书，这件事听起来简单，做起来很难。熟悉这个行业的人都知道，仅一个"品牌"

定义,就分为了符号派、认识派、资产派等不同门派,每个门派下还有不同细类,大大小小有上百种,着实棘手。

为了能够找到最贴切的定义,我们的咨询顾问走访了很多学派的专家,查阅了大量中英文书籍,翻看了数不清的网络资料,甚至为各自的理解争论不休。就这么煎熬了四五个月,才磨出了100个我们认为相对正确的、与时俱进的、覆盖全面的品牌营销类知识点。虽然过程很苦,但我们觉得一切都值得。

在我看来,学习真知和建设品牌都是一件短期看不到回报,长期却可以带来巨大复利的正确选择,在这个过程中必须打好基础,没有其他捷径可走。本书中罗列的这100个品牌营销相关知识点,并非多么高深,而是必备的基础。

无论你是刚入门的新人、资深从业者,还是付费的项目方,都不妨把本书当成一本实用辞典,遇到说不清、道不明的思想碰撞,造成理解困难时,翻一翻,看一看,我相信本书一定会帮到你,哪怕仅仅是节省些许时间,或解开些许困惑。

最后的话

作为一名品牌从业人员,我始终相信,在商业社会中,品牌是传递美好的最好载体。品牌可以给我们更好的体验,更丰富的心灵感受。它改变了我们的生活,矫正了我们的偏见,甚至重塑了我们的信仰。如果我们能通过本书为这个学科的进步贡献一点点力量,我想那会是一件非常有意义的事情。

通过对本书的学习,也许不能立刻成为一个厉害的品牌营销高手,但是可以让大家自我完善,成为一个可以进行更加科学、理性思考的品牌人。

本书针对每一个知识点都设计了思考题，希望大家在阅读的时候能多想一想。

最后，感谢思创客团队成员rachel、ellie、phil、vincent、icy、demi，以及我挚爱的人生伴侣，没有你们的陪伴和付出，这本书就不会出现；感谢一直支持着我们的思创营社群成员，是你们给了我无穷的热情和坚守初心的勇气，让我可以一路向前；同时感谢北京大学、中国传媒大学、北京外国语大学等院校老师为本书做出的贡献、给予的专业指导；感谢馒头商学院、喜马拉雅、市场部网、干货帮、三节课等合作伙伴对我们的长期支持；特别感谢机械工业出版社杨福川和孙海亮两位老师对本书的大力支持和悉心指正。

都说未来十年是最具挑战性的十年，但在我看来，信心是比黄金更重要的东西。对于未来，你的热情和勇气还在吗？如果答案是"yes"的话，欢迎加入我们的学习社群。

大家可以在微信公众号的添加页面中搜索"品牌叨哔叨"（ID：ppdbd1）关注我们的微信公众号，与我们交流本书思考题答案。更欢迎大家加入我们的品牌人学习成长社群——思创客，在微信公众号"品牌叨哔叨"中回复关键词"社群"即可收到申请加入思创客的链接。期待你的加入。

李婷（Kris）

写于北京思创客

| 目录 |

推荐

前言

|第一部分| 重要概念：30个名词带你重新认识品牌和营销

- 001 品牌：品牌系统学，拒绝单点突破固有认知 / 2
- 002 营销：最大意义在于交换价值，而非促进销售 / 6
- 003 广告：想被记住一定要有高频次 / 10
- 004 公关：让别人替你说好话 / 14
- 005 新媒体到底新在哪，形式还是观念？ / 18
- 006 品牌理念：一个企业的生存基础 / 22
- 007 使命、愿景、价值观：找意义、寻目标、树要求 / 26
- 008 品牌战略：方向＋三观＋人设＝品牌战略 / 29
- 009 品牌资产：能增加或削弱产品或服务价值 / 34
- 010 知名度、美誉度、忠诚度：好生意必备的三要素 / 38
- 011 品牌价值：看不到摸不着的钱 / 42
- 012 品牌定位：搞清与产品定位和市场定位的关系 / 46
- 013 品牌承诺：言出必行是关键 / 51

014 品牌命名：7个行业内的"潜规则" / 55

015 品牌形象：消费者脑海中对品牌的固有认知 / 59

016 品牌人格：品牌经久不衰的秘密 / 63

017 品牌故事：没有共鸣的故事就是忽悠 / 70

018 品牌传播：听懂比听到更重要 / 74

019 市场细分：弱水三千，只取一瓢 / 78

020 用户画像：三步为用户精准画像 / 83

021 消费者洞察：三个帮助落地的好方法 / 88

022 消费者需求：挖掘出人们选择你的理由 / 92

023 消费者决策旅程：从需求到购买的黄金6步 / 96

024 品牌体验：用户为什么会选择并爱上我？ / 100

025 品牌生命周期：不同时期不同做法，击中不同时期用户痛点 / 105

026 品牌管理：三个指标带你入门 / 109

027 品牌延展：一把影响发展的双刃剑 / 113

028 品牌体验要素：MOT接触点，让用户疯狂的关键点 / 117

029 品牌溢价：影响消费者脑海里的价格标签 / 122

030 品牌价值链：站在经济学角度审视品牌工作的有效性 / 126

| 第二部分 | 入门必备：15个提升效率的高效执行法则和技巧

031 Logo：Logo需要满足的4个特质 / 132

032 Slogan：满足4点让广告语勾住用户的心 / 137

033 Brief：好Brief必须具备的3个要素 / 141

034　Big Idea：揭开 Big Idea 神秘的面纱　/ 145

035　头脑风暴：要想成功，离不开的两个"四要素"　/ 149

036　CIS：企业的心、手、脸　/ 153

037　IMC：同一个世界，同一种声音　/ 157

038　4P：经典营销定律，产品、价格、渠道和促销　/ 162

039　4C：用户为王的思想是从这里开始的　/ 166

040　4R：互联网时代和用户打成一片的营销定律　/ 170

041　STP：不是每一个上门的人都是你的顾客　/ 174

042　USP：经久不衰的卖点法则　/ 178

043　CRM：没有预算也能做好客户关系管理　/ 182

044　竞品报告：一份报告知晓对手的一举一动　/ 186

045　品牌背书：快速获取信任的好方法　/ 190

第三部分　进阶必会：35 个实操技能让你变身实力派，升职加薪打通关

046　PEST：4 步走，快速了解宏观市场　/ 196

047　SWOT：二元法给企业做个体检　/ 200

048　定性研究：4 种方法，2 个注意事项　/ 204

049　定量调研：不是量多就能出好结果　/ 208

050　媒介策略：赋予品牌表达一份郑重感　/ 212

051　AIDMA：揭秘从看广告到买买买的背后奥秘　/ 217

052　AISAS：互联网时代下的消费心理变迁　/ 221

053　STEPPS：《疯传》中的病毒式传播　/ 225

054　SIVA：让消费者为你创造价值　/ 229

055　Message House：搭建品牌信息屋，信息形散神不散　/ 232

056 饱和攻击：在正确的时间点下重注 / 238

057 漏斗到波纹理论：永远要走在消费者前头 / 242

058 SMART：科学设置目标 / 246

059 铺垫效果：让"旧信息"发挥"新价值" / 250

060 用户增长模型：激发用户增长的 6 要素 / 254

061 马斯洛原理：万能的需求分析模型 / 258

062 波特五力模型：快速找出业务的获利因素 / 262

063 安索夫矩阵：不同市场匹配不同扩张策略 / 268

064 AARRR 模型：拉新、留存、活跃、转化、传播，营销底层规律 / 273

065 波士顿矩阵：一张图讲透企业资源如何配置 / 278

066 黄金圈法则：穿透现象看本质 / 282

067 5W 模式：构成社会传播的 5 要素 / 286

068 品牌系统五力模型：品牌系统学的底层框架 / 291

069 归因模型：找准营销渠道的侧重点 / 295

070 麦肯锡金字塔：学会在职场说话 / 299

071 事件营销：不是事情搞大就能做好营销 / 303

072 口碑营销：省钱省力效果好 / 307

073 借势营销：抢占 C 位是关键 / 311

074 体验营销：3 种体验营销的适用场景和落地方法 / 315

075 娱乐营销：分层深入，通过关注不同方向抓住用户 / 319

076 场景营销：深入需求吸引用户，建立连接触达用户 / 323

077 社群营销：让粉丝成为市场助推器 / 327

078 跨界营销：品牌形象变道超车的加速器 / 330

079 饥饿营销：提升品牌附加价值、形成品牌溢价 / 334

080　新媒体营销：做好内容和社交两种营销是关键　/ 338

|第四部分|　高频词汇：互联网时代，如何玩转变化中的品牌营销？

081　SEO、SEM：移动互联网时代常用常新的武器　/ 344

082　去中心化：区块链环境下品牌营销的三个猜想　/ 347

083　长尾理论：发掘 80% 流量的潜在价值　/ 351

084　UGC、PGC：大众点评、知乎、小红书成功秘诀　/ 355

085　流量思维：搞定用户拉新和转化　/ 359

086　网红经济：可被企业借鉴的 2 种方法　/ 363

087　IP：2 个认知，3 个步骤建立 IP　/ 367

088　KOL：关键意见领袖选择和经营的 5 个步骤　/ 371

089　爆品：用好三点思维，让用户因产品品质尖叫　/ 376

090　舆情：传播监测和危机预警　/ 379

091　DAU：4 种分析方法，帮助企业确定产品发展空间　/ 383

092　渠道：建立差异化优势是关键　/ 387

093　卖点：从 3 个层面找到最强有力的消费理由　/ 391

094　痛点：精准定位与上下左右式延展　/ 395

095　CSR：企业无形品牌资产　/ 399

096　蔡格尼克效应：营销中应适当留白　/ 404

097　六度分隔理论：每一个人都是你的种子用户　/ 408

098　沉默螺旋理论：品牌营销中的双刃剑　/ 411

099　乐队花车法：创造趋势，让大众追随　/ 415

100　第一性原理：拨开现象看本质　/ 419

PART 1

第一部分

重要概念
30个名词带你重新认识品牌和营销

001

品牌：
品牌系统学，拒绝单点突破固有认知

作为一名品牌战略顾问，我其实挺怕别人问我品牌是什么，因为这个问题类似爱情是什么，每个人都觉得自己懂一点，但能说明白的没几个，能做好的更是寥寥无几。不信你去网上搜"品牌是什么"，准保什么样的答案都能被找到。

事实上，品牌的官方定义相比其他学科来说确实丰富了一些。学术盖戳的版本就有十几种，江湖门派更是分了好几家，从早期以广告公司为首的形象派，到后期以咨询公司为主导的资产派，期间还掺杂着价值派、认知派等。

今天我们就带领大家走进品牌的世界，感受品牌定义的发展旅程，以及在当今时代下，品牌扮演的角色和具有的意义又发生了怎样的新变化。

首先，让我们先来回溯一下品牌的起源。brand一词出自古挪威文，也有人说是古希腊文，意为烧灼、烙印。是游牧时期人们用烧红的烙铁在牲口或奴隶背上烙上的标志，用来标记自己的财产所有权，从而与他人的同类物品区别开。这也就是品牌最初的作用，区分、识别、证明所有权。

随着西方工业革命的到来，大生产成为常态，同质化竞争十分激烈，很难分辨产品与产品之间有何不同，品牌逐渐成为商业组成的重要元素。开始时主要体现在视觉符号上，有了好的品牌包装就能在市场中脱颖而出。早期品牌流派如形象派、符号派，都是围绕这个方向展开研究的。后来品牌逐渐进化为企业的综合竞争实力之一，这也是后期的流派，如资产派或价值派，都和商业挂钩的原因。

不管你相信与否，经济越发达的地区，品牌越能成为人们选择购买的最终理由。

想想我们自己的生活，是不是也在不知不觉间被品牌所操控？以前，人们根本没有品牌意识，就算有产品同质化，也不太会真的在意，**但现在，可以说品牌是一个外化的自我。**CHANEL更被喜欢穿洋装的女性受众所偏爱；攒钱买PRADA的女生则希望干练十足且在职场有所作为。你使用的品牌正在不知不觉间透露你的社会地位和内心性格。

因为品牌已经开始具备情感和自我表达的价值，超越实体产品本身。

说到这，就不得不重点说一说我想和大家分享的另一个重要流派——认知派。认知派是20世纪70年代由美国学者杰克·特劳特和艾里斯·本提出的。他们认为，品牌是在消费者心智中占据有利位置，使品牌成为某个类别或者某种特性的代表，当消费者有相应需求时就会自动想到品牌，从而赢得商业机会。

就像我们上文说的CHANEL代表了优雅迷人，PRADA等同于时尚干练。再譬如，你想要送给男朋友一身运动衣，脑海中首先划过的肯定是耐克、阿迪达斯，这些品牌都无疑代表了某个类别或某个特性从而被你识别、记忆并由此做出选择。

和这个流派一起被大家所熟悉的，还有一个概念——定位。这个概念已经被中国大中小企业主熟悉并买单，这个词来自英文单词positioning，原意是锚点。心理学还有一个相关概念叫锚定效应，指人们在做决定或下判断前，容易受到之前的信息影响，该信息犹如一个沉重的锚，沉到了海底，让你的思维以该信息为基准，从而使你在一定范围内做判断。**其实品牌就是影响我们消费时的关键决策要素。**

大家可以想一下，无论身处什么时代，无论流量是便宜还是贵，有品牌的企业都会比没品牌的企业拥有更多优势资源，这也是为什么畅销书《流量池》作者杨飞会在书中提出"品牌才是新时代下最稳定的流量池"这种说法。要知道大脑也是有带宽的，在一个信息爆炸的时代里，品牌无疑是一个良好的载体，帮助企业在消费者心中建立一个有效区隔，从而让流量可以源源不断汇聚到这里来。不管是哪种流量平台，比如淘宝、微博和抖音，虽然开始时不乏有一些新起之秀，它们借助早期资源抢下一波红利，但是知名品牌进入后，还是会轻松成为霸占流量的巨头，譬如在微博上斩获百万粉丝的杜蕾斯，在抖音上调侃马云爸爸的支付宝。

因为人们的认知就像仓库一样，内存有限，存完了就没有地儿了。脑海中没有你的认知，现实中自然对你视而不见。所以我们必须在消费者的大脑中迅速占领一块地方。一般来说占领认知会有几种常用手段：

（1）**找到特长**，本书后面会和大家详细介绍这部分内容。

（2）**占据第一**，人们通常对第一会比较关注，而占据第一的最好方式就是开辟一个新品类，本书后面会介绍相关内容。

（3）**形成关联**，找到和消费者内心深处的情感或价值共鸣，人们对和自己类似的东西会更加喜爱。

占领认知三种手段

这些方法听上去简单,但操作起还是很有难度的,这也是为什么说品牌是一听就会,一做就错的一门工作。这本书就是希望通过系统串联100个相关知识点和案例,让大家深入浅出掌握进阶秘籍。

最后说说我的观点。品牌在我看来,更像是一门系统学,认知也好符号也罢,都是把品牌当成是一个结果,这就造成了人们总觉得品牌可以单点突破,做个视觉,想个口号就可以了,这其实是一种错误,也容易造成很大失误。严格来说,品牌是一个系统建设的动态过程,需要企业从内到外,从上到下付出努力,其中包含战略、视觉、体验、传播、管理等多个方面。我们之后会给大家介绍品牌系统五力模型,详细拆解每个系统的构成要素。

 那如何从概念落到工作上?我提供两个小技巧:

(1)品牌涉及很多基础知识,如品牌架构、品牌体验、品牌价值等。如果搞不清这些知识点,可能会对今后的工作产生影响,故建议先打好基础。另外也要说明,品牌和营销虽然在同一领域,但是有不同的侧重点,对两个概念单独学习和理解,胜过囫囵吞枣。

(2)品牌工作是一个系统工程,点、线、面一个不能少,无论你是从哪里入手,最终都要成为战略和战术的双料冠军。

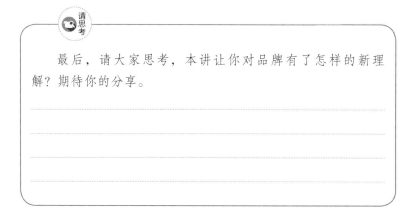

最后,请大家思考,本讲让你对品牌有了怎样的新理解?期待你的分享。

002

营销：
最大意义在于交换价值，而非促进销售

上一讲我们谈到的基础概念是品牌，本节讨论和它密不可分的另一个概念——营销。

有时候我总觉得这两个词像是孪生兄弟，被人傻傻分不清，甚至经常混为一谈。好不容易区分开了，又经常搞不明白它们两个谁大。

有人说，营销是你想办法与顾客获得第一次成交，品牌是你想办法能够与顾客通过获得喜欢促成无数次成交，所以先做营销，后做品牌才靠谱。

也有人说，品牌是营销所需要呈现的内容，营销是品牌实现的路径，二者你中有我，我中有你，根本拆不开。

还有人说，营销是实现价值的过程，而品牌是定义价值的结果。所以脱离了品牌的营销动作都是耍流氓，必须要把品牌放在第一位。

本讲我们一起理解一下营销的终极定义是什么，然后从历史根源的角度探索营销发展的四个阶段，了解它和销售、品牌之间的错综关系，系统学习一下这个基础概念。

为了给大家搜集到最权威的定义，我们课研组翻阅了国内外经典文献，发现营销定义的种类一点也不亚于品牌，同样有十几个版本。如果是门外汉，真有种眼花缭乱不知所措的无助感。

通过反复推敲，最终我们选取了现代营销之父菲利普·科特勒对营销的定义："**营销是发现、保留和培育顾客的一门科学和艺术**"。这位老先生之所以被称为现代营销之父，不仅是他提出了这些经典观点，更重要的是他首次将营销提升为一个系统的学科，他的著作《营销管理》，是全世界公认的关于市场营销理论与实践的最全面的教材，建议大家有空认真读一读。

同时在他和另一位全球管理大师德鲁克的双重推动下，营销部成为企业的重要核心部门。德鲁克曾说过，企业最重要的两件事就是创新和营销，而科特勒的金句则是"**优秀的企业满足需求，杰出的企业创造市场，营销就是满足和创造客户价值的全过程。**"这两个大师的联手，最终让营销和产品、技术、销售渠道一样成为企业工作重要的一环。

这里要重点说说营销和销售的区别。初始阶段，营销就是分销的一种变形，慢慢独立于销售成为一个学科，所以人们也会经常把营销和销售搞混。那如何区分呢？按照我的老师陈春花教授的说法，**二者的区分在于，销售是以产品为载体，营销是以市场和顾客为载体，所以营销的核心是交换价值，关注点一定要在客户价值的满足上，而非直接销售**。这也是为什么早期的营销理论 4P 中的促销慢慢被 4C 中的传播所代替（4P、4C、4R 这些营销法则也会在之后单独讲解）。

接下来，和大家介绍营销历经的 4 个发展阶段，从中不仅可以看到营销发展脉络，也能看出它和销售、品牌之间是如何相辅相成。

1.0 版本：产品导向阶段。营销主要是围绕满足客户需求展开，当时最流行的概念就是 4P，这个阶段以销售为主，和品牌没有太大关联。

2.0 版本：客户导向阶段。营销侧重点是吸引客户内心，对应的概念也从 4P 转到 4C。这个阶段也只是强调传播，并没有涉及更多品牌内容。

3.0 版本：品牌导向。这个阶段，任何营销动作都要以成就品牌为大目标,品牌开始变得愈发重要。

4.0版本:共创导向。 以价值观为主,让营销帮助客户实现价值共鸣,其实这个价值,更大程度上还是通过品牌为载体让客户因感知而达成。

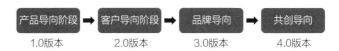

从20世纪50年代至60年代初期1.0版本的以产品为导向,到七八十年代的以客户为导向,再到世纪交错时出现的迎合客户心智的以品牌为导向,最后到现在帮助客户实现价值观的共创导向,营销完成了长达40多年的升级迭代。**你会发现,在第一阶段营销基本就是等同于销售,然后到了第三和第四阶段,品牌开始替代营销成为核心。**

无论是在学术界还是在实操界,品牌和营销到底谁管着谁,一直争论不休,也就出现了本讲开始处说的现象。我的观点是:在你没有足够知识体系支撑的前提下,先不要纠结两者的关系,而是把涉及这两个学科的知识、方法和工具都掌握了,然后再去判断。

如果说品牌经过演变,从一个烙印动作进化到一个系统过程,并最终为企业带来取之不尽的流量池,那么营销则是通过前期的获取用户、留存用户及转化用户来填充流量池。你会发现营销中很大一部分工作都是围绕用户获取和留存这些动作展开的,比如用户画像,我们需要通过确定用户是谁,来找到未满足的用户需求是哪些;比如痛点,我们要清楚地知道需要满足的具体内容是什么,才能知道痛点在哪里;再比如市场细分,则是从市场的角度来看,还可以为这个市场中的用户创造什么价值。这些理论和概念后面我们都会和大家进一步分享。

🌀**小技巧** 那如何从概念落到工作上?我提供两个小技巧:

(1)营销立足在市场,服务于商业,围绕用户需求展开,不要只看到自己的工作，还要对产品技术、销售渠道有所关注和了解，只有这样才能做好营销动作。

（2）营销动作包括诸多内容，如娱乐营销、跨界营销，每一项内容不尽相同，我们后面会有专门的一讲来介绍实战营销的方式。但是不管哪个领域，底层规律都和本讲分享的内容是一样的，即通过前期获取用户、留存用户及转化用户来填充流量池，所以在具体工作中千万不要偏离航道。

> 请思考
>
> 最后，大家思考一下，现在哪些营销动作属于4.0的共创导向类？期待你的分享。

003

广告：
想被记住一定要有高频次

提到广告，有一句话广为流传，不知道你听过没有。这句话是这么说的：我知道我的广告费一半都被浪费了，但是我不知道是哪一半。这句话出自世界百货业之父约翰·沃纳梅克，犀利直白地表明了企业主在面对广告浪费时的无奈和心酸。

在信息大爆炸的时代，广告费浪费似乎更加严重了。

作为宣传时最常使用的一种手段，广告不管在品牌建设中，还是在营销推广中，都占据了很重要的地位。广告可以是阐述理念的品牌广告，也可以是达成销售的产品广告；可以是引人入胜的平面广告，也可以是堪比电影的电视广告。其实，随着当下媒体种类的复杂化，人们有限的注意力被无限分散，不管哪一种广告，都很容易被淹没在各种信息之中。

本讲我就和大家聊一聊，究竟怎么做才能让广告被大家记住，这背后是什么原理在发挥着作用，又有哪些小技巧可以加深广告效果。

在广告界，一直流传着"创意为王"这个定律，有了好的创意，你的广告就能被更多人喜欢并记住，其实这是一个错误的"自嗨"认知。

真正让广告变得有效的，恰恰是听上去很没有创意的一个原理——**重复效应**。那为什么是重复效应？这看似简单的原因，背后的本质支撑点是什么？为此我们特地做过一次有意思的街头调研。

被访者为一群号称"完全不看广告"甚至完全对广告讨厌的群体，调研结果显示，他们其实都看过广告，但无一例外都是在地铁和公交站出现的广告。

这些广告的品牌名称及具体内容或多或少地被人们记住，甚至还有人因为广告购买了产品。而且还有一个"潜规则"，广告出现频次越高，影响消费者的程度越深。

我们再往深一层地去思考。

从本质来看，其原因正是"重复效应"在发挥效用。尤其是地铁，其属于封闭空间，人们的关注力相对聚焦，最大化投放能更有效造成人们认知的重复效应，从而提升广告效果。

这个调研也侧面反映了，为什么在全国媒体投放花费下降的情况下，地铁媒体仍然逆袭稳定增长。

重复效应有助于记忆加深，这个结论来源于一百多年前精神分析学派创始人弗洛伊德的研究成果，他总结说：当对一个问题的重复超过十遍时，人们会把某个信息内化为自己的知识体系。

有关于重复效应对品牌产生的作用，最典型的例子就是脑白金了。即使再视而不见，相信你也能说出"今年过节不收礼"的下一句，"收礼只收脑白金"。

这条广告语刚出来的时候，也曾饱受诟病——没有创意，表达俗气。但它一遍又一遍地播出，更在每年春节、中秋节这些最高频的送礼时刻进行洗脑式宣传，并且坚持了几十年的重复投放，渐渐成为每个人耳熟能详，记忆深刻的"国民广告"，也为企业带来了上百亿的销售额。

广告投放的目的是占领用户心智，想要占领用户心智就得首先占领用户时间。因为人的记忆是有时间差的。长期记忆的形成，需要长时间的积累，大脑之中负责记忆的海马体，需要反复刺激才能形成痕迹，碎片化的单点信息很难在人们的大脑中留存。

之前为了让大家能记住我们的信息，很多广告都选择惊人的广告创意，以此不断刺激大家的认知神经，但不坚持重复。**这些有创新的广告可能只是昙花一现，而那些看上去毫无创意的广告通过重复法则却能使广告效果达到最佳。**

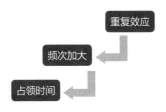

广告变有效的简单办法

遗憾的是，中国的大多数企业喜欢追求广告的创意表达，上一个新品就发一轮新广告，每次投放广告都喜欢尝试各种新鲜的渠道和形式，频繁更换表达方式。这很有可能让广告离消费者越来越远，造成广告费有一半甚至更多的浪费。

其实我们只要在广告内容中明确表达出"你是谁"或"你为何重要"就可以实现和消费者的有效互动，这两个问题的回答方式也会在后续的内容中为大家呈现。

那如何从概念落到工作上？我提供两个小技巧：

（1）广告内容最好一致，也就是不断重复同样或相似的内容，不要盲目追求创意以免导致本末倒置。

（2）持续投放才有作用，尤其在关键时刻重点突击、饱和突击，以确保广告被目标受众充分认识到。

> **请思考**
>
> 最后,请大家思考,有哪些广告是通过重复效应让你达成了深刻记忆?期待你的分享。

004

公关：
让别人替你说好话

前不久我家亲戚的小孩（一个在校大学生）情窦初开，想追求一个女生。但是这个女孩特别高冷，基本不和男孩说话。

结果这个聪明的小家伙发现她的闺密是一个社团的活跃分子，于是就通过社团活动一来二去和那个闺密成了好哥们，久而久之也和那个女孩混熟了，有时候还会一起出去吃个烤串、唱个KTV。

他说：我现在的重点任务就是让这个闺密每天在女孩面前不经意地夸上我两句。

虽然我不知道结果是好是坏，但我觉得这小子追女生还是挺有策略的。其实我们企业做公关，和这小子运用的是相同的策略，让别人为你说好话，从而形成在他人心中的好印象。

本节我就从公关的诞生、人们对公关的误解、对从业者的要求，以及公关对企业的两大显著好处这四个方面，和大家通览一遍公关这个又广又深的学科。

首先我们来看看公关的诞生。

公关，是公共关系（Public Relation）的简称。这个概念首次出现是在1807年的美国国会演讲中，三百多年来，公关的定义也在不断发生变化。我们通常采取的版本是来自被誉为"构想并设计了现代公关业"的先驱者爱德华·尼伯斯所创造的（他还是精神分析学派罗伊德的外甥）。

他对公关的定义原文比较长，简而言之就是：**社会组织同构成其生存环境、影响其生存与发展的那部分公众的一种社会关系。**

因为公关的定义有点难以理解，于是很多人用一句大白话来形容公关：借助第三方的力量，让企业和公众进行对话沟通，重点是用别人的嘴来夸赞自己，或者解决问题。

其实这样的解释会让很多人，甚至包括公关从业者，对公关产生误解，把公关简单地等同于与第三方搞好关系。事实绝不是这样的，公关需具备专业能力才能发挥极大的影响力。比如入门级的公关技能，是需要写出正确、精准的新闻稿件；较高级别的公关人才可以得体处理好与各个利益相关方的关系，从而为企业构建良好的发展环境。

公关的分类有很多，分类标准也不尽相同，有按照公关对象来分的，如政府公关、大众公关；有按照公关性质来分的，如日常公关、危机公关；还有按照工作重点来分的，如渠道公关、内容公关。

在我看来，无论分类如何，一个成熟且专业的公关人或公关公司，除了拥有所谓的渠道能力之外，更重要的是具备创造影响渠道内容的能力。譬如策划专项活动达成事件传播目的，再譬如通过专题合作影响媒体报道方向。

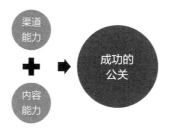

对从业者的要求

这也就要求从业者熟悉业内的套路，进行合理的分析筛选，制定科学的公关策略，开展最适合企业的公关行动，进而制造传播内容。但随着互联网带动的整个媒体和舆论环境的变化,还有更开放、更自由、更难以管控的新媒体,给很多人带来疑惑。公关是否还能对企业产生新的价值?就好比说,蒸汽机发明之后,手工制造者是否还有存在的必要?

其实这个解读有点过于狭隘了,其只把公关当作与媒体沟通的一种手段,却忽略了公关的其他作用。

整体来说,公关无论在传统时代还是互联网时代都有存在的必要。

在这里和大家分享一个小故事。我们曾经服务过一个移动医疗领域的 App 团队,起步期他们没有钱也没有人脉关系,就有一些医生资源。我们策划了一场百家名医公益性的活动,吸引了很多明星医生的义务参与,最终成功得到了业界投资人的关注,完成了上亿元的融资,成为行业的一匹黑马。

从这个故事中你会发现,**公关对初创企业融资发挥着重要作用**,以至于产生了一个新名词叫 VC PR,也就是专门针对投资人所做的公关行为。当然这是一个不可取的行为。

同时,公关对业务开拓、新客户的获取也有着积极影响。

当组织的产品或服务被媒体报道称赞时,虽然很难确定到底收获了多少用户,但是如果客户反复在媒体上听到品牌名称、企业行为,偏好度和信任值会瞬间提升。相比广告投放来说,公关所造成的口碑传播效果会更加容易被相信。

最后,再分享一个危机公关的案例。2018 年上市的某著名餐饮企业在被曝出老鼠门事件后,又出现了顾客吃到苍蝇的事件,他们采取的做法是:给消费者免单、送代金券和礼物,很常规的手段。同时,在做出以上行为后,恳请消费者删掉社交网络上的照片。结果,当事人因为该企业的这一要求,感觉自己受到了侮辱,变得更加生气。这是一种常出现的情况。在当下这个时代,企业都知道做错事情要及时承认,但同时更要顾及消费者的内心感受,不要做出"我给你恩惠你受着,按我的想法办事情"这种高高在上的姿态。

那如何从概念落到工作上？我提供两个小技巧：

（1）**公关策略服从品牌战略**。一定不要为了争夺眼球效应做出夸张的公关动作，因为这样做的结果只有哗众取宠。譬如之前被北京朝阳群众举报的裸男奔跑公关事件，就是很不可取的做法。最好的做法是，提前做好品牌形象建设，才能让你的公关信息从"大众焦点"变为"品牌记忆点"，进而产生"用户购买点"。

（2）为了强化公关的效果，我们要优先选择那些本身已经具有一定影响力和信任度的第三方进行合作，借助他们为自己背书。

最后，请大家思考一下，近期有哪些公关事件是让你印象深刻的？期待你的分享。

005

新媒体到底新在哪，形式还是观念？

曾经一提到媒体，人们就会想到"四大天王"——电视、杂志、广播和报纸。但不知从什么时候开始，伴随互联网而生的新媒体已经成为我们最常接触的媒介渠道。

如果你不信可以尝试回答这几个问题：你有多久没看过报纸了？你又有多久没刷过朋友圈了？上一次看电视剧的时候，是坐在你家客厅看电视机，还是躺在床上拿着手机看视频网站？每天早上起来，陪伴你去上班的是广播电台还是音频节目？至少对我而言，是后一种选择。相信大家的选择和我是一样的。而微信、微博、视频网站、音频 App 等，无论形式如何，统统都属于新媒体范畴。**究竟什么是新媒体？新媒体新在哪里？其会为品牌营销工作带来怎样的变化？本讲就围绕这三点跟大家好好聊一聊。**

新媒体这个概念其实一点也不新。早在 1967 年美国哥伦比亚广播电视网（CBS）技术研究所就发明了这个概念。自发明以来，学术界对这个名词的定义也有争议，我们摘录两条相对权威的解释作为参考：

（1）来自联合国教科文组织："以数字技术为基础，以网络为载体进行信息传播的媒介"，是一种传播媒介。

（2）来自美国《连线》杂志："新媒体的本质是所有人对所有人的传播"，是一种传播状态。

在我看来，"新媒体"其实并没有改变媒体的本质，依旧承担着将信息从信息源传递给特定接收者这项功能，只不过增加了信息互动。

报纸是个媒体，大 V 账号也是个媒体，信息通过它们完成的都是传导的过程。但是报纸以印刷物为载体，只能单项输出信息，而大 V 以互联网技术为载体，可以让接收者反向输出信息，并能根据数据打标签，做出更引人注目的信息，进行裂变传播，这才是新媒体最大的特征。

整体来看，新媒体和传统媒体相比到底"新"在哪里？主要新在以下两个方面。

1. 去中心化力量

美国《连线》杂志说的"所有人对所有人的传播"就是新媒体的去中心化特征。

大家回想一下我们看电视和刷微信是不是不同的状态？

电视上看到奇葩的新闻顶多可以跟家人吐槽，刷微信看到奇葩新闻的时候你会怎么样？会马上进行转发、评论，并且发完还会盯着手机看一下谁会和你互动。

新媒体打破了我们接收信息的固定状态，现在每个人都是媒介载体，大家不仅能随时接收信息，还能发出各种信息并传递给他人，甚至反哺给媒体。

所以我们在利用新媒体做品牌营销的时候，就要利用好新媒体这一特征，让你的内容能够激发人们的表达欲甚至创造欲，从而产生更多裂变，这个不仅靠创意，也依赖技术，甚至利益的刺激。因此懂人心、识人性是新媒体从业者的基础技能之一。

2. 社会推动力量

经常有人说，新媒体的发展不仅增加了普通人的话语权，也增加了普通人的信息量。

一个偏远地区的人，可以订阅北大教授的自媒体专栏，同名校学子一样吸收最新的知识；一个没有影响力的人，可以通过互联网表达自己的观点，得到百万群众的关注与支持，进而得到政府重视，最终解决问题。

可以说新媒体给了人们一个更自由、更宽大的平台，我们开始相信"我的声音是重要的""通过发声可以改变一些东西"。让更多人表达并参与，一起建设这个社会，这无疑是社会变得更加科学、民主、进步的一种表现，在我看来这才是新媒体带来的最重要的改变。

但是同时就企业主而言，也损失了一些利益。在某种程度上，再也不能凭借登上央视这种媒体，就轻易收获知名度和美誉度。每个使用你产品的人，都有可能通过新媒体来进行传播和扩散，品牌失去了"一家之言"的表达权。所以在新媒体的环境中，品牌一定要加强和消费者的共创及互动，尤其需要**多利用新媒体的特性，让其变成与消费者的黏合剂、数据源和沟通桥**。通过新媒体进行自主搜索并分析得到的用户信息，从而可以更加快速地做出品牌营销决策，提升动作质量。譬如你看到自媒体账号中的一些回馈，你就会知道用户喜欢什么样的文章，不喜欢什么文章，这样我们的传播内容就会更加具有聚焦性和针对性。

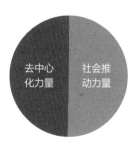

新媒体新在哪里

那如何从概念落到工作上?我提供两个小技巧:

(1)新媒体依旧是一种媒介,在新媒体运营之前,我们首先需要考虑人们对媒介的态度:他们希望通过这种媒介获得什么感受?获得什么样的价值?这些都是值得大家思考的。

(2)激发用户表达欲望。新媒体具有去中心化和互动的特征,如何能够引发话题讨论?利用新媒体属性实现多对多的传播,是新媒体传播的重要考量点。

最后,请大家思考一下,你的个人或公司的新媒体账号是否设计了足够的机会与消费者互动?你又是怎么做的?期待你的分享。

006

品牌理念：
一个企业的生存基础

前几天逛知乎，偶然看到一篇关于"NIKE（耐克）是一家怎样的公司"的回复帖子。大多都是 NIKE 的忠实用户，隔着屏幕我都可以感受到回答者对 NIKE 发自内心的喜爱和认同。

其中有个回答是这样写的，"NIKE 即便是做商业活动，也是真正用心在为喜欢篮球的人搭建平台，而且机会给到了很多像我一样的平凡人。你不一定是第一，通过努力，哪怕是 8 强也有机会见到自己的偶像。以后可能再也没有一个品牌能让我穿在身上再产生这种强烈的荣耀感和使命感了。"

为什么都是卖鞋，耐克出新款就是人山人海排长队，每个人脸上都闪着幸福的光，而其他品牌也没少砸钱请代言、曝光、打广告，但就算是满场大促销买一送二，也很少见到这种被爱包裹的氛围？

如果非要找一个理由，可以说是缺乏骨子里那股精气神。就拿刚才知乎的回答而言，即便在做商业化的传播活动，NIKE 也都保留了个人英雄主义的奋进精神，**恰恰是这种精神的传递，让用户自动靠拢。**

说白了,品牌理念就是一个品牌内在的精气神,有可能看不见摸不着,又或者是难以形容,但是却指导着它的"一言一行"。我们在进行品牌工作的时候,需要考虑品牌理念所带来的影响。譬如博世家电和方太,同属于家电行业,博世家电品牌信奉的是"科技成就生活之美",方太则一直坚信的是"伟大的企业导人向善"。因此你会发现博世家电的传播一般都是国际化的科技感路线,方太则是充满人文调性的母慈子孝。

说到这,有人可能会迷惑,品牌理念和品牌精神、品牌定位、品牌承诺这些非常相似的词有什么区别?

本讲就来和大家好好聊一聊品牌理念到底是什么,以及其是如何影响企业并发挥作用的。

品牌精神算是和品牌理念最为接近的一个概念,虽然表达不同,但可以等同对待。品牌定位则倾向于向外界展现或解释我们的内在和其他对手有何不同;品牌承诺则是侧重如何与利益相关者强调我们如何践行这种内在。这两个定义,有时候会只强调其中一个,未必会同时出现在大家面前。

还拿 NIKE 举例,它的品牌理念是创始人奈特一直坚信的人生准则"永不停息的个人奋斗",这也是贯穿 NIKE 发展的一个灵魂指南。奈特的自传《鞋狗》中反复出现这样一段话"无论你喜欢与否,生活就是一场比赛。懦夫从未启程,弱者死于途中,只剩我们前行,一刻都不能停。"这段话正是对 NIKE 品牌理念的最好折射,而品牌定位是立足于产品特征,突出 NIKE 与阿迪达斯、彪马、李宁等品牌的不同。NIKE 是通过帮助运动员和普通人获得更好的运动表现，体验运动激情的一个体育品牌。品牌承诺则是"只要有 NIKE，你就能拥有运动激情，去赋予人生更杰出的表现"。

通过案例，**你会发现理念是更内在的核，通过定位可以总结出对外区分的一句话，承诺则是和用户的告白。**一般来说，品牌理念是创始人内在的精神火焰，而定位和承诺则是后天形成的一种表达，有的创始团队早期没有留存下来自己的品牌理念，通过后期的塑造和提炼，也能找到自己与众不同的品牌定位或品牌承诺。

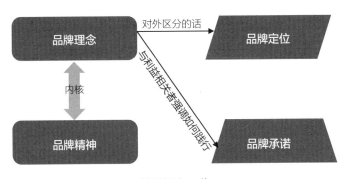

易混概念一览

企业是否具有品牌理念，可能短时间从外表看没有什么不同，但是长期来看，就好比一个称重机，品牌理念越好，企业累计的品牌的资产也就越大。一般来说，若创始团队起初就拥有一个强大的品牌理念，会让后期的企业品牌发展比那些由职业经理人所提炼出来的品牌定位或承诺更加坚固平稳。

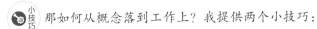那如何从概念落到工作上？我提供两个小技巧：

（1）品牌理念在感性和理性的双重作用下产生，一般和创始人相关，可以通过采访或间接观察提炼而成。

（2）品牌理念更加聚焦在企业品牌的精神内核，先锁定关键词再进行后期品牌定位或品牌理念的延展工作。

> **请思考**
>
> 最后,请大家审视一下自己企业,看看自己的品牌理念是什么?是否需优化?为什么?期待你的分享。

007

使命、愿景、价值观：
找意义、寻目标、树要求

本讲我会从使命、愿景、价值观各自的含义及三者之间的关系两个方面，为大家展示这默默影响公司成败的三驾马车是如何发挥作用的。

使命、愿景、价值观一般是组合使用的，无论是叫品牌使命、愿景、价值观，还是叫企业使命、愿景、价值观，都没有本质区别，但这三者之间的含义却经常被人弄混。下面我就来重点说一说。

使命是什么？字面上理解就是"与生俱来的命运"。按照中关村才女梁宁的话来说：上帝安排一个人的命运，或者说给一个人使命，其实是给他一个爱好，一种真实的喜欢，一种称为"瘾"的东西。

套用到企业也是一样，好的使命需要明确回答两个问题：我们这家企业的存在，对这个社会有着怎样的意义？为什么是我来做这件事情？**用一个词概括来说就是"找意义"。**

这里我们可以回顾一下百度的使命。百度的使命是：让人们最平等便捷地获取信息，找到所求。

这里可以透露一下，思创客的使命是"以科学、系统、持久的方法论赋能新一代中国品牌及品牌专业从业者"。

说完使命，我们再来说愿景。

从字面看，愿景经常被理解为"愿望理想"，容易写成很大很空的表达。经常看到一些企业把"冲出亚洲走向世界"作为企业愿景。但实际上，愿景是未来要达成的阶段性目标。**同样用一个词来概括——寻目标**。这个描述是相当实际的。譬如一个小区的便民超市，其愿景可以表述成"全市第一的便民超市"，甚至更大一点说"做全市商品最全的便民超市"，却不能一上来就说"便利全人类"。

因为"便利全人类"这个帽子，不仅太大，而且太空洞，不适合作为一家企业的愿景。通常企业愿景与企业自身能力有很强的关联。比如思创客的愿景是"成就中国新品牌，陪伴中国品牌人"。所以我们既会辅导企业类型的客户，也会做一些消费者端的课程。

在美国的战略理论界，明确地将使命和愿景区分为目标陈述和任务陈述，二者是存在逻辑关系的，使命是"做什么"，愿景是"怎么做"。

最后我们聊下价值观。

有了使命和愿景，公司就有了存在的意义和要实现的目标。接下来就要约法三章。很多企业都喜欢通过定制度来控制行为。但其实，通过制度来强化价值观，从而形成规矩才是更靠谱的事情。

那如何理解价值观呢？最通俗的解释就是支撑我们日常行为的思想准则。**用一个词概括就是"树要求"**。

举个简单的例子：有多少人是因为法律说不许犯罪才不犯罪的？大多数人不犯罪，本质上是从父母的言传身教和社会传授的价值观中知道并认可很多事情不能做。

其实企业也一样。企业的价值观做得好，管控制度的条款就可以少很多。因为在同一套价值观的驱使下，员工会明白很多事情即使没有明文规定，但由于与价值观相违背，就不会去做，而且会主动避开它。

要注意的一点是，价值观一定要使所有相关人员都感同身受，所以最好不要过于空泛。例如诚信、奋斗、和谐之类的八股文就不受喜欢，一定要"说人话"才能被人所记住。譬如"奇葩说"的价值观就是"不骗他人，不骗自己"八个大字，简单明了。思创客的价值观就是"专业协作，激情有趣"。

使命、愿景、价值观

🔹 小技巧 那如何从概念落到工作上？我提供两个小技巧：

（1）对于初创企业，成立之初就明确使命、愿景、价值观，并在日后的发展中不应轻易修改，这样会更容易凝聚团队士气也会找到更适合的同事，具体方法会在后续讲到。

（2）开辟新领域或研发新项目时，除了考虑市场情况，分析这个任务是否有助于达成我们的使命愿景、是否符合我们的价值观，也是非常重要的事情。

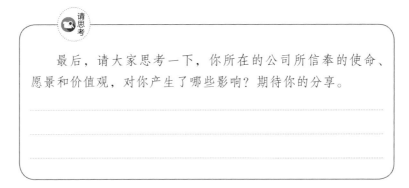

最后，请大家思考一下，你所在的公司所信奉的使命、愿景和价值观，对你产生了哪些影响？期待你的分享。

008

品牌战略：
方向＋三观＋人设＝品牌战略

可能受家里影响，作为一个女生，我小的时候就爱读军事题材的书籍，发现伟大的军事家都是顶尖的战略高手。古有孙子、诸葛亮，近有开国大将、十大元帅，而与他们有关的战斗中不乏以少胜多、以弱胜强的案例，他们靠的就是战略上的成功。因此，我之后选择成为一名战略顾问。

但是当我真的入行之后，发现虽然很多中国企业家都非常重视战略，对商业战略、渠道战略都有研究，但是唯独缺乏对品牌战略的正确理解。一把手不参与也不关心品牌建设，经常上来就让团队实操，自己只看最终结果，导致品牌战术化、效果低效化，这其实造成了很大的资源浪费。

分众传媒的老总江南春提出了一个观点，他说：品牌战略应该是最高战略。是不是最高战略打个问号，但我很赞同从战略层面思考品牌。**只有建立正确的品牌战略，并与商业战略进行有效匹配，我们才能活得更长久。**

本讲我们就来学习什么是品牌战略，为什么说它是和商业战略同等重要的战略，以及做好哪三件事才能提升品牌战略的正确性。

在产品严重同质化、信息爆炸的互联网时代，建立独特的品牌认知是很重要的一件事情，几乎所有企业家或创业者都对此非常认同。但是如何达成这个结果，却很少有人认真思考。

想要达到这个目标，坦白讲，真的不是单纯靠创意设计、广泛传播或者明星代言，这些都是战术层面的事，真正想要成功需要将品牌建设提升到企业经营战略高度，明确品牌理念、承诺和定位，建立与之符合的品牌识别系统，为品牌整体后续执行落地设立目标、方向、原则与指导。在商业战略和落地的市场行为之间，就是品牌战略。它帮助消费者理解企业，也帮助企业与消费者进行沟通。用大白话说，品牌战略就是一座无形的桥，让消费者通过市场活动明确企业的商业战略，同时让企业自省哪些行为可以做，哪些行为不能做。

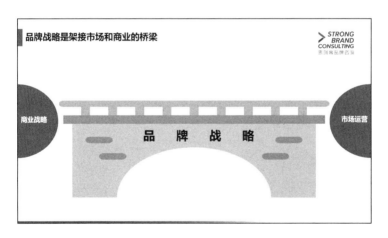

经常会有人说，好的战略只有在出色的执行之后才能被大众看到。我对这一点也深信不疑，但是通过最终结果来评判战略好坏，成本太大了。是否有方式能在战略执行过程中，就可以感知到它是不是一个好的品牌战略？还真的有：仔细看企业的各个方面的行为方式是否保持一致。我们以小米为例。小米成立时间不算长，是近几年创业新兴品牌中我个人较为喜欢的品牌。它走的路线一直是"高性价比、艺术美学"，所以我们从没有见过小米的手机和苹果的一样昂贵，小米生态系统的其他产品也没有走超高价路线的。如果小米真的出了一款很贵的产品，就会让消费者困惑，这个是小米的产品吗？

那为何品牌战略和商业战略同等重要呢？原因在于，商业战略是站在企业内部看发展，品牌战略是站在消费者角度，也站在就是企业外部看发展。内外部达成一致，做到言出必行、言行一致，才会让企业取得成功。举个例子来看，你从小立志要成为一名像杨丽萍一样的舞者，你如何达成它是商业战略，而如何让别人感知到"你是舞者"则是品牌战略。

为了方便大家理解，我们把品牌战略简化为三个决策动作：定方向，树三观，立人设。只要这三件决策做对了，你的品牌战略也就完成得八九不离十了。

1. 定方向

具体来看，这个动作就是企业针对细分市场，设计品牌定位，指导之后所有的战术行为，使其能有的放矢。就像我经常说的一句话：**方向错了，方法再多也没用**。你会看到很多中国本土企业花费了大量财力、物力去建设品牌，一点都不亚于那些国际公司的投入，但是最后结果却不尽如人意，它们不是输在创意传播上，而是定位不清导致消费者认知模糊，无法聚焦。这个在之后的章节中会有详细讲解。

2. 树三观

战略本质是价值观的折射，什么样的价值观决定了什么样的战略设计。譬如一个信奉正义的人会很少去设计不择手段的路径，一个三观不正的人，做出的战略设计也多半会牺牲别人的利益，这个三观就是前面讲的"价值观"，这个多半与创始团队的精神气质相符合，然后经过传承进化，逐渐演变成集体认同的一种精神特征。

3. 立人设

品牌战略很大程度上用于指导传播行为的落地，在具体传播中内容说什么、怎么说和在哪里说固然重要，但是调性（如何说）也是一个影响成败的关键要素。你可以想象一下，同样的内容，同样的表达，但是由不同个性的人说出来还是会让你感受不一样，换成品牌也是如此。迪士尼和麦当劳都是锁定欢乐这个方向，但是传播出来的感受是不一样的。这就是品牌调性决定传播风格的不同，而决定传播调性的正是品牌人设，在之后的第16讲中我会重点为大家详细阐释相关内容。

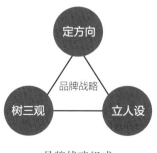

品牌战略组成

> **小技巧** 那如何从概念落到工作上？我提供两个小技巧：

（1）品牌战略在制定前期需要大量的数据调研，包括对行业、对手、核心用户、潜在消费者以及组织本身的多重角度分析。切忌闭门造车，拍脑袋做决策。

（2）从本质来说品牌战略是品牌决策行为，决定品牌之后的执行战术，最好一年做一次战略和战术的双评估。一定程度上，战术的执行结果也会对下一次的战略制定提供参考。

> **请思考**
>
> 最后，请大家思考一下，你所在的企业，品牌战略是否具有方向、三观和人设这三部分内容？期待你的分享。

009

品牌资产：
能增加或削弱产品或服务价值

我大学的时候认识两个研究生学长，他们是铁哥们，我和他们关系也不错，毕业这么多年一直保持着联系。本讲我想用他们俩的小故事开启我们的概念课。

硕士毕业后，这两个人都选择进入同一家国企，但在不同的部门，前几年发展步伐超级一致。后来学长 A 于 5 年前跑去读了国际 MBA，离开国企进了私企；学长 B 是去年（2017 年）才离开国企，同样找了家私企，属于同一个领域，但这时两人的收入差距却有 5 倍之大。

为何同样起步的两个人最后差距会如此大？因为他们的个人品牌资产在过去的十年内已经拉开了距离。

为什么在现实中，拥有更多的品牌资产，就可以拥有更高的金钱回报？本讲我就从三个方面来全面剖析品牌资产的概念。品牌资产与谁关系最紧密？它又对谁产生作用？如果品牌有资产，那么是否意味着它也有负债？

在上面的描述中，学长 A 读了国际 MBA，学长 B 没有读国际 MBA，那么我们是不是可以说 MBA 的文凭就是品牌资产？当然这个定义下得有点武断，但是一个人的学历在某种程度上可以提升一个人的品牌资产。

除此之外，学长 A 在 MBA 期间学到的知识、结交的朋友和获取的交换生经历，也是他拥有的无形资源，这些都能被归类为学长 A 的品牌资产。

那么，对一个企业来说，什么是品牌资产？

首次提出企业品牌资产这个概念的人是世界级品牌管理大师戴维·阿克（David A. Aaker），他也因此被《品牌周刊》誉为"品牌资产的鼻祖"。他对品牌资产做了如下定义：品牌资产是指与品牌（名称和标志）相联系的，可为公司或顾客增加或削弱产品价值或服务价值的资产和负债。

在这条定义里面，一共包含了三个要点，正好回答了上面提出的三个问题。

1. 品牌资产与品牌挂钩

品牌资产不是凭空独立的资产，必须要和品牌符号紧密关联，它不是单纯的产品或服务。譬如你家楼下出摊的肉夹馍，没有品牌名字和 Logo，就算是每月卖出上万份，也没有品牌资产。因为其一旦出现转手，只有小推车、厨具和产品配方这些可以转让，品牌转让是没有价值的。但是如果麦当劳的话就不一样了，加盟费的一多半钱是为品牌资产买单的。

2. 品牌资产对消费者和企业双方都有作用

对于企业来说，品牌资产作为一种无形资产，是被美国会计准则所认可的。可口可乐公司总裁曾经说过：即使一把大火把可口可乐公司烧得分文不剩，公司仅凭"可口可乐"这四个字，就可以在几个月之内重新建厂融资获得新发展。"

仔细想一想，真的只是这四个字吗？其实是藏在这四个字背后的庞大的品牌资产。

对于消费者来说，一个拥有深厚品牌资产的企业是值得信任的，它可以从侧面保证组织传递信息的准确度,以及我们对产品使用的满意度和售后问题处理的及时度。但是管理不当,**品牌资产是会消耗和转移的**,这个我们在后续的品牌管理概念中会详细介绍。

3. 品牌资产有正有负

根据美国会计准则的描述,美国公司必须在资产负债表上将所并购的公司的商誉资本化(目前我国还没有这种法律法规的出台)。比如可口可乐51亿美元收购COSTA,其中一部分金钱是用来买COSTA这个"品牌"的。

品牌资产概念要点

现在我们对品牌资产有了较为清晰的认知了。对于企业来说,它就是一项重要的无形资产,而且比有形资产更为重要,资产对企业来说有多重要,想必就不用我多言了。

可以说没有品牌资产的企业等同于慢性自杀,因为一旦企业的有形资产受到任何危险,没有品牌资产的保护,企业都很难东山再起。如果非要做类比,品牌资产就是企业的最后一张王牌,需要在发展过程中,一点一滴地为这张王牌积蓄力量。

举一个简单的例子。诺基亚虽然一度退出市场,但是存留的品牌资产让它有机会卷土重来。但是很多不注重品牌的制造企业,一旦现金流崩塌,企业要想凭借品牌资产重回市场难于登天。

另外,在当今的互联网时代,也千万不要忽略品牌的数字资产,如域名、官方网站、搜索引擎的品牌专区、网络新闻、官方微博、微信公众号、百家号、贴吧、App，甚至包括社群用户的专属标签。

品牌的数字资产同样分为良性资产和不良资产，良性的资产发挥着优化搜索引擎、提升品牌形象等作用，不良的资产则会导致口碑下降、用户流失等问题。

那如何从概念落到工作上？我提供两个小技巧：

（1）在品牌创立早期就要养成对商标、域名等品牌资产的保护意识，这个时候操作对公司来说成本较低。在品牌资产的建设和保护中通常需要一定的费用，请抱着投资的眼光去审视衡量。

（2）在管理品牌资产时，要注意两个方向的平衡：一、着眼长期目标，强化品牌意义。二、着眼于短期利益，发挥现有品牌资产的储备，实现双平衡。另外要避免因为品牌被恶化、丑化或老化而带来的品牌资产减值。

最后，请大家思考一下，为了积累品牌资产，你的企业有哪些与消费者沟通的环节？在这些环节中可以加入品牌符号吗？期待你的分享。

010

知名度、美誉度、忠诚度：
好生意必备的三要素

如果问最近几年什么综艺节目最火，《奔跑吧兄弟》绝对可以占据一席之地。可以说，几乎每一期《跑男》都会掀起一波讨论热潮。但是，我们今天讨论的不是《跑男》的节目设置或者撕名牌的胜负情况，而是每一期都堪称无处不在的赞助商——安慕希酸奶。

通过对《跑男》的持续赞助，以及《跑男》在电视上的不断重播，相信安慕希这个拗口的名字你已经耳熟能详了，它的品牌Slogan——"浓浓的，超好喝"，估计也能被你记住。还记得前面我们提到的重复效应吗？

说回正题，除安慕希酸奶外，目前酸奶市场上还有一匹"黑马"——乐纯酸奶，其凭借"每一口都像在舔盖儿"的传播点，让很多人印象深刻，爱不释手。有趣的是，虽然这二者都是受年轻人喜欢的酸奶品牌，并且都主打口味醇厚，但是这二者的"走红"之路却截然不同。为什么会这样？希望我本讲分享的知识，能帮你解开这个谜题。

首先我会告诉大家"走红"套路需必备的因素有哪些，以及这些因素之间存在着怎样的关系。

想必很多人都猜到了，品牌想要"走红"的三个必备因素就是：

品牌知名度、美誉度及忠诚度。

那我们首先来看品牌知名度是什么。

品牌知名度是指使顾客在大量的品牌中认出或者想起某一品牌的能力，这里面有两个小标准，一个是未提及知名度，另一个是提及知名度。那怎么做测试呢？当我们问大家你最喜欢的酸奶品牌是什么的时候，这个就叫未提及知名度，也就是说不需提及任何品牌，看大家想到哪个名字。若大家回答安慕希或者乐纯，就说明这些品牌就有一个非常高的知名度。那什么是提及知名度？比如在酸奶品牌中，我问："你是否知道乐纯或者安慕希这个品牌？"大家回答"是"的话，说明这个品牌的提及知名度是很高的，高知名度品牌会增加客户的信任度，同时也会间接提升客户的选择率。

当品牌知名度达到一定程度后，会逐步积淀成品牌美誉度。品牌美誉度是市场中人们对某一品牌的好感和信任程度。

品牌美誉度的特殊性体现在：它无法单纯靠广告宣传来实现，基本是消费者综合自己的购物经历和所接触到的品牌信息来进行的综合判断，是消费者真实的心理感受。

品牌美誉度会直接影响品牌忠诚度，品牌忠诚度对应的则是消费者的购买行为或复购行为，甚至可以说是决定一家公司生死存亡的关键要素。

品牌忠诚度越高，在产品价格发生变动的时候，企业受其他公司竞争行为的影响就越弱，消费者还会抵抗价格压力，坚持选择品牌不会变心。

用一句话概括这三者的关系就是：**先有品牌知名度，品牌知名度会积累品牌美誉度，进而产生品牌忠诚度。**安慕希酸奶正是以这样的逻辑顺序走红的。

首先，安慕希酸奶借助2014年青奥会的平台进行一波宣传，譬如和冠军一同亮相、户外广告、青奥大巴广告等，以此走入人们视野。随后，独家冠名《中国好声音》、携手《奔跑吧兄弟》第二季等综艺活动，进一步扩大品牌知名度。而后，通过产品建立品牌美誉度,进而提高消费者的品牌忠诚度。

三个要素之间这样的顺序是很典型的递增顺序,这也是传统企业时代一般企业品牌的发展路径。联想、华为皆是如此。但在互联网时代下,三者顺序也发生了改变。

以乐纯为代表的互联网品牌,走的就是一条完全不同的路径。它先是唤起一小波人的品牌忠诚度,继而由品牌忠诚度产生扩散,带动品牌美誉度,最后不断进行口碑裂变,带来品牌知名度的大幅提升。乐纯把品牌走红的顺序较传统路径完全颠倒了过来。

从建立之初到现在不过两年的时间,乐纯已拥有线上百万用户,却没有投放过一个电视广告,没请过一位流量明星做代言人。它依靠美食界网红进行酸奶的制作以吸引少部分的酸奶爱好者作为突破口,建立种子用户的品牌忠诚度。随后不断根据用户的喜好调整价格、口味,建立品牌美誉度。之后,补充线下零售体验店,公开酸奶的配方及制作方法,并在微信上进行传播,扩大品牌知名度。继而迅速在酸奶这片红海中占据一席之地。

对比这两个品牌的不同发展路径,我们不仅学习到了知名度、美誉度和忠诚度的概念,也了解到了不同发展路径下的一些运作心得,希望本讲会对你的工作有帮助。

可行的两种发展次序

那如何从概念落到工作上？我提供两个小技巧：

（1）选择发展路径时需要考虑发展成本。先有知名度，再累积美誉度，最后是忠诚度，这样的发展路径适合有资源、有财力的成熟企业。而相对比较小的创新型企业，更加适合先积累一定品牌忠诚度，再传播美誉度，最后裂变品牌知名度，这会是一套相对高效的发展路径。

（2）无论选择哪一条发展路径，掌握正确的节奏，不断晋级，都是决定成败的关键要素。切记不要盲目激进，否则欲速则不达。

最后，请大家思考一下，你的品牌更适合哪种品牌的"走红之路"？期待你的分享。

011

品牌价值：
看不到摸不着的钱

2018年5月，美国《福布斯》杂志发布国际品牌咨询公司Inter Brand 2018年全球最具价值品牌100强排行榜，科技霸主苹果连续八年蝉联榜首，品牌价值高达1828亿美元，相当于谷歌、微软的总和。

Best Global Brands 2018 Rankings

2018 Rank	Brand	Sector	Change in Brand Value	Brand Value
01	Apple	Technology	+16%	214.480 Sm
02	Google	Technology	+10%	155.506 Sm
03	amazon	Retail	+56%	100.784 Sm
04	Microsoft	Technology	+16%	92.715 Sm
05	Coca-Cola	Beverages	-5%	66.341 Sm
06	SAMSUNG	Technology	+6%	59.890 Sm
07	TOYOTA	Automotive	+6%	53.404 Sm
08	Mercedes	Automotive	+2%	48.601 Sm

这份最有影响力的品牌价值排行榜，和《财富》杂志评选的"世界500强"并列成为全球CEO们极为看重的价值评判尺度之一，只不过世界500强衡量的是看得见的有形资产，全球最具价值品牌

100强衡量的是品牌这种无形资产。

前面我们已经详细阐述过品牌资产这一个概念了，品牌资产是一个可为公司或顾客增加或削弱产品价值或服务价值的资产和负债。本讲我们来详细介绍和它相关，也非常容易和它搞混的另一个知识点——品牌价值，以及它所具备的特征和衡量标准。

和品牌资产强调正负不同的是，品牌价值更强调正向的价值。为了找到对品牌价值的精准定义，我们翻阅了不少专业经典书籍，发现不同版本品牌价值的表述差异很大，有的从品牌价值的权益来解读，有的从品牌价值的优势来体现，为了让大家能有一个清晰的了解，我们最终采用了将品牌价值推向市场的国际知名品牌咨询公司——InterBrand 对品牌价值的定义，即"**品牌价值是在某一个时间点由品牌所有者运用类似评估有形资产的方法计算，如果它是适当的，或者是可能被认可的，它就是出现在资产负债表上的品牌价值的金额**"。

可以看出，它是将品牌资产中的正向部分用公式折算成现金价值，主要包括两个维度：一个是财务角度，品牌价值是与品牌相关产品所生产的附加利益价值的总和；一个是市场角度，品牌价值源于消费者对不同产品产生的差异化行为。

如果听完以上这些，你还是觉得很难理解，那就用一个非常直白的方式来解读：**品牌价值最直接的表现就是消费者愿意为产品付出的溢价能力**。

定价方案 | 星巴克在中国的大杯拿铁

Total: $4.80

项目	金额	占比
其他操作费用	$0.23	5%
店面管理费用	0.17	4%
税	0.24	5%
管理费用	0.28	6%
人工费用	0.41	9%
原材料	0.64	13%
商店运营费用	0.72	15%
利润	0.85	18%
店面租金	1.25	26%

由于四舍五入，数字加起来不等于100%
来源：Smith Street

华尔街日报发表

拿大家都非常熟悉的星巴克来看，曾经有人算过，在星巴克喝一杯卡布奇诺需要为品牌花费 17 元。上图是华尔街日报曾发布的一张图，在中国一大杯拿铁的大概成本是 4.8 美元。换算成人民币，我们平时支付的超额部分就是这一杯拿铁所具有的品牌价值。

品牌价值越高，消费者愿意为品牌买单的价格就越高，相对而言，在 B2B 行业中，品牌价值所占比重为 10% ~ 30%，B2C 品牌则相对较高，如消费品、奢侈品的品牌价值甚至高达 60% ~ 80%。

如果说消费者的心是看不到摸不着的，那么品牌价值恰恰是一个对消费者心的很好的衡量标准。

明确品牌价值的含义之后，要如何对其优化呢？基于 Inter Brand 的评估标准，想要让你的品牌拥有更高的价值，除了一定的财务表现之外，还要在 7 个方面表现优秀：

（1）稳定性（一致性）：主要是品牌在市场上长期表现稳定的能力。

（2）市场度：主要是品牌在市场中的占有份额，份额越高分值越高。

（3）领导力：主要指品牌的定价能力，以及引领行业标准的能力。

（4）更新性：主要指品牌是否能够适应时代即刻做出调整从而确保品牌地位和形象不变。

（5）支持度：主要指组织内部对品牌未来的发展的投入程度，包括人、财、物。

（6）受保护程度：主要指品牌对知识产权、专利、品牌形象的保护，这个也和品牌所面对的市场环境有关。

（7）国际化：不是简单考量这个品牌的海外市场表现，而是考量品牌的跨文化沟通能力。这里多说一句，一般国际品牌排行榜要求入选企业必须有 30% 的收入来自于海外市场，这也是很多中国企业败下阵来的首要原因。

测评 7 个方面

不知道大家看完之后，有没有在心中默默地为自己公司的品牌打一个分数？在我看来，任何市场动作如营销行为，短期内一定是服务用户增长、流量获取、销售转化之类的具体项目。但长期来看，更聪明的做法绝对是服务于品牌价值的提升和增长。也只有坚持这样思考和行动的品牌和营销人，才能最终在自己的履历上写下光彩的一笔，不然每次换工作的时候，你的上一家公司都不能成为你的品牌背书。

那如何从概念落到工作上？我提供两个小技巧：

（1）品牌价值存在于长期的工作之中，在日常的市场行为中，大家最好不要为了短期的市场目标而做出毁坏品牌稳定性的动作，譬如做一些和品牌定位不符合的短平快的热点营销。

（2）积极送选自己服务的企业参与第三方品牌价值评选活动，这样既能了解公司品牌健康度，入选后又能做一次公开宣传。一般来说国际公司做的排行榜都比较客观，我们做的国内最佳中国创业品牌 Top50 的评选也是如此。

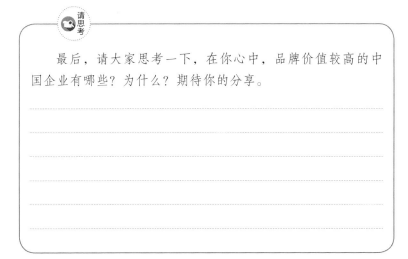

012

品牌定位：
搞清与产品定位和市场定位的关系

谈到定位，相信很多人都不陌生，这个概念横跨了管理学、战略学、组织行为学、传播学等多重维度，上到公司老板下到职场小白，都能说上两句，很多知识付费节目或专栏文章，也都或多或少介绍和解读过这个概念。

本讲和大家再提起这个概念，想提供两个思考视角：第一，定位在不同层面的应用中，背后的底层逻辑是否相通或相同？就像我们的标题所言，品牌定位、产品定位和市场定位到底是不是一回事？第二，聚焦在我们的具体工作中，品牌定位、产品定位和市场定位的关系如何？谁指导着谁的工作？

首先还是追本溯源一下，"定位"一词的英文为 postioning，最早意为锚点，也就是大海航行中抛锚点，后来又演变为"位置""配置"，本来是一个挺普通的词汇。到 20 世纪 70 年代，一对来自广告公司的好拍档艾·里斯与杰克·特劳特重新定义了这个单词，使其成为**有史以来对美国品牌营销影响最大的观念**。这背后说起来还有一段不为人知的小故事。

如今被誉为"定位之父"的杰克·特劳特无疑是名气更大的那位，但其实他原本是艾·里斯广告公司聘用的一名高级职员，在特劳特加入公司之前，创始人艾·里斯希望提出一个理念，改变大众将广告仅作为一个传话筒的固有认知，本意是想用"Rock"一词表达，希望传达广告也能颠覆人们认知这一功效。特劳特加入公司之后建议将这个想法改为"positioning"（定位）这个单词，并把它成功推销给客户们，然后又通过出版《定位》一书，让两人成为全球知名的品牌营销专家。

定位理论也是品牌中的认知派，该理论认为人类大脑里有几十亿个神经元和大约23万亿个连接，是一个庞杂的储藏器。所以要通过占领一个足够清晰、容易界定、相对独特的定位，从而达到与对手区隔的目的。

定位发明后一开始只用于传播用途。从传播角度来看，广告中不仅是要讲出产品特性，更要实现心智占领的作用。他们两个人的研究逐渐从广告传播深入到市场营销、品牌建设、企业经营管理等不同维度，最终将这个理念从传播层面上升到战略高度。

定位的用途不断拓展，可以说经历了产品定位—品牌定位—市场定位的三级跳。三者之间，本质逻辑基本相同，只不过在具体应用层面上各有侧重，接下来就为大家解读。

1. 产品定位

产品定位主要是针对产品层面做出的竞争区隔。如果能通过产品创新设计具有差异性的卖点，会很大程度上帮助企业在红海竞争中反败为胜。可以说，产品定位是否成功，也是品牌定位和市场定位是否成功的根基所在。

譬如当初20世纪90年代的时候泰诺感冒药独领风骚，其他品牌反扑机会渺茫。有个药厂发现了感冒药含抗过敏元素容易让消费者嗜睡，设计了"白天吃白片不瞌睡，晚上吃黑片睡得香"的白加黑模式，一举成功逆袭。

在第42讲的USP中，"独特销售利益买点和产品定位"说的就是这码事，我们之后会详细解读。

2. 品牌定位

主要针对品牌层面做出竞争区隔。请大家注意，定位理念一直强调的是品牌战略的定位，这不仅需要市场部同事的工作，更需要来自决策层的支持和确认。

准确的品牌定位能让你的品牌从众多同类或同行业的品牌中脱颖而出，犹如灯塔一样吸引消费者自动上门了解、关注，并产生认知偏好。

就好比有经纪公司包装的明星和路人甲、乙、丙、丁，当我们想起明星时，一般都会有一两个关键词蹦出来，譬如范冰冰霸气美艳，刘亦菲仙气十足。但是你想一下隔壁邻居或办公室前台，基本上没什么特别的词汇冒出来吧？当两者同时出新闻，哪一个更容易引发关注？这就是由品牌定位和没有品牌定位的区别所在。

成功企业大多会在市场推广前做好品牌定位工作，针对目标市场确定和建立起一个独特认知联想，并通过一系列手段来强化这个认知的形成。因为这样做，能减少品牌的推广成本和用户的记忆成本，更为高效。品牌的定位有很多种，艾·里斯与杰克·特劳特最推崇的是品类定位，也就是开拓一个新品类，这个可以通过功能开拓或人群细分来完成。譬如都是杯子市场，可以做出一个永远保持水温在55度的55度杯，也可以做出一个专门给0～3岁儿童外出旅行的喝水杯。

3. 市场定位

相对品牌针对外部受众的心理认知而言，市场定位更关乎于组织内部能力和发展目标的分析，两者略有不同。可以说，有了品牌定位，市场定位更容易落实执行，相反，市场定位落地能力不足，品牌定位也会受到极大影响。

在后面将介绍的营销经典理论STP，其中的第三个单词P，就是定位中的positioning，它指向更大范畴的定位，包括你的目标人群选择、渠道匹配、销售政策等，后面会为大家详细解读。

无论是哪一种定位，都一定需要具备下面三个条件：
（1）清晰：一句话就可以界定清晰，不模糊，无歧义。
（2）独特：和对手相比具有较强差异性优势。
（3）关联：要吻合组织自身优势能力和外部受众需求偏好。

品牌定位的基础要求

不管是打造一个新的产品、建设一个新的品牌，还是开辟一个新的品类，好的定位，起到的作用都是一致的，那就是帮助企业更好地赢得商业竞争。

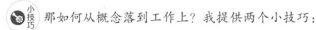那如何从概念落到工作上？我提供两个小技巧：

（1）品牌定位的成功离不开产品定位和市场定位的成功，尽可能提前参与到产品设计的前期工作，站在市场需求的角度为产品部同事提供有效决策信息，从而为今后的品牌定位工作打下良好铺垫。

（2）主动承担起市场定位的更多工作，并在渠道建设等方面，积极将品牌定位灌入其中。品牌营销工作经常会因为权责不分而让很多人感到痛苦，我倒认为这其实是一个好机会，请大家勇于打破边界，以结果为导向。你做得越多，你的话语权也会越大。在职场，地盘都是抢出来的。

> 最后,请大家思考一下,江小白的产品定位、品牌定位和市场定位分别是什么?期待你的分享。

013

品牌承诺：
言出必行是关键

在电影《泰坦尼克号》中，有一幕感人至深的场景：男主人公 Jack 颤抖着对女主人公 Rose 说："答应我，你得努力活下去，无论发生何事，无论多么绝望，千万不要放弃。Rose，现在就答应我，永远不要食言。"rose 也深情回应："我答应你。Jack，我永远不会放弃，永远不会。"

在这样一个承诺中，男女主人公升华了他们的爱情，也将电影情节推向了高潮。那么，导演卡梅隆为什么要选择这样一句承诺作为他们最后的对话呢？

在心理学上，人们将承诺感定义为"渴望持续一段关系"的意图。当人们对彼此做出承诺的时候，就代表着更加渴望拥有一段从当下到未来的关系。承诺感提高，投入度就会增高，忠诚度也会随之增高。

一提到承诺，你想到最多的是什么？是结婚时的庄重发誓，还是兄弟之间的豪情壮语？恐怕当你仔细回想时，你会发现这个世界上，最喜欢和你说承诺的不是伴侣，也不是老板，而是品牌商们。

比如海尔的承诺就是"品质保障"，而为了兑现这句承诺，当年海尔做出"砸冰箱"的壮举，至今还被人们津津乐道。由此可见，品牌承诺对一个企业有着举足轻重的作用。那么什么是品牌承诺呢？

一句话定义品牌承诺，就是**组织对消费者做出的在品牌利益和产品性能方面的综合许诺**。让你的用户可以期待通过你的品牌，以获得有形利益、情感诉求和价值抱负的好处。

相比产品承诺，譬如"包退包换"这种实际利益，品牌承诺包含了更多的情感保证。

在品牌建设中，很多小伙伴会将品牌理念和品牌承诺混为一谈。确实，品牌承诺和品牌理念比较接近，甚至有些企业只会选择其中一个进行梳理和确定。

如果对两个知识点做一个明确区隔，可以说，品牌承诺是为了传递与消费者建立长久关系的强烈渴望，并做出的情感承诺，从而提高顾客忠诚度，其更侧重用户利益的需求满足，第三方视角更多。而品牌理念则更像是企业与生俱来的灵魂信仰，是可以影响和感染顾客做出倾向性选择的精神内核，其更侧重创始团队的愿景提炼与优势能力的双结合，本我视角更多。

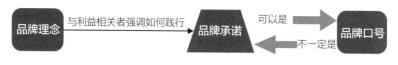

易混概念一览

说完两个知识点的不同之后，我们再说一下品牌承诺为什么不是品牌口号这件事。因为我发现，在实际操作中，有很多人会把品牌承诺和品牌口号或广告语弄混。品牌口号或广告语，不排除反映的是品牌向消费者做出的品牌承诺，譬如舒肤佳的安全杀菌，或者海尔的品质保证。但不是每个品牌口号或广告语都能直接等同于品牌承诺。希望这句有点绕的表达，能让你听明白两者的区别。

也有人问过我说：品牌承诺的利益点是都需要可见、可感知吗？

其实也不全是。大家知道可口可乐的品牌承诺是什么吗？是"爽"这个感觉。这种品牌承诺是一个完全不可验证的承诺。但即使是这样，人们还是在大量地消费可口可乐，原因是品牌构建了一个"爽"的心理认知。那么它是如何将这种无法感知的承诺刻画在消费者头脑中的呢？你会发现可口可乐的广告都是邀请年轻人心目中的偶像，穿着热辣劲爆的衣服，在炎热的环境里大口大口地喝可乐，还舒爽满足地长出一口气。试问，这种场景的制造会不会让你体会到"爽"这个承诺点呢？

可以说品牌承诺不是靠说的，而是靠场景营造。最忌讳的是承诺本身设计得广泛且空洞，不然再好的场景构造也无法起到作用。有效的品牌承诺必须实现两个主要目标：

（1）为客户创造价值。

（2）这种价值是客户期待的，且必须通过这个品牌才能实现或更好实现。

譬如同仁堂的古训"炮制虽繁必不省人工，品味虽贵必不减物力"，翻译成大白话就是不卖假药。这就类似今天我们说的品牌承诺，这一定是为用户创造价值并且为用户所期待的承诺，也侧面造就了同仁堂百年不倒的口碑。

可见一旦消费者相信品牌承诺并通过实践发现品牌遵守了这个承诺，就会成为该品牌的忠实拥护者。而产品质量和客户体验决定了品牌承诺是否能真正被交付。

可以说品牌承诺的践行比提出更为重要。

在提炼品牌承诺时，一定要注意避免过于夸张，并且实际体验要与承诺相符，因此品牌承诺需要在内部进行识别和充分理解，每个人都必须认可品牌承诺的作用，并最终能够予以达成，之后才能向外部有效传达。

组织之间发生信息阻碍，无法在各部门之间达成对品牌的共识，甚至发生信任崩溃，都会导致品牌承诺执行失败。假设品牌承诺包含"便利"这个因素，那么渠道部门需要铺设更多市场通路让更多客户看到，采购部门也需要降低成本让更多客户买得起，这样才能实现"便利"这个承诺。

> 🛠 **小技巧** 那如何从概念落到工作上？我提供两个小技巧：

（1）品牌承诺不是品牌理念也不是品牌口号，但是倘若我们在传播中采用类似承诺表达的口号，譬如"三天变白""没有蛀牙"，就一定要确保产品和体验不会出现背离，不然会极大损伤品牌信誉。

（2）考虑到品牌承诺践行需要联动各部门力量，那么市场部小伙伴千万不要把承诺践行这件事都背在自己部门，一定要积极协调，企业全员发动才可以。

> 💭 **请思考**
>
> 最后，请大家回忆一下，什么样的品牌承诺曾经打动过你？期待你的分享。

014

品牌命名：
7个行业内的"潜规则"

以前有一个小伙子自己辛辛苦苦做领带，他做的领带质量非常好。他一心想要打破外国品牌垄断的局面，他为自己做的领带起名为"金狮"，寓意着金色的雄狮在崛起，很有气势，但是销量却怎么都上不去。直到有一天，他把领带品牌名字改为"金利来"，结果大家都知道了，金利来也成了家喻户晓的知名品牌，创始人曾宪梓也成了世界闻名的领带大王。

这是为什么呢？因为"金狮"这两个字在粤语中跟"尽输"的发音相通，所以在我国香港地区，人们是万万不会买这种领带戴在自己的脖子上的。

可以说通过改名，挽救了金利来的命运。

同样因为改名而转运的品牌还有大名鼎鼎的可口可乐。当年进入中国的时候，其直接从英文直译过来叫"蝌蝌啃蜡"，也就是蝌蚪的蝌，啃下蜡烛的场景。如果一直用这个名字，估计在中国市场很难出现今天的成绩。

看完这两个例子你会发现，一个好名字对企业来说是十分必要的。那么，什么是好名字？如何为企业取一个好名字？今天我们就来聊一聊这个话题。

品牌命名，顾名思义，就是企业或产品的对外宣传所使用的名称，也就是商标中的文字部分，这个和企业工商注册时的名字可以不同，譬如滴滴就是一个企业的品牌名，而它的企业名则为小桔科技。

以前很多公司会把公司名和品牌命名混为一谈，又或者自己或找别人随便起一个，其实这是不对的。一定要把品牌名和品牌定位联系在一起，让它和视觉 logo 一起成为品牌定位的最佳表现载体。

譬如家喻户晓的中式快餐真功夫，以前就叫注册的公司名，后来又改为双种子蒸品餐厅，但一直都表现平平。直到花了 300 万请了专业公司做了公司定位，有别于洋快餐的油炸无营养，锁定中式快餐的蒸和炒，最大限度保留饮食营养，于是改名为体现品牌特色的"真功夫"，并配合"营养还是蒸的好"和麦当劳肯德基这样的洋快餐形成区隔，可谓是一字千金，带来了事业的蒸蒸日上。

一般来说，判断一个品牌名称是否足够好，通常有三个标准：清晰、记忆深刻和易于传播。接下来我给大家介绍 7 个有关命名的"潜规则"，让你可以不花一分钱，也能选到好名字：

（1）**符合战略定位**：品牌命名首要考虑的因素就是品牌战略定位，这是最容易忽略的一点。品牌存在的目的是抢占消费者心智资源，命名恰好是人们的第一感知，为了符合这个最终目的，"先对再好"是最基本法则。

（2）**可被合法注册**：能否在法律上得到保护，是决定品牌命名成败的关键，但这被很多人忽略。例如，某地的卷烟厂申请注册"长寿牌"香烟被驳回了。我国商标法有明确规定，带有欺骗性，容易使公众对商品的质量等特点产生误认的，不得作为商标使用。社会公认香烟是一种有害身体的商品，吸烟能影响人的寿命，用"长寿"来作为香烟名显然是不合适的。所以，在给品牌起名时，一定要注意符合相关法律法规，只有这样才能得到充分保护。

（3）**少用生字、冷僻字**：名字一定要易于发音，尽量不用生字、冷僻字。这样可以减少记忆成本。因为，听觉记忆比视觉记忆更有力、更持久。一个好名字要有简洁的发音，要朗朗上口且易于书写。

从传播角度上讲，这样的名字能为企业节省大笔支出，还能消除消费者对产品的陌生感。比如娃哈哈、饿了么、淘宝等都是大家本来就熟悉的词汇，一听就明白。

（4）**善用联想**：如果品牌名称不是常见的词汇，也可以通过联想来解决这个问题，譬如有款胃药叫斯达舒，这个名字就不是常见词汇，但是在广告中利用谐音强化了它的名字，起到非常好的传播效果。该广告创意是这样的：

妈妈犯胃病，叫儿子："赶紧把斯达舒找来！"过了一会，孩子带了一个男的回家："妈，四大叔来了！"妈妈一看，哭笑不得，说："是胃药斯达舒，不是你四大叔！"

看过这个广告以后，当你进入一家药店买胃药时，你脑海里会很快想起斯达舒的谐音四大叔，自然而然就增加了购买概率。

（5）**暗示产品属性**：最好是消费者可以从品牌名字中一眼就看出属于什么类型，例如劲量电池，恰当地表达了产品持久强劲的特点。脑白金、五粮液、999感冒灵等也是这方面不错的示例。

（6）**预埋发展管线**：品牌在命名时就要考虑到未来，即使品牌发展到一定阶段也能够适应公司的发展，对于一个多元化的品牌，如果品牌名称和某类产品联系太紧密，就不利于品牌今后扩展到其他产品类型。比如大姨妈App用在女性健康领域很适合，但如果扩展到男性健康领域就不太适合了。

（7）**考虑当地风俗，避免资源浪费**：起名字还要注意因不同地域发音习惯或风俗文化所造成的困扰，比如开头我们讲到的"金狮"品牌就是这个问题，同样还有罗永浩的锤子手机，本来是一个很不错的名字，但"锤子"在我国西南、西北地区是脏话，经过慎重考虑，最后他们将其改为坚果。

7个命名潜规则

根据哈佛大学的心理学家乔治·米勒的研究，在短期记忆中，人们只容易记住 7 个信息，如同类的 7 个品牌、7 个数字，因此让你的品牌挤进前七名很重要。如果人们必须很费力才能想起你的品牌名称，你的品牌就很有可能被市场抛弃。

那如何从概念落到工作上？我提供两个小技巧：

（1）名字是语言艺术的表现，更是逻辑的产物，先符合战略定位和产品特征，再考虑创意和传播。

（2）品牌名是全国甚至全球性的，所以建议大家至少要进行国内各省市的方言调研，或研究当地的风俗习惯，避免失误。

最后，请大家思考一下，快手和抖音哪个命名更符合本讲的 7 个标准？期待你的分享。

015

品牌形象：
消费者脑海中对品牌的固有认知

上一讲，我们说到了品牌名是影响用户感知判断的第一要素，本讲要讲的品牌形象更是如此。

我听过一个小故事，说华谊兄弟的王中军刚开始创业的时候，把办公室租在北京国际饭店。很多人都不理解，认为刚创业的小公司就要租这贵的地方太不划算。但王中军却不这么认为，虽然看似钱都花在房租上，但"北京国际饭店"这个信息却有无形价值。

对内员工会觉得在这里上班十分有面，老板也是实力不凡。事实上那个时候的王中军每天骑着自行车上下班，不过是每天第一个到最后一个离开，不让大家看到这一幕。对外谈判中，北京国际饭店也起到了很大作用，递出去的名片，公司地址写着"北京国际饭店"和"某小区30楼"效果肯定不是一样的。

所以这样看，租在北京国际饭店，不是租了一个很贵的办公场所，而是让人们觉得华谊兄弟的品牌形象十分高大上，于是纷纷愿意和他合作，生意慢慢也打开了局面。这也引出了我们本讲的知识点：什么是品牌形象？

本讲就和大家分享品牌形象的两个官方定义，让大家对这个高频词汇有更深入的了解。本节还会重点说一说日常工作中关于品牌形象可能存在的误区，帮读者理解为什么要做品牌形象以及如何做好这项工作。

对于品牌形象（Brand Image）这个概念，每个人都能说上几句，却没人能说精准。我挑选了两条比较重要的定义，它们分别站在不同的角度进行。

首先，是从品牌策略的角度。来自美国品牌管理大师罗诺兹和刚特曼提出，"**品牌形象是在竞争中的一种产品或服务差异化的联想的集合**"。听起来有些绕，我来解释一下。他们的意思是：在竞争中，品牌所呈现的差异化的信息，再加入消费者自己联想的集合体，就是品牌形象。

其次，是从广告创意的角度。广告教父大卫·奥格威认为："**品牌形象不是产品固有的，而是消费者联想的产品的质量、价格、历史等。此观念认为，每一则广告都应构成对整个品牌的长期投资。因此每一个品牌、每一款产品都应发展和投射为一个形象。**"

听上去也不是那么容易理解，我们来解释一下。奥格威是从品牌工作的执行层面——广告来定义品牌形象的。他认为，每条广告都要让消费者想象出一个品牌形象，而且最好要在一段时间内呈现同一个。

那么结合品牌策略和广告创意两个角度来看，品牌形象是当我们确认品牌定位之后，检验这个定位是否成功的有效标志之一。品牌形象一定要能高度吻合当初设定的品牌定位，并且通过广告创意持续不断地进行输出。

这里需要特别强调，一定不要把品牌形象狭义地理解为外在视觉。

品牌传递的所有信息，包括广告的风格、商品属性、公关活动、品牌标记等留给人们的心理认知，以及人们对品牌的主观评价、理解和延伸，都是品牌形象的范畴。可以说，品牌形象是所有品牌工作践行后，在人们心中留下的综合感知。

说到这，就要提到一个和品牌形象很容易搞混的词汇——品牌识别。一提到品牌识别，就会有人想到 Logo 品牌标志和 VI 视觉识别系统。Logo 和 VI 只是其中视觉载体而已，还包括任何以文字理念为载体的 MI 和以行为动作为载体的 BI，可以被消费者直接关联到所属品牌的信息。

可以说，我们正是通过品牌识别的落地来构筑品牌形象落地的。

品牌主们需要利用各种传播行为，把希望消费者形成的品牌形象，直白地呈现给消费者，避免消费者自行想象产生的误差，而且一定要保证同一个形象多重复。这也是我们之前提到的重复效应。

和品牌命名不同的是，品牌形象需企业和消费者共同出力才能形成。一旦形成，就不是企业主想改就能改的，所以品牌形象的投入和建设，一定要构建在正确的品牌理念和战略体现下。方向、三观、人设，这些之前课程提到的知识点，都在潜移默化地影响着品牌形象的根基，倘若之前这些功课都没做，那么我们的形象建设工作就好像地基不稳，随时面临着倒塌的风险。

品牌形象特别要点

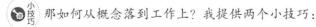那如何从概念落到工作上？我提供两个小技巧：

（1）品牌形象的树立一定要在执行工作前确定好战略方向，否则很容易造成工作失效，达不成目标和要求。

（2）品牌形象要确保在每个途径的呈现都是一致的，这样才能在最大程度上把正确的品牌形象传递给消费者。这个涉及品牌识别系统的操作，在后续的课程中，我们还会有详细解释。

> 最后，请大家思考一下，你们公司在受众脑海中的品牌形象，是偏向品牌战略，还是偏向广告创意？期待你的分享。

016

品牌人格：
品牌经久不衰的秘密

之前我们提到，品牌人设是品牌战略的三要素之一，决定品牌传播风格和调性，譬如可口可乐、麦当劳、迪士尼讲的都是欢乐。可是品牌传递的信息给人的感觉却完全不一样，可口可乐给人酷酷的感觉，麦当劳和迪士尼则都是简单纯粹的小快乐。为什么定位相同，传播风格却不尽相同呢？因为品牌人格发挥的作用不同。

顾名思义，品牌人格就是品牌个性，是一个特定品牌拥有的人性特色。市面上有一些品牌人格的模型，但今天我和大家分享的这个模型，应该是唯一一个以心理学模型为依据，且为国际战略咨询公司广泛使用的分析模型，是由美国学者玛格丽特·马克和卡罗·比尔森联合发明的品牌12种人格模型。基于弗洛伊德和阿德勒的两大心理学流派，对不同品牌进行深入研究之后，才提炼总结出12种人格原型。

这个模型认为，不同的品牌塑造如同人的成长，不同的基因决定了不同的人格，不同的人格决定了不同的传播调性，不同的传播调性又决定了受众对品牌的不同反应。

有生命力的长寿品牌是具有人格原型的。一个成功的品牌人格，可以让品牌拉近与用户的情感距离，并且在用户心智中刻画出鲜明难忘的品牌形象。

1.12 种品牌人格简介

接下来我们具体讲一下 12 种品牌人格模型的详细内容。首先按照人格的底层属性，将 12 种人格分为 4 类：

➢ 独立类人格：纯真者、探险家、智者。
➢ 从属类人格：寻常人、情人和娱乐者。
➢ 冒险类人格：英雄、颠覆者和魔术师。
➢ 稳定类人格：关怀者、创造者和统治者。

这四类是底层拥有的特性，一般可以帮助我们粗略界定自己的品牌属于哪一类人格。

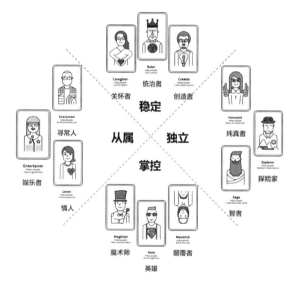

品牌 12 种人格模型

人格 1　纯真者：永葆赤子之心

纯真者就像个天真的孩子，总是追求着美好的梦。他们信仰真善美，追求自己独有的快活，做着公主梦的迪士尼、咧着嘴大笑的麦当劳叔叔，都是"纯真者"的代表。

人格 2　探险家：放飞自我，永远在路上

对于探险者而言，最核心的是对自我的探险，是一个找寻自我、发现自我、实现自我的过程。雪花啤酒"勇闯天涯"，实际上就传递了"探险家"的精神内核。

人格 3　智者：真理将给你自由

大部分知识品牌都是"智者"，比如知乎、果壳，智者主要是在传递知识、分享知识，鼓励人们探寻真理。

人格 4　平常人：自在做自己

平常人的基本理论在于：天生我材必有用。同时也坚信，平凡不意味着无能，每个人都拥有做自己的权利。信奉连接一切的Facebook和坚持再小的个体都是品牌的微信，本质上来说品牌人格都是平常人。

人格 5　情人：我的眼里只有你，所以要把你宠上天

情人代表着炙热激烈的情感，也代表魅惑迷人的体验，维密、香奈儿，还有这两年爆红的"一生只送一人花"的roseonly，都是典型的情人类型。

人格 6　娱乐者：好玩才是这世上最紧要的事

娱乐者讨厌正经、古板，喜欢尽情欢笑、享乐。值得注意的一点是，娱乐者不会真的突破禁忌。比如一直跟热点的杜蕾斯，虽然每次段子玩得很"污"，却从没一次玩过火。

人格 7　英雄：和我一样，勇敢一点

英雄总是靠勇敢坚定的行动来证明自己的价值。他们有严格的标准、坚毅的精神和果断的作风，因而其他人总是受他们鼓舞。比如 Nike，那句经典的"Just Do It！"不断提醒我们，有志者事竟成。

人格 8　颠覆者：规矩是用来破坏的

颠覆者人格看起来有些不安分，事实上他们只想破旧立新，撼动人心。苹果就是典型的颠覆者，一句"Think different"，颠覆了手机和唱片业。同时，颠覆者也可能失去大胆颠覆的能力，逐渐变成创造者或其他。

人格 9　魔法师：希望能让世界发生些改变

魔法师往往能造就"神奇时刻"，他们通过直觉、超能力和第六感来传达信息。魔法师的代表 Uber，就是在刷新你的想象，一键呼叫飞机、一键呼叫乌篷船……那些经典营销事件都是典型的魔法师人格。

人格 10　关怀者：我比你妈还关心你

这是一个利他主义者，慷慨助人。很多护理品牌，或者是跟卫生健康相关的品牌都是"关怀者"的形象。

人格 11　创造者：只有你想不到，没有我不能造

这类人格拒绝常规，拥有探索自己的独特能力。他们喜欢创造、发明，他们在改变世界的同时，也看中结果对人类的有利性，和颠覆者略有不同。曾经发明随身听的索尼，就是经典的创造者类型。

人格 12　统治者：权利不是一切，但权利是唯一

这种人格喜欢的是控制权，乐意承担领导角色，目的是维护长期稳定不变的状态。很多国企或者垄断型企业都是"统治者"，如美国运通。

看完这 12 种模型，我们可以试着回忆一下生活中那些常见的品牌，你可以发现原来它们都有各自的人格模型。

但凡成功的品牌，其实都能够找到跟受众相符的人格标签。落在日常生活中，比如一个男生买什么车，就可以推断他是什么人，这一点我屡试不爽。

选择沃尔沃的人跟选择奔驰的人是完全不一样的，沃尔沃在人们心中是安全可靠，它的购买者大多是中产阶层且已组建家庭的男人，因为他们要考虑家庭安全。

买奔驰的人就完全不一样了，他们是王者风范，强调尊重奢华。

一个品牌的本身就是要在受众心中烙下一个难以磨灭的烙印，而这个烙印其实就关乎着一种独特的标签。

所以你会发现，一定要选择一个真正的人格模型去做正确的事情才有可能成功。

强调一点，我们的传播活动一定要匹配我们的人格模型，因为人设决定传播风格，如果本末倒置会带来很多烦扰。我经常举的例子就是为什么**杜蕾斯打擦边球被追捧，而你这么做就挨骂？**那不是因为你真的学不会，而可能是你的品牌人格和它不一样，你不是娱乐者的身份。

娱乐者是什么？娱乐者是八卦的特质，八卦本身就是我们人类的本能，**你敢说你不爱八卦吗？**

所以八卦是杜蕾斯的身份特征，**杜蕾斯蹭八卦热点，就是比你容易！**因为他本身自带话题性、自带谈资。所以当他**抖机灵一样抖八卦时**，你就会惊呼"哇，我好爱这个品牌。"但是如果你是一个"统治者"形象，还天天这么抖八卦追热点，就显得不务正业了。其实这就是为什么**人格化既赋予我们能力，又给我们限制。**

2. 正确打开品牌人格

那怎么才能判断人格特征是否合适的我们呢？

要跟我们的品牌主张相符合

任何的品牌人格都不是凭空存在的，它是要基于我们的主张存在的，这个主张可能是事实认知，也可能是价值或者情感。

所以在一切品牌人格设定之前，我们都要去思考品牌主张是什么，和自己的人格是不是相匹配。

这里有三个思考点：

（1）**产品跟服务的情感联想**。在产品跟服务的情感联想中，一定要尊重事物的本律。假设我们就是卖一个水杯的，我们就是讲出花来，如果没有科技的色彩，也不能成为一个颠覆者，或者成为一个智者，因为我们的产品不可能满足这样的情感联想。

（2）**受众期望**。就是受众对你有什么样的价值期望，这个非常关键。受众在购买产品的过程中，如果他想满足的期望是 A，你非要给他说成 B，这就事与愿违，他也绝不会买单。

譬如我想买一个榨菜，那这个榨菜的品牌可能你用"娱乐者"的身份跟我讲话，表达方式很有趣，我可能也觉得耳目一新，因为平时榨菜就是一个"寻常人"。

但反过来，你非要跟我说这个榨菜是"智者"，那就会很奇怪了，因为它违背了在消费者心理的本身定位，这样消费者很难被打动。

（3）**结合 CEO 的团队特征**。这一点正如维珍航空的创始人，他所建立起的品牌和他一样叛逆，毫无疑问，他们都是颠覆者。所以，假设企业领导人是一个 00 后的创业者，他再怎么努力都不能让自己马上成为一个严肃又高高在上的"统治者"，因为这是完全不匹配的。他可能更加适合成为一个"探险家"或者"挑战者"。

调性

调性是什么？调性就是你的说话、做事所呈现出来的感知。

某种意义上，当我们的人格决定之后，我们的调性就决定了。譬如我是一个智者，那我的调性八九不离十也是要专业的、要可信服的。那如果我是一个天真者，我的调性可能也是一个活泼的、温暖的。

在这个过程中，我们还要考虑一点：竞争对手的人格是怎样设计的。

要注意一定不要扎堆！ 比如银行，大多数是"统治者"的感觉，所以当招商银行突然出了一个"因您而变"的关怀者形象后，一下子它就跟别人不太一样了。

所以一定要跟你的同类产品产生区隔，这是非常关键的一个元素。

实际上品牌人格化只是品牌建设的一环，而品牌建设是一件非常系统化的事情，不是一篇文章就能讲清楚的，在这里我再向大家提供四个建议，以帮助大家梳理清楚今后的工作：

第一招，品牌自检。 你的品牌是否具备第一要素（命名、标识、口号）？是否具有议价能力（品牌价值）？是否具备谈论价值（故事、体验、口碑）？先看看自己的品牌处在何种阶段。

第二招，逻辑正确。 要用正确的逻辑构建品牌，用正确的方式做事才能成功，定位、表现、体验、传播缺一不可。

第三招，协同作战。 不要孤军作战，品牌需要体系化运营，有态度的广告、有口碑的传播、有效应的活动，都是建设品牌的方法。

第四招，三位一体。 企业即品牌，产品即品牌，用户即品牌，品牌工作是跟公司所有人联系在一起的。

想要真的选到合适的品牌人格，还需要一些专业能力，如性格投射等手段，一般邀请专业的咨询公司来完成。

🔹 **小技巧** 那如何从概念落到工作上？我提供两个小技巧：

（1）自己拟定品牌人格时，一定要同步考虑品牌自身的战略定位以及目标群体的人格偏好，一般来说经常是二者的合体。

（2）在前期可以充分调查竞争对手品牌人格是怎样的感知，并找到区隔点。

> 🔹 **请思考**
>
> 最后，请大家思考一下，小红书的品牌人格是哪种？期待你的分享。

017

品牌故事：
没有共鸣的故事就是忽悠

提到钻戒，你脑海中浮现的场面是什么？是浪漫的求婚场景？是明星手上blingbling的"鸽子蛋"？我相信不管哪个场面，"钻石恒久远，一颗永流传"这句广告语肯定会出现在你脑海中。但你知道这句无人不知无人不晓的广告语是出自哪里吗？这背后有一个有趣的小故事。

据说，在1945年的奥斯卡颁奖典礼之上，钻石大王哈里·欧内斯送了一条镶有24克拉钻石的项链给当时的影后琼·克劳馥。琼·克劳馥看到那条项链就立刻被打动了，哈里就顺势介绍了钻石的特点，他说："钻石有坚硬、亘古不变的品质，就是您传到下一代、再下一代手上，它依然会保持今天的美丽和光鲜！"但这样的解释反而触动了单身影后的伤心事，影后悲伤地感叹道："要是一个人能有像钻石一样的爱情，那该多好啊！"

一个万人瞩目、光鲜亮丽的明星，却有如此伤感的愿望。这个想法触动了商人哈里·欧内斯那条敏感的神经。就这样，"钻石恒久远，一颗永流传"成为DE BEERS的广告语，其产品不仅是作为王室贵妇的奢侈品，也借助钻石等于永恒爱情的这个公式，成为爱情的信物，打开了大众市场，从此成为人们心中对爱情最具象的表达。

在这个案例中，DE BEERS 这个品牌所构建出来的故事就是我们本讲要分享的品牌故事。那么品牌故事的定义到底是什么呢？一个好的品牌故事究竟包含哪些特点呢？接下来，我将给大家分享这两个问题的答案。

从学术上来讲，品牌故事是在品牌传播过程中整合企业形象、产品信息等基本要素，加入时间、地点、人物以及相关信息，并以完整的叙事结构或感性的"信息团"的形式进行传播推广。

用一句大白话来形容：品牌故事就是借助一种生动、有趣、感人的方式阐述品牌背景、品牌理念及定位等信息，以唤起消费者的情感共鸣。

从本质来讲，品牌故事就是一种沟通策略，需要融合多领域的知识，如心理学、行为学、语言学、神经系统学等。因此，一个好的品牌故事必然是引人入胜的，是极具吸引力与号召力的，也能最大程度决定品牌联想。到这里，有没有小伙伴会问：怎么又出现了品牌联想？这两个有什么关联？为什么要专门为了联想而打造故事呢？这也是品牌和营销学看上去简单，但做起来却复杂的一个原因。

根据大卫·艾克的观点，品牌联想衔接了品牌认知与品牌忠诚，而品牌故事又决定了品牌联想，因此我们可以换算一个公式，一个好的品牌故事等于品牌联想，也等于品牌的认知度和忠诚度的提升。要知道，品牌的认知度和忠诚度这两个可是品牌资产的重要组成部分，讲好故事提升资产，这种划算的买卖你做不做？

那么什么是一个好的品牌故事呢？一般来讲，需要具备以下这几点：

（1）故事内容最好真实可信；

（2）故事呈现的信息需要强化定位；

（3）故事里面的情节要生动感人；

（4）品牌故事结尾最好带出品牌使命。

好故事的四要点

好的品牌故事不一定是通过一次传播就能实现，而是可以通过各种手段逐渐展开传播。但无论采用哪种手段，最重要的都是通过真实、生动、符合定位的故事情节，引发用户与品牌之间的共鸣。

有时候，故事讲得好，传播反而做得少。

知名奢侈品 PRADA 就是一个讲故事的高手，那部风靡全球的电影《穿 PRADA 的女魔头》就是 PRADA 品牌故事的一次完美展现，这部电影是根据美国《VOGUE》杂志的总主编安娜·温图尔的经历改编的。安娜·温图尔本身是 PRADA 的死忠粉。此外，PRADA 掌门人缪西娅·普拉达也是诸多时尚女强人的御用时装设计师，故事的真实性得到了一定的佐证。

另外，品牌故事还要将品牌的某种特质拟人化，也就是一定要有三观，有人设，PRADA 所有故事都在强调其独特的精神——一种强势、精致的独立，并不是干巴巴的讲述，也不是乏善可陈的解读。PRADA 家族几起几落的传奇故事，从早期的王室贵族到后期濒临破产，第三代女掌门人毅然接过振兴家族的重任，从空军降落伞中找到尼龙布料，将传统奢侈品与现代艺术相结合，做出成功翻身的黑色的尼龙包。这种坚韧不拔追求完美的精神，正是 PRADA 故事中最为动人的点，再加上后期品牌宣传动作中不断强化的干练时尚的奢华调性，让大家一提到 PRADA，脑海中便会出现有别于香奈儿、迪奥妩媚娇柔的干练形象。很多职业女性都会更偏爱这个品牌，包括我本人在内。

可以看出，一个带有强烈共鸣的品牌故事是直接打入人们心中，占领心智的最好方式之一。但千万不要因为想要获得眼球效应而去编撰故事，那样往往会造成意外事故。

那如何从概念落到工作上？我提供两个小技巧：

（1）品牌故事不是品牌的发展历史，你的发展历史可能消费者并不感兴趣，所以那种长篇大论的里程碑事件就不用再放了。

（2）品牌故事一般只能有一个。深入展现并传播一个品牌故事，好过构建多个品牌故事。多个品牌故事反而不利于建立品牌认知。

最后，请大家分享一下，有哪些你自己非常喜欢的品牌故事？期待你的分享。

018

品牌传播：
听懂比听到更重要

你知道每天平均每分钟有多少条广告信息被播出吗？23 500条！同步还有20万条微博发送，600万次网络搜索行为，1100万个页面被打开。

这么多传播行为都在抢占消费者有限的注意力，但成功的有几个呢？思考一下，现在你印象中最新的一条广告是什么？我也问了问团队小伙伴，说出让他们印象深刻的品牌传播，结果答案中出镜率最高的是网易云音乐。

但这已经是去年（2017年）的案例了。当时网易云音乐联合杭港地铁推出了乐评专列："看见音乐的力量"。他们选择点赞数特别高的85条优质乐评，印满了杭州地铁。比如：一个人久了，煮个饺子看见两个粘在一起的也要给它分开；不在一起就不在一起吧，反正一辈子也没多长……

根据事后统计，本次活动获得了2000个微信公众号的报道，总阅读量达1000万次；网易云音乐的注册用户数量突破3亿，在资本市场估值达到80亿元。

通过这些数据我们可以感受到，一个成功传播活动的效果是惊人的，它能给企业的业绩带来飞跃性的增长。甚至更进一步，一个企业如果能引发群众自发为其传播，造成社会话题，那么它的影响力会更加强大。像这样为品牌而策划的传播活动，我们称之为品牌传播。

那么，品牌传播的官方定义是什么呢？如何打造一个像网易云音乐一样成功的品牌传播呢？接下来，我将会为大家解答这两个问题。

一切以品牌的核心价值为原则，选择广告、公关、新媒体等传播方式，将特定品牌信息推广出去的行为都算是品牌传播。在此需要强调一点，品牌传播更关注对品牌信息的传播，而非营销目标。

因为不像营销传播有那么明显的KPI，造成很多人对品牌传播有误解，认为只要讲出去就好了。

其实不然，品牌传播的最终目的是让行动发生，让不知道的人产生向往，不喜欢的人扭转偏见，已经购买的人形成忠诚。用一句话来说就是，品牌传播就是让人们对品牌形成认知、改变认知、重塑认知，进而产生好感，形成偏好忠诚。

那么如何做出像网易云音乐地铁刷屏那样的品牌传播呢？如何让人们对品牌产生强烈的认知，进而产生情感认同与选择偏好？可以从三个角度入手，下面我们来了解一下。

当前我们处于一个信息爆炸的时代。重复无疑是有效的，但是企业仅依靠不断重复信息去获得消费者的注意力是远远不够的。真正成功的品牌传播是能够打动人心的，是能够唤起消费者情感及联想的。那么如何才能获得成功呢？我建议大家从"心、技、体"三个角度入手。这个理论来自于日本公关大师本田哲也和田端信太郎的研究。

（1）心："心"是人的原动力。在传播中我们常说，人有从众心、攀比心、虚荣心、好奇心等，这些都是"心"这一元素的构成部分。品牌传播要从消费者的"心"出发，洞察到他们的心声，去发现他们"心灵的沸点"，这是打动消费者的第一要务。比如网易云音乐之所以如此火爆，也是那些透露心声的乐评触动了我们内心最敏感的那根弦，关于爱、希望、青春、感恩等。

（2）技："技"是人的接触渠道。这里我们指的是各类媒体，既包括新媒体，如微信、微博，也包括传统媒体，如电视、杂志，同样也有线下渠道，如实体店铺、海报、代言明星等。但有一点需注意，我们不可以要求"技"能够"一击而中"。"技"上的成功必定是"联合作战"的结果，尤其在当下的社会环境中，学会如何玩转各类媒体将是每一个品牌营销人的必修课。

（3）体："体"是消费者的亲身体验。体验是消费者产生购买行为的推动剂。如果说"心"是品牌传播的火种，那么"体"就是点燃的火把。需要注意的是，用户的体验感在品牌传播中越明显，越容易打动消费者。

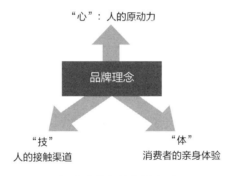

打动消费者的传播法则

最后，还是要提醒大家，任何品牌传播的前提都是严格依据品牌理念来设计的，否则再成功的传播也无法建立品牌。

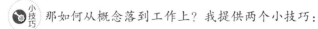 那如何从概念落到工作上？我提供两个小技巧：

（1）"心、技、体"三者是环环相扣的，不可以将其拆分设计。在操作顺序上也是先心，后技，再体，千万不要颠倒顺序。

（2）在"体验"环节，一定要注意加强消费者的体验感和参与感。这种体验感可以是来自实际的线下体验，也可以是心理上的体验，需要依据实际情况来进行设计。

> **请思考**
>
> 最后,大家思考一下,以前你做过的传播活动中,缺失了上面的哪个部分?该如何优化?期待你的分享。

019

市场细分：
弱水三千，只取一瓢

前不久一个朋友想创业，非要和我聊一聊，我就问她："你想做点什么啊？"她不假思索地回答："想开一个餐馆。"因为她本人就是一名十足的吃货，而且做得一手好菜。我就问她了："那这个餐馆你想开成什么样的啊？"她说："我想做一个私家菜馆，适合朋友小聚的，就像平时你们经常来我家吃饭的那种。"我又继续追问她："适合朋友小聚太笼统了，那么多人，哪群人会花钱来吃你的饭？你主打的是川味、湘味还是京味菜？开在哪？多少钱？这些都要想清楚。市场太大，如果不细分就扎进去，多半会被呛死。

话虽有点狠，但是确实是我的真心话。本讲我们就来聊一聊这个话题：如何找到属于你的市场细分？

市场细分的概念最早是美国营销学家温德尔·史密斯（Wended Smith）在1956年提出的，此后，现代营销之父菲利浦·科特勒进一步发展和完善了温德尔·史密斯的理论，并最终形成了被大家熟知的STP理论。

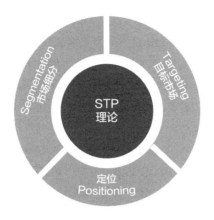

STP 理论

S、T、P 分别是市场细分、目标市场和定位三个英文单词的缩写，之前也说了，我们会在后面课程中专门讲授 STP 这个概念。那么本讲我们就重点分享一下市场细分是什么，具体分为哪些类型，在实践中又存在哪些误区。

市场细分，在学术上是这样定义的：根据消费者的差异化需求，把某个产品或服务的市场细分为一系列的子市场，从中选择最适合自己的目标市场。好的市场细分，能够帮助一家企业更快进入市场，赢得目标人群的认可和偏好，用更小的市场投入换取更大的市场份额，可谓是不可不做之事。

随着竞争的激烈程度不断加剧，"小而美"的市场细分的成功概率，会远远超过"大而全"的全品类市场。而且市场细分的颗粒度也会越来越小，从单一的冷冰冰的硬性指标，也会逐渐过渡到关注人的情绪、情感和兴趣等软性指标。以餐厅为例，可能会出现越来越多专门为喜欢宠物的人士提供的宠物餐厅，或者适合一人用餐的深夜食堂，这不是常规的西餐或中餐的品类细分，也不是女性闺密约会或情侣聚餐的人群划分，而是围绕一种特定的需求或场景展开的市场细分。这种"需求细分"或"场景细分"一定会出现在未来的商业市场中。

说完这种细分方式后，我们也要回过头了解一下常见的三种市场细分标准，这三种分类标准可以帮助我们快速展开市场细分工作。当然除了分类标准以外，还需要提前进行市场审视和检验工作，比如了解每个市场的规模大小、发展趋势、影响要素等。

接下来，我们先来了解一下这三个分类方式：

（1）品类细分：比如洗发水市场中，可以根据产品特点细分为去屑、防脱、护发等品类。

（2）人群细分：可以根据年龄性别、收入情况、文化程度、性格特征等情况进行细分，譬如女性、老年和儿童。

（3）地区细分：通常有两种方法，一种是根据地区消费水平把全国市场分为四个等级，像上海、北京就是一线市场，各个省会则是二线市场；二是根据地理位置细分，譬如华东、华西。

同时在市场细分中，也存在三个经验误区，希望大家在执行中有效避免：

（1）品类误区：**什么都想卖**。一个人要获得成功，就要做自己最擅长的事。同样的道理，企业要在市场中成功，就得卖自己最具竞争优势的产品。要认准自己的地盘，选准自己的品类，集中突破。在某个细分品类做到最好，而不能什么都想卖，比如饮料行业的娃哈哈，转身去做奶粉、童装都失败了，不能什么市场都想占领。

（2）人群误区：**想讨好所有人**。360儿童卫士智能手表，初期希望满足0～10岁小孩的需求，这个年龄跨度很大，一两岁小朋友的胳膊和10岁小朋友的胳膊粗细是不一样的，为了满足所有用户的需求，他们把产品做得很小，电池也很小（只有200毫安），因此用户每天都需要充电，所以他们特别不喜欢。发现这个误区以后，360调整目标，把低年龄用户抛弃，反而产品大卖。

（3）地理误区：**总想全面开花**。我们都知道，大部分企业资源是有限的，不大可能一下子做全国的布局。如果没有强大的资金实力作支撑，一开始就急着去做全国市场，很可能会把自己有限的资源和力量给分散了，反而费力不讨好。

市场细分的误区

不管是传统还是流行的细分方式,都要经历过前期的有效测试,包括人群测试、成本测试、效果测试三个维度,全部合格后才能真正展开投入,这样可避免造成之后的工作失效。

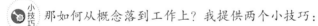那如何从概念落到工作上?我提供两个小技巧:

(1)对于品牌营销者而言,你可能并不一定会参与到市场细分这个工作环节中,但要去了解这个层面,多看相关用户调研报告,这对今后的工作很有帮助。

(2)弱水三千,只取一瓢饮。市场细分,就是要找到那个"瓢"。可通过两个特征来确定"瓢"能不能用——差异性和可得到。先看自己是否有能力造一个瓢,然后看这个瓢的形状和别人家是不是不一样,这两点非常重要。

> **请思考**
>
> 最后,请大家思考一下,从市场细分的角度分析花点时间 App 切入的是哪个市场?期待你的分享。

020

用户画像：
三步为用户精准画像

　　清朝末期，专给朝堂贵人制作朝靴的内联升火极一时，洋务大臣李鸿章、两广总督刘长佑、恭亲王奕䜣等先后都成了内联升的主顾。宣统皇帝溥仪在太和殿登基时穿的龙靴也是内联升制作的。针对这些VIP客户，内联升把王公贵族、大吏要员的靴鞋尺寸、式样、个人爱好等逐一登记在册，几年下来，做出了多个VIP客户的档案，汇编成了一本《履中备载》，可以说是一百多年前的大数据营销了。

　　内联升针对每个VIP的档案就是我们本讲的学习主题——用户画像。本讲我们还会了解到用户画像的作用以及如何通过三步走画出用户画像。

　　顾名思义，用户画像是根据用户社会属性、生活习惯和消费行为等信息而抽象出的一个标签化的用户模型。构建用户画像的核心工作就是给用户贴"标签"，而标签是通过对用户信息分析得来的，是高度精练的特征标识。

　　举个例子来说，一位女性，老家湖南定居北京，85后，从事互联网运营工作，已婚已育备孕中，在五环外有房，目前还贷中，是海淘的重度用户，喜欢追美剧和综艺，对有科技感的可穿戴设备感兴趣，平时有慢跑的习惯。

通过这些标签描述，我们能迅速感知到她的特征，并且能大致判断出来，把什么样的货卖给她更容易被接受。譬如她应该对刚刚上市的小米有好感，因为小米有很多家居产品既有科技感又不是很贵，符合她的经济情况和个性偏好。她也会更容易接受一些国际保健品牌的信息，因为她在备孕期且习惯海淘。

可以说，一个好的用户画像，对我们的品牌营销工作有2个好处：

（1）**实现精准营销**。这是最直接和最有价值的应用，我们可以通过用户标签让匹配信息直达用户，实现精准营销。例如阿里、百度、腾讯这些互联网网站都会为商家提供大数据营销服务，甚至抢了广告公司的生意。他们可以通过平台大数据和客户已有的用户画像，帮企业更好地寻找那些可能对产品或服务感兴趣的人，并指导媒介投放决策，提高信息匹配度。通常这样的举措，都能让产品或品牌的激活率提升数倍以上。

（2）**提高决策效率**。在品牌营销过程中，各个环节的参与者非常多，比如产品、市场、销售等部门的分歧总是不可避免，决策效率无疑影响着营销的进度。而用户画像来自对目标用户的研究，当所有参与人都基于一致的用户画像进行讨论和决策时，就很容易约束各方使其保持在同一个大方向上，提高决策的效率。

那么如何画出用户画像，我建议三步走：

1. 划定用户范围

用户范围的划分主要有三个维度：

（1）**用户年龄段**。年龄段几乎决定了大部分的环境因素。90后，作为互联网一代，跟80后有很多本质区别。现在对年龄划分的间隔越来越小，从过去的十年为一个阶段，到现在五年一个阶段。我们要做的就是基于现有用户确定我们的用户年龄段范围，从而研究该年龄段的人群特征。

（2）**用户所接触的人群**。研究用户所交往的人群，加大用户画像的描绘范围。一般来说我们周围的人际关系会极大地影响我们接收到的信息，乃至影响我们价值判断，通过研究交往人群传达的信息，可以判断用户的关注点和兴趣爱好。

（3）**用户所在的环境（主要指位置和场所）**。经常出入的场所和消耗时间的背后，折射的是不同年龄段、人际关系、职业、家庭构成和收入等情况。比如我和我妈经常出入的场所肯定是不一样的，即便都是去菜市场，频次和时长肯定也有很大区别。

2. 细分用户群

不同的用户群有不同的目标、行为和观点，细分用户群可将问题变得清晰，同时也可为用户画像优先级划分提供依据和准则。

我们通过调研去了解用户的目标、行为和观点的差异，将他们区分为不同的类型。这里注意，我们更多是对他们人生目标和消费目标、生活行为和消费行为、消费观点和价值观做详细研究。再通过对用户群体的可视化的特征描述，如年龄、性别、职业、地域、兴趣爱好等信息，结合整体的目标、行为和观点，构建出比较明显的画像轮廓。

譬如养生健康人群，可以是横跨20～50岁的人，其中女性偏多，且其工作节奏较快，他们希望保持身体健康，对中医调理、饮食平衡、日常保健等话题有一定兴趣和关注。

3. 建立和丰富用户画像

在我们细分用户群以后，可将用户分为不同的类型，然后可在每种类型中抽取出典型特征，并赋予典型特征一个名字、一张照片、一些人口统计学要素、场景等描述，从而形成一个用户画像。

以某"海淘 App"项目为例，通过前期用户信息的收集和分析，细分了用户群，打磨出以下两类主要用户画像，后续的品牌和营销工作都将围绕该用户画像展开。

（1）**主力用户代表**：年轻的 80 后妈妈，已婚已育，喜欢逛而不买，喜欢性价比高的产品。

（2）**资深用户代表**：年轻的互联网人士，未婚，有稳定工作，经常加班，无暇逛街。

基于不同用户画像，企业要做的活动、发布的信息、请的意见领袖 KOL、选的媒体都可能是不同的配置。

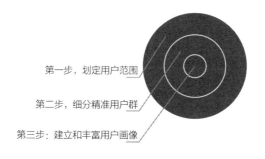

用户画像操作路径

那如何从概念落到工作上？我提供两个小技巧：

（1）用户画像通常需要将外界调研和已有数据结合起来，外界调研可以通过定性调研或定量调研来完成，如果有条件，也可以两者兼顾。同时在已有数据源中要提前做好数据标签，以便于聚类分析。

（2）用户画像需要定期调整更新，可以从产品及运营部门寻找支持，以丰富数据来源，一起完成润色修正。

> **请思考**
>
> 最后，请大家思考一下，你现有品牌的用户画像还有以上哪些方面需要优化？期待你的分享。

021

消费者洞察：
三个帮助落地的好方法

网上有很多关于女生心思难以捉摸的段子，其中给我印象最深的是一位男士因为妻子裤子褶皱而判断出妻子变瘦的段子。段子大意是这样的：

妻子对丈夫说："你看我裤子都起褶皱了。"

丈夫随口应道："好，我给你拉展点儿。"正当准备伸手去拉的时候，忽然发现妻子神情不对，惊觉事情没这么简单，衣服上有褶皱，本来自己拉拉就行了，为什么特意过来说？

便连忙改口说："下午给你买条新的。"妻子依然没接话，这说明丈夫的这番话没说到她心坎里。

于是这位男士就开始雷达般搜索，我的妻子是想现在就去买新衣服吗？不对，快到饭点儿了，要在家里吃午饭。如果不是让我考虑褶皱的结果，然后……丈夫终于反应过来，欣喜地说："亲爱的，你瘦了！"

这个在网上流传的段子很生动地体现了洞察的力量。如果要想学习它的巧妙之处，我们需要先明确观察和洞察的区别。

通过刚才的故事我们能体会到，观察是用眼，发现有褶子就可以了。但是，洞察需要用脑和心，你要找到背后隐藏的信息，并提供解决办法。譬如你能观察到老板不开心，不算什么求生技能，但你如果能洞察到他为什么不开心，并想到解决方案，你才是牛人。

BBDO前北美公司首席创意官菲尔·杜森伯里将"洞察"视为比创意更为珍贵的东西。无论做品牌还是做营销，都需要训练洞察力。为什么这样讲？因为企业做品牌和营销时，最直接面对的就是消费者，洞察则是深入理解消费者的一种能力。如果你不能够理解消费者的内心想法，无法对消费者心理变化或行为变化做出及时的调整与反馈，那么你的品牌终将会被消费者遗忘。

我们首先要梳理一个关于观察和洞察的认知，接着学习培养洞察力的三种方式，最后加强对两点易犯错误的关注。

首先，观察和洞察是不同的，观察是"别人都知道，且别人早发现了的东西"。洞察是"别人都知道，但没有人发现的东西"，需要我们透过观察到的现象来探究底层的本质原因。就像刚才的故事中，"褶子"是现象，而"变瘦了"是研究得出的结果。

那我们做品牌和营销工作时，要如何锻炼自己的洞察能力呢？

在开始探讨这个话题前，一定要提一位人物，即美国心理学家加里·克莱因，他对洞察力的研究开始于2009年，2013年出版了英文版的《洞察力的秘密》，本讲的理论基础就来源于这本书。

克莱因本身是个故事案例迷，他收集了120个案例，通过分析总结发现，激发洞察力可能有5个方向：触类旁通，巧合事件，好奇心驱使，自相矛盾，急中生智。其中触类旁通是最为普遍的，能够激发洞察力的概率高达82%。

这五个方向可以总结为三个落地的执行方法：

（1）尝试进行信息迁移，不同领域、不同内容、不同方式。人类学家马歇尔·萨林斯提出的理论认为：人的付出分为三种，第一种是付出少回报多，第二种是两者平衡，第三种是投资性的付出但后续会有更好的回报。奢侈品品牌百达翡丽的经典的广告语就迁移了这个知识点，内容是"你永远不能真正拥有百达翡丽，你只是为下一代保存"。那些高端的消费者往往是看重长久利益的人，这句掷地有声的广告语就正好切中了他们的心声。

（2）**找茬游戏，寻找关键矛盾点**。快速寻找到矛盾点，这也是激发洞察的一个有效方式，很多时候直觉是由经验积累而成的，人们凭借行业经验察觉到矛盾点。作为入行不久的人来说，我们可以尝试捋清相关事件的前因后果，找到不合逻辑或不合人性的点。关键矛盾点往往最能激发消费者的内心情绪，比如 Keep 的"自律给我自由"，激发了人们在运动前最大的矛盾点——想运动却无法克服懒惰。Keep 就是通过这么一句激烈的话，找到了人们的运动感。

（3）**跳出既有思维的框架，增添新信息**。我们拿到一个市场活动的策划任务时，在了解了基础背景还无想法的情况下，可尝试增添信息和维度，通过不断追问为什么来获得相应思考。比如 BBDO 2017 年给 VISA 信用卡推出的暖心广告宣传片《带上父母去远方》，就是一个很好的跳出既有思维框架的例子。

练习洞察力的方式

值得注意一点的是，消费者在做出选择的时候，也会出现真我和假我两种性格。曾有人就"如何捕捉客户心理"的话题提到这样的观点："如果消费者说我想一周自己做饭 3 次，我只是没有时间。"大部分品牌营销会理解成"她很忙，但她希望生活得更健康，因此我们在营销策略上必须强调便利和健康"。但具有消费者洞察能力的人听到的是"她想要做饭，因为她觉得她应该自己做饭，但事实上，她并不在乎。做饭不是她优先考虑的事情。她只是因为经常点外卖觉得有些内疚。如果能让她觉得经常定外卖并不糟糕，她会很开心"。由此而来的推论，我们的创意推广也会产生新的内容。

那如何从概念落到工作上？我提供两个小技巧：

（1）洞察一定来源于生活，要学会善于观察生活并随手记录，同时要多和身边的人探讨。

（2）洞察一定不要陷入"自嗨"的情况，任何创意和呈现结果都要和品牌挂钩。

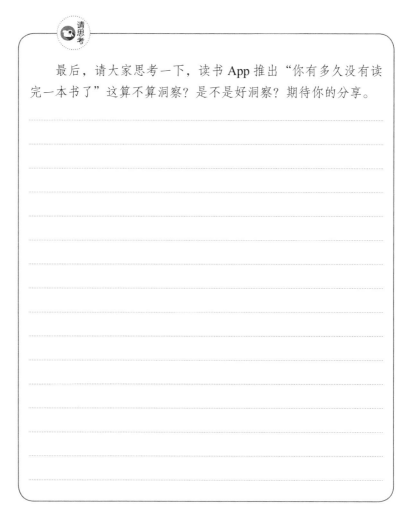

最后，请大家思考一下，读书 App 推出"你有多久没有读完一本书了"这算不算洞察？是不是好洞察？期待你的分享。

022

消费者需求：
挖掘出人们选择你的理由

在当下这个节奏快、压力大的时代，很多人其实是充满着焦虑的。品牌商们看着层出不穷的营销套路，看着自己竞争对手一个一个挤进门，看着其他替代商品在外围虎视眈眈，他们同样充满着焦虑。

在这种焦虑之下，品牌商往往会被营销结果限制了目光，一味追求吸引眼球的大创意，却忽视了成功营销套路的背后，更多是靠精准把控住消费者需求。

消费者需求分析是否到位，不仅可能决定了品牌和营销的双重成功与否，更有可能决定了企业成败。那么究竟什么是消费者需求？消费者需求在当今的市场工作中是一种怎样的存在？本讲就给大家分享这些内容。

管理学大师德鲁克认为，营销的核心就是满足消费者需求，为客户创造价值。因此，做营销需要从消费者需求入手。

但可惜的是，对于"消费者需求"还没有一个统一的定义。MBA智库对"消费需求"的定义是：消费者对以商品和劳务形式存在的消费品的需求和欲望。而营销人李叫兽说，从分析消费者行为的角度来看，需求是人们为了满足需要而形成的对特定产品和服务的购买能力。

其实总体来看,我认为**消费者需求就是人们的期望和现有产品之间产生了落差,因此需要新的产品来替代的渴求。**

除消费者需求外,相信大家还听说过痛点、痒点、爽点、槽点之类的词。在我看来,这几个词都是在研究消费者需求的漫漫发展之路上衍生出来的,然后逐渐被人们清晰定义。它们都属于消费者需求的变形体。

为了更好地理解消费者需求这件事,我们分别用一句话简单形容一下这几个容易被搞混的概念,以方便你记忆和区分。

(1)痛点:**想得而无法靠自己获得的东西**,得不到的一般都会让你觉得很痛。

(2)痒点:**逻辑之外的小愉悦**,会动心但不会下血本得到才会让你觉得心痒痒。

(3)爽点:**让人上瘾的点**,做上瘾的事才会让人觉得爽。

(4)槽点:**阻碍让你享受爽的点**,不爽的才会被吐槽。

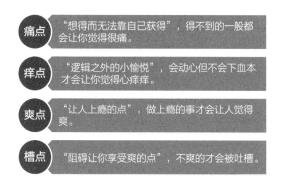

消费者需求可探索点

比如,近几年新兴起来的宝宝学游泳,就属于痒点,它背后的需求是家长希望在孩子启蒙阶段做一些什么事,来暂时缓解焦虑。家长们自己也能带着孩子去学而不见得非要去专业场所,其实这也可以通过其他事来缓解。所以宝宝学游泳只是痒点还不构成痛点。

再比如，健身 App 就是把握住了消费者的痛点——长期在办公室办公，没有多余的时间去健身房坚持锻炼。同时熬夜、加班带来了身体上的不适或者发胖，让消费者很忧心，于是就产生了在家利用碎片时间来锻炼身体的需求。但自己在家又没人指导，所以健身 App 补充了能力，解决了这个痛点。

比如，抖音这个 App 在设计上极其简洁流畅，直接滑动就能看到大数据核算后为你推荐的匹配视频，让你欲罢不能，这就是爽点的设计，同时改掉了之前其他 App 还要自己选择的吐槽点。

除了痛点是刚性需求外，痒点、爽点、槽点都属于非刚性需求，通常来讲是情感层面的需求。需要强调一点的是，这几个"点"是同级的并列关系，无所谓哪一个点会比另外几个更重要，都可以用来指导品牌的营销动作。但要利用组合拳做好市场动作。

看完这些点之后，我们再回来看看消费者需求这件事。

消费者需求本质上来说，就是找到让消费者选择你而非你竞争对手的原因，也就找到消费者选择你的那个点。

俗话说，猜人心犹如海底捞针，这是一件非常难的事情。

如何做？一般都会想到做调研这个笨方法。调研固然很实用，但是不知道你想过没有，调研样本绝对是个大问题。面对庞大的中国人口基数，任何一个常规产品的调研样本都应该在百万级以上，但这样的调研除了超大公司基本没有人做得起。今天就和大家分享一个小窍门，巧妙通过别人的大数据，为自己找到被选择的理由。

淘宝、天猫、京东这些电商购物平台是天然的消费者数据中心。假设我们想要了解消费者对哪款面膜更有需求，如果有能力，可以登录他们的卖家中心，通过购买专业服务，了解各类关键搜索词的排名。如果没有预算，直接进入用户界面，通过排名和点评洞悉一二。

接下来的课程中，我们也会通过分享定量调研、定性调研这些知识点，让你系统了解如何做好消费者需求这件事。

那如何从概念落到工作上？我提供两个小技巧：

（1）过去品牌商想要了解消费者需求，只能通过传统的用户调研。但现在品牌和消费者之间的交互性越来越好，应该尝试着逐渐摆脱传统的调研方式去理解消费者，以增加消费者和品牌之间的交互性，让消费者可以随时随地表达自己的需求。

（2）从消费者需求本身出发，除了调研消费者外，还需要对行业趋势、对手动态进行深入研究，这些也是影响要素。

> 最后，请大家思考一下，你的品牌满足的具体是什么消费者需求？期待你的分享。

023

消费者决策旅程：
从需求到购买的黄金 6 步

前不久，我要给公司优秀员工送礼物，挑礼品时，在商场里转了大半天，最终因为某个品牌的限量款让我决定购买它。为了避免广告嫌疑，这里就不说品牌名字了，是很小众的品牌。为什么选择这个小众品牌？不仅是因为其风格很特别，更是因为我觉得，稀少才是珍贵，才配得上优秀的人。

这个决策过程涉及的步骤很少，但却一点都不简单。全球最知名的咨询公司之一麦肯锡就花了 6 年时间去研究，最终得出风靡全球的"消费者决策旅程"模型，包括消费者从选择到购买的 6 个要素。

本讲将从它存在的目的，具体组成部分及在品牌和营销工作中的运用三方面为大家全面呈现这个模型。

让我们先来看下麦肯锡官方对该模型的定义："社会全面发展，产品选择和数字渠道爆炸式增长带来的触点和关键购买因素不能全部被传统营销方式捕捉到，加上消费者越来越明智，消息灵通，我们需要更复杂的方法来帮助营销人员，并将这种方法称为消费者决策旅程。"

详细来说，消费者决策旅程广义地描述了用户从考虑购买某种产品或服务，到完成购买并持续忠诚于该品牌的过程。狭义来讲，它是指用户在达成某一目标前的一系列互动，比如更换电视品牌或寻找某支睫毛膏。

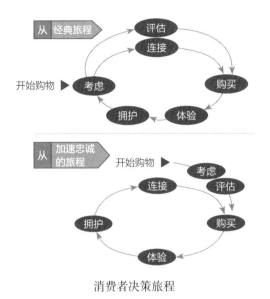

消费者决策旅程

通过官方的界定解读，我们可以发现，"消费者决策旅程"和之后课程中的 AIDMA、AISAS 虽然讲的都是消费者对品牌从无到有的选择，但是 AIDMA 和 AISAS 更加侧重品牌感受，"消费者决策旅程"更侧重促进销售目标，其涉及的是一个个必经的购买环节动作。

可以说，消费者决策旅程没有考虑如何勾起消费者的欲望，它的立足点就是消费者已有明确需求。

从发明到现在，这个模型只经历过一次迭代，被分为 6 个关键阶段：考虑、评估、连接、购买、体验、拥护。

它们是紧密联系的，值得强调的一点是，这是一个反复循环的闭环。在某一需求已经成熟的市场环境中，消费者决策旅程会发挥重要的作用。

需要注意的是，除市场环境外，在品牌和营销工作中，不同产品需要侧重考虑不同环节。

对于需要重度决策过程的产品，评估阶段是最重要的。重度决策简单理解就是花钱较多或机会成本较高的决策，比如汽车、教育等品牌相对快消品品牌就是一个需要重度决策的过程。

对于消费者来说，虽然汽车会出现在生活中的各个角落，但消费频率低，不熟悉汽车的人，还真说不出几个汽车品牌的名称，更别说对品牌的深度理解了。这也是不是高频产品的汽车品牌，做广告的频次一点不亚于日用快消品的原因。这也是我们说重度决策品牌最需要发力的就是评估阶段的原因。

如果不能直接呈现品牌优势，或者不能给予消费者什么利益、适当增加露脸的频率、和消费者互动，那么就很难让消费者在决策时把你纳入考虑范围。

那么需要轻度决策过程的产品应该关注哪个阶段？还会是考虑和评估吗？回想一下，家里卫生间没有纸了，双 11 的时候你会仔细考虑买哪个品牌？你会逐一看功效，货比三家吗？很明显，不会是考虑和评估两个阶段了。背后的原因是，快消品等轻度决策产品竞争非常激烈，这类产品种类丰富，且同质严重，消费者极少会不知道产品有什么功能的。

在这种情况下，**轻度决策过程的产品最应该关注的是第三个步骤——购买**。也就是说，企业要想尽办法让消费者下单，通过"恐吓""好奇""攀比"等各种心理暗示或利益刺激，让消费者产生"我需要买"的反应。

譬如前阵子很火的六神花露水口味的 Rio 鸡尾酒，它通过激发消费者的好奇心，让消费者产生了"试一试吧"的想法。除此之外，优衣库常见的限时特价也是一种在购买阶段进行刺激的手段。

无论哪个品牌，都会对前三部分——考虑、评估、购买重点关注，这是因为消费者决策旅程主要助力营销，而体验、拥护、连接的作用是形成品牌忠诚。

在介绍消费者决策旅程的时候曾说过，该旅程是一个循环的过程，利用品牌缩短循环路径是更为聪明的做法。这就好比恋爱的过程，若二人突然发现他们的三观很契合，就可能直接跳过恋爱关系，闪婚进入稳固关系。这就是品牌忠诚的力量，对于如何形成品牌忠诚，就是我们进阶课程会涉及的内容了。

小技巧 那如何从概念落到工作上？我提供两个小技巧：

（1）基于品牌形象概念，一旦消费者对你形成固有印象就很难再改，所以在前三个环节不要迫于营销压力做出损害品牌的行为。

（2）在提炼重点环节时，通常采用的考量标准是消费者在哪个环节花时最久，就认为哪个环节重要。

请思考 最后，请大家思考一下，在如今App盛行的时代，我们能不能对消费者决策旅程更新一下？期待你的分享。

024

品牌体验：
用户为什么会选择并爱上我？

我身边有个朋友是迪士尼控，每年假期要去世界各地的迪士尼打卡。他说一到迪士尼，就感觉回到了童年，特别放松，特别开心。在里面泡上一整天什么游戏都不玩，依然心里美滋滋的。

我相信不少人都像我的这位朋友一样，都是冲着迪士尼带给人们的梦幻童真的体验而去的。但你知道吗，迪士尼的诞生却来源于一次不好的体验。

迪士尼的创始人华特·迪士尼有一次陪女儿去游乐园玩，那个时代的游乐园都简陋而且肮脏，游乐设备只能供儿童使用，成人需要在一旁等待。由此他产生了建造一座全新的游乐园的想法，让孩子和大人一起欢乐。

你会发现华特·迪士尼在一旁等待女儿的情况就是非常不好的用户体验，而人们在迪士尼主题公园游玩后，带回家的强烈幸福感就是品牌体验。这里我一下提出了两个概念，大家是不是很晕？究竟什么是用户体验，什么是品牌体验？我们下面好好梳理一下。

首先我们来看什么是用户体验。

有人说"用户体验是用户使用产品的心理和感受，是我们聚焦于产品本身的形、色、香、味等身体体验之后对产品的印象、评价。"

鉴于每个人的需求有所不同,在进行用户体验优化时,需要考虑不同人的不同感受。

产品教父俞军曾经这样定义用户体验:让用户付出最小成本以满足其需求,让他们感觉好用是最终的目的。

迪士尼提供了丰富的娱乐设施、迷人的花车表演、可口的环球美食,这些都属于用户体验,好的用户体验让小朋友和大人玩得尽情尽兴,不亦乐乎。

品牌体验又是什么?

可以说品牌体验是消费者在"接触"和"使用"时,因品牌所产生的心理感受。品牌体验决定了用户对这个品牌的印象和偏好。

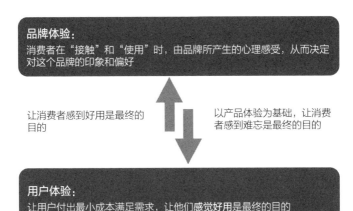

用户体验与品牌体验

品牌体验虽然是以用户体验为基础的,但却聚焦于品牌本身的文化、内容、形象等精神层面的体验,让用户感到难忘是品牌体验的最终目的。

迪士尼乐园中形成的欢乐无忧的气氛,四处洋溢的笑脸,各种卡通人物营造出的美好回忆,这些都是带给用户的品牌体验。

有人说,亚洲企业偏向用户体验,欧美企业偏向品牌体验,这个说法背后的理论依据不得而知，但通过观察，我发现确实有几分道理。

亚洲地区，尤其以中国为首，很多互联网公司的用户体验越来越完美，他们尽可能多地满足甚至创造用户需求，最大限度刺激转化率。

随之而来也出现一个问题，就是产品的创新度和淘汰率成正比，用户越来越挑剔，买单率也越来越低，用户都会"习惯性花心"，遇到更好的会很快变心。

而西方企业更重视品牌体验的打造，很多产品的好用度其实真不如我们国家的产品，但是用户就是死心塌地。品牌也有耐心，用十几年甚至几十年沉淀品牌文化，**从而让文化自然下沉到体验之中，让体验自带品牌属性。**

想要分清用户体验和品牌体验的细微区别，我们可以一起看下面这个案例：

星巴克作为一家风靡全球的连锁品牌，无论是用户体验还是品牌体验都有自己的独特之处。

去星巴克买咖啡，你一进门会看到各种各样的桌椅，分布在不同的区域，沙发座椅区很有可能是西装革履的人在攀谈，而木制高脚桌椅区则是面容精致的女白领在飞速地敲打电脑键盘。

人们走到横向排队区域可以浏览当季新品，并开始仔细思考今天是喝拿铁还是美式。

而在用户的视野里是所有星巴克服务员一致的咖啡制作方式，和星级员工们漂亮的板书展示，再加上咖啡的香气和机器的声音，构筑了星巴克让你沉浸其中的品牌体验。

在这个过程中同样夹杂着用户体验，比如座椅和排队形式的设置。其实这些设计并不是为了让用户坐得更舒服而设计的，而是为了提高运营效率以增加坐着的不适感。但是整个品牌所塑造的体验却缓冲了用户体验带来的不适。

通过对比我们会发现，虽然体验的感受者都是用户，但品牌体验更多是强调用户在整个消费过程中对品牌的心理感受，而用户体验更多是强调满足用户的实际需求。换句话说，我们可以把用户体验看作是加分项。

用户体验的目的是持续优化消费者使用感受，避免给用户带来任何不适感，最好可以超出用户的预期。比如最近大火的抖音，上滑后自动播放下一条视频的功能，就是顺应消费者习惯的用户体验。因为消费者点击上滑的目的就是为了看下一条，如果你需要用户自己再点击播放，则是没有满足他的需求。

那品牌体验我们看作什么过程？其更像是一个引导探索的过程。

你需要精心把品牌信息融入每一个环节和每一个动作中，让消费者明确感受到你与其他品牌的不同之处并为之产生情感共鸣。比如苹果体验店的落地玻璃、不锈钢、白色调灯光和发光 logo，不管在世界各地哪一个店面，都能让你一眼辨别出来，你也从来不会在苹果店里听到一个店员说："亲爱的顾客，买一个 iPhone 吧。"而是放眼望去看到一群人在酷酷有型的店员的指导下津津有味地体验最新的产品功能。苹果将用户体验完美融入了品牌调性，并强化品牌带来的科技感和未来感，让每一个来到苹果的人都能感受到品牌的魅力。

可以说，我们正在经历一个用户体验悄然从产品层面进入品牌层面的时代。

因为用户的选择越来越倾向于对品牌的选择，如果我们的品牌没有进入用户的备选项，那么我们的产品或服务就根本没有被任何用户选择的机会，更不用谈什么用户体验了。

而能让用户留存并产生偏好的也越来越不是产品或服务本身，而是附在产品和服务上的品牌体验。因为判断一个产品用户体验的好坏，并不是测试用户花了更少时间和成本来完成你给定的任务，又或者是感觉你的产品多么流畅多么好用，而是看你有没有给用户一个强烈的动机来体验和感受你的品牌价值，有没有让用户铭记这个品牌名称并且自发地推荐给自己的亲朋好友。

那如何从概念落到工作上？我提供两个小技巧：

（1）分析你的消费者行为旅程，然后慢慢加入品牌要素，从而优化体验。这个知识点会在之后的课程中和大家分享。

（2）不一味地取悦消费者，专注自己的品牌理念比盲目讨好用户需求更为重要。

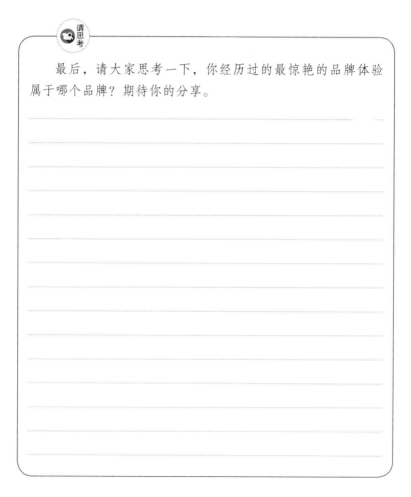
最后，请大家思考一下，你经历过的最惊艳的品牌体验属于哪个品牌？期待你的分享。

025

品牌生命周期：不同时期不同做法，击中不同时期用户痛点

前几天一个做初中生课外辅导的朋友问我："Kris，现在教育领域这么火，融资数额噌噌往上涨，大家都去砸综艺广告了。我要不要也做？是不是能对品牌有帮助？"

这种不怕过错，就怕错过的冲动心态，已经成为很多企业家或创业者做品牌的常见心态，不管三七二十一，先做起来再说。

但科学来说，我们是不可能让一个2岁的宝宝学好奥数，让6岁的小学生攀上珠峰的，品牌建设亦如是。

如果不了解品牌生命周期这个概念，我们做品牌的时候难免会出错牌行错路。本讲就来聊一聊品牌生命周期，这个话题会主要围绕品牌生命周期的划分，以及相应阶段的工作重点两部分展开。

一个人的生命的完整过程可以分为孕育期、幼稚期、成长期、成熟期和衰退期，百度百科上也把品牌生命周期做了同样的

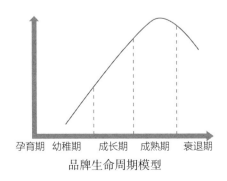

品牌生命周期模型

划分,但是这样解读后,大家可能还是不知道如何操作。

因此我将《跨越鸿沟》一书里面对生命周期的划分标准平移到品牌生命周期上,并以用户变迁为基准点,以便带领大家看看进入市场的每个阶段,品牌都拥有着怎样的用户,这些用户又具有什么样的特点,从而推测出我们什么时候该做什么事情。

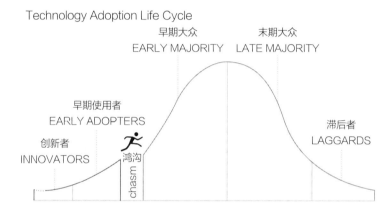

当一个品牌刚进入市场时,不论面对的用户是精准人群还是普适大众,起步期都一定是先被小部分人知道。这部分关注者往往是好奇分子,对于新出现的事物抱有强烈的探究欲,他们也是品牌的第一支传播力量。但这部分人通常没有忠诚度,他们会尝试你的品牌,也会尝试其他品牌。

幸运的是,这段时间你还会收获另一部分关注者,这部分人被称为早期尝试者,他们有些是被好奇分子的传播吸引来的,有些是从开始的观望者逐渐转变成关注者的。这部分人会更加包容,是经过考虑才做出选择你的决定的。这些人很有可能成为你的种子用户,因此大部分工作是围绕他们展开的。

随后,你的品牌会进入"蓄力期",此时需要清楚地知道你面对的用户是谁,知道如何向用户介绍自己,知道未来自己要发展成什么样子。

此时的品牌工作需要充分利用好奇者和尝试者,给好奇者提供他们感兴趣的内容,给尝试者细心呵护,让他们感受到这个品牌的友好和魅力。目的只有一个,让他们愿意为你进行传播或背书。

度过生命蓄力期,品牌就进入了大众视野,也是"发力期"。这个时候最先出现的一定是那些更看重利益诉求的实干家,他们往往会更关注品牌是否能带来真正的改变,品牌是否真的在全心全意地贯彻自己的态度与理念,以此衡量是否选择你的品牌。比如 Uber 刚进入中国市场的时候,用 Uber 打车的年轻人大多是有情怀的,他们会认为在帮助品牌做一件改变世界的事情,也是在这个阶段"共享"理念被推上资本的舞台。

大部分实干家都是品牌的宝藏,也是一个营销的突破口,可以通过他们拉近与大众的距离,因此这个时候进行品牌调研会比较合适,了解对你感兴趣的用户有什么特征,以及他们为什么喜欢你。

最后是适应期。此时会大量涌入新用户。此时会有大量客户涌入,通常有两种原因:第一种,是客户属于保守主义者,他们在品牌没有充分被市场验证的情况下,不会轻易做出选择;第二种,可能是因为你占据了足够大的市场,他们出于跟风或没其他选择。

虽然新涌入的这部分人可能是后来的粉丝,也可能具有更高的黏性,进而带来更多的份额,所以千万不能忽视此阶段的品牌动作。要清晰地向"后来的粉丝"传递品牌形象,同时利用他们的忠诚度产出好的口碑,进而扩大影响力和市场规模。

品牌初期	品牌中期	品牌后期
• 要善于利用好奇者,多关注种子用户	• 甄别哪些是贪图利益而来的关注者,找到真正爱上你的消费者,并调研爱你的原因是什么	• 多互动多产出提升口碑从而扩大影响力提升市场份额

品牌发展的前中后期配合动作

整体来看，品牌生命周期呈现是抛物线的形态，决定抛物线起伏高低的要素是用户，但数量多寡不能决定品牌动作，不是说数量多的阶段就应重点关注，数量少的处于两头的阶段就减少运作力度。而是要了解不同生命周期吸引来的用户构成如何，从而做出适合的品牌动作。

那如何从概念落到工作上？我提供两个小技巧：

（1）品牌生命周期和用户发展息息相关，关注数据、深入调研，研究用户在不同的发展阶段做出的反应是否相同，以及与你互动的信息和回馈给品牌的信息相比是否一致等。

（2）准确把握品牌所处的各个生命周期阶段，并基于生命周期进行投资、研发、市场等各方面资源调配，尽量缩短起步期的时间，加速品牌成长的过程，并拉长品牌成熟期，在品牌衰退期无法挽回时能够理性获益与止损。

最后，请大家思考一下，你的品牌现在处于哪个阶段？期待你的分享。

026

品牌管理：
三个指标带你入门

我曾经吃过一次很火的某网红糕点店的糕点，但感觉味道一般，还在微博上吐槽了一番。最近在网上看到一则新闻，说这家网红店正品只有 26 家，而山寨门店却达到 1000 多家，恐怕我吃的就是假货了，所以才导致我没有爱上它。

网红山寨店如此猖獗的原因，正好是我们本讲要讲的重点——品牌管理。显然这个网红品牌缺失良好的管理工作，导致其虽然口碑和产品都很好，却没能成为像好利来、味多美一样的品牌，这其实就是品牌资产的流失。那这个看起来都能理解，却又说不出所以然的"品牌管理"究竟是什么？

在做本讲准备的时候，课研组和我翻出了当年的教科书《战略品牌管理》，发现其中将品牌管理视为一套流程工作，根据品牌发展的不同程度，工作会有不同的侧重点，但会有统一的管理指标，在各个阶段也会有不同的侧重指标。本质上品牌管理更偏向于实操。

为了让大家更好地理解品牌管理工作，我把品牌管理分为前、中、后三个阶段：

（1）品牌刚建立的前期。

（2）品牌完整建设结束的中期。

（3）品牌资产持续增长的后期。

阶段的划分是基于不同的品牌目标来完成的。

```
┌─────────────────┐   ┌─管理中期─────────┐   ┌─────────────────┐
│ • 品牌的使命、愿景、│   │ • 建立牢固的消费者关│   │ • 品牌资产积累、品牌│
│   价值观、定位    │   │   系、正确的品牌形象、│   │   形象的维护、保持品│
│ • 关注"差异"     │   │   提升知名度       │   │   牌成长力         │
│                 │   │ • 关注"相关"      │   │ • 关注"一致"      │
│ 管理初期         │   └─────────────────┘   │         管理后期   │
└─────────────────┘                         └─────────────────┘
```

品牌管理的前中后期阶段动作

如果你的目标是为了建立一个新品牌，包括建立使命、愿景、价值观和定位等品牌要素，那就说明你处在"品牌刚建立的前期"。

如果你的目标是发展壮大一个既有品牌，包括与消费者产生牢固的关系、形成正确的品牌形象或者提升知名度等，那就说明你处在"品牌完整建设结束的中期"。

如果你的目标是维护一个成熟的品牌，主要进行品牌资产的积累、品牌形象的维护或保持品牌的成长力等，那就说明你处在"品牌资产持续增长的后期"。

打一个比方，品牌管理就是具体的品牌工作上面的帽子，比如上小学的时候大家都做过广播体操，广播体操就是品牌管理，各个小节的具体动作就是我们的具体工作，如确定品牌定位等。

在明确了品牌理论和实操相关知识，以及品牌管理的三个阶段后，再给大家分享一个最重要的指标，可以帮助大家找出品牌管理工作中的红线。

在品牌刚建立的前期，对应的品牌管理指标是"差异"，即占领用户心智是此阶段的首要任务，而圆满完成这个任务最快捷的路径就是"差异"。

举个例子，快消品类的洗发水可选择的品牌特别多，海飞丝定位在去屑,沙宣定位在专业时尚,因为不同定位它们才得以杀出重围。所以在这个阶段,你可以常问自己,我和现在已有的品牌有差异吗?差异点在哪里?

除此之外,一些常规的品牌管理操作,如商标和名字的注册等琐碎事情,也都是在这个阶段完成的。开头的案例,就是因为那家网红店在确立之初没有做好商标和名字的注册,导致后期出现了一系列问题。

品牌完整建设结束的中期,对应的品牌管理指标是"相关"。你的品牌一旦确立好,准备要冲出市场了,那么此时你的重心就该从"差异"转向"相关"了。

举个例子,运动品牌 lululemon 凭借在北美的成功经验强势进入中国市场,并举办多种线下活动,比如让人们穿着 lululemon 的服装在大型公开场所进行瑜伽教学活动,从而让消费者想到瑜伽就想到这各个品牌。所以在这个阶段,你可以常问自己:我所做的事情可以让消费者想到我的品牌吗?我制定的要求是否能帮助消费者关联到我的品牌?

品牌资产持续增长的后期,对应的品牌管理指标是"一致"。品牌发展到一定程度,就会成为一个成熟的品牌了,拥有自己的理念和定位,深受消费者们的拥护和喜爱,所以接下来的重点就是"一致"。我们要保证不同渠道之间的内容一致,也要确保内容与品牌理念等原则性信息一致。

举个例子,营销界一哥杜蕾斯,不管是它的微信公众号、微博还是其他渠道都保持高度一致性,同时在内容上也风格一致,符合它"娱乐者"的品牌人格,也符合它传播的重点。如果在品牌管理过程中,如果这件事和你的品牌之前传递给大众的内容不一致,就需要果断放弃。

"差异""相关""一致"这三个指标在品牌管理的整套流程中都会涉及。随着工作时间的增加,我们接触越来越多的品牌营销工作,评判指标也会越来越多。这是一个持久学习的过程。

那如何从概念落到工作上?我提供两个小技巧:

(1)品牌管理是一个日常积累的过程,可以尝试把每一次的品牌营销动作记录下来,并整理成为自己的品牌管理手册。

(2)品牌管理一定是先做好品牌梳理工作,再开始设计营销动作。切记所有营销动作都要围绕品牌既定方向来完成。

最后,请大家思考一下,你品牌管理的重点工作是什么?期待你的分享。

027

品牌延伸：
一把影响发展的双刃剑

ZARA 已经是无人不知无人不晓的快时尚品牌了。但不知道你有没有注意到，ZARA Home 近几年也在悄然兴起。ZARA Home 以销售家居用品及室内装饰品为主，包括床上用品、各类餐具、洗护用品、桌布、地毯等。除此之外，如果你浏览过 ZARA 的官方网站，还会发现一个叫 TRF 的女装品牌，其风格比 ZARA 更加时尚。说到这里，你会不会困惑，TRF、ZARA Home 和 ZARA 之间有什么关系？

ZARA Home 和 TRF 都属于品牌延伸。ZARA 没有局限于一种产品或一个领域，而是多领域、多品类发展。比如，ZARA 本身的产品包括女装、男装及童装，新增加的 TRF 同样在 ZARA 这个服饰品牌之下，这叫产品线的延伸。ZARA Home 独立于 ZARA 服饰品牌之外，但仍然冠以 ZARA 的名字，这叫品类延伸。这种多元化的发展策略都属于品牌延伸。那么品牌延伸的概念是什么？企业在开展品牌延伸的时候，都有哪些需要注意的问题？这些就是本讲要和大家分享的内容。

品牌延伸其实也是品牌架构的一种变形，不同的延伸会决定架构的不同方向，譬如向上延伸有可能涉及母品牌背书，双向延伸有可能涉及多品牌战略。我们会在下面的课程中单独讲述品牌架构这个概念，本讲的重点还是品牌延伸这个内容。

对于品牌延伸，相对权威的解释是：一种在已有相当知名度与市场影响力的基础上，将原品牌运用到新产品或服务上以期望减少新产品或服务进入市场的风险的经营策略。

我们用一个比喻来帮助大家理解。品牌延伸就好比过去的"师傅领进门"：原有的品牌是一个老师傅，新品牌是徒弟。师傅为了壮大自己的招牌，利用过去的经验、人脉关系等手段将徒弟带进行业之中，共同发展。

一般来说，品牌延伸的基础是产品延伸，但不见得所有的产品延伸都会出现品牌延伸。听上去有点绕，下面我给大家举个例子解释一下。

可口可乐公司在可口可乐的基础上，开发了零度可乐、健怡可乐、芬达、雪碧、醒目等，这些都属于产品线的延伸，随后又在不同产品线的基础上建立了不同的品牌形象。再比如苹果公司，他们有手机产品线 iPhone，iPhone 又分为 iPhone s、iPhone Plus、iPhone X，还有电脑产品线，电脑爆款包括 maxbook、airbook 等，不管哪条产品线的延伸，都统一在苹果这个品牌基础上，而没有做品牌延伸。

看到这里有人会说了，是不是产品线浮动很大就不能进行品牌延伸了？其实不然。

我们再举个领域跨度较大的例子——迪士尼，其最早起源于卡通动画。但现在迪士尼集团名下除了拥有电影发行品牌外，还拥有迪士尼电视频道、迪士尼乐园、迪士尼乐园度假区、迪士尼商店等，这些都不是跨越产品，而是跨越品类了，但依然可以通用迪士尼的品牌名字以及卡通 IP。

产品延伸（可口可乐）	品类延伸（迪士尼）
必须围绕母品牌的属性发展	必须贴合母品牌的调性

品牌延伸的类型及注意点

不管产品线的浮动大不大，最终决定其在市场上形象与地位的，却是品牌延伸策略的制定。好的品牌延伸策略可以让组织打破产品乃至品类的边界，全面发展。但需要注意的是，脱离了品牌属性关联的品牌延伸反而会给企业带来毁灭性的打击。

为了避免给企业带来打击，品牌延伸必须围绕着母品牌的属性发展，新产品也需要贴合母品牌的调性。我举两个品牌延伸失败的案例：提到霸王，你会想到什么？生发洗发水对吧？如果我告诉你，霸王曾经还出产过凉茶，你会有什么感觉？这款和加多宝一样的凉茶还花了大价钱请了甄子丹代言，结果不言而喻。

就算是像 Nike 这样的品牌巨头，也在品牌延伸上出现过失误，曾经尝试推出过时尚女鞋 sideone、休闲鞋 i.e. for women，最终也是以失败告终。

上述两个案例还算幸运，只是延伸的子品牌消失在市场中，母品牌还依然坚挺。如果是小企业，根基不深厚的话，就难说了。

我们再反过来看前面的迪士尼案例，其品牌延伸就很成功。为什么？因为其虽然跨越了不同的品类，但这些品类的终极目标都是围绕迪士尼的快乐属性展开的，属于形散而神不散。为了保护品牌资产，还是提醒大家切忌盲目追求品牌延伸。正如定位理论之父艾·里斯曾说过："品牌是根橡皮筋，你多伸展一个品种，它就多一份疲弱。"

随着商业的不断发展，企业扩张势不可挡，随之而来的也会出现品牌延伸。如果你的企业也遇到了同样的问题，建议身为掌舵公司品牌的你，可以基于品牌理念和用户关系这两个维度，认真思考是否要做品牌延伸。一旦决定了做品牌延伸，就要立即组建团队或邀请专业咨询公司协作，迅速展开品牌架构的讨论和执行。要知道，正确的品牌架构是确保品牌延伸的重要前提。

🔖 **小技巧** 那如何从概念落到工作上？我提供两个小技巧：

（1）品牌延伸的工作属于商业战略、产品战略和品牌战略的三者结合，最好是邀请公司决策层参与并做出明确判断，而不能靠市场部工作人员拍板执行，这样可以避免后续的资源浪费。

（2）品牌延伸后的执行工作需要注意子品牌和母品牌的联动。早期一般是采取母品牌带动子品牌的方式投入市场并展开宣传，中后期再将两个品牌逐渐剥离，但要注意资源的有效分配和互补。

🔖 **请思考** 最后，大家思考一下，阿里不断并购公司，这种行为是进行的品牌延伸吗？期待你的分享。

028

品牌体验要素：
MOT 接触点，让用户疯狂的关键点

我有一次出差，在火车站候车的时候看见一个装修优雅、简洁的店面，还打了一圈特别美的光圈，在乱糟糟的火车站中，散发出一种说不出的安详感。于是我情不自禁地走进去，发现里面是卖瓷器茶具的。店里放着轻柔的禅乐，弥漫着淡淡的檀香，穿着素净长袍的店员远远地站在一边微笑着，却没有上前打扰我。到这里我已经完全被打动了，冲动之下花了几百元买了一套茶具。

不知道你是否有过相同的经历，在接触一个品牌的时候，往往会有那么一些关键时刻，极大影响到我们对品牌的感知、印象，甚至影响最后是否会产生购买或体验行为。这些关键时刻，是构成品牌体验的要素。那么品牌体验要素究竟是指什么？可以怎样去运用从而促成用户对你的偏好选择？本讲给大家分享这两个问题的答案。

这里涉及两个概念——品牌接触点和关键时刻，下面先给大家解释一下。

品牌接触点是指顾客有机会面对一个品牌信息的情境。此接触点是品牌信息的来源，若非人为的，就是自发的。这里面所说的品牌信息的情境就是之前讲的品牌体验。换成大白话来解释的话，就是品牌接触点是构成品牌体验的最小单元。

而本讲我们要讲的关键时刻，就是品牌接触点中最关键的一种，这个概念是在20世纪80年代由北欧航空公司的CEO卡尔森提出的，英文缩写为MOT，全称是Moment of Truth，指的是企业与顾客接触的重要时间点。如果在这个时间点之中，客户的感知是美好的、正面的，那么就会对品牌产生好感，并提高对品牌的忠诚度。卡尔森还写了一本同名书籍《关键时刻》。用一句话来说就是：**接触点构成了品牌体验，关键时刻则决定了品牌体验的成败**。想要提高品牌体验的质量，这二者缺一不可。

接下来看一个MOT做得很不错的例子，这个例子来自新加坡航空公司。

作为世界上屈指可数的航空公司，新航在每年一度的航空界奥斯卡——Skytrax航空评选上，无论是最佳航空、最佳机上娱乐，还是最佳头等商务舱，几乎都能排进前三名。那么他们都是怎么做到的？

他们将品牌体验分为视觉、听觉、味觉、嗅觉及触觉这五个方面，并且更重要的是，在这五个方面中分别找到了正确的关键时刻，并做出了改良设计，从而一举俘虏了世界各地乘客的心。我身边就有新航的终极粉丝，同样的航线，新航哪怕比其他航班贵上几百元钱，他们都会义无反顾地订新航的机票。接下来我们就来看一下新航是如何实现这个神奇成果的。

（1）视觉。在视觉上，新航严格筛选空姐。新航认为，空姐是航空公司最好的形象代表，因此，对空姐的选拔要求很严格，额头上一小块凸起都会被拒之门外。除了常规的筛选之外，还需要经历三轮以上的辩论类筛选，主要考察应试者在面对各类语言问题或突发问题时是否能保持亲切与微笑。除此之外，他们还请法国设计师为空姐结合新加坡布裙风格设计制服，使之具备视觉上的冲击感，形成独特的品牌认知。

（2）听觉。他们会请专门的人来撰写常规问题的答案、机长的广播用语等，为的是保持新航的亲切度和专业度，最大程度优化消费者的体验。

（3）**味觉**。很多航空公司的空中餐十分难吃，而新航早在1998年就意识到这个问题了。为了解决这个痛点，新航请来各国有名的厨师，打造"新航国际烹饪顾问团"。好吃到什么程度？不亚于五星级饭店的标准。如果是乘客的生日，新航还会赠送一个美味的小蛋糕。

（4）**嗅觉**。新航请到调香大师斯蒂芬·佛罗里达专门调制香水。这种香水味道清新怡人，令人放松，不仅用在空姐的身上，还会用在提供给顾客的热毛巾上，从而不知不觉让乘客沉浸在舒适自然的香味中。

（5）**触觉**。新航对飞机内部的装潢进行了改善，飞机上配有LED高清屏幕、真皮座椅、双层羽绒被；头等舱和商务舱全部要求平躺模式；经济舱座位之间的空隙增加了6英寸空间……这些改变让乘客在飞行途中可以舒服地睡眠和休息。

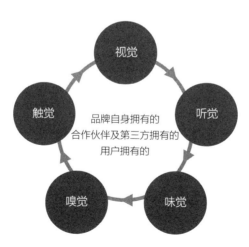

品牌接触点类型及创造方式

通过这个例子，我不希望大家误认为MOT关键时刻就是搞定人的五感，而是希望启发大家重视一点认知：无论是品牌接触点，还是品牌接触点中的关键时刻，都是站在用户视角、人的感受角度来完成的。要知道,有时候人们真正需要的不是产品,而是令他们满意的体验,就像本讲开头讲的,我在火车站买下一套漂亮但几乎用不上的茶具一样。打动我的与其说是茶具本身,不如说是当时的体验感。

一般来说品牌能通过 3 种方式创造自己的接触点,并从中找出最能影响体验成败的关键时刻 MOT。

(1)**品牌自身拥有的**。一般分为三点:第一点是品牌本身的产品设计,比如 App 界面、一线服务人员等;第二点是品牌自己拥有的媒体曝光资源,比如官网、微信和微博账户、其他各种线上线下媒介资源(包括固定展厅、办公环境等容易被忽略的资源);第三点是品牌通过市场动作获得与用户的接触点,如广告、公关报道、路演活动、移动展厅等。对于这种接触点,一定要确保接触点和 MOT 与品牌定位的一致性。

(2)**合作伙伴及第三方拥有的**。主要是指企业的上下游合作伙伴、品牌或营销服务的供应商、合作的媒体、意见领袖所拥有的资源,更多是企业通过合作或采购而获得的接触点。对于这种接触点,一定要确保对合作方的掌控性以及对方对品牌理念的理解性。

(3)**用户拥有的**。这种接触点往往是用户和品牌接触时,自发产生的接触点,如自己上传的 UGC 内容视频。UGC 这个概念我们后面会专门阐释。社交网站针对品牌给出的评价,一般来说不受品牌或品牌第三方的控制,但可以被影响。

对于这种接触点,一定要确保及时监测、及时引导,通过对品牌理念而非营销目标的沟通,来影响用户的判断。

如何找出这其中的关键时刻 MOT?需要通过:找出所有接触点;评估每个接触点现有表现;明确每个接触点对用户的影响;通过优先顺序选出关键 MOT;执行并不断优化。

那如何从概念落到工作上?我提供两个小技巧:

(1)在审视品牌接触点的时候,我们会从真实性、相关性、差异性、交互性、一致性、存在性、理解性这七个维度去评估;同理,在设计MOT的时候,我们一样可以用这七个维度作为我们设计的准则,对MOT的设计进行把控。

(2)正如品牌体验的设计并不是一劳永逸的一样,MOT的设计同样需要时时把控、定时更新,紧跟着时代的发展进行调整,只有这样才能和用户更贴合。

最后,请大家思考一下,你乘坐飞机的体验中,有哪些MOT是可以优化提升的?期待你的分享。

029

品牌溢价：
影响消费者脑海里的价格标签

如果你关注娱乐圈，相信你一定听说过一个邮筒走红的故事：鹿晗上海演唱会的前夕，深夜曾在微博上传了一张和一个邮筒的合影。微博发出不到 1 小时，就有粉丝前去寻找邮筒，模仿偶像的动作和那个邮筒合照，最长的队伍排到了两三百米，凌晨 4 点还有人在排队！据说那个邮筒"眼瞅着都要掉漆了"。

如果中国邮政同意去卖的话，我想一定有粉丝愿意花高价买回家。2018 年鹿晗代言的 OfO 把这个邮筒搬去了做线下活动，又赚了一波儿流量。为什么一个普通的邮筒，会有如此大的轰动效果？

本讲不是讨论八卦话题，而是站在市场的角度重新解读这个故事。表面上看，鹿晗以自己的个人 IP 赋予这个邮筒额外的价值，使它不同于别的邮筒。

再往深一层去想，为什么一个物品的实际价值会超出同类产品的价值？这在品牌界是一种很常见的现象。同样一个包，有个香奈儿的 LOGO 就可能贵上 10 倍，除去理性的成本，造成产品高出同类产品价值的原因，更多是用户的非理智情感。这就是我们所说的品牌溢价。

几乎没有一个品牌不希望拥有品牌溢价。那么品牌溢价的定义是什么？企业要如何才能提升品牌溢价？这些就是我接下来要给大家分享的内容。

学术上来讲，品牌溢价是指和竞争品牌相比，品牌自身拥有的更高标价的能力。

我曾问过一些市场从业人员：你认为什么品牌可以卖得比它的竞争对手贵？他们都回答说，一定要是知名品牌，知名品牌就可以比它竞争对手卖得多，还卖得贵。但其实，品牌溢价的能力根本不取决于品牌的知名度。换句话说，并不是知名度越高的品牌溢价能力越高。比如肯德基、蒙牛、脑白金，这些品牌的知名度应该是不容置疑的，但和它们的竞争对手相比其并没有很明显的品牌溢价。

相反，和上述品牌相比，一个没有太大知名度的鲜花品牌——roseonly，反而实现了品牌溢价。

这个品牌主打理念是"一生只送一人"，他们的每一款产品上都配有一份真爱证明。证明卡上附有唯一的二维码，绑定收礼人的名字，此生不能更改。收礼人用手机扫一扫，就可以看到送花人下单时留下的爱语。

在这样的整合营销下，roseonly 19朵一盒的玫瑰售价1999元。我们再来看市场中普通品牌的玫瑰卖多少钱？淘宝上，搜索同样的一盒19朵玫瑰，售价只需155元。这二者之间的差价足足有10倍之多！即便roseonly卖这么贵，非但没有被市场淘汰，反倒备受欢迎。

通过这个案例，我们可以发现，品牌溢价的前提未必是高知名度，反而是建立鲜明独特的品牌理念和体验，帮助用户建立认知，并且给用户一种独特的荣耀感。

这些年，品牌溢价的定义随着时代的改变也在不断变化着。20世纪90年代，对于品牌溢价，人们是这样认为的：**"可反映品牌资产管理的结果，而具有感知质量和相对成本来说的品牌感知价值是人们愿意产生溢价行为的重要理由"**。到了2007年，品牌溢价的定义变成了"顾客为了获得更好的福利而愿意为之支付的价格"。由此可见，人们对品牌溢价的定义由单纯的"感知质量"向综合的"更好的福利"过渡。

可以说，品牌溢价能成功，离不开以下两点：

（1）对于企业自身而言，产品的质量值得被信赖是产生品牌溢价的基础，尤其是对于需要重度决策过程的产品而言。但与此同时，品牌要具有一些特殊的东西（比如故事、理念、联想等），以构建起鲜明的品牌区隔，给予消费者丰满的附加价值，引发消费者对于美好生活的向往，往往会更容易实现品牌溢价。

（2）对于消费者而言，被品牌拥有的这些特殊的东西所打动，使其感到自己获得"独一无二"的价值，更容易促使他们为此付出更高的价格，相对而言，兜售体验、情感和价值的产品往往比单纯卖实效功能的产品更容易产生溢价。

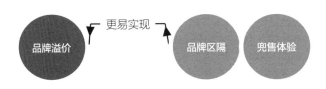

品牌溢价的路径

那如何从概念落到工作上？我提供两个小技巧：

（1）消费层级越高的品牌越容易拥有溢价能力，奢侈品无疑是溢价能力最强的行业之一，所以其更加需要提供服务体验、情感实现和价值满足。

（2）保持稳定的品牌表现，不但有助于帮助消费者提升信任感，而且有助于实现品牌溢价，稳定的品牌表现不仅体现在营销传播上，更表现在产品质量和服务体验上。

> **请思考**
>
> 最后,请大家思考一下,我们之前提到的品牌价值的高低与品牌溢价的多少之间有什么关联?

030

品牌价值链：
站在经济学角度审视品牌工作的有效性

大家可能都有这样一种感觉，虽然做了很多品牌的工作，但年终汇报时还是看不到成果。原因就是我们创造的价值通常是无形的，但在企业经营视角中，这部分价值往往因为没有科学且正确的核算公式，所以被忽略掉了。也就是说，价值虽然被创造了，但却没有被认同并产生经济效应，自然就会被老板和其他部门认为是无用功。本讲我们就通过对品牌价值链的学习，从经济学视角解决这个让很多品牌人感到无力的问题。

拿备受争议的百雀羚广告《与时间作对》为例，是一次很成功的品牌宣传，但如果单纯地看市场转化率，据说仅为0.00008%，但请大家再深入思考一下，品牌广告仅仅对应转化吗？其实并不是的，对应的还有很多。比如市场上获取的免费流量关注、用户产生的心理变化所带来的决策行为改变，行业媒体引发的社会探讨等，这些都算是回报收益。如何分析出除营销活动外的收益？这就是本讲要学习的知识。

在开始学习本讲之前，首先我们需要了解价值链这个概念的缘起、目的、内容及作用，接着再聚焦在品牌和营销工作上，分析由其延展而来的品牌价值链。

价值链的概念是美国战略管理学家迈克尔·波特（Michael Porter）在1985年首次提出的，这位大师是商业管理界公认的"竞争战略之父"。

价值链的提出，是为了更好地研究企业发展战略，其实企业发展战略也是一个看不见摸不着的东西，企业管理者也不知道要如何衡量其价值，故常常将其忽略。价值链分析法的出现，把无形的战略有形拆解化，并站在管理学和经济学的双重角度进行深入解读。

整体来说，价值链主要由三部分组成：主要活动、支持活动和利润。为了提升公司的赚钱能力，企业必须依照结果进行资源的有效分配，从而达成高效益的终极目的。在这个目的下，价值链模型承担的作用是指导分析的路径和流程，先梳理链条，再从每个环节分析具体的实际情况。

这听上去很简单，但实际上透过现象看本质是一件非常困难的事情，尤其是对第一个发现本质的人来说。举一个不恰当的例子，我们现在看人体解剖图觉得没什么，但是第一个清晰画出藏在皮肤下器官结构图的人，却要花上数年时间才能成功。

在后续的内容中会涉及很多模型和理论，它们的诞生都是为了解决某一个具体的商业盈利问题，而且模型的具体作用就是作为分析思路。但比运用这些模型来解决问题更重要的是学会模型的路径搭建，就像我们知道"怎么学习"比"学习什么"是更为重要的事情一样。

简单来说，价值链可以理解为一种高层次的企业资源流通模式，由原材料作为投入资产进入生产环节开始，直至原料通过不同过程售给顾客为止，其中做出的所有价值增值活动都可作为价值链的组成部分。

价值链的重点在于，将研究范畴从核心企业内部向前延伸到了供应商，向后延伸到了分销商、服务商和客户。这也形成了价值链中的作业之间、公司内部各部门之间、公司和客户以及公司和供应商之间的各种关联和相互依赖关系，进而影响最终的业绩。因此，协调、管理和控制价值链中节点企业之间的相互依赖关系，提高价值链中各节点企业的作业效率和绩效非常重要。

同理，在市场工作中，品牌价值链也需要对品牌和营销的生产、流通、交付等环节进行深入拆解和分析。其从企业内部向前延伸到了供应商和供应者，向后延伸到了代理机构、消费者和潜在消费者。

《战略品牌管理》一书中对品牌价值链（brand value chain）有着明确的定义：品牌价值链是一种结构化方式，用来评价哪些营销活动创造品牌价值，以及评价品牌资产的来源和结果。这是将迈克尔波特提出的价值链中的"市场与营销"部分微观化并放大其具体路径，对应着企业价值链的两个目标：找出哪里能让企业赚更多钱和在交付物上创建令消费者满意的差别化。品牌价值链也有自己的两个目标，那就是提升品牌价值的方法和积累品牌资产的方式。

用于识别公司潜在的经济优势来源，实现最优的资源分配

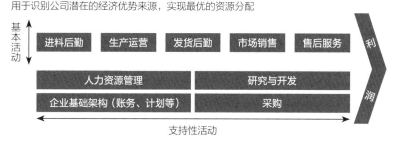

波特价值链的内容及作用

基于品牌价值链的定义，你会发现企业最终目标是实现品牌价值和累积品牌资产，这两个概念我们在之前学习过。

品牌价值链被分为 4 个阶段：

（1）主动进行的营销活动和投资行为。

（2）顾客心智产生的品牌感知。

（3）市场行业的整体品牌情况。

（4）股东能够得到的利益。

作用：创造品牌价值，评价品牌资产的来源和结果

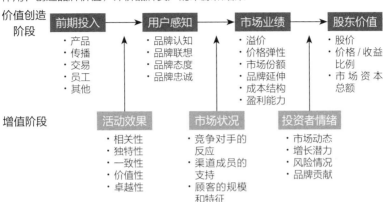

品牌价值链（Brand Value Chain）⊖

可以看出，在品牌价值链的设计中，营销动作不仅用于实现销售，更用于品牌的形成。

这里要注意的是，在品牌价值链中，价值创造阶段中的每两步之间都配套有增值阶段中的一步，增值阶段一共有 3 步：营销活动达成的效果、市场状况和投资者情绪。

还是以百雀羚为例。你会发现站在品牌价值链的视角来审视的话，我们能看到品牌工作换来的实实在在的收益。顾客心智产生的品牌感知、市场行业的整体品牌情况都明显因为这次活动而带来正向增长。

⊖ 模型来源：《战略品牌管理》[第 4 版]。

那如何从概念落到工作上？我提供两个小技巧：

（1）品牌资产中的3个标准和品牌价值中的7个维度，都可以作为品牌价值链中的延展部分，作为补充手段来核算具体活动所带来的经济效益。

（2）品牌价值链不仅打通了市场工作中的各个环节，更可构建和指导企业内部进行品牌和营销工作，故需要和团队高层人员一同确立并推进执行。

最后，请大家思考一下，品牌价值链要如何运用到你的实际工作之中？期待你的分享。

第二部分

入门必备
15个提升效率的高效执行法则和技巧

031

Logo：
Logo 需要满足的 4 个特质

　　提到 Logo，很多人都不会感到陌生，毕竟每天我们都能看到很多品牌的 Logo。但也有不少人对 Logo 存在着一定的误解，认为 Logo 就是商标，实则不然，Logo 和商标既有相同之处又有不同之处。根据美国行销协会（American Marketing Association，AMA）的定义：商标是名称、术语、符号、象征、设计或者以上的组合。而 Logo 是企业品牌或产品品牌的标志，可以用来申请商标。Logo 更多是用于品牌，商标则更多是用于企业。

　　但不管是 Logo 还是商标，往往都会将视觉突出、呈现效果好看放在第一位。可事实上真的是这样吗？为什么有的 Logo 能让人过目难忘，而有的 Logo 却很难被人记住？在进行品牌建设工作时，我们要如何让用户在纷杂的市场环境中一眼相中自己的品牌？

　　本讲就来聊一聊品牌 Logo 这件事。

　　首先，让我们来看一下 Logo 的定义：**Logo 就是品牌标识，常见的形式有很多，比如单图型、单字型、图形字体组合型等。**

　　可以说，Logo 是品牌战略语言的视觉化体现，也是品牌资产的重要组成部分。在人的五感中，视觉占了 80% 以上，所说视觉是最重要的。在视觉中同样会根据注意力的不同而进行分层：第一眼被用户看到的就是第一视觉层级,第二眼看到的信息就是第二视觉层级。往往品牌名称和品牌 Logo 就位于第一层级;包装、海报属于第二视觉层级。一个好的 Logo,可以成为品牌传播的助推剂,帮助品牌迅速占领用户心智。

什么样的 Logo 才是一个合格的助推剂呢?需要满足 4 种特质:**体现品牌定位,建立品牌识别区隔,符合用户需求,具有话题性以带来传播效果。**

合格的 Logo 应具备的四种特质

1. 能体现品牌定位

Logo 应该先解决"对"的问题,再来解决"美和丑"的问题。好的 Logo 不仅体现在设计层面,更需要体现品牌战略思考,反映品牌的核心理念,直白、简洁地传递出"我是谁"的信息,并可以被用户完全捕捉到。

比如,西贝莜面村的 Logo,就是通过"莜面村"以及"I Love 莜"的图案体现出了品牌的产品定位——莜面。

2. 能建立品牌识别区隔

Logo 只有建立强烈的品牌识别区隔，才能让用户在一眼看见的时候和竞争品牌区别开，从而产生进一步接触的意愿。这种识别区隔可以通过色彩对比、图形设计来实现。比如，麦当劳通过红色和黄色的对比、宜家采用蓝色和黄色的对比。你会发现，色彩越少的 Logo，对比就越明显，识别度也就越高。如果你在大街上看到红黄两色，会不会第一反应就是麦当劳？

除此之外，这里还有一个小技巧：从 Logo 的展现元素来看，用**文字建立识别区隔的效果会比图案、图形等更容易一些，且不容易被复制**。可口可乐的 Logo 就是只由文字构成的，同样只使用文字的 Logo 还有亚马逊、谷歌、IBM 等知名品牌。想要通过文字建立识别区隔，前提是文字设计要有自己的风格，不能过于普通，否则会适得其反。

3. 符合用户需求

我们要时刻记住，Logo 是给消费者看的，而不是给我们自己看的。因此，我们的 Logo 就和产品一样，必须要符合消费者的需求。**明白消费者需要什么，才能明白要采取什么样的视觉设计。**

在这里，我们将需求简单分为精神需求和物质需求两大类。也就是说，我们在设计 Logo 时需要考虑，我们到底想满足的是消费者的精神需求还是物质需求。

比如星巴克，通过美人鱼的形象带给消费者一种神秘感觉，使之产生探索的欲望，这就是满足了消费者的精神需求。再比如拼多多，众多不同产品的图案围绕着一个"拼"字，体现出了拼多多品类丰富、物美价廉的特点，这就是满足了消费者的物质需求。

4. 具有话题性，能带来传播效果

我们都知道，由于人有社交需求，所以会出于合群、凑热闹、好奇心等因素自发传播一些事物。因此，**如果一个 Logo 能够带给人们话题，引发人们的好奇心与讨论，就可以让用户自发去传播该品牌 Logo**。

比如前段时间得到 App 换了 Logo，引起一波热议，新 Logo 是一只橙色猫头鹰，很多人吐槽说实在是太丑了。的确如此，但是人们在短暂惊叹之后却猛然发现，新 Logo 就是一个"罗"字啊！于是人们深深被罗胖这一局"大棋"所折服，纷纷再次投入到讨论之中，引发一阵传播。

那如何从概念落到工作上？我提供两个小技巧：

（1）品牌 Logo 的设计需符合时代特点，但又不能带有太多流行元素，否则有过时的风险。最保险的方式是以简洁为主，如简单的色彩、简单的图形、简单的文字等。毕竟，"少即是多"是永恒的真理。

（2）要摸清行业特色，避免大众化的 Logo，这样更有利于品牌建立认知区隔。比如，行业中竞争品牌都是在顺应消费者的物质需求，那么你可以对消费者进行研究，看看有无可能在精神需求中找到新的突破点。比如白酒行业，郎酒、汾酒、五粮液等，都使用不同的汉字字体来表现产品的历史与典雅，顺应用户对白酒厚重的、文化积淀的需求，但江小白通过具有互联网风格的 Logo，构建用户"轻"的饮用场景，成功让自己的 Logo 具有高强识别度。

最后，请大家思考一下，微信的 Logo 算是一个好 Logo 吗？期待你的分享。

032

Slogan：满足 4 点让广告语勾住用户的心

不知道大家是不是和我一样，因为做品牌营销这行，常被朋友喊去帮忙想个广告语。每当这个时候，我都会很坚决地告诉他们：不好意思帮不了你，因为这不是一拍脑袋就能现编出来的。于是有人就特不理解，埋怨道："不就是一句话而已吗？哪有那么难？要不是我文笔不行，就自己上了。"

很多人都有一种误解，以为写广告语只是一场文字游戏，事实上，不是会码字就能写出好的广告语。

到底什么是广告语呢？它有什么用处？好的广告语设计技巧有哪些？本讲我来给大家详细解读。

更多人喜欢叫广告语的英文名——Slogan。一般来说，广告语由一句短语或几个词构成，它最大的作用不是用语不惊人死不休的方式引来万众关注，而是通过最简洁有力的语言准确传递出品牌的核心理念或产品的关键利益。

Slogan 和 Logo 都是企业成本最低也是效果最好的"广而告之"。我们一定要做到，即便消费者记不得企业投放的广告内容或媒体传播，也能记得我们的 Slogan 和 Logo 是什么。如果再成功一点的话，那就是唤起共鸣，获得偏好，促成购买。在这一点上，Slogan 发挥的空间和起到的作用比 Logo 更大一些。

不知道你有没有这样的经历：因为对一句广告语特别有感觉，从而对品牌留下记忆，进而产生兴趣乃至共鸣，一冲动就买了他们的产品。至少我有好几次就是这样，譬如看到一个手表品牌，其 Slogan 是"时间看得见"，即便它比其他品牌还贵了不少，我还是选择购买了它，就是因为它触动了我的某条神经。

虽然 Slogan 作用很大，但是要用简单一句话或几个词囊括品牌想要传达的核心理念，同时还要符合品牌定位、体现三观态度、吻合人设口味，真的是一件很难的事情。即便是产品广告语，也要清晰传递出差异化的利益点，触动消费者那条敏感的神经。所以 Slogan 不光是创意的产物，更是逻辑的成品，这不是一拍脑子就能写成的。如果你的企业没有做过品牌建设或梳理，那么帮你写 Slogan 的那个人，简直就是帮你做一套品牌战略，因为只有品牌战略确定了才能写出一条精准的 Slogan。

总而言之，**一个好的 Slogan 能做到以最小成本、最大势能传播品牌的核心信息，帮助企业节省市场推广资源或放大广告投放价值**。比如瓜子二手车，一句"没有中间商赚差价"不仅清晰、直接地给出了品牌赋予受众的价值感，还很容易让受众产生对竞争对手的排斥。但其实大多数互联网二手车交易平台都是这么做的，只不过少了这么一句精准的广告语让用户感知到。这句简明直接的广告语，让瓜子二手车这个后来者逆袭成功。

提醒大家一些事：千万不要在广告语的创作中秀智商；不要搞一堆生僻字；也不要用拗口难念的词；不要说一些故弄玄虚的高级词。**一般来说，Slogan 越是简单有力量越好**。所以要说人话，不说废话，这样更容易得到新一代消费者的好感。

想要写出一条成功的 Slogan，我给大家传授四个小技巧：

（1）符合定位是第一：任何 Slogan 的评判标准都是"先对后美"，符合品牌战略以及定位、三观和人设，是创造 Slogan 的前提。譬如定位为专业的品牌，同时人设是智者，就可以用戏谑的口吻来写 Slogan。

（2）**变功能为利益**：品牌营销行业有句话叫"要卖就卖煎牛排的吱吱声，而不是卖牛排"。Slogan 中要重要突出品牌或产品给消费者带来的利益点。譬如当年苹果推出的 iPod，在所有同行都在炫耀自己的 1GB 容量时候，乔布斯选择了"把 1000 首歌放进你的口袋里"这句话作为产品 Slogan，直击消费者获得的利益感，在与对手区融开的同时，赢得用户的心。

（3）**差异优势要体现**：Slogan 要"一针捅破天"。消费者脑容量有限，他们只会记得第一而不会记得第二。我们必须要挖空心思在 Slogan 中体现品牌的与众不同，这种不同可以是具体的功能点，也可以是情感、价值、信仰，但不管是哪种都一定要准确界定才有力量。比如千千静听的 Slogan 是"千千音乐，听见世界"，酷狗音乐的 Slogan 是"就是歌多"，相比时下，后者是不是更加具有吸引力？

（4）**精神召唤更有吸引力**：就像人与人的沟通一样，能让你听进去的话，不是你喜欢的人说的，就是这句话本身能得到你的认同。想通过 Slogan 让用户和品牌产生情感或价值共鸣，那么它必须建立在对用户的深刻把握上。如 roseonly 的"一生只爱一人"，Keep 的"自律给我自由"，都是这方面的成功代表。

写出成功 Slogan 的四个技巧

小技巧 那如何从概念落到工作上？我提供两个小技巧：

（1）Slogan 不是拍脑袋想出的一句话，它是创意和逻辑结合的产物，是基于对品牌战略、产品特性、用户洞察三个方面进行深入思考后得到的。切忌顾左右而言他，浪费自我宣传的第一阵地。

（2）Slogan 表达要到易读、易懂、易记。如果这句话本身还需要进行解释，就说明这是个不合格的 Slogan。

请思考 最后，请大家思考一下，自己公司的 Slogan 合格吗？如果不合格，如何设计一个更好的？期待你的分享。

033

Brief：
好 Brief 必须具备的 3 个要素

有一次开部门会，我随口叫住一个新人并和他说："Eric，给你一个 Brief，记得把会上讨论的工作整理成报告给我。"

Eric 听到我布置的任务后，忙不迭地答应："好的，好的。"结果一天过去了我还没有见到这个报告，我很生气，于是把他叫来问是什么原因。

Eric 一脸紧张又委屈地说："咱们会上放了一个 PPT，又开会讨论了两条产品线的传播策划案，同时您还随口布置了另外一份工作，让我调出资料存档中去年的一份 PPT 给支持部门。我也不知道 Brief 到底是什么，整理了半天也没做好。而且您没说什么时候交，我想做好点再给您过目。"

听完他一通解释之后，我发现是我自己的 Brief 下得有问题。在职场中，下 Brief 是很常见的事，但很多人都没有做好。

回想一下，你会不会经常因为没搞懂上级下达的 Brief 而出现工作混乱、低效的情况？又或者和其他人沟通时，没有说清楚自己的 Brief，而造成项目进度的拖延或失误？本讲我们就来聊聊如何把下 Brief 这件事做得科学高效。

Brief，这个英文单词直观翻译过来有"概要，短文，简短说明，要点摘录"这四种意思。换到日常工作场景中，可以理解为甲方给乙方，或是同公司内上级给下级、部门与部门之间互传或转移工作任务的一种"执行手令"。

原本这个词是国际 4A 在使用，久而久之也蔓延到所有品牌营销机构了。一般来说，品牌和营销工作的 Brief 都是针对一项具体的工作展开的，譬如是设计一个海报、组织一个活动、撰写一份新媒体文案等，为了提高效率，一份好的 Brief 我们建议至少要满足以下 3 个要素：要达到什么目的、要拿到什么结果和什么时候提交。

1. 我们要达到什么目的（Objective）

在日常工作中，有很多不同的分类，譬如品牌类和营销类，在这两大类下的每一个具体工作也不一样。有些工作甚至横穿品牌和营销两个类别。譬如举办一场音乐节，这里面就包含广告宣传、活动策划、媒体报道、品牌提升、销售转化等诸多内容，每一项内容具体要求均不同，整体活动的目标往往既是提升品牌又是拉动销量。

所以一定要在 Brief 中清晰明确工作目标，建议目标不要多，如果真的出现 2 个以上目标，给出 Brief 的人应明确目标之间的轻重缓急，最好要有主次关系和时间顺序，以便于执行任务的人可以集中全部力量对重点目标进行突击。如果我们是接受 Brief 的人，就需要让客户或老板明确目标和目标之间的关系，避免理解和执行失误。

2. 我们要拿到什么结果（Deliverables）

有的时候目标很明确，譬如提升 10% 的市场知名度。转化 1 万名用户，但是 Brief 却没有很明确的目标，尤其在中间过程环节，我们就需要进一步明确工作交付的成果，比如具体做到什么程度，其中包括是否只需要想法、是否要给出具体执行方案；表达形式是什么，其中包括是提交 PPT 还是提交 Word，或者是思维导图。

要求越明确，返工的可能性就越小，要知道造成我们工作低效的最大杀手就是重复返工。

3. 什么时候提交（DDL）

DDL 即是 Deadline，这个词源于美国南北战争时期，当时南部政府的联军在战俘集中营内画了一条线，战俘越线者死，这条线就叫 Deadline（死亡线），之后 DDL 慢慢演变为商业中的"截止日期"。

有人笑称"DDL 是第一生产力"，事实上在商业中也是如此，没有 DDL 的项目基本上不会有好的成果。

考虑到市场工作变动性很大，紧迫性又太强，所以我们在给出任何工作 Brief 的时候，一定要明确 DDL。如果是特别重要的项目，则要留出富裕的时间，最好是 2～3 天，以防任何变动带来的失误或拖延。

Brief 需要满足的三个要素

除此之外，在市场工作中，一份好的 Brief 中还应包括市场背景、沟通策略、客户成本、预期效果、投放媒体等，但不一定在每种情况下全部都有，有些可以通过现有信息进行推断，因此需要根据实际情况来灵活调整。

我希望大家学完本讲，不仅可以自己写出一份清晰完美的 Brief，也能反过来，在你的上级发出的 Brief 不够清楚时，明确纠正他，从而让工作变得更加高效。毕竟，一份好的 Brief 是一个好结果的开始。

那如何从概念落到工作上?我提供两个小技巧:

(1)如果你是甲方,一定要先自己梳理出市场策略,再去写 Brief 然后给乙方,这样可以最大程度保证 Brief 的顺利执行。如果是公司内部的传达,无论你是下传 Brief 的人,还是接收 Brief 的人,都要明确本次项目的背景、目标、Deadline 等关键信息。

(2)接受或下达 Brief 后别忘了一个关键动作——复核,口头表达之后要请接收命令的人重复一下信息,对于发出 Brief 的人则要追加一封邮件作为补充说明,这是对彼此工作的一种保护与约定。

最后,大家思考一下,你所在的公司有没有一份标准的 Brief 模板?如果有,这份模板是否有可优化的地方?如果没有,你会怎样设计一份 Brief 模板?期待你的分享。

Big Idea：
揭开 Big Idea 神秘的面纱

我第一次接触 Big Idea，是参加创意总监发起的头脑风暴，我作为战略部新人提供场外支援。当然，当时具体讲了什么现在早没印象了，只记得那帮人提起 Big Idea 的时候，眼里都冒着光。当时我就想，Big Idea 到底是什么，能把这些折磨得生不如死又看上去乐在其中？

可能是第一次印象太深刻，很长一段时间，我都认为 Big Idea 是个玄之又玄的东西，可遇不可求，只有少数人才能想出来。可现在再回头想一想，Big Idea 只是一个创意，并没有想象中那么玄。

为了不让大家产生和我同样的困惑，本讲就来和大家分享一下 Big Idea 这个概念，介绍它的含义、目的及思考方法。

同很多品牌和营销词汇一样，Big Idea 也是外来词汇，其是从 Idea 延伸出来的。在市场行业发展的早期，企业的传播形式很单一，只有 TVC、海报、户外牌等，这些其实就是一个个小的 Idea，但是效果不理想，只能带来小范围的影响力。为了改善这种情况，Big Idea 诞生了，它一定要由一系列的活动和内容支撑起来，把事情搞大。呈现形式可能是一个字，一个短语或是一句话。这里说明一下，Big Idea 和 Slogan 相比，是动态变化的，更具有煽动性。

记住，Big Idea 翻译成中文不是"大点子"，而是"大创意"，其经常会被运用在年度公关传播方案或者年度、季度广告规划中。

当 Big Idea 确认后，就要开始思考接下来的动作了，也就是设计战役（Campaign）和项目（Program），企业在具体执行中往往会对战役和项目的串联，我把这种情况称为"缺1问题"。

逻辑关系

可以说，Big Idea 是把每个项目串起来的生命线，其让整个战役展现形式多姿多彩但传递的信息却一直保持一致。所以每一个项目都要围绕核心创意展开。

打一个比方，世界杯是一场赛事的狂欢，属于一个战役展现形式，Big Idea 是放飞自我（Live It Up），而德国队和西班牙的比赛则是其中一个项目，消费者可能因为一个项目很精彩而关注整个战役，也可能因为一个精彩的战役导致关注每一个项目。

想要做好大创意，就一定要知道一个秘诀——1-1-N 法则，即一个大创意，指导一个大战役，而一个战役由 N 个项目组成。

说回 Big Idea，我们该如何想出一个好的 Big Idea？这里为大家提供两个词，它们分别对应着两种不同方法。

1. 想要

在进行 Big Idea 的创作时，要明确通过这波营销传播，"想要"达成的目标是什么。

很多人在创作时，往往一下子"嗨"起来就收不住了，漫无目的,天马行空,这肯定是不行的,一定要以终为始。

比如你想要引入大流量,也就意味着不能只影响小部分人,Big Idea 需要具有普适性。如果目标换为提高消费者喜爱程度,此时很酷的 Big Idea 就可以纳入备选。

2. 为什么

通过回答"为什么消费者选择你,而不是其他品牌",可以让我们更好地打开思路。

老板或者客户从商业角度提出目标,我们需要通过品牌营销的手段,将商业目标转化为落地行为,让消费者买账。

之后的消费者洞察和用户画像,在此时就显得非常重要,因为我们需要对消费者心理与行为非常了解和熟悉。基于科学有效的消费者洞察,才能提炼出符合品牌定位的 Big Idea。

所以想要找到一个好的 Big Idea,这不是靠一群人坐在那里头脑风暴就可以的,而是需要提前做好详细的资料筹备,策划并提炼出链接品牌理念和消费者洞察的 Big Idea,并通过 Big Idea 指导战役和项目的一致性。

那如何从概念落到工作上?我提供两个小技巧:

(1)在解答"为什么"这个问题上,你可以尝试找出自己与竞争对手的差异点,但你的不同点一定要足够吸引消费者才行,满足他们的要求或给予他们希望。

(2)奥格威曾给出评价好 Big Idea 的标准,其中有一条是"你是不是希望这个 Idea 是由你想到的?"我们可以通过这个标准,每周给自己一些刻意练习,找出市面上的传播活动,进行分析对比,然后测试自己还有会哪些新想法。

> 请思考
>
> 最后，请大家思考一下，你最喜欢的 Big Idea 是哪一个？在这个 Big Idea 的指导下，有哪些有趣的传播活动？期待你的分享。

035

头脑风暴：
要想成功，离不开的两个"四要素"

不知道大家在工作中是否熟悉这样的场景：要做品牌传播方案了，要制定营销策略了，甚至要设计新产品了，老板都会叫上一群人一起开个会。大家在会议上畅所欲言，甚至天马行空。有时候大家可以集体产生很多奇思妙想，为工作提供很多新思路；然而有的时候却是空有热闹没有结果。这个场景中的"会议"我们就称为头脑风暴（Brainstorming）。

头脑风暴是品牌和营销工作中经常使用的一个方法，但如果只有头脑而没有风暴的话，效率就是极其低下。究竟一场高效的头脑风暴是怎样主持的？有哪些需要注意的要素？这些就是本讲和大家分享的内容。

头脑风暴法由美国创造学家A·F·奥斯本于1939年首次提出，最早是精神病理学上的用语，指精神病患者的精神错乱状态。现在则成为无限制地自由联想和讨论的代名词，其目的在于产生新观念或激发创新设想。用一句大白话来说就是：集中一组人，通过无限制地自由联想与发言，来产生解决问题的新思路。

由此可以看出，头脑风暴讲究的是"广而不深"，适用于群策群力。它拒绝对某一问题的深度思考，而是更依赖于直觉，集结群众的力量广泛讨论，提出的创意点越多越好。好的创意点常常是相互激发产生的。

头脑风暴的成功秘诀离不开两个"四要素"，分别是**明确议题、热脑铺垫、有序讨论、筛选补充的开会流程 4 个要素和解决一个问题、不打无准备之仗、多元组合多跨界、事后象限评估法的现场注意 4 个要素**。

1. 头脑风暴的一般流程

头脑风暴的一般流程是：

（1）**明确议题**：通常由发起人，也就是主持人先提出一个明确的议题，也就是本次头脑风暴要根据什么问题或现象来想出创意点。主持人常常还需要负责把控头脑风暴的整体流程，邀请到的 5 ~ 15 位参与者，讨论时长以不超过 1 小时为宜。除此之外，还可额外邀请 1 ~ 2 个记录员，专门记录头脑风暴中产生的好的创意点。

（2）**热脑铺垫**：头脑风暴开始前最好进行一个热脑小游戏，旨在让大家尽快打开思路，让思维活跃起来。常用的热脑游戏有很多，比如大冒险、气球人、你画我猜等，也可以根据自己头脑风暴的主题来设计。

（3）**有序讨论**：热脑完毕后，主持人需要就议题来组织讨论，每个人依次提出自己的"创意"。头脑风暴的脑力激荡常常是需要一个过程的，不能指望一开始就有人能提出有价值的点子。就拿我们公司来说，通常我们在做头脑风暴的时候，前 20 个点子往往起到的是热身的作用，可用度很低。

（4）**筛选补充**：集体讨论完"点子"之后，将头脑风暴中想到的好点子筛选出来，进行更深层次的思考，并补充后续的内容。

2. 现场的 4 个注意事项

在头脑风暴进行中，以下 4 个方面需要特别注意：

（1）**一次解决一个问题**：讨论问题集中明确，并且限制讨论范围,有助于提高头脑风暴的效率。比如,"我想让大家脑暴一下如何解决游乐场游客排队拥堵且没有遮阴的问题",就可能比"我想让大家脑暴一下如何提升游客体验的问题"在更短的时间内得出更好的讨论结果。

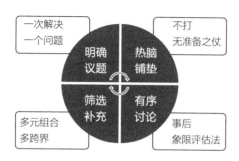

头脑风暴流程及注意点

(2)不打无准备之仗:参与人员在讨论头脑风暴之前,一定要查阅大量资料,带着自己的思考和点子去参与头脑风暴。提前没有做好准备功课的头脑风暴是效率低下的,甚至可能是方向错误的。

(3)多元组合多跨界:一场成功的头脑风暴应尽可能找不同背景的人参与。不同的专业背景往往能带来不同的思考角度,有利于思维的发散,成员之间互相启发。如果有条件,市场部的头脑风暴就可以邀请电影编剧、社会学者、心理专家来一起参与,往往会碰撞出不一样的火花。

(4)事后象限评估法:如果遇到不知如何选择点子的问题,象限法是一个很好用的方法。比如,将横轴设为"可行性",将纵轴设为"解决效果"。如果一个创意同时满足了所有的要求,而且可行性高、解决效果好,那么这个点子就可以被采纳,然后继续进行更深层次的加工和完善。

小技巧 那如何从概念落到工作上？我提供两个小技巧：

（1）头脑风暴的时候需要警惕对于创意价值感的保护，不要说出类似"我给大家抛砖引玉一下""我有一个不成熟的想法""我不知道这个点子是否可行"等语句，同时对待他人提出的创意也需要抱有思辨意识，不评判不代表不思考。

（2）英国学者爱德华·德博诺博士发明的六项思考帽是头脑风暴一个很实用的工具，它提供的是一种"平行思维"的思考模型，能够帮助思考的人"求同存异"，避免将时间浪费在无谓的争执之中。其中，白色思考帽代表信息、数据和事实；绿色思考帽代表创意；黄色思考帽代表逻辑性、积极性；黑色思考帽代表谨慎、风险评估；红色思考帽代表预感与直觉；蓝色思考帽代表全过程控制。在使用六项思考帽这个工具的时候，一定要注意先整理出思考的顺序，这样才能发挥出它真正的作用。

请思考 最后，请大家思考一下，你要如何组织头脑风暴？期待你的分享。

036

CIS：
企业的心、手、脸

前一阵子我爸特迷电视剧《走向共和》，我周末回家陪他的时候也看了两眼，有段戏是讲洋务运动时，出国考察的大臣回来和皇上说："我们应该废除跪拜礼。现在讲究人人平等，君臣见面握个手就可以了。"

在帝王皇权主义下，天子至尊是理念，跪拜是行为。君主立宪的时候，人人平等是理念，握手就是行为。当大臣接受了新的理念时，他的行为准则也发生了变化。

看到这里，我突然想到，这不正是企业识别系统中的理念识别和行为识别吗？

企业识别系统（Corporate Identity System，CIS）这个词相信大家已经不陌生了，其引入中国有一二十年的历史了，但是还是有很多人有一个误区，以为识别就是视觉。其实我们常说的视觉识别只是其中一个部分而已。**企业识别由理念识别（Mind Identity）、行为识别（Behavior Identity）、视觉识别（Visual Identity）三部分组成。**本讲我们就把这三部分和大家好好讲一讲。

理念识别决定行为识别和视觉识别这两个部分，比如天子至尊和人人平等理念下的行为识别和视觉识别，就有着不同的表达方式。如果用一个比方来形容三者之间的关系，就好比一个人的心、手和脸，通常一个人的心态决定了他的为人处事的方式，也就是手的部分，同时还决定了他的精神面貌，也就是脸的部分。

接下来我们一起了解一下具体内容。

1. 理念识别（Mind Identity）

理念识别好像一个企业的心脏，包含组织使命、经营理念、价值观等一系列思想意识形态。具有良好理念的企业，就好像有了一颗马力十足的心脏，让组织对内更有凝聚力，对外更具竞争力，可以说有了好的理念识别，才能指导行为识别落地，正所谓上下同欲者更易胜。

华为作为少数被世界认可的中国品牌，不仅是因为其产品质量和业务能力，更因为华为从上到下信奉的奋斗精神，这种刻画在骨子里的精神，让华为出来的人都有着明显的烙印，他们即便离开了华为，也会有华为的行为特征。

2. 行为识别（Behavior Identity）

行为识别就好比企业的手，是在理念指导下的企业员工的行为准则，以及企业的各种生产经营和营销传播活动。通过行为识别，人们知道什么事应该做，什么事不应该做。

行为识别与我们之前讲到MOT关键时刻有相关的地方，MOT是顾客与公司面对面相互交流的时刻，行为识别就是放大了的MOT。以北欧航空为例，在每位顾客接受公司服务的过程中，平均会与五位服务人员接触；在平均每次接触的短短15秒内，就决定了整个公司在乘客心中的印象。这个时候，公司人员的外表、行为、沟通三方面给用户留下的第一印象，是影响顾客忠诚度及满意度的重要因素。

3. 视觉识别（Visual Identity）

视觉识别更像是企业的脸，相比前两个，这个理解起来更直观一些，因此被企业采用的比例也远远大于前两者，甚至很多企业会跳过前两个，直接开始做视觉识别，其实这是不正确的做法。

就好像一个小姑娘进行化妆，如果不知道自己的内涵也没有特别的气场，即便化了很漂亮的妆，也是网红脸，美则美矣没有灵魂，无法让别人记忆深刻。

另外不少企业在实操中，也习惯把视觉识别简化为 Logo 标识、名片、文件袋这些基础点，其实前台门面、员工制服、产品 App 界面、公司内部装饰等，都应该属于视觉识别。

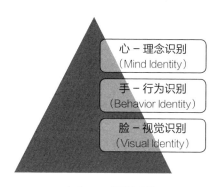

企业 CIS 识别系统

讲完 CIS 的具体内容之后，接下来看看中小企业如何做 CIS。

一般来说，中小企业没有能力从头开始做好 CIS，所以我建议在做视觉识别之前，一定要想清楚，我们这家企业到底信奉什么样的价值理念，以及有什么样的行为准则。把这些诉求跟设计师讲清楚之后，即便没有做理念识别，也能帮我们更好地设计 CIS 中的视觉识别部分，从而保证不和其他两个脱节。比如一家崇尚激情热血的企业，那么在它的视觉识别中就不建议使用绿色、蓝色等冷色调；如果是一家科技公司，则不建议使用红色、橙色等暖色调。

一般来说，当企业扩大市场规模、准备迅速提高知名度的时候，可以考虑把整套 CIS 引入企业。这个时候，市场部的小伙伴应该怎么做？首先我们要协助公司确定战略，包括使命、愿景、价值观、品牌定位和品牌理念，当在这些内容确定以后，就可以着手设计公司的理念识别、行为识别和视觉识别了。如果没有设计部，视觉识别工作最好外包给专业机构。

小技巧 那如何从概念落到工作上？我提供两个小技巧：

（1）CIS接触顺序大部分情况下为心（理念）、手（行为）和脸（视觉），相比"脸"的部分，大家应该更注要"手"的环节，只有在行为中真正融入理念，才能让消费者感知到你的品牌是有温度的品牌。

（2）虽然视觉是设计人员的工作，但品牌部的小伙伴一定要关注视觉是否符合品牌要求，从而保证消费者对品牌的整体感知是一致系统的。

请思考

最后，请大家思考一下，VIPKID和哒哒英语这两家公司哪家CIS做得更优秀？为什么？期待你的分享。

IMC：
同一个世界，同一种声音

本讲我们先来聊一聊在世界范围内，企业做市场工作时都经历过哪些阶段。

20 世纪 50～60 年代是第一阶段，叫广告分离期，企业负责制作广告，广告公司负责媒体的选择和购买，他们各自独立运转，完全分离。这个阶段，广告公司的传播水平比较低，4A 公司进入萌芽阶段。

20 世纪 60～70 年代是第二阶段，叫全面服务期，广告公司受企业的委托，全面负责市场调查、广告制作、媒体购买等业务。4A 公司逐渐升级为专业化的广告公司，为企业提供全面的广告服务。这个阶段，广告的创意和传播水平有了明显提升。

20 世纪 70～90 年代，是第三阶段，叫传播分离期。在这一时期，与企业经营相关的传播活动分别由不同的专业机构负责，比如广告公司负责企业广告业务，公关公司负责媒体传播业务，活动公司负责赞助活动、策划事件等业务。这一阶段，公司更加细分，更加专业化。

20 世纪 90 年代以后，是第四阶段，叫整合营销传播期，这一时期的特点是企业各种营销动作开始统一运作，在企业内部，有独立的部门来负责企业的整合营销传播工作。

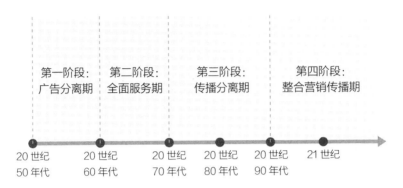

本讲我们的主题就是整合营销传播（Integrated Marketing Communication，IMC）。在所有的经典营销理论中，"整合营销传播"出现得最晚，同时也是我认为最具有前瞻性，也最符合当前互联网环境的营销理论。整合营销传播理论是由美国西北大学教授唐·舒尔茨（Don Schultz）在20世纪90年代提出的。

简单来说，整合营销传播的核心思想有两方面：一方面把广告、促销、公关、包装、新闻媒体等一切传播活动，都涵盖到营销活动的范围内；另一方面让企业能够将统一的传播信息传达给消费者。所以，整合营销传播也被称为"同一个世界，同一个声音"。

IMC诞生的时代背景：互联网技术带来信息大爆炸，媒体与受众更加细分，人们每天获得的信息越来越多，导致企业在大众传媒上付出的营销成本升高，但效果变差。基于这个前提，唐·舒尔茨提出需要更加由内到外地整合所有营销手段，让企业发出的每一条信息都具有整体性并与其他信息相互呼应，以支持其他关于品牌的信息或印象。如果这一过程成功，广告将通过向消费者传达同样的品牌信息而建立起品牌资产。

一开始这种提议受到很多人的抵制，尤其是广告代理商，他们把这种整合看作是对刚刚发展起来的专业化能力的强大威胁。还有一些人认为，整合对数据分析的依赖有可能摧毁营销传播长期以来赖以生存的创意性,显然这些看法都已经过时了。随着时代的推动,整合营销传播已经成业内公认的做法。

需要提醒的是,千万不要让整合营销传播仅停留在"多渠道"层面,即不能只是采用不同的传播方式来运作,却缺乏统一的声音体系。如果大家对 Big Idea 这个知识点还有印象的话,可以将这两个概念串联起来。整合营销传播更像是一个大战役 Campaign,而 Big Idea 就是把控 Campaign 形散而神不散的那条生命线,也只有这样,才能做到真正意义上的整合。

接下来分享一下我对整合营销传播的 3 个理解:

1. 勾勒用户画像

整合营销传播创造了一个新的传播模型:宣传、接受、认知反应、态度、意图和行为。企业传播者应该和受众保持良性互动,品牌更是需要根据消费者的反应和态度决定下一轮传播信息内容和传递手段。

这跟现在的互联网内容营销的底层逻辑是一样的:灌输式传播已经失效或者效率极低,一定要让消费者参与其中。消费者不但是传播的客体,也是传播的主体。

所以在整合营销开始之前,企业需要先完成精准的用户画像,通过标签了解消费者年龄、收入、消费习惯等,决定传播信息的层级设计和表达方式,并通过他们的触媒习惯决定投放渠道。

2. 设计信息矩阵

整合营销传播的核心是同一个形象、同一个声音,力求通过系统一致的传播营销动作,与消费者建立良好的信任关系,让品牌形象长久存在于消费者心中。

但是消费者是多元且善变的,所以以面对受众不同的需求和期待,品牌应设计整体符合系统性又满足不同用户的信息矩阵,整合营销传播应力求避免传统传播方式极度发散下所造成的传播无效和浪费。

3. 做好媒介规划

整合营销传播认为企业想要塑造品牌，就必须把意见领袖、吃瓜群众、媒体、销售商、企业五方整合在一起，通过不同的媒介渠道，和不同的利益相关者不断进行互动。

比如一个企业不仅需要打广告让社会大众广而告之，还需要自建社群输出内容，培养自己的意见领袖，也需要年底搞一下经销商大会以联络销售渠道的关系，更需要和各方媒体保持良好互动，传递品牌正面信息。

一般来说媒介规划时可选择的渠道有：

（1）自有渠道，如官网，微博微信等。

（2）购买渠道，这是指媒体广告版面及赞助节目等购买而来的渠道。

（3）通过用户口碑，意见领袖获得的传播渠道。

整合营销传播

那如何从概念落到工作上？我提供两个小技巧：

（1）为了更好地完成用户画像工作，需要在内部提前建立消费者资料库，尤其对购买信息、购买渠道等内容进行重点监测。之后的章节中也会给到分享大家相应的知识点和工作技巧。

（2）掌握跟各种新型营销工具有助于发挥 IMC 效果，市场部人员除了要掌握微信、微博、抖音、SEO、SEM 这些标准渠道和方法之外，更多技术营销，如 AdExchange、RTB、DSP 也可以提前了解一下。

请思考

最后,请大家思考一下,整合营销传播给当代市场营销带来了哪些改变?期待你的分享。

038

4P：经典营销定律，产品、价格、渠道和促销

接下来的三讲将连续讲三个特别相似的概念——4P、4C、4R，这三个概念可以说是品牌营销学的三驾马车，贯穿了半个世纪的营销基础理论思想的变化史。

本讲先讲4P。4P诞生于20世纪60年代，是出现最早的一个，在其出现30年之后，才出现第二个理论4C，之后10年出现了第三个理论4R。

4P是由美国密西根大学教授麦卡锡在自己的《营销学》一书中率先提出的理论思想。当时他提出这个思想的时候才不过32岁，恰逢二战之后美国经济进入蓬勃发展期，企业刚刚恢复生产，居民消费被极大刺激，市场出现供不应求的状态。4P把产品（Product）、价格（Price）、渠道（Place）、促销（Promotion）这四个要素作为市场营销的必备点。因为四个单词都是P这个字母作为开头，故被称为4P理论。

4P理论的伟大之处在于把营销工作公式化，便于记忆和传播。该理论主要是从供方出发，来研究市场的需求和变化，以帮助企业在竞争中取胜。4P理论整整影响了30年西方企业对市场营销工作的理解。直到今天，这个理论也没有完全被4C和4R取代，依然还在发挥着作用。接下来我们就来看看它的具体内容。

1. 产品（Product）

产品是指能够提供给市场被人们使用和消费，并满足人们某种需要的任何东西，包括有形的产品、无形的服务或是它们的组合。比如我们在超市购买的薯片、洗衣液等都属于有形产品。我们买来的音频节目、学习培训等则属于无形服务。阿里巴巴马云提出的新零售，将线上线下的产品和物流服务结合在一起，是一种典型的有形产品与无形服务的组合。

4P理论认为，如果没有产品作为基础，一切市场活动将无从展开，尤其在供不应求的年代中，产品至上成为一种真理。

当初福特汽车通过物美价廉，让普通消费者也能买得起，一举成为全国最受欢迎的汽车品牌。为了提高生产效率，福特汽车所有的颜色都是黑色，消费者没有选择余地。这种产品至上受众服从的观点，在之后的4C和4R理论中都没有出现，因为市场环境已经从卖方市场转变为买方市场。

2. 价格（Price）

价格是指顾客购买产品时的价格。产品的价格公式如下：

价格 = 成本 + 利润

定价的依据是产品的生产、销售、维护、服务成本等加上适当的利润，此类定价方式一般适用于制造类产品。产品价格必须高于生产成本。在质量大体一致的情况下，价格的高低也与产品的定位有关系。

4P理论认为，价格会极大影响市场营销的成败，只要是物美价廉的产品一定会拥有广阔市场。以福特汽车为例，当他们把价格从高不可攀降的850美金降到普通老百姓都能接受的360美金，自然就不再发愁销量。

3. 渠道（Place）

一般来说，企业生产出来的产品，只有通过一定的渠道才能以适当方式供应给消费者。常见的渠道有代理商、批发商、零售商。我们经常光顾的沃尔玛、家乐福属于大型的综合性零售商，而 4S 店就是汽车厂商的代理商。

4P 理论认为，渠道是决定市场营销的重要环节，如果产品和服务没有广阔的渠道触及终端消费者，任何市场工作都很难展开。这个理念也影响了我国改革开放之后一批企业家对市场营销的理解，这个从那个时代出现很多《渠道为王》的营销书籍就会知道。

4. 促销（Promotion）

促销是促进产品销售的简称。从品牌营销的角度看，促销是企业通过人员和非人员的方式，使企业和消费者进行沟通的信息。促销主要是刺激消费者的购买欲望，使其产生购物行为的活动。一般来说，促销有以下四种策略：

（1）快速掠取策略：即高价格、高促销；
（2）缓慢掠取策略：即高价格、低促销；
（3）快速渗透策略：即低价格、高促销；
（4）缓慢渗透策略：即低价格、低促销。

4P 理论中，市场营销动作集中简化为这一种，只要设计好促销行为，就能激发消费者对品牌的关注和购买。在后来的 4C 和 4R 理论中，这一点根据买方市场的需求做了相应调整。

可以说，4P 理论奠定了品牌营销的理论基础，也为企业的市场工作提供了一个有用的模型。作为最经典且古老的市场营销理论，就本质而言，我认为 4P 理论并未过时，在接下来的对 4C 和 4R 理论的介绍中，我们会通过对比来学习深入探讨。

产品（Product）	价格（Price）
渠道（Place）	促销（Promotion）

那如何从概念落到工作上？我提供两个小技巧：

（1）4P理论中认定产品是1，后面几个都是0，与之匹配的是产品的定价策略，好的定价可以让市场工作事半功倍。定价工作也是一门学问，主要有四种方法，成本加成定价法、目标利润定价法、需求导向定价法、竞争导向定价法。成本加成定价法是指用单位成本加上一定比例的利润作为产品价格的定价法；目标利润定价法又称目标收益定价法，是指根据预期获得的总销量和总成本，确定目标利润率来定价的方法；需求导向定价法是指，根据市场需求强度和目标受众对于商品价值的综合理解来制定产品的价格；竞争导向定价法是指，以市场上的竞争对手的价格为依据，根据市场竞争情况来制定价格的方法。

（2）无论是学习4C理论还是4R理论，对4P的掌握和应用都应该放在第一步，并且应结合商业视角去理解。

最后，请大家思考一下，能否用4P理论分析最近很火的瑞幸咖啡火爆的原因？期待你的分享。

039

4C：
用户为王的思想是从这里开始的

通过上一讲大家知道了 4P 理论，本讲我们来讲解 4P 的升级版——4C 理论。

4C 理论由美国营销专家劳特朋教授在 1990 年提出，作为 4P 的升级版，它重新设定了市场营销组合的四个基本要素：消费者（Customer）、成本（Cost）、便利（Convenience）和沟通（Communication）。从 4 个 P 开头的单词，变成了 4 个 C 开头的单词，所以被称为 4C 理论。

从 4C 到 4P，最大的不同是从以产品为导向转向了以消费者需求为导向。

说到这，我们先来了解一下这个理论所处的时代背景。4P 是工业时代的产物，是在短缺经济下提出的营销理论，其以工厂及商品为核心，针对的是卖方市场，即厂商说了算，厂商卖什么，用户买什么。

到了 4C 理论时代，已经进入买方市场时代，整体 **4C 理论开始把研究重点转向如何满足消费者日益突出的个性化需求**。接下来我们就来看下 4C 理论的组成要素。

消费者 Customer	成本 Cost
便利 Convenience	沟通 Communication

1. 消费者（Customer）

4P 理论认为，如果没有产品作为基础，一切市场活动将无从展开，比如当年福特汽车为了提高效率，所有车只有一个颜色——黑色，消费者没有选择的余地。

4C 理论则认为，企业必须首先了解和研究消费者，根据消费者的需求来提供产品。相比于 4P 理论，4C 理论更看重消费者的客户价值，这被誉为 4C 理论中的一个重要改变。

互联网时代下流行的"用户思维"和 4C 理论中的"以消费者需求为导向"可以说本质是相同的，比如小米创始人雷军说："小米之所以能获得用户的支持，一个非常重要的原因是我们的用户思维，让消费者参与到产品当中，这是小米成功背后的真正秘密！

2. 成本（Cost）

4P 理论将产品价格作为营销关键要素之一，以本位主义设定产品的市场定价。4C 理论不仅关注企业的生产成本，还关注顾客的购买成本。

4C 理论认为，在销售时不要先给产品定价，而是先向消费者了解他想付出的成本。这也意味着产品定价的理想情况，应该是既低于顾客的心理价格，又让企业有所盈利。

比如苏宁电器专门有人研究消费者认为"花多少钱买这个产品才值"，以此来要求厂家"定价"，这种按照消费者的"成本观"来要求厂商制定价格的做法，就是对追求顾客满意的 4C 理论的实践。

3. 便利（Convenience）

在 4P 理论中，渠道是独立于企业的销售通路，与消费者实际接触却不受企业管控，经常会出现一些意想不到的问题，如接触体验不够好、购买时不够便利等。

4C 理论则从消费者视角出发，将渠道改为便利。这个理论认为，企业提供给消费者的便利比渠道本身更重要。一定要维护消费者利益，为消费者提供全方位的便利服务。比如可口可乐随处都可以买到、驾校提供上门接送服务、快餐店送餐上门……这些都是在通路设计上实现产品到达的便利性，目的是通过缩短顾客与产品的物理距离和心理距离，提升产品被选择的概率。

4. 沟通（Communication）

4P 理论认为，只要提供有足够诱惑性的促销就能打动消费者，但在竞争激烈的 20 世纪 90 年代，消费者已经不再满足于这种短期利益带来的刺激感，他们更倾向于那些以积极的方式适应消费者的情感，建立基于共同利益之上的新型的企业。

4C 理论强调要用沟通取代 4P 理论中的促销，企业不能依靠加强对顾客的单向劝导，要着眼于加强双向沟通，增进相互的理解，实现真正的适销对路，培养忠诚的顾客。现在大部分企业都采取沟通加促销的双重手段和消费者建立联系。比如亚朵酒店，为了加强与消费者的沟通，在消费者离店后，酒店会通过 Email 询问消费者对客房的意见，以示对消费者的尊重和关心。同时酒店会为那些具有相同经历的消费者，如都从事某一个职业、都处于社会同一阶层、都来自同一个城市的消费者提供彼此的 Email 地址，从而促进他们的交流。除了这些措施，亚朵酒店还在积分、储值、赠入住等方面进行充分促销。

可以说，4C 理论更符合当下的市场经济，也被很多企业成功运用。不管是 4P 理论还是 4C 理论，都不是把营销当作某一个具体动作或事件，而是当作一连串行为的聚合。4C 理论认为，要关注产品、渠道、消费者等各个层面，才能做好营销这件事。

小技巧 那如何从概念落到工作上？我提供两个小技巧：

（1）4C 理论十分看重消费者需求，不仅要从产品的品质与功能进行分析，还要从消费者的购买动机和生活价值链切入，熟练掌握和洞察消费者需求是市场部人员必备技能之一，后面的章节中会专门讲解消费者需求、消费者洞察以及消费者行为旅程。

（2）咨询、销售人员承担着渠道便利和直接沟通两重作用，是与消费者接触、沟通的一线主力。他们的服务心态、知识素养、信息掌握量、言语交流水平，对消费者的购买决策有重要影响，对他们进行培训是市场部人员的重要工作。

请思考

最后，请大家思考一下，哪个产品是因为运用 4C 理论获得成功的？期待你的分享。

040

4R：
互联网时代和用户打成一片的营销定律

本讲我们研究营销理论三部曲中的最后一个概念——4R 理论。4R 理论比 4C 理论晚了十几年出现。对于 4R 理论，在学术上一直争论不休，因为其有两个不同的分支，分别来自二位美国营销学者——艾略特·艾登伯格和唐·舒尔茨。

本讲我们学习的是唐·舒尔茨版本，他也是前面我们刚刚学完的整合营销传播理论的发明者，舒尔茨还提出了 SIVA 理论，在后续的章节中也会单独讲到。本讲我们就来聊聊 4R 理论有什么不同之处。

4R 也是四个英文单词的首字母，分别是关联（Relevance）、反应（Reaction）、关系（Relationship）和回报（Reward）。这个理论诞生于 2001 年，当时恰逢互联网热潮开始席卷全球，市场竞争变得激烈，用户的需求也逐渐呈现分散化的趋势。在这样的大环境下，4R 理论认为，企业若想在竞争中取胜，需要与消费者建立共赢而非共创，才能实现长期稳定增长。毕竟留住一个老顾客的成本只是开发一个新客户的五分之一，而且共赢关系能促进口碑转化，实乃一箭多雕。

首先我们先来聊聊 4R 理论的具体内容。

1. 关联——和你有什么关系？

这里的"关联"指的是，售卖的产品或服务与消费者之间建立了认识层面的相关性链接，企业需要给消费者一个答案，即你提供的产品与消费者有什么关联，最好是和消费者建立一种互助、互需、互求的关系，以此提升顾客的复购率和忠诚度。

分销越来越成为一种流行的营销手段，通过内容创造和渠道共创的方式，让消费者与企业建立更紧密的关系。当然，在同质严重的市场环境下，如果品牌能助力企业满足消费者差异性需求，就更容易在消费者心中建立长期的不可替代的关系。

2. 反应——和我有什么关系？

这里的"反应"指的是，企业对消费者行为的快速应对。我们需要对消费者的每一个动作进行思考和探索，想明白这些动作与我们有没有关系，对此我们能不能做些什么。

4R 理论认为，在相互渗透、相互影响的市场中，对企业来说最现实的问题不在于如何制定、实施计划和控制成本，而在于如何及时倾听顾客的希望、渴望和需求，并及时做出反应来满足顾客，这样才利于市场的发展。

越来越多的企业开始进行社群营销，原因就是想建立一种更加快速的反应通道。譬如我成立了思创营学习社群，目的是随时帮助购买我的课程的顾客进行内容方面的答疑解惑。

3. 关系——一起玩儿

这里的"关系"指的是，企业要关注与消费者关系处得如何，目标当然是要建立长久稳定的关系，这可以说是 4R 理论最核心的部分。舒尔茨认为，如今抢占市场的关键已转变为企业是否有能力和顾客建立长期而稳固的关系。

譬如刚才提到的思创营学习社群，每天早上会发早报，倡导五分钟打卡行动，每天晚上进行群内讨论思考以帮助大家复习所学内容，其实就是把单次交易转变成一种责任，不仅仅是靠营销驱动，而是希望走进消费者的内心深处，建立如死党般不可动摇的亲密关系。

4. 回报——一起赚钱

这里的"回报"指的是，市场营销为企业带来短期或长期的收入和利润的能力，同时也需要考虑企业与消费者的双赢。4R 理论认为，好的营销要在保证企业利润的同时也最大化满足消费者的需求。

最后我们再一次总结一下 4P、4C 和 4R 这三部曲的发展史。

4P、4R、4C 这三兄弟，就好比江湖上人人景仰的武林宗师，其实它们都源自一脉。最早的 4P 以产品理念为首要宗旨，围绕着产品，衍生出渠道、价格、促销这三个要素，这个理论一经推出，迅速在江湖中名声大噪，广受人们的追捧。随后在市场的不断实践和理论研究中，30 年后，德高望重的老前辈劳特朋写了本营销秘籍《4P 退休，4C 登场》，率先提出 4C 营销理论。强调双向交流，站在消费者视角延展出成本、便利和沟通三个要素，然后又过了 10 年时间，4R 作为强劲的后起之秀出现了，其既不是产品至上也不是消费者至上，而是上升到长期关系层面，总结出相关、反应、关系、回报四个要素。

那如何从概念落到工作上？我提供两个小技巧：

（1）我们在使用4R理论时，比较容易上手的做法是，从相关性开始入手研究，先想清楚要与消费者建立何种关联，再考虑产品如何达成这种关联、拓展何种关系、建立何种反应及获得何种回报。

（2）一份营销方案或报告，可以尝试用4P、4C、4R理论分别阐述，以发现优秀点和改进点。

最后，请大家思考一下，汽车品牌特斯拉成功的原因能否用4R模型分析？如何分析？期待你的分享。

041

STP：
不是每一个上门的人都是你的顾客

如果你和市场部的人一起开会，那一定经常会听到 S、T、P 这三个英文字母。相信第一次听到时，大部分人都是一脸迷惑，这是什么？容我卖个关子，先讲个案例。

美国服装品牌 A&F（Abercrombie & Fitch）喜欢在店里播放震耳欲聋的舞曲，他们这么做的目的很简单，就是要赶跑那些年龄大、不喜欢潮流风格的顾客。要是有大爷大妈意外光临，A&F 还会让自己的员工在店内走来走去，让大爷大妈发现自己格格不入并主动离去。

A&F 的竞争对手 Gap，是一家老少皆宜的服装店，店员总是亲切地招呼每一位顾客。但没想到，A&F 公然拒绝 30 岁以上顾客的策略竟然奏效了，青少年完全抛弃了 Gap，热情拥抱 A&F 这样的潮牌。

为了应对青少年客户流失的危机，Gap 尝试与年轻人沟通，反而惹恼了大爷大妈这些原本会来店消费的客人，导致每个年龄层的人都认为"Gap 不是我的店"。最终 Gap 营业额连跌 29 个月。

做生意的第一步就是开拓市场，在开拓市场时，最忌讳跟着感觉走，谁需要就卖给谁。这样只意味着一件事：我不知道该卖给谁！

对比 Gap，A&F 就成功采用 STP 理论解决了这个问题。

本讲我们就来学习一下 STP 这个最经典的市场营销理论，它能帮助企业成功找到自己的目标市场并实现销售。

STP 理论来源于我们之前讲过的市场细分概念，美国现代营销之父菲利浦·科特勒对市场细分理论进行了发展和完善，最终形成了成熟的 STP 理论，包括市场细分（Segmentation）、目标市场选择（Targeting）和定位（Positioning）。

根据 STP 的流程，企业需要先对市场进行细分，从中挑出主打的消费者群体，然后想办法在目标对象的心中建立区隔化定位，创造难以取代的价值。

具体来讲，STP 分为 3 个动作，概括为确认市场细分、目标市场选择和实施定位。

（1）**确认市场细分**：根据顾客需求上的差异把某个产品或服务的市场逐一细分。这部分内容我们在前面系统讲过，一句话解释市场细分就是"弱水三千，只取一瓢"。不要贪多、贪全，什么都想要的唯一结果就是什么都没有得到。

（2）**目标市场选择**：企业根据自身战略和产品情况，从子市场中选取有一定规模和发展前景，并且符合公司的目标和能力的细分市场，以此作为公司的目标市场。

（3）**实施定位**：根据对消费者心理和对手的研究，通过特定的动作，在目标消费者心中，留下独特的位置，从而取得竞争优势。特劳特首先提出定位，每个品牌都需要定位来表述它与竞争对手之间的区隔。

根据以上3个动作，我们将STP的作用概括为：在确认的细分市场中，选择确定目标消费者并通过精准的定位进行吸引和销售。

鉴于STP中的市场细分定位都已经详细介绍过了，接下来我们重点讲一讲，STP的中间环节——目标市场选择（Targeting）。目标市场是指企业有能力占领和开拓，能为企业带来最大经济效益的市场。

为什么要选择目标市场呢？因为不是所有的市场对企业都有吸引力，企业也没有足够的人力、物力、财力满足整个市场的所有需求，只有扬长避短，找到有利于发挥企业优势的目标市场，才能获得更多的认可。

比如中国茶叶市场，是千亿以上的市场规模，市场高度离散化，且相关产品品类非常丰富，细分品牌就有2000多种。大多数茶叶厂商还停留在农产品的思维形态中，所以出现了7万家茶企的影响力和销售额比不过一个立顿的现象。

最近很火的小罐茶就是对复杂的市场品类做了极致的减法，运用STP法则找到了市场出路。

原来传统茶叶厂商与用户之间有太多的渠道和经销商，可以说目标用户人群在厂商的心中是面目模糊的一群人，他们更像是冷冰冰的销售数字，而非活生生的人物画像。

小罐茶经过一次次亲身体验和调研，一笔一画绘制出来自己的用户画像，最终确定目标客户群体是适应现代都市精品生活的中高端人士。他们还针对这些人群做了场景细分，把喝茶场景简化为买、喝、送，迅速确定了目标市场。

通过一系列的操作，小罐茶一年就实现销售额7个亿，震惊一大半茶叶厂商。

那如何从概念落到工作上？我提供两个小技巧：

（1）整体来看，操作难易度从高到低分别为 P（Positioning）、T（Targeting）、S（Segmenting）。因此大家在实际工作中可以按照难易程度，由浅入深逐渐学习。

（2）我们做目标市场选择，需要对竞争对手的策略进行深入研究，从产品到传播到分析，扬长避短，从而做出选择。

> 最后，请大家思考一下，你知道哪些品牌是基于STP法则成功在市场中脱颖而出的吗？期待你的分享。

042

USP：
经久不衰的卖点法则

我看过这样一个故事，讲的是美国竞选，一个候选人在演说中谈到了 14 个不同的问题，层次分明、条理清晰，现场效果非常好。可是第二天进行调查时发现，只有 2% 的人还记得他的内容。而另一位竞选人，也是最后的胜出者——罗斯福，在职演说中提到的"我们畏惧的唯一一件事就是'畏惧'本身！"这句话在很久之后仍被人们记得。

你会发现，大众只会记住一个信息点、一个强烈的主张或是一个突出的概念，在品牌和营销领域，我们称这种现象为 USP。

USP 理论的起源如何？经历了怎么样的发展？企业又是怎么运用的？这三个问题是本讲的重点内容。

USP（Unique Selling Point）中文直译为"独特的销售主张"，也可以称为独特的卖点。起源于 20 世纪 50 年代，由当时的美国 Ted Bates 广告公司董事长罗瑟·瑞夫斯（Rosser Reeves）首创。那个时候美国刚刚恢复经济发展，电视广告开始大行其道，瑞夫斯较早地意识到在众多广告中必须引发消费者的认同才能为企业带来利益，而不能单纯地自说自话，企业不可以再像之前那样凭借自己的主观看法进行内容填充了。

最开始，USP 是作为指导广告创意内容的一个理论思想，之前的内容中曾提到广告需明确两点，即我是谁和我为何重要，这两个问题就可以用 USP 的内容进行解答。

USP 是一个支撑框架，由它支撑起来的内容可以作为产品卖点、品牌定位点及广告语。

USP 认为，信息点必须要呈现出产品或品牌的独特卖点，其可细化为三个要点：利益性承诺、独有性、有力量：

（1）**利益性承诺**：我们需要在广告中强调产品有哪些具体作用，以及产品能带给消费者带来的实际利益是什么；

（2）**独有性**：利益承诺最好是竞争对手无法提出或没有提出的；

（3）**有力量**：能够击中人心，让大家感知到这一点的确很重要，比如金龙鱼广告强调"平衡营养更健康"，"健康"就是可以击中人心的点。如果它强调油的色泽，虽然也很独特，但会因为力量不足而失败。

此外，我们需要注意，虽然产品的核心价值点是品牌主们发挥无穷潜能创造出来的产物，但不要把它等同于 USP 直接放入广告中。比如江中猴菇米稀，它里面是有中药成分的，这是它独特的核心价值点，但在宣传中我们不能说有中药所以产品好，"通过 USP 得出，这个产品对我们的肠胃有帮助，所以它的卖点就提炼出来就是"养胃就要喝江中猴菇米稀"，这样更能被大家感知。

随着广告的发展，USP 理论也经历了三个阶段的更替。从最开始的宣扬产品本身，到现在上升到打造品牌的高度，经过了 40 多年的发展。其中的利益性承诺也从一开始的功能性特征，发展到情感诉求，再到价值承诺，这些一直是随着时代的变换而不断扩张的。

现在行业已经比较成熟，功能性特征、情感诉求和价值承诺这三个分类没有好坏之分，只是依照品牌发展的不同阶段及品牌所属行业的发展情况会有分类上的侧重。

举个例子。奥妙洗衣液大家都应该知道，它强调的是有效除去污渍。随着产品同质化，行业竞争变得激烈，功能性特征已经不再能提炼成独特点了,因此和它类似的滴露品牌,在推出自己洗衣液的广告中传递的 USP 变成"呵护全家人健康",转向情感诉求。到了孙俪代言的超能洗衣液,主打广告语变成"超能妈妈用超能",强调的更是一种价值承诺层面的品牌认同。

第一阶段的功能性特征 USP 更适合 TO B 品牌,它更强调事实是什么,用了会有什么样的好处。如公牛插座"保护电器、保护人",阿里云的"阿里云为天猫提供计算服务,阿里云为金立提供计算服务"等,都属此类。

对于已经高度成熟且同质较严重的行业,更适合第二阶段的情感诉求,很多快消、家电的品牌都在诉求不同的情感类型。如万和热水器的"让家更温暖"好丽友的"知心的朋友,离不开的好朋友"等,都属此类。

到了第三阶段的价值承诺,更适合实力强大、发展成熟的企业,以及新型细分行业。比如,Keep 的"自律给我自由",中国移动的"沟通从心开始"等,都属此类。

怎么简单区分企业应该挑选哪个阶段呢?我给出 9 个字来考量,"认识你,相信你,信任你"。三种状态,对应三种分类。如果企业处在消费者认识你的阶段,就要侧重第一阶段,重点说自己好在哪。熟悉之后开始相信你,就步入了情感连接的第二阶段。最后上位到信任你的阶段,就需要有价值承诺了。

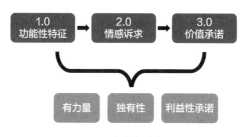

USP 更迭及要点

回顾我们之前讲的消费者洞察、Big Idea,会发现它们与 USP

相辅相成，缺少任何一点，都不能支撑商业品牌的成功。我们应该依照精准的洞察，凝练创造 USP 信息点，通过核心的 Big Idea 做出一系列统一的市场活动，从而达成商业目标。我们需要时刻记住，品牌和营销是一项系统工程，任何单点的成功都不能代表全面的胜利。

那如何从概念落到工作上？我提供两个小技巧：

（1）**不要单点思考问题，需要考虑前中后三个阶段**，如洞察的结果能运用在哪里、USP 信息的确定是否可以融合到系列 Campaign 中等。

（2）**传递品牌信息时，过分强调 USP 导致品牌形象扭曲是错误的行为**。因为你的品牌形象决定了消费者是否相信你，在他们选择相信你的时候，才会相信你讲述的 USP，扭曲品牌形象导致丧失信任，再完美的 USP 也将没有意义。

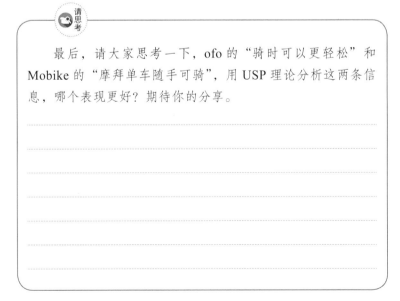

043

CRM：
没有预算也能做好客户关系管理

我有一个朋友是做拉杆箱生意的，他的公司经过几年的发展，已经积累了一批忠实的客户。最近，他们公司要推出一款高档拉杆箱，准备上市推广。但推广费用不多，没有那么多预算来狠投广告开拓市场。那该怎么办呢？他们公司有个员工提了个办法，能不能通过对以前的老客户按照消费习惯进行分类，重点推荐给符合高档拉杆箱消费水平的用户？

深入操作之后才发现，他们之前对用户关系管理真是弱爆了，借助这次梳理，成功地对客户进行了分类，挑选出与这次产品相符合的用户。通过试用和口碑传播的方式，在没有做大规模市场预算的条件下，他们的产品上市第一个月就卖出了1000多个。

他们是怎样做到这一切的呢？就是通过客户关系管理（CRM）来实现的。

本讲我们一起来了解一下什么是CRM？CRM有什么作用？没有预算的中小企业如何做好客户关系管理？

CRM的全称是Customer Relationship Management，是指企业为提高核心竞争力，利用相应的信息技术及互联网技术来协调企业与顾客间在销售、营销和服务上的交互，从而提升管理水平，向客户提供创新式、个性化的客户交互和服务的过程。其终极目标是吸引新客户、保留老客户以及将已有客户转为忠实客户。

CRM 有两大特点：

（1）能够了解客户的姓名、收入水平、通信地址、购买习惯等信息，在此基础上进行"一对一"的个性化服务。通过搜集、追踪和分析每一个客户的信息，知道他们需要什么，为他们量身定做产品，力求把客户信息转化为可持续、可重复的客户关系，缩减销售周期、增加收入、寻找扩展业务机会。

（2）坚持以客户为中心，从客户招揽率、保持率、满意度、忠实度和赢利性这五方面展开，这对销售、营销和客户服务三部分有很大的帮助，尤其是对制定有效的营销策略有明确指导作用，能节省营销成本。

现在提到 CRM，很多人以为只是一种客户关系管理软件，确实很多企业通过采购 CRM 软件来完成客户管理工作。但我认为 CRM 更多是一种管理理念。

如果是没有预算的中小企业，他们买不起专业的 CRM 软件，是否就做不了这件事呢？当然不是，接下来我们就介绍没有预算的中小企业如何开展客户关系管理工作。

第一步，建立用户数据库，描绘用户画像。通过 Excel 这个便利的工具，选择人工方式输入用户数据，并对这些用户数据进行初步统计，如性别、年龄、职业、学历、购买频次、信息来源等基础要素。如果之前销售是依赖渠道或者没有记录的话，就需要从现在开始有意识地统计各个渠道的销售情况和目标受众，并尽可能开通直营渠道，留存一手数据。

第二步，留存销售信息，梳理用户关系。记录完用户基础信息之后，更重要的是留存用户对产品服务的购买情况，也就是我们的销售信息，除了自然记录之外，不排除采用人工调研来获得。主要分析维度包括：什么商品最受欢迎？客户购买动机是什么？以前的赢单记录、丢单记录是什么？投诉集中在哪些方面？客服反响速度如何？如此等等。

通过对销售信息的二次分析，找出重点用户、潜在客户和流失客户，并且判断出客户对品牌的满意度和忠诚度。

比如，我朋友的那家拉杆箱公司，公司没有预算买专业的 CRM 软件，他们就是通过 Excel 记录详细的客户数据，然后对客户进行全面分析，判断出客户需要什么，哪些客户喜欢高端产品，哪些客户喜欢促销打折产品，这些都能让公司做到心中有数，有的放矢。

中小企业开展 CRM 的步骤

如果你的企业采购了 CRM 系统，为了达成更好效果，一定要在 CRM 系统中加入需求限定范畴，而且这个需求是可以动态调整的，所以需要确定一个懂业务在公司也有话语权的人作为 CRM 项目接口人，他能够调动相关部门一起整合需求，找到公司上下最希望解决的问题，并能和 CRM 软件公司及时沟通调整，这样才能实时洞悉客户的消费习惯，做出最符合他们购买动机的营销策略，节省公司成本。

最后，关于 CRM，我有一个心得和大家分享：**如果想做好 CRM 工作，要牢记三句话，即数据是基础，产品是抓手，营销是触角。** 三者紧密配合，才能最大限度挖掘出用户数据背后的秘密。

那如何从概念落到工作上？我提供两个小技巧：

（1）为保证CRM系统的良性循环，需要尽可能录入所有客户线索，但是一般来说销售渠道有可能是分散的，需要销售部、市场部、运营部、客服部建立一个分工制度，避免录入出现遗漏。

（2）在CRM数据中，我们根据客户购买时间和购买频率，区分出新客户、忠实客户、不定期消费客户，基于这些数据也可以做出相应的营销策略。

最后，请大家思考一下，如果你所在的公司没有CRM系统，你要如何根据CRM的原理分析客户关系？期待你的分享。

044

竞品报告：
一份报告知晓对手的一举一动

刚入行的时候，我们几个新人被领导分配去做一个日化用品的竞品报告。接到了这个任务以后，我们按照自己的理解，找来了同类产品进行比较分析，还从资料库里调取了不少报告作为参考，本以为能得到领导夸奖，结果给领导看过以后，他一脸严肃地对我们说：这份报告基本不能用。第一，没有任何实质性的结论或洞察；第二，报告基本上是闭门造车，一眼看过去，就知道你们根本没去超市一线考察，没有蹲点看过消费者实际采购。通过这件事让我知道了，原来看似简单的竞品报告，比想象中的要难写。如果单纯地抱着直接从网上找全资料就算完成这项工作的想法，是不专业、不负责的表现。

本讲我们就来讲一讲，到底什么是竞品报告，以及如何撰写一份合格的竞品报告。

竞品报告最早源于经济学领域，现在主要应用于品牌营销和产品筹备方面，需要对现有的或潜在的竞争产品的优缺点进行评价，并总结成报告。

谈完概念，接下来我们聊聊怎样才能写一份高质量的、能得到领导赞赏的竞品报告。

开始写报告之前,先问自己两个问题:

(1)竞品报告有什么目的?

首先要确定竞品报告的需求部门,是市场部、品牌部、销售部还是产品部?不同的部门,他们的目的会有很大的差别。

大体来说,针对品牌营销工作的竞品报告,主要有两个目标:关注竞争对手在品牌和营销上的最新动向,以此决定是否对自己的品牌进行升级或是否对新品进行推广等;通过对比学习,优化寻找好方法。

(2)报告给谁看?

是为了给团队领导提供工作参考?是让品牌总监针对性地做出差异化定位?还是给 CMO 当作决策素材?不同的阅读人,目的也会不同,故报告的侧重也应不同。

查阅竞品报告的人级别越高,竞品研究范畴的复杂度就越高。给团队领导看,把竞品最近一些动态说清楚就行。如果是给高层看,就要从竞品公司行业地位、产品创新、营销动态等各方面展开。

好的竞品报告就是通过向对手学习,让企业少走弯路。

对于品牌营销人来说,竞品的比较主要集中在 4 个方面:

(1)对手的品牌定位和产品定位;

(2)对手的营销和推广渠道;

(3)产品的品牌和营销上的亮点设计;

(4)用户的口碑评价和销售情况。

竞品报告的四方面的内容

这些内容,我们可以通过打分制,即通过 0 ~ 100 的分数进行评比，将比较的内容数字化呈现出来；也可以通过SWOT分析法，从"优势、劣势、机会、威胁"四个角度进行比较和分析；还可以通过波士顿矩阵，通过"现金牛产品、明星产品、问题产品、瘦狗产品"的角度，研究竞争对手市场增长背后的秘密。

关于SWOT分析法和波士顿矩阵，这些内容我们将在后面做专门讲解，这里就不多说了。

报告一定要有相应的结论，没有结论的报告只能叫展示。好的结论要满足以下两点：

（1）**竞品报告的结论要层次分明有逻辑**。有分析，有总结，分析要客观，总结要精炼，不要出现"很好""不错"这样的主观性词语，不然会显得自己非常不专业。

（2）**报告的结论要客观，不能太主观**。比如竞品分析的目标恰好是你常用的产品，千万不要因为自己的喜好就做出过于主观的结论。如果缺乏实际数据的支持，就会降低报告质量。

最后，有个心得和大家分享。如果想做一个有深度的竞品报告，需要确定竞品发展的不同阶段，比如是初创期还是上升期，是市场开拓期还是产品衰退期，只有站在第三方的角度进行深入分析，才能做出有价值的深度分析报告。

> 🔵 **小技巧** 那如何从概念落到工作上？我提供两个小技巧：

（1）竞品报告都有一个中心点，竞品分析一般会围绕这个中心点展开，比如卖点的创新或者营销亮点等，否则容易造成重点不突出的结果。

（2）为了提高竞品报告的阅读体验，建议要有目录，章节结构要清晰，段落要规范，最好采用图文并茂的形式，多用图表，不容易描述的地方加截图。

> 请思考
>
> 最后,请大家思考一下,如何为自己公司做一份竞品报告?期待你的分享。

045

品牌背书：
快速获取信任的好方法

在投资领域有一家势头很猛的投资公司叫顺为资本，是雷军成立小米后又着手组建的一家专注TMT（电信、媒体和科技投资）领域的美元基金。顺为资本的名字来自雷军的名言：顺势而为。凭借小米和雷军的品牌背书，其被创业者看作"小米近卫军"。很多创业者希望借助顺为资本，加入小米生态链这个大家庭。据说这家公司投资回报率超过了很多老牌资本。

你看，利用第三方的关联、认可或推荐来打开市场，已经成为很多企业做市场推广的手段。比如请明星代言、上央视做广告或者让权威机构来站台，这些都是有形或无形的背书手段。本讲我们就来系统讲一讲什么是品牌背书、品牌背书的背后逻辑以及如何形成背书效应。

首先，什么是品牌背书？

品牌背书的官方定义是，品牌借助第三方做出确认和肯定，帮助品牌与消费者建立一种更为持续信任的品牌关联的行为。在实践中，品牌背书可以借助第三方的知名度、美誉度，也可以借助第三方的专业度、权威性。比如我们开头提到的顺为资本，就是借助雷军和小米的双重背书迅速打开市场并被用户认可的。

其实**品牌背书只是一种手段，目的是为了获得消费者信任**。我们每天都会接触大量的信息，产品自身的、媒体宣传的、广告推广的，到底相信谁，不相信谁，有些时候我们自己也搞不懂。品牌背书会让我们产生熟悉效应，比如这个人我知道、这个机构很有名，这样的背书就会产生亲近感甚至信任度。

那么，品牌背书背后有哪些逻辑呢？

从市场的角度来看，每天都会有很多新产品上市，大量新品上市很容易形成同质化竞争，企业开拓市场就会比较困难，那如何在市场中脱颖而出呢？背书就是一种常用手段了。

从消费者的角度看，现代社会中，消费者普遍缺乏安全感，企业黑心骗人的事情时有发生，导致消费者面对纷繁的信息，在选择的时候非常纠结。他们一会担心产品质量，一会担心价格高了，一会又担心不好用。怎么消除消费者的担忧呢？品牌背书是一个不错的方法。

那么，品牌如何进行背书呢？行业内最常见的方式有 4 种：

（1）**用权威说事**：权威天然让人服从。有影响力的媒体就具有权威性，比如央视在很多人心中就是权威的代表。当然媒体的权威性是由受众界定的，比如在一些特殊的人群中，他们行业自媒体的权威性要胜过央视。专家是权威的，经典著作也是权威。比如，金龙鱼通过入选央视国家品牌计划成为行业领跑者，为自己背书；东阿阿胶用权威典籍《神农本草经》上面关于阿胶的上品描述，为自己背书。

（2）**寻找代言人**：这种形式比较常见，主要通过邀请明星、名人、专家来完成。

比如，前几天我参加了荣耀手机的发布会，他们请了胡歌、赵丽颖、孙杨三个明星来代言产品，小米手机则请了吴亦凡作为代言。这种采用代言人进行背书的方式，借助了明星流量，自带传播效应，也能增强产品识别度。

（3）**用数据说话**：这种形式主要应用在IT、科技领域。比如新品手机上市的时候,很多人都会看跑分,用数据判断CPU性能、整机性等指标。还有很多数码产品,比如笔记本,上市的时候人们都喜欢发布技术测试数据,用数据显示出产品在特定环境中的良好表现。

(4)**消费者证言**:这种方式由消费者现身说法,站在消费者的角度评价品牌好坏,从而给用户制造安全感。电商平台的各类买家秀就是消费者证言。比如你去天猫买东西的时候,商家店铺展示的买家秀,鼓励消费者各种好评、晒单,这么做的目的,就是为了影响真实消费者,增加购买的成功率。其实消费者证言有一个弊端,即在利益驱动下的消费者证言很可能会变味,比如电商领域的刷好评行为。这类证言一旦被发现之后,容易造成消费者对证言背书的信任感缺失。

品牌背书的四种方式

如何能够形成更好的背书效应,有两个技巧和大家分享:

(1)背书方式和对象要和品牌定位匹配,比如这批受众不是很相信权威背书,你偏偏上央视并找了专家,这对他们来说可能并无作用。

(2)采用代言人的方式进行品牌背书时,不要找太多的代言人,比如一次找了几个名人,这样不仅会造成品牌形象混乱,还会影响消费者对品牌的关注。

那如何从概念落到工作上？我提供两个小技巧：

（1）品牌背书需要找知名度、美誉度高的背书者或背书机构，提前排除潜在的风险。很多商家在找明星代言时，都会在合同中加入不允许内容，一旦明星形象受损，那广告商有权追讨损失。

（2）利用品牌背书的影响力增加品牌认知度，要针对用户所好进行选择，这是品牌背书的基本条件。

最后，请大家思考一下，以生活日用品为例，你和你身边的人最喜欢哪种背书方式？期待你的分享。

PART 3

第三部分

进阶必会
35个实操技能让你变身实力派，升职加薪打通关

046

PEST：
4步走，快速了解宏观市场

我有个朋友，家族事业是给国外运动鞋做代工，他父亲那辈因为鞋的质量可靠，有很多外国客户直接找上门，生意很红火。但最近几年，公司订单开始下滑，等他接手后，就一直计划着从代工企业转型，创建一个自己的品牌，但是一直在犹豫，不知道是针对国外市场还是国内市场。

然后他跑来找我商量，我告诉他可以用PEST模型进行分析。这也是本讲要讲解的内容。

在企业做重大战略决策时会用到PEST模型，它是由美国学者Johnson.G与Scholes.K在1999年提出的。

PEST主要用来分析企业所处的宏观环境，P代表政治（Politics）、E代表经济（Economy）、S代表社会（Society）、T代表技术（Technology）。这四项框住了企业的外部环境，一般不受企业自身掌控，但这四项却是企业在做出任何战略决策前，不得不思考的重要内容。

政策 Politics	技术 Technology
经济 Economy	社会 Society

我们可以类比一个租房的情景，PEST 主要是分析房子的周边设置、地理位置等外部条件，是一种宏观的外部分析模型，至于内部房子的装修及家具等问题，会运用到 SWOT 模型，我们下一讲会对 SWOT 进行介绍。

接下来，详细讲解 PEST 四个部分：

1. 政治环境

国家政策是任何企业都不能忽视的因素，比如近几年我国一直鼓励创新和创业，对于思创客这样的创业企业来说，这是非常利好的政治环境。

一个国家或地区的政治体制是否健全、政局是否稳定、国际贸易方面的法治是否健全、政府是否排外、遭遇不公时自己的合法权益能否得到保障等都属于政治环境。它们常常影响着企业的经营行为，尤其是对企业长期的投资行为有着较大影响。

我的这位朋友研究之后发现，目前国内的形势是产能过剩，正在进行供给侧改革，国家提出"一带一路"倡议，这是希望企业能不拘泥于国内，走出国门。基于这样的结论，他把目光锁定了海外市场。

2. 经济环境

经济是对企业影响相对直接的因素。我们可以回想一下，现在外卖中沙拉店铺是不是比以前多了？也开始有人在朋友圈晒空中瑜伽和泰拳等运动的照片了？

这些小资项目的诞生，要归功于消费升级和中产阶级的诞生，如果还是改革开放时期，这类项目再怎么吸引人都肯定不能火起来的，谁做谁赔钱。

企业在制定战略过程中，要考虑国内外经济状况，是上升、平稳还是正在崩塌？另外还要考虑未来几年内的经济发展趋势，以及利率、货币政策和通货膨胀率等多种因素。

3. 社会环境

社会学是一个复杂的学科，因此社会这部分需要考虑的要素有很多，其中影响最大的是人口和文化。人口主要包括人口规模、年龄结构和收入分布等因素；文化则包括潮流文化、避讳文化和新型观念等。比如我们现在面临老龄化日渐严重、劳动力短缺、人工成本上涨等情况。人工成本是代工行业的生命，那些温州皮革厂注定要在产品价格和人工成本之间选择新事物来支撑利润，这种情况下，如果没有品牌作为支撑点，代工厂很快将会被淘汰。可见，我的朋友想自建品牌还是很有先见之明的。

同时，随着国内人口增长率的放缓，去国外寻找新的增长点可能是更好的选择。

4. 技术环境

技术环境不仅包括高科技，如无人机 AI 之类的，还包括了与企业所在市场有关的新技术、新工艺、新材料，它们的发展趋势和应用背景都应纳入考虑范畴。

目前，在全球范围内，鞋类领域的专利超过 20 万个，中国运动鞋的专利技术大都是实用型和外观设计，鲜有在力学研究基础上的专利，和国际运动品牌相比，差距十分明显。

经过以上分析，我的那位朋友最终选择去国外发展，虽然前途坎坷，但他看到了未来的希望。

特别提示一点，以防大家产生误解，认为 PEST 太难，还要掌握政治和经济等内容。作为品牌营销从业者来说，P、E、S、T 四个方面分析的深浅程度，可以依照目标来决定。比如是要确定企业发展方向，还是评估某个品牌传播方向？前者就需要更深入分析，后者则可相对浅显一些。以经济方面为例，如果涉及企业是否拓展海外市场，则要分析进出口情况等；如果只是涉及产品定价，只需掌握现在国内消费水平等简单环境即可。大目标深入分析，小目标简单分析。

那如何从概念落到工作上？我提供两个小技巧：

（1）在进行简单的PEST分析时，每部分内容可去相应机构官网寻找对应信息，对于P，可去政府官网；对于E，可去投资机构或银行官网；对于S，可去对应话题的研究机构或大学传播研究所等的官网，对于T，可去科技类公司的官网，如IBM的官网等。思创客品牌说公众号里有我们总结过的网站资源，大家可以关注获取。

（2）进行PEST分析前可以先对P、E、S、T四个方面进行权重划分，看是政策更重要，还是技术环境更重要。进行权重划分后，分析结论时就能更好取舍。

最后，请大家思考一下，如何使用PEST模型分析小米手机走向海外市场是否为明智之举吗？期待你的分享。

047

SWOT：
二元法给企业做个体检

大家设想一个情景：如果现在有两份工作邀请摆在你面前，一份钱多一点但是压力大，行业新，自己需要学习很多；另一份钱少一点但很轻松，工作也是得心应手，离家还挺近的。你会选择哪一个？基于什么决定？

本讲我就给大家介绍一个模型——SWOT模型，它是用来分析企业或个人自身情况的决策模型，可以有理有据地回答上面的问题。你自身的优势和劣势是什么？现在面临的机遇和威胁是什么？基于这四项内容来判断你该选择高薪但压力大，还是低薪但很轻松的工作。这其实就是一个简化了的SWOT模型及其运用过程。

SWOT是很多品牌营销人接触的第一个模型，也是使用频率最高的模型，但它同时也是一个常被错误使用且理解最不到位的分析模型。

接下来我会从根源上分析SWOT该如何理解及使用，确保你在第一次接触时树立正确认知，或矫正你这些年的错误认知。为了便于大家记忆，我们把SWOT总结成三个要点，串成一句话就是"一个分析企业内在情况的四格象限图"。

（1）是什么？——四格象限图：简单来说SWOT模型就是由

四个英文单词拼成的四格象限图，分别是 S（Strengths）优势、W（Weaknesses）劣势、O（Opportunities）机会、T（Threats）威胁，它们分别代表企业在这四个方面的具体情况，有什么优劣势、有什么机会和威胁。这四者没有固定的排列顺序，在运用的时候可以基于实际情况，挑选最重要的部分先进行，但要注意，优势和劣势是同步分析的，机会和威胁是同步分析的。

（2）说明什么？——**企业情况**：SWOT 模型是在特定的商业环境下，全面了解企业情况最便捷的模型。一个好的 SWOT 分析，不仅能指导我们进行品牌和营销工作，还能帮助我们分析商业问题并得出最优解。

（3）分析什么？——**企业内在**：SWOT 更在乎企业具有的差异性因素，尤其是能够让企业获得超额收益的核心信息，因此也被称为企业内部分析方法。一般企业会将分析数据的采集部分交给初级员工去完成，资深人员则是拿到数据结果再进行分析。其实在我看来，采集数据反而是更重要的事情，如果采集不全面，会导致分析不准确，直接导致结果错误，战略失败。所以一般公司用初级员工进行数据采集是一个错误的决定。

为了避免这样的尴尬局面，我和大家详细讲一下具体操作的三个注意点。

1. 找数据——利用正确的工具，找到合适的数据

在分析优劣势时，要注意信息的正确性、充足性及公正性。比如，不要优势写了很多却并不是具有差异性的、能够获利的；劣势

只关注竞争对手的长板，而忽视了所有行业都处在短板的形势。

在进行机遇和威胁分析时，往往需要些前瞻性的思考，不能关注那些所有人都已发现的事实。在我们还没有深厚的行业积淀时，就需要借助波特五力模型、STEEP模型等来分析大局势，从而提炼得出自身的机遇点和威胁因素。这两个模型，之后我们也都会讲到。

2.排优先——追根溯源，优先排序

确保每一条信息相互独立，这就要求我们对每一项内容进行追根溯源。比如，劣势项为"新员工流动大，团队重复沟通成本高"，如果我们剖析根源就会发现，是因为缺乏培训机制导致。只不过一条反映在了新员工身上，因为没有培训机制导致新员工无法快速理解公司业务，难以融入，导致人员流动大；一条反映在老员工身上，因为没有培训导致问题重复产生，来回反复沟通成本高。这样就会发现其实两个劣势只对应一个劣势。一般追根溯源之后，就可以对每一条信息进行优先级排序了。

3.定结论——结论清晰，论据扎实

一般来说，结论通常情况下有四种组合，不同的组合会得出不同的战略方向：第一是SO，即优势和机会组合；第二个是WO，即劣势和机会组合；第三是ST，即优势和威胁组合；第四是WT，即劣势与威胁组合。

（1）SO区域，即外部机遇下的内部优势，**就好像最近健身很火，你有健身教练资格证**，需要考虑：如何通过发挥自身优势进行外部机遇探索并从中获利？

（2）WO区域，即外部机遇下内部的劣势，**就好像公司开始进军区块链领域，但是我们天生就对数字不感兴趣**，此时就要关注权衡问题，决定是通过一些手段克服劣势，还是因为风险过大而放弃机遇。

（3）ST区域，即威胁环境下的优势，譬如现在品牌营销也开始

关注 AI 技术，侧重数据而并非创意，而你们团队恰恰有这方面的人才，此时需强调改变，当威胁恰恰能被优势所解决时，是否要调整资源配置把威胁变成机遇？还是只进行防守，寻求其他的机会？

（4）WT 区域，即威胁环境下的劣势，**越来越多的人喜欢健康饮食，油炸类、碳酸类食品厂商要怎么办？**当外部威胁内部无法抵抗时，该如何应对劣势，才能避免或者克服威胁？

我们基于分析得出的内容，可帮助公司确定该采用何种战略手段，以应对激烈的市场竞争。

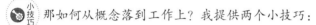那如何从概念落到工作上？我提供两个小技巧：

（1）当每一项的信息数量过多时，就意味着整体的作用会降低，此时我们要取精华，然后再次明确目的，基于目的划定分析范畴，减少无用信息。《决策的 10 个工具》一书中提到了优先级排序的方法，大家可以参考。

（2）机遇和威胁是相对的概念，一个信息点可能是机遇也可能是威胁，因为站在不同的出发点，需要确认好目的，以免信息位置安放错误。同时机遇和威胁是针对行业环境进行的分析，因此不仅是对我们自己，也要对竞争对手进行分析。

… 048

定性研究：
4种方法，2个注意事项

2017年的时候，电视剧《我的前半生》热映，里面有这样一段剧情：女主角罗子君到了一家市场调研公司工作，她被分派去参加一个项目的产品座谈会。座谈会是一个主持人带着差不多10个人坐在一个镜像房中，有说有笑地"聊天"。同时，她的老板和客户坐在紧邻的暗室里，透过单面镜观察着镜像房中的情况。这时，她的老板想到了一个额外的问题，将问题写在小纸条上，让罗子君趁着给受访者倒水的机会带进去交给主持人。

我看这段剧情特别有感触，因为它特别像市场调研中的真实行为。小组座谈会就是在市场调研工作中常常会用到的定性研究方法之一。除此之外，定量调研也是必要的调研方法；定量调研的特点是量大而泛；定性研究的特色是量少而精，深入研究。下面我们将会用两讲分别为大家介绍。我们先看一下什么是定性研究，以及定性研究常用的方法和注意事项。

定性研究起源于19世纪，在20世纪二三十年代因社会调查运动而开始得到发展。关于定性研究的定义，目前还没有一个统一的观点。

国外学术界一般认为，定性研究是指在自然环境中，使用实地体验、开放型访谈、参与性与非参与性观察、文献分析、个案调查等方法对社会现象进行深入细致的长期研究。分析方式以归纳为主，在当地收集第一手资料，从当事人的视角理解他们的行为意义和他们对事物的看法，然后在这一基础上建立假设和理论，通过证伪法和相关检验等方法对研究结果进行检验。

这里面有几个关键词——开放、归纳、假设，可以说这三个词代表了定性研究的特征，即开放问题、归纳研究、推理假设。

也就是说，定性研究的过程就是通过观察、访谈、资料研究等方式，开放性地了解真实情况，接着对收集到的第一手资料进行归纳研究，通过推理，总结出能够解释问题的答案，生成假设，为定量调研做铺垫。这里一定要注意，定性研究的假设需要定量调研进行二次验证。

通过以上介绍我们知道了，定性研究是了解人们对于某一事物看法的相关研究，所以一般用于研究消费者的行为习惯、消费动机和消费偏好这类相对主观性的看法。那么，定性研究到底包含哪些研究方式呢？下面我就来给大家介绍一下。

定性研究的方法基本可以分为 4 大类：可用性测试、访谈法、卡片分类、观察法。

（1）**可用性测试：这是让受访者使用产品或原型，来发现界面设计中的可用性问题。**这个方法，产品经理在产品早期的 Demo 阶段经常用。做法就是找很多测试者到一个房间中，展示产品 Demo，请用户对产品进行试用，并给出反馈。小米当时也是因为把手机开放给工程师发烧友，让他们参与与讨论，慢慢带起来社区的活跃性。

（2）**访谈法：包含 1 对 1 深度访谈、小组访谈等方式；可以线下访谈，也可以根据需要进行线上访谈。**访谈法通常适用于调研消费者需求以及痛点。具体做法就是将一些受访者聚在一起，主持人以访谈的形式和消费者对话，问出需要调研的问题。一般线下访谈比较好，可以看到微表情、姿态、动作等，这些可以透露出言语之外的信息。当然，若是时间有限，可以通过电话、视频进行访谈，这样更适合 1 对 1 访谈。

（3）卡片分类：**是指研究用户如何理解和组织信息，从而规划和设计产品信息架构的方法**。通常来讲，卡片分类法一般用于沟通会、产品研究会等，我们通过将不同的卡片基于自己的理解进行分类，使卡片代表我们心中的想法。但需要注意的是，这只是一种辅助手段，并不能通过这个方法处理全部的问题。

（4）观察法：**主要分为参与式观察与非参与式观察。参与式观察就是跟受访者一起互动进行观察讨论；在非参与式观察中，你作为旁观者冷静地审视被访者的所有行为，甚至有些时候你是作为一个神秘访客出现的，不让他知道你的观察者角色**。通常来讲，观察法可以有利于我们研究消费者行为，洞察其心理活动，或者了解其使用产品的场景、步骤等。这些可以通过日记、录像或实地调研方式来进行，这对主持人的调研、考察能力有着非常高的要求。

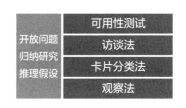

定性研究特征及方式

那么在进行定性研究的过程中有哪些注意事项呢？

（1）**四种方法都需要一个主持人**。主持人非常重要。在整个研究中，对主持人要求很高，他需要保持客观中立的态度，要有丰富的访谈经验。你会发现，尤其是在小组访谈中，主持人的能力、技巧特别重要。总之，主持人要有能力洞察受访者是"怎么想"的。因此，选用实操经验丰富的小组主持人，可以说是定性研究成功的基础。主持人在进行访谈时，切记不可有引导性行为或语句，从而影响受访者的表现。除此之外，还需要注意，要争取让每一位受访者都有平等的发言机会，避免某一受访者对其余人员进行引导，导致调研结果不精确。同时，主持人还需懂得"察言观色"，拉近和受访者之间的距离，让他们能够自在、真实地表达出自己的意见，而非用"假我"回答问题。比如如果主持人没让气场足够融洽，那么很多受访者就会处于警惕的状态，此时他们会用非真实自我来回答问题，对于你的产品，可能他不是很喜欢，但是出于礼貌，会说喜欢；或者是掩饰自己的社会地位，就会说一些理想中的话。这些都不是真实的自我，会让调查研究失去精准性。

（2）**样本在精不在多**。定性研究的样本没有规定数量，只要达到要研究问题的饱和度即可。因此我们在展开定性研究之前，需要先进行桌面研究。通过阅读类似的调研报告、相关行业的市场数据、用户洞察报告等，拟好调研的目标受众，根据一些相对重要的指标设定样本条件，保证主要的受访对象不遗漏即可。小组访谈的样本数量一般为 8～12 个；观察法和卡片法的数量需要基于具体要求去设定，一般来说几十个即可。

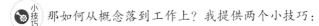那如何从概念落到工作上？我提供两个小技巧：

（1）定性研究的结果很大程度上需要依赖调研者自身的经验。因此，初级员工、新人、小白在调研的初级阶段建议跟着有经验的调研人员去观察学习，不建议独自承担任务。

（2）在定性研究中，小组访谈的时候，一定要注意避免受访者的从众心理，多鼓励受访者勇敢表述出自己的真实意见，提出假设。假设具有一定的主观性，所以为了保证精准性还需要定量研究验证。

最后，请大家思考一下，如果让你针对身边的人设计一场关于本书的定性研究，你会怎么设计？期待你的分享。

049

定量调研：
不是量多就能出好结果

在上一讲中，我们研究了定性研究的内容、常用方法及注意事项。同时也知道了，一般来讲，定性研究需要和定量调研配合进行，定性研究用来洞察用户是"怎么想"的，而定量调研则是要得出品牌需要"怎么做"。本讲我们就来重点讲一讲定量调研这个知识点。

一般来说，我们常见的定量调研方式就是"填问卷"，相信大家在大街上经常会遇到一些人拦住你，请你花 10 分钟填一份问卷，其实这种方式就是最常见的定量调研。除此之外，定量调研还包括哪些方法，有哪些注意事项呢？下面我们就来学习一下。

定量调研的官方定义是：对一定数量的、具有代表性的样本进行封闭式（结构性的）问卷访问，然后对调查的数据进行计算、录入、整理和分析，并撰写报告的方法。

在学术上，定量调研是一种基于"先在理论"的基础研究，这种理论以研究者的先验想法为开端，也就是假设验证，这是一个自上而下的过程。而这个"先验想法"（假设验证），通常来自于定性研究。这也是我们建议在进行定量调研之前，先进行定性研究的原因。当然有些研究者对自己的假设非常认可，认为不需要进行定量研究就能得出。但我们一般来说还是要将两者结合在一起，确保我们的成功概率更大一些。

定量调研可能不像定性研究那样复杂，定量调研主要就是大规模发放调研问卷，包含线上或线下这两个方式，线下就是入户研究和街头拦访两种主要方式。入户调研一般只有国家一级的调研才会采用，例如国家统计局每年都会下到各个城市、乡村，看看人们家里的人口情况、生活水平；街头拦访就是在大街上随机拦访一些人，当然这些样本都是经过前期假设的，是有一定要求的。女生多少？男生多少？多大岁数？剩下的就不能判断了，比如学识、生活水准，这样判断主观性很强。除了线下之外还有线上，线上就是通过互联网发放问卷，但是对于样本的真实性就不可控了。总体来说，定量调研对研究的严密性、客观性、价值中立都提出了严格要求，以求得到客观事实。但在真正的调研中，定量研究有很多样本都存在不真实的情况，导致很多机构不太相信做定量研究这件事情了。所以我建议大家自己来完成，或者找一些专业的权威的大机构来完成定量调研，这样会让你的市场投入得到最大化保障。

那我们接下来说一说，为什么定量调研最好建立在定性研究的基础之上。

我们知道，用户认识新事物的顺序是"先了解，再证实"这样一个螺旋上升的过程。"了解"就是定性研究的内容，而"证实"则是定量研究的内容。比如，你想要了解人们对于方便面有什么需求，以便研发新产品。但是你现在毫无头绪，那么你需要做什么呢？需要对消费者进行访谈。挑选一定数量的典型目标客群，在和他们的访谈中询问都有哪些需求，并将这些需求一一记下来。这就是定性研究。但是这些需求到底是个人需求还是大众的普遍需求呢？你就需要提出一个假设，然后通过定量调研来完成验证。方法就是通过定量问卷，把收集到的需求写在问卷中进行大规模发放。等到问卷全部回收之后再进行数据处理，来验证你前期的假设。

在这里值得注意的是，影响定量调研结果的往往不是收集上来的数据，而是设计的问题是否有价值，或是否具有一定的引导性。

没有价值或主观引导，都无法收集到正确的数据。在这种情况之下，你问卷的数量再多，得到的结论也不会准确。所以设计好问题是定量调研的成败关键。

除了设计好问题之外，避免对数据进行人为筛选也是影响定量调研成败的一大关键要素。定量调研的一大特征就是它的客观性，所以千万不能单纯为了证明自己的假设是正确的，而对结果进行大量"筛选"，不然就是自说自话了。

那么为了得到准确的数据，我们在做定量调研时有哪些注意事项呢？

1. 量少原则

首先，切记定量问卷的问题不可太多，最好不要超过20道题，太多的问题会导致受访者疲于思考，进而影响结果的有效性。因此，每一个问题的设计都必须具备高价值。那么如何能设计出来有价值的问题呢？需要借助前期进行的定性研究的洞察，以及参考同类调研问卷。总体来说，问题量少且精是一份合格的定量问卷需要具备的特质。

2. 多单选，少问答原则

在题目形式的设计上，建议多设置一些单选题；如果是多选题，则最好设计成排序题，尽可能避免开放式问题。因为多选题的结果不便于统计，而开放性问题会使答案变得不可控，也会有一些脑洞较小的受访者不知如何作答。

3. 样本范围精确原则

确定问卷发放的对象（样本）也很重要，需要在研究的目标用户的范围内发放问卷，以此来保证调研结果的可用性。比如，你想要调研用户对高端母婴类产品的购买偏好，那么你需要选择调研的样本主体就应该是一二线城市、高收入家庭的妈妈。过多的男士、中低收入家庭、三四线城市的样本可用性不高。

定量调研原则

那如何从概念落到工作上？我提供两个小技巧：

（1）定量问卷的发放数量会影响数据分析结果，如果自己无法找到那么多的用户，可借助第三方的力量，但是要选择规模比较大、相对比较权威的机构。要监督好第三方提供的样本量是否符合我们的目标人群市场。

（2）切记不要在调研中途修改问卷。因为修改问卷会导致结果无法统计，同时会丧失对比性。因此在前期往往需要借助多个人，从多个角度对问卷进行优化，确认后再大规模投放

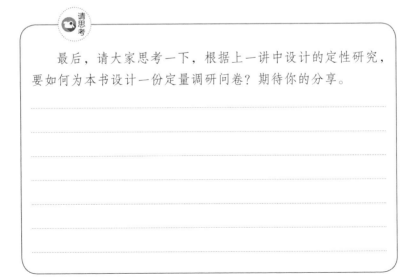

最后，请大家思考一下，根据上一讲中设计的定性研究，要如何为本书设计一份定量调研问卷？期待你的分享。

050

媒介策略：
赋予品牌表达一份郑重感

罗胖曾在 2018 年跨年演讲中提到一件事：他怀着万分挣扎的心情，拒绝了一位朋友送给他的免费打广告的机会（在彩票背面给得到 App 投放广告）。因为他觉得，如果"得到 App"在一个彩票背面投了广告，会伤了"得到"用户们的心。伤的什么心呢？用户的自尊心。

对此他的品牌顾问，也是我的朋友小马宋老师提炼出来一个词——郑重感，因为彩票背后的郑重感不够，所以罗胖拒绝了朋友的热情帮忙。其实郑重感背后折射出的是媒介策略这个概念，本讲我们就聊聊这个话题。

媒介策略也就是我们通常所说的媒介计划，主要是指企业如何安排和选择投放广告的时间、位置、频次等要素，以最有效的方式达到期待的品牌或营销目标方面的结果。媒介策略是随着媒体环境不断发达而逐渐形成的。早期这项工作属于 4A 公司的媒介部，后来媒介部逐渐发展起来，脱离了 4A 公司，成立了独立的媒介公司。在几十年的发展过程中，它们逐渐统筹了市面上所有媒体类型，以帮助企业完成策划和采购这两项主要工作。但近几年，随着互联网技术和自媒体的逐渐发展，媒介分布愈发分散，信息差被打破，企业主直接采购的趋势越来越明显,很多媒介公司的日子都不太好过了。

无论是委托媒介公司完成还是企业主自行完成,**一个完整的媒介决策都需要考虑三个要素:媒介目标、媒介选择策略和媒介采购执行**。

要制定清晰准确的媒介目标,首先需要我们对市场背景、目标人群、竞争对手、企业现状进行分析。然后我们还要确定到底这个媒介投放是为品牌目标服务还是为营销目标服务,不同的目标侧重点是完全不一样的。如果你是想帮助企业构建品牌形象,可能我们更多采用电视 TVC 的投放,但如果我们想协助市场进行一场营销推广,可能我们采取的是互联网媒体或当地的报纸进行投放。目标不一样,所进行的媒介选择策略也不尽相同。

再来看看媒介策略选择。必须围绕媒介目标来规划媒介的种类选择,同时构建合适的媒介组合方式和排期方式。一般来说,我们不会选择单一的媒介,通常选择几个媒介进行打包组合。这样会涉及对不同媒介的了解程度,譬如每个媒体的目标受众触媒习惯是不是相同;媒介的目标受众是不是有重合,重合了就不需要购买太多。

对于媒介采购执行,应基于确认的预算范畴,合理地将媒介选择策略分配到月度、季度、年度,再进行谈判采购,并且和媒介确认最终排期。这里需要考虑两个小要素:第一是竞争对手的排期表,不能出现撞车的情况,不然会给媒介资源带来很大的浪费;第二要考虑到目标受众的触媒习惯,即确定他们什么时候愿意接触这个媒体,毕竟每个人的触媒习惯是不一样的。比如,早上起来有的人习惯听广播,上班的时候可能看的是自媒体,到家了可能先看的是电视广告或者视频广告。触媒习惯不同,采购排期也应不同。

媒介决策考虑因素

说完这些,我们再回到前面提到的郑重感,为什么说广告媒体投放需要郑重感呢？想象一下，你端着一杯摩卡，翻开一本精致光鲜的时尚杂志。浓郁的咖啡香气混合着一丝油墨的味道，指尖滑过考究的纸质，此时华贵不失优雅的一则珠宝广告映入你的眼帘。现在我们换另外一个场景，一大早你急匆匆跑进地铁，恰好碰上免费发放的报纸，你随手接了一份，挤进地铁占好位置。这个时候，你再拿出皱巴巴的报纸，翻到一页广告，那里也是一个珠宝品牌。比较一下，哪个广告让你觉得更有郑重感呢？显然是前一个。

基于麦克卢汉著名的"媒介即信息"这个理论，你会发现：**在社会心理及感官层面，对人们造成影响的是媒介的形式，而不是媒介的信息。你与媒介接触的场景、媒介的形式，无形之中都在影响你对媒介内容的态度。这份态度就是郑重感的深浅。**

郑重感只是一种概念，它没有一定的量化指标，更多是受众的心理感受。这个衡量体系来源于整个社会群体集体价值观的认同感。一些具有官方背景的、准入门槛高且精致的主流媒体的郑重感就会很强；而民间的、准入门槛低的、粗糙的非主流媒体的郑重感就会比较弱。

譬如一个城市独有的地标性地段，投放在这里的户外广告郑重感就会被加深，如深圳的京基100、北京的三里屯、广州的小蛮腰等。

再譬如你出门坐飞机，在首都机场看到一块巨大的LED广告屏，走到地铁站厕所门口，又看到另一个品牌的框架广告。这个时候，你会觉得哪一个品牌在受众心中印象分会更高呢？显而易见，肯定是机场的LED屏广告，尽管这两个广告对我们的关注度、时间及信息量的影响是一样的，但前者能对我们的影响更深远。

这个背后，还涉及一个心理学理论——爱情的投资模式理论。这个理论认为，男女亲密关系中的承诺，是由满意度、替代性和投资量等因素共同决定的。当亲密关系中的个体，对关系的满意度很高，从而付出了大量的时间、金钱、感情等重要资源后，这段亲密关系就会自然而然进入到一个更强的承诺阶段，也就是双方都不会轻易解除或破坏掉这段关系。

如果我们把经营亲密关系看成经营品牌，当一个消费者对品牌的美誉度打分较高时，通常离不开产品或服务的优质表现，当然也会受到品牌广告投放的影响。输出品牌理念或塑造品牌形象的广告，会比直接促销的广告更加吸引消费者，以增其对品牌的关注度和偏好度。正因为在这类广告中，企业主通过品牌做出承诺，拉近了与消费者的亲密关系，所以在消费者心中，这条广告信息具有更多郑重感。

那品牌在投放广告时要怎样提升郑重感呢？这里有两个要点：

（1）**匹配性**。从整体来看，媒介作为市场工作的一部分，需要从全局出发，明确是服务品牌还是营销目标，有什么具体的媒介信息和表达方式，然后选择最匹配的媒介方式。如果媒介方式和创意表达不符合，譬如微信 H5 的媒介信息，就可能不适合投放在高档杂志上面，这样会造成郑重感不够。

（2）**精准性**。广告投放渠道越精准，信息的传递越到位。此如"探知游学"，针对的是文化旅行爱好者，对于庞大的旅游消费群体来说，较为高端知性的中产阶层才是其核心客户。因此在预算有限的前提下，其应优先选择各大 MBA 院校的讲座、自媒体、校友会来进行合作，效果会非常显著。如果选择常规的火车站、汽车站来进行广告投放，除了信息到达不了核心客户群之外，在消费者心目中，品牌形象的郑重感也会被拉低不少。

> **小技巧** 那如何从概念落到工作上？我提供两个小技巧：
>
> （1）当你进入一个不了解的领域中，分不清哪个媒介更有郑重感时，不妨换个角度思考，看看是谁在接触媒介，通过接触的人群，反过来权衡媒介与品牌的契合度，再进行选择。
>
> （2）如果你不知道如何安排媒介策略，可以看看行业领头羊在哪里投放，跟着大哥走，可以让你有效规避风险，但要你选的媒介要符合你品牌的定位。

> **请思考**
>
> 最后,请大家思考一下,一个刚进入中国的国际运动品牌,要采取怎样的媒介策略?期待你的分享。

051

AIDMA：
揭秘从看广告到买买买的背后奥秘

在正式开始本讲前，我想先跟大家分享一下我和闺密的一次购物经历。

那天我们一起走进商场，远远就看见一家店的装饰十分特别，不由自主就走了过去。走到门口发现是一家内衣店，正对门口摆着带白色翅膀的人体模特，模特穿着十分性感的内衣。闺密顿时来了兴致，围着中央的摆台转了好几圈，正好看见电视上播放的秀场视频，刚好一个模特穿着她手边的一件产品走过。顿时她的眼里放出了爱的小星星，即便价格昂贵，她还是咬牙买下了那件商品。用她的话说，那个模特美得浑身都在发光，实在难以拒绝。

大家对这样的购买行为是不是很熟悉？先注意，再有兴趣，然后产生购买冲动，最后掏钱买单。这个过程就叫 AIDMA 法则，也叫"艾德玛法则"，是无数商家勾引你消费的小秘密，也是品牌营销人的必学知识。本讲就和大家好好聊一聊这个话题。

AIDMA 法则，由广告学家 E.S. 刘易斯在 1898 年提出，**是指消费者从看到广告，到发生购买行为之间，基于不同的心理状态而引发的不同行为**。主要用来帮助企业分析消费者的心理过程，针对不同的心理过程采取不同的传播策略。

首先，让我们来了解一下 AIDMA 法则都包含什么内容。最开始，消费者会关注一个品牌，这个动作叫注意（Attention），随之对这个品牌产生兴趣（Interest），然后对该品牌的产品产生购买的欲望（Desire）。在这种欲望的刺激之下，消费者会自觉记住（Memory）该品牌的产品，进而产生购买的动机（Motivation），最后发生购买的行为（Action）。一般来说，这是人们在购物时都会经历的心路历程。

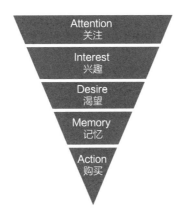

在互联网开始改变人们的生活方式之前，AIDMA 法则一直在指导着有效的广告创意和营销策划；进入互联网时代后，人们从被动接受转到主动搜索，并且消费场景也发生质的变化，譬如我们在网购之前还会进行搜索和比较，这时 AIDMA 法则就不再适用了。我们下一讲就会为大家介绍一套网络环境下的 AISAS 法则，这个是在 AIDMA 基础上发展起来的新法则。

判定 AIDMA 是不是能成功，就看其所涉的五个环节走到最后还能不能发挥影响力。如果只做到了引起消费者注意，但不能让消费者产生兴趣，又或者产生了兴趣，但是在消费者心中没有记忆留存，都可以说这个广告或者营销活动是无效的。

五个环节中的第一个环节就是用户关注度，所以 AIDMA 法则倡导先从激发用户关注度入手。除了传统的运用广告吸引关注外，我们还可以通过设计品牌体验要素，即前面介绍过的 MOT 接触点，来提升消费者的品牌体验，进而激发其兴趣；再比如，也可以通过设计口碑营销来增大曝光率，产生关注。但不管形式如何，本质都是引起用户的"第一关注"，从心理学上说，这叫"首因效应"，是指交往双方形成的第一次印象对今后交往关系的影响，也就是"先入为主"带来的效果。之前有人说首因效应是 8 秒内形成的，现在有数据说已经缩短到 0.4 秒，如何在这 0.4 秒内抓住用户的心？**秘密武器就是消费者洞察。**

　　我们已经多次强调消费者洞察对品牌和营销工作的重要性，也安排了专门的章节讲解痛点、痒点、爽点、槽点等不同的消费需求，AIDMA 这一整套法则都是以消费者洞察作为支撑点的。

　　江小白的创始人陶石泉曾说，他用 40% 的时间去研究消费者，所以才能在前期就对品牌进行合理规划，让"简单生活"的品牌理念融入产品、营销、渠道，设计了与传统白酒形象迥异的标签瓶、青年人语录、江小白的卡通 IP 等，成功让年轻消费者对品牌产生关注度，进而引发兴趣、留存记忆，最后产生购买冲动。

　　由于 AIDMA 法则强调关注、兴趣、购买欲、记忆到最终成交者的一气呵成，因此更适合类似江小白这种快消品。因为消费者对产品或服务的采购成本较少，决策流程较短。对于金融、医疗、汽车这种重度决策产品或服务，AIDMA 法则就不能马上发挥作用了。

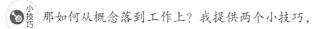那如何从概念落到工作上？我提供两个小技巧，

　　（1）在 AIDMA 法则中，可以通过设置悬念、引发好奇及探索等方式来激起消费者的兴趣，进而产生下一步的消费流程。

　　（2）虽然现在有一些新的模型衍生出来，但 AIDMA 法则是演变的基础。所谓"万变不离其宗"，千变万化还是离不开本质。做好用户调研，找准消费者的真实需求，激起他们的兴趣，是产生消费行为的前提。

> 请思考
>
> 最后,请大家思考一下,你身边有什么品牌是运用 AIDMA 法则让你成功购买的?期待你的分享。

052

AISAS：
互联网时代下的消费心理变迁

上一讲给大家介绍了传统营销模式下的消费者决策流程 AIDMA 法则。这套决策流程更适用于线下实体店的消费场景。而如今，网络购物可谓分得了市场的半壁江山，AIDMA 法则已无法涵盖网络购物的消费决策流程，因此 AISAS 法则横空出世。

那么 AISAS 法则究竟是什么？还有哪些以此为基础进行迭代的法则？本讲将给大家分享 AISAS 法则的内容，以及它的迭代法则 AISCEAS 和 SICAS。首先我们来看 AISAS 法则。

AISAS 法则是全球知名广告公司日本电通公司，针对互联网时代下消费者生活习惯设计而成的。如果我们说 AIDMA 法则是传统时代的基础版，AISAS 法则就是互联网时代的升级版。

A、I、S、A、S 这 5 个字母分别是 5 个流程动作英文的首字母：产品引发消费者的注意（Attention），接着消费者对产品产生了兴趣（Interest），但消费者不会直接产生欲望，而是先去网络上进行搜索（Search）才会采取行动（Action），将产品买下。买下之后，还会增加一个分享（Share）动作。

接下来，我用一个小案例帮助大家理解。

前不久，电视剧《谈判官》热播，同事 Coco 被剧中女主角的一款包包吸引了，很想入手一个同款。于是她开始在网络上搜索，先是搜索这是哪个品牌的包，再去翻这个品牌的官网。发现官网的价格有些贵，于是她开始在京东、天猫、亚马逊等网站上搜索这个包，进行价格对比。总算找到一家代购价格合适，并且还支持专柜验货，于是就愉快地下了单。等到这个包跨越了千山万水到她手里的时候，她满心欢喜地拍了张照片，发了朋友圈，分享喜悦。

同事 Coco 经历的消费决策流程就被涵盖在 AISAS 法则中。

在 AISAS 法则上还有两个变异法则：分别是 AISCEAS 法则和 SICAS 法则。

（1）AISCEAS 法则是由 innovation ine. 公司于 2010 年在其日文博客上公开的。这个法则在 AIS 和 AS 两部分之间加了"CE"，分别是比较（Comparison）和检验（Examination）。这两个动作主要是对搜索（Search）行为的补充拆解。

大家想想看，你在网上买东西的时候，搜索的过程中是不是经常会比来比去？比较不同商家的价格、包装和物流，有时还会跨平台去比，在淘宝上看完去京东上看，京东看完可能还会转去小红书上看，这些动作就是比较。比较的同时，你还会跑去看用户评论，甚至上网搜相关测评，这些动作就是检验。

（2）SICAS法则，是基于移动互联网的数字时代产生的消费决策法则。随着媒介、信息更加碎片化，消费者的注意力在不断转移。因此，**现在品牌主们需要加强和消费者之间的互动来提升品牌体验**。SICAS模型由此诞生。

SICAS法则是指品牌与消费者之间建立感知（Sense），随后消费者会对品牌产生兴趣，因此产生和品牌的互动（Interest & Interaction）。有了互动，品牌需要和消费者建立连接，随时联系和沟通（Connection & Communication）。通过这些步骤，消费者会被打动，进而产生购买行为（Action）。购买之后，消费者会把自己的体验分享（Share）出去。

可以说，SICAS法则更适合移动互联网时代下的新营销。越是线上的品牌，消费者越难和品牌产生实际的接触和体验，因此会更注重情感上的沟通。

不管采用哪一个法则，我们必须先思考的问题是如何让消费者对你产生关注和感知，进而建立良好的交互性。让消费者随时找得到你并和你沟通，等建立了情感联系，消费者就很有可能产生下一步的消费行为，并主动进行分享。分享会引发新的用户对品牌的关注和感知，进而形成闭环效应。

通过以上几个模型，你会发现随着时代和科技的不断向前，人们的生活形态也在不断地变化。与之匹配的消费者决策流程模型也会不断更新迭代。如果你想用好这些法则，一定不能离开对人和科技的观察。注意不能妄想只通过一个法则就可以天下无敌。

那如何从概念落到工作上？我提供两个小技巧：

（1）**在互联网时代下，信息检索变得尤为重要**。CNNIC通过历次调查数据得到："对商品、服务等信息的检索始终是网民对互联网的主要用途之一"。因此，如何在搜索网站中进行信息的铺垫是需要我们格外注意的地方。

（2）**现在用户对品牌的主动性有所提升，口碑营销的作用正在渐渐显露出来**。近期新的模型，比如北京大学刘德寰教授提出的ISMAS模型（兴趣、搜索、口碑、行动、分享）已经将其纳入其中。所以，打造好口碑，可有效刺激消费者产生购买及分享行为。

最后，请大家思考一下，你在日常购物时，和以上三个法则的哪一个更贴近？期待你的分享。

STEPPS：
《疯传》中的病毒式传播

不知道你发现没有，经常有朋友不约而同地在朋友圈转发一些东西。有时候是个 H5，有时候是篇文章，甚至有时候是一些海报。当分享人数达到 10 个以上，好奇心就会驱使我们点进去看一看。如果真的吸引到我们，我们也会转发。比如"腾讯公益自闭症儿童""我的军装照"等，我都参与过。

为什么别人的创意和文案能席卷朋友圈，依靠用户口碑，像病毒一样迅速蔓延开来，而我们的传播总是石沉大海，了无音信？

本讲我们就来拆解一下病毒营销背后的秘密法则——STEPPS 模型，和大家一起聊一聊如何借助这个模型实现成功的病毒营销。

STEPPS 模型来自于畅销书《疯传：让你的产品、思想、行为像病毒一样入侵》，该书中详细阐述了病毒式传播是如何形成的，并且将病毒式传播总结为六个特点：社交货币、诱因、情绪、公共性、实用价值、故事。

其实这六点我们可以分成企业提供和用户自我感知两大类。企业可以提供诱因、实用价值和故事；用户可以自我感知社交货币、情绪和公共性。

首先我们来看企业可以提供给消费者的三个要素。

（1）诱因（Triggers）。"诱因"是能够提醒公众联想到我们品牌的东西，主要通过激活用户的瞬间记忆，触发他们对美好生活的向往，产生品牌联想，从而引发自发传播。因此，想要通过诱因来达到传播效果，一个最大的影响因素就是产品的使用频率。

我给大家介绍一个公式：刺激结果 = 刺激强度 × 刺激频率。显而易见，最容易做到的就是通过增加刺激频率去提升刺激结果，这就是很多广告中会用到的重复性法则。我们前面提到的脑白金正是这个套路。

（2）实用价值（Practical Value）。实用价值利用了人们的互助心理，让用户自发传播觉得很"值"的产品或服务。

这一点对应到营销中就是各种优惠活动，类似满减、第二件半价、买几送几等，相信大家并不会陌生。在实用价值里，并非都是实打实的"割肉让利"，还有一个隐性价值，其甚至比显性价值更加有效。这个隐性价值就是惊喜价值，比如神秘礼品、限时优惠等；除了惊喜价值外，帮助用户实现自我的成就感，也属于隐性价值。

（3）故事（Story）。有这样一个真理：人们很少去思考一些能直接获得的信息，但是会去思考那些跌宕起伏的故事。

这就是为什么在我们传播所用的信息屋（Message House）模型中，会把品牌故事放在定位之下，大创意（Big Idea）之上。人们在津津有味地谈论故事的时候，在不经意间就会促成品牌传播。**此时需要注意的是，故事一定要能让用户产生情感共鸣，切忌故事只是企业本身的"自嗨"。**

企业的三要素说完了，接下来我们看看用户自我感知的三要素。

（1）社交货币（Social Currency）。所谓社交货币，其实就是人们的谈资。这一点利用了人们天生乐于分享的心理。

那么人们都喜欢互相分享些什么内容呢？一是能体现他们高品位、高价值的东西；二是能体现他们特权的东西；三是新奇的东西；四是有竞赛、排名、积分榜之类的东西。比如朋友圈里经常会晒的网红店打卡、一元公益、微信运动排行榜等，都是利用了人们这样的心理。

（2）情绪（Emotions）。情绪就像呵欠一样，是可以传染的。但是我们要知道，并不是所有的情绪都适合传播，或者说，并不是所有的情绪都能引起用户的自传播。**只有激起生理唤醒的情绪才会引发人们的传播。**那么什么是生理唤醒呢？生理唤醒是指人们的身体上会出现的一些变化，比如心跳加速、手心出汗、敏感警惕等。能引起生理唤醒的情绪有敬畏、兴奋、激动、悲伤、担忧等。

因此，**如果品牌想要引发人们的病毒传播，就需要给予人们强烈的情感刺激。**如果刺激不到位，则"情绪"这一点就无法生效。

（3）公共性（Publicity）。这里的公共性主要指人们的从众心理。众所周知，从众心理是群居属性的人最显著的心理特征之一。因此，只要一个传播方案能在一部分人当中引爆，那么这一部分人就会带动更多的人来进行传播。

"测试你的使用说明书""冰桶挑战"等都是利用了人们的从众心理引发的传播。

那如何从概念落到工作上?我提供两个小技巧:

(1)"诱因"中的加大刺激频率需要谨慎使用,过度**频繁会触发消费者的抵触情绪,带来负面的传播效果。**此外,诱因还需要单一,清晰而专一的诱因会强化传播的效果。提到求婚,就会联想到钻戒,就是这个道理。

(2)想要达成病毒式传播,以上六点是从内容出发的。但仅有内容是不够的,渠道的选择也是成败的关键要素。一般来讲,**线上传播的效果会更直观一些,但是线下传播同样不可忽视。**比如增加产品在线下场合的曝光率,同样可以引发人们的口碑传播,其效果不亚于网络传播。

最后,请大家思考一下,如何运用STEPPS模型编写出一个能引发病毒式传播的案例?期待你的分享。

054

SIVA：
让消费者为你创造价值

发明 IMC 整合传播理论的国际大师舒尔茨曾经说过这样一句话："过去的营销者喜欢控制一切，他们控制包装设计、广告、促销、公关和新闻媒体，但是现在我们已经无法再这样控制下去了。因为借助互联网，整个市场的控制者已经由品牌方变成了消费者，我们无法全盘控制，也就意味着营销需要改变了。"也正是这句话，让他在推出 IMC 理论之后的第 15 年，又提出了更符合互联网时代发展的 SIVA 理论。

SIVA 由 Solution（解决方案）、Information（信息）、Value（价值）、Access（途径）四个单词首字母组合而成。本讲我们详细探究一下 SIVA 的具体含义、作用和用法。

SIVA 理论是由舒尔茨教授和戴夫教授在 2005 年首次提出，并出版了相关著作《SIVA 范式：搜索引擎触发的营销革命》，书里对 SIVA 下的定义是**"交互时代的营销范式"**。范式是传播学术语，类似于数学的公式或公理。

接下来，我们简单介绍一下 SIVA 每一项的内容：

（1）S 代表 Solution 解决方案：SIVA 理论希望在消费者未发现需求时，先提出解决方案。**对此要求的硬技能是洞察**，洞察是市场营销中最重要的基本功,这一点我们在之前的章节中学过。

(2)I代表 Information 信息:明确需求后,消费者在哪里搜集信息,搜集怎样的信息,甚至搜集到什么程度再决定购买,都是企业无法干涉的。**企业能做的只是顺应消费者的情况,找到他们在哪里获取信息,进行营销活动**。比如查询附近吃饭的地方,有的人会用大众点评,有的人会选择百度地图。此时企业就需要详细了解大众点评和百度地图的使用人群,根据不同人群的日常习惯采取相应的营销行为。

(3)V代表 Value 价值:其具有两层含义,一是消费者购买产品或服务后得到的利益性价值;二是消费者购买产品或服务后损失的成本,经济学称为机会成本。**只有得到的和失去达到平衡时,购买动作才会发生。**

(4)A代表 Access 途径:它表示消费者可以得到满足的所有途径,因为线上线下渠道打通,消费者接触信息的入口增多,他们可以进行广泛的搜集和比较,从而做出最优选择。**这也意味着商家若想被选中,必须在不违反品牌调性的情况下,尽可能多地出现在消费者能接触到的地方。**

接下来我们就通过滴露的案例来详细了解 SIVA 的运作逻辑。

项目背景:滴露希望能够打开二三线城市的市场,通过走访等形式对目标市场的消费者进行了调研,得到了很多消费者的真实信息,比如消毒剂只用来擦地、大剂量的包装让消毒剂很少出现在屋子较明显的位置、妈妈们平时注重去除细菌和保持清洁等。

基于这些事实,滴露采取的 S 解决方案是,发明一种瓶装喷雾消毒液,可以除去各种地方的细菌,如玩具上、门把手上。

接下来是 I 信息：前期滴露进行调研，依照调研结果得出的结论是滴露应主打除菌定位。他们组建了"妈妈军团"，提供试用装，鼓励妈妈们使用，并设置一系列活动形成传播效果。

然后是 V 价值：参与"妈妈军团"的消费者最明显的是获得了滴露带来的功能性利益——"除菌"，同时参与者还可以免费赠送给周围朋友"除菌小礼包"，这满足了社交需求，得到了自我实现的价值。

最后是 A 途径："妈妈军团"的最初成员大部分是滴露官方直接招募的，小部分是后期被吸引来的。其他广泛的受众群体，绝大多数是通过"妈妈军团"的口口相传而来的。

SIVA 理论支持一切活动的设计都从消费者出发，不需要很多费用，却能够获得很好的效果。

 那如何从概念落到工作上？我提供两个小技巧：

（1）多研读行业报告，以了解最新的行业发展趋势和消费者动态。行业报告和白皮书都有较多的数据支撑，"思创客品牌说"公众号里就有不定期的行业报告更新，因为这些报告能帮助你更好地理解用户洞察。

（2）如果你入行时间较短，还不能独立写出一份营销活动的策划方案，可利用 SIVA 理论作为逻辑框架，分析网上成功案例，这样你能深刻理解这些案例成功背后的原因。

055

Message House：
搭建品牌信息屋，信息形散神不散

本讲和大家分享一个"超级利器"——Message House，即信息屋。之前我有个微课《90分钟搞定年终传播方案》专门讲到这个工具，很多小伙伴认为超级好用。所以这次我们把这个知识点精炼提纯，以便更多的小伙伴了解和使用，提高自己的工作效率。

很多国际4A广告公司都会用Message House，通常用它来制定企业全年或半年的品牌传播策略。每家公司的Message House的具体模式内容都不太相同，本讲我们来学习思创客改良后的Message House。

战略层
定位、三观、人设

感受层
Brand Story（品牌故事）+ Tagline（品牌标志语）
Big Idea（品牌关键词）

内容表达层

核心内容	关键信息	重要渠道
事件/活动/其他	对谁说/说什么/怎么说	在哪说/什么场景说

配合资源

首先，让我们了解一下 Message House 长什么样。我把它一共分为三个层次，这三个层次分别是战略层、感受层和内容表达层。

最顶层是统领全局的品牌战略层。还记得我们之前讲过的"品牌战略"吗？所谓的品牌战略层，其实就是我们之前学过的定位、三观和人设。你需要通过定位来为品牌的传播定方向。在这个层次，最高级别是把品牌当成一个宗教来经营。如果你的品牌传递出的三观能令人狂热，品牌的人设能赢得人们的喜爱，后续传播会非常省力。譬如，苹果随便开个新的体验店都会有万人去膜拜。

换言之，Message House 的第一层相当于军队中的总司令，由它来引领品牌未来半年或一年的传播策略，接下来所有大大小小的市场动作、营销动作都要紧紧围绕它展开。很多时候，你会发现一个品牌的传播会失败，原因就是没有在开始阶段设好战略层的内容。没有总司令来指导我们"打仗"，就会出现形散神也散的情况。

有了总司令之后，我们要开始配备手下的得力干将。这就是 Message House 的第二层——感受层，它包括品牌故事、品牌标志语和 Big Idea。

我们对总司令的要求是理性、杀伐决断、懂得取舍，而得力干将可以是感性的、意气风发的、特立独行的。也就是说 Message House 的感受层主攻消费者的感性需求，延续品牌定位、三观和人设，通过品牌故事、易于记忆的标志语及 Big Idea，充分唤醒人们的感官记忆，达到情感共鸣。我们的传播需要带有感情，否则消费者会对传播中的信息点无动于衷，自然无法产生情感共鸣；我们的传播活动多半也会沦为以促销为主、以价格导向的传播，而不会给消费者留下深刻印象。

在这个阵营中，Big Idea 是最核心的要素，起到承上启下的作用。对上始终要与品牌定位保持一致，对下仍然要统领品牌的内容＋表达层。

很多人对 Big Idea 的理解非常容易走进误区。在前面的章节中，我们举过鸡尾酒 RIO 的例子。RIO 想赢得年轻人的芳心，它是怎么做的呢？靠铺天盖地的广告来完成。你可以在爆款综艺——《跑男》里看到它，也可以在偶像电视剧里看到它。钱是砸了，但很可惜，没有一个贯彻始终的 Big Idea，观众不知道这个品牌到底在讲什么事。让人感觉品牌传达的信息是零散的、不完整的、不够透彻的。所以这样一来，在消费者的认知中，这个品牌的印象依然面目模糊、不够深刻，甚至很容易被取代。我们再来看江小白，对比之下你会发现它所有的传播都是紧紧围绕着品牌理念——"生活很简单"展开的，所以其不管是文案还是赞助的活动，都具有"平民"精神。江小白所带的一点点对生活的不甘心和小委屈，都很容易引起大家的情感共鸣。

说完了战略层和感受层，我们再来看第三层——先锋部队，即内容表达层。这里需要用更原汁原味的英文来讲。因为 Content 翻译过来是"内容"的意思，但是这个翻译反而不便于准确地理解它，大家可能会将其理解为图片或者文字，而我更倾向于"有料"这个说法，也就是说我们的每一个动作都应让大家感觉"有料"。

在内容表达层中，共有三列先锋部队，第一列是核心内容，具体可以分为品牌层 Content、市场层 Content 和销售层 Content。我们做全年规划时，要统筹思考这三者之间的关系：如何相互赋能，相辅相成，一起实现公司的经营指标。

一般来说，第三层动作的最终目标是强化或者改变消费者心中的品牌形象。所以你会发现，品牌层的动作是为了强化和改变消费者心中的品牌形象，譬如知名度、美誉度、忠诚度等；市场层，也就是营销层，需要通过设计具体的传播活动来完成营销目标，譬如提升消费者的转化率和提升用户增长等；而销售层是我们为经销商或者合作伙伴设计的传播活动，主要目的是提升销售业绩。第二列是关键信息，对谁说、说什么、怎么说，分别需要锁定传播对象、关键信息和传播调性。第三列是重要渠道，是指你想要在哪儿说，以及你用什么样的场景说。

第三层：内容 + 表达层

在内容 + 表达层中，共有三列先锋部队，第一列是核心内容，具体展开可以分为品牌层 content，市场层 content 和销售层 content。

在这里我要特别说一下场景这个概念。场景是指品牌为消费者构建一个使用产品或服务时会面临的场景，营造一种参与感和浸润感，是越来越常用的一种传播手法。但如果品牌在传播中只是单纯地依靠渠道，而没有借助渠道构建真实或虚拟的场景，就会极大降低传播效果。我举个例子：假设一家公司的产品是家装涂料，他们想在电视上以投放 TVC 的形式来传播。如果在 TVC 中只是简单地介绍了产品的优势——安全环保，你可能并不会有感觉，甚至于不怎么相信。但如果它在商场中设立一个场景，是一家三口一起在使用涂料粉刷孩子的房间，你就会很有代入感，也会增加对产品的信任值与好感度。

最后，先锋部队后面还需要补给处，即配合资源。比如品牌拥有的明星资源、媒体、政府合作渠道、雄厚的资金等，都可以为整体的 Message House 赋能，放大传播效果。

下面让我们借助优衣库这个案例和大家详细拆解 Message House 每一部分的内容。

首先我们来看房子的屋顶——品牌战略，优衣库的品牌战略是 life wear（服适人生）。

中间是承上启下的房梁——Big Idea。从这两年优衣库的营销方案上来看，它的 Big Idea 就是"陪伴年轻人走过生活的不同时刻"。

往下就是支持着整个信息屋的三根柱子——核心内容、关键信息、重要渠道。

优衣库具体是怎么做的呢？

首先它通过产品与年轻人产生连接。其曾联合日本的 Jump 漫画、美国的漫威推出合作款 UT。UT 一经推出就遭到大家的疯抢，很快就卖断货了。

对年轻人而言，服饰更像是一种自我宣言。优衣库通过一件小小的 T-Shirt，向年轻人贩卖流行文化，走进 90 后的生活。其还曾联合小猪佩奇推出幼儿款的 UT 和睡衣。我们不难看出，优衣库这一系列营销活动始终遵循"陪伴年轻人走过生活的不同时刻"这个 Big Idea，是真真正正做到了承上启下。这样保证了可以和消费者进行有效沟通。

其次是关键信息，通过线下邀请代言人陈坤、倪妮，结合服饰的特点，和年轻用户探讨不同生活场景的穿搭。线上则以短视频、直播等广受 90 后青睐的传播渠道同步传递信息，从而使其产品渗透到年轻人的生活中。

重要渠道，优衣库运用微博、微信、nice、直播等社交平台，再联合官方旗舰店、PR 媒体、门店，齐力发声，获得用户关注。

我们将优衣库整体的传播代入到 Message House 中来看，其自上而下维持着品牌的一致性，一边布局抢占年轻消费群体，一边深耕品牌理念，始终没有偏离最高的品牌战略。下面的感受层、内容表达层依然紧紧围绕着品牌定位来展开行动。

学会 Message House 这个利器，让我们可以用更科学、高效的方法辅助品牌在竞争激烈的市场中抢占城池。

那如何从概念落到工作上？我提供两个小技巧：

（1）牢记 Big Idea 承上启下的作用，既要符合上层战略，又要指导下层感受和内容。如若 Big Idea 没有设计好，很有可能让周期性的传播做了无用功。

（2）在第三层，品牌层、市场层、销售层之间的比例一定要合理分配，具体根据企业实际情况来定。

最后，请大家思考一下，可口可乐 2017 的信息屋是怎样搭建的呢？期待你的分享。

056

饱和攻击：
在正确的时间点下重注

前不久国内市场研究机构赛诺发布了 2018 年第一季度中国智能手机销量报告。报告显示，OPPO、VIVO 力压华为、小米成为第一季度表现最好的两个厂商。是不是有点小惊讶？

仔细梳理不难发现，这两款手机每年在国内电视台投数十亿广告费，他们还请了众多引领潮流的当红明星作为代言人，因此在三四线城市，OPPO 和 VIVO 成了当仁不让的一线品牌。再加上随处可见的渠道门店，使得这两款手机的影响力远远领先于苹果、华为和小米。

之前我们有幸给 OPPO 做过品牌管理培训，了解到很多三四线城市的消费者只要 OPPO 和 VIVO，如果销售人员给他们推荐其他品牌的手机，他们掉头就走。因为这些消费者认为，打得起广告，请得起一线明星代言的手机厂商才是实力派。

通过大密度、连续投放广告以改变并强化用户认知，让品牌深入人心，这就是所谓的饱和攻击。

本讲来一起学习一下什么是饱和攻击，为什么要实施饱和攻击以及中小企业品牌如何进行饱和攻击以占领用户心智。

首先让我们来看一下饱和攻击的定义。"饱和攻击"原本是个军事术语，苏联针对美国制定的一种战术，是采用大密度、连续攻击的突防方式，在短时间内，从空中、地面、水下不同的方向，不同层次向同一个目标发射超出其抗打击能力的攻击，使敌人在短时间内处于无法应付的饱和状态，以达到突破敌人防护和摧毁目标的目的。

后来这个词被引入市场领域，用于形容营销中的核战：在具备开创品类（特性）和时间窗口打开的两个前提下，为了赢得胜利，采用大密度、连续轰炸市场的策略，目的是依靠饱和攻击，让用户牢牢记住你，从而一举拿下市场。比如我们刚才提到的OPPO、VIVO，正是利用饱和攻击理论占领消费者心智的。

谈完饱和攻击的概念，接下来讲一讲为什么要实施饱和攻击。

分众传媒创始人江南春曾经提出了一个特别好的问题：喜之郎果冻，在它之前就没有做果冻的吗？不是啊，但只有它经过大规模的投入，把果冻＝喜之郎这个烙印深入人心，从而大获成功。

这也是为什么企业有能力的话，最好要进行饱和攻击的道理。我们之前就说过，人的脑容量有限，为保护不过度使用造成能源损耗，我们一般都是通过经验来做判断，也就是先入为主。我们的观念受很多因素影响，比如书上写的、网上说的、别人告诉的，采取饱和攻击，能迅速在消费者心智中形成"你＝某个品类"的认知，虽然代价昂贵，但效果还是不错的。这也是为什么之前有脑白金，现在有瓜子二手车都深度实践饱和攻击的原因。

有人说，你刚才列举的都是大公司，中小企业是没那么多钱做这件事，怎么办？接下来我们就说一下，中小企业品牌要如何进行饱和攻击，以占领用户心智。

在饱和攻击的概念中，我们提到两个关键的前提，一个是开创品类、特性；一个是打开时间窗口。因此想要进行饱和攻击我们可以从这两方面着手。

首先你需要开创新品类或者开创新特性，并且用简洁的话描述自己，让大家迅速记住你。比如市场上的饮料已经非常多了，但是王老吉却能迅速让大家认识并且记住它。主要原因是它开创了饮料的一个新特性——"下火"，因此"怕上火喝王老吉"很快家喻户晓。

中小企业要怎么做呢？如果没有强投入的渠道推广，一定要在品牌定位上下功夫。如果我们能开辟一个新的特性，认知、情感利益或价值诉求都能强化大家的认识。**其次你需要攻占打开时间的窗口，利用高频次传播，提高传播效率。**

饱和攻击原理

如果不能在短时间内迅速让用户认识你，那么当竞争对手也发现这个商机的时候，你很有可能被挤出市场。

中小企业要怎么做呢？可以采用低成本的渠道来换取高频次的传播，比如中小企业请不起明星，可以和网红合作进行产品推广；做不起大量广告投放，可以借势营销，融入社会话题和热门事件；也可以像小米初创时那样做社群营销，通过用户来为你进行口碑传播。

总之，饱和攻击不是砸广告费，是用"创新品类"的方式进行饱和攻击，当你开创了一个新品牌或者新特性时，就要抓住时间，在最短的时间内，利用一切渠道和资源进行高频次传播，让更多的用户认识你。

那如何从概念落到工作上？我提供两个小技巧：

（1）想要通过饱和攻击引爆品牌，需要选对投放的载体，比如公关内容植入、视频贴片广告等，可以选择当下热门电视剧或者综艺娱乐节目。借助载体本身的流量为我们的品牌引流。

（2）没有新品类（特性），饱和攻击很难奏效，因此新品类很关键。当你开发好了新产品，可以利用调研网站去分析这款产品的竞争对手的热度、销量、库存、趋势等。既要分析卖得好的，也要分析卖得差的。通过对比，你就能发现消费者喜欢什么样的产品，从而知道什么样的新品类更受欢迎。

最后，请大家思考一下，你心目中最经典的饱和攻击案例是什么？期待你的分享。

057

漏斗到波纹理论：
永远要走在消费者前头

近两年，今日头条投入 10 亿补贴短视频创作者；百度宣布向内容生产者分成 100 亿；淘宝也从单一的购买平台转变为直播刷销量的社交平台。通过这些案例我们可以发现，现在的商家和消费者的关系已经在悄然改变，营销的角度也在改变。过去商家是内容或产品的生产者，而现在消费者才是真正的生产者。过去商家只要考虑如何将商品更有魅力地展现出去就可以了，现在商家真正要考虑的是如何将商品包装成消费者更需要的样子。

那么，营销角度的变化都会带来怎样的影响呢？时趣互动创始人兼首席执行官张锐认为：获得流量的来源，从过去的购买广告为主，开始变成通过广告、互动的合力来实现。也就是说，**过去我们的广告像一个大漏斗，把消费者层层网住，然后逐渐漏下那些对广告最有兴趣的人。而现在，更加需要联动效应来影响消费者对我们的选择**。这其实就是从漏斗理论到波纹理论的变化。

那么什么是漏斗理论和波纹理论呢？这两个理论要如何运用呢？接下来我就给大家分享一下。

首先我们来看一下漏斗理论和波纹理论的定义：**本质上来说，漏斗和波纹都是一种物理现象，后来逐渐演变为传播学理论。**

在传播学中，漏斗效应是指无用的信号分布在网络的各个终端，最后都叠加到前端，形成"漏斗效应"，淹没有用的信号，使高速数据的回传困难。

通过漏斗效应进行传播，等于把大批量潜在消费者放在漏斗截面积较大的地方，已付费的用户就处于沉淀后截面积较小的地方。这样传播的好处就在于用户相对较为集中，处在漏斗下方的用户整体画像明朗，且忠诚度相对较高；但弊端就是将大部分的消费者拦截在漏斗上方，用户流失度高。

波纹理论在传播学中是指：根据水波纹原理，初爆点越强烈则波及的广度和强度就越大；同一落点的持续投入能实现波纹的持久影响。

也就是说在当下分享经济的时代，每个社交平台都是一个波纹，几个社交平台波纹互相影响就形成了波纹营销。比如说，要保持事件在新媒体时代的持久影响力，需要利用报纸、网页、视频、公众号、客户端等针对某一内容选择同一落点，次第持续投放，以使波纹持续产生，波及范围更广。在波纹营销中，好处就是影响力传播速度较快、范围较广；但弊端同样如此，一旦有负面消息，也会对品牌产生较为严重的影响。

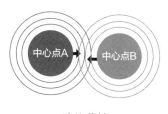

波纹营销

随着移动互联网和社交媒体的兴起，用户获取信息的方式得到了提升，信息来源多种多样。很多营销人员由使用原来的漏斗理论开始转变为使用波纹理论。

举个例子：BOSS直聘和拼多多就分别用了这两种不同的方法。BOSS直聘运用的是漏斗模型，先大量投放广告，接触到很多人，但这些人未必都是用户。真正的用户在接触到广告之后，在产生需求之时会想到使用 BOSS 直聘。而拼多多则运用了波纹理论。通过让消费者彼此之间进行链接的相互分享，达成裂变的目的。消费者每分享一次，都像是一条波纹的传播，其影响力十分大。

那么，如何让自己的品牌形成有效的波纹呢？接下来，我们就讲讲如何进行波纹营销。大家可以回想一下小时候经常喜欢玩的打水漂，抛出石头在湖面形成波纹，大致就是这个意思。所以，基于这个原理，我们有三条法则。

（1）扔足够大的石头或者不停地扔石头，以此形成持续的波纹效应。如果你的公司很有钱，有充足的预算来为传播效果买单，那么你可以投资当下最火爆的节目，比如《中国有嘻哈》《奔跑吧兄弟》，增加品牌曝光度，让更多人认识你。再譬如买一些营销大号，产生关联。

如果你的公司是初创企业，则要不停地扔小石头。此时，你需要进行的就是联动微信公众号、微博、网页、视频等多个渠道进行互动宣传，以小打大。

（2）把石头扔在成形的大波纹上，借势营销自己的品牌。比如，索契冬奥会开幕仪式上出现了意外的一幕，体育场半空的一朵雪绒花迟迟没能如愿盛开，奥运五环变成了四环，该事件立刻成为舆论的焦点。在此时，红牛借机将五罐红牛摆成五环的图案，三个并一排，两个并为另一排，打开前四罐，只留着右上角的一罐，同时打出"打开的是能量，未打开的是潜能"的正能量广告，带来了不错的营销效果。

（3）动员或者激发意见领袖、种子用户，以他们为中心帮助品牌在社交媒体上进行同心圆传播。

抖音在产品初期，请来专业的舞蹈和音乐达人等关键意见领袖拍摄视频，并发布到平台上做引流。

KEEP成立初期做了"首席内测官"活动,圈定了大批微博健身大V,将他们作为核心种子用户,再通过内测包实现了二次传播,并做了社群营销。等KEEP正式上线后,由种子用户带动新用户,3个月内用户规模就从4000迅速增长到200万,发展速度十分快。

随着时代的发展,营销人需要不断学习,找到最恰当的理论支持来让工作更加顺畅。

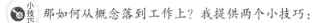那如何从概念落到工作上?我提供两个小技巧:

(1)**要减少海量广告单向传播,因为这种传播方式成本高并且低效**。在新时代下,消费者更倾向于表达,而非一味地接收信息。如何让消费者自动发声,加强联动效果,是每一个品牌在做传播时必须要考虑的问题。

(2)传播的重点应放在如何帮企业实现大量多个波纹传播上,以快速、有效、精准地实现人群覆盖、沟通和行动激发。

最后,请大家思考一下,你还知道哪些品牌的传播运用的是波纹理论吗?期待你的分享。

058

SMART：
科学设置目标

某电商品牌曾经是一个很知名的互联网快时尚品牌。2011年这家公司CEO提出一个宏伟的目标——年销售额要达到100亿元。但前一年这家公司的销售额不过是20亿元。为了实现100亿元的销售目标，公司开始疯狂开拓品类，这种急功近利的做法导致产品质量出现问题，用户不断投诉，团队成员对这一目标也产生怀疑，纷纷流失，最终这家公司非但没有实现这个目标，还差点倒闭。

如果当时有人提醒那位老板采用SMART原则来设立目标，可能该电商品牌就是今天的京东了。

不论公司还是个人，在设立目标的时候都会犯一些基本的错误，比如过于理想化、不符合客观情况、不容易执行落实，因此计划容易变成一种"美好的愿望"。

本讲要讲的SMART原则专门用于解决这个问题。这个理论起源于20世纪70年代，是由美国马里兰大学管理学及心理学教授洛克在目标设置理论实践中总结出来的。**这个原则由五个英文单词组成，包括目标必须具体（Specific）、必须可衡量（Measurable）、必须可实现（Attainable）、与其他目标有一定的相关性（Relevant），以及目标必须有明确的截止时间（Time-bound）。**

接下来，我们就来看一下，在品牌和营销工作中，SMART 要注意哪些事项。

（1）S（Specific）：**目标必须是具体的，要说清特定的工作指标，不能笼统**。比如开头我们提到的实现 100 亿元的目标，其实非常具体。我再举个工作中更常见的例子，比如设定活动目标为本月活动拉新 200 人、完成 50 万业绩，这些都属于目标具体。但若是"这个月我的工作一定要让老板满意"，这就是非常笼统的目标了。因为没人知道达到什么样的效果老板才会满意，况且一般情况下老板是很难满意的。

（2）M（Measurable）：**目标必须是可衡量的，衡量的指标应该是明确的，而不是模糊的**。应该有一组明确的数据作为衡量是否达成目标的依据。比如针对本书，我们就可设立一个标准"阅读完成后，我们可以对自己的学习进行评分，读完 60 讲代表及格，读完 80 讲代表优秀，读完 100 讲代表杰出"，这样的量化标准可以确保目标能被有效实现。

（3）A（Attainable）：**目标必须是可实现的，是能够被执行人接受的**。如果领导拍脑子一厢情愿地把自己所制定的目标强压给下属，下属典型的反应是一种心理和行为上的抗拒，就算被动接受，是否能完成这个目标也不好说。比如你让一个新入行的品牌人把品牌知名度提升 200%，这个目标几乎是不可能完成的。开头提到的那个电商品牌的 100 个亿的销售目标同样如此。上述电商品牌虽然当时经过任务分解层层压给员工，但是员工很难相信自己可以完成这个任务，就开始跳槽和糊弄，公司成为受害者。

（4）R（Relevant）：**与其他目标有一定的相关性**。如果实现了这个目标,但是没有达到预期的效果,那这个目标的意义也不是很大。比如你的短期目标是"掌握品牌调研的方法",而中期目标是"一年内成为一个合格的品牌人,能够独立完成品牌调研并能做出品牌洞察",那你的短期目标和中期目标就具有很强的相关性。套用在工作中,为确保相关性,最好是先确定年度目标,再拆解到季度、月度。

(5)T(Time-bound):**目标必须有明确的截止期限。没有时间限制的目标是没有办法考核的,或会带来考核的不公性**。比如我们需要在第三季度完成用户增长到1万名,"第三季度"就是明确的截止日期。

理解完 SMART 原则的内容,接下来我们看这个原则在品牌营销中的应用。它主要集中在目标设定的工作中,用来衡量指标是否不清。在之前的工作简报 Brief 一讲中,我们再三强调目标的重要性,再发出 Brief 时就可以结合 SMART 原则了,尤其要注意员工的可实现性、任务之间的相关性和截止日期的准确性,最好要求员工定期汇报进度,实时复盘总结。

那如何从概念落到工作上?我提供两个小技巧:

(1)**目标的衡量标准应遵循"能量化的量化,不能量化的质化"的原则**。使制定人与考核人有一个统一的、标准的、清晰的、可度量的标尺,杜绝在目标设置中使用形容词等概念模糊、无法衡量的描述。

(2)在工作中,我们应该设立三类目标——短期、中期和长期,这有助于在最恰当的时间实现制定好的目标。

> **请思考**
>
> 最后,请大家思考一下,根据 SMART 原则,自己制定过哪些不靠谱的目标?期待你的分享。

059

铺垫效果：
让"旧信息"发挥"新价值"

本讲将和大家详细介绍铺垫效果的内容，包括其来源、含义及运用三个方面。

从严格意义上来讲，铺垫效果属于认知心理学的研究范畴，是基于关联网络记忆模型发展而来的。**该模型认为，人的记忆是由一些结点和链结共同组成的网络结构**。结点就是一个个信息点，链结则是每个信息点之间千丝万缕的联系。大家可以把这个网状结构想象为一个密密麻麻的渔网，只不过其捕获的不是鱼，而是生活中的杂乱信息。

传播学将铺垫效果主要运用于对电视新闻的研究中。在《至关重要的新闻》一书中，将铺垫效果作为一种心理机制，用其解释了为什么大众传播虽不能决定人们怎么想，但却可以影响人们想什么。譬如，虽然现在的媒体无法决定人们对《创造101》这个节目持有什么样的看法，但却可以通过大众媒体传递与梦想、奋斗或努力等相关的信息，从而影响人们对节目评价维度的排序。如把"节目的主要传递内容"这个标准放在重要级的第一位，而"节目的制作水平"这一评判标准，就会顺势排在第二或第三位，这就是运用铺垫效果造成的结果。

那么铺垫效果究竟是什么呢？当代大众文化理论家约翰·费斯克（John Fiske）和加州大学洛杉矶分校（UCLA）的心理学教授谢利·泰勒（ShelleyE.Taylor），曾撰文并提出一条解释，我觉得他们的解释很精准地表达了铺垫效果的作用，具体内容是：**铺垫理论描述了前设情境对新信息诠释所造成的影响。**

如何理解这段话？其中含两个主体：前设情景和新信息。

通俗来讲前设情景就是你在接收新信息之前所处的境况。 比如你作为一个新媒体小编，早上坐地铁看新闻时，在热搜中看到关于姐弟恋情侣遭遇分手、30岁约定的求婚无果等报道。之后你进入工作角色，早会讨论"女人，选择爱情前要先拥有面包"和"为了爱情，我甘愿付出一切"这两个选题，这时你就会更倾向于选择第一个标题"面包先于爱情"，因为早上看的八卦新闻作为"前设情景"，让在你接收"新信息"选题内容时有了心理倾向。

在传播中，我们要学会巧妙地利用前设情景来影响人们对新信息的接收程度。 但是由于前设情景是由个体拥有的一个个单点信息组成的，所以我们在平时也会通过多渠道的品牌信息来让个体对品牌产生刺激，进而才会让前设情景跟新信息产生更好的链接。比如我在天津吃过大饼卷油条，如果此后某一时刻我看到肯德基最新刊登的"大饼卷万物"的广告，那么这条新信息就会被我的"渔网"捕捉，与我存储在记忆深处的天津大饼卷油条产生联系。我会怎么看待这则广告呢？我可能会因为在天津吃得较为美味，天然认为肯德基的也好吃，甚至产生购买欲望。

学习了这个理论，我们回想一下，是不是现在有些工作就是基于这个理论？譬如在我们的工作中经常会有一个动作——追热点。其实追热点就是一个典型的运用铺垫理论的案例。**因为有大量的前设情景做铺垫，导致你产出的新信息更容易被消费者感知到。**

既然追热点中最重要的是前设情景，前设情景的存在与否直接决定了是否能产生铺垫效果，那么如何能在众多热点中脱颖而出？我们需要考虑铺垫效果中最关键的一个点——易得性，这是铺垫效果前设情景的内容特征。所谓易得性，就是**人们对新信息进行评估时，会倾向于和前设情景保持一致。**

结合我们日常追热点这个工作场景，可以总结出产生铺垫效果的三大步骤：**第一步是明确当下的前设情景是什么；第二步是明确处于何种类型的情景，判断品牌是否要跟这个热点；第三步是思考品牌如何创造新信息并和前设情景挂钩。**

铺垫效果工作步骤

第一步和第三步相对容易理解，接下来我们重点解释第二步。对前设情景的评估，依据是它带给消费者的感知是否为品牌希望给消费者的感知。我们可以把感知按四象限区分，横轴两个维度是积极和消极，纵轴两个维度是喜欢和厌恶。如果落在积极和喜欢区域，那么这个热点就一定要跟；如果落在消极和厌恶区域，品牌就没有必要跟这个热点了。通过感知象限，明确人们对前设情景的态度，从而确定品牌是否做出动作，以及做出何种动作。

> **小技巧** 那如何从概念落到工作上？我提供两个小技巧：

（1）若想使用铺垫效果，你需要知道消费者基于哪些内容会联想到你，在头脑风暴中采用网状发散图来想创意会比较合适。

（2）如果你想确保某个市场活动有效果，可以多考虑已经在消费者中激发好评的行为，因为该行为已存在的好感和好评会成就你的活动的铺垫效果，进而让消费者更偏爱你一分，反之就不要碰了。

> **请思考** 最后，请大家思考一下，你还知道哪些品牌的传播应用了铺垫效果？期待你的分享。

060

用户增长模型：
激发用户增长的 6 要素

前段时间，有个朋友辞职创业，做了一款短视频产品，经过三个月的开发和调试，产品终于上线。可是上线之后如何获取用户流量就成了头疼的问题。他跟我说，市场上某互联网巨头也有同类产品，并且已经占据较大的市场份额，而他用了很多方法，但用户流量始终没有较大的提升，心里一团乱麻，让我给出出主意。

确实，对不少创业者而言，在流量红利消退的今天，继续找到用户增长之道，是很困难的一件事。本讲和大家分享的知识点叫用户增长 6 要素，是一个相对少见的用户增长模型，主要结合《影响力》一书，以及陈勇老师的看法。这个模型曾经帮助不少客户实现下单转化率提升 30 倍以上，希望大家学完，可以尝试分析自己的产品，看看有没有帮助。

用户增长 6 要素的原理就是基于用户产生兴趣、解决信任、立刻下单这一行为路径提炼出的：

要素一：互惠

请注意，这不是优惠，是互惠。占便宜的心理是人类自有的，但是为什么淘宝那么多优惠券、饭店那么多打折活动你不参加？因为人对自己容易得到的东西都不珍惜，这也是人无法改变的天性。

企业应该减少使用单纯的优惠活动，比如优惠券、打折卡等，要提高优惠券的获取难度，然后再设计一些有趣的方式去帮助客户获取优惠券，并暗示客户使用优惠券能够得到极大的优惠，譬如前不久我们在思创营社群的早报中藏了一个彩蛋，让用户发现之后去兑换课程，效果就比直接打折来得好。

要素二：承诺和一致

在与客户通过互惠产生联系后，需要让客户确认产品是名副其实的，此时如何向客户承诺就成为一个问题。承诺是为了信任，当年不少淘宝店打出了"假一赔十""假一赔命"的口号，但可信度依然不高，因为消费者判定店家是很难兑现承诺的，又很少见到真实情况发生，所以对这些承诺缺乏信任度。

对于企业来说，不但要做出承诺，还要让消费者做出常理上认可的判断，也就是**让客户对实现该效果的认知与商家的承诺保持一致，同时出现实现承诺的保障措施加成功案例**。当承诺和行为一致时会激发消费者产生轻度信任。

要素三：权威

当然，用户仅有轻度信任是不够的，还要用权威来帮忙提高信任度。**权威的目的就是信任转嫁**，也就是我们之前学习过的"品牌背书"这个概念，比如明星代言、权威认证等，目的都是把用户对这个权威的信任传递到代言的产品和服务上去。

现在很多的公司都会去参加各种各样的评奖，甚至是买奖，因为用户看到各种奖项，自然会将这种信任传递到企业的产品或服务上去。

除此之外，企业还能怎么做？其实通过成为行业代表、发布行业白皮书、用数据说话、消费者证言等方式都可以建立权威。

要素四：社会认同

信任传递后，客户可能仍旧存疑。此时需要社会认同来帮用户彻底信任这个品牌。人们都有从众心理，譬如我们去饭店吃饭，A店就餐人员寥寥无几，B店人非常多，在不考虑时间和个人喜好的情况下，我们更倾向去人多的地方；或者当你去淘宝购物时会先看一遍这个店铺的评论来加强判断，这就是社会认同带来的信任和吸引。

企业可以通过提高产品质量、服务水平，或者采用口碑营销等方式，不断提高自己的社会认同感。

要素五：喜好

当拥有足够的信任后，客户可能依旧不会购买，因为不需要。这个时候就要找到用户的喜好了。所谓喜好就是用户的痛点。在营销过程中要刺激这类用户的痛点，告诉他不买这个产品你会有什么不好的地方，因为相对于得到什么，人们更关心失去什么。

要素六：稀缺

有稀缺就会有痛苦，这是和喜好对应的。目的是为了制造紧迫感，不让客户马上得到，而是引导客户按照商家设定的模式去行动，这样能极大提升转化率。

比如你最近打算租房，预算是 2500 元 / 月。中介公司首先会问你的租房需求，等到后期看房时，他首先会带你看不符合心意的房间，而等你表示不高兴要走时，他会带你去看其他房子。看了好多套之后，最后看中一套 3000 元 / 月的房子，同时房子里还有好几个中介在带人看房。这个时候中介就会对你说"快定吧，不然这个房子也没有了",此时你就被套路了。中介以稀缺为由向你施加压力,最后你只能成交。

谈完用户增长的6要素,接下来举个例子。比如我在知识共享平台"在行"上发布一个课程《创业公司如何快速建立品牌优势》。用户通过付费的方式与我进行一对一面谈,这个标题就要迎合用户的喜好。内文中我会给出不满意全额退款的承诺,网站中关于我的介绍可以通过北大特邀讲师等背书来形成权威,我还会用限额500人来制造稀缺。这波操作后,这个课程就会实现还不错的销售量。

那如何从概念落到工作上?我提供两个小技巧:

(1)在工作中有意识地记录增长要点,不管什么招数,有用就记下来,边记录边总结。

(2)用户增长不是一个人或一个部门的事情,需要多部门协作。所以在行动前应先规划,以确保其他部门的协助性。

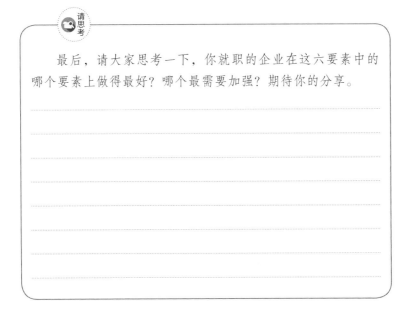

061

马斯洛原理：
万能的需求分析模型

2018年年初某电商平台经历了一场危机，微信朋友圈被某作家投诉该电商平台的信息疯狂刷屏，最终以该电商平台CMO发声致歉落下帷幕。其实该作家并不是投诉信息的当事人，当事人是她的师姐，她只是发声的第三方。在整个过程中，谁对谁错先不讨论，为什么如此简单的退货行为最后演变成了店大欺客、损伤消费者权益的大事件？原因就出在该电商平台没有意识到当事人真实的需求，一直没有给到用户想要的反馈，导致事情越演越大。

不管是商家还是消费者，很多时候都不能清晰了解到对方的需求，从而导致沟通受阻，效率低下。有鉴于此，**本讲要和大家分享一个万能的需求分析模型——马斯洛需求原理。**

马斯洛需求原理的提出者是亚伯拉罕·哈罗德·马斯洛，他是美国的伦理家和心理学家，在1943年撰写并出版了《人类激励理论》一书。在这本书中，他将人类的需求按照阶梯的形式，从低到高分为五个层级，分别是生理需求、安全需求、社交需求、尊重需求和最高层级的自我实现需求，最终后人以一个金字塔形状呈现，并风靡全球。

如今马斯洛需求原理被广泛应用于各个领域，包括产品设计、品牌营销、团队激励等。它的具体内容是：

第一层：生理需求是指人类满足自身生存的一种最原始、最基本的需求。

第二层：安全需求是指人们对自身处境需要安全、稳定的保障。

第三层：社交需求是指个体需要沟通交流，保持亲情和友情等情绪的沟通。

第四层：尊重需求是指在社会上人们希望获得别人的认可、尊重和信赖等。

第五层：自我实现需求是最高层级的需求，泛指发展潜能、实现理想、成就一番事业的需求。

马斯洛需求原理

回到本讲开始处提到的那家电商平台的案例。最初，当事人要退货，因为收到的物品不是自己要买的，商家不理，此时安全层得不到满足。据理力争后商家同意，但此时当事人需要的更多，因为最初的不理导致需求升级为尊重需求。因此当事人找到客服，但很不幸客服也没有满足当事人的尊重需求。看似一直在低需求层次上表达诉求，但当事人作为消费者，内心需要满足更高层级的尊重。这种需求错位，就会造成不必要的纷争。我们的品牌营销工作也要注意这一点，同时更需要充分利用好这个需求模型，实现我们的沟通目标更高效、顺畅。有两点可以多加关注：

（1）**高维打低维**：一个提供功能性利益的产品或服务，通过品牌和营销可附加更高层次的需求。比如满足生理需求的海底捞，品牌附带了尊重感——"服务好"；优衣库经常和大牌推出联名款营销活动，让原本只用来穿的衣服，还成为社交的谈资及地位的彰显。

（2）**多角度看问题，外界环境会影响需求**：比如要参加一个商务晚宴，人们穿的衣服就不能仅仅为了蔽体，更要展示身份，传达对别人的尊重；比如有明星参与的品牌活动，参与的消费者更容易主动传播，因为这可以满足自己的社交需求。

最后，给大家补充一个知识点：在马斯洛需求原理上，进化心理学家杰弗里·米勒依托达尔文的生物进化论，站在进化心理学角度，将人的所有行为分为两种，一种是为了生存，一种是为了繁衍。达尔文认为，人们会为了繁衍而借助外力彰显自身优势，因此延伸出来两种有交集类型的商品，一是愉悦型产品，一是地位型产品。你会发现随着时代的进步，越来越多的产品会符合这两种需求，在品牌和营销工作中，我们需要注意到这些变化从而做出调整。

那如何从概念落到工作上？我提供两个小技巧：

（1）如果想利用高维打低维，我们可以关注满足高维需求有哪些，尝试进行跨界合作或元素融入。

（2）如果消费者在其他领域一直处于第四层级——尊重，虽然你的产品或服务没有满足第四层级的需求，但也需注意不要触犯。因为一旦消费者已经习惯于处在被满足的环境中，被打破后就会引起不必要的纷争。

> **请思考**
>
> 最后,请大家思考一下,特斯拉产品及品牌打造满足了几层需求?期待你的分享。

062

波特五力模型：
快速找出业务的获利因素

有一次，我们为一个教育机构做咨询，安排两个新入职的分析师负责审视客户的组织情况。这两个人只经过几个常见工具的培训。开始接到任务时，两位分析师胸有成竹，觉得自己学历不错，又有学习能力，完成这个任务是小意思。

结果不到两个礼拜就苦着脸跟我说，迷失在SWOT模型和波特五力模型中走不出来了，总觉得一个模型是包含另一个模型的，但是真要分析起来又似乎没什么明朗的交错点。这样"剪不断理还乱"的关系已经让俩人争执几个晚上了。

相信对很多人来说，都曾面临这种不知该如何选择和使用分析模型的困扰。虽然模型可以很好地帮助我们快速理解问题，找到套路，但是也经常会让我们感到迷惑，不知道要选哪一个，不知道如何用才有效。

譬如针对企业组织分析的模型，就是有PEST、SWOT和波特五力模型这几种。PEST之前已经讲述过，其针对的是相对客观的因素，比较容易分析；而SWOT和波特五力模型，则因为有重复性内容并且部分内容需要主观判断，所以难度提高不少，导致这两个分析师难以抉择，争执不休。

062 波特五力模型：快速找出业务的获利因素

本讲就来给大家讲讲波特五力模型是什么，并且从一个全新角度详细介绍一下 SWOT 和波特五力模型要如何结合在一起使用。

波特五力模型源自 20 世纪 80 年代初，由美国哈佛大学教授迈克尔·波特（Michael Porter）发明，**其定义是：用于竞争战略的分析，可以有效分析客户的竞争环境。五力分别是供应商的评价能力、购买者的评价能力、潜在竞争者进入的能力、替代品的替代能力、行业内竞争者现在的竞争能力。**波特五力模型主要用于分析企业内部。

波特五力模型

和它类似的 SWOT 分析法，同样是在 20 世纪 80 年代初由美国旧金山大学的海因茨·韦里克教授提出，**内容分别是分析企业的强势（Strengths）、弱势（Weaknesses）、机会（Opportunities）和威胁（Threats）。**

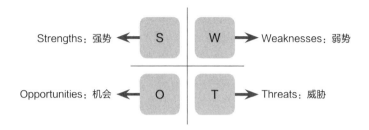

这两个模型有些内容是彼此交融，互为补充的。这也就造成了很多人用不好这两个模型。为了方便大家理解，我们以一个模拟的故事代入这两个模型的分析。

首先，你可以将自己的企业组织/甲方的组织看作是一个商户。因为这个商户引进了先进机器，产能提升，利润暴涨，导致很多人眼红。于是，**几个与之存在竞争关系的商户就抱成团了，成立一个名字为"威胁"的商行。在这个商行中，包含了当下就具有竞争关系的商户、存在潜在竞争关系的商户以及生产替代品的商户。这三个商户就是波特五力模型的要素，威胁则是SWOT分析中的一个象限。**

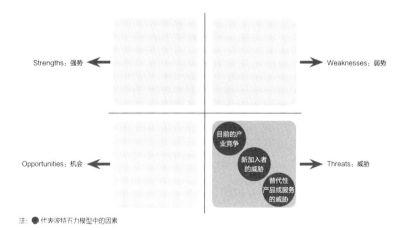

注：● 代表波特五力模型中的因素

当下具有竞争关系的商户很好理解，就是生产和我们相同或类似的产品，面对同一目标客群进行销售的商户；存在潜在竞争关系的商户是指，目前还没有资源或能力可以直接和我们产生竞争，但是有扩展的打算和竞争潜力的商户；生产替代品的商户更是应该高度注意的，因为这部分商户往往会在不知不觉间抢走我们的客群。有时这种替代也不是由商户竞争主动造成的，而是被科技、政策等这些你束手无策的因素推动着改变，譬如短信代替了电报，微信又替代了短信，这背后都离不开电信行业和互联网行业的发展。

另外，在激烈的竞争中，两个敌对的阵营中间总有那么几株"墙头草"，他们看似保持中立，但是对于我们企业自身的影响却是十分之大。**这类商户也自发组成了一个商行，名字叫"机会"，就是SWOT模型中和威胁对立的机会象限**。这个商行也十分热闹，分别包括了供应商、客户或消费者。下面我们来详细说说这里的每一种商户。

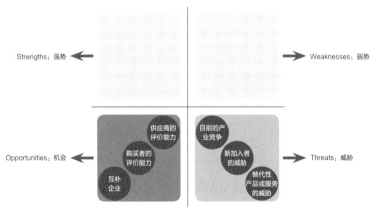

注：● 代表波特五力模型中的因素

第一种商户是供应商。供应商的评价能力和我们商户自身的盈利可谓是息息相关，甚至可以说是此消彼长。但是我们对于这样的商户，不能一味压榨，也不能一味被压榨，需要保持一个动态的平衡。大家都有利润，共赢才是商业合作的最终目的。

此外，我们还要梳理出对每一家供应商的依赖程度、集中度等。以此来衡量供应商的评价能力，如果发现我们过多依靠于某一家供应商，那么就要敲响警钟了，因为过度依赖会使我们在供应商哄抬价格时毫无招架之力。

第二种商户是客户，或者说是消费者。虽说顾客是"上帝"，但是不能处处都照"上帝"的话做，我们需要冷静地审视客户对于我们的依赖程度、集中度等，以判断是否存在客大欺主的情况。

除此之外，这个商行还包含一名板凳队员——互补企业。这个商户在传统的波特五力模型中是不存在的，但是时代改变了当今的企业模式，于是"互补企业"就应运而生了。什么是互补企业呢？就是生产和我们企业自身产品相关产品的商户。比如，相对于汽车厂商来说，汽油厂商就是互补企业，同时，钢笔厂商和墨水厂商、计算机厂商和软件厂商都是这种关系。

至于SWOT中没有在波特五力模型中出现的"强势"和"弱势"，其实相对更好理解，这属于组织内部硬实力和软实力的综合打分，哪一部分能为我们在竞争中加分，那它就是强势；哪一部分拉了组织发展的后腿，那它就是弱势。**我们需要做的就是帮助"强势"消灭或者说是弱化"弱势"**。需要注意的是，"弱势"有时会叛变，会和"威胁"商行里应外合，给组织带来更大风险。

希望看完这个虚拟的小故事，能让大家明白波特五力模型和SWOT之间的关系。**整体来说，SWOT中的外部象限机会和威胁分别包括了波特五力模型中的五个要素**。清楚地了解这些内容之后，就能很容易帮助企业找到业务获利点和增长点，并制定更加适合的品牌和营销发展规划。

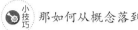那如何从概念落到工作上？我提供两个小技巧：

（1）**波特五力模型只是一个基本框架，是一个普适性的结构**。除了SWOT模型外，还有很多模型可以套用，比如PEST模型，可以结合波特五力模型分析组织外部的情况，预测将来的发展。

（2）**SWOT模型中的O和T同样可以包含其他不属于波特五力模型中的因素**。本讲只是梳理了和波特五力模型重叠的部分。

最后，请大家思考一下，如何用波特五力模型结合SWOT工具分析你的企业？期待你的分享。

063

安索夫矩阵：
不同市场匹配不同扩张策略

在正式开始本讲之前，我想请大家跟我做个脑力游戏。假设你是一个运动品牌的市场部负责人，现在面临着下面四个场景：

（1）在现有市场售卖现有运动鞋；

（2）在现有市场推广新款运动鞋；

（3）把现有运动鞋投放到新市场；

（4）在新市场中推广新款运动鞋。

在这四个不同的场景中，你将会采用何种市场策略呢？它们是否相同呢？相信大家心里或多或少都有一些自己的想法了。在这四种不同的场景下，我们的市场策略当然都是不同的。**因为组织所处市场环境不同，决定了营销手法也会不同。**那么在这四种不同的场景之下，我们究竟该如何选择市场策略呢？用一个安索夫矩阵模型就可以回答这个问题。

安索夫矩阵由美国加州大学的战略管理教授安索夫博士（Dr. Ansoff）在1957年提出，是目前应用最广泛的营销分析工具之一，其主要的逻辑是分别以产品和市场为坐标轴，分出四个象限，也就是上面提到的那四个场景，其对应着不同的市场策略。企业可以选择四种不同的成长性策略来达成增加收入的目标。接下来，我将给大家分享这些内容。

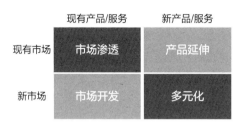

安索夫矩阵

回到在本讲开头提出的问题：在这四种场景中，需要用到怎样的市场策略？

第一象限：现产品投入现市场，我们的策略是进行市场渗透；
第二象限：新产品投入现市场，我们的策略是产品延伸；
第三象限：现产品投入新市场，我们的策略是市场开发；
第四象限：新产品投入新市场，我们的策略是多元化经营。

那么，这些不同的市场策略都有什么特点？要如何应用？我们下面就来逐个分析一下。

1. 市场渗透（Market Penetration）

简单来讲，市场渗透就是提升产品的市场占有率，或增加消费者的品牌忠诚度。**最常规的手法是促销。除此之外，还可以采用体验营销、娱乐营销、口碑营销等方式来吸引消费者，促使其产生消费行为。**

关于通过促销来达成市场渗透的例子屡见不鲜，比如，通过营销手法成功提升市场占有率的江小白。江小白生产青春型白酒，要增加它的市场销量，企业采取了一系列的体验营销和情感营销的动作。譬如打造动画 IP；设立小酒馆，让用户使用江小白的产品 DIY 白酒饮料；和娱乐 IP 捆绑，发布走心的传播海报等，以唤起用户的情感共鸣，让用户产生好奇、关注和好感。

2. 产品延伸（Product Development）

产品延伸就是推出新产品。使用这样的战略往往是因为市场及用户需求发生了改变，而品牌为了保持市场地位、留住用户，就要对产品不断地进行更新和迭代。**前提是你已经拥有数量庞大的消费者，可以借助这些消费者对品牌已经产生的联结来推广新产品**。这一战略和第一象限的市场渗透战略相比，属于相对高投入、高风险的战略。

譬如，海尔集团从 1984 年到 1991 年这 7 年时间中，只做冰箱一个产品，在打造了海尔品牌的高知名度和优异品牌形象之后，开始延伸到电视机和洗衣机等家电领域。最终，在消费者心目中树立了海尔家电王国的形象。

3. 市场开发（Market Development）

如果市场上企业现有的产品已经达到饱和，没有进一步渗透的余地或者渗透成效不大，就需要利用现有产品设法开辟新的市场，以求市场范围不断扩大，增加销量。

市场开发战略属于营销层面的战略，同样需要相对较高的资金投入，同时还会承担着相对较高的市场风险。**在这里需要注意一点，在发展新用户的时候，切记不要抛弃老用户，否则就会得不偿失**。

对于发展新用户的手段，这里分享一个小技巧，即应区分消费者和使用者，因为有时候使用者和消费者不是同一个人，可以通过吸引消费者达到该目的。在这方面，百雀羚可谓是佼佼者。提到百雀羚，我们都知道它是一个历史相对久远的化妆品品牌，之前给人的感觉就是"妈妈才会用"，很少有年轻人会选择它。但是，在 2017 年母亲节前，百雀羚出了一个刷屏的长图传播动作，长图的主题是"与时间作对"，目的是推广母亲节礼盒，号召年轻人购买送给母亲，让母亲"留住时间"。这个长图发出后，唤起了年轻人的情感共鸣，达到了很好的传播效果，也让此次传播动作成为品牌传播案例中的一个经典。

4. 多元化经营（Diversification）

提供新产品给新市场，**这样的营销手法更多见于根基深厚的大企业，想要扩充自己的"版图"；如果没有雄厚的实力和把握，不建议尝试**。多元化经营的营销手法基本意味着"从头来过"，属于高风险的策略。

之前的品牌形象、品牌口碑可以为新产品做背书，但同时也代表着共同承担了更高的风险。如果新产品在新市场中发展很好，则扩充了企业的战略版图，增加了企业的收益及地位。但如果没能在新市场中讨到好，很有可能会影响母品牌的市场发展。因此我们说，多元化是机会也是陷阱。比如前阶段被热炒的乐视，就是陷入多元化陷阱。

玩得好的案例如云南白药，众所周知它是我国著名的民族品牌，其主要产品云南白药是国家保密配方。云南白药药品及保健系列产品结构现已基本趋于稳定，成长空间有限，必须寻找新的利润增长点。为此，云南白药集团进行了战略性的品牌延伸，推出一款生物功能型牙膏，针对牙龈亚健康人群，主打牙龈保健。云南白药通过做牙膏来做产品延伸，打入了日化行业，提升了品牌的获利能力。

产品市场多元化矩阵可以帮助企业科学地选择战略模式，在使用该工具的时候，首先考虑以下几点：

（1）在现有市场上，现有的产品是否还能得到更多的市场份额；

（2）是否能为现有产品开发一些新市场；

（3）是否能为品牌发展出若干有潜在利益的新产品；

（4）是否能够利用自己在产品、技术、市场等方面的优势，根据物资流动方向，采用能使企业不断向纵深发展的一体化战略。

那如何从概念落到工作上？我提供两个小技巧：

（1）近期，采用市场开发战略的一种较为常见的实操手法是老品牌年轻化。但品牌年轻化不等于要无底限地"讨好"年轻人，品牌自身的理念永远要是贯穿始终的因素。

（2）四种场景的市场策略有可能出现交错，可以重复使用，对比不用过分担心。

最后，请大家思考一下，你的产品在哪个领域？期待你的分享。

064

AARRR 模型：拉新、留存、活跃、转化、传播，营销底层规律

最近拼多多一直处于风口浪尖，相信大家都有所耳闻。这个被誉为"在淘宝和京东中杀出一条血路"的新品牌，自 2015 年 10 月上线以来，至今用户已突破 3 亿，增长速度是十分惊人的。我们做个对比，就拿网约车 App 来说，同样是 3 年的时间，市场规模才 1.4 亿人左右。拼多多却是凭借一己之力，用更短时间实现更多增长。

拼多多增长背后的原因，我们可以通过一个增长模型来分析得出。

这个模型称为 AARRR 模型，也叫用户转化漏斗模型，组成部分是 Acquisition（获取）、Activation（激活）、Retention（留存）、Revenue（收入）、Referral（推荐），对应产品推广生命周期中的 5 个重要环节，主要作用是获取流量及流量裂变。

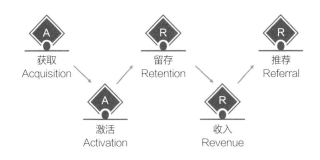

换句话说，AARRR 模型就是在研究如何让消费者进来，如何让消费者经常来，怎么留住消费者，以及怎样让消费者掏钱并推荐给其他消费者。

如果我们引申到品牌营销工作上，就是如何提高用户数量以及用户的忠诚度和黏性，进而产生口碑传播。

那么究竟要怎么运用呢？我下面就来给大家详解一下每一个环节的内容，以及相应的运用方法。

第一步是获取（Acquisition）。主要是解决消费者怎么来的问题。

消费者主要是通过渠道而来。渠道又可分为线上和线下，自有和他有，其中每个渠道分类下有很多不同的形态。**需要注意的是，做这一部分工作之前，还有一些工作需要提前做好，包括消费者在哪里、对消费者画像的研究等。** 只有对你的目标客群有十足了解之后，你才能更好地触达到他们。为了尽可能多地获取消费者，商家可通过降低用户参与成本、借助大流量平台、增加品牌曝光率等方式来在渠道上获取用户。

在拼多多这个案例中，采取的方法就是借助微信这个有着 10 亿用户的大流量平台，以极低的价格吸引新用户，同时让用户通过和亲友拼团、砍价等模式，达到不断裂变，产生新流量。除此之外，手机厂商预装软件、综艺节目合作等都为拼多多带来不小的流量。

获取到用户之后，我们来到了**第二个环节——激活（Activation）**。

消费者来了之后要怎么活跃？请大家联想一下我们前面的章节，在消费者旅程、品牌体验要素和 AIDMA、AISAS 模型的章节中都提到过消费者和品牌的接触点。在活跃消费者这部分，是需要为下一步消费者留存服务的。其中接触点的设计尤为重要。**一个好的接触点，在激活阶段不仅需要激发消费者的好感，更需要降低用户参与成本，从而让消费者活跃起来。**

那么拼多多是如何激活用户的呢？对于第一次进入砍价页面的用户，拼多多提示"下载 App 可以多砍 10 元"；而对于选择不下载

App 的用户，回到 H5 页面后，拼多多给出 30 元更大的优惠力度。首次打开 App 后，并不引导用户登录 App，而是在后续购物过程引导用户选择微信进行登录，在购物场景中，用户已经产生了冲动消费，并且微信直接登录减少了用户成本，提高了活跃度。

消费者活跃了之后要怎么办呢？也就到了**下一步——留存**（Retention）。

先给大家介绍一个衡量留存的指标——留存率。**关于留存率有这样一个公式：留存率 = 登录用户数 / 新增用户数 *100%**。于品牌而言，消费者的留存是十分重要的，留存率衡量着一个品牌是否在健康成长。此外，如果消费者在一个品牌上留存下来了，那么就有可能会产生复购行为，也就有了建立忠诚度的可能性。

那么，如何提高留存率呢？我们可以采取一些办法来加强品牌和用户之间的联结，增加用户离开成本，譬如留存对消费者有用的数据报告，进行限时免费、定期提醒等动作。更高超的方式是建立情感上的联结，提升用户黏性，比如，建立价值观相同的社群，采取打卡、分享、奖励机制，让消费者获得熟悉度和成就感。

回到拼多多的案例中，用户登录之后，App 会给新用户"专属优惠"，并采用"签到领现金""今日满返"等方式，通过提供福利、打卡机制来吸引用户，同时通过微信群聊这一载体，将自传播和引导付费这两个动作合二为一，从而达到留存的目的。

将用户留存下来之后，下一步需要考虑我们的终极目标了——让消费者转化，也就是让其掏钱购买我们的产品。这也就是 AARRR 模型中的**收入**（Revenue）。

在这一过程中，我们可以通过一些营销手法来刺激用户产生消费行为，比如体验营销、场景营销等。关于营销手法，我们总结出来十种常用套路，这部分内容将在后面为大家详细解释。除此之外，我们也可以通过之前学习的知识点——消费者决策旅程，来分析消费过程中都有哪些关键要素，以此来判断我们需要如何优化接触点，刺激消费者进行消费。消费者只有产生了消费行为，我们的收入才会增加。

拼多多 App 针对价格敏感的用户用拼团砍价的模式，引导用户传播到微信群，以完成自传播、拉新、付费激活等一系列动作。同时在设计上也很巧妙，没有购物车、大屏幕滚动展现某用户拼单成功的信息等，非常适合三四线消费群体，刺激产生消费行为，消费者购买产品之后，相应就会产生传播的行为。如果产品好，或者消费者的其他需求得到了满足，那么他们就会自发为进行**推荐**（Referral），这就是我们的最后一个环节。

其实推荐就是品牌营销中的口碑传播。可以通过制造社交货币、打造娱乐性话题，设计参与激励等等方法来激发用户进行口碑传播。更多的方法可以复习我们 STEPPS 模型中的内容。

拼多多是如何刺激消费者进行传播的呢？拼多多的用户决定要购买的商品之后，在页面底下可以看见两种价格，分别是"发起拼单"和"单独购买"。这两个价格具有相对较大的价格差，如果用户想要以低廉的价格买到商品，那么就需要"发起拼团"，通过将链接分享给好友，从而达到传播效果。

那如何从概念落到工作上？我提供两个小技巧：

（1）AARRR 模型只是一个思考工具，并不是一个实操模型。如果在工作中需要运用 AARRR 模型，则需要和其他工具联合使用。比如在用户激活阶段，可结合 MOT、AISAS 法则等去设计体验，加速激活，并为后期的流量裂变做铺垫。在后期的推荐部分，主要是用户自发进行传播，这可参考之前讲过的 STEPPS 模型。

（2）AARRR 模型中的顺序是按照逻辑的先后安排的，在进行思考的时候不可以跳过上一步直接到下一步。稳扎稳打、循序渐进是成功的前提。

> **请思考**
>
> 最后，请大家思考一下，你知道什么品牌是运用 AARRR 模型成功累计了很多用户的吗？期待你的分享。

065

波士顿矩阵：
一张图讲透企业资源如何配置

大家都知道，乙方咨询公司的工作内容之一是帮甲方客户制定战略、梳理业务。有一次我和团队一起去见客户了解其项目情况，在对接内部业务情况时，有个分析师开口说："你们公司的现金牛业务过少，问题和瘦狗业务较多，并且只有一个明星业务，如果不好好保护它，估计最终会沦为瘦狗业务。"客户全程一脸迷糊，听不明白又不好意思打断。这时，多亏项目经理出面，通俗易懂地翻译成大白话，客户才听明白，从而保证了沟通的有效性。

其实我个人非常不建议专业人士用"行话"跟客户沟通，一个有能力的专业人士应该具备化繁为简的讲解能力，不管是医生、律师还是咨询顾问，都应如此。但是，专业从业人士必须熟悉这些术语及其背后的理论，本讲我就和大家分享刚才提到的现金牛、瘦狗背后的模型——波士顿矩阵。

波士顿矩阵（BCG Matrix）是美国波士顿咨询公司创始人鲁斯·亨德森在1970年提出的分析模型，以企业经营的产品或业务组合为研究对象，分析企业经营的相关产品或业务之间现金流量的平衡问题，以寻求企业资源的最佳组合为目的。

波士顿矩阵认为有两个力可以反映企业的业务情况，即**市场引**

力与企业实力。市场引力包括企业销量（额）增长率、竞争对手强弱及利润高低等，其中销量增长率是反映市场引力的最重要的指标。企业实力则包括市场占有率、技术、设备、资金利用能力等，其中市场占有率是企业竞争实力中最重要的指标。销量增长率与市场占有率相互影响，互为条件。

基于这两个力，波士顿矩阵将企业的经营产品或业务分为四个类型，分别是高市场占有率高销量增长率的明星类、高市场占有率低销量增长率的现金牛类、低市场占有率高销量增长率的问题类和低市场占有率低销量增长率的瘦狗类。以10%的销量增长率和20%的市场占有率为评判高低的分界线，划出一个四象限坐标图。每个企业将产品按其销量增长率和市场占有率的大小，在坐标图上找出其相应位置，即可明确各个产品的商业状况。

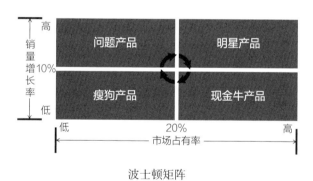

波士顿矩阵

波士顿矩阵模型的四种分类不仅可对产品布局和发展进行指导，也可为各业务领域的品牌分析和发展提供思路。

1. 明星产品

明星产品一般是指那些有发展前景，同时所属公司又具备竞争实力的新产品。通常情况下与之对应或相关的品牌也是公司要重点关注和培养的对象，比如2018年上市的英语学习品牌51talk，既有青少儿英语业务，也有成人英语业务。这两年青少儿英语在线学习掀起一波热潮，虽然不同业务使用了同一个品牌，但公司更应该在青少儿英语领域加大对品牌的投入力度，争取抢占市场老大的地位，抓住早期红利。

2. 现金牛产品

这类产品通常都处在一个成熟的市场，产品属于市场的领导者，享有高规模效应带来的优势，能为企业提供稳定的现金流。正常情况下，这类产品对应的品牌应属于成熟品牌，具备一定的品牌资产，知名度和美誉度都处于行业中上水平。此时企业需更多关注忠诚度，维持市场占有率。在品牌管理阶段，要关注消费者的偏好变化并及时进行调整。

但是如果这类品牌没有在市场上占据一定的份额，企业则需要重点关注品牌的发展，稳固地位，否则很容易被竞争对手抢走地盘。比如百威啤酒和科罗娜啤酒，两者都是 1995 年进入中国的，但是百威的知名度要比科罗娜更高。我在公司问了问，只有少数喜欢喝酒的同事知晓科罗娜，很明显科罗娜就更需要关注品牌在中国的发展。

3. 问题产品

这类产品比较尴尬，通常属于市场机会大好，但企业没有做好增长活动，导致利润率较低。之所以称其为"问题"产品，是因为它们最终会成为"明星"产品还是"瘦狗"产品，是不确定的。

市场占有率低可能是产品质量问题，也可能是品牌营销问题。如果是质量问题，可以利用我们之前讲过的 SWOT 模型来进行决策；如果是品牌营销问题，企业的关注点就要转向提高品牌声量，采取一些大流量的渠道进行合作，或与成熟的大流量品牌进行跨界营销活动，同时要主动进行自主传播渠道的搭建。

4. 瘦狗产品

这类产品犹如鸡肋，食之无味弃之可惜，占资源却没产出相应的利润。这种情况，企业需要及时进行战略调整，不断对该产品压缩投资，无须投入财力进行品牌建设，在营销方面则在保证成本的情况下低价促销，采取撤退战术。

在具体商业运用中，每个类型的业务可能有多种发展途径，这里提供一条通用准则：

（1）1个发展：问题产品要尽快成为明星产品。

（2）1个保持：现金牛产品要保持市场占有率，产生更多的利益。

（3）2个放弃：无利可图的问题产品和瘦狗产品要放弃。

（4）3个收割：对处境不佳的现金牛产品，以及没有前途的问题产品和瘦狗产品进行收割。

小技巧 那如何从概念落到工作上？我提供两个小技巧：

（1）指定品牌和营销规划时，最好清晰知道所服务的产品属于波士顿矩阵中的哪一个类别，这样才能更加有针对性地制定策略。

（2）在营销层面快速提升市场占有率最有效的方式就是借势营销，当然，还有一些其他营销方式也会起到提高市场占有率的作用，这在后面的章节中会专门讲解。

请思考

最后，请大家思考一下，按照波士顿矩阵分析，你所在公司的产品结构是什么情况？期待你的分享。

066
黄金圈法则：
穿透现象看本质

有一次在给一个新零售项目做品牌咨询的时候，组里有两个同级别的顾问，我让他们同时为这个项目搜集背景资料。一个人提交的是一个Excel表格，里面列出了不同的分析维度下的关键信息点，还有信息来源的链接；另外一份是Word文档，复制粘贴了很多资料文件和相关链接。在我撰写报告的过程中，始终打开的是那份Excel表格。

提供给我Excel表格的分析师，在接到Brief的半小时内，就找到我说：Kris，我想和你确认一下，你需要我们找这些报告是为了进行×××项目的×××模块分析吗？因为我刚刚粗粗搜索了下，发现相关报告应该不下100份，如果能知道您的分析目的，我可能会提供给你一份更可行的资料汇总。

正是这个发问，让他在同样的时间内，更高效和更出色地完成了资料搜集任务。而这个发问的模式，恰恰是运用了"黄金圈法则"这个思维模型。半年之后，我们已经把他提升为高级分析师了。而另一个还在原地踏步，他们两个人的薪水也已经相差1倍多了。

本讲要学的就是这个被很多精英人士熟知和使用的黄金圈法则，其由美国咨询顾问西蒙·斯涅克在自己的著作《从"为什么"开始》这本书中首次提出，后被乔布斯誉为最好用的思维模型。它由三个圈层构成：最中心的一层是"Why"，是指为什么做；中间一层是"How"，意思是要如何做；最外一层是"What"，是指做什么。**我觉得大家记住 7 个字，可能会更方便学习，那就是"以终为始想问题"。**

譬如新年许愿，我们会说今年一定要赚够多少钱、一定要减掉几斤肉，但却很少有人会认真拿出纸笔，写下为什么我们需要赚够这些钱，以及如何才能赚到它；为什么我们要减掉这些肉，以及如何才能减掉它。工作的时候也是如此，老板和客户习惯性地派发任务是 What，我们习惯性地接受任务也是 What，同步思考如何能做好是 How，但很少有人去思考为什么要做这个事情。就算朦朦胧胧知道这是为了业绩、为了利润、为了指标，但是为什么是这些业绩，是这些利润、指标，就很少有人思考了。真的要回答，似乎也很有难度。

而黄金圈法则，恰恰就是为了打破这个思维懒惰性。从影响人心智的"Why"开始思考，抓住问题的本质，理解事情发展的最终目标；然后再思考"How"，即如何解决这个问题，实现这个目标；最后才思考"What"，也就是把"How"的结果呈现出来，最终付诸行动。

一个人如果有了黄金圈法则这个思维模型，那么他在工作的时候会更加高效，能避免很多时间和精力的浪费，在职场中也会获得更快的晋升。同样，这个法则可以应用在品牌和营销上，而且还会产生意想不到的效果。

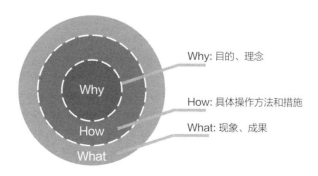

黄金圈法则

请大家想想，你为什么愿意花几千元买 roseonly 的一盒玫瑰花？你为什么愿意排一晚上的队去买苹果的新产品？你为什么愿意花几万元去买一条爱马仕的丝巾？为什么小米手机能自成"米粉"一派？

追根究底，都是品牌理念打动了你。roseonly 的"一生只爱一人"，苹果的"非同凡响，生而不同"，爱马仕的"至精至美，无可挑剔"，以及小米的"为发烧而生"，这些理念感染到了你，让你认同它们的品牌，相信他们的产品，进而愿意去购买，并成为这个品牌的忠实拥护者。这些都是品牌理念在起作用。

这些理念就是 Why，当 Why 明确了，下一步就是如何做（How）。放在品牌营销中，就是品牌信息要如何传递出去，方式和方法有哪些。明确了如何做（How）之后，就进入到 What 具体行动层，此时要决定是要做一场活动，还是写一篇软文。

如果用一句话来形容就是：确定战略，制定战术，落实行动，彼此关联，层层递进。Why 是最核心的立足点，How 是 Why 的落地，What 则是 How 的落地。

下面让我们通过 roseonly 的例子来体会一下。首先，品牌的主张为"信者得爱，爱是唯一"，定位高端的奢侈品牌，专注打造爱情信物。这个 Why 很鲜明，在 How 怎么做的层面上也保持统一。选择高端鲜花入手，无论是包装礼盒还是网站界面，整个风格都很精美大气；之后的实体店的选址也都全部毗邻一线奢侈品牌，如香奈儿、爱马仕等。在 What 层面，涉及从产品部到营销都。产品选择的是厄瓜多尔玫瑰、大马仕革玫瑰、法国千叶玫瑰这些进口玫瑰，造价昂贵，营销事件则请来明星情侣用 roseonly 作为爱情信物，影视植入的剧情设计也是符合高端奢侈的爱情形象。

用一句话来总结：roseonly 通过 What 层面的产品+代言人+推广活动，体现其 How 层面的高端奢华的格调感。而这样的思考则来源于 Why 层面——"一生只爱一人"的品牌理念。

那如何从概念落到工作上,我提供两个小技巧:

(1)当你的老板或客户给你 Brief 的时候,请你在大脑中拉响警报,放下习惯性的执行冲动,尝试让自己正确理解老板或客户 What 背后的 Why 究竟是什么,以及哪种 How 会指导做出更好的 What。因为只有在确保理解问题的路径是正确的前提下,才有可能真正解决老板或客户心中所需要解决的那个问题。

(2)当你在向老板和客户询问 Why 的时候,请逼迫自己提出三个以上的回答,并推理出对应的 How 和 What。他们没有意识,更没有义务告诉我们何为 Why 和 How,所以在沟通之前,如果脑袋空空没有答案,很容易被他们解读为这是你在质问他们工作的必要性,如果再落下偷懒耍滑之嫌疑,可是得不偿失的。

最后,请大家任意找一个自己喜欢的品牌,用黄金圈法则分析它成功的原因。期待你的分享。

067

5W 模式：
构成社会传播的 5 要素

企业传播是每个品牌营销人从业过程中必会做的工作。它不仅考验从业者对品牌自有信息的理解和吸收，还考验从业者能否把信息准确无误地传递给精准受众。

提到传播，很多人都会想到我们之前分享的 Message House。企业通常用它来制定全年或半年的品牌传播策略。但是，Message House 过于宏观，适用于长期的传播规划，具有战术层面的意义，对于某个具体的传播事件或某篇传播软文、新闻稿等就不适用了。本讲就和大家分享另外一个模型——5W，其作为宏观规划到微观执行的补充，帮助大家全方位做好品牌传播工作。

5W 是 1948 年由美国政治经济学家哈罗德·D·拉斯韦尔在《传播在社会中的结构与功能》一文中首次提出的。具体包含的内容是：谁（Who）说→说什么（Says what）→通过什么渠道说（In which channel）→对谁说（To whom）→取得什么效果（With what effects），描述的是一种线性传播过程。

这个模型的伟大之处在于首次清晰地提炼出社会传播的基本过程和其构成的五个要素，揭示了传播过程的结构。放在如今的传播环境中，有两点需要注意：

（1）之前我们提到过，现在的传播环境变为了双向传播，虽然环境的确变得复杂了，但是根本上，每一条信息从源点发出后经历的过程都和 5W 模型保持着一致，我们只需要注意不要把思维局限在五个框中，多关注双向传播带来的反馈就可以了，这对我们传播有着非常重要的作用。

（2）另外一个注意点是，由于信息载体变得多样化，建议大家在 5W 上添加一个 C-carrier 载体，其可以理解为信息的展示是用图片、视频还是纯文字，不同的载体也会影响 5W 的发挥。

接下来，我们分别看一下 5W 的各个要素。

1. 谁（Who），明确谁是传播者

很多企业在讨论传播方案时总会陷入想创意的怪圈里，好像只要有一个能让人拍案而起的创意点就万事大吉了，但是过分追求创意而忽略了传播者是谁，往往带来反作用。

典型的案例就是新世相和航班管家打造的逃离北上广，非常赞的创意点子，却很少有人关注到真正的传播者航班管家。对于掏钱的航班管家来说，它才应该是信息的传播者，新世相只是这个事件的一个传播渠道，结果本末倒置了。

为了避免类似的错误，只要牢牢记住"不放弃任何一个品牌可

以露面的机会"就可以了。

2. 说什么（Says what），品牌信息要突出

这里说的"品牌信息要突出"并不是指要以品牌信息为传播核心，忽视消费者的痛点或需求。"要突出"更多是为了强调品牌传递的信息需要被消费者感知到。

比如几个月前 SK-II 的传播活动又一次刷了屏。这次的活动显然隶属于"改写命运"系列，这是 2018 年的 Campaign，主题为"BareSkinProject 我行我素"。它说的是"最真实的素颜力量"。

整个活动宣传的是消费者爱看的明星素颜，主题调性强调的是消费者买账的真实性，但重点还是为了传递产品利益点——SK-II 神仙水具有高强护肤修复功效，让你的肌肤没有粉底修饰也能美丽动人。品牌的调性和产品的功效做了结合，也让消费者更好地记住了要传递的信息。

但不是每个企业都可以做到在每次传播中都能"说对话"，Message House 模型中，内容层有一部分专门是用来规划"说什么"的，但其更多是对方向的把控，具体信息是什么，可以参考以下两种内容：

（1）贴合用户审美、激发用户兴趣，人们通常只对自己感兴趣的信息才有接受意愿，如果拿捏不准你的目标消费者喜欢听什么，可以通过专业的市场调研来完成。如果经费紧张，也可以通过对同类对手分析来捕捉。

（2）产品和品牌利益点虚实结合，在传播中我们基于品牌调性设计话术风格，在具体内容中要传递产品利益。这里需要突出的是消费者为什么选择你而不是其他代替品，可以结合我们之前章节讲的 USP 来设计具体内容。

3. 通过什么渠道（In which channel），挑选有价值的渠道

关于这一点，我们在之前讲的媒介策略，基本上就是这个内容。

大家可以简单记忆为渠道不仅要能对接精准消费者，还要符合品牌和整个活动的调性，为信息带来更多的附加价值。因此选择时要注意连贯性。

4. 对谁（To whom），受众不是画像是真人

许多品牌营销从业者对于"对谁说"这部分内容，会认为"我的品牌受众是既定的，每一次传播活动只要把之前的用户画像调出来就好了，不需要再进行额外的研究了"。但事实并非如此。

如果你想要进行一场有效的传播，对于传播对象这部分，除了明确受众的基本特征外，还需要做两个额外的工作：

（1）**受众行为研究**。需要明确受众喜爱什么形式的活动，你所举办的活动形式是不是对应受众能够接受的。比如 Dior 邀请十八线明星做马鞍包的传播，被无数消费者吐槽。显然这种与十八线明星合作的形式是不被 Dior 受众所喜爱的。

（2）**消费动机研究**。除去品牌吸引之外，我们还要了解目标人群最容易被刺激的点是什么。是价格、新奇，还是从众？这需要我们更深入的研究。

5. 取得什么效果（With what effects），管理预期明确 KPI

老板永远看重效果：用户增长了没？销量上涨了没？很多人对此非常痛苦。

要解决这个问题需要从两方面入手：**首先，在前期就和老板敲定好预期**，比如对于品牌类活动，可以通过媒体发布数量、参与人数来衡量；**其次，在环节中可插入量化指标**，比如一场线下活动，设置一个环节让用户进行活动投票或点赞，超过总人员的 60% 才算完成 KPI。

那如何从概念落到工作上？我提供两个小技巧：

（1）有时候五个要素很难全部做到完美，我们需要依照传播目标进行侧重点的挑选。比如想在自有微信公众号做传播，就更需关注说什么，想要让更多人知晓企业的新品信息，就需要重视渠道是哪些。

（2）在说什么层面，如果想增加消费者二次传播的概率，可以考虑之前分享过的STEPPS法则，适当加入"有价值"的信息，让消费者看起来更有学识、更有地位等，总之要让你的信息具备"疯传"的基因。

> 最后，请大家思考一下，如何利用5W模型为你所在企业的微信平台进行传播内容的制定？期待你的分享。

068

品牌系统五力模型：品牌系统学的底层框架

我很久前在"在行"开了账号，被问到最多的问题是，品牌营销人该如何提升自己的能力，有哪些指标可以衡量工作业绩。

确实有很多工作都比较容易理解，还有相应的考试等级来衡量工作能力，譬如财务、人力资源、技术工程师等，甚至现在连新媒体都有证书了。但作为更大层级的品牌营销，却没有一套等级制度或工作系统，让从业者无法自我衡量，摸索不到前进方向。

其实在西方，品牌营销早就进化为以品牌为首的系统学科，包含市场营销系列动作，协助企业完成从0到1及从1到N的建设过程。

本讲和大家分享的主题"品牌系统五力模型"是思创客自主研发的工具，也是符合国际作业标准的品牌建设系统，通过对品牌系统五力模型的学习，大家可以知道在什么时期该做什么事情，从而让品牌建设这一复杂而庞大的工作变得节奏清晰，方向明确。除此之外，品牌系统五力模型还展现出了每一部分之间是如何相互影响的，让我们知道如何和其他工作相互协作。

品牌系统五力模型，包含了品牌系统建设的五个阶段，分别是生命力、记忆力、自驱力、影响力和成长力。

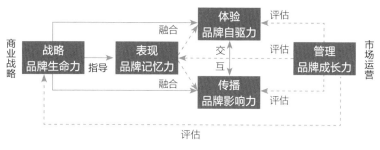

品牌系统五力模型

（1）**品牌生命力**：是品牌系统五力模型中最核心的部分，包括品牌战略体系，也就是定位、三观和人设，以及品牌发展路径的规划等内容。在这个阶段，还有两个思创客原创工具——品牌画布和品牌定位四分法，这两个工具可以帮助我们对品牌战略进行梳理分析。

如果品牌建设相当于在打一场仗，那么品牌生命力的部分就是核心指挥官，对后面的四力起到战略指导作用。

（2）**品牌记忆力**：代表品牌表现。这种表现在视觉、听觉，甚至还有嗅觉、味觉等维度上都可以得到体现，包含品牌命名、Logo、Slogan、VI、UI 等元素。品牌的记忆力越好，品牌在市场中就越具有辨别度，越吃香。

可以说品牌记忆力是把品牌生命力翻译成一种更加通识化的信息，被大家所记住。能识别的不是信息，而是信息背后的情绪。因此，品牌记忆力的设计必须要符合品牌生命力要素，不同的生命力，决定了记忆力的不同表现。

（3）**品牌自驱力**：它的作用是审视体验是否符合品牌系统。我们说，如果品牌体验足够好的话，品牌是可以自己跑到消费者心中的。比如宜家，即使没有做过很多大的推广活动，也被人们记住和喜欢，正是通过提供给消费者舒适、周到的品牌体验，促使购买行为的发生。我们在分析品牌体验的时候，可以使用 Customer Journey 消费者决策旅程。这在前面第 23 讲中已经进行了详细的介绍。

简单来说，这个模型包含了消费者在产生购买行为时会与品牌产生交互的 8 个环节，每一个接触点又可以分为产品 & 服务、人员 & 行为、线上 /& 线下环境、传播 & 识别这四部分。每一部分都可以从真实性、相关性、差异性、交互性、一致性、存在性、理解性这七个维度去评估。我们可以看出，设计和评估品牌体验是一个非常大的工程。并且品牌体验并不是一劳永逸的，需要定期根据这套工具去审核、更正品牌体验的设计，才能有效地将品牌理念贯穿品牌系统的建设。

（4）**品牌影响力**：也就是大家所熟悉的传播动作，包括针对品牌和营销不同目标的设计。除了传播的主题之外，影响力还关乎着和谁一起传播、让谁知道。因此，传播时的渠道、目标受众的选择就变得十分必要。在品牌传播的工作中，Message House 和 5W 要素可作为宏观和微观的工具，来帮助我们梳理传播的思路，保证传播的正确性和准确性。

（5）**品牌成长力**：品牌成长力是管理性思维，也就是我们要把品牌当成有形资产管理起来，去审视品牌价值是否真的在成长。因此，我们可以把品牌成长力看成是对品牌的一种管理，去审视我们的每一个动作、法则、行为、输出是否符合品牌生命力的战略指导。如果符合，则品牌会累积品牌资产；如果不符合，则会产生负向的发展。

> **小技巧** 那如何从概念落到工作上？我提供两个小技巧：

（1）品牌系统的建设是庞大的，也是漫长的。需要按照品牌系统五力模型的节奏一步一步来，尤其是第一力的根基部分。很多人在品牌建设中只会注意体验与传播，殊不知一头一尾才是重中之重。

（2）品牌系统五力模型中，要注意每一力之间的关系是相互影响、相互作用的，甚至有时会出现相互嵌套，比如品牌自驱力和影响力，但是如果缺失了第一力的决定性指导，后续的动作也都可能存在变形或失误的风险。

> **请思考**
>
> 最后,请大家思考一下,能否根据品牌系统五力模型为自己所在的企业做一次梳理?期待你的分享。

069

归因模型：
找准营销渠道的侧重点

前几天我想购买一款精油，改善睡眠，但又不知道哪个品牌的精油好，就在百度上进行搜索。发现太多信息无法分辨，就跑去小红书看了看达人推荐，最终选择了一款。接着又跑去京东和亚马逊比价，最终选中了京东，但是同时发现京东过两天有促销，就打算活动期间再买。但工作一忙，促销过了也没有顾得上下单。直到有一天晚上下班回家，路上刷朋友圈时又看到微信一篇文章写到精油的好处，才想起购物车没有结算，这次总算有时间点开链接，最终买了这款精油。

说完这个小故事，你认为企业应该将最后下单的功劳归功于搜索引擎、达人推荐还是朋友圈软文呢？

按照国内电商公司的算法，是以成交前24小时最后接触点来计算投入产出比的，所以我的这次购买所有功劳最后都被计入微信朋友圈这个渠道。

其实应将功劳合理地分给相应的渠道，这里面涉及一个概念——归因模型。到底什么是归因模型呢？归因模型在品牌营销中都有哪些作用呢？本就带领大家学习这些内容。

归因，字面意思上来理解就是"原因归属"，是指将行为和事件的结果归属于某种原因，通俗来讲，归因就是寻求结果的原因。在心理学中，一般将归因看为一种决策过程。在统计学中，是一种归类算法模型。本讲就来看一看，品牌营销中要如何运用好归因模型。

之前，推广渠道有限，说来说去不过是报纸、杂志、电视、户外广告等。而如今，推广渠道越来越复杂，品牌也已经不能仅靠某个渠道来进行推广，往往需要多个渠道协同作战。**此时，我们就需要用归因模型，通过比较、判断，最后从中挑选一种或几种因素作为结果发生的原因，并核算它们各自的价值。**

所以落实到我们的具体工作上，归因模型就是一种既定的规则，用于衡量转化路径中每个接触到的渠道所贡献的转化量或转化价值。不同的情景使用不同的归因模型，但目标都是完善广告的效果评估，合理安排广告投放策略和营销策略。

归因模型的种类有很多，我们常用的有以下 5 种：

1. 首次互动模型

首次互动模型也被称为首次点击模型，就是把营销功劳全分配给第一次为品牌带来访客的渠道，或者第一次让客户对品牌产生认知的渠道。**如果你想要了解消费者是通过何种渠道和你的品牌产生接触的，就需要用到这个模型。**它的优点是相对容易实施，但缺点是容易造成误差，也会受到技术的限制。

2. 末次互动模型

和首次互动模型相对，这个模型很容易建立和追踪。它将价值全部归因给用户购买或者转化之前最后一次接触的渠道，也就是我们开头案例所使用的模型。在国内，95% 以上的电商公司都是按 24 小时最后接触点来计算投入产出比的，像亚马逊、苏宁、当当等都是如此。这个模型的优点是在技术方面最不容易发生错误，但缺点是忽略了其他渠道所做出的贡献，很容易诱使企业在渠道投放的判断上产生失误。

3. 线性模型

在这个模型中,消费者经历了多个营销渠道之后最终产生了购买行为,权重被平均划分,经历的每个渠道都被认为起到了相同的作用。**这个模型考虑到了每一个渠道的价值,有利于帮助企业了解在促成消费者决策的过程中究竟有哪些渠道起了作用。**但缺陷也显而易见了,就是容易"滥竽充数",企业无法通过线性归因模型看出哪些是关键渠道,哪些是非关键渠道,不利于判断各渠道的重要性。

4. 位置模型

这是一种可以追踪到的所有接触点的模型。**与线性模型相比,它强调两种关键接触点的重要性:第一次把新客人带来的首次接触点和最终成交的末次接触点。**这个模型的特点是,会注重一头一尾两个接触渠道,但同时也会考虑其他的接触渠道。

5. 时间衰减模型

这个模型是指,通过一些算法将各个接触点的价值按照离最终转化时间的远近进行分配。也就是说,离转化时间越近的接触渠道被认为越具有价值。**依据这个原理,该模型同样会把最后一个接触渠道作为权重最大的一个考虑,但同样会将全部渠道考虑在内。**因此,这个模型在品牌营销中更为常用。

总体来说,归因模型,可以帮助我们判断渠道的价值。准确选择归因模型,能够让我们得知哪些渠道能赚钱,哪些渠道能促进业务增长,哪些渠道有助于转化,哪些渠道有助于传播。营销渠道越多,顾客行为路径越复杂,就越需要用归因模型来帮助判断渠道的价值,优化渠道组合和资源分配。细微的渠道差异,或许就能帮助企业在市场竞争中胜出。

归因模型列举

那如何从概念落到工作上？我提供两个小技巧：

（1）评估渠道离不开消费者和品牌之间的接触点。通过对接触点进行分析，可以看出在消费者决策过程中产生重大影响的接触点都有哪些，根据这些接触点所在的位置再去评估需要采用哪种归因模型。

（2）在复杂的营销过程中，对于必需品，推荐使用末次互动模型，非必需品则考虑使用时间衰减模型。

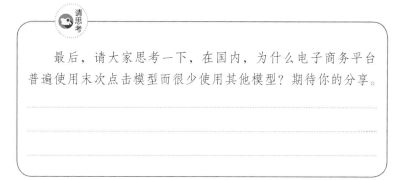

070

麦肯锡金字塔：
学会在职场说话

麦肯锡金字塔原理作为咨询顾问的必学原理，也逐渐开始被更多人知晓并采用，究竟它是怎样来的？具备哪些作用？本讲就和大家详细聊一聊。

很多年前，一个叫芭芭拉·明托的哈佛毕业女生来到麦肯锡咨询做顾问，在大公司工作每天都要沟通来沟通去的，而且每个人都有自己的表达方式，在工作中遇到问题，解决方式也各不相同，导致工作效率低下。为了能提高效率，她根据遇到的问题，写了《金字塔原理》这本书，结果受到了热烈欢迎，直接成为公司的培训教材，一用就是 40 多年。

那这本书到底讲的什么？其实就是要**先表明一个中心论点，而此中心论点可由二至七个一级论据支持，这些一级论据本身也可以是个论点，同时每个一级论据由二至七个二级论据支持，如此延伸，如金字塔状**。概括一下，就一句话：**结论先行，论点自上而下状如金字塔**。

你有没有发现？在工作中，我们身边总有一拨人，感觉不说话则已，一说话就一针见血，拨开云雾见青天；也有一拨人总是说了一堆，却不知道要表达什么？那为什么有的人说老半天都说不清楚自己的观点,而有的人三两句话就可以清晰表达自己的观点?这背后就是他有没有采用金字塔原理进行表达。

麦肯锡金字塔简化版

比如同事 A 向老板汇报工作时说:"报告老板,我们发现公司所在的行业市场很大,但竞争也很激烈,我们需要做好 ABCD 这几件事才可能赢"。

同一个问题,同事 B 的汇报方式可能完全不一样,"报告老板,经过调研,建议进入 ×× 市场,原因有三个,第一,这个市场很大,有千亿的规模,并且现在仍然每年以百分之十的速度继续增长;第二,竞争虽然激烈,但市场整体的集中度很低,大家还处于跑马圈地阶段;第三,我们针对这个市场有 ABC 等多个资源,优势十分明显。所以您要是同意的话,我这还有具体的实施方案……"

作为老板,是更喜欢一团糟的 A 还是逻辑清晰的 B?这是不言而喻的。

学会了金字塔原理,就等于掌握了逻辑性,当一个人有了逻辑性再去工作,简直就是如虎添翼。我们先说三个最明显的好处:

(1)解决问题更高效:当你掌握金字塔原理以后,你会发现,在一团乱麻中也能找到开头的线索,先归纳出核心问题或中心思想,迅速收集论据支撑一级论点,然后一层层地捋出来,最终得到正确的结论。这种操作方式,恰好也是最高效解决问题的方式之一。

(2)**管理员工更轻松**:如果你是领导,接到上级的任务,通过金字塔原理就能更好地理解目标、分配任务,譬如将上级交代的任务作为最高等级的中心点,然后根据手下员工的擅长点,把工作从一个分解为不同的内容,然后层层分配给不同等级的员工,等到员工提交报告时,再从上到下的梳理总结。这样管理起来最有效,领导也做得最轻松。

(3)**沟通交流更顺畅**:当你掌握了逻辑性以后,看问题一针见血,说话主题明确,能很快归纳总结出最核心的问题。

掌握了金字塔原理后,哪怕在电梯里遇到领导,他搞突然袭击,给你30秒让你汇报工作,你也能马上得出结论,让领导意识到你的沟通能力和办事效率都很强。

这里补充一个知识点,对于金字塔每一层的支持论据,**有个极高的要求:MECE(Mutually exclusive and collectively exhaustive),即相互独立,完全穷尽**,也就是合在一起能实现不重叠不遗漏,不遗漏才不会误事,不重叠才不会做无用功。

那么如何将金字塔落实到我们的品牌营销工作中呢?其实之前讲过的Message House就是传播中的金字塔模型,只不过稍有变形,尤其是在我们执行的具体动作中,争取符合MECE法则,即不遗漏重要环节,不重叠相互动作。通过这种自检,帮我们提高效率。

> 小技巧 那如何从概念落到工作上?我提供两个小技巧:

(1)在应用中,一定要先搭结构,自上而下地想问题,不要上来就被细节缠住。

(2)训练自己的归纳总结能力,尝试把自己手头的工作按照金字塔原理进行管理,把每项工作直接归纳出根本性目标或结论性意见,然后看看每个论据之间是不是能做到符合MECE法则。

> **请思考**
>
> 最后,请大家思考一下,如何用 30 秒的时间,向你的领导汇报你一个月的工作?期待你的分享。

071

事件营销：
不是事情搞大就能做好营销

事件营销作为最主流的营销方式，包含的种类十分广泛，譬如娱乐营销、借势营销、病毒营销等。虽然很多人都实操过事件营销，但是对它的具体含义、如何应用、应用时有哪些注意事项，可能却未必全然知晓，经常出现事件搞得很大，但效果不理想的尴尬情况。所以本讲，我们就来系统了解一下事件营销的相关内容。

首先让我们来看下事件营销（Event Marketing）的官方定义：事件营销也称为活动营销，是指企业通过策划、组织和利用具有名人效应、新闻价值以及社会影响的人物或事件，引起媒体、社会团体和消费者的兴趣与关注，以求提高企业或产品的知名度、美誉度，树立良好形象，并最终促成产品或服务的销售目的的手段和方式。

用一句大白话来说就是，通过打造大家喜闻乐见的新闻事件，来达到品牌自身的传播目的，这就叫事件营销。

目前的大环境下，事件营销可以说是越来越难做，用户每天接触的信息越来越多，刺激点越来越少；除此之外，人们对事件关注热度的持续时间也越来越短，一个热点也就维持1～2天，甚至可能就1～2个小时。因此，这就对事件营销的创意、内容都提出了更高的要求。

不少品牌主认为事件营销的核心在于一个"爆"字。说白了，没有让小伙伴发出"哇这么厉害"感慨的都是假事件营销。其实这就暴露一个大误区，并不是搞大事情就是好的事件营销。如果为吸引关注，故意制造一些不合理的事件，当用户了解详情之后，很有可能会产生一定的反感情绪，最终给品牌带来难以逆转的伤害，得不偿失。

譬如几年前，一则题为"斯巴达300勇士三里屯送餐被民警摁倒"的新闻被各大媒体转载。这个事件是沙拉品牌的商业宣传活动。他们雇了一群外国男模，赤裸上身手持盔甲打扮为斯巴达勇士，瞬间引来众多路人的围观，场面一度十分火爆。因对周边秩序造成影响，北京警方控制了这些外籍男模。随后，这些男模被民警控制的照片更是掀起新一轮的疯狂刷屏。最终这场活动结束在警方的官方通报中。虽然此事的传播范围很广，但貌似没几个人知道这是谁家策划的营销活动。

这就是一个失败的事件营销活动了，那如何才能策划出一起合格的事件营销呢？我给大家介绍一个公式：

事件营销成功度 = 内容质量 × 发布质量 × 发布数量 + 反响程度

内容就是指事件创意设计、执行安排、引爆点等，内容质量越高，事件营销效果越好。

发布是指事件通过哪些媒体进行造势与传播。事件分为线上、线下及线上线下整合3种选择，选择发布的渠道也同样分为这3种，媒体、门店、意见领袖都属于发布渠道。具体情况需要根据预算、想要达成的效果来进行发布渠道质量和数量的筛选。一般来说质量越好，数量越多，事件营销的传播效果越好。

反响程度是指受众对事件的反应和接受度，有没有负面情绪，有没有正面引导。反响程度也是会受内容和发布这两个要素所影响，由于发布质量和数量在媒介策略中已经有通用法则，接下来我给大家重点讲述一下内容的质量。内容的质量主要体现在事件的性质，以及事件的节奏感上。

我们先来看事件的性质。一个能吸引关注的事件，必然具备下面几点特征。

（1）**典型性**。能反映出当前社会的普遍现状，人们的普遍生活状态或者心理活动。譬如滴滴打车做过的一个"吸血"加班楼 H5，就反映出大都市工作紧张的普遍性，引起大家共鸣。

（2）**趣味性**。具有趣味性的事件会挑起人们的好奇和八卦，也会让人们产生轻松愉悦的心理感受，让大家情不自禁地想要关注和参与。譬如杜蕾斯策划的 Air 空气套活动。

（3）**稀缺性**。稀缺性是指难得一见、不为人知，但不反社会或反人性的东西。譬如褚橙刚上市的时候就利用这个特征做了一轮事件传播。

（4）**相关性**。要和社会公众相关，越贴近公众，越和公众的真实生活贴近，公众就会越加关心。譬如 SK-II 策划的大龄剩女事件。

（5）**针对性**。如果社会上有某一突发事件已经引起了全社会的关注度，那么事件营销就应该紧扣这一事件来进行。譬如链家发起防止儿童走失的事件营销，想要采取这一类型的事件营销需要考虑事件的性质，如果这件事本身就带有不良的效果或者口碑，建议不要轻易尝试。

说完了事件性质，我们再来说一下事件的节奏。**事件营销就像讲故事，主题明确，高潮迭起，一波三折才是好故事**。如果只是为了事件营销而打造事件，那么很有可能来得快去得也快。

如何能产生持续时间长的营销事件呢？就是把事件营销当作一个故事来讲，主题必须明确，紧紧围绕着品牌的理念、定位以及调性等核心要素来进行设计。此外，前期有预热，中期有高潮，结尾有互动。在不同的阶段都有不同的"包袱"抖出，更容易放大传播效果。

小技巧 那如何从概念落到工作上？我提供两个小技巧：

（1）事件营销的整个过程中，控制舆论也是相当重要的一环，舆论导向可以在很大程度上影响人们对于整个事件的看法。除去进行好的公关，还有一些其他的手段可以辅助。譬如，曝光一些隐性的、亚文化的东西，制造 KOL 光环导向等。

（2）正常的事件营销时间最好安排在周二到周四，因为很多人这段时间都在上班，看到一个事件爆发可以顺便吐个槽，周末休息时间话题一般容易遇冷。

请思考

最后，请大家思考一下，让你印象最深刻的事件营销是什么？期待你的分享。

072

口碑营销：
省钱省力效果好

最近，很少追剧的我被某宫廷剧圈了粉，只要有时间就会瞄上两眼。其实一开始我对这部剧是不屑一顾的，然而开播不久，身边陆陆续续很多人向我推荐，讨论的话题也离不开这些宫斗题材，在这样的强力推荐下，我心生好奇，点开看了两集，就迅速入坑。

可以说，这部电视剧就是一个通过口碑实现逆转的好例子，如果把这部剧看成是一个品牌的产品，我被好友拉入坑的行为就相当于购买，从企业的角度来看这个过程就叫作口碑营销。

俗话说，金杯银杯不如老百姓的口碑。**一个品牌如果做好了口碑营销，就能够以最小的成本获得最大的收益。**少花钱，多办事，效果好，这是所有企业都希望达到的状态。

那么，口碑营销的定义是什么呢？企业要如何进行口碑营销呢？这些，就是我接下来要跟大家分享的内容。

口碑（Word of Mouth）这个概念源于传播学，别人对你的评论就是你的口碑。放在市场行为来看就是，企业通过营销实现消费者在交流中将企业的产品或品牌信息向第三方传播开来。这种以口碑传播为途径的营销方式，称为口碑营销。**其本质就是赢得消费者的信赖，并撬动消费者成为你的二次传播者。**口碑营销的特点是可信度强、成功率高、传播成本低,以及具有二次扩散性。

随着现在科技的发展,依据口碑营销又衍生出了一个概念,叫作网络口碑营销。网络口碑营销(Internet Word of Mouth,IWOM),是指应用互联网的信息传播技术与平台,通过消费者以文字等表达方式为载体的口碑信息,为企业营销开辟新的通道,获取新的效益。本质上来说网络口碑营销和口碑营销一样,只不过传播场景由线下的口耳相传转移到了线上的文字或视频音频交流,通过社交媒体进行传播。

知道了口碑营销是什么,我们接下来看一下企业要如何做好口碑营销。

美国口碑营销大师安迪·塞诺威兹(Andy Sernovitz)写了一本书,名字是《做口碑》。书中给出了一个清晰的口碑营销分析框架和操作步骤,这五个步骤都是以"T"开头的英文单词,分别是:谈论者(Talker)、话题(Topic)、工具(Tool)、参与(Taking Part)和跟踪(Tracking)。

简单来说,我们可以假设一个场景:如果你想要让一个人替你去传达信息,你的一个思考路径就是——和谁说,如何说,说什么。把这个思路套用在品牌的口碑营销中来看同样奏效。

(1)"和谁说":目标用户,也就是谁可以替你传递信息,是5T中的谈论者。

(2)"如何说":包括传播技巧和传播渠道,是5T中的工具和跟踪,为了找到最有效率的传播方式,可以进行渠道上的跟踪,通过数据来找到最有效的传播渠道。

(3)"说什么":也就是话题,企业可以通过哪些信息来刺激用户向他的亲友传递你的品牌信息。

下面,我们就来逐一看一下这几点都有哪些注意事项。

1. 和谁说

并不是所有的用户都适合去做口碑营销。引爆点中的推销者,公关中意见领袖就是这样的人。

在这里,《做口碑》这本书中提到了一个需要格外注意的猜想,最佳谈论者也许就是和品牌产生初次接触的新用户,这就是我们需要发力的人。因此,企业需要对消费者的 MOT 接触点进行充分设计和改良,以保证在首次接触的 MOT 中能够给用户留下足够好的印象,让其自发为企业传播。有关 MOT 的相关内容,我们在第 28 讲中进行了分享,忘记的小伙伴要回头去复习哦。

2. 如何说

"如何说"是刺激技巧以及相关渠道的选择。我们首先来看下技巧,企业可以通过发布共享素材、设置分享链接、制造特权、赠送礼物、制作用户推荐信等方式,提醒或鼓励消费者进行口碑传播。

技巧说完,我们再来看渠道。口碑营销的传播渠道同样可以从线上和线下两方面来看。线上,大多都是通过社交媒体来相互传播,譬如微信、微博等。在这里,企业可以针对渠道进行跟踪,通过现在的网络服务系统找到评论者是来自于哪家网站、浏览了哪些信息、通过哪些渠道进行了评论或分享、都分享给了哪些朋友等。有了这些数据,企业就可以相对轻松地找出最有效的渠道是什么,以及如何设置工具,刺激用户进行口碑传播。

3. 说什么

站在企业的角度,我们可以将口碑营销分为主动式口碑营销与被动式口碑营销。不同性质的口碑营销话题也会不同。

主动式口碑营销是指,品牌通过提供物质或精神利益,刺激消费者,以此要求消费者进行口碑传播。譬如拼多多就是如此。消费者将购买链接分享出去,越多人参与一同购买,产品就越便宜。

被动式口碑营销,通常有两种方式,一种是产品或服务本身极其出色,譬如老干妈辣酱和海底捞,用户因为愿意"分享好物"而传播;另一种是提供社交货币,激起人们的讨论兴趣。譬如,一场有意思的线下营销活动、一个不走寻常路的广告等。

一般来说,被动式口碑营销让企业更为"省心省力",而且效果会更好。

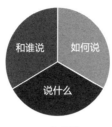

口碑营销

那如何从概念落到工作上?我提供两个小技巧:

(1)驱动消费者进行口碑传播有三个要素,分别是产品驱动、精神(情怀)驱动、利益驱动。产品和精神驱动往往可以激发被动式口碑营销,而利益驱动更多针对主动式口碑营销。

(2)好口碑可以成为品牌的强助推力,坏口碑则会对品牌产生重大的杀伤力。企业在发现有坏口碑传播时,需要通过潜入消费者,跟踪,并进行引导,来阻止坏口碑的继续发酵和传播,为口碑营销提供良好的舆论环境。

最后,请大家思考一下,你最近一次主动为某个品牌进行口碑传播的原因是什么呢?期待你的分享。

073

借势营销：
抢占 C 位是关键

如今某宫廷剧爆火，订阅了 10 个公众号，有 8 家文章标题都有女主的名字。突然之间，该剧女主角成了生活中的各种角色，或是职场晋升牛人，或是敢于做自己的明白人，也可能是会说话的高情商之人。这些公众号都在做一件事，那就是借助该剧的势头，为自己的文章吸引关注，从而产生增粉的可能。

这也就是我们通常说的借势营销：**借助热点事件、节日等能引起公众情绪的点，将自身品牌或产品与之相结合，然后顺势为我所用的一种营销手段**。相对于广告等传播手段，借势营销能够起到以小博大、花小钱办大事的作用，更容易取得四两拨千斤的传播效果。

借势营销有两个基本点：

（1）首要前提是找到比你更大的资源，并和它发生最直接的关系，能霸占最好，不能霸占就使劲蹭。

（2）关注势能背后的情绪，公众有时候关注一些事情并不是对事件本身，而是事件所引发的情绪。

如果借势成功，能为品牌博得正向的曝光度，就像雷军所讲"站在风口上，猪都能飞起来"。有时候，借势并不难，难的是如何在一堆借势的品牌中抢到 C 位，脱颖而出，做那个风口上最亮眼的小猪猪。

本讲就好好分析一下借势营销的关键点和操作方法，一般离不开这 2 招：

1. 唯快不破抢 C 位

反应迟钝等同于失败的借势营销，借势当然要趁热打铁，不然热度都快冷却了，你才姗姗来迟推出借势文案，最终只会淹没在海量信息中，连一点浪花都不见，反而是浪费资源。

一般来说，热点发生后的 1 小时内是借势营销的黄金时期，这个时间还未知晓热点的人会立即上网搜索相关内容，此时你发布的内容就会很容易被消费者查找到。

速度够快这一点，还是要夸杜蕾斯。每次反应速度都在单位时间的个位数之内，例如上午 11 点 16 分李晨发微博公开与范冰冰的恋情，9 分钟后杜蕾斯发微博"你们！！！！！冰冰有李"，而且海报创意也维持了平均水准。为实现这一目标，据说服务团队就有几十人之多，也是一般公司无法比拟的。

那小公司或初创公司要如何快速跟上热点？

这里要对热点进行分类，一类是可预见的，一类是不可预见的。可预见的提前规划，不可预见的争分夺秒。

譬如一些节假日或日期固定的社会事件等就是可预见的，我们可以提前规划，想好结合内容，最后挑准时机发布，以保证效率更高。

但是一些突发性新闻或者是短期内引起社会集体性情绪共鸣的事件，比如明星恋情，或社会事件，就是不可预见的，这类内容我们可以采用 2 种技巧尽快抢占热点：

（1）**直接利用热点内容作为展现形式：**这种形式一般适合有图片表现的突发热点，比如杜蕾斯借势范冰冰李晨公布恋情的热点，直接借鉴他们合照的构图，配上宣传文字；再比如杜蕾斯借势苹果蓝牙耳机 AirPods 发布，利用耳机拼凑成杜蕾斯产品的形状，直接配文"别乱跑 AirPods，用 AiR 套牢"彰显了产品特性。

（2）利用热点内容做表达延伸：这里最容易出现的就是某某体，譬如王健林的"先定一个小目标，比如挣它一个亿"，河南女教师的辞职信"世界那么大，我想去看看"都成为很多品牌借势的源头。比如 360 的"我们定个小目标，让 1 个亿骗子先失业"；至于辞职信，更是有 32 个品牌进行了借势，找工作的、婚恋的、旅游的……这种形式一般要和产品或品牌特征相符合，就会是比较有效的借势营销。

2. 有所不为显品牌

很多人把借势等同于蹭热点，这是天大的误解。借势的本质依然是为品牌服务，为品牌做加法，不能为了借势而伤了品牌。就像是人和人角色不同，导致做出的行为不同，一位老师出入赌场就会让人产生不信任感，一个品牌如果借势玩脱手，反而会招致用户反感，导致形象大打折扣。

比如 BOSS 直聘在世界杯期间投放的视频广告，本来是想借助世界杯热点，结果遭到大家强烈的抵制。网友纷纷评论："广告太烂，求职者活脱脱像是刚从传销窝点跑出来的"，有网友甚至说"那个 BOSS 直聘的广告，看得我想砸电视"。这就是失败的借势营销，没有真正把势能用好，反而影响了自己的品牌调性。

杜蕾斯代理商曾说过，"追热点不是心血来潮，也不是每个热点都做，这需要有对品牌很深刻的理解。"你会发现，像王宝强离婚、奚梦瑶摔倒这些热点，都没有看到杜蕾斯的身影。不追这些热点的杜蕾斯，反而在网民心中显得更有格调。

若想要做好借势营销，应该基于品牌理念和人设，明确什么样的势能是打死不碰，确保品牌在借势中切实提升形象，并让企业在有限的借势中充分调动资源，一飞冲天。

借势营销

 那如何从概念落到工作上?我提供两个小技巧:

(1)由内向外:基于品牌自身理念和人设,明确势能的边界和具体的玩法,让团队上下知晓什么热点能蹭,什么热点不能蹭,不做无用功。

(2)由外向内:花时间总结自己产品或品牌可延展到哪些领域或话题,先行总结出可探索的方向和创意点,等相关热点一来就可以抢占 C 位了。

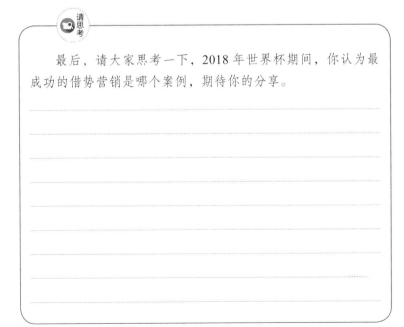

最后,请大家思考一下,2018年世界杯期间,你认为最成功的借势营销是哪个案例,期待你的分享。

074

体验营销：
3种体验营销的适用场景和落地方法

　　本讲要讲的主题是体验营销，虽然体验营销的概念还算新，但在实操上并不是什么新鲜事儿，街头小贩的"试吃"本质上就是一种简单的体验营销。

　　比如路边上同时有两家卖西瓜的，一个说"我的西瓜又红又甜，买回去不甜包退包换"，另一个把西瓜切开，让你尝，并且告诉你"不甜不要钱"。你会选择买哪家的西瓜？几乎人人都会选择第二家。

　　第一个卖西瓜的是用语言告诉你西瓜很甜，类似于广告传播，第二个是让你看到红色的瓤儿，以及品尝到嘴里的甘甜，类似于体验营销。

　　从定义上来说，**体验营销以顾客为导向，通过对产品与服务的体验，以及满足消费者感官、情感、精神、行为和文化5个方面的体验，以达到销售产品，树立品牌的营销方式**。眼见为实，吃到嘴里的才是真甜。对比其他营销方式，体验营销能全方位立体式地刺激顾客的购买欲，也被越来越多企业组织所买单。

　　那如何找准方向，策划一场可落地的、有效的体验营销呢？我把体验营销按照消费者参与体验的内容不同，分为三种类型，本讲将着重分享他们的具体内容、操作方法及适用企业。

说到根本，体验营销就是利用消费者的真实感受取缔买方和卖方之间的不信任。那么此时，能激发这种真实感受的体验内容就变得非常重要了，我大致给它们分为三种类型：产品功能型，品牌情感型，价值获得型。

1. 产品功能型

开头的试吃西瓜就是产品功能型的体验营销。这种往往是大家想到体验营销后，第一个冒出来的形式。如果想要让消费者购买你的产品，最简单的办法就是让他切实感受到产品带来的好处，以产品实际能力消灭不信任感。

在实体制造业和服务业中更容易采取这种营销方式，如服装、家具和汽车等。具体操作只需 3 步，首先找到产品的 USP；其次以消费者可体验、可感知的形式展现；最后放置在消费者能够接触到的精准渠道。

国美电器围绕净水器做了一次很好的示范。在线下门店的纯净水分区，展示自来水水质的抽样报告，让消费者直观清晰地看到自己家自来水的质量，从而更深刻地感知到净水器的好处，甚至可以激发没有购买需求的消费者。

对于消费者无法即刻且直接感知其好处的企业，如英语培训和健身减肥等，产品功能型就显得略微吃力，但也不是不能做。**我们可以采取"证明式体验"**。举个例子：前不久我受邀去亚洲宠物展做演讲，看到不少宠物服务行业设计的各种体验营销活动，譬如有一个封闭密室，模拟宠物独自在家的场景，并且有一个耳机能让你听到宠物在家的心灵独白，是一个宠物视频软件做的体验营销。让消费者通过场景体会到产品带来的好处和感受，是证明式体验常见的手法，所以场景营销和体验营销也经常重合在一起使用。

2. 品牌情感型

这种品牌情感型更适用于品牌发展较为成熟的企业。这类品牌一般都拥有自己的核心理念，有清晰的定位，有明显的品牌人格，在品牌传播上也遵循 Message House 体系，这种情况下可以达成品牌情感型的最好效果，能够让消费者为品牌买账。

比如虾米举办的沉浸式音乐体验展，并没有在整个体验过程中表露虾米有多少独家版权，有多高的品质音乐，而是在倡导大家感受音乐的本身，呼吁"不只去听，我们一起看和体验音乐本身"，这也符合它倡导的"乐随心动"理念。虾米利用这次体验营销，让人们感受到品牌传递的"感知音乐本身"，虾米对音乐的追求和态度激发了消费者对品牌的情感，从而产生偏好。

品牌情感型的体验营销，说起来简单做起来难。说简单，是因为我们只需要在环节设计上融入品牌理念即可；说困难，是因为自说自话的理念传递很难吸引消费者参与进来，需要融入一些创意性的、能激发消费者参与的内容。

3. 价值获得型

这里的**"价值获得"**，指的是消费者在体验过程中除去产品所需满足的基本要求外，还能获得额外的价值收获，从而激发购买冲动。这种类型比较适合具有一定文化属性，且产品购买只需轻度决策的品牌，譬如运动品牌、音乐品牌。属于较难的攻克方向。

这里举一个特殊的案例，一个面向 B 端的企业做了一场"价值获得型"的体验营销，消费者反响热烈导致体验活动变为了常规项目。这个企业就是糖浆品牌达芬奇果美，它与一家酒吧合作推出"一见识情机"，机器利用人工智能的技术识别顾客情绪并得出适合消费者此时适合哪款鸡尾酒。不像第一种说自己的糖浆多么可口，也不像第二种的品牌情感连接，很多国际知名品牌都是高手，甚至把自己的销售中心变成体验中心，譬如 Nike、Apple 都有自己的体验中心，在里面可以感受到最新的科技，最酷的产品，还有相应的行业知识，很容易获得消费者的好感。

这种方向的操作手段没有固定的套路，需要品牌主根据目标用户群的特性,提炼他们需要被满足的额外价值,并与自身的品牌挂钩。

总体来讲,三种体验营销的内容设计,都需要让用户参与,提高互动,让用户在体验中消费,在体验中享受,在体验中与品牌产生共鸣,才能让体验营销更落地。

体验营销三种类型

那如何从概念落到工作上?我提供两个小技巧:

(1)体验营销最好不是单点突破而是系统建设,要融入生产、服务的各个环节,并长期执行下去,让消费者在购买产品或服务的同时,也能享受到企业为消费者提供的独特体验。

(2)新型品牌做体验营销时建议要加入产品特征和消费场景的表达,加强消费者对品牌的理解,成熟品牌更适合建立情感,增加黏性。

最后,请大家思考一下,让你印象最深的体验营销是哪一个?期待你的分享。

075

娱乐营销：
分层深入，通过关注不同方向抓住用户

说到娱乐营销，大部分人的第一反应都是请明星，但是娱乐营销的欢乐场并不仅限于明星云集的娱乐圈，就像《商业秀》一书中所说，所有行业都是娱乐业，客户不仅是在购买你的产品和服务，同时，他们更希望从中得到乐趣。娱乐营销也是如此，**所有带有娱乐元素的营销内容都可以称为娱乐营销**。

当然，我们作为专业人士还是需要理解娱乐营销的专业定义，严格意义来说，**娱乐营销**是指借助娱乐的元素或形式吸引关注，与客户建立更强的认知关联或情感投射，从而达到区隔竞品、销售产品、建立忠诚等不同目的的营销。

娱乐营销现在非常受追捧，互联网和传媒行业巨头都在进行布局，腾讯互娱提出 FUN 营销概念；2018 年上半年，奥美集团成立了华策奥美娱乐营销坊。为何娱乐营销如此重要？在这方面无论是腾讯还是奥美都有一个共同的认知，即**用户分给品牌的时间变得稀缺，利用娱乐性质的内容抢夺用户时间是相对便捷的方式之一**，未来营销想要做好，离不开娱乐营销的技巧。

那娱乐营销该怎么做，就是本讲的核心内容。我给大家提供三个层次，匹配相关的工作技巧，希望对大家的实操有所帮助。

1. 穿衣层

穿衣层的娱乐营销，是类比品牌仅穿上了娱乐这层外衣，把品牌内容娱乐化，或注入娱乐元素。比如我们常见的请代言人、电视剧的贴片广告、某个 KOL 发了软文或者和电影合做个海报等。

这些仅穿层娱乐外衣的营销，只能是让品牌露个脸，让娱乐主体的那些粉丝花钱买账，还不一定能 100% 买账。这时候品牌要做的就是比娱乐主体的影响力，谁的粉丝多选谁，谁的粉丝购买能力强选谁，谁最近火选谁。

比如常年致力于和二次元合作的麦当劳，在最初的营销上也仅仅是买套餐加钱给玩偶，虽然很简单，但身边很多海贼迷朋友都去集玩偶，请客吃饭就选麦当劳。

2. 化妆层

2015 年的调查显示，中国消费者平均每个人关心 4 种以上的娱乐资讯，相信这一数据在今天一定有所增加，娱乐内容是大家广泛采取的放松休息的载体，因此在接触娱乐信息的时候，心理较为放松，更容易接受品牌的信息。

"化妆层"就是要求品牌把娱乐元素印在身上，看起来更像是一个整体，不会引起消费者反感或尴尬。常见的操作方法有影视剧和综艺的情节植入，网剧的中插小片，品牌自制的鬼畜视频，以及自行出品的动漫或宣传片等。这些内容有一定的产品或品牌元素体现，不是单纯的 1+1=2，"化妆层"的娱乐和品牌的结合能够起到大于 2 的效果。这时我们要关注的是营销内容本身，比起影响力，更要找准与品牌既有调性相符的娱乐内容。

比如"奇葩说"的花式口播广告，让品牌冠名这件事情从"穿衣层"，经过加工变为了"化妆层"，如小米手机"掏出来搞事情的拍照黑科技"、海飞丝"别让你的头屑陪我过夜"等，都是将品牌元素融入娱乐内容之中，这些元素或许是品牌彰显的调性，也可以是产品的独特卖点。

3. 文身层

说到这里想必大家都能理解了,"文身层"就是不仅内容相符,而且还能加深消费者对品牌信息的理解,没有人会在自己身上文一个不喜欢、不适合自己的图案,品牌也应该如此,利用文身也就是娱乐内容,来表明自己的品牌信息。

现在越来越多的品牌开始进入这个层次了,娱乐的内容都是基于品牌进行的二次创作,成本自然也会较高。比如宝马1系跟《王者荣耀》的合作。在游戏中,王者荣耀为宝马1系开发了限定皮肤,设计了全新的汽车人形象,以及与产品优点相关的技能特效。玩家把广告内容作为娱乐过程,并不会认为是在接收广告,在娱乐过程中的每一份感受都会毫无缝隙地转给品牌。当然,这种独特的体验式感受也与游戏的特殊性有关。

这种"文身层"的完全融合,让品牌和娱乐内容不分彼此,占领了消费者的休闲欢乐时光,扩大了品牌的认知,加深了消费者对品牌或产品信息的理解,这才达到了娱乐营销的终极形态。这个层级,我们需要真正花费时间去思考,哪些内容是能够娱乐性地传递给消费者的,哪些娱乐形式是符合品牌既有认知的,深层次的合作更是不能搞砸,比如 Dior 的马鞍包娱乐传播就被网友吐槽得不偿失,我们在思创客品牌说公众号里详细分析了原因,大家可以去看一看。

娱乐营销三个层次

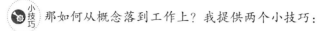那如何从概念落到工作上？我提供两个小技巧：

（1）娱乐营销并不仅限在现有的娱乐内容上，品牌也可依照社会潮流，自行制造产出娱乐内容，再找到相应的渠道进行分发扩散。

（2）检查娱乐营销是否会有效果可以回答两个问题，一是否能增加消费者的社交货币？二是否能满足坊间八卦的冲动？如果答案是肯定的，那证明内容是及格的。

最后，请大家思考一下，可口可乐开设的鹿晗快闪店属于娱乐营销的哪个层级？期待你的分享。

076

场景营销：
深入需求吸引用户，建立连接触达用户

本讲我们来讨论场景营销这个话题，谈到"场景"这个概念，就不得不提到吴声老师早些年出版的《场景革命》这本书，书中认为"产品即场景，分享即获取，跨界即连接，流行即流量"，着重解析人与商业之间的关系，场景正是其中最为重要的要素。也是因为这本书，让场景成为一个更为流行的词汇，无论是市场、产品或是运营人员都在讨论这个概念，并且加上各自专业视角的解读。

作为品牌营销的系统书籍，我们的重点自然是由此诞生的"场景营销"，这个概念相对严谨的解释为：**将品牌提供的产品或服务，按照消费者使用时会面临的各类场景来进行梳理和划分，并结合场景提炼关键卖点，进行差异化营销。**

接下来我们的讨论都将以此为前提，**重点讲述系统策划场景营销需要解决的 2 个问题，细分并深化需求、建立产品与人的连接。**来看一看场景营销和其他营销方式有何不同，如何科学高效地执行。

1. 细分并深化需求：找准场景"人 + 事 + 物"的集合

相对于我们前面讨论的营销方式，场景营销更加容易找到方向，我们只需从概念入手，把消费者的痛点或需求细分，并深化为一个

个独立的场景，在这些场景下消费者一定会产生特定的需求或问题，这也就成为品牌出现的意义。

"顾客不是想买一个1/4英寸的钻孔机，而是想要一个1/4英寸的钻孔！"哈佛大学著名的市场营销学教授西奥多·莱维特也曾这样说过。我们只有把钻孔展现出来，消费者才能注意到企业想要售卖的钻孔机。

宜家作为最为典型的场景营销霸主，深谙此道。宜家全球新闻总监曾这样解释宜家的营销逻辑："人们只会买适合自己家的产品，而不会买一个看上去孤零零的东西。"所以我们会发现宜家有非常多的样板房展示区，厨房、卧室、客厅等，而且里面的每一种家具都是搭配出现，整体为消费者营造出拥有产品后的场景，自然而然地激发了购买的欲望。

再比如王老吉的"怕上火"，定位非常好，但为了更好地促进销量，营销人员还需把怕上火这一需求深化，比如吃火锅的时候，熬夜加班的时候，把这些场景的具象化表达作为方向，就可以进行营销活动。

2. 建立产品与人的连接：升级需求产品寄托情感

随着商品自身的创新化和商品用途的多样化，消费者对商品的认知和体验需要教育和启发。在第一点上，场景营销对消费者的需求进行了细分并深化，有助于消费者全方位理解产品或服务，与此同时在场景中明确出产品与人的连接，也是必要一环。

基于前面我们学习过马斯洛需求原理，除了基本的生理需求外，人们对情感也会有需求，而一个好的场景应该能够调动消费者的情绪，烘托产品与人的情境，从而引发共鸣，更加便于促成消费。根据第一财经发布的消费者研究报告显示，75%的人愿意花钱追求更好的服务和互动体验；近60%的人因为个性化的服务而爱上一个品牌。

厉害的品牌，让人们喜欢的不仅仅是产品本身，而是**产品所处的场景，以及场景中自己浸润的情感**。场景化营销的关键，就是为消费者创造参与感和浸入感，无论是真实场景还是消费者脑海中的虚拟场景，一旦搭建好，都会引发消费者的情感联想。

这些能够调动情绪的场景，大多时候是一种全方面、立体呈现，譬如知乎前不久在线下做了一个"不知道诊所"，搭建了一个场景把线上常见的问答，以广告墙的形式搬到线下的"不知道诊所"，设有各种奇怪好玩儿的问题，如时尚类、美食类甚至吐槽类等，以有趣的形式吸引消费者的目光，进入诊所后才了解知乎不仅仅是高冷的精英知识社群，更是一个开放的、大众化的知识平台，改变了人们对品牌的既有认知。

但有时候，一张海报也能够做到这种效果，只要能够把场景感清晰生动地表达出来。譬如之前谈到的宜家，用一张全家人窝在一张大沙发的海报，就会让你瞬间想要拥有一个沙发，因为比起购买一个沙发，消费者更希望得到的是和家人在一起的闲暇温暖。Gopro运动相机，用不同极限运动中拍摄的景象做成宣传画册，也会激发你想拥有这个产品的强烈感触。

场景营销

那如何从概念落到工作上？我提供两个小技巧：

（1）设想用户场景，进行适时产品匹配。如饿了么在早晨和夜宵时段，主页面推荐的食品就不同，这也算是场景营销。

（2）实操场景营销会和借势营销，事件营销有重合，大家不要过分纠结，以激发用户的购买欲望和以实现商业目标为核心的方法，都可以重叠交互使用。

> 请思考
>
> 最后,请大家思考一下,QQ音乐推出的"不断电能量站"场景营销是如何满足了这讲提到的两个问题?期待你的分享。

077

社群营销：
让粉丝成为市场助推器

上周末，我的闺密群来了一波深夜谈心，我还顺带完成了近三个月以来的第一次购物。事情源于我的一个闺密在群里发了一张裙子的图片，想咨询和男神约会是不是合适。结果大家看过之后都感觉样式和颜色很不错。闺密又说了嘴这是一个留法设计师的品牌，还发了几张他设计的裙子。结果大家都被这个设计师的作品吸引了，纷纷下单，还约好都穿上他设计的裙子去喝下午茶。

相信女生们对这样的场景大多都很熟悉。三五个兴趣相投、价值观一致的好友组建成一个闺密群，时不时在群里互享衣服、鞋子、包包之类的链接。大家如果都喜欢就一起下单购买，俗称"闺密款"。其实这个场景就和我们本讲涉及的社群营销十分类似。

社群营销是在网络社区及社会化媒体基础上发展起来的，是用户连接及交流更为紧密的网络营销方式。想要明白什么是社群营销，我们需要先来了解一下什么是社群。

社群是基于同好、需求、价值观而建立，让成员有参与感、期待、评价、建议的一种组织形态。从被誉为社群元年的2015年开始，社群已经成了连接消费者与品牌的最短路径。可以说："社群，始于网络，成长于社区，流行于QQ，兴盛于微信。"

但是，不是每一个社群都能成为社群营销的载体，想想看，你自己屏蔽过多少微信群和QQ群了？可以说这些社群在你心中就已经是死掉了。如果在这些社群里发布一些产品的信息和广告，不说购买，你可能看都不会看。

由此可见，一个好的、健康的社群是社群营销成功的基础。在这里，我先给大家介绍一下导致社群短命的七宗罪：失焦（社群没有核心主题）、无首（没有群主引导）、群主个性过于强势、骚扰（太多垃圾信息及广告）、缺乏固定的活动模式、蒸发（原先成员认为新成员冲淡了社群的价值，自发退群）、陈旧（社群活跃成员一成不变，没有新鲜血液加入）。

社群短命的七宗罪

从中我们可以总结出，一个积极健康的社群应该是，有明确的核心，群主会进行有效引导，定期分享有价值的干货及内容，成员之间相互建立联系，定期保持更新（无论是对人还是对内容）。

除了拥有一个好的社群做基础，企业还需要依据自己的行业性质来决定是否需要做社群营销。不同的行业，做社群营销的效果也会不同。那么，什么行业适合发展社群营销呢？**需要强信任背书的行业中的品牌会更加需要进行社群营销**。那么有哪些行业是需要强信任背书的呢？我们通常说，购买时需要重决策过程且结果不可逆的行业，譬如医药行业、教育行业、母婴行业等，往往需要强信任背书。如果你在这些行业中，建议将你的顾客组建成一个社群，采取社群营销的方式。

因为社群最大的优势之一是信任。如果社群在前期和成员之间有了足够的交互，成员会对该社群的企业产生信任，成员之间也会进行口碑的传播。在这种情况下,企业的新产品就很容易销售给社群的成员。譬如我们思创客的社群思创营就是如此,用户通过各种渠道进入到思创营中,通过社群日常的运营和社群内小伙伴的口碑对思创客的产品产生了高度的信任,当思创客再次发售新产品时,他们会降低考虑成本,下单购买。思创营的购买量高达70%,原因就在于此。

> **小技巧** 那如何从概念落到工作上?我提供两个小技巧:

(1)社群是有生命周期的,把握好社群的生命周期,才能做出符合生命周期的社群营销。一个社群经历萌芽期、高速成长期、活跃互动期、衰亡期、沉寂期,走完完整生命周期长则几年,短则几个星期。在社群的萌芽和衰亡、沉寂期都不适合做社群营销,因为社群营销的生命周期也是非常短暂的,所以需要不断地建设和维护新的社群组织,并尽可能延长社群生命周期。

(2)在社群营销中需要寻找有号召力的人坐镇和引导,这可以是企业内部的社群运营者,也可以是外部请来的意见领袖,同时还需要一些志愿者烘托气氛,让社群营销更加事半功倍。

> **请思考** 最后,请大家思考一下,你见过最成功的社群营销是哪一个?期待你的分享。

078

跨界营销：
品牌形象变道超车的加速器

2017年，你绝对绕不过去的一个热点话题就是，网易新闻和饿了么携手开了一家快闪店——丧茶。丧茶，被亲切地喻为"从段子里走出来的店"，以其独到的丧文化，带来了空前的排队购买风潮，同时刷爆了朋友圈。

从2017年到2018年，有一款大火的手游，名字叫"初音未来"，不管你是否玩过，我相信你一定听说过。小米手机与《初音未来》这款游戏两次联手，共同推出了限量款的定制手机，在粉丝群内掀起不小的轰动。

这两个都是很典型的跨界营销案例。稍微分析一下我们就会发现，无论是在什么行业，都在跨界营销方面摩拳擦掌、跃跃欲试。那么，这些企业为什么会想着去做跨界营销呢？什么样的品牌适合互相配对、携手跨界呢？本讲就来给大家解答这些问题。

首先我们来看一下什么是跨界营销。跨界营销是指，两个或两个以上的品牌或品类，根据不同的消费者群体之间所拥有的共性和联系，通过融合、渗透，形成合作品牌的立体感和纵深感，进而取得目标消费者的认可和好感，使得跨界合作的品牌都能够得到最大化的营销效果和品牌借力。

通俗来说，跨界营销就是**两个或两个以上的品牌，通过渗透和联合的营销方式，相互赋能，共享和引流用户群**，为消费者提供更深刻的品牌印象，并提升品牌的知名度。所以说，跨界营销最大的作用，是实现营销信息在不同用户群之间自发传播的效果，同时降低了传播费用。与此同时，也可以为消费者提供独特的品牌体验，加深品牌印象。

跨界营销意味着打破传统的思维方式，不同行业的品牌协同作战，实现1+1＞2的效果。然而，并不是所有的品牌都可以顺利"配对"，想要携手跨界，首先双方需要满足一定的要求。

（1）合作的品牌中，至少有一个具有足够的影响力以及良好的**品牌形象，或者具有一个话题引爆型的合作主题**。如果是一群知名度较弱的品牌，做一次没有话题关注的联合跨界，是无法获得民众的眼球和心智的，多半是徒劳无功。

（2）**用户群必须具备相同或相似的特征**。如果两个品牌用户群的特征是不同的，双方有着不同的生活习惯、消费偏好等，那么就无法对对方的品牌产生好感，无法被触动，因此，该跨界营销最终就会以失败告终。

（3）**跨界合作的品牌之间应为不同的行业，不具有市场竞争的关系**。因为跨界营销中的"界"就是行业的意思，所谓"跨界"，就是跨行业。

譬如，在2017年网易云音乐和农夫山泉进行了合作，推出了限量款"音乐瓶"——网易云音乐精选30条用户乐评，印在了4亿瓶农夫山泉的瓶身，让每一瓶水都"自带音乐和故事"。通过此次跨界营销，网易云音乐借助快消品这一行业将自己的品牌调性通过优质UGC迅速传递给大众，而农夫山泉则在本次活动中成功打入年轻消费群体，增加用户黏性和口碑。

（4）**跨界合作的品牌之间应具有互补性，拥有值得互相利用的地方**。合作不单单是功能上的互补，还有用户体验上的互补和用户群体的互补。

当年 iPhone 7 在发布的时候，库克选择和马里奥合作。超级马里奥游戏和苹果都有着庞大的粉丝群体，而且存在不重叠的部分。苹果用马里奥作为噱头，可以使马里奥的粉丝对苹果 iPhone 7 兴趣增加，形成购买冲动，而马里奥也在苹果粉丝中获得了大量的玩家。对不同品牌间的粉丝进行挖掘，对其不重合部分进行精准定向营销，用户沉淀转化，互相补充，实现双赢。

综合这四点，我们可以说，跨界营销成功的前提就是要找对玩家。希望通过这四点，可以帮助我们学会挑选合适的玩家，共同策划一场成功的跨界营销。

跨界营销四个条件

那如何从概念落到工作上？我提供两个小技巧：

（1）**跨界营销不是为了走捷径，而是整合双方的优势资源，互相赋能。** 因此，在设计营销活动之前，一定要充分了解自身以及对方的优势，思考如何通过活动将各自的优势发挥出来。

（2）跨界营销有两种方式：小傍大——小品牌为了借助大品牌的流量，依靠大品牌进行联合跨界；龙傍凤——两个旗鼓相当的大品牌互相赋能，进行跨界营销。如果你是一个小品牌，一定要找一个大品牌共同跨界，最好避免找一个小品牌进行跨界，除非有特别亮眼的主题。

> **请思考**
>
> 最后,请大家思考一下,掌握核心科技的民族品牌格力和谁跨界最有意思?期待你的分享。

079

饥饿营销：
提升品牌附加价值、形成品牌溢价

提到饥饿营销，大家的第一反应是哪个品牌？我问过我身边的同事们，大家的第一反应都是小米手机。2012年小米手机最早发布时，顾客想要购买小米手机，需要先预约才能购买，或限时抢购，抢购的场面简直堪比春运，让很多手机品牌艳羡不已。

本讲就来学习饥饿营销的定义和底层运作原理，以及产生饥饿营销的三种实操法则，希望对大家有所帮助。

我们先来看一下百度百科对饥饿营销的定义：商品提供者有意调低产量，以期达到调控供求关系、制造供不应求的"假象"、维持商品较高售价和利润率的目的。

但实际上，饥饿营销的最终目的并不是提高售价或者利润，而是为了提升品牌的附加价值，进而形成品牌溢价。商家如果在饥饿营销中是以提高售价为最终目的，或许前期用户出于猎奇、从众、攀比等心理会出现暂时性的繁荣，但这种虚假繁荣过后必定是人走茶凉。如果不慎将消费者"饿过了头"，反倒会面临着将消费者推入竞争对手怀中、被冠以差评等危险。只有抱着以**提升品牌的附加价值为目的饥饿营销**，最终才能在提升品牌溢价的同时，又维护了品牌形象。

饥饿营销真正的底层原理是边际效应价值论。

边际效用的定义是指，某种物品的消费量每增加一单位所增加的满足程度。结合经济学中的需求法则就是，用户购买或使用的商品数量越多，其愿为单位商品支付的成本越低。

通俗点来说就是，"越多越不值钱"这个道理。企业为了避免这类情况，就采取减少供应量的方法，来提高商品在消费者心中的价值感。要知道，自古以来就有"求之不得，寤寐思服"的说法，那么想要做好饥饿营销，最重要的环节是设置"饿点"，用户求而不得才会更上瘾。实际上，"饿点"有三种不同的类型，分别对应着饥饿营销的三个不同层次。这三个层次分别是：

（1）稀缺感强于充足感，"饿点"即为"一直稀缺"；

（2）产品由充足变成稀缺强于产品一直稀缺，"饿点"即为"由多变少"；

（3）让顾客感受得而复失强于让顾客从未得到，"饿点"即为"争夺获取"。

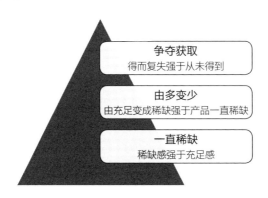

饥饿营销的三个层次

由这三个层次关系我们可以看出，**饥饿营销的最高手法是让顾客感受得而复失，只能依靠"争夺获取"**；如果不争夺、出手不及时，就无法获得。

比如ZARA正是利用了这样的规律。ZARA限制每件产品的数量，并一周更新一次店内的产品。ZARA希望给顾客营造一种"这次不买，下次就见不到它"的稀缺感，让顾客看到喜欢的产品就直接购买下来，和其他消费者"争夺"这件产品。

最基础的手法是通过减少产品数量，来制造稀缺感。比如爱马仕的铂金包和凯莉包，就是通过一直营造稀缺感唤起消费者的渴望。消费者为了购买这款产品，需要预约在waiting list中，有时一等就是三五年。但消费者并没有因此减少对这款产品的欲望，甚至流传出这样一句话："如果你没在waiting list中等待过，你就不是一个合格的购买者。"

还有一种是"由多变少"饿点，会强于一直稀缺的饿点。由多变少是指，让用户前期体会到产品，当他们被产品所吸引的时候，再一点点减少，唤起用户"失去"的恐慌。譬如日本有一家开了46年的专卖羊羹和中饼的店，叫作小笹，这里每天只卖150个点心，且每位顾客限购5个。对此商家给出的解释是，一锅3公斤小豆只能做50个点心，为了保证味道，每日不能超过3锅，越早的锅可能口感越好，在这样的"规则"之下，每天都有很多消费者一大早来排队购买。

总结一下，在这三个层级中，层级越高，进行饥饿营销的效果会越好。**让消费者通过产生"争夺"才能获取，从而产生上瘾的情绪，是饥饿营销的最高境界**。采取营造稀缺感来进行饥饿营销时，一定要注意控制好度，因为长时间触碰不到产品，消费者很有可能产生放弃的念头，转向其他品牌，同时在过程中也要强调品牌理念，维护品牌形象，才不会让消费者产生反感情绪。

小技巧 那如何从概念落到工作上？我提供两个小技巧：

（1）并不是所有品牌都适合饥饿营销。一般来说，市场不饱和、竞争不激烈的商品更适合饥饿营销，同时能激发人们好奇、从众、攀比的商品也比较适合饥饿营销。

（2）不同人格的品牌使用饥饿营销的效果也会不同。譬如颠覆者、创造者、探险家等人格的品牌进行饥饿营销，效果就会好过于寻常人、关怀者等人格的品牌。

请思考

最后，请大家思考一下，你对哪一个品牌的饥饿营销印象最深刻呢？期待你的分享。

080

新媒体营销：
做好内容和社交两种营销是关键

本讲是我们实操这部分的最后一讲，选取了互联网时代最常见、形式最广泛的新媒体营销作为本讲的主题。

新媒体营销和事件营销类似，是一个泛概念，是把新媒体作为主要渠道的营销方式。 可以把新媒体类比为一扇"任意门"，打开门后，我们可以策划事件，也可以搭建场景，还可以热点借势，只不过都是借助新媒体这个渠道载体。

在本书前面，我们已经把"新媒体"作为基本词汇进行了学习，本质来看新媒体仍是一种媒介，承担着从信息源向特定接收者传递内容这项功能，增加了互动交流，**因此新媒体的"媒体"和"互动"属性，使得这种营销方式天然对"内容"和"社交"有偏好，内容和社交也就成了判定新媒体营销是否成功的两个关键点。**

本讲就重点分享，偏内容属性的新媒体营销和偏社交属性的新媒体营销重点操作方法，考虑到新媒体营销可以有很多单独的操作方案，难以穷尽，本次会着重分享通用准则。

1. 偏内容属性

因为自带媒体属性，新媒体营销无法剥离内容单独存在。**在这**

个类别中，我们需要先基于品牌确定内容的风格，再提炼消费者需求生成创意想法，最后敲定适合的展现形式，产出可执行的规划。总结就是三步走：

（1）定风格：作为驱动营销效果的主要力量，内容需要与品牌调性相吻合，不同的品牌调性针对同一内容能够产生不同强度的驱动力。比如要传播女性独立自主，两个受众都面对女性的品牌 Nike 女子运动和大姨妈 App，谁讲出来更有说服力？大概是 Nike 女子运动，因为它的品牌人格就是英雄，调性也是强调坚持奋斗积极向上，而大姨妈的人格是关怀者，更强调温暖守护的感觉。不同人格决定不同调性，不同调性决定不同内容风格。

我们在第 16 讲中介绍了品牌的 12 种人格，大家可以复习一下，因为只有产出和品牌人格调性相符的内容风格才能激发最大的驱动力。

（2）满足需求：消费者永远会主动去寻找点击自己喜欢和感兴趣的内容，而不会去接收那些自己不喜欢和不感兴趣的内容，就算看到了也会视而不见。想要吸引用户眼球就要了解你的用户有哪些需求要满足，这一点新媒体营销比传统媒体营销占优势的点，就是可以通过用户数据及时地调整内容风格和表达形式。比如微信大 V 等，利用用户阅读数据，摸索出标题的起法、文章内容的逻辑形式、排版样式等。这些细化的套路，大家可以在思创客品牌说微信公众号进行查找。

（3）友好展示：如何友好地向消费者展现内容，这一点可以简单地理解为用户感受要好。衡量感受有很多标准，比如易操作，如果一个 H5 流程复杂，显然就不如只用一张图展示的效果；比如易理解，有的内容用图片就比文字直观；比如易记忆，亲身参与的 H5 就比文字更容易记住等，大家依照具体情况分析即可。在卖货为目标的情况下，直接用图文形式展现利益刺激点，就会更容易被用户接受，在宣传品牌形象为目标的情况下，互动性的 H5，视听感的短片，也会因为更容易被记忆和感动变得较为有效。

偏内容属性的新媒体营销，先基于品牌确定内容的风格，再提炼消费者需求生成创意想法，最后敲定适合的展现形式，策划一场成功的新媒体营销。

2. 偏社交属性

新媒体就是一个信息的流动场，企业看重新媒体营销很重要的原因就是它的分享和传播功能，此时如何让人们"刷屏"就成为营销攻克的重点，落到解决方案上就是2个步骤。

（1）把你传播的信息变为人们社交分享的原料：在第53讲中我们学习的STEPPS模型就非常适用。把品牌要传播的信息与"社交货币、诱因、情绪、公共性、实用价值和故事"相结合，就能制造疯传的效果。比如前不久网易云音乐又一刷屏力作H5《你的荣格心理原型》，挑起消费者的好奇情绪，收获自己的人格分析，分享出去还能获得社交话题与朋友交流，还有实用价值，这些都符合了STEPPS模型。

（2）激发用户做出为营销或品牌目标服务的行为：在服务品牌目标的情况下，往往"刷屏"就能达到效果，比如《你的荣格心理原型》目的就是为了推广网易云音乐和第五人格游戏品牌，需要服务营销目标时，就需要添加促进用户变现的动作。大家可以回顾本书的第64讲中提到AARRR用户增长模型，为大家提供了不少刺激用户增长的方式方法，结合起来学习效果会更好。

偏社交属性的新媒体营销需要制造刷屏效果，我们需要花费心力让传递的信息成为消费者主动分享的原料，通过满足需求，获得价值的方式激发他们做出为我们目标服务的动作。

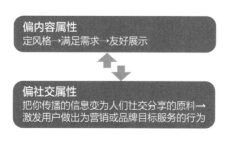

新媒体营销

> **小技巧** 那如何从概念落到工作上？我提供两个小技巧：

（1）新媒体营销，还需要关注运营效果，譬如做营销活动时，需要注意不要为了互动"过度麻烦用户"而导致粉丝流失。

（2）企业在进行营销活动时要仔细挑选细化的渠道。微信微博重社交，头条抖音等重内容，我们需要基于渠道特征和渠道受众来进行选择，以此实现更好的传播效果。

> **请思考**
>
> 最后，请大家思考一下，你以前运用过哪种文中提到的新媒体营销技巧？期待你的分享。

PART 4
第四部分

高频词汇
互联网时代,如何
玩转变化中的品牌营销?

081

SEO、SEM：
移动互联网时代常用常新的武器

一个朋友最近向我诉苦，说公司运营部最近新招了一个小伙伴，工作能力挺强的，很有悟性，但就是"半路出家"，对一些专业术语搞不清楚。譬如对 SEO、SEM 这两个词就死活分不清，问了一圈人，把大家都搞晕了，也没弄明白。

作为职场人，如果基础概念不清楚的话，就算不涉及实操，也可能在沟通中遇到阻碍。本讲我们就来看看到底什么是 SEO，什么又是 SEM，这两个概念之间有什么不同以及二者的应用方法。

根据最新的《百度搜索引擎优化指南 2.0》，我们可以直接了解到"SEO"的官方含义："SEO 是搜索引擎优化（Search Engine Optimization）的简写，是为了提升网页在搜索引擎自然搜索结果中的收录数量以及在搜索引擎排序位置而做的一种优化行为，终极目的是让网站获得更多的流量和更好的排名。"

SEM 的官方定义是："SEM 是搜索引擎营销（Search Engine Marketing）的简写，是一种网络营销的模式，其目的在于推广网站，增加知名度，通过搜索引擎返回的结果，来获得更好的销售或者推广渠道。"

将 SEO 和 SEM 放在一起来看的话，SEO 是一种对搜索结果的优化行为，SEM 则是一种基于搜索结果的营销模式。

SEO	SEM
• 提升网页在搜索引擎自然搜索结果中的收录数量，以及在搜索引擎的排序位置而做的一种优化行为 • 目的是让网站获得更多的流量和更好的排名	• 一种网络营销的模式 • 目的在于推广网站，增加知名度，通过搜索引擎返回的结果，来获得更好的销售或者推广渠道

SEO 与 SEM 比较

那么，这两者各有什么优缺点呢？

SEO 最主要的优点就像"滚雪球"：一开始会比较困难，效果呈现较为缓慢；但是效果会慢慢呈现指数型增长，就如同雪球一样，可以自我成长，越滚越大。但缺点就是见效时间长。通常来说，需要至少 6 个月的时间才能见到效果；此外，由于是企业自身的信息展示，因此具有不稳定性，展示的效果也无法得到保证。

相比之下，SEM 的优点就是见效快、稳定，且能够精准投放。钱投进去，很快就能看到效果，各项衡量指标会立刻增长，企业想要展示的信息和效果也能够得以保障。但缺点就是一旦停止资金的投入，效果也随即停止。另外，SEM 的投放范围也受到限制。有大量研究表明，至少 70% 以上的点击来自 SEO 自然排名。

了解了 SEO、SEM 各自的优缺点以后，我们来看下 SEO 和 SEM 各有什么玩法。

互联网时代的 SEO 需要注意提供给用户一个好的体验。这个道理很好理解，搜索引擎上有那么多的玩家，你凭什么让用户收藏你的网址呢？答案就是提供给用户一个好的体验。设计好的用户体验有很多方法，但内容一定是核心；此外，还要有足够多的外部链接，比如通过论坛、网站、百度知道、贴吧、QQ 空间等发布外链。让用户找得见你，能被你的内容吸引，就能够达到SEO的基本要求了。

反观SEM，强调的是精准营销，追求曝光率，针对的是交易性搜索查询。因此，SEM需注重销售导向，在广告内尽可能激励用户产生购买行为，譬如使用一些提示词、激励词、建立奖励机制等。除此之外，做SEM之前需要找准企业的目标用户，包括潜在用户。这就要求企业为保证SEM的效果，需要提前进行大量用户调研，找准用户画像。

那如何从概念落到工作上？我提供两个小技巧：

（1）SEO进行优化时，有一些操作原则，譬如内部优化中有关键词优先展示原则、主推词一致原则等；外部优化有外链相关性原则、外链多样化原则等。大家在进行网页优化时需要注意一下。

（2）SEO靠的是耐心细致，而SEM靠的是身经百战。当然，SEM的效果更显著，而SEO则是侧重于长远发展。如果企业想要的是快速增长，扩大知名度，那么采取SEM是更为合适的方法；但如果企业注重的是"慢工出细活"，那么雕琢SEO则是更为有效的方法。

最后，请大家思考一下，你所做的SEO、SEM工作是否充分利用了它们的优点？期待你的分享。

去中心化：
区块链环境下品牌营销的三个猜想

近来大火的区块链，本质上就是一个以去中心化和透明度为主导的世界。本讲我们谈论的主题"去中心化"，其实就是想和大家聊一聊，如果区块链技术像互联网技术般彻底改造了人类社会，我们的品牌和营销工作又将何去何从？

在互联网时代，一切以效率为先，头部玩家拿走了头部流量，头部资源决定了头部玩法，如果不在百度上做好 SEO 和 SEM，如果不在微博和微信上建立好严密的矩阵模型，如果不在第一火爆的流量平台上抢占窗口，一切现有的情况都可能被改写。

可以说互联网解决的是效率问题，以集中优势带动效率增长，那么区块链解决的就是公平问题，以去中心化普及全民平等。

以太坊创始人 Vitalik Buterin，曾经给出了去中心化存在的三种形态及判断标准。

（1）**架构层**：在物理世界里，一个系统由多少台计算机组成？在这个系统运行的过程中，可以忍受多少台计算机的崩溃而系统依然不受影响？

（2）**政治层**：有多少个人或者组织，对组成系统的计算机拥有最终的控制权？

（3）**逻辑层**：从这个系统所设计的接口和数据结构来看，它更像一台完整的单一设备，还是更像一个由无数单位组成的集群？

从新兴市场举例来看，很明显共享单车市场是一个中心化的市场，能解决需求的只有少数几家，如 ofo 或者摩拜等企业掌握巨大的单车供应量。那共享汽车市场呢？这其实是一个去中心化市场，因为解决需求的汽车是私人提供的，每个私家车主都拥有控制权，拥有"对组成该系统的计算机"即汽车的控制权，不会因为没了滴滴或者某个司机今天不接单而对整个打车市场产生影响。就算有一天滴滴这个平台消失，还会有其他类似公司站起来。

可以预想，在一个区块链的世界里，未来会有可能，彻底颠覆企业的运作模式，更会彻底颠覆企业的品牌和营销的一些套路和玩法，这里就有几点网络搜集上来的猜想，看看你认为哪一个更有可能？

1. 自成平台，直接营销更高效

区块链平台是一种扁平化的等级制度。技术核心在于打造去中心化，这势必会对长久以来形成的中心化管理模式造成冲击。借助区块链，企业可以直接越过像 Google、Facebook 这样的巨无霸营销网络，自己变成一个超级平台。

譬如美国的 Brave 浏览器为了消除媒体和用户中间的多重利益压榨，就开创了一种新的商业模式，屏蔽了网页上的原生广告和用户追踪行为这种常见的收费模式，让用户可以通过比特币去赞赏自己喜欢的网站和内容生产者，直接产生营销效果。

2. 和虚假广告说 Bye Bye

区块链技术的兴起，为打击虚假流量和广告欺诈提供了解决方案。具体来说,通过使用区块链技术开发数字广告生态,广告买卖双方无须彼此信任,因为所有的交易和广告推广活动数据都记录和存储在分布式账本中,所有相关方都可以看到。即参与到区块链广告生态的广告平台可以更好地完善其用户定位算法,投放更能够让用户接受的广告内容;广告主可以用更小的代价更精准和快速地获取用户,从而避免一些无效的投放。媒体则能够因为更高质量的广告而减少对于用户的打扰和不适;而用户也可以知道他们的行为将会帮助广告平台更好地投放适合他们的广告,进而从中得到对应的激励,可谓是一举多得。

3. 归因更透明,考核更精准

效果难以量化一直是营销工作的困扰,还记得我们之前学过的归因模型吗?虽然提供了几个不同的模型,但作为一个重要却复杂的难题,依然没有得到很好的量化解决方案。基于区块链的分布式记账技术,投放广告时可基于受众在区块链上的数据做本地机器学习和推荐,渠道贡献完全透明量化,归因也就能相对客观,媒体也能有更透明的收益分成。

书读到此时,你会发现去中心化的现象已经催生了很多品牌和营销领域的新词汇,比如 KOL、社群营销、裂变、网红经济、IP,这些都与去中心化有着联系,在大的环境下,没有一个概念是遗世独立的,这也就要求我们看问题要更全面更系统。

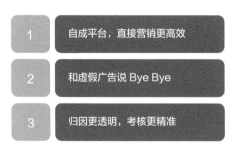

去中心化的品牌营销猜想

那如何从概念落到工作上？我提供两个小技巧：

（1）无论时代如何变迁，品牌和营销的底层逻辑不会改变，对新领域、新概念的理解，要回归发源地，这样才能确保平移到品牌和营销更好地对症下药。

（2）去中心化时代下更强调对内容的掌握能力以及对用户的理解能力，越拥有底层能力的人越具有竞争实力。

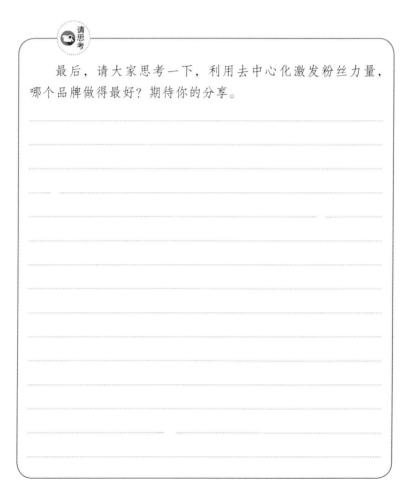

最后，请大家思考一下，利用去中心化激发粉丝力量，哪个品牌做得最好？期待你的分享。

083

长尾理论：
发掘 80% 流量的潜在价值

本讲我们学习的主题是一个大家可能都熟悉的理论——长尾理论。长尾理论源自 2004 年美国《连线》杂志主编克里斯·安德森（Chris Anderson）的一篇文章，他在文章中第一次提到了"长尾（Long Tail）"这个概念。

这个理论认为，商业和文化的未来不在于热门产品，不在于传统需求曲线的头部（就是需求量大、收益大的部分），而在于需求曲线中那条无穷长的尾巴（也就是看似没有那么多需求和收益的部分）。"长尾效应"的意义在于"将所有不流行的市场累加起来，就会形成一个比流行市场还大的市场"。

最典型的例子就是淘宝。在淘宝上，知名品牌的商家并不会给淘宝贡献多少利润，反倒是小商家贡献了主要的交易额。我们这里提到的小商家就是指那些知名度不是很高、企业体量不是很大的"个体户"，他们对于顾客需求简直是无孔不入。你想要买任何东西，基本上在淘宝都能找得到。这些小商家的成功，正是体现并验证了长尾理论的正确之处。

本讲我们的重点就是站在品牌营销的角度，来看一看长尾理论的相关内容，以及长尾理论在市场营销中是如何发挥作用的。

"长尾理论"打破了营销行业一直奉行的"二八定律"。二八定律是在 19 世纪末 20 世纪初由意大利经济学家帕累托发现的一个定律,它认为,"在任何一组东西中,最重要的只占其中一小部分,约 20%,其余 80% 尽管是多数,却是次要的,因此又称二八定律。"

这个定律强调的是企业要把握好核心用户的需求,努力提高核心顾客对于品牌的忠诚度,就能维持品牌的正常运转。而长尾理论则提醒企业要注意 80% 剩余的人,把握住他们的需求,同样可以创造巨大的价值。

随着消费升级的进一步提升,个性化的消费趋势出现,大众市场不再一统天下,小而美的产品受到越来越多的关注,可以说互联网的出现使得 99% 的商品都有机会进行销售,市场曲线中那条长长的尾部也可以成为新的利润增长点。

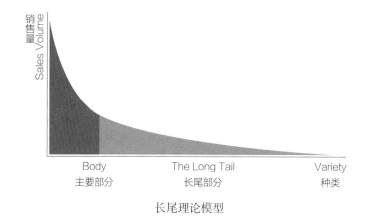

长尾理论模型

因此,品牌必须注重消费者的独特诉求,洞察更加精细化,对长尾理论中"尾部"的少部分需求予以更多重视。

需要注意的是,长尾理论并不是要企业放弃原先的主流产品,而是对它们进行一种补充。那么,如何利用长尾理论助力营销呢?我给大家推荐以下三个方法:生产满足消费者多样化需求的产品;依托或建立强大的销售渠道;将消费者的需求有意向长尾引导。

1. 生产满足消费者多样化需求的产品

我们知道，所有的营销都是基于产品或者服务产生的。**因此，企业想要获得更大的销售额，就需要深潜消费者，进行调研，找到能够满足消费者多样化需求的产品进行销售**。比如小红书就是如此。化妆品行业有数不胜数的商场、平台可供选择，但是这些商场没有考虑到女性消费者有可能并不知道要如何选择化妆品。小红书特设"笔记分享"这一功能，网罗更多小众品牌，满足消费者对化妆品的多样化需求，比如粉刺、敏感性肌肤等要如何选择护肤品。因此，小红书就大获成功，成为女性购物必不可少的一款App。

2. 依托或建立强大的渠道

有了产品，还需要有"门路"将产品推出去。**甚至可以说，相比于普通产品的营销，长尾理论对于渠道的要求更加严格**。请大家想想，本身就是满足小众需求的产品，目标客群相对较小，再不吆喝得洪亮一些、铺货不广泛一些，消费者如何才能找到你呢？最快捷的方式就是建立强大的渠道，以流量带流量。比如抖音，从默默无闻到突然爆红，除去产品本身的特色，还有很强的明星渠道来带动知名度。岳云鹏在微博发布带有抖音logo的趣味视频，引发众人关注；接着，明星们接二连三进行尝试，就带动了更多的流量，也让抖音逐渐开拓了更多的渠道。

3. 将消费者的需求有意向长尾引导

乔布斯曾有句名言："消费者不知道他们自己想要什么，我们的工作就是告诉他们，他们需要什么。"除去最基本的生理需求，其他较高层次的需求是可以人为创造的。**因此，企业可以通过刻意引导，创造长尾需求**。比如小罐茶就是如此。提到喝茶，很多人直观就是老年人手持一个大茶杯，一边遛鸟一边喝两口；又或者是在商务宴请中，大家一边讨论生意一边喝几杯。但小罐茶就改变了这种现状，将饮茶文化打造成一种时尚、有品位的事情,引导相对年轻一些的人产生饮茶需求,把市场做大。

那如何从概念落到工作上?我提供两个小技巧:

(1)让用户参与生产。定制化的生产最能体现长尾经济的优势,很多厂商追随小米搞起了粉丝经济,通过参与化定制,调动消费者的热情和忠诚度。

(2)实施多品牌策略,研发不同的产品满足消费者的不同需求,是实现品牌长尾化的一种有效方法。

最后,请大家思考一下,除了我们讲到的案例,还有哪些依靠长尾理论崛起的品牌?期待你的分享。

084

UGC、PGC：
大众点评、知乎、小红书成功秘诀

前两天跟同事们去团建，HR 小姐姐第一时间就掏出手机，兴高采烈地说："我要看看大众点评上哪家餐厅最火。"

最近身体不好，微信问闺密有没有好的保健品推荐，她说了一款之后还补了一句："你可以去小红书看看。"

和市场部同事开会聊到一个新话题，马上就有一个同事说："快上知乎，看看有没有大 V 在跟这个热点。"

我上面提到的这三个真实发生的小故事，就是本讲要分享的主题：UGC 和 PGC。

UGC（User-Generated Content，用户生产内容），通俗地讲，是用户来提供内容，比如常用的知乎、贴吧、论坛等产品，它们的主要内容都是靠用户自己生产内容自己消费。

PGC（Professionally-generated Content，专业生产内容），一般是行业专家、学术界人士等具有社会公信力的人提供内容。比如知识付费平台喜马拉雅、馒头商学院等，正是有了不同行业的专家，才能为平台带来大量的用户和关注。

UGC 和 PGC 的运营在很多以内容为主的公司里，经常被讨论和运用，比如微博、知乎这种平台型公司，也比如 Keep、小红书这类内容运营占很大比重的互联网公司。

在品牌营销领域，UGC 和 PGC 经常会作为方式手段嵌入到具体的工作中，比如举办一场用户参与的比赛、进行一次身边趣事的征集。为了更有体系地认知 UGC 和 PGC，本讲我们会从 **1 个认知入手，和大家讲述 2 个典型应用场景，以及分享执行中的 3 个关键步骤。**

首先要明确 1 个认知，即**自己的品牌适不适合运用 UGC 和 PGC，是更适合 UGC 还是更适合 PGC**。这里判断依托的是品牌战略中的人设是谁。

我们在前面学习了品牌的 12 种人格模型，分了 4 种类别：稳定、独立、掌控和从属。**独立和掌控类别更适合 PGC，从属更适合 UGC，而稳定类别则没有太大的偏好。**

譬如 Facebook 属于从属类别下平常人形象，它主要就是基于 UGC 产出内容；Nike 是掌控类别下的英雄，它在广告中也总会寻找专业级人士来证言；美国探索频道是独立类别下的探险家，它的内容主要风格就是依靠专业力量进行权威解读。

明确品牌对 UGC 和 PGC 的倾向后，**品牌营销工作板块上有 2 个常见的嵌入应用场景：一个是营销活动的嵌入环节，另一个是新媒体窗口的特定栏目。**

1. 营销活动的嵌入环节

一场专业知识的直播，一次微博话题的打造，一场有奖征集，又或者是邀请用户参与到某款产品的创作中，这些都是在营销活动中嵌入了 UGC 和 PGC 内容。现在新兴的弹幕也是 UGC 的一种，比如今年七夕，杜蕾斯发布视频，让用户利用弹幕进行表白。

在线英语教育品牌 VIPKID 在 UGC 和 PGC 的运用上堪称典范，去年儿童节期间它征集用户对孩子的祝福，并投放在户外广告大屏上循环滚动播放，掀起了一波小浪潮，这就属于 UGC 部分。而在 PGC 部分，VIPKID 也经常邀请少儿各个领域的专家，进行知识分享，也取得了不错的效果。

2. 新媒体窗口的特定栏目

在新媒体内容中，UGC 可以增加用户互动性，加强参与感，PGC 能增加对品牌的信任感，并给予用户价值。因此许多企业会在新媒体等渠道专门设置一个栏目，用于分享 UGC 和 PGC 的内容。

不少自媒体账号，它们会经常鼓励用户在后台进行留言，把这些留言总结提炼之后会再作为内容发布出来，新世相的树洞栏目，东七门一元出租刘可乐，都属于这样的 UGC 内容，往往也会更贴近用户，更容易产生共鸣。

比如我们思创客的社群思创营周三会邀请大咖来免费做分享，有用户增长方面的，也有品牌视觉方面的，这就是通过 PGC 方式来增加用户对思创营专业度的背书。

不论是 UGC 还是 PGC，具体执行中，都有三个关键步骤：指好方向造好势；立好标杆给福利；作用品牌提转化。

首先，指好方向造好势。品牌产出的官方内容，一定是遵循品牌管理原则的，但是 UGC 具有一定自由度，甚至可能给品牌带来负面影响，所以用户产出内容时，品牌一定要指好方向，说什么话题，围绕哪个点延展，讨论的领域是什么，内容的展现形式是否有要求等，都需要前期明确好。

比如 MONO 猫弄，是一款内容文化社区 App，有一个专门的栏目是 MONO 勃艮第，会在前期给出一张图片，鼓励用户根据图片配上相符的文字，谁获得点赞最多便可作为正式内容发布在栏目上。

其次，立好标杆给福利。我们拉来的用户，可能并不擅长表达，这时就需要标杆的作用了。品牌要到一定数量的标杆用户，输出相对较高质量的内容，注意标杆用户不一定要是大咖，只要让观望者们看到其他用户在持续参与且产出内容，就会造成一种正向循环，再辅以福利刺激，就会整体带动内容创造的氛围了。

最后，作用品牌提转化率。这点是需要谨记于心的准则。在内容或环节的设置上，不要忘记是为品牌助力。因此在内容上要有一定的设计，譬如输出的内容侧重对产品的好评、用户对品牌的感情、品牌带给用户的改善等方面。此外，UGC 容易激发共鸣，PGC 的内容更能提供价值，不同的倾向也会在促进转化率上有一定的帮助。

UGC 和 PGC 操作技巧

那如何从概念落到工作上？我提供两个小技巧：

（1）UGC 内容尽量选取大众知晓度高的，参与门槛低的，而 PGC 则偏向知晓度低的，参与门槛高的，这样更有助于用户感知到差异和各自的好处。

（2）对于就职于偏重内容类公司的读者，可以查看三节课联合创始人黄有璨撰写的《内容的运营：从内容"调性"的落地到 UGC 生态的搭建》，文中的内容与我总结的三步可以结合理解。

最后，请大家思考一下，基于本讲内容，你的企业是更适合 UGC 还是更适合 PGC？如果已经有相应的工作，是否能够优化？期待你的分享。

085

流量思维：
搞定用户拉新和转化

大家有没有注意到这样的细节：很多超市，如果它有 2 层楼，入口一般在 2 层；如果有 3 层楼，入口则十有八九在 3 层；而它们的出口，不出意外，一定会在 1 层。超市商品的摆放也是十分有讲究的。一般来说，真正销量大的商品，诸如食品、洗化用品等，都在商场的里面。这样做的目的显而易见，就是想让你在超市中多停留。停留越久，留意的商品也就越多，购买概率也就越大。

这种特别的设计，将顾客尽可能多地吸引到更多的商品前面，是为这些商品增加客流量的做法，其实和今天互联网企业大热的概念"流量获取"并没有本质区别，一切有可能产生消费的用户群都是各个企业梦寐以求的流量。

只不过在不同的时代里，想要吸引不同的流量也需要不同的思维方式，本讲我们就聊一聊"流量思维"是如何在品牌和营销工作中发挥作用的。

流量思维，目前为止还没有一个明确的官方定义，甚至你在百度百科、MBA 智库等网站都查不到它的定义。但我们可以这样理解它："流量思维是指使用大面积、多渠道的拉新手法，引来大量新客户源的做法的指导思维。"在过去，流量是指实体店的客流量；在互联网时代，流量意味着每天访问网站或平台的人数。

无论是传统行业还是互联网行业，都是早期发展阶段，获取流量相对容易一些。譬如商业街上就你这一家店营业，App store 上就你这个 App 能下载，自然而然获取流量的成本比较低。但随着竞争的激烈化，流量获取变得越来越难，越来越贵。举个例子，百度在 2015 年仅广告营收一项就达到 640 亿元，接近 2012 年广告营收的三倍；再譬如，如今一篇大 V 写的软文，普遍 5 万～10 万元起价，一些超 V 账号，合作价格已超 70 万元，之前不过是几千而已。这背后都是企业主在承担着更为昂贵的流量获取费用。

这个现象，引发了"流量思维已经过时"这一说法。**但我的观点是"只要商业的本质还是增长，流量思维就永远不会过时"，但是会不断更新迭代。**譬如最近瑞幸咖啡的 CMO 杨飞提出流量池思维，就是流量思维的迭代。它指的是，获取流量后，通过流量的存续运营，再获得更多的流量，也就是所谓的"用存量找增量"。

那么企业该如何储备流量池并不断获得流量呢？**这里指出一个强观点，就是"品牌是最稳定的流量池"，通过建立品牌来实现获取流量。**这一点要如何理解呢？因为品牌具有差异化的特征，譬如有自己独特的理念、使命、愿景和价值观，通常来说，被这些品牌特质所打动的用户，品牌忠诚度也会相对较高，流量得以留存和转化。**之所以说品牌是最稳定的流量池，是因为知名度高的品牌会自带流量。**譬如早期淘宝上都是淘品牌比较火爆，但是耐克、优衣库进入后就很快抢占了第一位，可见高知名度的品牌是自带流量光环的。

说了这么多，企业要如何通过品牌来获取流量呢？

在线下，更多是借助门店及营销事件完成。比如门店选在人口流量大的路口、商场等；在店面设计上，采取明亮、易于识别的色调，比如粉色、橘色等饱和度高的色调的识别度就会高于白色；在装修上可以采取一些能够凸显品牌调性的设计，比如童装的店面就可以采用玩偶、气球等装饰吸引消费者注意力，又或者是直接通过营销事件来吸引流量，周年庆、大促销、明星签售、路演活动等都是常见吸引流量的手段。

在线上，更多是通过广告、官网、微信、网站导航、搜索引擎、各类应用市场等平台来吸引流量。如果想达成流量的留存与转化，具体可通过 AARRR 模型来进行设计。AARRR 模型我们在前面已经为大家分享过，大家可以复习一下相关知识点。

另外，还有一些小技巧可以帮助企业快速吸引流量，将流量留存与变现——进行流量裂变、与大 IP 合作、进行内容营销。具体的操作方法有：

（1）**流量裂变**：也就是以存量找增量，和高频流量入口合作，譬如拼多多借助微信这个大流量入口进行流量裂变，同时分销机制也能带来不错的流量裂变。

（2）**与大 IP 合作**：也就是以流量带流量，通过和 IP、KOL 进行跨界营销，相互引流，增加自身流量。具体跨界营销的相关知识点我们前面也有涉及，别忘记及时复习哦。

（3）**进行内容营销**：内容做好了，很容易产生病毒式的传播现象。有了病毒式传播，就有了流量，也是将流量进行留存与转化的第一步。关于如何打造优质内容，引发病毒式传播，需要用到 STEPPS 模型，记得及时巩固学习，才能将所学知识变成工作技巧。

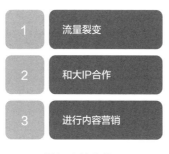

增加流量小技巧

🔵小技巧 那如何从概念落到工作上？我提供两个小技巧：

（1）运用"传统广告四件套"：强化客服电话，放置二维码，推荐关注微信，给出百度搜索关键词。组合运用这四点来提升转化，是非常实用且有效的方法。

（2）流量池思维的四字箴言——"急功近利"。"急功"是要快速建立品牌，打响知名度，切入市场，获得流量；"近利"是在获得流量的同时，快速转化成销量，带来实际的效果。这也是《流量池》中的重要思想。

🔵请思考

最后，请大家思考一下，如何运用流量池思维，来给你所在的企业储备流量？期待你的分享。

086

网红经济：
可被企业借鉴的 2 种方法

雪梨前不久嫁人生子登上了微博热搜，比起她的美貌，更让人记忆深刻的是她的淘宝事业，最辉煌时将近 20 亿的销售额，要知道作为互联网新锐电商的代表——小红书，销售额才不到 10 亿。更让人艳羡的是，这将近 20 亿销售额的库存周期只有短短 15 天，15 天是什么概念？全世界最厉害的 ZARA、H&M 才可以做到 15 天。

本讲我们就来聊一聊"网红经济"这个话题，可能无法让大家读完之后就在 15 天赚到 20 亿，但至少能让大家系统地了解下网红经济的含义，以及如何利用网红经济助力我们的品牌营销工作。

以往一提到网红，就是雪梨这样的网红带货美女，但如今网红的定义被不断扩充，公知份子、创业者，甚至是快闪店这种形式，都可以被称为网红，而且赚钱能力一点不亚于之前的网红美女们。譬如知识网红薛教授的《薛兆丰的北大经济学课》，一门课的营收接近 5000 万。

既然网红如此赚钱，作为一家企业要怎么从网红经济中获取利益？

通过研究发现，网红进化的节奏和媒体环境的变化是一致的，主要有三个发展阶段，把握好之后就能够找到网红经济的节奏感：

1.0 阶段，纸媒为主的时代。网络红人通过文字传播自我，吸引关注，代表人物有宁财神和安妮宝贝等。

2.0 阶段，网络信息呈现具有图片形式。红人们不止传递信息内容，还向大众展示自我，或是传递价值观。代表人物是芙蓉姐姐、天仙妹妹。

现在的 3.0 阶段，多媒体传播时代。群众处于见多识广的状态，网红门槛提高。这个阶段的网红需要具备某种稀缺的才能，能够持续产出高质量内容，进入"个性化内容生产"与"魅力人格体"绑定的时代。代表人物如 papi 酱等。

通过发展历程我们可以发现，人们关注网红，继而为其花费金钱的原因，可以总结为两点：

（1）对网红倡导的生活态度或价值观产生认同；

（2）关注其天赋及能力的共享。

迁移到我们品牌和营销的工作中有什么启发呢？这里抛砖引玉分享 2 点。

1. 成为小姐姐——品牌动作要像基于兴趣的社交行为

我们可以简单理解为"让品牌成为用户心中的小姐姐"。

网红经济中有个很重要的支撑点是情绪共鸣。而情绪或感情共鸣，则是因为彼此有相同的特点，或对同一件事情有共同的认知。

简单来讲，企业要找到目标消费者和品牌都感兴趣的内容，树立并输出双方都认可的价值观，通过频繁平等的社交与互动，最终达成情感纽带的建立和巩固，这就可以让品牌动作变成基于兴趣的社交行为。

比如街头品牌 Vans 瞄准了消费者和品牌都感兴趣的"滑板、音乐、艺术和街头文化",鼓励消费者进行自我表达,创意真实和酷是双方都认可的价值观。在 2017 年" QQ 飞车 × Vans 随我造"项目中,有大量的消费者参与环节,鼓励消费者产出内容进行表达。与其把这场活动称为商业活动,它其实更像是一场同类的聚会。

要想成为用户心中的小姐姐,要找到用户和品牌之间的兴趣点,什么最能够彰显你的品牌?表明态度,把共同的信仰当作品牌主要倡导的内容,最后还要频繁互动,通过高频率互动创造高黏性。

2. 培养网红感——持续产出对消费者有价值的内容

在初创时,有些品牌可以把自己打造为网红,具体为把创始人打造成网红,如,罗辑思维的罗胖,米未传媒的马东,都利用创始人自身的魅力为品牌吸引了第一波关注者。

当一个品牌创始人不适合站台,或者品牌难拟人化形成网红时,可以为品牌增添"网红感",就是给消费者传达一种"你可以成为我"的感知。**网红感的打造需要品牌多进行与消费者有关的动作,输出对消费者有价值的内容。**

比如好大夫在线的微信公众号,就经常更新一些健康类的小知识,既有对职场人士的,也有对小孩子的,非常齐全且操作很简单,它就像是一个电子虚拟医生,给消费者一种跟着它做就能使身体健康的感觉。

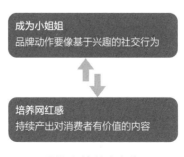

网红经济的小套路

小技巧 那如何从概念落到工作上？我提供两个小技巧：

（1）品牌大部分情况下，只能接触到消费者的一面，较难全面地理解消费者，这对于我们找到消费者的兴趣点是一大挑战，可以通过研究某类消费者的全面剖析报告，分析他们经常出入的场所、平时的娱乐方式及内容，从而推断出兴趣点。

（2）网红无论是人还是物都有周期的，要尽快把网红升级为品牌，同时在品牌运作中把一些网红内容与当下流行元素巧妙结合，不断刺激以维持用户的好感度，相互融合。

请思考

最后，请大家思考一下，以上提到的方法，哪个最适用于你的公司呢？期待你的分享。

087

IP：
2个认知，3个步骤建立IP

最近几年，IP这个词很热，但很多人都处于一知半解的状态，到底什么是IP也有七八种答案。是吉祥物吗？是CEO个人吗？是文化载体吗？是产品品牌吗？如果你也存有疑惑，那么咱们本讲一起聊一聊关于IP这些事。

关于IP的定义众说纷纭，我本人比较认同的说法是：**IP是创造者创造出来的知识产权和独享情感或思想专利。**

通常来看，IP可以是一个虚拟的人物，也可以是一部电影、一个玩偶等，总之需要具备一定思想或情感的延展性和包容性。

判断IP是否优质的标准，不是它现在有多火，而是它的生命周期有多长。

优质IP的养成必须经过时间的沉淀。比如出自四大名著《西游记》的孙悟空，这个IP生命周期已经有几百年的历史了，魅力却始终未减。已经无法统计孙悟空陪伴多少人走过童年，又给多少观众带去过欢乐，更别提它的商业价值了。

一个好的IP需要具有一定的内涵，可以激发受众共鸣，也需要长期地建设。所以很长的一段时间里，很多人都觉得品牌就是IP，IP就是品牌，但其实这两者不是一回事儿。

主要有 2 个不同点：

（1）**IP 是为品牌服务的**。品牌的终极目的是追求价值和文化上的认同。IP 是创造者创造出来的知识产权和独享情感或思想专利，终极目的是为了打造品牌。比如米老鼠是一个 IP，而迪士尼是一个品牌，米老鼠是为迪士尼公司服务的，是为了打造迪士尼的品牌而创造出来的。

（2）**IP 和品牌的内容属性不一样**。打造品牌，需要设定品牌的人格、价值、标识、故事等，而打造 IP 直接通过内容实现人格化的构建。

可以说品牌更立体，而 IP 更人格。比如 Kris 是个 IP，通过社交媒体等各种手段，展示真实情感和自身魅力就行了。思创客虽然在前期带着 kris 的个人风格，但在后期还要设定战略，找到定位，输出价值观，通过产品或服务被用户认可，根据用户和行业讲好故事，树立自己的人格特征。

谈完了 IP 与品牌的关系，接下来我们看打造一个 IP 所需的 3 个基本步骤：搭骨架、给灵魂、换皮囊。

步骤一　找到支撑 IP 的原创独特性内容——搭骨架。

如果想要打造 IP，一定要具备原创内容的输出能力，其次是要保证独特性，最后是持续产出。比如微信公众号六神磊磊，就是一个典型的具有独特内容的 IP。与其他公众号不同，他大部分文章都会把现实的事件与金庸的小说结合起来讲述，甚至自我调侃说"众所周知，我的主业是读金庸"。在独特的基础上，持续的产出，最终获得了用户的认可。

原创独特性内容，可以是一个领域的细分，比如精油专家；可以是多个领域的融合，比如刚说的六神磊磊；也可以是基于大众内容再生产类，比如新世相，这个类别很像是传媒行业的乐评人、影评人之类的，他们中大部分人不是自己录歌拍电影，但是却因对别人的作品进行点评而被大众熟知认可。

不同的原创性内容需要配备不同的能力，一个领域细分需要深扎，多个领域融合需要创新，再生产的则需要洞察人性，提炼总结那些常人未察觉的部分。

步骤二　通过可感知的表现包装 IP——给灵魂。

大部分企业打造 IP 是为了服务品牌，品牌最终的目的是追求价值和文化上的认同，这也就意味着一个 IP 要起到可以传递价值和文化的作用，也就是"给灵魂"。

通常情况下，人们理解抽象事物总会运用拟人或类比的手法来加强理解，比如像警察一样正直、像海豚一样优美、像篮球一样热血。

同样利用这两种手段感知 IP 也会更容易，这也是我们给灵魂的作用。其中拟人会比类比更容易操作些。譬如形容这个 IP 有姐姐般的温暖感，这就是拟人，像飞鸟一样自由这就是类比，总之要让大家感受到 IP 带给人们的情感特征，如果不能被用户感知到，就难以让用户产生情感，参与度自然会降低。虽然人有七情六欲，但是 IP 的灵魂一旦确定下来，就不要随意变动。

差异化的魅力人格并不是要强调语不惊人死不休，更多的时候是在强调它必须是受众的一个情感映射，重点在于可感知，可以产生共振，而不是差异性。

步骤三　滋养 IP 需要不断衍生其他领域——换皮囊。

IP 成熟后，为了拓展覆盖的人群，一般会衍生到其他领域，我们要寻找受众基数大的领域，进行皮囊的更换。

很多企业在这里都会遇到一个问题，最初限定的内容是小部分人喜爱的，不知道该如何衍生给大众。比如二次元的 IP，脱离了二次元就不受小众人群喜爱了，不脱离又感觉没法儿转向大众。这里要扭转大家一个错误认知，小众人群喜欢的不一定是独特的内容。二次元用户喜爱 IP 一定不是因为其中的少见的人物、场景，而是因为 IP 里蕴含的价值观,如《海贼王》的友情与梦想,《银魂》的又丧又燃,这些是很大众的内容,如果在后期延展创作时融入其中,同样可以进军大众的圈层。

IP 会起源于一个固定的皮囊,但后期一定要突破它,拥有更多的面孔,接受更广泛的人群。

IP 的认知与打造

那如何从概念落到工作上?我提供两个小技巧:

(1)推荐一本书《超级 IP,互联网新物种方法论》,是把 IP 凌驾于品牌之上,认为 IP 是未来品牌的一种形式,虽然观点不是全部认同,但书中介绍的一些玩法,值得大家学习。

(2)在 IP 打造的第三个阶段——换皮囊阶段,可以先考虑跨界合作,试水用户反应,再决定是否进军该领域。这里需要注意,IP 衍生并不是越多越好,要结合品牌战略规划量力而行。

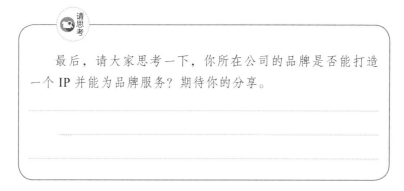

最后,请大家思考一下,你所在公司的品牌是否能打造一个 IP 并能为品牌服务?期待你的分享。

088

KOL：
关键意见领袖选择和经营的 5 个步骤

某女明星在小红书中的个人账号里推荐了很多平价化妆品，几乎推荐的化妆品都会在第一时间销售一空。甚至有这样的一个说法流出：淘宝上的商家都发言，请不要再推荐某款化妆品了。

虽然不知道这个说法是真是假，但是可见这位女明星推荐力量的强大。除了一些明星外，甚至刚刚火起来的创造 101 女团也纷纷在小红书中开设账号，进行化妆经验的分享。

在这个案例中，这些女明星所扮演的角色就是 KOL，也就是"关键意见领袖"。在社交媒体迅猛发展的今天，运用 KOL 帮品牌传播，是我们最常见到的营销形式。那么，KOL 应该起到什么作用呢？它和明星、网红之间有什么样的关系？企业要如何与 KOL 进行合作？接下来，我将跟大家分享这些内容。

首先让我们谈谈什么是 KOL。KOL 是 Key Opinion Leader 的简称，意思是关键意见领袖。早在 1940 年，传播学四大奠定人之一，拉扎斯菲尔德就已经提出"意见领袖"的概念。它指的是活跃在人际传播网络中，经常为他人提供信息、观点或建议并对他人施加个人影响的人物。

随后，这一概念被引入营销学中，**通常 KOL 被定义为：在移动**

社交媒体中，被相关群体所接受或信任，并对该群体的购买行为有较大影响力的人。KOL 是要为品牌所用的，通过它来扩大品牌传递信息的声量，缩短品牌与消费者的距离。

选对了 KOL，就像给人打针，血管找准了，药水才能进入身体中，发挥疗愈的功能。

从概念上，我们可以看出，KOL 囊括的范围很广，不局限于网红、明星、专家，但 KOL 一定要具有一定的"粉丝"，也就是用户流量。

随着消费者需求越来越精细，不同领域的 KOL 也越来越多。比如，历史知识方面的 KOL，我们会想到易中天、老梁（梁宏达）；军事领域的 KOL，我们会想到"局座"张召忠、杜文龙；体育赛事的 KOL，有姚明、刘国梁；二次元领域的 KOL，有蔡萝莉、陈安妮等。

那么，我们有这么多的 KOL，品牌在进行传播时，要如何和 KOL 产生好的合作呢？**依据合作的步骤，我们将其分为五部分：**

1. 设定目标

在前期我们通过学习黄金圈法则得知，做事之前我们需要知道核心层 why 是什么。**同理我们在和 KOL 合作之前，一定要明白本次传播的目的是什么**，是提高品牌知名度？是提升品牌忠诚度？然后再根据目的来设定目标。

目标的设定，也会影响到我们对 KOL 的选择。假设我想提高品牌知名度，那么我的 KOL 会首选当下热门的流量 KOL，譬如流量明星；但如果我想提高的是品牌的忠诚度，那么我就有可能选择那些粉丝没有那么多，但粉丝忠诚度很高的 KOL，譬如行业专家。

2. 确定目标受众

目标受众的分析直接决定着本次传播的效果。企业在选择 KOL 时，不但要分析企业自身的目标受众画像，还需要分析 KOL 的粉丝是否属于目标受众的范围。在这一步，我们可以借助大数据来实现用户画像的精准匹配。用户画像的维度通常包括：社会属性（人口统计学、兴趣）、自媒体属性（媒体偏好、内容传播影响力、影响领域）和会员属性（消费能力、渠道倾向、品牌忠诚度）等。

3. 匹配合适的 KOL

依据大数据匹配几位 KOL 之后，进行筛选。我给大家提供几点筛选的参考维度：更新内容及频率（这位 KOL 最近更新了什么内容？可以进行二次传播吗？更新的频率是多久一次？）；流量（这位 KOL 有多少粉丝？每条更新的内容有多少转发量、评论量和点赞量？）；平台（这位 KOL 经常活跃在哪一个平台上？这个平台是否是你计划进行传播的平台？）。

通过这些参考维度进行分析和筛选，就可以选出贴合品牌传播方案的 KOL 了。

4. 确定合作方式及内容

和 KOL 正式展开合作之前，你需要准备好一份规划表，以及一份 Brief。有关 Brief 的知识点我们在前面进行了讲解，请大家自行复习，这里我重点提一下规划表。在规划表里，你需要告诉 KOL 什么时间点要发什么内容，让 KOL 及时进行规划。通常来说，你需要给 KOL 至少一个月的准备时间；如果你请到了一位名气非常大的 KOL，准备时间则需要更久。

5. 实时监测效果

在合作开展的同时，你需要对效果进行实时监测。监测的内容应该至少包含：曝光率、点击率、点赞量、评论量等硬性指标信息。**通过观察这些硬性的指标来检测和 KOL 的合作是否有效。如果没有效果，或者收效不大，及时止损是最明智的做法。**要么换掉合作的 KOL，要么修改传播规划。总之，实时监测效果有助于我们达到最终的目标。

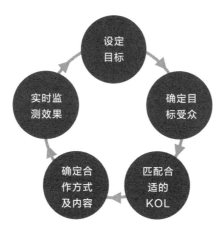

如何与 KOL 合作

🔘 那如何从概念落到工作上？我提供两个小技巧：

（1）靳文景介绍过一个概念，"KOL 生命周期"，即引入"产品生命周期"的理论来衡量 KOL 的发展。我们所普遍知晓的 KOL，基本都已经告别起步期，到达了他的成长期，否则不会被承认是 KOL。而到达成熟期的 KOL，已经到达了其商业化价值最高的阶段，随后下滑进入筛选期，面临被淘汰的危险。我们在选择 KOL 合作时，如果考虑成本，处于成长期的 KOL 更适合，广告合作与粉丝增长可以配合完成；而处于成熟期的 KOL，广告投放性价比可能没有这么明显。

（2）选择 KOL 通常有三种方法：通过搜索引擎，比如百度、谷歌、微博等直接搜索；寻找自助投放平台，投放广告，等着 KOL 接单；直接找第三方公司合作。

> **请思考**
>
> 最后,请大家思考一下,如果你的公司选择 KOL,哪些标准是你需要坚守的?期待你的分享。

089

爆品：
用好三点思维，让用户因产品品质尖叫

前不久，我受邀去亚洲宠物展做一次演讲。展会上，我被一个售价不低，十分精致有趣的猫砂盆吸引住了。这款叫雪屋的猫砂盆，设计灵感取自北极因纽特雪屋，设计团队认为雪地独有的静谧、柔和的特性很符合猫咪神秘而温暖的气质，从而设计出了这款产品。成品一出，就获得了国际红点设计奖，这也是国内第一款获得红点设计奖的猫咪用品。这款产品带动的销量十分可观，据说月销售已经达到百万级别，出品的公司也获得了千万级别的融资。

一个普通的猫砂盆，具备了爆品的特质，不仅能轻松实现百万销售，还能为企业带来口碑和资本关注。怪不得，让自己的产品成为一款爆品是每个商家梦寐以求的事。

那么究竟要如何打造一款爆品？本讲我们就一起来了解一下。

爆品，字面理解就是引爆口碑的产品。 但是提到引爆口碑，刷爆朋友圈就是爆品了吗？当然不是，**爆品最大的功能是帮助企业实现用户转化。** 能够切切实实为企业带来收益的才是一款合格的爆品。有流量没销量的爆品都是在"耍流氓"。

总结来说，爆品需要具备"让用户尖叫的品质、满足消费者个性需求、引发社会潮流"这三个特征。

那么，爆品在品牌营销之中能够发挥什么作用？**爆品可以帮助企业增加收益，建立品牌形象，提升知名度及美誉度**。如苹果 iPhone 就是一个爆款。它的火爆销量帮助苹果传播到世界的每一个角落，将"苹果等于极佳的用户体验"这一识别植入消费者脑海，赢得了口碑。

如何打造一款爆品？**我给大家介绍一个"三点思维"——痛点、尖叫点和爆点，基于这三点思维，能够帮我们更快找到爆品设计和传播的原点。**

（1）**痛点**：产品一定要满足用户痛点。前面已经给大家介绍过痛点的相关知识点。比如健身 App——Kepp，就是根据用户长期在办公室加班，处于亚健康状态但没有时间去健身房的痛点研发，满足用户随时随地可以健身的痛点，让 Kepp 一举成为健身 App 中的爆品。

（2）**尖叫点**：尖叫点，根据字面意思，是让用户能够"尖叫"的产品，也可以理解为，之前讲解过的"爽点"。爆款产品不仅要满足痛点，还要满足尖叫点。请大家想象一下，你会因为什么感到很爽、想要尖叫呢？因为产品做到了极致，提供给你之前从未想过的美好体验。很多爆款都是在体验上让用户尖叫，网红酒店亚朵可以算是做的比较突出的。如地理位置方便，入住流程简单快捷，服务态度堪比 5 星级。体验感受更是让用户感觉很爽，譬如入住时服务人员送了超乎预期的水果拼盘，2 楼书吧是出差经历中使用过的办公最佳场所，退房时前台人员又主动送水等，这些体验都让人印象深刻，好到让人想要尖叫。

（3）**爆点**：简单理解爆点就是"引爆传播的点"。在这一部分中所讲的引爆传播类似我们之前讲到过的病毒式传播 STEPPS 模型，可以借助这个模型来设计传播事件，达成引爆传播的效果。比如汪峰求婚章子怡，用的是大疆牌无人机运送钻戒，因此大疆的无人机成为一款爆品；再比如，Rose Only 通过请很多明星手持玫瑰花上镜、赞助明星求婚、结婚场景，而让它的品牌被大众所熟知，成为一个爆款。

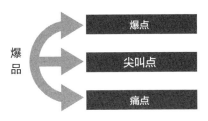

爆品三要素

> 那如何从概念落到工作上？我提供两个小技巧：

（1）爆品的架构必须要聚焦和简单，最好只有一个爆点，千万不能出现一堆爆点的情况。要谨记过犹不及的道理。

（2）爆品的成功一般离不开产品、体验和宣传三要素，因此在具体工作中，我们要与产品和运营部的同事紧密配合，形成三位一体的运作。

> 最后，请大家思考一下，痛点、尖叫点和爆点，你的产品缺失哪一点？期待你的分享。

090

舆情：
传播监测和危机预警

提到舆情，大部分人第一反应都会是危机公关。其实除了危机公关外，舆情监控对企业还有很多帮助，比如监测竞品动态、及时了解用户对品牌的看法等。

很多大公司会直接找第三方机构做舆情监测，比如微博的微舆情、红麦等。我们中小企业没钱在这方面大手笔投入，但是又不能不做，本讲我们就来系统学习一下企业自己如何进行舆情监测。

什么是舆情？监测的范围有哪些？企业应该如何监测舆情？回答好这三个问题就能完成基本的工作了。

舆情是个传播学上的概念，是个体无序的表达。对企业而言，舆情就是舆论情报的简称。一般情况下，舆情监测承担着两块较为重要的工作。

（1）**传播监测**。包括品牌与产品传播、竞品分析、行业动态、热门话题、传播诊断、公关、新媒体等营销活动效果测量等。

（2）**危机预警**。及时发现敏感信息，跟踪事件发展，为企业积累品牌危机案例库与沟通机制。

对于一家中小企业来说，舆情监测的范围可以划定在官方的中央级媒体、网站和5大门户，以及个人的新媒体范围内。这些官方网站中，我们主要看和自己行业相对应的频道。如果企业所在的行业特殊，就需要把行业垂直媒体的网站和客户端也纳入监控范围。

监测的工具就是利用各种搜索引擎。

先泛泛搜索：以百度为主，360、搜狗为辅。输入企业的关键词和一些可能的负面评价如"投诉 不好用"。

再定向搜索：登陆我们刚才说的官方网站，输入特定的关键词，并将搜索内容按时间排序，逐条查看。个人的新媒体账号，微信利用搜狗，微博和今日头条等在 App 内能完成。

下面给出具体媒体网站，供大家查看：

（1）18家中央级媒体：包括人民日报、新华社、求是、解放军报、光明日报、经济日报、中国日报、中央人民广播电台、中央电视台、中央国际广播电台、科技日报、中国纪检监察报、工人日报、中国青年报、中国妇女报、农民日报、法制日报、中新社。

（2）11家中央级网站：人民网、新华网、央视网、中国网、中国日报网、中国经济网、央广网、中国新闻网、光明网、中青网、网信网等 PC 端和新闻客户端。

（3）5大门户网站：新浪、腾讯、凤凰、网易、搜狐等 PC 端和新闻客户端。

我们在进行舆情情况判断时，除了看主要内容的正面和负面之外，还需要关注5个小细节。

（1）首发地点。舆情首次刊发是在新闻网站、论坛网站还是在微博或微信，在中央网站还是地方网站，在知名论坛还是普通论坛。不同的地点，代表的重要性不同，如果出现在中央级网站，就要引起高度重视。

（2）发表位置。发表位置通常决定着阅读量。纸质媒体少于网站阅读量，网站频道页少于网站首页，少于网站的推荐要闻区。如果出现负面舆情，越少人知晓越容易控制。

（3）舆情类别。企业负面舆情内容是文字、图片、视频，还是图文结合、视频文字结合。通常有图片或视频的舆情更容易引起关注。一般来说,有图意味着有真相,有视频就是有着确凿证据,更容易引发公众关注。

(4)**发布作者**。如果是官网媒体,看它的信息来源是普通用户,还是记者隐藏身份的走访。个人新媒体则确认是认证用户还是普通用户,是"意见领袖"还是一般网民,是老用户还是新注册用户;作者权威等级越高,越应该通知最高领导最快做出回应。其他可以处理的情况,执行人员要积极做出回应。

(5)**传播情况**。包括舆情传播范围、单位时间内的点击数、帖文转发数、跟帖数、点赞数等。

通过以上这5点来判断,舆情的传播速度以及造成的影响程度,及时采取对应的策略,反馈给相关同事积极跟进。

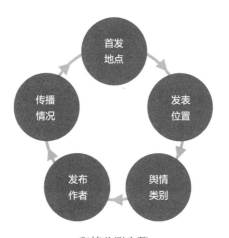

舆情监测步骤

正面的舆情环境能让企业有一个良好发展的基础,负面的舆情会迅速引发企业的危机公关,一旦处理不好,甚至还会致使倒闭。可见,舆情监测对企业生存发展至关重要。

那如何从概念落到工作上？提供两个小技巧：

（1）在新媒体端，可以统计并多关注竞品创始人或行业KOL的微信公众号，一般大众在进行维权或抗议时，会优先找到这些KOL帮助发声。

（2）企业不能忽略一般性舆情，比如微博的抱怨，这种情况发现后要及时组织人员调查了解，采取措施予以解决。

最后，请大家思考一下，你的公司有哪些较好的舆情监测机制？是如何操作的？期待你的分享。

091

DAU：
4种分析方法，帮助企业确定产品发展空间

本讲我们来学习一个新概念 DAU（Daily Active User），**其是指日活跃用户数量，常用于反映网站、互联网应用或网络游戏的运营情况**。DAU 是投资人在进行投资时的关键衡量指标之一，也是企业内部进行业绩考核的重要标准。

从字面上就可以知道，DAU 就是统计每天登录或者使用某个产品的用户有多少的指标。但需要注意的是，DAU 统计的是用户数量，并不是登录的次数。也就是说，DAU 统计中并不包括重复登录的用户数量。

一般来说，社交平台、游戏厂商、大型电商的 DAU 会比较容易达到千万级别，像 Facebook、腾讯、淘宝这些巨头的 DAU 更是能轻松破亿，而对大多数 App 而言，DAU 达到百万级别已经是不得了的好成绩了。

可以说，互联网公司对 DAU 的追求，是根植于天性之中的。从事产品和运营工作的人，一定要对这方面的内容了如指掌。那从事市场工作的人员可以从哪些角度去分析 DAU？这些结果又如何能帮助我们对营销工作进行评估呢？

本讲首先和大家介绍一个通用的方法，从**绝对值**、**同比**、**环比**、

对比这四个方面去分析、评估一家企业的DAU,并对后续的传播营销起到指导帮助的作用。

(1)**绝对值:绝对的日活数字。**绝对值一般来说很少被直接使用。因为外部因素,比如时间因素、行业因素、市场因素的影响没有被计入在内,所以绝对值的数字增长未必真的反映指标的增长。如果我们的营销策略是定在这个指标上,有可能带来不良效果。

(2)**同比:与上一年相比,同时期增长/降低了百分之几。**比如去年九月份和今年九月份相比,DAU升高了还是降低了,升高或者降低了多少。同比和绝对值相比,限制了行业的影响要素。

如果升高了,则说明今年的产品还在发展阶段;如果降低了,则说明产品有处于衰退期的可能性,要及时排查影响因素,来判定这款产品是否还适合继续投入成本,以便在市场中进行推广。而这个数据也是公司高层是否对市场投放有信心的重要决策依据。

(3)**环比:连续两个单位周期内量的变化。**比如第一个月和第二个月的DAU对比、第一季度和第二季度的DAU对比等,当然更常见的还有周环比。环比最大的作用就是实时监控,用来监测新投入在市场战略方面的效果。

(4)**对比:既包含内部的对比,又包含外部的对比。**外部对比指企业自身DAU和竞品DAU之间的对比。内部对比是指企业不同产品之间的对比,以及同款产品在不同城市、国家的对比。通过对比找到企业这款产品在市场中的位置,以及发展/优化的空间等。这些都对后期的营销传播有很大的指导作用。

DAU分析四个维度

通过以上这四个分析维度我们可以看出,DAU指数只能够帮助我们通过对比分析出产品的发展阶段，但对于用户的分析可谓是束手无策。在这里引入一个与 DAU 相近的概念——MAU（Monthly Active User），是指月活跃用户数量，通过 DAU/MAU 的结果即可分析出用户留存率，也就是用户黏性。

在用户登录一次即流失的情况下，DAU/MAU=1/30≈3.33333%；在所有用户都得以留存的情况下，DAU/MAU=30/30=1。**因此，DAU/MAU 介于 3.3% 和 1 之间。通常来说，一款产品的"过关点"是 20%**。如果低于 20%，则说明这款产品用户留存率较低，需要进行问题排查；如果高于 20%，则说明产品的用户留存率过关，产品可能正处于上升期，可以持续进行投入，进行市场推广。

了解了这些背景知识，我们就可以读懂产品报告，为市场工做出谋划策了，再不用担心因为理解失误而导致工作低效。

那如何从概念落到工作上？我提供两个小技巧：

（1）DAU/MAU 的值小，并不能说明这款产品就是失败的。因为导致 DAU/MAU 的数值偏小有很多因素，比如活跃用户数量、时长、交互性等，需要多方排查后再做出正确的市场判断。

（2）尽管 DAU/MAU 的数值可以展现出产品的用户留存率，但这个数值的可用期往往在三个月后。因为在产品投入市场的前三个月中，用户会因为尝鲜等心态进行初次安装，因此产品普遍都会呈现上升趋势，真正的考验在三个月之后。如果在三个月之后 DAU/MAU 的数值有所下降，则说明产品本身不具有吸引力，无法让用户留存转化。

> **请思考**
>
> 最后,请大家思考一下,尝试通过绝对值、同比、环比、对比四个方面评估你所在公司的某款产品的 DAU?期待你的分享。

092

渠道：
建立差异化优势是关键

过去，人们想要买东西，都要到某个特定的商店购买。我妈经常和我说，她小时候买东西要到距离家几里地以外的地方排队购买。等到我小时候，基本上住宅区附近都有小超市，一般的生活用品可以随时买到。再后来，电商开始兴起，很多的商品都能够在网上购买。现在，人们几乎能在网上买到任何商品。

从过去的定点商店，到小超市，再到电商平台，都属于产品的"渠道"，随着这些渠道的演变，企业的品牌建设和营销推广也都随之发生了改变。那么，渠道究竟是指什么呢？企业应如何通过建设渠道来赋能品牌和营销呢？

我们现在提到的"渠道"，更多被称之为"市场营销渠道（marketing channels）"，美国市场营销学权威菲利普·科特勒将营销渠道定义为："营销渠道是指某种货物或劳务从生产者向消费者移动时，取得这种货物或劳务所有权或帮助转移其所有权的所有企业或个人"。简单来说就是，产品从商家被制作出来，直至到达消费者手中，这期间的所有桥梁就是我们所说的"市场营销渠道"，本书简称为"渠道"。

如果将渠道理解为企业和商家之间的桥梁，那么我们很容易能看出来,渠道分为直接渠道和间接渠道。**直接渠道是指企业直接和消费者产生联系的渠道**,比如线上品牌直营店、线下专卖店等。通过直接渠道的数据,企业可以了解消费者的行为偏好、商品偏好等第一手数据,能够及时调整产品的生产和分发规划,更加灵活地掌握市场。

间接渠道是指第三方渠道,比如线上的电子中间商、线下的代理商、分销商和零售商等。**间接渠道往往出现在产品的生长期,借助第三方力量对新产品进行市场推广,打开销量**。那么缺点是什么呢?缺点就是企业的利润损失,而消费者也需要付出更高的价格来购买商品。

说完了渠道的分类,我们下面来看看企业应该如何通过渠道的建立和管理来为品牌和营销服务。

现在行业中流传着全渠道营销,也就是无论线上、线下,利用所有渠道进行营销。如何利用好渠道,就考验着企业的功力了。

在这里给大家提供两个方法:

(1)寻找并建立渠道的差异化优势。

(2)防止优势被复制。

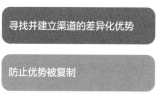

渠道管理两个方向

说到建立渠道的差异化优势,不得不提 ZARA。ZARA 能够在 15 天之内将生产好的产品送至全球共计 2000 多个门店,全球能达到这个水平的品牌几乎没有。那么,是什么能够让 ZARA 有如此出色的表现呢?其核心就是反应速度快。而反应速度则得益于渠道的建设和管理。ZARA 可以直面消费者,因此对消费者的购买偏好、购买频次等可以进行准确把控。通过渠道的反馈，ZARA 充分掌握了不同地区的销售情况，从而引导产品的设计以及铺货的控制。比如，在购买力高的地方就多设两个仓库，优先配送；而购买力相对较弱的地区，就减少铺货，减少库存。对于同一款产品，哪个地区的销售量高，就多派发一些，销售量低的就减少铺货，甚至不铺货。通过这样的渠道，ZARA 门店的产品可以做到每周更新两次，三周就能够更新全部的产品。

除了 ZARA 之外，盒马鲜生的渠道也值得一看。作为新零售的代表，盒马鲜生将线上线下的渠道全部打通。除了传统的线上购买，送货到家外，还可以线下直接进店品尝。为了保持生鲜的鲜美，盒马鲜生也进行了线下供应渠道的管控，比如增设仓库、承诺 30 分钟送到等。

总而言之，渠道的全、广、准，以及精细化管理，势必会给企业带来更强的竞争实力和更大的商业价值，甚至好的渠道无疑还是产品最好的广告位。如果一个产品你在京东、天猫、小红书、有赞都看到了，你会不会觉得这个产品还不错？另外在渠道上的每一个曝光细节都不容小觑，无论是头图、销售文案还是客服话术，都需要精心设计，符合品牌的一贯定位和调性。

那如何从概念落到工作上？我提供两个小技巧：

（1）虽然直销有助于渠道"瘦身"，但是产品的直销，尤其是线上直销并不是万金油。如果自身流量过小，反而需要借助第三方渠道打开局面，但在渠道选择上，要充分考虑渠道受众和品牌消费者的一致性。

（2）除了直接渠道和间接渠道外，还可尝试不同企业之间进行合作，整合彼此的优势渠道，实现流量互换、品牌双赢的理想效果。

> **请思考**
>
> 最后,请大家思考一下,你所在企业的渠道是否具有差异化优势?期待你的分享。

093

卖点：
从 3 个层面找到最强有力的消费理由

前面我们曾经学过不少和卖点相关的知识点，从"值得信任的点"（Reason To Believe）到"值得购买的点"（Reason To Buy），从痛点、痒点到槽点，其实都和这一讲的卖点有着千丝万缕的联系。

究竟如何定义"卖点"呢？ 如何判断这个卖点是否可以帮助企业销售产品呢？接下来将和大家分享这些内容。

首先我们来了解一下卖点的定义："**所谓卖点，其实就是一个消费理由，最佳的卖点即为最强有力的消费理由**"。也就是说，卖点就是告诉消费者你的产品好在哪里。

说到这里，不知道大家是否记得前面曾提到过一个概念 USP（Unique Selling Point），USP 是指独特销售主张。从字面意义来理解，USP 和卖点十分相似，都是给消费者一个选择你而不是别人的理由。**但二者之间其实是包含关系：卖点包含 USP**。也就是说，一个产品会有很多的卖点，比如它的质地、颜色、设计感等。在这些卖点当中，那些"独一无二"的卖点就是 USP。**一个产品可以有很多卖点，但只能有一个 USP**。

理解了卖点的定义，我们下面来了解一下企业如何找到产品的卖点。我给出的方法是，**可以从产品、形式、精神三个层面来找到**

卖点。

1. 产品

找产品的卖点，说容易也容易，说难也难。毕竟现在市场越来越精细化，只要用户需要、想要，产品就会被设计出来。那么，在同质化严重的市场中，如何寻找卖点呢？

可通过原料、工艺技术、设计这三方面去找产品的卖点。比如，有段时间棉麻服饰很流行，而你的服饰产品都是以棉麻为主，那么就可以将其设置为卖点。另外，在工艺技术上，当你在产品上做出了工艺和技术相关的创新之举，也可以把它们作为卖点。比如真功夫，通过对食材的制作和加热工艺将"蒸"这一做法打造成了卖点，进一步包装成了USP，取得了巨大的成功。在设计上，比如极简风、海军蓝、北欧路线，这些都是设计上的卖点。

2. 形式

形式上的卖点主要有两种：形式的广泛性和形式的简单性。形式的广泛性主要可以用来加强品牌的信任度背书，譬如"上天猫，就够了"；形式的简单性则是为了提高用户友好性，无论是体验还是价格。比如瓜子二手车，打出的卖点就是"没有中间商赚差价"。

3. 精神

精神层面主要指历史、情怀、理念、价值观等精神层次上的要素。相比前两种方法，打造精神层次上的卖点会更加艰难一些，但是一旦打造成功，就会吸引很多忠诚度极高的用户。比如奢侈品品牌卡地亚，它的卖点之一就是悠久历史、皇室的尊崇感，耐克就是永远激情四射的奋斗精神。

企业找到卖点之后，下一步的动作就应该是对卖点进行筛选，找出最具有"杀伤力"的卖点，打造成USP。那么，如何判断卖点的好坏呢？

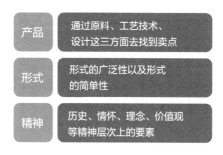

产品卖点提炼方向

判断卖点的好坏有两个标准：

（1）**是否能够表达品类价值**。比如，可口可乐就表达出了碳酸饮料的价值——"爽"的感觉。

（2）**消费者是否可感知、感兴趣**。这里要千万要小心，避免陷入自嗨的境地。一定要经常和用户对话，定期调研，找出他们能够感知和感兴趣的卖点。

🔖**小技巧** 那如何从概念落到工作上？我提供两个小技巧：

（1）并非新产品才会有卖点，老产品一样可以找到新卖点。可以通过对产品进行革新、打情怀牌、历史牌等方法包装产品的卖点。

（2）反方向突破常规是一种不错的选择。当其他产品的外观都很精美时，你反其道而行之，也是一种非常容易吸引消费者注意力的方式，比如椰树牌椰汁，让人吐槽的包装反而获得了大量的关注。

> 最后，请大家思考，你所服务的品牌的卖点，属于产品、形式和精神哪个层面？期待你的分享。

094

痛点：
精准定位与上下左右式延展

回顾我们之前的内容，第 22 讲介绍了消费者需求，顺带说了何为痛点，但讲得比较浅。本讲我们站在产品运营和市场推广的两个维度上，一起来系统学习与痛点的相关内容，希望能对你今后的工作有帮助。

只有找到用户的痛点，才能有针对性地设计产品功能，继而做出爆款引爆市场。很大程度上，没有满足痛点的产品，也很难被快速建设成品牌。大家还记得 USP 这个知识点吗？独特销售利益卖点（Unique Selling Point），这个被早期广告公司用来提升广告效果的方法论，本质上就是找到产品中的痛点作为广告宣传点。

但工作中，我们经常很难区分痛点和伪痛点。为了帮大家更好地理解，我们从产品领域来看这两个概念会更清楚。**如果你解决的问题不是用户在乎的或者着急解决的问题，就会产生偏差，偏了一分都不是痛点，就成了"伪痛点"。**

2010 年，一个叫快书包的创业项目兴起，一小时快速送书是这个产品的核心业务，但很快他们就把融资的钱烧完了，然后没有了下文。"想要的现在就要，迫不及待"的确是现在人们的生活常态。但是在图书领域，速度不是用户的痛点，通常情况下早两天看和晚两天看没有很大的差异，所以这是一个伪痛点。但是医药领域，速度就是明显的痛点，早点吃药、早点康复是每个人都极度渴求的，送药 App 都会强调"速度"这个痛点，28 分钟送到就成了他们的宣传口号。

很多创业者在痛点上都可能存在思维上的盲区，经常出现"我执"的状态，总觉得自己找到的痛点是全世界都需要的。但现实情况往往是，让我们激动不已的痛点并不是真正的痛点，从而无法让产品从中脱颖而出，更无法助力品牌营销方面的工作。不是让用户产生误解就是无法和用户产生共鸣，导致再大的市场投入，也无法激起半点浪花。

那要如何找到痛点呢？

首先我们要明确，一款产品或一项服务一定是基于某个已知的核心痛点，比如移动硬盘解决大容量文件的存储、移动和备份问题，美容仪提供在家也能做美容的便捷体验。

如果我们的产品是第一个满足这个痛点的，或是在满足痛点时带有某种强烈的特色，那么品牌就可以依照这个核心痛点进行定位，比如海飞丝强调去头屑，小罐茶凸显"小罐茶，大师作"。

在之后的营销过程中，也可以围绕这个痛点展开。

其次，围绕核心痛点，进行上下左右式的延展，并将延展后得到的新需求点提炼为传播的关键信息，然后运用在营销活动中。

"上下左右式延展"是我提出的一个说法，展开来讲就是：向上，看场景；向下，看细分；左右，看相关。我们来看具体的例子。

向上，看场景。痛点会在哪些场景中格外明显、让人感到格外痛苦？

菲律宾航空公司在我国香港做了一则户外广告，他们用防水喷漆把广告喷在马路上。这种材料会在天晴的时候让广告隐形，一下雨广告就显形让用户看到。香港地区的雨季少见晴天，阴沉的天空会让人心情沉闷，这个时候突然看到广告语"现在菲律宾是晴天"，让正好在雨天感到烦躁的香港人有冲动去菲律宾晒太阳，配上可以直接跳转订购机票页面的二维码，据统计，网上订票量增长了 37%。

向下，看细分。有多少种方式可解决痛点？

前不久我买了一个智能体重秤，一般来说女生买体重秤背后的痛点就是身材管理，说白了就是减肥，智能体重秤的特别之处就是可以通过蓝牙关联手机 App。除了可以查体重之外，还可以查看体脂率、身形特征、含水率等一系列指标，并制定减肥计划，然后自动提示你每天需要多少运动量，摄入多少卡路里，给你推荐不同的运动训练营或其他运动器材和减肥食品。这就是在减肥这个细分领域中把女性的痛点基本都覆盖了，App 上的营销活动也配合这些细分痛点不定期举办。

左右，看相关。哪些内容可以激发痛点的产生？

很多时候，用户并没有意识到某些需求还未被满足，也就很难产生痛苦感。所以企业需要刺激用户产生欲望，从而产生痛点。

比如六神口味的 RIO、奥利奥的 DJ 音乐盒、卫龙辣条味粽子，这些食品类的痛点是饱腹充饥，但这个痛点已经被满足得差不多了，企业想激发用户的购买欲，更多是研发一些新奇的搞怪的口味，用较少见的限量版口味激发用户"没得吃"的欲望，从而让用户做出购买的决定。最近一年经常会看到食品类品牌动作频频，做了很多新鲜的尝试，并展开不少营销传播，都是通过找到关联性痛点来进行延展。

如何找到痛点

那如何从概念落到工作上?我提供两个小技巧:

(1)在验证是否为伪痛点时,可以借助"马斯洛需求金字塔",看竞品满足的需求等级和自己产品满足的需求等级是否一致,如果不一致就需要谨慎思考,是我们超前一步,还是这个痛点其实不存在。

(2)向上看场景延展的痛点,多数适用于场景营销;向下看细分的痛点,多数适用于体验营销;左右看相关延展的痛点,多数适用于跨界营销。

最后,请大家思考一下,王老吉在火锅店贴广告属于哪种方向的痛点延展?期待你的分享。

095

CSR：
企业无形品牌资产

前不久，一个学员来问我，如何做 CSR 项目的营销策划，因为企业刚刚与某个扶贫基金会达成合作，要求市场部同事做一份年度传播规划，放大企业的公益行为，提升公司的领军形象。他从来没做过这类事情，网上搜了下，发现都是一些公益活动，唯一有点新意的是蚂蚁金服开发了一款蚂蚁森林的小游戏，它不仅是提高支付宝打开频率的内置小游戏，还属于支付宝的 CSR 范畴，但奈何自己属于传统企业，没有用武之地，很是头痛。

我和他说，从根本上，他可能就没有理解什么是 CSR，所以才会无从下手。除了大家普遍都知晓的公益活动和公益小游戏外，CSR 能做的事情其实还有很多。

首先让我们先了解下 CSR 的定义。CSR 是 Corporate Social Responsibility（企业社会责任）的缩写。2011 年，营销之父菲利普·科特勒在《企业社会责任》一书中，阐述了对企业社会责任的定义："企业的社会责任是企业通过自由决定的商业实践以及企业资源的捐献来改善社区福利的一种承诺。"

企业通过承担社会责任，树立起品牌形象，增加产品和服务对于消费者的吸引力，这对企业来说是一笔无形的品牌资产。与此同时,也会因此获得丰厚的收益,所以很多企业都对 CSR 情有独钟。很多世界 500 强企业都在 CSR 上有着丰富的实操经验,虽然中小型企业无法像大企业一样全面做好 CSR 工作,但依旧要在初期明确方向,少走弯路甚至错路。

我比较推荐的是雀巢的"CSR 三分法",把 CSR 分为三个层面:**合规、可持续发展和创造共享价值**。接下来我们详细看一下这三个分类,以及企业结合自身实力应着重发展哪一个层面。

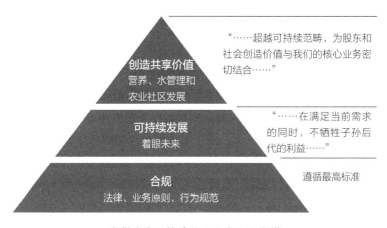

雀巢为自己构建的企业发展金字塔

1. 合规层

国内很多企业错把 CSR 当作公益,认为只要给灾区、山区和贫困地区捐款捐物就是 CSR,就能够得到消费者的认可,但真实情况并非如此。无论三鹿奶粉在汶川地震中的捐款是 1500 万还是 3000 万,都无法抹去它追求利益而损害消费者权益的污点。

CSR 的底层标准指的是企业要以"社会公民"的标准要求自己遵守法律法规,对各个利益相关方负责,"一屋不扫何以扫天下"的行为准则,同样是企业的 CSR 体现。

譬如,雀巢不仅要求全体员工符合所在国家和地区的法律法规,还制定了严格的内部政策，要求大家遵守。譬如，与供应商合作时，要签署反贿赂协议，在开工时也要签署环境保护协议。可以说，企业内部对 CSR 项目的重视程度体现着一家企业的价值观，只是嘴上说说，还是身体力行，这两种做法有着很大的区别，影响也会随着时间推移越来越明显。

2. 可持续发展层

一个有责任的企业要着眼于未来，满足当前需求的同时，不牺牲子孙后代的利益，这在环保类项目上有着较为明显的体现。像 BP 等能源公司大多聚焦在这一层，这类公司的特点是：商业活动中某些环节存在损害自然环境的可能，比如能源公司的开采、车企的尾气排放、家具公司的砍伐树木等。

如果企业因为商业行为，损伤了全人类共有的自然环境，则要承担起相应的改善责任。比如壳牌公司承担墨西哥海岸治理与保护的社会责任，制定了墨西哥湾的海岸保护计划，改善了当地的环境，同时还取得了该地区的石油开采权，不仅履行了自己的社会责任，还促进了商业上的发展。

除关注资源的可持续性外，这一层还包括项目本身的可持续性。也就是企业是只给大众鱼吃，还是要教授大众捕鱼的方法。俗话讲"授之以鱼，不如授之以渔"。好的 CSR 项目，不仅要求企业承担社会责任，把利益分享出去，更要求企业为整个社会的良性发展而做出努力。譬如雀巢推出的"全球工厂节水项目"，向农户提供资金支持建造沼气池，帮助农户更高效地利用水资源，以及做出的全球承诺"到 2020 年，将雀巢产品中添加的糖分减少 5%"。这些动作都是维护可持续发展的 CSR 动作。

3. 创造共享价值层

共享价值意味着要让项目参与方全部受益。雀巢官方是这样描述的："我们相信，一个公司要想取得长远成功，不仅要为其股东创造价值，而且要为其经营所在的社区创造价值，商业文明和社会担当是和谐统一的"。

那雀巢是如何做到的？

雀巢公司在云南普洱建有雀巢咖啡中心，与云南农业大学签署战略合作，进行人才培养和技术创新。不仅带动了当地的人才发展，同时培养出的一部分高技术人才也愿意就职于当地的雀巢公司。此外，雀巢公司向普洱派驻专家团队，为当地种植人员提供服务，提升了咖啡种植人员的技术水平，使咖啡豆的质量提高，能够卖出更好的价钱，同时这些当地人也愿意以相对较低的价格把优质咖啡豆卖给雀巢公司。"共享价值"作为思路主线，让雀巢作为创造者和推动者，不仅为股东创造了利益，也为社区创造了价值，更获得了消费者的赞誉。

无论是三个层级中的哪一层，企业都需注意，CSR 项目要和品牌定位保持一致。比如沃尔沃汽车品牌定位强调的是安全，那么它的 CSR 项目大多是围绕安全展开的。宝马强调的是使用体验好，所以它的 CSR 项目主要围绕美好的出行体验展开。

那如何从概念落到工作上？我提供两个小技巧：

（1）企业在做 CSR 项目时，一定要言行合一。比如项目倡导种族平等，但出席活动的人员却都是公司的白人，就很容易激起消费者的不满情绪。

（2）结合自身特点，将 CSR 和品牌特色、产品特色结合起来。不管从哪个方面来承担 CSR，都要考虑到企业自身的特性，不能盲目跟风。

> **请思考**
>
> 最后，请大家思考一下，你的企业所做的 CSR 项目处于哪个层级？期待你的分享。

096

蔡格尼克效应：
营销中应适当留白

还记得上学的时候，班里的同学都热衷于搜集小浣熊方便面的水浒卡，男同学尤为狂热。为了早日集齐108位英雄的水浒卡，同学们只要有点零花钱，基本都花在了小浣熊方便面上。随着购买数量的增加，渐渐地，重复卡片也多了，可这些重复的卡片并不能打消我们收集的欲望，因为看着不全的那一套卡片总是会觉得很失落。然后尝试各种方法（比如交换、购买等）来凑齐一整套卡片。甚至，最后退而求其次，哪怕是集齐序号挨着的部分人物都行。这种疯狂收集的背后，自然让小浣熊销量大涨。

这个营销套路至今仍然被人津津乐道，奉为营销的经典。不知道大家有没有思考过，为什么孩子们会像"上瘾"了一样不断去收集这些卡片呢？

其中的奥秘就是小浣熊成功地应用了蔡格尼克效应。那么，究竟什么是蔡格尼克效应呢？这个效应在品牌营销和日常生活中有着怎样的应用呢？

蔡格尼克效应（Zeigarnik effect），又称为蔡加尼克效应或契可尼效应，是指"人们天生有一种办事有始有终的驱动力，人们之所以会忘记已完成的工作，是因为想要完成的动机已经得到满足；如果工作尚未完成，那么想要完成的动机便使他对此留下深刻印象"。这是 20 世纪 20 年代德国心理学家蔡格尼克在一项记忆实验中发现的心理现象。她让被试者做 22 件简单的工作，如写下一首喜欢的诗、从 55 倒数到 17、把一些颜色和形状不同的珠子按一定的模式用线穿起来等。完成每件工作所需要的时间大体相等，一般为几分钟。在这些工作中，只有一半允许做完，另一半在没有做完时就受到阻止。允许做完和不允许做完的工作出现的顺序是随机排列的。做完实验后，在出乎测试者意料的情况下，立刻让测试者回忆做了 22 件什么工作。结果是，未完成的工作平均可回忆起 68%，而已完成的工作只能回忆起 43%。在上述条件下，未完成的工作比已完成的工作在记忆度上保持得更好，这种现象就叫蔡格尼克效应。一句话来概括就是，人们总是对没有完成的、得不到的东西留有更深刻的印象，也就是人们常说的，"得不到的总是最好的"。

小浣熊方便面就是利用了蔡格尼克效应进行营销，牢牢抓住消费者的记忆力，让他们陷入对"完成收集英雄卡"这件事的执念之中，增加消费者的购买频率，提升产品的销量。

除此之外，蔡格尼克效应也可以扩展到"欲望"这一层面。**通过留给消费者一些不完整的、具有悬念的信息，引起消费者一探究竟的欲望，而当这种欲望累积到一定程度之后，一旦商家提供交易机会，消费者就会展现出喜人的消费能力。**这是我们前面分享过的十大营销套路中的饥饿营销。

以小米为例，小米每次发售新品，很大概率上是让多数消费者抢不到新产品，每次都有留白，每次都有遗憾，因此对下一次机会就会格外珍视。同样的，在传播层面上也可以用到蔡格尼克效应。比如发布一个明星代言或者是活动宣传的海报，但并不是全部的信息，只有一个剪影或者只言片语，并宣布答案将会在某天某时揭晓。这样的宣传，也会激发好奇心，对获取流量有一定帮助。

本讲除了和大家分享蔡格尼克效应在品牌营销上的应用，我还想分享一些可以在生活中应用的小窍门。

比如工作很烦、减肥很苦、跑步很累,但是你又心知肚明,这些事是你必须要做的,它们能让你变得更好。这时候,你需要一点"小心机"来保持对这些烦人、枯燥事情的兴趣。就拿跑步来说,假设你给自己订的目标是每天跑5公里,那么可能你在跑到3.4公里左右时是状态最好的时候,不觉得太累,又感受到全身的肌肉都被调动起来了,很兴奋。那么我们就可以到此为止,不再继续跑。**留下一点距离制造蔡格尼克效应,让你对跑步这件事继续持有兴趣。**

那么在工作上我们如何运用呢?**蔡格尼克效应告诉我们,击败拖沓的关键是开始的地方,所以在面对一个大的项目时,不要想着从最难的部分着手,而要先从当下易于把控的部分开始。另外避免同时做多个工作和被打断。**多项任务很容易将你的注意力从一项任务转移到另一项上,离开上一个未完成的任务,大脑无法完全专注于新的任务,而且当我们放弃一项未完成的任务转而去做其他事情,还会感到更加焦虑。

那如何从概念落到工作上?我提供两个小技巧:

(1)蔡格尼克效应并不是让大家做什么事都半途而废,半途而废的根本原因是害怕失败,而蔡格尼克效应的根本原因是留白,二者有着本质上的不同。

(2)在营销层面的应用上,除了适当留白,保留神秘感之外,还可以通过其他一些手段来应用,比如持续一段时间的活动突然停止,号召大家集齐限定包装或卡片等。

> **请思考**
>
> 最后,请大家思考一下,如果让你针对你所在企业的产品策划一个营销方案,你会如何应用蔡格尼克效应呢?期待你的分享。

097

六度分隔理论：
每一个人都是你的种子用户

2017年5月，邓紫棋发布了一条视频，感谢她的一位粉丝利用"六度分隔理论"，通过5个人成功将信寄到她的手中。视频中邓紫棋说：很多人或许也知道"六度分隔理论"，但却没有人实践，祝福这位粉丝和她的小伙伴在未来能够实现自己的梦想。本讲将从六度分隔理论的定义以及如何在营销中发挥其作用来为大家展示一下它的神奇之处。

六度分隔理论是1967年哈佛大学的心理学教授斯坦利·米尔格兰姆在一次试验中发现的现象。他挑选出了296名志愿者，让他们将同一封信寄给波士顿的同一名股票经纪人。在实验中，除非志愿者与该经纪人有私交，否则直接投递是不被允许的。大部分志愿者采用的都是迂回手段，将信件投递给自己交际圈中最有可能认识这个股票经纪人的亲友。最终，神奇的事发生了，大部分信件都寄到了这名股票经纪人的手中，每封信平均经手6.2次。

因此他发明了"六度分隔理论"，得出结论"你和任何一个陌生人之间所间隔的人不会超过五个"。换句话讲，最多通过五个中间人你就能够认识任何一个陌生人。按照这个逻辑，无论你是在南极还是北极，无论你是白皮肤还是黑皮肤，无论你是什么身份和地位，都可以找到你想要找的人。

这个理论引来了数学家、物理学家和电脑科学家纷纷投入研究，结果发现，世界上许多其他的网络也有极相似的结构。本讲的侧重点是，这个理论是如何在营销中发挥作用的。

进入 Web2.0 时代后，传播环境不再单纯地把用户视为接收者，而是等同于营销活动的积极推动者之一。六度分隔理论的应用场景也开始变得更加丰富，**主要是品牌主通过裂变拉新、病毒式传播拉动更多种子用户，"引诱"其进行消费或产品孵化，不断扩大效果。**

这里简单解释一下：什么是种子用户？

我的朋友苏杰在《人人都是产品经理 2.0》中定义种子用户为"受你要解决的那个问题困扰最深的一小群人"。可以说，种子用户是使用产品的第一批人，并且在产品的更新迭代及产品推广上有重要作用。这群人的特性就是忠诚度高、互动性强；不仅自己消费还说服别人消费，为产品不断拉来新客户。他们不是托儿，但带来的效果却远胜于托儿，因为相比陌生人，消费者更愿意相信自己的身边人。因此，找到种子用户对于营销工作来说重要性不言而喻。

为什么说六度分隔理论适用于为品牌拉动种子用户呢？可以从种子用户的寻找以及获取两个角度来看一看究竟。

1. 种子用户的寻找

我们都知道，物以类聚，人以群分，六度分隔理论在同类社交圈中更容易产生裂变效果，种子用户更是如此。

想要提升效果，首先我们要深入理解产品的定位以及目标客群，提炼出精准的用户画像，之后再根据用户画像找到最核心的种子用户。然后充分利用这一部分人进行流量的裂变，让他们拉动更多的人作为种子用户，参与到营销传播中来。

注意，前期找到的种子用户在进行裂变和拉新时，最好去找和他们相似的人，比如有共同的兴趣爱好、共同的工作等。那么被拉动的这些人，同样会在自己的社交圈内产生影响，带动更多具有共性的人。通过这样的裂变方式，企业很快就能获取到很多有效的种子用户。

2. 种子用户的获取

种子用户的获取有很多方法，比如微信链接的邀请、潜入行业垂直论坛邀请、借助 KOL 的实力进行传播等。我们能很轻松地看出来，通过微信链接也好，借助 KOL 的实力进行传播也罢，其本质上都是需要沟通的。只要产生了沟通的动作，六度分隔理论就会得以应用。因此沟通的内容也是重中之重，一定要确保信息的精准性和独特性，不然信息在传播过程中会层层递减，最终导致变形失真。

那如何从概念落到工作上？我提供两个小技巧：

（1）树立良好的口碑和留存新用户需要有精准的用户画像，精准的用户画像能让企业了解应该在什么地方投放广告，给哪些用户发放优惠券，保障用户体验。

（2）在产品口碑被证明有裂变的潜能之前，不建议做大规模的媒体投放。只有促成种子用户体验，然后自发进行分享传播才是赢得良好口碑的有效方法。

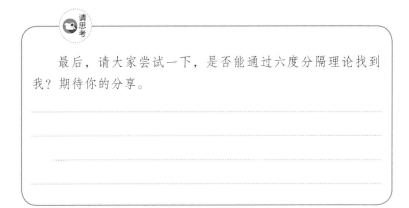

最后，请大家尝试一下，是否能通过六度分隔理论找到我？期待你的分享。

098

沉默螺旋理论：
品牌营销中的双刃剑

在日常生活中，不知道你是否有这样的感觉，对一件事或一个人的评价总有"一边倒"的倾向？这个现象与本讲要分享的沉默螺旋理论有几分联系，解释了为什么人们对一件事或一个人的评价很容易出现"一边倒"现象。

首先，我们来看一下沉默螺旋理论的定义。这个理论是由德国政治学家伊丽莎白·诺尔－诺依曼提出来的。她认为：在公开的舆论环境中，人们如果发现自己的观点和大部分人一致，就会积极参与讨论；但如果发现自己的观点不被大部分人认同，甚至会被耻笑或者攻击，就会保持沉默，最终另一方形成"优势意见"。

在品牌营销中，沉默螺旋理论也是存在的，你会发现那些知名的大品牌无论在过去的传统媒介环境中还是现在的移动互联网环境中，都有着明显的关注优势，相关新闻、网络点评都会比那些不知名的小企业多得多。

回想一下，你日常在网络上购物时，面对有着同样功能且价格相差不多的选择时，你会如何做？通常来说，我会选择那些大品牌，然后再看下评论，没什么大问题的话，就放心下单购买，如果体验很好或有激励政策，很有可能再返回去评论。这样就产生了一个正向发展的闭环。时间一长，这些大品牌的评论和销量就会更多，而评论少、销量少的小品牌就被淹没在同类产品之中了。更为可怕的是，相对较小的品牌，一旦陷入不当的网络舆论之中，因为没有群众基础，就可能再也没有翻身的机会了。

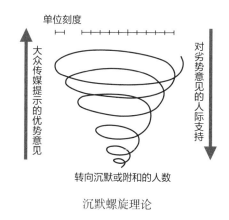

沉默螺旋理论

如何才能利用沉默螺旋理论，为自己的品牌谋得一席之地，从容应对可能的品牌网络危机呢？

沉默螺旋理论不仅是传播学理论，也涉及很多消费者心理学的内容，比如从众心理等。如果小品牌一开始就能对受众的评价予以适当的引导，就可以让舆论向着对品牌有利的一方进行发展，甚至形成一种社会共识，同时对品牌的知名度、美誉度、忠诚度都有极大的帮助，避免自己陷入危机之中。有了这些品牌资产后，就算陷入危机之中，企业也有一定的原始积累可以与之相对抗。

引导舆论正向输出的背后，很重要的一点是，一定要为品牌找到信任背书。一般要遵循"论点，论据，信任源"这套原则，这是企业撬动沉默螺旋的第一波正向反馈。

首先要找到一个受众感兴趣的点作为激发信任的论点。一般来说，基于痛点的效果会更好一些，然后在这个论点下面列出3至5个论据，说明为什么需要证明这个点值得信任，最后给出匹配的信任源,一般是质量证书、获奖证明、行业报道、科研成果、名人使用这五点。

譬如我们曾经合作的一款小众健康内衣,就按照这套原则设计了销售话术,首先我们给出好的内衣一定是不能有任何塑形功效的,取悦自己的身体比取悦他人的审美更重要。在这个论点下面,我们列出了好看但不健康的内衣对身体的种种坏处。注意,这里使用的是反向证明,同样也可以使用论点去论述,一般比正向证明可能更有效。然后,再列出这款内衣的科技含量、获奖证明,以及一些行业报道作为信任源,反响非常不错。

产生了信任之后,如何引导大众舆论形成沉默螺旋呢?再给大家提供几个小技巧:

(1)及时性:需要把握好时机,抢占舆论制高点。如果是不好的消息,时间就更加重要了。谁先发声,主动权就掌握在谁的手中。

(2)把握尺度:注意舆论的广度和深度,把握好边际和底线,引导不要过于明显。

(3)选择好平台:优先选择流量大的平台和KOL,这样更容易出效果。如果没有那么多费用,可以在大品牌或KOL的评论区把自己的品牌和大品牌放在一起比较,引发公众好奇。

(4)多频率:舆论的引导要频繁,这就是广告学中的重复性法则。谎言重复一千遍就是真理,但就算是金句,你只说一遍,也没有人能够记得住。

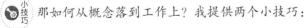那如何从概念落到工作上?我提供两个小技巧:

(1)及时做好舆情监测,了解公众对品牌的评论,在出现坏苗头时及时采取积极措施,将其扼杀在摇篮之中。

(2)再小的品牌,也要尝试累积自己的种子用户。建议通过社群营销的方式不断优化和沉淀,他们有可能就是沉默螺旋中的中坚力量。

> **请思考**
>
> 最后，请大家思考一下，你所在的企业是否受到过沉默螺旋理论的影响？是好的影响还是坏的影响？你计划如何改进？期待你的分享。

099

乐队花车法：
创造趋势，让大众追随

有一个非常有意思的短视频，它是用电梯间的隐藏摄像头拍摄的，主要是想测试并观察人们在遇到某些情况时的反应。其中有个场景，被观察者进了原本就有4个人的电梯，在乘坐电梯的过程中，那4个人突然开始做蹲起动作，被观察者先是很差异地看着他们，然后又茫然地看了看四周。没过多久，虽然他没搞懂为什么，但还是加入了莫名其妙的蹲起行为中。

看起来很搞笑，但这确实是日常生活中经常出现的一种心理学现象——乐队花车效应。在西方的大游行中会有专门的花车搭载乐队，游行的人们只要跳上这辆车，就可以轻松地享受游行中美妙的音乐，同时又能免去走路的辛苦。**乐队花车效应则是指，当个体受到群体的影响，会怀疑并改变自己的观点、判断和行为，朝着与群体大多数人一致的方向转变，追求与他人保持一致。**可能你已经猜到了，从众效应和羊群效应都是乐队花车效应的别称。

乐队花车效应对品牌营销有何帮助？

出现乐队花车现象主要是因为个体缺乏必要的信息，无法判断该采取什么行为。在信息不完整的情况下，人们就会本能地模仿多数人的选择，这是人们趋利避害的天性。但群众的眼睛并不一定是雪亮的，当多数人的选择或者判断是错误的时候，个体也就会做出错误的选择。

那么，我们可不可以创建一个趋势，借助乐队花车效应来为我们的品牌打造一场营销活动呢？答案当然是肯定的，下面就分享创建乐队花车的 2 步走路径。

1. 制造一个标杆，打造你的乐队花车

在品牌打造的前期，品牌认知度可能并没有那么高，能够传递品牌理念的产品也不多。此时，我们就需要从中挑选一个标杆作为花车，然后通过拟造或者促销手段，形成第一波跟随花车的大众，最后通过这个"众"来起到引领作用。

比如我们新去一家餐厅，点菜的时候一定会问服务员哪道菜是卖得最好的，有些餐厅就直接在菜单上标注"招牌菜"或者"大众点评推荐菜"。这些就是被企业挑中的花车，增加了消费者的尝试欲望，也容易让消费者在尝试后产生评论的冲动，而商家也要对这些评论进行管理和把控，从而更好地形成势能。

另外，对于企业来说，产品和服务就是花车本身，如果这个花车不够好，音乐再大声也可能是自嗨，禁不起从众者的查验。很可能刚吸引来一个人，又走一个人，难以形成跟随趋势。

我们在挑选标杆时，需要遵循三个基本的标准：是不是最能体现品牌理念；是不是最能展现企业实力；是不是最能满足用户需求。

有品牌理念则会让用户与品牌产生连接，而不是单纯的一次性交易；能展现实力则会让用户第一时间产生信赖，是促发购买的决定性因素；最重要的是满足需求，如果不能满足需求，前面两点也都是空话。

2. 打造独具特点的标签，引导用户从众

标签化是最容易引起乐队花车效应的。试想一下，如果人群中穿西装的男生都靠右行走，同样穿了西装的你，会不会也下意识靠

右走?

在营销时,同样是服装,导购说像您这种肤色偏白的人都选这种颜色,你会不会更加动心?当然,前提是你真的肤色偏白,不认为导购在说谎。

在实际的营销过程中,我们可以通过用户的既有共性来打标签,比如外貌特征、性别、职业属性和社会身份等,将产品与标签人群挂钩形成从众的群体是常见的营销手段。例如,"专为商务人士定制""准妈妈的第一选择""运动小白的首选装备"这些都是宣传中的常见话术。

此外,我们还可以打造虚拟标签,比如北欧风格、斜杠青年、独立、自由等。这些标签要与品牌紧密挂钩,甚至让品牌成为标签的代表,从而让青睐这些标签的人,自主向品牌靠近。比如追求性价比的人都选择小米,认可极致用户体验的人偏爱苹果,热爱生活又具个性的车主都开牧马人。作为单独的个体,身边可能没有很多和自己追求一样的人,只能接受品牌传递出的信息,进行尝试查验。只要让用户基于标签迈出第一步,乐队花车效应就开始发挥作用了。很多体验营销或者事件营销,也可以基于这些标签进行优化调整,达到从众的效果。

对于用户而言,感受到乐队花车效应大多是在营销的宣传阶段,比如广告语、销售话术、营销活动的前后期宣传等。所以,企业需要在这些地方多运用乐队花车效应。

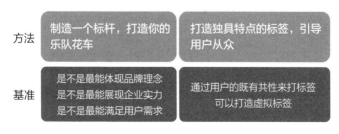

乐队花车法

> **小技巧** 那如何从概念落到工作上？我提供两个小技巧：

（1）在每个物料投入使用前都可以先问问自己，"能否加入一些特别元素，激起用户的乐队花车效应"，有时可能就是简单地多想一下，就有可能让最终效果产生质变。

（2）给用户贴虚拟标签，本质是利用标签带来的荣誉感和认同感。所以，品牌在挑选时，要判断这个标签是否真的能给消费者带来荣誉和认同。

> **请思考**
>
> 最后，请大家思考一下，我们身边有哪些利用了乐队花车效益的案例？期待你的分享。

100

第一性原理：
拨开现象看本质

人的一生会有很多追求，追求异性、追求金钱、追求理想、追求远方。有的人乘风破浪，无往不利；有的人一生奔波，劳无所获。为什么会产生如此大的差距？在我的观察中，最终能够追求到自己理想生活的人，往往都笃定三件事：我是谁，我从哪里来，我到哪里去，以及背后的 Why（为什么）。

找到最根本的内在，深刻了解自我需求，并确定好人生目标，不为外界诱惑所动摇，不为一时利益动心，这样的人生正是遵循了本讲要分享的"第一性原理"。

特地把它放在最后一讲，也是我的用意所在。首先，感谢大家可以坚持读完这本书，拥有这份耐心和毅力的人，我相信都属于人生中的少数派，有更大概率能实现自己的理想人生。其次，想和大家说声抱歉，本书的大部分知识并不是什么流行的概念，但是我非常坚信的一点是，这些是符合底层逻辑的，是被广泛验证过的知识，能够让我们构建对世界的深层认知。套用我的朋友陈勇老师的一句话："人生好像转化率，是一个不断优化的过程。"而我认为，能让我们不断优化的背后，最重要的是我们不断学习真知灼见的能力。

什么是"第一性原理"？

第一性原理是古希腊哲学家亚里士多德提出来的一个哲学术语，**它的定义为"事物被认知的第一根本"**。这是一种解决复杂问题的思考方式，能够不依托于前人经验，产生最原始的解决方案。**用一句话概括第一性原理就是：拨开现象看本质**。这个理论也被混沌大学创始人李善友教授奉为圭臬，做了很多延展，也在侧面更大范围地宣传了这个理论。

运用第一性原理思维且取得成功的伟大领袖和企业家比比皆是，比如：乔布斯的第一性原理是基于科技和人文的简洁；毛泽东的第一性原理是为人民服务。特斯拉的创始人埃隆·马斯克更是第一性原理的信奉者，有段话经常被拿来举例，他说："我更倾向于从物理学的角度来看待世界。物理学教会我运用第一性原理的思维去推理，而不是用类比的思维去推理"。

在我看来，对一家企业而言，产品创新和品牌建立是企业生存的第一性原理。不断创新产品才能让企业立于不败之地，不断优化品牌更能让企业实现基业长青。

那么在工作中，怎样应用第一性原理给我们带来更大的收获呢？

1. 敢于否定既定的东西

品牌营销人经常会运用类比思维解决问题，前面章节中也经常提到供大家参考的其他案例，但是参考不等于照搬。类比思维相比第一性原理，省去了独立思考的过程。因此很可能出现一旦前人不成功，后来者就无路可循的窘境。

譬如，很多人都认为电动车成本降不下来的时候，使用类比思维的人就会陷入纠结之中举步不前，而特斯拉创始人马斯克从第一性原理出发，找到了电池的硬成本和协作过程的可调控成本，最终解决了问题，发明了电动汽车特斯拉。

在品牌营销工作中，也需要大胆采用"第一性原理"思考路径。譬如，我们曾经帮助一家企业重塑品牌，这个品牌形象已经老化，之前找了一家咨询公司，让年轻的设计师重新调整视觉系统，但效果依然不好。我们在调研中发现，虽然改了门店和外在形式，但一些城市的销售人员依然是陈旧老套的形象。这些身处一线的销售人员不仅是卖货人员，更是品牌形象的接触点，但这些资历较深的销售人员又和企业有着千丝万缕的联系，不能一刀切。我们就做了两个动作：第一，把销售人员的服装从衬衫和西服换成了夹克和polo衫，从形象上年轻化，并且这些服装更好打理。第二，把年纪过大，形象不佳的销售人员培训成销售导师，承担起内部管理培训工作，通过适当的激励政策，让他们干劲更足，同时再加上一些其他措施。结果显示，年轻顾客的到访率和好感度明显上升。

2. 核心算法 × 大量重复动作

罗振宇曾分享过一个公式：你的成就 = 核心算法 × 大量重复动作，"核心算法"说的就是"第一性原理"。

首先，你要明确自己想达成什么成就，是赚大钱，还是找到心爱之人。其次，找到最根本的事实，赚钱是为了什么，找心爱之人是为了什么，不断问下去直到找到最核心的事实。最后，采取能够达成事实的动作，并大量重复，成功就会向你招手。

这个公式运用在品牌工作中也是如此。我们想助力公司品牌达成哪个目标，是知名度还是美誉度？如果是美誉度，美誉度可以由什么组成？是口碑，还是用户的频繁购买？一步步拆解下去，找到核心的事实，比如最终落到了"带给用户极致的使用体验"上，那么我们就需要采取重复的、可以优化使用体验的动作，在营销活动和销售渠道都要重视用户体验，同时还要设置环节，收集用户对于使用体验的反馈，形成正向闭环。

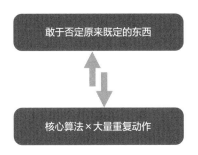

第一性原理的简单运用

小技巧 那如何从概念落到工作上？我提供两个小技巧：

（1）凡事从根本上想问题，不被外在的事物细节所影响，并学会将大目标进行拆解和及时自检，看看有没有偏离主航道。

（2）将现象拆解为一个个事实后，除了关注第一性原理最本质的内容，还可以把其他的事实进行重组，这是入门级创新的路径。

最后，请大家思考一下，你工作的第一性原理是什么？期待你的分享。